Herrmann · Martin Luther

Horst Herrmann

Martin Luther

Ketzer wider Willen

C. Bertelsmann Verlag

Für meine Frau Barbara

Das Alte stirbt und das Neue kann nicht geboren werden – in diesem Zwischenbereich zeigt sich eine Vielfalt krankhafter Symptome.

Antonio Gramsci

Redaktion: Dr. Dieter Struss, Grafing bei München

Gesamtherstellung: Mohndruck Graphische Betriebe GmbH, Gütersloh
ISBN 3-570-00435-x · Printed in Germany

Inhalt

Teil II

Die Wege vom Mönch zum Menschen 121

Teil I

Die Jahre der verzweifelten Hoffnung

1.

Die Welt ist wie ein trunkener Bauer

Die Geburtsdaten

An einem 10. November – nach Auskunft seiner Mutter an Philipp Melanchthon »gegen Mitternacht« – wurde er geboren, zu Eisleben, in der Herrschaft derer von Mansfeld, in einem Haus der Langen Gasse, ein wenig schon am Ende der Welt.

Freude des Forschenden: Dieses Datum, dieser Ort stehen fest. Spätere Legenden vermochten nichts daran zu ändern. Nicht ganz so sicher, merkwürdig genug, ist die Deutung sich in Sachen Geburtsjahr. Die Angaben des Grabsteins sind zwar als irrig erwiesen, jedoch Martin Luthers zahlreiche Äußerungen über sein eigenes Lebensalter, auch über das Jahr seiner Geburt, lassen Unsicherheiten aufkommen, schwanken zwischen den Jahren 1482, 1483 und 1484. Allerdings weist die Mehrzahl der Aussagen auf das Jahr 1483, und auch andere Quellen, so das Dekanatsbuch der Wittenberger Fakultät, bestätigen dieses Datum. Luther selbst glaubt nie so recht an derlei Zahlen, streitet auch mit Melanchthon herum, der ihn »zu jung machen« will, und schickt sich nur widerstrebend in die Fakten.

Die Suche nach einer möglichst akkuraten Zeitangabe ist im übrigen schon damals manchem Gelehrten nicht unwichtig erschienen: Der italienische Mathematiker Hieronymus Cardanus etwa hatte, typisch für das Denken des 16. Jahrhunderts, die These verfochten, just jene planetarische Konstellation, die Luthers Geburtsdatum regiert habe – nach Meinung dieses Astrologen der 22. Oktober 1483 abends 22 Uhr –, sei für dessen Entwicklung zum Erzketzer ausschlaggebend gewesen.

Wer mäkeln wollte, fand immer wieder absurden Stoff genug. Martin Luther, der im November Geborene, war allem Anschein nach im Februar gezeugt worden, womöglich in der »geschlossenen Zeit« des Kirchenjahres. Und das galt strengen Predigern als Grund dafür, daß die Sünde der Eltern sich von allem Anfang an in den Kindern abzeichne, deren »Zähne stumpf werden, da die Väter saure Trauben gegessen haben . . .«.

Sogar Melanchthon war vor allem aus Gründen der Sterndeutung am genauen Geburtstermin des Freundes interessiert, welchen er gerne in das Jahr 1484 verlegt sehen wollte, weil nach seinen Berechnungen eben dieses Jahr eine noch günstigere »reformatorische« Ausgangsposition erbracht hätte. Wissenschaft und Magie entwickeln sich damals offensichtlich zu gleicher Zeit, in ein und derselben Person.

Der Betroffene selbst hält die Berechnungen seiner »nativitet« für »heillos und schwermerisch«, für vertane Zeit. Die Korrespondenz und Symbolik von Fakten und Zahlen, auch sie Ausdrucksformen eines im verborgenen wirkmächtigen Determinismus, wie ihn Luthers Epoche gleichermaßen in religiösen wie in magischen Praktiken, aber auch in physikalischen und naturgeschichtlichen Beschreibungen liebte, sagt ihm selber nicht viel. Er verspottet Melanchthon, der seine Reisepläne wegen ungünstiger Konstellationen verschiebt, und es verdrießt ihn die Sicherheit, mit der die überzeugten Astrologen einen Lebenslauf vorhersagen wollen, obgleich sie eben dies nicht können: »ist ein dreck mit irer kunst«.

Die Kunst der Interpretation eines solchen Menschen hat es im übrigen nie leicht gehabt. Zwar liegt ein geschlossener Lebenslauf vor, und das Quellenmaterial kann als reichlich und ziemlich zuverlässig gelten. Von daher gesehen, ist die Deutung der Späteren fundierter als die der Zeitgenossen, die – von Fall zu Fall – nur Symptome beobachten und beschreiben konnten. Doch fehlt andererseits die Möglichkeit, beim Lebenden nachzufragen und sich Unklarheiten interpretieren zu lassen.

Die Feststellung mag schmerzen, doch läßt sie sich nicht wegschieben: Luther ist kein besonderer Systematiker gewesen. Er schreibt, um nur ein Beispiel zu nennen, den Ortsnamen seiner Stadt Wittenberg in einem guten Dutzend Varianten, er drückt sich immer wieder unklar und ungenau aus – und er hat sich, oft aus dem Augenblick heraus, selbst immer wieder umgedichtet.

Abgeschlossen ist bei ihm so gut wie gar nichts. Ein stimmiges Kalendarium der inneren Entwicklung ist nicht zu erstellen, und eine geordnete Biographie bleibt unmöglich angesichts der vielen Erklärungssprünge, die dieser Mann selbst gemacht hat. Luthers Charakteristikum ist das Impulsive, das oft und oft nur lose Verbundene, bisweilen Inkonsequente und stets von neuem Widersprüchliche seiner Existenz wie seiner Lehre. Das Studium seiner Werke begegnet diesen Widersprüchen auf Schritt und Tritt.

Nun tritt die Vorläufigkeit bei einer Person wie Martin Luther ganz besonders in Erscheinung, weil hier, wo so vieles im Tageslicht dramatischer Geschehnisse liegt, die Tiefenschichten einer ungewöhnlichen Vitalität gerne vernachlässigt werden. Luther ist dabei nicht jener Popanz der Doktrin gewesen, zu dem ihn eine fleißige Theologie aufgebaut hat, sondern ein Mensch voller Herz, der durch seine bestrickende Art, durch seine die Umgebung mitreißende Persönlichkeit und durch seine zugleich naive wie überlegene Haltung zum eigenen Milieu gewirkt hat – und noch immer wirkt.

Luther versteht so oder so nicht, weshalb gerade die »sternkücker« ihrer Sache so sicher sein wollen: »Warumb vermest ir euch von allen dingen so gar gewis zu sagen, als wenn der keins nicht felen kond, das ir sagt?« Sein eigener Lebenslauf – »habe ich nicht große schande auffgethan«, »bin dennoch dem bapste in die hare gefallen und er mir tzwar auch wider, habe eine ausgeloffene nonne tzum weibe genommen« – ist jedenfalls nicht berechenbar gewesen: »Wer hat das in sternen gelesen?« Luther bleibt viel nüchterner. Er fragt nicht nach den Erkenntnissen oder den Wunschträumen der Astrologie. Er sagt von sich selbst: »Ich kenne mein natur und erfar es.«

Vater und Mutter

Dieses »Närrlein Gottes« war am Tag nach seiner Geburt in einer Kapelle der Petrikirche zu Eisleben von Pfarrer Bartholomäus Rennebecher über das Taufbecken gehalten und nach dem Tagesheiligen benannt worden. Viel Aufhebens machte niemand, es war ja auch nicht mehr das erste der Familie, obgleich auch in diesem Falle wieder die Gefahr frühen Wegsterbens wie schon einmal drohte, denn die Säuglinge durften damals schon einiges Glück haben, sollten sie überleben. Die Sterblichkeitsrate war sehr hoch. Der Schoß einer Frau konnte durchaus zum »Haus des Todes« werden. Die physiologischen Prozesse der Geburt blieben noch lange, gerade für die direkt Betroffenen, in Rätselhaftigkeit gehüllt und waren von Aberglauben umgeben. Vor allem galt es, die Neugeborenen den scheelen Blicken der Hexen zu entziehen, welche die Epoche überall suchte. Nun, die Mutter Margarethe, eine geborene Lindemann aus Eisenach, würde schon Sorge tragen. Das war ihr Ressort.

Die Tätigkeit ihres Ehemannes ließ nicht viele Unterbrechungen zu. Vater Hans war ein hart arbeitender Bergmann. Das Vergnügen, hin und wieder ein kleiner Rausch, galt als Ausnahme. Im Mansfeldischen wurde hart gewerkt. Die gut hundert Feiertage, welche das zeitgenössische Heiligenkalendarium so bunt färbten, blieben alles in allem innerkirchliche Episoden. Der Kupfer- und Silberbergbau, diese »ächte deutsche Kunst«, war Mansfeld wichtiger. Seit dem 12. Jahrhundert betrieben, hat er bis weit in das 19. hinein angehalten. Seinerzeit machte er das kleine Ländchen wohlhabend: ». . . in teutschen landen etlich hundert tausent menschen, alt und jung, auch weib und kinder und sunst vil« ernährten sich davon, und die Fürsten und Herren zogen aus den Bergbauabgaben mehr Gewinn als aus irgendeinem anderen »handel und gewerb in gantzer teutscher nation und dem hailigen romischen reich«.

Der Erzbergbau war zum bedeutendsten Wirtschaftszweig nach der Landwirtschaft aufgestiegen, und Luthers späteres Wort, ganz Deutschland sei ein gar treffliches Land, habe alles genug, was man haben müsse, »dies Leben reichlich zu erhalten«, nämlich Früchte, Korn, Wein, Getreide, Salz, Bergwerk und »was sonst aus der Erde zu kommen und zu wachsen pflegt«, galt nicht zuletzt für die engere Heimat. Nur, fährt er fort, sei es schlimm, »daß wirs nicht recht achten und nicht recht brauchen«.

Auch der bittere Nachsatz mochte auf die Mansfelder Landesherren mit deren Vorder- und Hinterlinien gemünzt gewesen sein, welche sich seit eh und je – ein Leid noch der letzten Lebensmonate des zum Schiedsrichter erwählten Luther – um die Ausbeute ihrer Berge gebalgt, das reiche Erbe in all diesen »Säuhändeln« schon früh heruntergebracht, damit aber auch die Chance eröffnet hatten, daß kleinere Gruppen von Bergleuten – diese entsprechend »finanziert«, also verschuldet bei den Abnehmern zu Eisleben und Mansfeld – auf eigene Gefahr schürfen und eigene Schächte übernehmen konnten.

Geld wurde in jedem Fall gebraucht. Die Lösung der technischen Probleme des Tiefbaus, die Förderung des Erzes aus großen Tiefen, die Entwässerung und Bewetterung der Gruben setzten Kapital voraus, um kostspielige Arbeitsmittel anschaffen und die notwendige Zahl von Lohnarbeitern einsetzen zu können. Wenn es allerdings gelungen war, neue ergiebige Erzgänge aufzuspüren, wenn das Berggeschrei durch die Lande ging und Bergleute, Handwerker wie Händler in seinen Bann schlug, fanden sich genügend Geldgeber, welche die Verpflichtung von Lohnarbeitern, die Anlage kostspieliger Stollen, die Entwicklung und Vervollkommnung immer leistungskräftigerer Fördermaschinen, der »Künste«, finanzierten. Zahlreiche Techniker, Kunstmeister genannt, strömten herbei und lernten die notwendigen Hilfskräfte aus der landarmen oder ganz landlosen Dorfbevölkerung der Gegend an. Arbeit und Geschäft blühten, das – nach Art von kleinen Aktiengesellschaften – eingesetzte Kapital vermehrte sich derart, daß »fürsten, graffen, edel, burger, bauren, dienstknecht und dienstmägt« mit einstiegen, und erst die aufkommenden sozialen Auseinandersetzungen schufen eine Lage, die dazu führen konnte, daß – so Luther – »die graffschafft ligt und lachen alle feinde«.

Vorerst ging alles ganz gut. Martins Vater gehörte schon vor 1491 zu den Aufsteigern: ein Kleinunternehmer mit hinreichendem Einkommen, um 1506 sogar Besitzer eines Hauses an der Hauptstraße, ein emsiger Mann, kein reicher, der dennoch den Sohn aus dem Segen des »löblichen Berggutes« studieren lassen würde, ohne besondere Stipendien beanspruchen zu müssen. 1530 hat Hans Luder ein wenn auch nicht allzu großes Vermögen von 1250 Gulden hinterlassen. Immerhin war das etwa doppelt so viel wie der Wert eines Bauernhofes im heimatlichen Dorf.

Gekommen war er (über seine Ehefrau wissen wir ungleich weniger) aus dem Thüringer Wald, wo seine Vorfahren in Möhra nördlich von Salzungen zu Hause waren. In einer Zeit, da sich die Bevölkerung wieder so vermehrt hatte, »das dörffer und stett zerinnen« wollten, hatte es ihn, den ältesten Sohn ohne Erbrecht, nach Eisleben gezogen.

Daß der Grund für seinen Umzug ein Totschlag aus Jähzorn gewesen sei, berichtet nur die anti-lutherische Legende, die den Apfel nicht weit vom Stamm fallen lassen wollte. Hans Luder bleibt aber nicht in Eisleben, sondern wechselt nach Martins Geburt nach Mansfeld, wo er bis in sein Todesjahr 1530 seßhaft ist.

Daß Martin Luther slawischer Abstammung sei, ist eine Hypothese geblieben, die aus zeitgenössischen Lutherbildern abgeleitet worden ist. Ein Altarbild zu Weimar, das diese Auffassung vornehmlich stützen sollte, ist erst 9 Jahre nach Luthers Tod von Lukas Cranach dem Jüngeren geschaffen worden, und die Echtheit der angeblichen Totenmaske in der Marienbibliothek zu Halle ist zweifelhaft.

Der Familienname, abzuleiten wohl aus dem – auch kaiserlichen – Vornamen Lothar, von Martin selbst später vom griechischen Wort für frei oder vom Herzog Leuthari hergeleitet, der nach dem Tod des letzten Ostgotenkönigs Tejas in Italien eingefallen war, »um Rom zu verwüsten«, war so verbreitet wie die ganze Sippe. Von ihr sagt Luther im Mai 1521, sie »nehme die gesamte Gegend ein«. Der Name, nachmaliges Objekt ständiger Hänseleien der Katholischen, wird von der Familie wechselnd Lüder, Luder, Loder, Ludher, Lotter, Lutter, Lauther geschrieben. Seine uns vertraute Form wählt – gegen 1512 – erst der junge Autor Martinus selbst. Die an den Zeitbrauch der Humanisten angelehnte gräzisierte Form »Eleutherius«, welche die barbarischen Namen der Deutschen ablösen sollte, hat er nur vorübergehend benutzt. Sein »Luther« ist ihm lieber. Das Geschlecht aber sinkt, als das einzige Genie, das es hervorgebracht hat, tot ist, wieder in das frühere Vergessen zurück. Nur Martin hat den Namen bekannt gemacht.

Das Bergmannskind aus einem Thüringen, zu dem sich Luther in den späten Tischreden nicht gerne bekennen wollte, der Sohn eines Industriereviers spricht im übrigen auffallend wenig vom eigentlichen Beruf seines Vaters, wenn sich später auch Hans Luders Berufssprache gelegentlich in der Bibelübersetzung des Sohnes aufspüren lassen wird.

Eher findet Martin sich im Hinweis wieder, er sei »eines Bauern Sohn«, mit »rechten Bauern« unter den Ahnen. Da scheint er sich auszukennen und auch wohl zu fühlen. Die schlimme Agrarkrise in Deutschland war zu seiner Zeit mehr oder weniger behoben, die Dörfer, welche nicht selten zu »Wüstungen« geworden waren, wurden wieder bevölkert, das dazu gehörende Land neu urbar gemacht, und Verbesserungen in der Bodennutzung und Viehhaltung nahmen zu. Doch gleichzeitig wuchs auch die Verschuldung der Bauern, vor allem gegenüber den städtischen Wucherern, und manch ein Herr benutzte die Gelegenheit, die Besitzrechte einzuschränken und die Leibeigenschaft auszudehnen. Warum sollte die »junckherschafft« da nicht über die armen Bauern urteilen: »Sye sind hungerig, wir sind vol, sye schaffen, wir spielen, sye sorgen, wir pfeiffen vnd bulen, vnd das alles von irem blutigen schweyß«?

Mit Bauern aller Art wird Luther noch viel zu schaffen haben. Er ist ihnen, vor allem ihren Propheten, alles in allem nicht gewogen, obgleich er den Wert ihrer Berufsarbeit anerkennt, sie selbst den geweihten Bischöfen gleichachtet, jedenfalls allen »adligen Scharrhänsen« vorzieht. Doch urteilt er einmal, als er zu sehen gelernt hat, mit bezeichnendem Wort über die ganze Welt, sie sei wie ein »trunckener bauer«, stets schwankend, immer angesäuselt, nie mit sich eins, geradezu säuisch, Schluß.

Aber er beginnt auch wieder von vorne, beruft sich ebenso unverdrossen auf sein bäurisches Erbteil, ist heimlich gar stolz darauf. Seine frühe Berührung etwa mit dem in Familie und Region überlieferten Erzählgut begleitet ihn ein Leben lang: »ich möcht mich der wundersamen historien, so ich aus zarter kindheit herüber genommen, oder wie sie mir auch vorkommen sind in meinem leben, nit entschlahen um kein geld.« Fabeln aus dem bäurischen Umkreis wird er loben als Vehikel der List der Vernunft, die Herrschenden da oben zu »betriegen zur Warheit und zu jrem nutz«. Märchen wie Frau Holle oder Schlaraffenland kennt er gut, Rätselspiele freuen ihn, den Wert volksläufiger Liebeslieder hebt er immer wieder hervor, und bei Tisch schätzt er Erzählungen aus dem Eulenspiegel, dem Markolfus oder dem »Reinke de Vos«, also aus Werken, deren Autoren auf seiten des »ghemenen volks« standen und schlagkräftige Kritik am Feudalismus wie an den Verfallserscheinungen im Klerus und an den Höfen formulierten.

Niedergehaltene Bauern, womöglich Leibeigene, wie dies das Schema Aufstieg aus niedrigster Herkunft stilisierte, waren die Seinen nie, vielmehr relativ wohlsituierte, vor allem aber freie Leute, die sich aus eigenem Fleiß hochgebracht und gehalten hatten. Aus diesem seinem Familienerbe war auch Hans Luder nicht gefallen, der »blutsauer« schuftende Mann. Seine derb geschnittenen Züge, von Lukas Cranach überliefert, weisen viele Spuren jener hartleibigen Anspannung auf, die der risikoreiche Beruf und das Abzahlen der Schulden bei den Herren Finanziers fast ein Leben lang von ihm forderten.

Aber auch daheim wurde nicht lange gefackelt, hieß es doch acht Kinder aufzuziehen, da setzte es bereits für das Stibitzen einer kleinen Nuß schlimme Prügel. »Das Kind, welches der Vater am meisten liebt, bestraft er in seiner Angst am härtesten«, galt als gängige Meinung der Zeit, und »wie scharfe Sporen ein Pferd zum Laufen bringen, so bringt eine Rute das Kind zum Lernen«. Noch immer war den Eltern ein toter Sohn lieber als ein ungehorsamer, wie Luther später sagt, und die Schläge – sie erschienen für das Gedeihen so notwendig wie das Essen und Trinken – konnten durchaus auch von der Mutter kommen, die es doch »herzlich gut meinte«. Als der Sohn berühmt geworden war, wurde auch sie vom Wittenberger Maler konterfeit, ebenfalls abgearbeitet, dazu vom dauernden Kinderkriegen erschöpft. Kinder waren seinerzeit weder gewollt noch ungewollt. Sie waren unvermeidbar, eine Einrichtung der Natur.

Die Eltern werden, anno 1522, von einem Schweizer Besucher als kleine, gedrungene Personen geschildert, »ein bräunlich volck«. Sie haben beide nicht daran gedacht, »daß sie einen Doctor Martin Luther bringen wollten«. Doch als es dann soweit war, standen sie zu ihm. Die böse Fama, dieser Ketzer sei eigentlich ohne Eltern, ein vom Teufel gezeugter Wechselbalg oder »ein padmagd son«, also die Leibesfrucht einer Masseuse, verflüchtigt sich ins Nichts. Hans und Margarete Luder gehören zu Martin.

Dieser hat jedoch die erste Periode einer ganz und gar nicht antiautoritären Pädagogik – die mittelalterliche Gesellschaft hatte kein Verhältnis zur Kindheit als solcher – zeitlebens nicht vergessen. Er mußte später mit seinen früh erworbenen Ängsten zu leben suchen. Das ist ihm, weiß Gott, nicht leichtgefallen. Doch war auch seine Reaktion auf diese Erziehung nicht weniger einprägsam: Martin begann mit der Zeit einen geradezu bäurischen Trotz auszubilden, statt sich unter jede Art von Gerechtigkeit zu ducken und gar leibeigen zu werden. Angst und Trotz, Nachgeben und Aufbegehren, Zartheit und Zorn zugleich machen dann sein Wesen aus: Luther wird immer wieder zwischen diesen beiden Polen seiner Existenz hin- und herschwanken, Sicherheit und Unsicherheit in einem suchen, Unordnung und Ordnung zugleich finden.

Im übrigen hat er seinen eigenen Kindern, dem Gesetz der alten Ordnungen entwöhnt, später eher zuviel durchgehen lassen, denn diese sollten die eigene Erinnerung an die väterliche Strenge nicht auch noch zu spüren bekommen und ihrem eigenen Vater »feind« werden. Die Kinder waren Gottes Lieblinge. So argumentiert Luther theologisch, nicht psychologisch, denn auch er ist sich des spezifischen Lebensalters »Kindheit« kaum bewußt. Er plädiert für die Kinder um der Heiligen Schrift willen und wegen des darin enthaltenen Auftrages: »Sie haben nur das Wort, daran halten sie sich und geben Gott fein einfältig die Ehre, daß er wahrhaftig sei, halten fur gewiß, was er verheißet und zusaget.«

Gewiß war der Vater Hans Luder kein Despot. Martin bescheinigt ihm eine ausgeprägte Veranlagung für Kurzweil und Geselligkeit. Er war kein verbitterter Sonderling, der einen beruflichen Mißerfolg hätte der Familie ankreiden müssen. Schon gar nicht ist er als Alkoholiker anzusprechen. Dafür wird ihm schon die Muße abgegangen sein. Er ist eher so etwas wie ein – auch von den Mitbürgern anerkannter – paterfamilias landmännischer Tradition gewesen, ein Patriarch des Pflichtgefühls, der den Kinderreichtum der Ahnen schlicht fortzeugte, und die eigenen Nachkommen, ohne allzu häufig nachzufragen, nach alter Art, nach dem vierten Gebot seines Gottes, in die Zucht nahm, sie zur richtigen Schule schickte, ihnen den passenden Beruf aussuchte, den Ehepartner für sie auswählte.

Für seinen Martin, dessen Begabung der Vater mit dem Blick des Tüchtigen schon früh festgestellt hatte, war daher auch, vielleicht sogar nach Art einer Lebensversicherung für die alten Eltern, eine Heirat nach oben sowie ein bestimmter akademischer Beruf vorgesehen, am besten die Karriere als gewandter Jurist, als unersetzlicher Ratgeber jener Obrigkeiten, über die man selber immer wieder klagte. Die Bergverwaltung, ein gut durchorganisierter und hierarchisch abgestufter Apparat von Bergbeamten, die auf den jeweiligen Herrn vereidigt und von ihm besoldet wurden, drückte nämlich die Unstudierten gehörig, und nichts lag näher, als in der eigenen Familie einen zur Elite Aufgestiegenen zu wissen.

Daß Martin dann alles anders fügte, ja daß er es schaffte, in seiner Lebenswahl, fürs erste zumindest, beide Absichten des Vaters, Heirat und Beruf, mit ein und demselben Schlag zunichte zu machen, konnte Hans Luder nie ganz verwinden. Das fügte sich nicht in seine Gerechtigkeit und Ordnung. Das war pfäffisch.

Aus dieser bekannten Tatsache, seit den einschlägigen Äußerungen des Sohnes immer wieder über den Vater kolportiert, wird jedoch kaum auf eine generelle Unkirchlichkeit des Hans Luder zu schließen sein. Zwar lehnt es dieser in schwerer Krankheit ab, das Erbteil seiner Nachkommen – denn »die bedurffens besser« – durch fromme Stiftungen an die Mansfelder Kirche zu schmälern, zwar ist er, wie all seine Zeitgenossen, zu guten Stücken zauber- und hexengläubig, zwar hält er, auch dies gut zeitgemäß, nicht sonderlich viel von den Betbrüdern und Horensingern, die dem Herrgott in ihren warmen Klöstern die Zeit stehlen, statt, wie ein richtiger Bergmann, einer schweren, aber geordneten Arbeit nachzugehen. Hans Luder hält es mit dem beliebten mittelalterlichen Spruch »laborare est orare«, Arbeiten heißt Beten. Denn jeder, selbst das kleine Kind, mußte in dieser Gesellschaft arbeiten. Es gab viel zu tun; Müßiggang war eine Sünde, zumindest eine gegen das Streben der Einzelperson nach dem Paradies. Nicht von ungefähr hieß eine der sieben Hauptsünden »Faulheit«. Sie war auch eine Verfehlung gegen die Gemeinschaft, der das Individuum seinen Dienst vorenthielt. Außerdem war Müßiggang aller Laster Anfang, zumal jeder sah, daß der Satan für faule Hände immer etwas zu tun fand, nicht zuletzt in den Klöstern, wo so viele Menschen dem normalen Arbeitsprozeß entzogen wurden: »Das seltzamst ding auff erden ist das, das ein mensch für XV. muß arbeiten, allein der funfftzehnest mensch arbeit, die andern gendt alle mussig.«

Doch ist Martins Vater weder ein heimlicher »Böhme« gewesen, ein verkappter Hussit also, wie eine Legende es wollte, noch hat er je Bücher des Wycliffe studiert, wie sollte er auch. Mit allgemeinen Vermutungen ist niemandem gedient. Martin selbst hat sich über die Frömmigkeit des elterlichen Hauses ausgeschwiegen. Es gab einfach nichts Besonderes zu berichten. Alles war unauffällig normal.

Eine normale Herkunft

Religiöse Normalität hieß in jenen Tagen zu guten Teilen aber auch Aberglaube, und der war viel ungezügelter, als die offizielle Kirchenlehre es wahrhaben wollte. Er blieb eng verknüpft mit der althergebrachten und durch keine Segnungen des Christentums in ihrem Wesen erschütterten Furcht vor den dämonischen Mächten des Daseins, die im Teufel und dessen Anhang personifiziert waren. In der Geschichte des Aberglaubens wimmelt es von Berichten über gerade bei Kindern auftretende konvulsivische Anfälle, Verlust von Gehör und Sprache, Halluzinationen, Aussetzen des Gedächtnisses und so fort. Schon die Kleinen waren in Angst und Schrecken gehalten, und selbst der liebe Gott wurde von uneinsichtigen Eltern zur Schreckfigur degradiert, die ein Kind wie ein ekliges Insekt über dem Abgrund des Höllenfeuers pendeln lassen konnte, falls es nur ungehorsam war. Gott und Teufel gingen Hand in Hand, und die Übergänge waren fließend.

Der Glaube an einen persönlichen Satan als Inkarnation des Bösen in der Welt, der einen Stab von Dienern und Trabanten mit sich führte und mit dem die Menschen beiderlei Geschlechtes, um Macht und zeitliche Güter zu gewinnen, eigene Verträge schließen konnten, ja zu dem sie sogar höchst fleischliche Beziehungen aufzunehmen in der Lage und willens waren, stellte ein uraltes Erbgut dar. Martin Luther wird sich nie von diesen Vorstellungen lösen können. Im Gegenteil. Er weist dem Leibhaftigen einen überragenden Platz im religiösen Leben zu, indem er ihn für die eigenen Krisen, Anfechtungen und Kämpfe mitverantwortlich macht und immer wieder den Eindruck aufkommen läßt, der Streit des Menschen um seinen Sinn sei weniger ein Hadern mit dem guten Gott als eine Abwehr der teuflischen Bestreitung eben dieses Sinnes.

Luther lebt, von daher gesehen, ständig im Milieu seiner Herkunft, wo die Eltern, nach der Väter Sitte, zwar die überlieferten Gebote ihrer Kirche beachtet hatten, an keiner Stelle jedoch vom alten Glauben an den Satan abgerückt waren, dem dieselbe Kirche mit Hilfe von besonderen Riten, Exorzismen, Nothelfer-Stoßgebeten, Wässerchen und schnellen Kreuzzeichen beizukommen pflegte. Was blieb, war die – altkirchlich abgesegnete – Meinung, die ganze Welt sei voll von den verschiedensten »wettermacherin, milchdiebin, teuffelshurn«, die in alles und jedes eingriffen und geradezu zu Schutzheiligen eines jeden Lasters auf dieser Erde hochgebetet wurden. Einen solchen Glauben hat Martin von Anfang an in sich aufgenommen, denn auch hierin ging alles seinen normalen Gang.

Dabei ist gerade das Geburtsjahr 1483 nicht eben normal verlaufen. Es war ein bewegtes Jahr, auch nach unseren modernen Maßstäben. Die Zeitungen, hätte es sie nur gegeben, würden in ihren Rückblicken zum Jahreswechsel viel zu berichten gewußt haben: ein englischer König gestorben; sein Erbe, ein Kind, erwürgt; der mitschuldige Onkel dritter König dieses Jahres; auch der französische Souverän verstorben; neuer König ein Halbwüchsiger; Revolten in Portugal, in Spanien die gewohnte Welle der Inquisitionen, neue Morde dagegen zu Rom, und dann noch die Türken vor der Tür.

Auch in der römischen Kirche fand sich die immer wieder sich selbst gegenüber so beflissen beschworene Einheit nur auf dem Papier. Sie hauste in den Gebäuden der Gelehrten und hatte sich in die Schutzhütten der Orthodoxie zurückgezogen. Gewiß, die Guten hatten getreulich die biblischen Engel mit dem Flammenschwert aufgestellt, personalisiert in den Mächten von Kaiser und Papst. Der Hinweis auf »Kirchenbann« und »Reichsacht«, beide später auf Martin Luther angewandt, mag hier genügen. Doch erfüllten selbst diese Mächte die Erwartungen nicht; auch dafür steht die Geschichte dieses einen Menschen.

Was Deutschland betraf, von Luther später einmal die »verachtetste« der Nationen geheißen, so fand sich ein Land, das über und über besetzt war von Territorien, Observanzen, Dynastien, Ländchen, Städten und sonstigen Herrschaften, ein Gebiet, das Pflichten, Rechte, Instanzen und Privilegien jeder Provenienz überwucherten; mitten in diesem Gestrüpp sogar ein Volk, ebenso oft verwaltet wie vernachlässigt von Vätern aller Art, von Kurfürsten, Bischöfen, Herzögen, Grafen, Äbten, Edlen, aber auch von noch impotenteren Potentaten, alle miteinander verschwägert oder verfeindet oder beides zugleich, alle miteinander gerade noch auf das Karussell souveräner Selbstherrlichkeiten aufgesprungen und sich fürderhin ganz lustig im Kreise drehend, immer aber am Volk vorbei, das stand und gaffte, seiner eigenen Ausbeutung noch immer nicht achtend, abgelenkt von den großen Spielen der Zeit.

Über allem stand im übrigen ein Kaiser, oder besser unter allen der bloße Träger des Titels, ein Steiermärker, Friedrich mit Namen, in der amtlichen Zählung nach zwei bedeutenderen Vorgängern der dritte, als letzter Herrscher überhaupt in Rom anno 1452 vom Papst gekrönt, für kaum abzulebende 53 Jahre ein Reichsregent ohne rechte Reife zur Reform, an jener Bequemlichkeit und Bedürfnislosigkeit aber unübertroffen, die hin und wieder als bedächtige Geduld gerühmt wird, in seinem Deutschland kaum je zuhause, dennoch mit Hilfe einer nicht unüblen Heirats- und Erbdiplomatie bei aller unübersehbaren staatsrechtlichen Unordnung seines Regiments allzeit

Wahrer und Mehrer dieses Habsburger-Reiches, und als solcher gewiß eine zum Erbarmen eindrucksvolle Erscheinung.

So weit die Leitartikel der großen Welt. Nur aus Eisleben im Mansfeldischen gab es ganz und gar nichts Weltbewegendes zu erzählen, denn das Kind des Jahres 1483, das mehr als alle anderen einst für Schlagzeilen sorgen würde, war zum Jahreswechsel eben knappe zwei Monate alt und tat vorerst nicht viel anderes als andere Säuglinge. Es übte sich darin – Originalton Martin Luther – »zu scheißen, saichen, heulen und schreien«. Damit verdiente es sich sein Essen und Trinken »wie wir mit unseren guten Werken den Himmel«.

2.
Ein Knabe hat müssen 20 Jahre oder länger Latein studieren

Mansfeld und die Welt

Mit der Ruhe des kleinen Martin war es bald vorbei. Schon am Gregorius-Tag des Jahres 1488, am 12. März, dem traditionellen Termin für die Einschulung der »Schützen«, soll der Vater den noch nicht Fünfjährigen auf die vom Rat unterhaltene, nahe bei Sankt Georg gelegene Lateinschule der Stadt Mansfeld weggegeben haben, auf daß er »Schrift lerne«.

Über den Termin läßt sich streiten. Unbestritten dürfte hingegen sein, daß auch dann, wenn nicht schon 1488 als Einschulungsjahr angenommen wird, sondern 1491, gute Gründe für die Meinung anzuführen sind, ein so kleines Kind auf einer als so hart geschilderten Schule voller »Stockmeister«, voller professioneller Prügler also, habe einigen Schaden am Gemüt genommen. Daß das viele »steuppen« durch Präzeptoren, die »wie die hencker« dreinschlugen, ein Kind »vorzaget oder vorzweifelt« machen konnte, hat Luther selbst bezeugt.

Allerdings kann aus der späteren Aussage kaum geschlossen werden, er selber, Martin, sei jener Schar einzureihen gewesen, von der »man sihet, das keine Hoffnung da ist«. Luthers Verzweiflungen zur Klosterzeit bereits auf die Hoffnungslosigkeit der ersten Schule zu stützen, geht zu weit und zeichnet – aus parteilichen Gründen – einen förmlichen Leidensweg vor, der eines Tages mit innerer Notwendigkeit im Psychopathentum enden mußte.

Vielleicht gründet jene Auffassung auf einer realistischeren Argumentation, die davor warnt, das ohnehin bis etwa in das Jahr 1513 hinein recht dürftige Tatsachenmaterial zur Basis von besonders weitreichenden Folgerungen zu machen. Für die gesamte erste Hälfte des Lebens von Martin Luther und damit für über dreißig Jahre wird nämlich, aus Distanz betrachtet, nicht viel mehr angeboten als einige eher zufällig aus dem Gedächtnis überlieferte Sätze, die dem alten Herrn wichtig erschienen sein mochten, als es galt, spätere Thesen abzusegnen zu lassen.

In der Jugend selbst verfaßt in aller Regel kaum jemand eine Selbstbiographie, auch wenn er häufig mit sich selbst beschäftigt ist und über sich und seine Probleme nachdenkt. Also ist Vorsicht geboten, die Erinnerungsbrocken einer Spätzeit, so wichtig diese für die Erkenntnis eines vitalen Menschen sein mögen, zum System zu erheben. Wir zitieren daher zwar häufig den alten Luther auch jetzt schon, wenn er von seiner Frühzeit spricht, doch verlieren wir nicht aus den Augen, daß es sich bei alldem nur um Bruchstücke des Ganzen handelt.

Mehr wissen als mutmaßen können wir nur von der wirklich großen Historie jener Jahre, die da an Mansfelds Bürgern und Schülern vorbeigezogen sind.

Die Zeit stand nicht still, Martins späteres Milieu baute sich langsam, aber sicher auf, und die Themen der Leitartikler blieben spannend: Sixtus IV. della Rovere, der Papst des Geburtsjahres, war bereits 1484 von Innozenz VIII. Cibo abgelöst worden, dem berüchtigten Fertiger einer Bulle gegen das Hexenwesen. Dieses Machwerk segnete – auch dies kann diesem Unschuldigen nicht vergessen werden – das scheußliche Handwerk der Inquisitoren, wie es sich dann anno 1487 im »Hexenhammer« zweier deutscher Dominikaner-Mönche zum sadistischen Orgasmus steigerte, und garantierte ihm im voraus das päpstliche Wohlwollen.

Jener Innozenz, Papst der frühen Jahre Luthers, sollte noch, wenigstens mittelbar, die lutherischen Hauptkämpfe mitbestimmen: Er, der seinen außerehelichen Sohn mit einer Medici verheiratet und damit eine unter seinem anti-florentinisch gesinnten Vorgänger als ärgerlich geltende Verbindung zwischen dem Papsttum und Florenz gefördert hatte, tat noch mehr für seine neuen Affinitäten. Der Bruder seiner eben erst gewonnenen Schwiegertochter, auch er, ganz zeitgemäß, ein »natürlicher Sohn«, wurde, kaum vierzehn Jahre jung, zum Kardinal kreiert. Mit dieser Erhebung aber hatte der Medici die erste Stufe der Treppe erklommen, die ihn einige Zeit darauf zu jenem Papst Leo X. machen würde, der im Jahre 1521 den ketzerischen Bruder Martinus Luther mit seinem Bann belegen wird.

Das Jahr 1485 brachte schließlich Neuerungen, die auch für die Region Mansfeld nicht ohne Interesse waren: Hatte das Gebiet der Wettiner, der Landesfürsten also, noch vor kurzem neben dem der Habsburger als das ausladendste in ganz Deutschland gegolten – es erstreckte sich von der Werra bis zum Erzgebirge und umfaßte innerhalb des immer wieder auseinanderbrechenden Reiches ein relativ geschlossenes Territorium – und hatte gerade das 15. Jahrhundert dem Hause nach dem Aussterben des sächsischen Askanier noch das Herzogtum Sachsen-Wittenberg zusammen mit der wichtigen Kurwürde eingetragen, so erlitt die landesherrliche Gewalt der Wettiner neuerdings durch selbstverschuldete Teilungen empfindliche Einbußen. Als Friedrich II. von Sachsen verstorben war, hatten zwar seine Söhne Ernst und Albrecht anno 1464 die Regierung gemeinsam übernommen, und 1482 war auch die thüringische Nebenlinie des Hauses erloschen, so daß Thüringen wieder mit dem Gesamtbesitz der Wettiner vereinigt werden konnte. Doch tat die Doppelregierung der beiden Brüder nicht gut. Bald setzten neue Teilungsverhandlungen ein, und 1485 kam es im Vertrag von Leipzig zu der auch für Luthers Belange folgenschweren Trennung in zwei Parteien: Ernst erhielt Wittenberg, die nachmalige Luther-Stadt, das südliche Thüringen und das südwestliche Sachsen zugesprochen, ferner die Kurwürde. Albrecht aber behielt einen herzhaften Rest mit den Schwerpunkten Dresden, Meißen und Freiberg, alles in allem nicht die schlechtere Wahl.

Daß alsbald eine albertinische und eine ernestinische Linie gezählt wurden, verstand sich jetzt von selbst. Die erstere erwies sich als politisch beherzter, wie sich schon nach wenigen Jahrzehnten herausstellen sollte. In Sachsen ist sie übrigens bis 1918 an der Regierung geblieben. Die Ernestiner hingegen bewiesen weniger Geschick, splitterten sich immer wieder auf und retteten sich doch noch mit Anteilen an den Königshäusern von England, Belgien, Bulgarien, Rußland und Portugal ins 19. Jahrhundert hinein. Martin Luther blieb ein Leben lang Untertan dieser Linie, die die ererbte Kurwürde wenigstens bis ins Jahr nach Luthers Tod gegen die Albertiner verteidigen konnte. Vorher würde es den neidischen Vettern nicht gelingen, das »Hütlein« zu ergattern. Luthers entschiedenster politischer Feind, Herzog Georg der Bärtige von Sachsen, wird zwar während seiner ganzen Regierungszeit versuchen, den glücklicheren Friedrich, Luthers Souverän und Schirmherr, um die Kurwürde zu bringen. Doch erst sein Nachfolger Moritz sollte den Hut von den politisch falsch orientierten Ernestinern erben.

Anlaß zu Streit und Neid gab es zur Genüge, und eben diese Konstellation der feindlichen Vettern bestimmte das Milieu der Bewegung Luthers aufs eindrücklichste mit. Der Leipziger Vertrag von 1485 hatte keine wirklichen Grenzen zu ziehen vermocht und dies wohl auch gar nicht beabsichtigt. Die aufgeteilten Gebiete überschnitten sich kreuz und quer, und manche Rechte, nicht zuletzt die Bergwerkseinkünfte, blieben sogar gemeinsamer Besitz, allerdings auch ständige Versuchung, ein Nachfassen wenigstens zu probieren. Auf Kurfürst

Ernst, den Teiler, folgte dann schon 1486 sein Sohn Friedrich, später der Weise geheißen. Im gleichen Jahr 1486 wurde Maximilian, noch zu Lebzeiten seines bedächtigen Vaters Friedrich III., zum deutschen König gewählt. Die habsburgische Erbfolge galt als gesichert. Was daraus werden würde, war allerdings weniger klar.

Lateinschulen

Martin Luther sitzt Anfang der neunziger Jahre des Jahrhunderts, da sich sein Milieu entwickelt, in der Schule zu Mansfeld. Die Fächer, in denen er damals unterwiesen worden ist, hießen simpel Schreiben, Lesen, Singen, Latein. Vor allem Latein, immer wieder Latein, »viel bös Latein«, des Guten nun doch zuviel.

Viel mehr ist über die allgemeine Schulsituation der Epoche nicht zu sagen, und noch viel weniger, bei der erwähnten Quellenlage, über das Problem, inwieweit sich generelle Erkenntnisse in Sachen Schule überhaupt auf die speziellen Verhältnisse zu Mansfeld, auf Martin selbst, übertragen lassen. Gewiß hat Luther später, so etwa in der 1524 erschienenen und bei Lukas Cranach gedruckten Schrift »An die Ratsherren aller Städte deutschen Landes, daß sie christliche Schulen aufrichten und halten sollen« an kritischen Urteilen über den Unterricht seiner Zeit nicht gespart. Allein, dieses Sendschreiben stellt weniger einen Rückblick auf die eigenen Erfahrungen mit der Schule dar, der getrost als Grundlage biographischer Deutung gelten dürfte, als eine mit humanistischer Kritik und reformatorischer Argumentation angereicherte Programmschrift. Nicht wie es einmal war, sondern wie es künftig sein soll, will der Autor umschreiben. Seinen übrigen Äußerungen ergeht es kaum anders. Auch sie sind nur bedingt beweiskräftig.

Dennoch ist nicht zu übersehen, daß Luther festgestellt hat, die Kinder hätten viel Unnützes lernen müssen, die lateinische Sprache habe den Unterricht fast ganz dominiert (der Deutschunterricht läßt noch ein gutes Jahrhundert auf sich warten), die von ihm besuchte Schule sei »unendlich elend« gewesen, die Schulmeister dürften durchaus als »ungeschickt«, ja als »Tyrannen« angesprochen werden, und einer von ihnen habe gar den kleinen Martin an einem einzigen Tag nicht weniger als fünfzehnmal »wacker gestrichen«. Auch hätten sich in der Schule jene »Lupizettel« gefunden, die uns auch sonst begegnen: Auf ihnen mußte ein den Kameraden unbekannt bleibender Schüler, der »Wolf«, seine Mitschüler notieren, wenn sie fluchten oder gar deutsch statt lateinisch sprachen. Später konnte dann der Stockmeister über die Denunzierten kommen, Notiz für Notiz ein Schlag, Strich um Strich ein Streich, so recht Auge um Auge, Zahn um Zahn.

Ein uneingeschränktes Züchtigungsrecht hat es jedoch nicht gegeben. Eltern und Magistrate beugten schon mit Hilfe von besonderen Schulverträgen, die relativ kurze Kündigungsfristen enthielten, einer sadistisch auswuchernden Pädagogik vor. »Puß und straff« trifft den Schulmeister, wenn er mit den ihm anvertrauten Kindern »grausamlich« verfährt, statt sie mit »züchtigen unterweißlichen worten und geperden« der als unerläßlich erachteten Ordnung anzunähern. Das Schlagen aber bleibt grundsätzlich erlaubt, wenn auch, wie etwa in Nürnberg, nur »mit Ruten in den Äfftern ziemlicher Weis«, nicht jedoch »auf Haupt, Hand oder sonst gröblich«.

Eine Vorstellung von der Häufigkeit des Schlagens läßt sich gewinnen, wenn man von einem deutschen Schulmeister hört, der sich rühmt, im Laufe seines Berufslebens 911 527 Stockhiebe, 124 000 Peitschenhiebe, 136 715 Schläge mit bloßer Hand und 1 115 800 Ohrfeigen verteilt zu haben ...

Selbst Luthers Neuerung hat an dieser Einstellung kaum etwas geändert, nicht einmal im heimatlichen Mansfeld, dessen Schulordnung aus dem Jahre 1580 alle Einrichtungen von ehedem getreulich wieder auflistet, die Rute, den Wolfszettel und auch den hölzernen Eselskragen, Auszeichnung für die jeweils schlimmsten Rangen. Eine rauhe Behandlung blieb über alle Konfessionsgrenzen hinweg, auf Jahrhunderte hinaus, Markenzeichen deutscher Erziehung. Die Vorstellung von der Zerbrechlichkeit der Kinder wie die von der moralischen Verantwortung der Lehrpersonen setzten sich erst langsam durch, und das mittelalterliche Bestreben, Kinder zu demütigen, läßt erst viel später nach.

Martin hat seinerzeit, alles in allem, »fein fleissig und schleunig« gelernt. Auch das kann nicht übergangen werden. So ganz mangelhaft war das Schulsystem denn doch nicht. Es gab schon Lernfortschritte. Für sie verantwortlich waren seit der zweiten Hälfte des 15. Jahrhunderts mehr und mehr höher graduierte Akademiker, denen ein löblicher Magistrat seine Schule – wie dem Müller die Stadtmühle – zu Nutz und Frommen übertragen hatte. Kleinere Kommunen mußten sich allerdings mit einem – zum steten Ortswechsel aufgelegten – Hilfspersonal bescheiden, mit einem bloßen Bakkalaureus etwa oder auch mit einfachen Bachanten, mit älteren oder gar fahrenden Schülern, von Luther später als »grobe esel und tulpel« apostrophiert. Der Lehrer war eben kein gelehrter oder origineller Denker, Dialektiker oder Logiker mehr, der für seine pädagogischen Fähigkeiten bekannt gewesen wäre, sondern er wurde zunehmend zum Pedanten, zum Schulfuchs, zu einem wenig respektierten Pauker.

Er hatte, vor allem mit dem alltäglichen Einpauken, alle Hände voll zu tun. Er sollte – mit Hilfe des »Donat«, wie die gängige spätantike Grammatik genannt wurde – ein Latein weitergeben, das ihm, vor nicht allzu langer Zeit, selber eingebleut worden war. Gedruckte Bücher fanden sich so gut wie nicht, und mangelnde pädagogische Fähigkeiten fielen weniger ins Gewicht. Die Schultradition erhielt sich von selbst, ersetzte gar, was dem einzelnen abging, und war kaum auf neue Ziele und Unterrichtsstoffe aus. Erst der Humanismus würde umfassender aufklären, auch wenn selbst ihm, der den Menschen als solchen zu bilden suchte, noch zu weiten Teilen der Sinn für die kindliche Besonderheit und die Kenntnis kindlicher Psychologie abgingen.

Vorab blieb alles beim alten. Es galt, das Lesen zu erlernen, was sonst? Die Theorie sprach zwar noch immer von der antiken Trias Grammatik, Logik und Rhetorik. Doch die Grammatik hatte, vor allem an den Zwergschulen, die beiden anderen Disziplinen ihrer früheren Ebenbürtigkeit beraubt. Der Inhalt der Leseübungen war religiös: Gebote, Sakramente, Gebete, Schlüsselgewalt des römischen Papstes, Paternoster, Benedicite, Gratias und Schluß. Die Lesefibel ist damit Religionsbuch und Lesehilfe in einem. Der Disziplin Singen ging es ähnlich, zumal die Schüler durch ihren »andechtiglichen« Gesang auch das Volk »zur andacht raitzen« sollten.

Über allem stand – mitten in Deutschland – das Latein, Lernsprache, Schulsprache, Schreib- und Lesesprache, Sprache der Wissenschaft wie der Liturgie, ja selbst Spielsprache in einem. Es wurde an der großen Tafel angeschrieben, immer wieder eingetrichtert, diktiert, distinguiert, konstruiert, exponiert und rekapituliert. Schulbücher für den einzelnen Schüler gab es nicht. Das Schulkind mußte alles Notwendige – nach Luther »auf dem Nägelein«, d. h. hundertprozentig – auswendig können, denn die Niederschrift stand im Verdacht, der Faulheit Vorschub zu leisten. Als einzig verläßliche Art von Wissen galt dasjenige im Kopf, und so blieb – bis zum breiteren Aufkommen der Druckkunst – der Unterricht hauptsächlich auf das Mündliche und das Repetieren beschränkt. Von abgestuften Lehrprogrammen war keine Rede.

Politisch wurde in solcher Schule nicht erzogen, auch im Handwerk lernte der Lehrling nur das Zurhandgehen. Begründungen wurden, wenn überhaupt, nachgereicht. Solche Mängel rächten sich in unserem Fall spätestens zu dem Zeitpunkt, da der Mönch Martinus – von heute auf morgen – zum Mitgestalter einer ganzen Welt voller Politiker werden sollte – und nicht im geringsten, von seiner religiösen Formung im Kloster einmal abgesehen, auf eine solch weltliche Aufgabe vorbereitet war.

Übrigens wurde auch Rechnen nicht gelehrt. Adam Riese, seit 1522 Rechenmeister zu Erfurt, läßt noch auf sich warten. Kaum ein Wort war über Naturkunde und Geographie auf dieser flachen Erdenscheibe zu hören, um die eine gute Sonne kreiste. Keine Rede war wohl auch von den Fernwehkranken, von den Indien-Fahrern, schon gar nicht vom fremden Columbus, der anno 1492 aufgebrochen war, der europäischen Politik neue Territorien zu erschließen, vielleicht auch der Religion weitere Taufobjekte auszukundschaften. Die auf dem Boden empirischer Beobachtungen erzielten Fortschritte der Astronomie oder der wissenschaftlichen Kartographie nützen fürs erste allein dem aufkommenden Welthandel, nicht aber der Schule, schon gar nicht dem Weltbild der herkömmlichen Theologie. Luther selbst erklärt noch 1539, er für sein Teil glaube lieber der Heiligen Schrift, »denn Josua hieß die Sonne stillstehen, nicht die Erde«. Eine kopernikanische Wende war ihm immer verdächtig.

Mansfeld bleibt zurück. Luther auch. In seinem Leben ist vieles von dem bedeutsam geblieben, was er nicht gelernt hatte, nicht lernen durfte. Dennoch hat er auch gutes Handwerkszeug in seinen Schulsack gepackt bekommen. Immerhin hat er in einer kultivierten, wie gestochen schön ziselierten Handschrift, die er sich zeitlebens bewahrte, schreiben gelernt, und selbst Latein, in dem er sich stets sicher fühlte, wenn er auch, als die Zeit erfüllt war, die Fesseln der mittelalterlichen und nicht eben klassisch reinen Sprache der Kleriker abgeworfen hat, um beinahe von einem Tag zum anderen Deutschlands großer Sprachmeister zu werden.

All dies mutet merkwürdig an. Seltsam doppelbödig ist die Schulzeit Luthers: Es wird gelernt, aber auch nicht; der Schulmeister prügelt, doch nicht zu sehr; der Schüler erfährt vieles, noch mehr aber nicht. Luther schließt seine eigenen Eindrücke in den Satz, die Schule sei vor allem gewesen »die Hölle und das Fegfeuer, da wir innen gemartert sind über den casualibus und temporalibus, da wir denn doch nichts denn eitel nichts gelernt haben durch so viel Stäupen, Zittern, Angst und Jammer«. Er weiß auch, in der rechtfertigenden Erkenntnis seines Alters, daß es »ein elender Jammer bisher gewesen« ist, wenn »ein Knabe hat müssen 20 Jahre oder länger studieren, allein daß er so viel bös Latein hat gelernt, daß er möchte Pfaff werden und Messe lesen«.

Latein, Grammatik und Rhetorik konnte in der damaligen Gesellschaft jedoch auch der Nichtkleriker, der künftige Stadtschreiber, Notar, Kaufmann brauchen, nicht nur das Mönchlein. Doch das sieht der Alte ungern, denn später muß er sich selber bestätigen, der geprügelte Lateinknabe sei »doch ein armer, ungelehrter Mensch sein Leben lang geblieben, der weder zum Glucken noch zum Eierlegen getauget«. Und was die Lehrkräfte betrifft, so hätten diese »selbst nichts gekonnt und nichts Gutes und Rechtes mögen lehren, ja auch die Weise nicht gewußt, wie man doch lernen und lehren sollte«. Denn, Ursache allen Übels, wie er inzwischen, nach den Durchbrüchen der eigenen Bewegung, weiß, sind all die »tollen Mönchs- und Sophistenbücher« gewesen, von denen das Sprichwort gilt, »eine Dohle heckt keine Tauben, und ein Narr macht keinen Klugen«.

Das Magdeburger Jahr

Im Frühjahr 1497 – inzwischen war Karl VIII. von Frankreich durch ganz Italien gezogen, in Triumphen hin und überstürzt wieder zurück; unterdessen waren unter dem Zeichen des Bundschuh die ersten Verschwörungen des gemeinen Mannes aufgebrochen; in der Zwischenzeit war ein spanisch-habsburgisches Heiratsbündnis zustande gekommen – in diesem Frühjahr also drohte Savonarola endgültig der Bann des Papstes Alexander VI., und der fast dreißig Jahre jüngere Martin Luther wurde auf eine neue Lehranstalt geschickt, diesmal nach Magdeburg, ins »Elend«, dem bezeichnenden Synonym für die Fremde.

Dieser Wechsel des Schulortes war so ungewöhnlich nicht. Vom gewöhnlichen Kind der städtischen Mittelklasse hat das Leben jener Zeit immer wieder schwierige – physische wie emotionale – Anpassungen verlangt. Und auch die Schulsituation forderte ihre Opfer. Vagabunden hatte es stets gegeben. Bei den einen von ihnen war der Wandertrieb um einiges stärker entwickelt als der Lerneifer, so daß eigene Gerichtsbarkeiten, vor allem in Sachen Diebstahl und Bettelei, Polizeiordnungen wie auch detaillierte Vorschriften über die fristgerechte Zahlung des Schulgeldes der Obrigkeit nicht überflüssig erschienen waren. Andere Scholaren wollten einfach andere Städte, Schulen, Lehrer kennenlernen und ihr Wissen auf diese Weise anreichern. Hinzu kam der gute Ruf bestimmter auswärtiger Schulen, die »man« besucht haben mußte. Magdeburg gehörte zu diesen. Von Mansfeld aus war die Stadt gut zu erreichen.

Hans Luder ließ also seinen Ältesten ziehen, zusammen mit dessen Freund Hans Reinecker, dem Sohn eines Hüttenmeisters, zu dem Luder geschäftliche Beziehungen unterhielt. In Magdeburg lebte außerdem, auch das war den Eltern nicht unangenehm, ein aus Mansfeld stammender erzbischöflicher Beamter, Paul Moßhauer, der Martin hin und wieder, vielleicht sogar regelmäßig, an seinen Tisch laden würde. Für seine sonstige Verköstigung hatte der Vierzehnjährige nach altem Brauch selbst zu sorgen.

An diesem Punkt setzen einige Schwierigkeiten ein, zumal Luther selbst so gut wie nicht aus seiner Magdeburger Zeit berichtet hat. Wir wissen nicht einmal ganz genau, welche der Schulen jener Stadt er besucht hat. Immerhin findet sich ein Hinweis in einem Brief aus dem Jahre 1522, in dem er mitteilt, er sei zu den »Nullbrüdern« gegangen. Diese waren keine Franziskaner, sondern »Brüder vom gemeinsamen Leben«, die vermutlich eine eigene Schule unterhalten haben. Die städtischen Urkunden erwähnen jedoch eine solche nicht. Ob Martin gar als Pensionär in einem Kosthaus der Brüder gewohnt hat, muß ebenso offen bleiben. Eher dürfte der Junge in einem Bürgerhaus sein »Losament« gefunden haben. Auch hat er damals, wie durchaus üblich, auf den Straßen um Brot gesungen und sein »panem propter deum« geschrien.

Daß Schüler vom Betteln lebten, ist für das Deutschland des 16. Jahrhunderts vielfach bezeugt. Die Schüler waren Bestandteil einer Welt, der auch die Söldner, die Lehrlinge und die Bettler zugerechnet wurden. Betteln wurde, falls es nicht überhand nahm, von der Öffentlichkeit geduldet, wenn auch nicht gutgeheißen. Vor allem die fahrenden Schüler machten sich diese Einstellung zunutze, indem sie die Jüngeren auf die Bettelei abrichteten, während sich die Älteren das Stehlen reservierten. Die Schüler, welche weit von ihren Eltern entfernt wohnten, konnten sich auf diese Weise ihr Essen aufbessern. Besonders reiche Ernte gab es zum Tag des heiligen Martin.

Spezielle Eindrücke hat Martins Erfahrung nicht hinterlassen. Bei einem Vierzehnjährigen sollte auch kein auffallendes Interesse für Frömmigkeit vermutet werden. Die damals bevorzugte »devotio moderna«, eine verinnerlichte Glaubensfrömmigkeit mit dem Ziel der Konversion, hat ihn nicht beeindruckt. Mehr Aufmerksamkeit scheint der Junge einer flüchtigen Begegnung auf der Straße mit dem Franziskaner-Mönch Ludwig geschenkt zu haben, einem früheren Fürsten von Anhalt-Zerbst, der seine Herkunft besiegt hatte und trotz seiner Gebrechlichkeit hin und wieder mit dem Bettelsack seines Ordens auf dem Rücken, ein Paradestück zeitgenössischer Askese, durch die Stadt zog: »wer jn ansahe, der schmatzt für andacht und muste sich seines standes schemen.« Luther spricht noch 1533 von diesem Ereignis.

Daß Martin diese Scham zum Anlaß einer Wendung hin zum Mönchtum genommen hätte, hat er hingegen nicht behauptet. Das Magdeburger Jahr hat keinen Bruch eingeleitet. 1498 war der Aufenthalt in dieser Stadt auch wieder beendet. Die geläufige These, Luther habe seine ganze Jugend hindurch den äußerlichen Werkdienst des Katholizismus erleben und einüben müssen, um sich erst später zu einer evangelischen und damit gesetzesfreieren Haltung durchringen zu können, findet in der Magdeburger Periode keine wirkliche Stütze.

Eisenach 1498

Der neue Schulort, eine weitere Entwurzelung, war Eisenach, wohl seit dem Frühjahr jenes Jahres 1498, das die Verbrennung des ketzerischen Rebellen Savonarola erleben sollte, aber auch den Tod Karls VIII., der nicht einmal dreißig Jahre alt geworden war. Weshalb im übrigen gerade Eisenach gewählt wurde, obwohl mitnichten ein abgelegenes Landstädtchen, das keinen Vergleich mit Magdeburg hätte aushalten können, ist unbekannt geblieben. Vermutlich wollten die Eltern ihren Jungen den dort ansässigen Verwandten, darunter einem Küster an Sankt Nikolai und seiner Frau, anvertraut sehen. Luther hat sich später revanchiert und diesen Konrad Hutter im Jahre 1507 zur Feier seiner Primiz eingeladen. Doch vorerst konnten diese Verwandten dem Schüler in der um dreitausend Einwohner zählenden Stadt, die seit geraumer Zeit in wirtschaftlichem Stillstand verharrte und allenfalls als Stapelplatz von Klerikern und Pfaffennest galt, nicht einmal ein Freiquartier bieten. Vielleicht wollte die Verwandtschaft aber auch gar nicht. Es blieb also beim gewohnten Singen auf den Straßen, Martin hat wieder einmal »das Brot für den heusern genommen, sonderlich zu Eisenach jnn meiner lieben stadt«, eine Äußerung, die zum Anlaß goldener Legenden über gerührte Witwen und Matronen wurde, die da ihr Herz für das hungernde und frierende Bübchen entdeckt haben sollen.

Wirklich in ihre Wohnungen an der Georgenstraße aufgenommen – der Grund dafür bleibt unklar, sogar pädophile Sinnlichkeit wird genannt –, hat den Schüler erst die Sippe der Cotta und der Schalbe, die zu den vornehmsten und begütertsten der Stadt zählte. In ihrem Kreis erwartete Martin eine abgeklärte, patrizisch gebildete Lebensart und, endlich, auch eine Heimat. Da wurden Begabungen geweckt und gefördert, und Martin entdeckte sein musikalisches Talent, zeitlebens seine liebste – und einzige – Kunst. Weitere Anregungen, vor allem religiöser Art, kamen aus dem geselligen Kollegium des Johannes Braun, eines Stiftsvikars zu Sankt Marien. Gute Bekannte fanden sich auch im kleineren Barfüßerkloster am Fuß der Wartburg, das von der tätigen Verehrung der Lokalheiligen Elisabeth von Thüringen lebte.

Besondere Beachtung hat in diesem Zusammenhang die Historie des visionären Johann Hilten gefunden, die Luther erwähnt hat: Die Barfüßer sollen, einer bestimmten Überlieferung zufolge, diesen einen von ihnen, durchaus ein Zeichen der Zeit, lebenslänglich eingekerkert oder zumindest »in väterliche Absperrung« genommen haben, weil er allzu gefährliche Prophezeiungen geäußert hatte, die dem Buche des Propheten Daniel und der Apokalypse des Johannes entlehnt waren und sich in ähnlicher Form auch bei anderen Bußpredigern der härteren Gangart fanden. Die düsteren Weissagungen vom Weltende, die just die Jahre zwischen 1514 und 1516 als Datum des großen Umsturzes und der endgültigen Bestrafung der Hure Rom bezeichnet hatten, mögen dem späteren Umwender Luther (»Ein ander wird nach mir kommen, den werdet ihr sehen!«) auf halbem Wege entgegengekommen sein; allzu viel kann ihnen jedoch nicht abverlangt werden. Sie haben allenfalls das Milieu, in das Luther treten würde, farbiger gemacht.

Der junge Martin hatte kaum etwas mit irgendwelchen Visionen im Sinn. Er war nach Eisenach geschickt worden, um seine restliche Schulzeit hinter sich zu bringen. An einen Abbruch der Studien, von dem einige wissen wollen, war nicht gedacht. Äußere Not scheint solche Gedanken so oder so nicht befördert zu haben. Luther besuchte vielmehr die Schule bei Sankt Georg, in der Nähe der Barfüßer gelegen, geleitet von dem tüchtigen Rektor Johannes Trebonius. Alles in allem eine angenehmere Anstalt als die zu Mansfeld oder Magdeburg, doch in Sachen Stock und Asinus ohne abweichende Tradition.

Der Schüler blieb drei Jahre, lernte den Lehrer Wigand Güldenapf aus Fritzlar schätzen, behielt ihn in dankbarer Erinnerung und machte ansonsten die üblichen Fortschritte der letzten Schuljahre: neben dem unvermeidlichen Latein auch und gerade in der »ars dicendi« und in der »Poesie«.

Von krankhaften Störungen und von pubertären Exzessen, was immer dies sein mag, berichten nur Interessierte. Martin Luther ist gesund gewesen und geblieben, ein völlig normaler junger Mann, mit allem, was nach menschlicher Erfahrung dazu gehört. Die Forschung wird davon ausgehen können, daß weder jene psychoinfantile Kälte, die ihm manche zuschreiben wollten, noch jene überhitzte Brunst, die das andere Lager für ihn bereitgehalten hat, auf ihn zutreffen. Warum soll der pubertierende Luther nicht jene vom eigenen Geschlecht bestimmten Anlagen gefühlt haben, die sein späteres Leben prägen? Ohne diese Vitalität wäre er defekt gewesen. Das Recht auf Persönlichkeit darf ihm belassen werden.

Im übrigen galt beispielsweise die Masturbation in der damaligen Gesellschaft nicht im gleichen Maße für sündhaft, wie dies die neuzeitlichen Prediger gerne gesehen hätten: Hauptgegenstand der sexuellen Normierung war eher die Homosexualität. Noch Jean Gerson klagt im 15. Jahrhundert darüber, daß Erwachsene ihm erzählten, sie hätten nie davon gehört, daß die Masturbation eine Sünde sei. Die Beichtväter müssen, so sein Rat, eigens danach fragen: »Mein Freund, berührst oder reibst du deine Rute, wie es die Kinder zu tun pflegen?« Bestrebungen, diese Gepflogenheiten unter Kontrolle zu bringen und sie gar als schwere Sünde wie als Mißbrauch der Natur zu brandmarken, sind neueren Datums. Seinerzeit wurde wenig Aufhebens davon gemacht – und schon gar nicht so pervers wie später von Irrsinn oder Epilepsie, Blindheit und Tod als den unausweichlichen Folgen solchen »Exzesses« gesprochen.

Nun gut, die ganze Welt sah etwas freundlicher als bisher drein. Auch der Vater erlebte bessere Tage. Er hatte seine Schulden bei den Kupferhändlern abgetragen und schließlich sogar erste Beträge beiseite legen können. Da der Sohn in der Schule gut vorangekommen war, beschloß Hans Luder, seinem Martin ein Studium zu ermöglichen. Als Universität wurde das berühmte Erfurt in Aussicht genommen. Ende April 1501 ist der junge Mann dort als »Martin Ludher ex Mansfelt« intituliert worden.

3.
Erfurt ist nicht besser gewesen als ein Huren- und Bierhaus

Stadt der Farben und der Gärten

Eisenach ist damit gegen Erfurt eingetauscht, im Jahre 1501, da die ferne Weltgeschichte die Eroberung Neapels durch Ludwig XII. von Frankreich und Ferrante von Aragon – beide um einiges erfolgreicher als seinerzeit Karl VIII. – zu vermelden hat und da – etwas näherliegend – Jakob Wimphelings Streitschrift »Germania« den Autoritäten zu Straßburg die Ideale frühen bürgerlichen Geistes nahezubringen versucht. Luther wechselt in jenem Jahr zum zweiten Mal in seinem Leben von der Kleinstadt in die Großstadt. Während jedoch Magdeburg den Mansfelder Jungen anno 1497 kaum beeindruckt hatte, sollte das allgemein als modern geltende Erfurt diesen Studenten eindringlicher berühren, als dieser selbst es sich hätte vorstellen können. Drastisch genug redet noch der später nach Wittenberg Berufene, wo sich vor allem viel Sand fand, von einem »äußerst fruchtbaren Bethlehem«, von einem »Brothaus« also, gelegen am Schnittpunkt der wichtigen Straßen, die den Verkehr vom Rhein zur Pleiße und Oder, von Donau und Main zur Elbe und den Seehäfen der Hanse trugen. Im Unterschied zum mittelalterlichen Fernhandel, der im wesentlichen nur die Bedürfnisse des Adels und des reichen Bürgertums gedeckt hatte, erfaßte der neuzeitliche Handel immer mehr Massenbedarfsgüter und Rohstoffe, und über das sich verdichtende Netz von Straßen und Märkten erreichten billige Waren breite Bevölkerungsschichten. Das dafür notwendige Transportwesen wurde zunehmend ausgebaut, Fernhandelsstraßen wurden immer häufiger angelegt, und Städte an den Kreuzungspunkten wie Erfurt konnten sich freuen.

Diese Stadt, sprichwörtlich turmbewehrt, war voller Leben, gesegnet mit natürlichen Gaben, im Handel emsig. Getreide, eine sichere Ernte jeden Jahres, konnte sogar exportiert werden; auch Karpfen- und Forellenteiche fanden sich in der Stadt; der Magistrat zog aus den Fischpachten der Wallgräben, welche Erfurt umgaben, willkommenen Zugewinn; Weinberge fehlten damals selbst im Stadtgebiet nicht; der Anbau von Sonderkulturen und gewerblichen Nutzpflanzen nahm zu, und das Ausfuhrgeschäft blühte. Noch hatte der Hopfenanbau die Reben nicht verdrängt, und Luthers Wort vom »Bierhaus» paßt erst auf spätere Perioden. Vorerst gilt seine andere Meinung: »Wenn sie nur den halben weinwachs hetten, wären sie sehr reich; war der wein im überfluß, konten sie es nicht bestreiten, gaben den wein umb das holtz«, verramschten ihn also.

Auch der Handel mit dem Färberwaid, dem deutschen Indigo, zu Recht das Goldene Vließ des Erfurter Wohlstandes geheißen, florierte zu Luthers Studentenzeit noch. Wer die tiefblaue Farbe schätzte, welche aus den dem Raps verwandten Blüten gewonnen werden konnte, mußte sich wohl oder übel an die weidlich ausgenutzten Monopole der Erfurter halten. Luther, aufgrund heimatlicher Erfahrungen und ererbter Vorstellungen diesem unseriös erscheinenden Großhandel weniger als dem bäuerlich bestimmten Getreideanbau zugetan, wettert einmal über solche »schalkait« seiner nur mäßig geliebten Thüringer: »Wo früher Getreide wuchs, da muß nun waidt wachsen, welcher die erde also verbrennt und die erden aussauget . . .« Nun, die Ernteergebnisse haben diese Ansicht eines Laien nicht bestätigen können. Viele Erfurter, »des Heiligen Römischen Reiches Gärtner«, arbeiteten nach wie vor dem Färbergewerbe zu, und nicht zu ihrem Schaden.

Die günstige Verkehrslage der Stadt tat ein übriges. Indische Gewürze etwa, die über Nürnberg kamen, konnten die thüringischen Städte nur aus Erfurt erhalten, ebenso Pelzwerk aus dem Norden. Noch immer ging der Verkehr der norddeutschen wie der skandinavischen Länder mit Südeuropa und dem Orient über diese Stadt, wenn auch unter der stillschweigenden Voraussetzung, daß die sächsischen Herrscher die lebensnotwendigen Zufahrtswege offenhielten. Daß dies auch einmal anders sein könnte, wollte Erfurt erst gar nicht bedenken. Die Stadt expandierte weiter. Trotz der ständigen Bedrohung des Außenhandels durch eventuell verstimmte Landesfürsten weitete Erfurt die eigene politische Macht Stück um Stück aus. Das Territorium der Stadt war bereits auf sechshundert Quadratkilometer angewachsen; es umfaßte nicht weniger als 89 Ortschaften.

Zwischen Mainz und Kursachsen

Gleichwohl hatten die Erfurter ebensowenig wie die Magdeburger eine wirkliche Selbständigkeit erringen können. Die Stadt war und blieb, so die Auskunft des Stadtsiegels, die »treue Tochter des Mainzer Stuhls« – und damit Untertanin der Pfaffheit, steten klerikalen Ansprüchen ausgesetzt, in den städtischen Rechten eingeschränkt. Von einer wirklichen Reichsunmittelbarkeit war nicht zu reden, dafür sorgten seit 1483 auch noch die Wettiner Schutz- und Schirmherren, die ihre Hilfe eher aufgedrängt als angeboten hatten. Erfurt saß damit, ein sprechendes Exempel für die deutschen Zerstückelungen wie für die zunehmende Macht der deutschen Territorialfürsten, zwischen Sachsen und dem Mainzer Erzbischof. Eine räumliche Deckung von weltlichen und geistlichen Herrschaftsbezirken fand sich ohnedies nirgends. Die Territorialgrenzen wurden überall von Diözesangebieten durchbrochen und überlagert. Erfurt spürte das am eigenen Leib.

Künftig wurde die Stadt in die politischen Händel ihrer beiden Herrschaften miteinbezogen. Daß die Bürger wußten, ihre starken Befestigungsanlagen mit 475 Geschützen auf Türmen und Wällen sowie die – von Luther später als uneinnehmbar eingeschätzte – Zitadelle boten einen gewissen Schutz nach außen, half demgegenüber nicht viel.

Im Innern war die Lage auch nicht nur glänzend. Das mit seinen gut 20 000 Einwohnern zu den volkreichsten Städten des Reiches zählende Erfurt – Mainz hatte, zum Vergleich, nur ein Drittel, Leipzig gar nur ein Viertel dieser Zahl aufzuweisen – litt stets, nach böser Zeitsitte, unter Bränden, Überschwemmungen, Seuchen sowie der jeweiligen »Pest«, und die städtischen Finanzen waren nicht gesund: Reiche Privatleute gab es zwar genug, doch haben solche kaum einmal für das Ausbleiben öffentlicher Armut bürgen können oder wollen. Schon zur Luther-Zeit zeichnet sich der langsame Verfall dieses Stadtstaates ab. Er war nicht zuletzt wegen der Kontributionen an Mainz hoch verschuldet, zu hoch. Die Suche nach neuen Steuerquellen, untrügliches Merkmal solcher Notlagen, mußte bald zur Gewohnheit werden. Der Silbergehalt der Stadtmünzen wurde herabgesetzt, und kleine wie kleinste Münzlein fanden sich. Eines von ihnen, ein halber Pfennig, der »Scherf«, taucht eines Tages wieder aus dem Gedächtnis Luthers auf, als dieser seine berühmte Bibelübersetzung betreibt. Er gelangt auf diese Weise, als das Scherflein der Witwe (Lk 21, 3), in den gemeinen deutschen Sprachbesitz.

Es ging aber nicht nur der Kommune, sondern auch der Mehrzahl der Erfurter nicht ganz so gut, wie es der natürliche Reichtum der Region hätte erwarten lassen. Die Wohnungen in den Vorstädten sahen kümmerlichen Lehmhütten gleich, und selbst die Begüterten wohnten in eher dürftig ausgestatteten Behausungen, wenn auch nicht selten – ziemlich ungewöhnlich für jene Zeit – in solchen aus Stein. Wirklich feuerfest, massiv und geräumig waren nur die riesigen Lagerhallen für den Waid gebaut, die manches Jahrhundert überdauern sollten. Weniger stabil waren indes die Straßen, Gassen und Wege der berühmten Stadt. Allesamt waren sie krumm, wiesen tote Winkel auf, blieben unberührt von den Vorschriften einer eventuellen Bauaufsicht, immer noch dem Belieben der Bauherren verantwortlich. Auch eine Art Straßenbeleuchtung führte Erfurt erst um 1516 ein. Vor dieser gewaltigen Neuerung durften die Studenten – wie alle übrigen Bürger – nach Einbruch der Dunkelheit nur mit einer hell brennenden Laterne sich außer Hauses trauen. Allerdings lud Erfurts Spezialität – zahlreiche, weit verästelte Kanäle, die sich mit den Straßen überschnitten, von Wagen, nicht aber von Gondeln befahren wurden, Wasserwege zudem, die nur mit Hilfe eigener Trittsteine überquert werden konnten, Rinnsale, welche wegen des sich anhäufenden Unrates auch Seuchenherde darstellten – nicht zu freiwilligen nächtlichen Spaziergängen ein.

Ansprechender mochten auf manche Gemüter die vielen Kirchen, Kapellen und Klöster wirken, welche Erfurt sogar einen Vergleich mit Magdeburg erlaubten. Die Forschung hat errechnet, daß es um 1500 mehr als einhundert Gebäude in der Stadt gegeben hat, die religiösen Belangen dienten und auch Erfurt nicht ohne Berechtigung den beliebten Beinamen »Klein-Rom« führen ließen. Speziell an Klöstern mangelte es zu keiner Zeit. Luther hat in der Folge, als alles anders gelaufen war, mehrfach auch über diese sich verbreitet, nicht immer ganz freundlich, korrekt auch nicht gerade.

Armut war allerdings kaum jemals ein besonderes Kennzeichen dieser Klöster gewesen, Grundbesitz schon eher, nicht zuletzt infolge einer Schenkfreudigkeit, die einer reliquien- und wundersüchtigen Zeit so gut anzustehen schien. Die Chroniken erzählen immer wieder von den großen »circenses«, welche die Geistlichkeit ihren Gläubigen offerierte. Es ist die Rede von Prozessionen, von Bittgängen und von Patronatsfesten. Und es wird stolz, als handle es sich um Touristenwerbung, von all dem wundertätigen Reliquiar berichtet, das Erfurt zu hüten hatte: Haare der Gottesmutter, Gebeinreste Johannes des Täufers, einen Oberarm Jakobus des Älteren, einen Finger des Laurentius, eine Rippe des Georg, Teile der Schar der elftausend Jungfrauen, einen Zahn des Petrus und Gewandstücke des Apostels Bartholomäus. Auf derlei konnte Erfurt sich etwas einbilden. Diese Art Kirchlichkeit war ungebrochen.

Sogar die politischen Meinungsverschiedenheiten der Erfurter mit dem Mainzer Stuhl hatten die Überzeugung nicht ins Wanken bringen können, alles öffentliche Leben müsse ein klerikales Gepräge tragen, wolle es überhaupt als seriös gelten und gültig vor Gott und den Menschen sein. Also erfolgte kein irgendwie für den Magistrat oder die Universität bedeutsamer Akt ohne das Zutun einer Pfaffheit, die Gottes Gnadensegen der eigenen Mitwirkung integriert hatte. Martin Luther selbst hat im Oktober 1502 an einem solchen Fest der Stadt und des Klerus teilgenommen, den mittelalterlichen Pomp einer Prozession mitgetragen und ganz einfach mitgespielt, als ein hoher kirchlicher Ablaßprediger und Kardinal den Erfurtern seine Aufwartung machte. Der Student war zur Teilnahme verpflichtet, zumal als Angehöriger einer Universität, die den Ihren damals – allen revolutionären Unterströmungen zum Trotz – nur zu gern solche altkirchlichen Erfahrungen zu vermitteln trachtete.

Die Erfurter Obrigkeiten konnten mit dieser ihrer privilegierten Hohen Schule zufrieden sein. Die Universität, gegen Ende des 14. Jahrhunderts gegründet und vor allem mit päpstlichen Gunsterweisen begabt, mehrte zusehends den Ruf der Stadt, und der Bürgersinn, welcher diese Gründung durchgesetzt und die entsprechenden Stiftungen an Haus- und Grundbesitz angeregt hatte, konnte schon früh die Früchte seines Fleißes feiern: Erfurts Schule hatte einen stärkeren Zulauf als alle übrigen Universitäten Deutschlands, jährlich etwa 330 Neuzugänge, und schließlich trug sie sich selbst. Die Stadt hingegen, ohnedem kurz vor dem finanziellen Ruin, brauchte keine Beiträge mehr aufzubringen. Die Universität, von der Luther einmal sagen wird, im Vergleich mit Erfurt seien alle anderen bloße »Schützenschulen« gewesen, machte Freude. Vor allem wegen ihrer Artisten- und Juristenfakultäten galt sie bald als ein neues Prag, welches alle anzog, die »recht studieren« wollten. Ein »Ludher ex Mansfelt« gehörte zu ihnen. Er hätte keinen besseren Studienplatz wählen können als diesen, der zudem so nahe bei der eigenen Heimat gelegen war.

Studentische Disziplin

Freilich ginge die Annahme fehl, Martin habe nun, mit dem Übergang von der Schule an die Universität, auch eine Art neuzeitlicher studentischer Freiheit wählen können. Das Gegenteil trifft zu, denn der Student jener Zeit war strengster Disziplin unterstellt, und einmal mehr hieß das Schlüsselwort Gehorsam. Zwar war auch damals von Studentenunruhen (selbst mit Geiselnahmen) zu hören, von Verhöhnung der Professoren, von Missetaten des akademischen Proletariates. Doch bildete dies die Ausnahme, die Disziplin aber war die Regel.

So mußte sich beispielsweise jeder Studierende um die Aufnahme in eine sogenannte Burse bemühen: Martin Luther, der einen Platz in der Armenburse nicht nötig hatte, entschied sich für die in gutem Ruf stehende Georgenburse bei der Lehmannsbrücke, die den Spitznamen »Biertasche« führte.

Die Einrichtung der Bursen, deren Name dem Fonds, aus dem die Stipendiaten unterhalten wurden, entsprach, hatte im Laufe einer zunehmend disziplinierter werdenden Zeit die frühere studentische Freiheit zu reglementieren verstanden. Waren vorher noch von Fall zu Fall freie Häuser und Räume angemietet worden, sei es für Schulzwecke, sei es für die Prostitution, so wurde seit geraumer Zeit alle »Anarchie und Zügellosigkeit« der Studierenden mißbilligt. Es ging nicht allein darum, bedürftigen Studenten eine preiswerte Unterkunft zu sichern, nein, sie sollten auch zu einer Lebensführung angehalten werden, die vor allen weltlichen Versuchungen schützte. Die akademische Jugend ist damit in den Rahmen einer organisierten Gruppe mit einer Art hierarchischer Ordnung eingefügt. Ein Interesse an der Zeit und an deren Einteilung erwacht, und der einzelne ist an eine Kette von Verpflichtungen gelegt, die den ganzen Tag über nicht abreißt und seine Eigeninitiative zügelt. Alle Abläufe werden von der »Zeitglocke« geregelt, selbst Beginn und Ende der Erholungspausen. Zeit und Angst sind neuerdings eins.

Eine Unterkunft in städtischen Bürgerhäusern zu suchen, wurde nur einer verschwindend kleinen Zahl von Studenten zugestanden. Jeder Studierende steckte in einem Internat mit geradezu klösterlicher Zucht, mit geistlichem, wenn nicht liturgischem Gepräge, das sogar eine Art von Brevierpflicht auch für die Nichtkleriker als angemessen betrachten durfte, vom sanft ausgeübten Beichtzwang gar nicht zu reden.

Die überkommene kirchliche Gesinnung ist in diesen Bursen eher gefördert als geschwächt worden. Schule, Burse und Kirche gehörten unbestritten zusammen, und die strengen Hausordnungen taten ein Übriges: Die Details der offiziellen Kleidung, die Studienzeiten und -inhalte waren nicht dem einzelnen Studiosus überlassen, sondern ein für allemal vorgeschrieben. Wer sich gar für ein akademisches Examen meldete, der mußte, bevor er zugelassen wurde, bei den Prüfern ein positives Urteil über seinen Lebenswandel zustande bringen. Der Student stand damit unter einem ständigen Zugzwang. Er tat gut daran, sich schon bei Antritt seines Studiums einem löblichen Magister als seiner Aufsichtsperson zu stellen, der später, wenn es ernst werden würde, für ihn bürgte.

Ob sich da noch viel Zeit für Raufereien und andere Ausschreitungen gefunden hat, von denen hin und wieder berichtet wird, bleibt fraglich. Auf dem Weg zwischen der Burse und den Universitätskollegs hatten die Studenten jedenfalls wenig Gelegenheit zur Sünde. Die sexuelle Abkapselung tat ihr Werk, und die Frau wurde mehr und mehr zum Eindringling in die Männergesellschaft degradiert, ein lohnendes Objekt des Spottes für diejenigen, die sie zugleich begehrten wie von sich fernhielten. Ihre Rolle war eine andere, die Schulbildung blieb das Monopol des männlichen Geschlechtes. Außerhalb eines häuslichen Lehrverhältnisses genossen die Mädchen so gut wie keine Erziehung. Allenfalls wurden sie noch den Klöstern anvertraut, wenn ihre Eltern sich das leisten konnten. Doch hatten auch diese Klöster kein pädagogisches Programm anzubieten. Nur der Religionsunterricht bot ein gewisses Maß an Zerstreuung – oder auch nicht.

Luthers Berichte vom »hurhauß und birhauß« Erfurt, dessen zwei lockere Lektionen die Herren Studenten besonders fleißig gehört hätten, zumal es keine wirklichen – sprich: evangelischen Prediger gegeben habe, dagegen »große Ehren für der Pfaffen Köchinnen«, übertreiben gewaltig. Die thüringische Universitätsstadt unterschied sich kaum von anderen: Trinkgelage – mit dem Wein oder dem schwarzen Dickbier der Erfurter – hat es gewiß gegeben, und auch, für eine Handelsstadt nicht ungewöhnlich, die Muhmenhäuser, in denen »gemeine offenbare Weibsen« auf Kundschaft warteten. Das alles war jedoch üblich. Spezielle Anklagen lassen sich daraus nicht ableiten. Die wenigen Einzelfälle, die bezeugt sind, verbieten eine summarische Deutung. Martin selbst schweigt sich aus: Von besonderen moralischen Gefährdungen, die ihm eine spezielle sittliche Widerstandskraft abverlangt hätten – oder auch nicht! – wissen nur einige seiner späteren Interpreten, er selber nicht.

Er kann später, im Rückblick, ohnehin auffallend wenig über seine vier Erfurter Studienjahre sagen. Dabei war diese Zeit zwischen seinem 18. und 22. Lebensjahr kein geringer Abschnitt seines Lehrpfades, ist er doch an dieser Universität für ein ganzes wissenschaftliches Leben erzogen worden. Immerhin war er gut drei Jahrzehnte hindurch Professor einer Universität, eine längere Zeit, als er Ordensmann geblieben ist. Allein, sein kurz darauffolgender Klostereintritt und sein Wirken als Mönch haben diese frühen Jahre der Schulwissenschaft fast gänzlich verschüttet, zu Unrecht auch als unwichtig erscheinen lassen. Vielleicht erklärt sich hieraus auch die starke Färbung der nachmaligen Kommentare: Was erinnert wird, bleibt Auswahl, Bruchstück, Stütze für erst später gewonnene Einsicht. Und: Martin Luther wird gegen die Möncherei kämpfen, nicht gegen die Universität. Seine Erinnerung hakt sich am Kloster, nicht am Katheder fest.

Das Studium bis zur Magisterpromotion (1505)

Weniger zurückhaltend sind die bekanntgewordenen Fakten zu beurteilen: Der Studiosus Martin Luther bringt, ohne aufzufallen, Stück um Stück alle Normalitäten des damaligen Studienganges hinter sich, als erstes jenen alten, ziemlich rauhen Brauch der »Deposition«, da der als animalisch betrachtete Nicht-Student, durch Eselsohren, Schweinszähne und Hörner gebührend ausgewiesen, anläßlich der Immatrikulation eine kalte Dusche als Fuchsentaufe über sich ergehen lassen mußte. Luther hat diesen weltlichen Initiationsritus später, als er fast nur noch theologisch zu interpretieren verstand, zur Grundlage erbaulicher Anweisungen gemacht und eine Anleitung zu Fügsamkeit und Demut daraus gewonnen: Der Mensch werde zeit seines Lebens deponiert, immer wieder in Plagen abgesetzt und zurückgestuft, dies aber sei ein sprechendes Sinnbild für das Leben schlechthin, dem ein Mensch sich zu fügen habe, weil das Kreuz eben, so der Übersetzer und Herausgeber dieser Tischrede, »mit Geduld, ohne Murmelung« zu tragen sei.

Martin hat – wie alle anderen – solch eine Absetzung erfahren. Denn schon die Immatrikulation war an die eidliche Zusicherung gebunden, allen Lehrpersonen und allen Statuten aufs Wort zu gehorchen sowie alle Privilegien der Hohen Schule gebührlich zu achten, um auf diese Weise das Ansehen der Universität zu fördern. Nach diesem Eid ging es, nicht weniger wichtig, an das Zahlen. Der Student »ex Mansfelt« hat seinerzeit die volle Summe von dreißig Groschen als Einschreibegebühr entrichtet, denn er war als vermögend eingestuft worden. Schließlich wurde er in die Artistenfakultät aufgenommen, damit er sein Studium ordnungsgemäß beginnen könne.

Dieses so feierlich eingeleitete Studium an der Universität des frühen 16. Jahrhunderts ließ sich freilich nicht genau von der Schule und deren Unterricht abgrenzen: Was in der Trivialschule gelehrt wurde, war auch noch in der privilegierten Artistenfakultät Unterrichtsgegenstand, wenn auch nach gehobener Methode. Der Student verließ die Schulbank nicht, weder in den Anfangsjahren bei den Vertretern der sieben freien Künste noch später in einer der oberen Fakultäten, wie bei den Juristen oder bei den Theologen, obgleich er dann, Lehrer und Lehrling zugleich, den Anfängern da unten bereits selbständige Vorlesungen und Übungen anzubieten hatte. Ziel dieses Studiums war nicht etwa ein Staatsexamen im heutigen Sinn, das die Tür zu bestimmten Berufen geöffnet hätte, sondern die akademische Graduierung. Stadtschreiber, Mediziner, Kleriker konnte einer auch ohne ein förmlich abgeschlossenes Studium werden.

Vor den »Grad« hatten die Statuten allerdings das Lernen gesetzt. Freie Zeit blieb dem Studenten fast gar nicht. Pflichtvorlesungen, die innerhalb einer bestimmten Frist das vorgeschriebene Pensum nach dem festgelegten Programm, nicht jedoch in Form eines Diktates, sondern aus vorgegebenem Stundenplan abhandelten, standen ebenso auf dem täglichen Stundenplan wie die – sommers bereits um sechs Uhr einsetzenden – Resumtionen und Disputationen, in denen der vorgetragene Stoff zwischen Lehrenden und Lernenden hin und her gewälzt wurde, um das Gehörte zu einem sicheren (Prüfungs-)Besitz des Gedächtnisses zu machen. Vorlesungen nach freier Wahl der Magister oder gar der Studenten fanden sich nur in Ausnahmefällen. Oberste Regel blieb der Plan, nicht das Allotria. Dies wurde allenfalls toleriert.

Dennoch basierte das Studium nicht allein auf der Ausdauer des bloßen Memorierens. Alle Disputationen verlangten zusätzliche Fertigkeiten: Beweglichkeit, Standfestigkeit und geistige Überlegenheit. Martin, den seine Kommilitonen einen »Philosophen« genannt haben und der zeitlebens ein Meister des Gedächtnisses wie des Zitates geblieben ist, stellte auch solche Talente in Erfurt unter Beweis, hierin durchaus ein »hurtiger und fröhlicher Gesell«. Er hat sich mit seinem zähen Eifer in der vorgeschriebenen Methode vervollkommnet, vor allem im Disputieren, das ihm, wenigstens auf dem Papier, weniger von Angesicht zu Angesicht, stets liegen würde. Noch in den dreißiger Jahren wird er, inzwischen selbst Professor, den Resumtionen an der Wittenberger Universität zu neuem Ansehen verhelfen. Das Fechten mit »wahren und tiefen« Argumenten hat ihm stets Spaß gemacht, auch dies im übrigen ein Stück Geschichte seiner Bewegung, die eine ständige Abfolge bot von erbitterten Disputationen zwischen den Altkirchlichen und den Neuerern. Argumentieren, treffliches Handhaben von Logik und Dialektik, vor allem in den Schriften, ist Luthers Metier gewesen. Das sagte ihm zu: Er lief seinen Gegnern nie davon, sondern blieb »auff dem blatz«, wo es zu streiten und zu treffen galt. Das erfrischte diesen Mann, das machte ganz schön zornig. Darin hat ihn auch keiner seiner vielen Widersacher übertroffen.

Die vernünftelnde Spekulation hingegen, die ihm nie sonderlich zugesagt hat und die er anderen, etwa Erasmus oder Zwingli, immer wieder vorgehalten hat, versuchte er nach Möglichkeit zu vermeiden. Hier spürte er seine Grenzen, hier wurde er unsystematisch und widersprüchlich. Ein solches Denken war seine Stärke nicht. Aber wenn er von vorne angenommen wurde, wenn – wie etwa im Jahre 1532 – ein »Schnuptuchlin auf Luthers Geifer« publiziert wurde, dann war ihm »ein solches buchlin lieber, den wan man mir ein pecher voller gulden schenckhet«. Doch sollte auch in den Fällen, da Luther mit dem schweren Säbel statt mit dem Florett focht und da die häufigen Grobheiten und der Biß seiner Diktion die Widersacher niederhielten, nicht übersehen werden, wie gut der in der alten Schulzucht Erzogene diese seine logischen Treffer zu setzen wußte.

Der Lehrling Luther hat in Erfurt vor dem 1502 als 30. von 57 Kandidaten abgelegten Bakkalaureats-Examen Grammatik, Rhetorik, Logik und Dialektik, wohl auch Naturphilosophie, Astronomie, Physik und Psychologie gehört, in allem aber kaum etwas den neuzeitlichen Lehrstoffen Vergleichbares, sondern »viel Aristoteles«, fast nur Aristoteles. Nach bestandener Prüfung gehörte der junge Bakkalaureus, nunmehr im Besitz des ersten akademischen Grades, als eine Art Geselle dem Lehrkörper seiner Fakultät an, doch galt es bis zur Erlangung der meisterlichen Magisterwürde noch zwei weitere Jahre zu studieren. In dieser Zeit sollte der Student in das Gebiet der freien Künste eingeführt werden, was in der Praxis bedeutete, daß neben dem überkommenen Quadrivium Musik, Arithmetik, Geometrie und Astronomie hauptsächlich wieder die aristotelische Philosophie Beachtung fand, vor allem die »ganze Logik«, die Metaphysik und die Moralphilosophie.

Ob nun gerade diese Ausbildung, die Melanchthon einmal eine »ziemlich dornige Dialektik« gescholten hat, Martin Luthers geistige Entwicklung gefördert oder gehemmt hat, kann nicht entschieden werden. Zwar hat Luther sich in den späteren Jahren des Kampfes mit abschätzigen Urteilen über die Erfurter Wissenschaft nicht zurückgehalten. Doch lebte er selbst in der akademischen Welt seiner damaligen Lehrer und bewegte sich mit einiger Sicherheit in den allgemein wissenschaftlichen Gedanken des Aristoteles. Ja, er trägt immer wieder, trotz seiner anlage- und erziehungsbedingten Vorliebe für Augustinus, die erkenntnistheoretischen Probleme des Erfurter Aristotelismus mit solcher Selbstverständlichkeit vor, daß die beiden Antipoden Augustin und Aristoteles einträchtig nebeneinander Platz finden.

Luthers Lehrer nun, von denen die Forschung Jodokus Trutfetter aus Eisenach, Bartholomäus Arnoldi von Usingen, Johannes Reynhard von Schmalkalden und Bernhard Ebelingk aus Braunschweig kennt, gehörten allem Anschein nach zu den Vertretern des modernen an Okkam orientierten Weges der aristotelischen Philosophie, der von Duns Scotus und Thomas von Aquino weggeführt hatte. Dieser »moderne Weg«, eine Art Modetheologie und -philosophie, verneinte unter anderem entschieden die Frage, ob die menschliche Vernunft zu einem sicheren Wissen von den Wirklichkeiten des Glaubens kommen könne. Aber die Modernen, immer eifrigere Gegner der Thomisten und Skotisten, verneinten diese Frage nur, um mit noch größerem Nachdruck betonen zu können, daß allein die Kirche (was nicht schon hieß: der Papst!), Besitzerin des in die Dogmen eingebundenen Wissens um die Wahrheiten Gottes, den Gehorsam fordern dürfe, die unbedingte Nachfolge damit auch der Vernunft auf dem Pfad des glaubenden Geistes.

Solche Doktrinen wurden in Erfurt vorgetragen, und dies von Lehrern, die im übrigen nicht ganz so ungeschickt gewesen sind, wie das später gesehen worden ist. Denn selbst als Luther den Unwert ihrer Schriftstellerei erkannt und Material gegen sie zusammengetragen hatte, zumal ihm die Kälte dieser Theologie zuwider war, hat er doch nicht die Achtung vor ihnen verloren. Er bemüht sich später sogar einmal um eine mündliche Aussprache mit seinem »verehrten Lehrer« Trutfetter, gegen den er nicht bitter werden könne oder wolle, und auch Usingen, den »besten Tröster«, hat er in leidlich guter Erinnerung behalten, selbst wenn die Wege weit auseinander geführt haben.

Vor allem verstand Luther sich als Anhänger des Okkam, im Vergleich zu dem ihm die Thomisten und Skotisten als philosophische Stümper galten. Dem Aristoteles war er – bei allem Spott – nicht vorbehaltlos gram. Martin hat auch in den Jahren, da er sich schon in temperamentvollen Erörterungen gegen die Scholastik und deren Sophistereien übte, die Erfurter Erkenntnislehre benutzt. Seine erste Psalmenvorlesung ist ohne diesen Aristotelismus kaum zu denken, und immer wieder bewegt Luther sich – selbst noch in Wittenberg – im Rahmen des seinerzeit gehörten und angeeigneten Wissenschaftsbegriffs. Erfurt bildete keine kurze Episode in der Geschichte der geistigen Formung Martin Luthers, sondern es vermittelte bleibende Bestandteile seiner wissenschaftlichen Zurüstung, auch wenn er kaum je ein Aristoteliker im strengen Sinn gewesen sein dürfte.

Im übrigen hatten auch die Erfurter Lehrer ihre Distanz gegenüber dem Schulhaupt der griechischen Philosophie bewiesen: Unbesehen hat ohnedies kein Denkender je den Aristoteles übernommen. Diese Philosophie war immer angefochten gewesen, warum auch nicht. Die von etlichen Zeitgenossen an aristotelische Schriften angebundenen Pseudowissenschaften Alchimie und Astrologie gar hatten bereits bei

Trutfetter, nicht erst bei Luther, strikte Ablehnung hervorgerufen. Die Erfurter Hörer waren durchaus aufgeklärt, und Luther, der einmal sogar einen Kommentar zum ersten Buch der aristotelischen Physik angefangen hat, zieht diese kritische Linie seiner Erfurter Lehrer zunächst nur nach, schließlich auch weiter, aufgrund der neugewonnenen evangelischen Einsichten sogar weit über den Griechen und die Seinen hinaus.

Dennoch löst er sich kaum einmal vom Weltbild des heidnischen Philosophen. Daß alle Naturwissenschaft seiner Epoche in einen Lobpreis des Schöpfergottes ausklang, daß alles Erkennen auf Erden in das Bekenntnis zu der Heimat mündete, die im Himmel bereitet ist, war die selbstverständliche Überzeugung der Aristoteliker jener Zeit, die Luthers Theologie auf weite Strecken hin entgegen kam. Später wird Luther die aristotelische Ethik noch mehrfach rühmen, den Griechen als den »Besten in der Moralphilosophie« schätzen und dies auch offen sagen, obgleich ihm – in den Jahren der Polemik – andere, neue Inhalte wichtiger geworden sind, obgleich er sich dann auf das Heidentum des Aristoteles besinnen wird, der, im zwölften Buch seiner Metaphysik, sogar »stillschweigend Gott leugnet« oder, nicht weniger falsch, einen Gott lehrt, der seine Welt regiert »wie eine schlaffrige magd ein kind wieget«.

So klingt es später. Vorerst aber wird Martin 1504 von eben den Erfurter Aristotelikern als 2. von 17 Prüflingen zum Magister promoviert. Ein wichtiger Studienabschnitt ist zu Ende. Die zurückliegenden Jahre hatten, schauen wir über Erfurts Wälle hinaus, inzwischen den von Joß Fritz unter dem Zeichen des – mit Riemen zu bindenden und damit symbolhaft die Armen verbindenden – »Bundschuh« organisierten Aufstand gesehen; Columbus war zum vierten- und letztenmal in die neuentdeckten Gebiete aufgebrochen; in Wittenberg war anno 1502 durch Kurfürst Friedrich von Sachsen eine Universität gegründet worden, die – selbstverständlich – sein Siegel führte; Maximilian I. und Ludwig XII. hatten sich 1504 fürs erste über das Herzogtum Mailand verständigt; Neapel war – an Frankreichs Interessen vorbei – an Spanien gefallen, und in Rom regierte seit 1503 der endlich zum Zug gekommene Nepote Sixtus' IV., ein schrecklicher Papst, Julius II. della Rovere.

Luther berichtet einmal über diesen Souverän ein Bonmot des deutschen Kaisers Maximilian, der gesagt haben soll: »Ich lache, das Gott sein regiment einem trunckenen scheispfaffen . . . bepholen hat.« Aber Luther anerkennt später auch, daß dieser Julius II. in seiner Stadt Ordnung geschaffen hat: »Er hilt die gassen tzu Rom so rein, daß nicht viel pestilenz da waren. Es war ein welt mensch . . .« Der Papst sei jeden Morgen um zwei Uhr aufgestanden und habe bis gegen sechs Uhr seine Amtsgeschäfte versehen. Danach habe er sich um »weltliche gescheffte, krigen, bauen, muntzen« gekümmert, was ihm nach und nach, so sage man, »56 tonnen goldes« eingebracht habe, dem Herrn Papst della Rovere.

In dessen Pontifikat fällt Luthers Promotion, ein feierlicher Akt für den jungen Magister, der unvergeßliche Eindrücke hinterließ. Das ist nachzufühlen. Im gemeinsamen Fest ließen sich, wenn auch nur vorübergehend, die alten Eß- und Trinksitten wiederbeleben, die eine rigoroser gewordene Disziplin unterdrückt hatte. Hier war der Student wieder Mensch, hier fühlte er sich nicht mehr gar so hilflos den Zwängen der Institution ausgesetzt. Das Bursen-Leben war ein wenig vergessen. Die moralische und geistige Perfektionierung, welche durch Disziplin erreicht werden sollte, war – obgleich nur auf akademisch geregelte Weise – durchbrochen. Das Leben sah nicht mehr nur wie ein Plan aus, die Erziehung wie ein Labor, die Konflikte wie Pannen. Ein solches Fest befreite.

Martin sagt aus der Erinnerung: »Wie war es eine so große Majestät und Herrlichkeit, wenn man Magister promovierte, und ihnen Fackeln fürtrug und sie verehrte! Ich halte, daß keine zeitliche, weltliche Freude desgleichen gewesen ist. Also hielt man auch sehr groß Gepränge und Wesen, wenn man Doktoren machte; da reit man in der Stadt umher, dazu man sich sonderlich kleidete und schmückte.«

Auch ein »erbar abendessen«, der Magister-Schmaus, den die frisch Promovierten zu Ehren der Fakultät zu geben hatten, durfte nicht fehlen. Ehrbar, das hieß aber auch ansehnlich, da ließ sich keiner etwas nachsagen. Und schon hatten die Statuten die Lebensfreude wieder eingeholt. Sogar die Mindestzahl der aufzulegenden Gedecke war festgelegt, und nach oben gab es keine Grenzen. Der festliche Tag sollte in der Tat in Majestät und Herrlichkeit ausklingen. Noch der altgewordene Luther kommt, ganz Akademiker, ins Schwärmen.

Auch der Vater Hans Luder ist damals, das ist ebenso einsichtig, glücklich. Den Sohn wird er künftig mit dem feierlichen »Ihr« statt mit dem bäurischen »du« anreden. Die vollständige Ausgabe des Corpus Iuris, eine kostspielige Morgengabe, hat er seinem Martin schon geschenkt. Er darf nicht ohne Grund hoffen, nach diesen Anfangserfolgen werde es mit dem begabten Sohn noch weiter nach oben gehen, denn dieser hatte das Zeug zu einem einflußreichen Juristen, einem Rechtsberater von Fürsten oder Magistraten. Die höhere Erfurter Fakultät, welche die Rechte lehrte, stand offen. Sie zog, die berühmteste in ganz Deutschland, immer mehr Hörer an. Auch Martin Luther. Oder etwa doch nicht?

Der Vater jedenfalls scheint, für seinen Teil, mit dem Anfang Februar 1505 erreichten Ziel, der Promotion seines Sohnes zum Magister der freien Künste, noch nicht voll zufrieden gewesen zu sein. Zwar hatte Martin statutengemäß Anfang April seine Vorlesungen für das Erfurter Sommersemester aufgenommen, um die nachrückenden Anfänger in Geist und Buchstaben des Aristoteles einzuführen. Doch reichte eine solche Professur kaum für eine Lebensstellung aus, wie sie des Vaters strenges Programm vorgesehen hatte, zumal eine Artistendozentur oft genug auf die gedrückte Position eines Rektors an einer städtischen Trivialschule hinauslief. Auch waren die Einkünfte eines Magisters eher bescheiden zu nennen. Ein fähiger Jurist verdiente ungleich mehr. Die Lebenshaltung des unter so vielen elterlichen Entbehrungen auf die Hohe Schule geschickten Sohnes wäre daher immer dürftig geblieben, wenn er sich mit der Stellung eines Magisters begnügt hätte. Auch hätte Martin Luther nicht einmal heiraten dürfen, wenn er hätte an einer Burse bleiben wollen. Der Zölibat aller Universitätsprofessoren wird ja noch um 1677 in Paris verteidigt werden, um die studierende Knabenjugend vor Unschicklichkeiten zu schützen, »weil verheiratete Lehrer genötigt sind, häufig junge Leute bei sich zu haben, die sie dann in Gegenwart ihrer Frauen, ihrer Töchter und deren Dienerinnen unterrichten, so daß die Schüler auf der einen Seite die Kleider der Ehefrauen und Töchter und auf der anderen Seite ihre Bücher und ihr Schreibzeug und oft genug alles durcheinander zu sehen bekommen, daß sie mitansehen, wie die Ehefrauen und Töchter sich kämmen, ankleiden, zurechtmachen, daß sie Kinder in der Wiege und in Windeln und alles übrige erleben, was zur Ehe gehört«.

Martin als Magister der freien Künste – solche Aussicht paßte Hans Luder ganz und gar nicht. Unter diesen Umständen konnte die Wahl des höheren Studiums eigentlich nicht zweifelhaft sein, wenigstens nicht für den Vater: Die Theologie schied von vornherein aus, da sie keine reiche Heirat zugelassen hätte; an die in Erfurt unbedeutende Medizin wurde allem Anschein nach überhaupt nicht gedacht; was noch blieb, war die edelste Disziplin der Weltleute, das Ius. Damit war Geld zu verdienen. Das sagt noch der alte Luther offen genug: »Die endliche Ursach, darum ihr zu Juristen werdet und Jura studieret, ist das Geld, daß ihr reich werdet.« Als jungem Magister hatte man ihm dies gewiß oft und oft gesagt. Und er nimmt dann eben auch dieses Studium auf, mehr schlecht denn recht, denn zum Studenten der Rechte eignet er sich nicht.

Auch Martin Luther gehört damit in die Reihe der berühmten Juristen, die gar keine Juristen gewesen sind: Goethe, Eichendorff, Storm, Jakob Grimm, E.T.A. Hoffmann, Tucholsky und viele andere. Ein neuer Abschnitt im Studiengang war begonnen, vieles aber blieb beim alten: Unbeschränkte Freizügigkeit genossen die Erfurter Juristen ebensowenig wie die Artisten, denn auch hier gab es einen Bursen-Zwang. Welche Burse Martin in jenen wenigen Sommermonaten des Jahres 1505 besucht hat, wissen wir nicht genau. Vieles spricht dafür, daß er auch nach seiner Promotion einfach in der gewohnten Georgen-Burse geblieben ist, um von hier aus die Rechte, näherhin wohl das Zivilrecht zu studieren, in Vorlesungen und Übungen, mit Hilfe des Corpus Iuris vor allem, dieses angefüllt mit zahllosen Glossen,

Randnotizen und Kommentaren, ein Wust von Vorschriften also, die in den üblichen Disputationen abgehandelt wurden, in ganz normalem Gang.

4. Verzweiflung macht Mönche und Pfaffen

Gewitter und Gelübde

Gänzlich normal lief im Sommersemester 1505 jedoch nicht alles, bei näherem Zusehen schon gar nicht. Es gab bereits Anzeichen für eine Kehrtwendung. Martin hat durchaus Signale empfangen, wenn wir sie auch kaum je werden genau orten können. Und er hat solche auch ausgesandt. Etliches deutet darauf hin, daß Klosterpläne erwogen worden sind, wenn es auch ein weiter Weg vom Gedanken zur Tat gewesen sein mag. Martin grübelte hin und her, und erst das von außen kommende Ereignis hat ihm schließlich die Entscheidung abgenommen. Das Studium der Rechte, die vom Vater zurechtgelegte Karriere sowie die düstere Stimmung des Lebensalters kamen zusammen und lösten fast blitzartig den definitiven Entschluß aus, ins Kloster zu gehen.

Überrascht war von dieser Entscheidung nur die Umwelt, welche die Zeichen des jungen Mannes, dem vielleicht nicht ohne Grund schwere Depressionen nachgesagt wurden, nicht ernst nehmen wollte. Selbst heute sehen einige Interpreten noch im schlagartigen Klostereintritt Martins die Katastrophe, den himmlischen Blitz, der Luther, einen zweiten Paulus, förmlich zur »Möncherey getrieben« haben soll. Martin selbst war kaum derart überrascht wie seine Deuter. Er hatte immer mit dem Schlimmsten gerechnet. Seine Zweifel konnten anders nicht beseitigt werden. Die Sicherheiten des Vaters Hans Luder waren die seinen nicht. Sie würden es, so meinte er damals, auch nie werden können.

In der Mitte des Sommersemesters erbittet der junge Magister die ganz und gar unübliche Erlaubnis, mitten in der Vorlesungszeit seine Universität verlassen zu dürfen, um die Eltern in Mansfeld aufsuchen zu können. Niemand kennt den genauen Grund für diese Reise in die Vergangenheit. Einmal mehr müssen sich die Interpretationen auf Mutmaßungen stützen: starke Zweifel am soeben begonnenen Studium? die Angst vor der hereindrängenden Heirat? die Mitteilung über einen geplanten Wechsel des Studienfaches an den erstarrenden Vater? Wir wissen es nicht.

Auf dem Rückweg von diesem Besuch, am 2. Juli, einem Mittwoch, da die Kirche ihr Fest der Heimsuchung Mariens begeht, ungefähr sechs Kilometer von Erfurt, in der Nähe des nördlich der Stadt gelegenen Stotternheim, zwischen Schwansee und Schwerborn, wahrscheinlich am Fuße des Höhenzuges Stollberg, gerät Martin in ein heftiges Gewitter. Sein authentischer Bericht aus dem Jahre 1521 spricht von Schrecken und Angst um das Leben. Der Blitz hatte in nächster Nähe eingeschlagen; ein plötzlicher Tod drohte. Der unvorbereitete Tod, das mag heute etwas schwerer zu verstehen sein, bedeutete für den frommen Menschen von damals den unbußfertigen Tod, ein Hinscheiden ohne die Gnadenmittel der heiligen Kirche, ein Hingezwungenwerden vor den Richterstuhl eines dräuenden Gottes, von einem Moment zum anderen, ohne jede Vorkehrung, ohne Sakrament. In dieser Schrecknis ruft Martin die heilige Anna an, genau die richtige, die von der Kirche als in Sachen der Gewitternot für zuständig erachtete Heilige. Solchem Stoßgebet fügt sich, ganz spontan und doch verfügbar, das Gelübde an, »ein monch zu werden«.

Die Erzählung geht so schnell vorbei wie das ganze Geschehen. Die Interpretationen hingegen sind inzwischen Legion. Die Deutung fragt sich, ob sich seinerzeit wirklich die unerwartete Katastrophe abgespielt oder ob selbst ein Blitzschlag nur den Schlußstrich unter eine lange und sorgfältige Vorbereitung gesetzt habe.

Gewiß gibt es genügend Aussagen Luthers, die an ein erschreckend unerwartetes Ereignis glauben lassen: Er wähnt sich selbst »vom Himmel durch Schrecken berufen«. Er spricht davon, in furchtbarer Todesangst »ein gedrungen und gezwungen Gelübde« abgelegt zu haben. Er meint, »durch Gewalt« Mönch geworden zu sein, wie ihn »hernach das Gelübde reute«. Doch verkennt eine Interpretation, die solch nachmalige Äußerungen überbewertet, indem sie diese isoliert, die Gesamtsituation Martins in jenem entscheidenden Jahr.

Es kann nämlich nicht einfachhin bestritten werden, daß sich schon vor dem Juli 1505 Vorkommnisse angehäuft hatten, kleinen Mosaiksteinchen gleich, die den endgültigen Entschluß wenn nicht bewirkt, so doch langsam aufgebaut haben. Der Blitzschlag hat nur noch die Entscheidung beschleunigt. Die Stimmung, aus der heraus sie erfolgen mußte, hat er nicht geschaffen.

Wer in Todesangst, unter freiem Himmel von einem schweren Gewitter überrascht und niedergeworfen, um sein Leben fürchtet, wird auf Verstehen hoffen können. Wer in solcher Not ein Gelübde macht, wer schwört, ins Kloster gehen zu wollen, mag – damals wie heute – als besonders fromm gelten. Wer aber einem derartigen Gelübde auch die Tat folgen läßt, und dies, nachdem alle Gefahr gebannt ist, leistet einiges mehr als die Umwelt – und wohl auch ein schrecklicher Gott –

von ihm erwarten dürften. Martin tut es. Er folgt seiner – auch später immer wieder auftretenden – Neigung, den einmal eingeschlagenen Weg weiterzugehen.

Ob seine Erfurter Kommilitonen gleich gehandelt hätten, junge Leute auch sie, einige gewiß mit eigenen Erfahrungen in Todesnöten, manche auch, dem Zeitbrauch folgend, selbst unter allerlei Gelübde gebeugt, muß bezweifelt werden. Martin tut mehr. Das kommt nicht von ungefähr. Es gab wohl ein persönliches Erbteil, eine Summe kleiner und kleinster Einübungen in diese Tat, einen Gedanken hier, eine Versuchung dort. Ohne eine solche Vorbereitung vollbringt, nach menschlichem Ermessen, niemand gerade dieses Letzte.

Dennoch läßt diese von Martin Luther – damals – als definitiv erachtete Entscheidung sich kaum hinreichend erklären: Eine Typisierung religiös bestimmter Wandlungen verbietet sich, im Falle des jungen Genies doppelt. Alle simplen Formen der Deutung greifen zu kurz. Gerade ein religiöser Genius ist zu komplex strukturiert, als daß die Außenstehenden über bloße Rechtfertigungen hinausgelangen könnten. Wir vermögen uns immer nur anzunähern, nie aber dürfen wir definieren, erklärend umgreifen, die Fakten gar psychologisch oder theologisch zu beherrschen suchen.

Was bleibt, sind Experimente, Versuche einer kritischen Darstellung. Selbst diese kommen ohne Vorentscheidungen des Biographen nicht aus. Auch sie machen das eine oder das andere Vorurteil nötig, will die Deutung sich nicht nur auf die Mitteilung der geläufigen Tatsachen: Gewitter, Gelübde, Gehorsam, beschränken. Unsere eigene Voreingenommenheit besteht darin, die doppelte Schichtung der Persönlichkeit Martins, seine später als das Leben des »simul iustus et peccator« umschriebene Existenz, bereits für den hier in Frage stehenden Vorgang zu reklamieren.

Auch im Geschehen des 2. Juli 1505, da ein Gewitter Luther vollends zum Mönchtum provoziert, auch im Nachleben der folgenden Tage und Nächte bis hin zum 17. Juli, als Martin sein Gelübde einzulösen kommt, manifestieren sich ein Ja und ein Nein, der Ungehorsam des Sohnes wie die Gerechtigkeit des Vatergottes. Sie sind allesamt eingewoben in ein nachträglich kaum mehr auflösbares »zugleich«, in eine Summe von Hoffnung wie von Verzweiflung. Ein und derselbe Akt enthält Angst vor dem nahen Tod und Mut gegenüber den ehrgeizigen Plänen Hans Luders, Aufbegehren wider den Mann zu Mansfeld und demütiges Beugen unter einen unbegreiflich höheren Sinn, Verfehlung gegen das vierte, Heiligung des ersten Gebotes, Himmel und Erde – alles aber zur gleichen Zeit, alles zusammengeschnürt in einige wenige Augenblicke, in ein »simul«, das keinen anderen Ausweg zu kennen schien als die »Möncherey«.

Wir Späteren stehen betroffen. Wir wissen, daß jetzt die Jahre der verzweifelten Hoffnung, die Zeiten schlimmer Paradoxien einsetzen werden. In diesen wenigen Tagen des Juli 1505 entscheidet sich ein Schicksal. Eine Vergangenheit hat ihr Ende gefunden, und die Zukunft der Depression hebt an. Nun sind die guten Tage vorbei, welche Luther später den jungen Herren gönnt. Jetzt ist Gott selbst aufgerufen: »darnach troste sie Gott«. Nun »bricht die Jugend herfür«, denn »ein junger Mensch ist ein junger most, der lest sich nit hallten«. Aber: Hier, im Falle Martins, gärt nicht allein der junge Most, hier beginnt ein Mensch, ohne sich dessen bereits bewußt sein zu können, für eine Epoche vorauszuleiden und die Depression einer Welt vorwegzuempfinden – bis hin zu seiner ureigensten Lösung.

Depression ist als allgemeines Symbol der Krankheiten einer Epoche zu diagnostizieren, über der sich ein Gewittertief auszubreiten begonnen hatte, eine Verdüsterung, die in der zeitgenössischen Kunst ihren eindringlichsten Ausdruck gefunden hat. Albrecht Dürers Kunst zum Beispiel war Drohung, Verheißung, Warnung und Verurteilung zugleich, kein museales Refugium für Kenner und Sammler, vielmehr ein alarmierender Appell an die Vielen. Mit den vier apokalyptischen Engeln etwa, welche Kaiser und Papst, Bischof und Ritter ohne Ansehen der Person zusammenhieben, verband jeder, der sich die Blätter genauer betrachtete, reale Vorstellungen.

Nur wenig später kam auch das Wort, das diese Kunst noch deutlicher erklärte und entschlüsselte. Es stammte aus Wittenberg, von eben jenem Martin Luther, der sich gerade anschickt, zum Sprecher des Unbewußten seiner Zeit zu werden, in Angst und Bangen, in Gehorsam auch gegen den großen Sinn, dem Dürers Engel zu dienen hatten.

Das Schrecknis im Gewitter, die Furcht vor dem Letzten Gericht, durch welche sich Martin so eindrücklich in die Geschichte eingeführt hat, ist bei diesem Einen nicht zuletzt Ausdruck eben jener Geisteshaltung, welche eine ganze Epoche als dräuend empfand: Die vielen Bilder von Gottes Justiz, die seinerzeit entstanden sind, geben die Angst der Massen treffend wieder.

Hieronymus Bosch beispielsweise, um nur den Größten zu nennen, hatte unverdrossen seine grauenhaften Visionen gemalt. Michelangelo wird es ihm, auf seine Weise, nachtun, im Auftrag übrigens des Papstes Julius II. della Rovere. Auch das »Jüngste Gericht«, Wandgemälde in der Kapelle Sixtus' IV., ist ganz durchdrungen vom durchaus tragischen Sinn des menschlichen Lebens und seiner Geschichte, wie Michelangelo ihn gesehen hat. Dieser Künstler malt in einer Art, welche es ohne die Bußrufe des von Alexander VI. Borgia ermordeten Savonarola kaum gegeben hätte.

Die Welt, die sich in den grandiosen Szenerien widerspiegelt, ist eher qualvoll als fröhlich, eher hart und unerbittlich als selig und friedlich, eher rätselhaft und visionär als harmonisch und klar, in jedem Fall ausgesprochen zwiespältig. Sicherheiten wanken, und die Lästerer der heilen Welt wachen auf. In einem Land wie Deutschland zumal, das geschüttelt wird von Heimsuchungen aller Art, in einem Territorium, welches Herren zu regieren meinen, die töten und getötet werden, in einer Region, die nur noch mit Hilfe einer immer spitzfindiger werdenden Diplomatie, ausgeklügelt von Juristen, Räten und Schreiberlingen, durchgeführt von Potentaten seltsamer Qualität, beherrscht werden kann, setzt sich mehr und mehr die große Depression durch. Selbst die Intelligenz gefällt sich, nach dem großen Aufbruch ihres humanistischen Anfangs, in ihrer eigenen Trostlosigkeit. Die Wende des Jahrhunderts kündet sich an.

Hier und dort, bei den Sehenden, regt sich der Ungehorsam, das Bekenntnis zum Abfall von der amtlich beschworenen Einheit. Viele beginnen der überkommenen Lehren überdrüssig zu werden. Sie wollen das Ja und das Nein sofort hören, die Entscheidung noch zu Lebzeiten erfahren. Die Chiliasten haben immensen Zulauf, auch die Sekten und Geheimbünde, und die Bußepidemien der Epoche wälzen den Unrat der Seelen und der Geister immer weiter. Pogrome, auch in Erfurt, nehmen zu.

All dies geschieht in einer geradezu pestilenzialischen Luft. Die Menschen haben die ansteckenden Krankheiten und deren Totengeruch in der Nase. Sie wittern den Verfall der Spätzeit, viele von ihnen auch in der Korruption der Kirche. Luther wird sich zu ihrem Sprachrohr machen, nachdem sein Moratorium, die Klosterzeit, beendet ist. Dann erst fällt auch die letzte Bastion. Dann findet sich aber auch das Vertrauen in ein größeres Leben, die passionierte Hoffnung eines Menschen auf Gott.

In dieser – späteren – Zuversicht, die im übrigen nie frei von Zweifeln gewesen ist, hat Martin Luther sich auch das Geschehen von Stotternheim gedeutet: als himmlische Berufung und Sinngebung von oben. Im Alter, da er seinen Lebensweg von hinten aufrollen kann, wird er klarer sehen: Gott selbst ist es gewesen, der ihn auf diese Bahn gewiesen hat, damit er »des babsts kunst lernen und wißen« könne. Martin braucht diese seine Klosterjahre, um an ihnen das Unwesentliche erleben und endlich zum Eigentlichen, zum Wort, vordringen zu können. Er ist das »Quecksilber unter den Mönchen«.

Das »Mehr« des Mönchtums

Gottes Gnade hat keinen Irrweg gewiesen, sondern – von allem Anfang an – ein großes Leben gelenkt. Gottes Ziel war immer schon bestimmt. Doch konnte seine Vorsehung eben deswegen auch krumme und unverständliche Wege einschlagen, deren innerer Sinn sich erst nach Jahren erschließen würde. Martin Luther konnte ja erst dann mit vollem Recht gegen die alte Kirche vorgehen, nachdem er sie über entscheidende Jahre hinweg von innen hatte erleben und erleiden müssen. Dieses sein »in und gegen« interpretiert ein ganzes Leben. Der unbedingte Sohn will sein Mehr verwirklichen, denn »Bauches halber« ist er gewiß nicht ins Kloster eingetreten. Das »fein geruhsam und gotlich wesen« des Mönchtums hat ihn kaum angesprochen. Aber ebensowenig haben ihn die Meinungen seiner Zeitgenossen abgeschreckt, die von der »unnützen Mönchsbrut« sprachen.

Wir hören immer wieder von den Dramen der Bettelorden, von all den unglaublichen Mißständen auch, für welche die Volksmeinung – Hans Luder ist keine Ausnahme – das Urteil »Ausrottung« parat hatte. Die Humanisten etwa schrieben laufend Traktate, Dialoge und Briefe zum Thema und zeigten auf diese negative Weise nichts anderes als die Sehnsucht aller nach der ursprünglichen Reinheit der Kirche Jesu Christi auf. In aller Polemik, in all den immer unerbittlicher werdenden Ausfällen gegen diejenigen, welche am gegenwärtigen Zustand dieser Kirche mitschuldig waren, äußerte sich ein ohnmächtiges Rufen nach neuer Lebensvorgabe durch die Reform.

Laurentius Valla zum Beispiel – »ist ein frommer man gewesen« – hatte gelehrt, zunächst müsse die Basis der kirchlichen Korruption fallen, nämlich die äußeren Rechtstitel, auf die jene sich gründete, bevor an eine innere Reform gedacht werden könne. Diesem Valla war es auch schon 1440 gelungen, den »Meisterbrief der Korruption«, die berüchtigte Konstantinische Schenkung, auf die Roms weltliche Macht sich stützte, als Fälschung zu entlarven. Nun stand die Institution als Betrügerin da, mochten ihre Hauptrepräsentanten auch noch so laut »Verrat, Verrat« rufen und solche Forschungsergebnisse bezweifeln.

Doch Martins Zukunft, da er nicht müde werden wird, die Weltleute den Klerikern gleichzustellen, ja vorzuziehen, ist noch fern. Eine Äußerung wie die, »Parfusser munch sind leus, die der Teuffel unserm Herr Gott an den Peltz setzt . . . Prediger munch sind die floh«, ist undenkbar. Der Ordensstand trägt nicht – wie Ungeziefer – zur Verunreinigung der Welt und der Kirche Gottes bei, im Gegenteil, er bietet Aussicht auf Reinigung vom Schmutz der Zeit. Luther glaubt, auch dies ein Zeichen seiner zwiespältigen Epoche, an sein Heimweh nach der Reinheit, an allen Abscheu vor dem Dreck der Frau Welt. Später wird er beim Händewaschen zu einem Freund sagen: »Je länger wir waschen, desto unreiner werden wir.« Das ist genauer Ausdruck der Stimmungen des Spätmittelalters. Wenn es in aller Not des Leibes und der Seele – es kann durchaus, wenn es auch ziemlich unmodern geworden ist, von »Sünde« gesprochen werden – überhaupt noch eine

Zuflucht geben kann, einen Hort des Heils, eine Stätte der Einsamkeit, dann die Kirche, das Kloster, vielleicht auch diese nur noch die kleineren Übel, wer weiß.

Martin ist also dennoch ins Kloster gegangen. Er hofft noch. Er setzt sein Mehr durch. Von allen möglichen Wegen wählt dieser Depressive den beschwerlichsten. Um so größer wird seine Enttäuschung werden, als er erkennen muß, daß ausgerechnet dieser Weg sich als der bequemste erweist. Sein Rat aus dem Alter an alle, deren Kinder Mönche oder Nonnen geworden sind, spricht für sich: »Wiltu aber nicht bewilligen und besorgst deines kindts, es mocht gebrechligkeit halben keuschheit nicht halten oder sonst in ein wüst leben gerathen, so mach nicht viel disputirens, ghe frei hin in das closter und zeuch das kindt aus kutten, aus blatten und worein es geschlossen ist; siehe nicht an, wen es hunderttausent gelubd gethan hette und alle bischoff auff einem hauffen daran gesegnet hetten. Dein kindt ist dir von Gott befolhen zu regiren; von dir wirt ers forddern, wen du es lest verderben und im woll helffen kanst.«

Luthers Vater hatte diese Einsicht schon beim Klostereintritt seines Sohnes gehabt. Wie Hans Luder, erst in der Folgezeit informiert, auf das Mehr seines Sohne reagiert hat, ist daher vorstellbar. Er fühlt ähnlich wie Martins Erfurter Studienfreunde, die alle abraten. Sie haben das Gelübde im Gewitter nicht so ernst genommen wie der Betroffene. Der Vater erlebt, daß sein Sohn – zum erstenmal im Leben – den Gehorsam aufkündigt. Martin verletzt das Gebot der Kindesliebe. Er tritt damit, ziemlich eigenwillig, in bäurischem Trotz, der konkretesten Autorität entgegen, die er kennt. Künftig wird er versuchen, mit anderen Obrigkeiten sein Lebensglück zu machen.

Zeit dazu bekommt er genügend. Anderthalb Jahrzehnte wird diese Inkubationsphase dauern, diese seine Verzögerung in der Sache mit Gott, dieses Zwischenstadium in seiner Entwicklung, bis er vom Mönch zum Menschen fortschreitet. Hatte er sich, wie viele meinen, im Juli 1505 zu schnell und falsch entschieden, so mußte er seinen Irrtum jedenfalls lange büßen. Der Vater, über Jahre ungläubig der Verdrängung durch den Sohn sich verweigernd, wartet ab. Seine Stunde wird noch kommen.

Die Zeit des Sohnes ist unterdessen da. Martin verbringt zwar noch volle zwei Wochen in der Welt da draußen, doch ist ihm das Kloster sicher. Welchen Orden er wählen sollte, war allerdings nicht von vornherein klar. Die Klöster aus der älteren Geschichte des abendländischen Mönchtums kamen kaum in Frage. Sie galten schon damals nicht eben als modern. Zudem scheint ihre besondere Aufgabe, die Liturgie um des Dienstes am heiligen Gott willen, dem jungen Mann nicht sonderlich zugesagt zu haben. Dieser Magister möchte, so scheint es, ein wenig auch mit seinen Pfunden wuchern. Er bleibt daher auf einen der vielen Bettelorden angewiesen, welche der Verkündigung des Wortes Gottes nach draußen, der Predigt, auch der Wissenschaft, einen eigenen Platz in ihrer Regel anwiesen.

Daß die Erfurter Augustinereremiten, deren Kloster die übrigen an Ansehen und Zulauf überragte, ein »Generalstudium« besaßen, mit dem sich nicht einmal die »Prediger munch« messen konnten, mag für den künftigen Professor, der noch gar keiner sein will, den Ausschlag gegeben haben. Im übrigen galten die Augustiner bereits als reformiert. Die strenge Observanz der alten Ordensregel hatte sich gegen alle Auflösungserscheinungen durchsetzen können, auch wenn gerade dieses Reformproblem in der Folgezeit noch Schwierigkeiten mit sich bringen würde. Martin traf in Erfurt also nicht unbedingt auf jene Art von Bettelmönchen, wie sie der Volksmund zu verspotten gewohnt war. Seine Wahl konnte sich sehen lassen. Das Mehr galt auch hier.

Am Abend des 16. Juli lädt der Entschlossene einige Freunde zu einem Abschiedsmahl ein. Das öffentlich anerkannte, verbindende Element der Freundschaft, das gemeinsame Essen und Trinken, war damals mehr als ein bloßes Vergnügen. Es transzendiert den Augenblick und nimmt geradezu die sinnliche Gestalt einer religiös zu nennenden Verbundenheit an, in welcher der Eine mit den Vielen zusammenlebt – und sie doch, auf feierliche Art, verläßt. Der mittelalterliche Mensch, vor allem der disziplinierte Scholar, erlebt ein solches Ereignis jedenfalls ganz anders als der neuzeitliche, für den die Trennung von Freundschaft, Beruf und Religion selbstverständlich geworden ist.

In der Zwischenzeit hat Martin alle Verfügungen getroffen, die mit seiner Absage an die Welt verbunden waren. Auch seine Bücher – mit Ausnahme der beiden Klassiker Vergil und Plautus – sind den Händlern zurückgegeben worden. Die Eltern aber wissen noch immer nichts. Dennoch ist Martin guter Dinge. Die Juristerei, auch das Corpus Iuris, mag er nur zu gerne aufgegeben haben: Kaum ein anderer weltlicher Berufsstand wird später soviel Spott von ihm erfahren wie eben der der Rechtsgelehrten, die nur »mucken fangen«, während »die grossen hummeln hindurchreissen«. Luther weiß, wovon er später spricht: »Zeiget mir einen Juristen, deß Ende sey und der um der Ursachen willen studire, daß er die rechte Wahrheit lerne, und wisse, was recht und unrecht sey, Gotte zu Ehren, und Andern damit zu dienen; sondern alle studiren sie um Genießes und Nutzes willen, groß Ehr und Gut zu erlangen.« Martin, ein Student der Rechte, ein unmöglich Ding.

Nach dem Abschiedsessen mit den Kommilitonen begibt sich dieser Nicht-Jurist am 17. Juli 1505 zum Augustinerkloster. Die Tagesstunde ist nicht bekannt. Martin – »heute sehet ihr mich und nimmermehr« – ist einen wichtigen Schritt weiter, ob in die richtige Richtung, ist eine andere, unhistorische Frage. Fürs erste ist er »der welt reine abgestorben«.

5.
Anfechtung dient wider des Fleisches Sicherheit

Probezeit und Rezeption

Daß ein Gast, der an die Klosterpforte klopfte, mit großer Freundlichkeit aufgenommen werde, schrieb die Ordensregel vor. Ebenso streng war es aber nach 1 Joh 4, 1 geboten, den Geist des um Aufnahme Bittenden zu prüfen, ob er wirklich »von Gott sei«. Die Beobachtung des Neuen durch die eventuellen künftigen Mitbrüder und den Prior sollte die unerläßliche Selbstprüfung des Kandidaten begleiten und unterstützen. Die Klöster wußten, was sie von dieser Tradition zu halten hatten.

Gerade im Fall des Martin Luther, der von einem höchst sonderbaren Berufungserlebnis zu berichten hatte, das ihn, den aufstrebenden Magister, von einem Tag zum anderen zu einem weltlichen wie geistlichen Niemand hatte werden lassen, fand sich kein Grund, von der Regel der Väter abzugehen. Im übrigen konnte der Orden sich Zeit lassen. Eine sofortige Aufnahme des Bittstellers war nicht nötig. Der Orden war keineswegs verpflichtet, den Neuling zu akzeptieren. Das Gelübde von Stotternheim band Martin selbst, nicht aber die Augustinereremiten. Diese waren allein ihren eigenen Konstitutionen verantwortlich. Ein Urteil über den Aufnahmewilligen in kürzester Zeit abzugeben, diesen Neuling also bereits am Tage seines Ansuchens in die Gemeinschaft aufzunehmen, verbot sich von selbst. Der Konvent, dem seinerzeit etwa 50 Mönche angehörten, ließ ihn warten.

Ungewöhnliches fand sich nicht. Über die Zeit der Unterscheidung der Geister ist denn auch wenig überliefert. Niemand witterte irgendeine Sensation. Selbst das Zeugnis der Erfurter Mönche über die Vorgänge des Beginns fällt dürftig aus, obgleich einige von ihnen in der Folgezeit, als ihr Mitbruder Martinus zur Attraktion geworden war, von vielen Seiten ausgefragt worden sind. Sie erinnerten sich einfach nicht.

In den Wochen der Probezeit hat Martin wahrscheinlich den Eltern die Neuigkeit mitgeteilt und sich, auch dies im Sinne der Ordensregeln, um die Zustimmung seines Vaters bemüht, ohne indes vom Prior Winand von Diedenhofen dazu gedrängt worden zu sein. Nun, der Sohn stößt zu Hause sofort auf den heftigsten Widerstand eines Mannes, den außergewöhnliche Ereignisse zumindest mißtrauisch machen mußten, vor allem wenn sie, wie in diesem Fall, langjährige Planungen über den Haufen warfen, so mir nichts dir nichts, und eingesetztes Kapital um dessen Verzinsung brachten, Himmel noch mal!

Der nüchterne Bergmann Hans Luder, in Sachen plötzlicher Gefahr berufserfahren, hat schwere Bedenken. Er will sogar, wie sich Martin noch in einer Predigt aus dem Jahre 1544 erinnert, »toll werden«, denn er ist »übel zufrieden« und versagt kurzerhand seine Einwilligung.

Der Brief, welcher Martins schriftliche Anfrage beantwortet, redet den unbotmäßigen Filius wieder mit »du« an und sagt ihm »allen gonst und veterlichen willen gar abe«. Daß der Vater jedoch eigens nach Erfurt geeilt sei, um zu retten, was noch zu retten war, kann nicht als erwiesen gelten. Der Umschwung wurde schließlich von anderer Seite bewirkt. Eine »Pest«, wie sie in Erfurt bereits seit dem Februar 1505 gewütet hatte, entriß auch der Familie in Mansfeld zwei Kinder. Der Vater aber ließ sich, halben Herzens, umstimmen, mit gar »traurigem willen«. Was er gesagt haben soll? »Es gehe hin, Gott geb, das es wol gerathe.«

Das war nicht alles. Der Erzähler fährt fort: »... gleichwohl verwilligt ers nicht gern, von freyem und frolichem Hertzen. Es feylet an eim gantzen willen.« Viele werden Hans Luder verstehen.

Allein, die Tatsache der väterlichen Einwilligung reichte hin. Einer Rezeption des Kandidaten stand nichts mehr im Wege. Der Prior und das Kapitel der Mönche hatten inzwischen festgestellt, daß dieser junge Mann zum Ordensleben tauge. Vermutlich im September 1505 fand dann vor versammelter Gemeinschaft die förmliche Aufnahme statt: Zurückstutzen der Haare, inquisitorische Fragen nach dem Ledigstand wie nach geheimen Krankheiten, Schilderung der strengen Ordensdisziplin mit ihrer Armut, mit Fasten, Betteln, Klausur, Erfragen des Ja zu solchem Lebensstil, Einkleidung in das Gewand des Augustinerordens, Segensworte, schließlich Erteilung der kreisrunden Tonsur, auch Mönchs-Platte geheißen, noch bis 1973 kirchenrechtliches Zeichen der Eingliederung in den geistlichen Stand, die Elite also der römischen Kirche.

Martinus gehörte jetzt – unter dem schnell wieder vergessenen Klosternamen Augustinus – dazu. Zumindest stand er am Beginn klösterlicher Pilgerschaft in das Gelobte Land. Jetzt bekam er eine eigene Zelle zugewiesen, ein etwa drei auf zwei Meter großes, nicht heizbares, nur mit Tisch, Stuhl und Strohlager ausgestattetes Gelaß, das von innen nicht verschlossen werden konnte, der jederzeit möglichen Visitation durch die Oberen wegen. Übrigens: Die Lutherzelle findet sich heute nicht mehr, allen Fremdenführern zum Trotz. Sie ist, wenigstens eine der vielen, die der Bruder Martinus bewohnt hat, bei einem Brand im Jahre 1872 vernichtet worden. Doch tut das nichts zur Sache.

Überdauert haben andere Erinnerungen an das Mönchtum jener Zeit, in welches der Novize eingeführt werden mußte. Die Rezeption, so feierlich sich ihre Liturgie gestaltet haben mochte, war juristisch ohne großen Belang gewesen. Beide Seiten, der Novize wie die Ordensgemeinschaft, konnten noch immer ohne besondere Formalitäten zurücktreten. Definitives war nicht geschehen. Die ewige Profeß, das auf Lebenszeit bindende offizielle Gelübde, blieb das Fernziel, auf welches hin der Neuling zu erziehen war.

Hauptbestandteil der Pädagogik im Noviziat war ein in sich hermetisch geschlossener - und bis heute kaum veränderter - Pflichtenkreis, eine Disziplin, gestrenger noch als jene, die Luther aus der studentischen Bursen-Zeit kannte. Wieder einmal standen alle Stunden des Tages unter Aufsicht. Eine den Weltleuten endlos erscheinende Kette von Geboten und Verboten regelte, als Norm gleichsam für alle Eventualitäten, diese Art von Christenleben, die Körperhaltung ebenso wie die Zwiesprache mit Gott. Ausnahmen, die berühmten Dispensationen, blieben jedenfalls in der Erfurter Observanz Ausnahmen. Wer Dispens von der allgemein verbindlichen Regel erlangen wollte, mußte - Einzelfall für Einzelfall - seine Gründe auflisten, Krankheit oder Studium etwa, und noch mehr: Er war auf Einsicht wie Wohlwollen des jeweiligen Oberen angewiesen, ohne dessen ausdrückliche Zustimmung, paternalistisch genug, nichts ging. Martinus, später selbst zum Ordensoberen aufgerückt, hat an diesem Prinzip kaum gerüttelt. Er hatte gehorchen gelernt. Daher konnte und wollte er auch von anderen Gehorsam fordern.

Schon der Novize, gerade er, hatte nichts geschenkt bekommen. Auch selbst durfte er sich nicht dieses oder jenes schenken, sich gar von der Befolgung der heiligen Regel dispensieren, »denn sie halten, daß sie heilig seien und selig werden nicht durch Christum, den sie als einen strengen, zornigen Richter ansehen und fürchten, sondern durch ihre Ordensregel«. Luther weiß das später genau, »wie man etwa im Papstthum das fur der allergeistlichsten Werk eines hielt, wenn die Monche in ihrer Zelle saßen und dichteten von Gott und seinen wunderbarlichen Werken, wenn sie in ihrer großen Andacht so brünstig entzündet waren, daß sie auf den Knien lagen, beteten und ihre Beschaulichkeit von himmlischen Sachen hatten mit solcher Lust und Andacht, daß sie fur großer Freude weineten«.

Dabei ist dies alles, so der ernüchterte Mann in seinem Alter, »Fasten, Beten, hären Hemde, die heiligsten Werck, Regel und ganzes Leben« nichts anderes als »eitel fleischlich Werck«, da es die Seligkeit durch Eigenleistung erwerben, sich einen geneigten Gott schaffen möchte.

Jede Lässigkeit in solch mönchischen Werken galt als Schuld, mußte auch der Gemeinschaft gebeichtet werden, auf daß es Buße setze. Im übrigen sorgte ein eigener, behutsam ausgewählter Novizenmeister für die nötige Wache am rechten Weg. Von seinem ehemaligen Präzeptor hat Luther später gesagt, es habe sich um einen »feinen, alten Mann« gehandelt, der »unter der verfluchten Kutte ohne Zweifel ein echter Christ gewesen«. Vorerst aber galt es, die Tradition der Kutte einzuüben, vor allem die traditionellen evangelischen Räte, Armut, Keuschheit und Gehorsam also, die Hauptpfeiler klösterlicher Doktrin.

Das Eigentum des einzelnen Menschen galt als Hindernis für die Hingabe an Gott (in Sachen Eigentum des Ordens war die Disziplin um etliches großzügiger geworden), Verfehlungen gegen die heilige Keuschheit waren, allen Gerüchten zum Trotz, schwer sündhaft, und Gehorsam, immer wieder Gehorsam, Abtötung nämlich des eigenen Willens zugunsten der Fremdbestimmung, trug das ganze System der – so der späte Luther – »erdichteten und eiskalten Werke«.

Gerade der Gehorsam wurde, als strenge Zucht des inneren und des äußeren Menschen, methodisch gepflegt und gesichert. Da fanden sich – seit Jahrhunderten – Vorschriften über das große Silentium, Verbote lauten Lachens, detaillierte Regeln der mönchischen Zeichensprache, sogar der Stimmhöhe, des Ausschreitens mit gesenktem Blick, des Haltens von Trinkgefäßen mit beiden Händen, des Sitzens ohne anzulehnen und so fort. Solch ein »Anstand« konstituierte sich aus Gesetzlein, und wer dies fassen konnte, der faßte es. Alles sollte dem einen Zweck dienen, sich freizuhalten für Gott und die Belange der eigenen Ordensgemeinschaft, abweichende Wünsche und Sehnsüchte aber gar nicht erst aufkommen zu lassen. Sie lenkten nur vom Lebensziel ab.

Der Novize Martinus hat, soviel wir wissen, streng eingehalten, was es da zu fassen gab. Er schickte sich an, Schritt um Schritt abzutöten, was an Eigenleben noch in ihm war, um die Gerechtigkeit Gottes an sich erfahren zu können und um vor deren Gericht zu bestehen. An diesem Ernst gibt es keinen begründeten Zweifel, wenn auch immer wieder von interessierter mönchischer Seite versucht worden ist, aus Luther von allem Anfang an einen Unberufenen zu konstruieren.

Martinus ist in der Tat »ein Mönch worden«. Er hat entscheidende Jünglings- und Mannesjahre im Kloster verbracht, und dies als Mönch, isoliert von einer bösen Welt, auf die kleine Insel der Entsagung zurückgezogen, in der Zeitlosigkeit der Zelle befangen. Er hat diese langen Jahre nicht einfach abgesessen. Er war überzeugt. Selbst als er mit einem Mal in die Welt und deren Zeit geworfen worden ist, hat er sich nach dem Kloster zurückgesehnt, wo er – alle Anfechtungen hin oder her – sich doch geborgen gefühlt hatte. Erst mit der Zeit hat er gespürt, daß das Mönchtum doch nicht das richtige gewesen war. Aber er hat viele Jahre gebraucht, um – aus theologischen, nicht irdischen Gründen – diese Feststellung zu treffen. Am Anfang wußte er dies noch kaum. Das grelle Licht dieser ersten ruhelosen Zeit da draußen hatte ihn geradezu erblinden lassen: Er selbst sagt es, als er sich mit einem geblendeten Pferd vergleicht, das davongestürmt sei.

Erstes Meßopfer 1507

Ein volles Jahr hat Luther im Noviziat ein geregeltes Leben eingeübt, abgeschlossen von einer Welt, die den Baubeginn der neuen Peterskirche und die Auffindung der antiken Laokoon-Gruppe zu Rom, den frühen Tod Philipps des Schönen, Kaiser Maximilians I. Sohn, und die stete Ausdehnung des Seehandels der Augsburger Fugger nach Ostindien sah, was diesen »ersten Teutschen, die India suchen«, von den Zeitgenossen hohes Lob einbrachte. Martin Luther erlebt dies alles kaum mit. Er bereitet sich auf seine Profeß vor. Wahrscheinlich im Spätsommer 1506 wird er, nach genauester Inquisition, zu dieser zugelassen. Aus dem privaten Gelöbnis von Stotternheim ist das amtliche Gelübde mit all seinen geistlichen und kirchenrechtlichen Folgen geworden.

Diese Profeß wurde seinerzeit geradezu enthusiastisch hochgelobt, denn sie führte ins Zentrum einer ganzen Welt: »Wir jungen Münche sassen und sperreten maul und nasen auff, schmatzeten auch für andacht gegen solcher tröstlicher rede von unserer heiligen Müncherey.«

Bald nach der Ablegung der Profeß wird dem Frater Martinus eröffnet, daß er zum Priester ausersehen sei, daß er also, Schritt um Schritt, in den nächsten Monaten die heiligen Weihen, sieben insgesamt, vier niedere, drei höhere, erhalten werde. Auch in dieser ein Leben mitentscheidenden Frage gab es keinen eigenen Wunsch, denn kein Mensch konnte sich freiwillig zum Priesteramt melden. Die Oberen, niemand sonst, entschieden. Luther betont dies noch 1533: »Bin ich doch ein geweyeter Pfaff, habe Cresem und Weihe vom Bischoff empfangen, da zu solchs alles aus befelh und gehorsam gethan.«

Natürlich mag diese Betonung von Gehorsam und Befehl übertrieben erscheinen, denn Luther wußte, was er, als alles anders geworden war, von seiner eigenen Vergangenheit zu sagen hatte. Doch spricht er nicht gegen die allgemeine Norm, im Gegenteil, er bestätigt sie. Die Konstitutionen ließen keinen Zweifel zu, und Martinus sah allem Anschein nach auch keinen Anlaß zu widersprechen.

Genauere Daten der Weihetage Luthers sind nicht auszumachen, doch spricht die Wahrscheinlichkeit, falls die allgemeinen kirchenrechtlichen Bestimmungen zu Hilfe genommen werden, für den Samstag in der Passionswoche, den 3. April 1507, als den Tag seiner Weihe zum Priester. Martinus war zwar – so die Vorschrift – zu jung, doch besaß sein Orden seit 1486 von Papst Innozenz VIII. Cibo das Privileg, auch Kleriker, die mindestens 22 Jahre alt waren, zur Priesterweihe zuzulassen. Ein theologisches Studium im heutigen Sinne war ohnedies keine Voraussetzung für die Ordination. Die Ausbildung begnügte sich fürs erste mit geistlichen Einübungen und auch mit der reinen Technik des Berufes, der Fähigkeit des Ordinanden also, zu lesen, zu singen und etwas Latein zu verstehen. Eben diese Künste beherrschte der Erfurter Magister denn doch besser als jene Mitbrüder, die gut päpstlich allein das »Plärren«, nämlich das Messesingen, erlernt hatten.

Die Priesterweihe wurde im Erfurter Dom vom Mainzer Weihbischof Johann Bonemilch von Laasphe gespendet. Martinus war ganz offensichtlich berührt. Schon während seiner geistlichen Weihevorbereitungen hatte er die Schrift des Tübinger Theologen Gabriel Biel über den Meßkanon (später ein »schendlich ding«) gelesen, welches »fur zeiten mein beste buch« war, denn »da blutte mein hertz«. Im Rückblick wird Luther noch entschiedener vom Herzbluten, von den Martern des Meßdienstes sprechen, doch, was nicht übergangen werden kann, auch davon, daß er damals die Messe förmlich verehrt habe und ihm jeder »zu hauf gekommen« wäre, der sie ihm hätte nehmen wollen.

Martinus trug, wie jeder zum »Priester auf ewig, nach der Ordnung des Melchisedek« Geweihte, nach katholischer Doktrin nunmehr ein unauslöschliches Merkmal, den »character indelebilis«, der ihn – für immer – von den nichtordinierten Laien unterschied und trennte. Papistisch aufgewachsen und erzogen, konnte er in den Wintermonaten 1506/1507 »ganz eintauchen in die Dogmen des Papsttums«, wie er noch 1545 bekennt. Die Vorbereitung auf das Priesteramt brachte korrekt, damals auch ohne Abstriche, eine Vertiefung in den mittelalterlichen Kirchenbegriff mit sich. Luthers Herz blutete. Als überzeugter Katholik konnte er seine erste Messe zelebrieren.

Primiz feierte der Neupriester, einer Ordensentscheidung gehorsam, am Sonntag Cantate, dem 2. Mai 1507, im Kloster zu Erfurt. Es handelte sich um einen großen Tag. Nicht allein für den jungen Priester, sondern auch für die Mitfeiernden, für Eltern und Bekannte des Primizianten. Der Mönch hatte sonst kaum noch den Zusammenhang mit seiner Familie oder mit den früheren Freunden pflegen können, abgeschlossen, wie er nun einmal war. Jetzt durfte er einladen.

Luther berichtet 1538 über solch ein Fest, das großen Gewinn gebracht haben muß: »Es war das recht geldnetz mit opffern und geschenck. Do legte man dem breuttigam die horas canonicas mit fakkeln zu; do must der jung herr mit der mutter, so die lebt, den ersten tantz haben ... wie Christus mit seiner mutter tanzte.«

Wenn es auch nicht gar so heiß hergegangen sein mag, wie das ein älterer Herr wahrhaben möchte, die Eltern waren selbstverständlich eingeladen, aus Eisenach der verwandte Küster Hutter, Johann Braun auch von Sankt Marien, dazu ein früherer Lehrer sowie die Freunde von einst.

Hans Luder ließ die Gelegenheit nicht vorübergehen, den Glanz des Festes zu erhöhen. Er zieht an der Spitze einer zwanzigköpfigen Schar in den Klosterhof ein, Hüttenmeister, der er inzwischen ist; die Verpflegung von Roß und Reiter bezahlt er aus eigener Tasche, und der Klosterküche hat er schon 20 Gulden zukommen lassen, das Doppelte etwa jener Summe, mit der ein Wittenberger Student seinen ganzen Jahresunterhalt bestreiten konnte. Soweit der Vater.

Der Sohn erlebt bei seinem ersten Meßopfer eine schwere Erschütterung, die genauer zu deuten Schwierigkeiten macht. Zwar wird auf die Ausschmückung der späteren Legenden zu verzichten sein, welche den Neupriester Luther während der Messe in panischer Angst den Altar fliehen läßt, als er, ganz Mittler zwischen Himmel und Erde, mit dem schrecklichen Gott – selbst unter der Anrede eines »allermildesten Vaters« – Zwiesprache halten soll. Luther hat durch eigene Erzählungen viel zu diesem Gerücht beigetragen. Doch gibt er sich allem Anschein nach selbst nicht exakt wieder.

Eine ausgeprägte Meßfurcht erkennen erst andere Interpreten. Martinus selbst, nach eigener Aussage damals geradezu ein »Meßknecht«, hat anno 1507 ebenso wie ein paar Jahre danach seine Messen wohl ohne größere Skrupel zelebriert. Diese Feststellung schließt nicht aus, daß den empfindsamen jungen Mann bei der Primiz für einige Augenblicke das Gefühl übermannt hat, jetzt, gerade jetzt, in aller Unwürdigkeit und Gebrechlichkeit vor Gottes furchtbare Majestät treten zu müssen – und zu können. Genauso deutete die katholische Lehre das heilige Geschehen: Der zelebrierende Priester selbst galt als Mittelsperson zwischen dem gemeinen Volk und dessen Gott.

Ein Auszug aus einer zeitgenössischen Primizpredigt erhellt diese Sachlage: Der Neupriester wird da angesprochen als »edler und heiliger Richter, der du bist heiliger denn die Gottesmutter selber, denn sie hat Christum nur einmal getragen, du aber wirst ihn fürderhin alle Tage tragen dein Leben lang«. Eine solche Glaubensgewißheit kann durchaus Sorgen machen, nicht nur bei Martin Luther. Unsicherheit ehrt auch in diesem Fall.

Nachdrücklichere Folgen sollte ein anderes Zwiegespräch jenes Tages haben, die Aussprache zwischen Vater und Sohn hier auf Erden. Zwar gehen auch hierin die Überlieferungen durcheinander, die Interpretationen auseinander, doch sind wahrscheinlich die beiden Stichworte »Teufelsgespenst« und »viertes Gebot« gefallen, als die Rede auf die Berufung Martins zum Mönchsstand kam. Luther selbst schreibt 1521 an seinen Vater: ». . . du trafst mich wieder so geschickt und passend, daß ich in meinem ganzen Leben kaum ein Wort von einem Menschen gehört habe, das kräftiger in mir geklungen und fester gehaftet hat. Du sagtest nämlich: Hast du denn nicht auch gehört, daß man den Eltern soll gehorsam sein? Aber ich, sicher in meiner Gerechtigkeit, hörte dich an wie einen Menschen und dachte gering von dir; doch von Herzen dies Wort zu verachten war ich nicht imstande.«

Der Einwand des nüchtern denkenden und schlicht religiös argumentierenden Vaters hat jedenfalls Eindruck gemacht, auf Martinus zunächst, auf eine protestantische Interpretation nicht weniger, die den Gehorsam gegen Gottes Gebot aus begreiflichen Gründen aller Sonderberufung zur Möncherei vorzuziehen bereit sein mußte. Die Mönchswahrheiten, nach denen der Berufene Christus zuliebe Vater und Mutter verlassen müsse, waren denn doch von bestimmten Theologen zu unbedenklich in Anspruch genommen worden, um Mönchtum, Priesteramt und Einsatz für die konkrete Kirche zu rechtfertigen. Luther entrüstet sich im Rückblick über solche Aftertheologien, und dies, einmal mehr, nicht zu Unrecht. Liebe zu den Eltern, Liebe zur Ehefrau, das alles ist natürlich. Gottes Schöpfung hat solche Natur gewollt und sorgsam eingerichtet. Der Zölibat ist daher unnatürlich, eine spätere Erfindung jener Leute, die etwas gegen die gottgewollte Ehe haben: »Sie sollten auch das scheißen verboten haben.«

Ein Grundproblem der theologischen Existenz Martin Luthers meldet sich: Konnten natürliche Regungen denn unterdrückt, durch Gesetz oder Gelübde negiert werden? Durften Gottes Worte oder Bindungen der Natur mit päpstlicher Gewalt beherrscht werden? Eheliche Liebe, Zuneigung zu den Eltern, auch Körperfunktionen wie das Scheißen waren doch nur natürlich und damit allem späteren Zugriff durch die Juristen entzogen, oder etwa nicht? Manche Theologen mögen sich gewählterer Ausdrücke bedient haben, doch hat Martin deswegen nicht unrecht: »Ach, lieber Herre Gott, der sachen, die Got geschaffen, ist nicht also abzuhelfen! Denn was ist das anders denn die natürliche Schöpfung wollen zwingen und dämpfen?«

Hans Luder war es, mit wenigen treffenden Worten, offensichtlich gelungen, ein Gebäude ins Wanken zu bringen, das eine kunstvolle Doktrin aufgebaut und eine nicht weniger artifizielle Disziplin eingewöhnt hatte. Die Göttlichkeit einer Berufung zu einem Stand, der unter die Chöre der Engel gelangen ließ, war zumindest fragwürdig, wenn nicht schon sinnlos geworden. Der Stachel der Alternative saß tiefer, als fürs erste angenommen werden durfte.

Martinus war ehrlich erschrocken. Der Neupriester versperrte jedoch, eine verständliche Reaktion, sein Herz gegen die neue Einsicht. Plötzlich sollten die geistlichen Früchte der letzten beiden Jahre, sein so normales Mönchsleben, seine Anerkennung durch die Ordensgemeinschaft, wurmstichig sein? Nein, abermals nein. So schnell durfte der eigenen Berufung die Basis nicht bestritten werden. Diesen Sinn ließ sich sein Leben nicht nehmen. Dagegen sprach alle Gerechtigkeit, in der Martinus sich, nach eigenem Bekunden, seinerzeit so sicher fühlte. Daher war die Äußerung des Vaters als eine bloße Versuchung zu interpretieren, als sinn-loses Gerede eines Menschen, von dem der Wissende tunlichst »gering dachte«. Der Sohn wollte kein solcher Mensch sein. Er war Mönch.

Die »Anfechtungen«

Ob Martins berühmtgewordenen Anfechtungen, bisher vielleicht unter der Sicherheit geistlicher Normalität verborgen, an diesem Julitag des Jahres 1507 erstmals in ihrer ganzen Gewalt durchgebrochen sind, ist nicht gewiß. Luthers Wort »Anfechtung dient wider des Fleisches Sicherheit« deutet die Situation erst später: Die Primiz, zwiespältig gerade auch sie, sieht den hoffenden Mönch und seine sichere Gerechtigkeit, die einigen katholischen Interpreten so heilsam erschienen ist. Sie sieht die Geringschätzung des Menschen Hans Luder, und doch erlebt sie auch ein Stück Verzweiflung mit. In den Jahren zuvor, da sich – Luther sagt es selbst – »der Teufel sehr still verhielt«, hatte es Ruhe gegeben, Ruhe in sich selbst und in der Gemeinschaft der Mitbrüder. Jetzt aber setzt es, in einem uns Heutigen kaum mehr zugänglichen Wort ausgedrückt, die Anfechtungen, und nicht zu knapp, weiß Gott.

Wer schon aufgrund dieser Feststellung meint, die eigentliche Krankheit des Martin Luther hinreichend diagnostizieren zu können, weil jetzt endlich die Katze aus dem Sack sei, greift zu kurz und wird dem Menschen nicht gerecht, um den es hier geht. Luther ist ungleich größer. In ihm lebten Gewalten, die alles übertreffen, was gemeinhin bei historischen Persönlichkeiten auszumachen ist.

Martinus ist, Gott sei Dank, nicht so normal gewesen, wie die Orthodoxie dies gerne gesehen hätte. Krank war er deswegen noch lange nicht. Gesundsein und Kranksein ist, zumindest auf geistig-geistlichem Terrain, eine Frage der Definition. Luthers Grundkräfte lassen sich so oder so nur zusammenbinden in das, was er mit eigenen Worten seine Anfechtungen genannt hat. Martin hat oft von seinen Leiden gesprochen, systematisch beschrieben hat er sie nicht. Er konnte nicht wahrmachen, was er einmal angekündigt hatte: »Wenn ich noch eine Weile leben sollt, wollt ich ein Buch von Anfechtungen schreiben, ohne welche kann kein Mensch weder die Schrift verstehen, noch Gottesfurcht und Liebe erkennen, ja, er kann nicht wissen, was Geist sei.«

Wir bleiben auf bloße Annäherungen angewiesen, wenn wir etwas zu diesen Anfechtungen Luthers sagen wollen. Mit aller gebotenen Vorsicht läßt sich vielleicht feststellen, ihnen habe die allgemeine Lebenstatsache zugrunde gelegen, daß jeder Mensch, sei er sich dessen nun bewußt oder nicht, unter eine heimliche Angst vor dem Wesen dieser Welt gebeugt bleibt. Öffnete sich ihm der Abgrund, über den sein Leben gespannt ist, so bedeutete dies wohl seinen Tod. Bis zu dem Augenblick aber, in dem dieser Tod wirklich einfällt, lebt ein Mensch beinahe naiv auf einer dünnen Decke, unter der sich die wirklichen Auseinandersetzungen abspielen, und nur in wenigen Augenblicken, eben in den Anfechtungen, kann er einen Blick in die Tiefe tun. Dann mag er sich die uralte Frage stellen, ob ein Gott sei oder nicht, ob dieser Gott – wenn es ihn überhaupt gibt – all die Übel seiner Welt habe zulassen dürfen oder nicht, und ob das eigene Leben angesichts dieser Übel einen Sinn habe oder nicht.

Besonders hellsichtig für das eigene Leben macht der Tod, bei anderen oder bei sich selbst, da sich der Abgrund auftut, die große Kluft, das Nichts. Der eine oder der andere wird bei solcher Gelegenheit feststellen, daß da, wo keine Anfechtung war, die eigentliche bestanden hat. Luther drückt diese Erfahrung aus: »Ein Stund oder vier vor dem Tod, wenn einer den Tod vor Augen sieht, da sehen wir wohl an denen, die da sterben, wie sie sich winden und krümmen, daß jetzund der Mensch unten, jetzund der Tod oben liegt, daß einem alle Mannheit da entfällt, das Herz zerschmilzt und fleußt ganz dahin, wie Wachs an der Sonnen, daß ihm durch Mark und Bein dringt, und die Bein als weich macht, als das Fleisch ist.« Ein solcher Kampf, da des Fleisches Sicherheit zerfließen muß, gilt als Anfechtung. Sie bedeutet nicht zuletzt eine Vorwegnahme des Todes.

Die Theologie, der Martin Luther in Erfurt begegnet ist, der spätscholastische Okkamismus, hatte im übrigen auch zu einem solchen Problem etwas beizutragen. Sie lehrte eine Art doppelter Wahrheit, die radikale Trennung des Göttlichen von allem Natürlichen. Die menschliche Vernunft konnte niemals etwas über den fernen Gott aussagen, was Gültigkeit beanspruchen durfte. Gott blieb in seiner Unnahbarkeit der ganz andere. Und Gott hatte in seiner Souveränität die einen zu ewiger Seligkeit, die anderen zu ewiger Höllenpein vorherbestimmt. Gleichwohl war der armselige Mensch verpflichtet, sich um Gottes Gebote zu kümmern und in besonderen Werken Gottes Gnade hervorzulocken. Niemand konnte sich auf dem Bett einer Vorherbestimmung ausruhen. Niemand wußte definitiv um Sinn oder Unsinn seines Lebens.

Luthers Lebensthema heißt »Media in vita morte sumus«, mitten im Leben verharren wir im Tod; der unerbittliche, der ständig verborgene und sich doch stets manifestierende Tod, über den ein strenger Gott wacht, das ist das Bild aller menschlichen Existenz. Einübung in das Sterben, hundertfach, Ausharren in solcher Anfechtung, tausendfach, das heißt Menschsein. Jede dieser Anfechtungen, jeder einzelne dieser vielen kleinen Sterbefälle ist dabei von eigenem Gewicht. Gott allein »schenkt« es seinen Menschen »ein«, wie immer er will. Gott hat seine Wahl getroffen: drüben wie herüben. Gott gibt zwar dem einen kleine Anfechtungen, geringes Leid, dem anderen andere. Oft genug aber macht er »einen Strohalm so schwer als hundert Zentner Blei; darum verachte die nicht, die nur kleine Anfechtung habe«.

Martin lernt sich immer besser in der eigenen Natur zu bewegen. Er weiß vor allem um die Gefahr einsamer Traurigkeit, da die Anfechtung hervorbricht, und jener Isolation des Menschen, die das Nichts provoziert. Er wird – »die Apostel haben gar nichts davon verstanden« – eines Tages sogar »die grosten wordt« der ganzen Heiligen Schrift begreifen können, die Bitterkeit nämlich der Äußerung des von allen verlassenen und Blut schwitzenden Christus, er sei »traurig bis in den Tod«, und selbst dessen Todesschrei nach einem Gott, der ihn, den Sohn, in der letzten Stunde verlassen hatte.

Der angefochtene Mönch weiß, wovon er spricht. In den Erläuterungen etwa zu seinen späteren Bußthesen berichtet Luther im Jahre 1518 von eigenen Erfahrungen: »Ich kenne einen Menschen, der versichert, solche Qualen oft durchlitten zu haben, zwar nur in ganz kurzer Zeitspanne, doch so gewaltig, so infernalisch, daß keine Zunge es aussprechen kann, keine Feder es niederschreiben, keiner es zu glauben vermag, der es nicht selber durchgemacht hat. Eine halbe, ja nur eine Zehntel-Stunde länger – und wer das aushalten müßte, der ginge darüber zugrunde, sein Gebein wäre in Asche verwandelt. Da erscheint Gott in fürchterlichem Zorn und zugleich mit ihm die ganze Schöpfung. Nirgends ein Entrinnen, nirgends ein Trost, weder innen noch außen, alles klagt uns an. Da heult er: Ich bin vor deinen Augen verstoßen! Da wagt er nicht mehr zu sagen: Ach, Herr, strafe mich nicht mit deinem Grimm! In solchen Momenten vermag die Seele – entsetzlich zu sagen – nicht mehr zu glauben, daß sie jemals erlöst werde, sie fühlt nur eins: noch ist die Qual nicht vollendet ... Da bleibt nur eins, der nackte Schrei nach Hilfe, ein schreckliches Seufzen, das nicht weiß, wo Hilfe zu finden sei. Da ist die Seele mit dem gekreuzigten Christus weit ausgespannt, daß man alle ihre Gebeine zählen kann; kein Winkel in ihr, der nicht angefüllt wäre mit bitterster Bitterkeit, mit Entsetzen, Angst, Traurigkeit – und all dies scheint ewig zu währen.«

So spricht ein Mensch, der anno 1533 von sich sagen wird, seine »nacht krieg« seien ihm »vil seurer worden denn die tag krieg«. Martin Luther weiß später, daß nicht die Gegner, die auf ihn einstürmen, »verdroßen« machen. Ihre Anfechtung macht im Gegenteil eher »stoltz und hoffertig«. Sie alle verstehen nichts vom Eigentlichen, von den »rechten knotten«.

Ein anderer ist Meister in solchen Dingen: Der Teufel, welcher »offt ein argument bracht, das ich nit wust, ob Gott wer oder nit«. Ja, Luther – ein mittelalterlicher oder ein neuzeitlicher Mensch? – kennt seine äußerste Gefährdung: »Ich vergiss alles, daß Christus und Gott ist, wen ich in diße gedancken kome, und kome wol dahin, das Gott ein boßwicht sey.« In solcher Traurigkeit hört alles Lobpreisen auf,

»und das blasphemate gehet an«. Hilfe kommt Luther erst aus der Theologie, nachdem er erkannt hat, daß es eine einseitige Doktrin gewesen ist, die ihn jahrelang geängstigt hatte.

6. Theologie, die den Kern der Nuß erforscht

Das Generalstudium der Augustinereremiten

Dem Studium schenkten die Augustiner besondere Beachtung. Nach den Schwierigkeiten des mönchischen Anfangs, da die Orden noch in seltsamen Alternativen gedacht und gemeint hatten, um des Gottesreiches willen könnten sie auf die weltliche Wissenschaft verzichten, und da sie, des eigenen Heiles wegen, die Askese der Gelehrsamkeit vorzuziehen bereit gewesen waren, hatte sich eine realistischere Auffassung durchgesetzt: Allein mit Frömmigkeit war diese Welt nicht zu bestehen. Das päpstliche Rom ging mit bestem Beispiel voran.

Die Konstitutionen der Augustinereremiten kommen in der Folgezeit zu der Feststellung, die Studien bildeten das Fundament der Gemeinschaft. Das war zwar ein wenig zu hoch gegriffen. Doch unterhielt der Orden ganz gerne eigene Lehranstalten, welche sich in das Partikularstudium der Logik und der Grammatik und in das Generalstudium der Philosophie und der Theologie teilten. Die Lehrinhalte der Studien waren, das konnte kaum anders sein, von den Ordensoberen festgelegt, auch die Lehrbücher und Kommentare, wobei natürlich die ordenseigenen Doktoren bevorzugt wurden. Gerade die Augustiner waren stolz auf ihre Kirchenlehrer und darüber hinaus auch ein wenig auf die Tatsache, daß sie, im Gegensatz etwa zu den Konkurrenten aus dem Lager der Franziskaner oder der Dominikaner, noch keinen förmlichen Irrlehrer hervorgebracht hatten. In dieser Hinsicht zumindest sollten ihnen die Augen noch aufgehen.

Vorerst sah aber alles noch sehr geordnet aus: Kein Lehrer dozierte eigenen Stoff, wenigstens nicht allzu lange. Auch an der Erfurter Universität verhielt es sich nicht viel anders. Ein »geschworener Doctor der heiligen Theologie« etwa, der Vorlesungen über ein von der Fakultät bezeichnetes Buch der Heiligen Schrift zu halten hatte, der sogenannte Biblicus, durfte außerhalb der öffentlich zugänglichen Hörsäle oder gar in der eigenen Wohnung noch nicht einmal über ein biblisches Thema lesen, auf daß alle private und damit nicht überwachbare Ketzerei im Keim erstickt werden könne. Vor Antritt seines Amtes hatte er überdies schwören müssen, jeden ihm bekannt werdenden Fall von Häresie unverzüglich dem Dekan der Fakultät zur Anzeige zu bringen. Wer eine anstößige Doktrin vorzutragen wagte, mußte alsbald widerrufen, wollte er sein Lehramt – und sich selber – retten.

Die Hörer an diesen Hohen Schulen sollten vor jeglichem Irrtum bewahrt bleiben. Sie hatten sich auf einen ganz bestimmten Beruf vorzubereiten, auf den des theologischen Lehrers, der seinerseits die Kette der doktrinären Überlieferung nicht abreißen ließ, Nuancierungen einmal ausgenommen. Die Rekruten lernten beizeiten, was galt und was unverändert gelten würde. Die Adoleszenz, in der sich alle Hörer befanden, wurde als der günstigste Lebensabschnitt angesehen, eine doktrinäre Beeinflussung zu versuchen und durchzusetzen. Im ausgehenden Jugendalter, daran dürfte sich bis heute nicht allzu viel geändert haben, beginnt die ideologische Neuausrichtung, und dies fast zwangsläufig, zumal die väterlichen Lehren aufgegeben worden sind, um den selbsterworbenen Platz zu machen.

Woher aber sollte dieses Neue kommen? Zwar bot sich eine Vielzahl weltanschaulicher Möglichkeiten an, doch verlangte dieser Pluralismus nach Sichtung und Ordnung, nach Führung der Suchenden, nach hierarchisch fügsamer Wahrheit. Die Studierenden bedurften, das war herrschende Ansicht, einer streng systematisierten Gedankenvorgabe und vieler überhöhter Worte, damit sie ihrer inneren Welt wenigstens einen Schein von Zucht geben konnten. Mit der Zeit würden die jungen Leute sogar annehmen, geschickte Lehrkräfte vorausgesetzt, sie selbst, die Söhne, hätten sich ein selbständiges Lebens- und Weltbild erobert.

Daß sie allein einer Bestimmung durch die Wahrheiten ihrer jeweiligen Dozenten ausgesetzt worden waren, auch und gerade an der Universität, entdeckten manche nie, einige erst zu spät, um sich definitiv frei zu machen. Auf diese stille Weise haben die Professoren das Heft in der Hand behalten. Sie prägten ihre Hörer für das Leben. Sie mußten daher, so lehrte die Kirche als oberste Wahrheitsinstanz, fest gegründet in der amtlichen Doktrin stehen. Niemand von ihnen durfte sich eine Abweichung erlauben, am wenigsten in den Lehren der Institution.

Was unter solchen Bedingungen nicht ausbleiben konnte: Gut und Böse wurden schließlich als von Ewigkeit zu Ewigkeit bestehende Kräfte definiert. Allein die Kirche hatte über die Unterscheidung von Wahrheit und Irrtum zu befinden, und dies ein für allemal, so daß sie stets besonderen Wert darauf legen mußte, daß alle, Lehrende wie Lernende, immer wieder Zeugnis ablegten für die von der Organisation im voraus getroffenen Entscheidungen. Mehr Anstrengung des Geistes galt als unnütz.

Jedermann (Frauen hatten an den Schulen ohnehin nichts zu suchen), der sich einmal für den wahren Glauben entschieden hatte, und sei seine Entscheidung nur eine unausweichliche Folge der Kindertaufe gewesen, mußte dieses Stehen in der Wahrheit auch beweisen können. Sein Lebenswandel wie seine Äußerungen galten als öffentliches Zeugnis. Wehe ihm, wenn er sich nicht restlos bereit zeigte, die Ideologie sich völlig zu eigen zu machen! Er hätte sich, ein Lügner von Anbeginn, selbst außerhalb der Gemeinschaft gestellt, sich damit für einen Platz entschieden, der nichts wert war, einen Standort da draußen gewählt, wo es nur Heulen und Zähneknirschen gab. Theologie gar, wie heute vielfach üblich, als Job statt als Berufung zu interpretieren, ein Studium der Gotteswissenschaft aufzunehmen und durchzuhalten, ohne innerlich für dessen Inhalte engagiert zu sein, sich mit Gott zu befassen, um Geld zu verdienen, galt als gänzlich verquer, der heiligsten aller Aufgaben nicht angemessen. Die Theologie kultivierte daher das rechte Leben, das orthodoxe Reden, kurz das abstrichlose öffentliche Bekenntnis zum Glauben und zur allein wahren Wissenschaft.

Nunmehr konnten selbst die verkniffensten Veteranen der traditionellen Doktrin sich und ihren Hörern beweisen, daß das eigentliche Metier, dem man »auf befehl und gehorsam« seine wissenschaftliche Existenz geweiht hatte, ein solches Lebensopfer auch lohne. Dieser Nachweis, eitle Selbstbestätigung aller Ideologen, war im übrigen noch simpler zu führen, wenn es einem gelang, bei den Verfechtern anderer Systeme logische Fehlschlüsse oder Unaufrichtigkeiten auszumachen.

Welchem Eigentümer der Wahrheit wäre aber ein derartiger Beweis je mißlungen? Wer hätte schon freiwillig die eigene Freiheit gegen die Versklavung durch den Irrtum der anderen eingetauscht? Die klerikal bestimmten Schulen der Luther-Zeit hielten jedenfalls nichts von den Nachfragereien, die eine einmal getroffene Lebensentscheidung hätten umstürzen können. Das hatte die Orthodoxie nicht nötig. Die eigene Theologie war wahr genug.

Gerade Erfurt hatte einen Ruf zu verteidigen, die dortigen Augustiner nicht weniger. Hier war seit dem Beginn des 14. Jahrhunderts die Theologie zuhause. Hier konnte sie fehlerfrei erlernt werden, auf daß sich die Fäden der Überlieferung nie verwickelten. Hinzu kam, daß der Besuch des Generalstudiums der Augustiner mit dem Studium an der Universität derselben Stadt verbunden werden konnte. Die Konvente schickten daher die für eine Weiterbildung vorgesehenen Mitbrüder nach Erfurt, und die Zahl der Insassen des Erfurter Klosters stieg zeitweilig auf gut siebzig Professen. Sie fühlten sich in dieser Stadt aufgehoben.

Dennoch achtete der Orden darauf, daß das Studieren nicht überhand nahm: Das stete Forschen mit all seinem Zeitaufwand störte die allgemeinen Pflichten der Ordensangehörigen. Kein Kloster durfte deswegen mehr als zwei seiner Mitglieder in das Partikularstudium beurlauben, eine weitere Regelung, die den Vorrang des Gehorsams vor dem Wunsch unterstrich.

Niemand konnte sich freiwillig zum Studium melden. Dieser Numerus clausus blieb unangefochten. Nicht der Mensch hatte zu bestimmen, sondern die Mönchsoberen. Am Erfolg solchen Studierens brauchte daher auch kaum gezweifelt zu werden. Nur die Fähigsten wurden zugelassen. Abbrecher waren nicht vorgesehen.

Der krönende Abschluß des Studiums bestand, üblicherweise nach zehn Jahren (die Orden hatten Sonderrechte), in der Promotion zum Doktor der Theologie. Da das Generalstudium des Ordens diesen höchsten Grad nicht verleihen durfte, blieben die Seinen auf die Universität angewiesen. Profeß und mönchische Disziplin boten allerdings die besten Bürgschaften für das Erreichen des hohen Ziels. Nirgends war die moralische Würdigkeit dem mittelalterlichen Ideal so nahe wie in den mönchischen Studienanstalten. Auch die Aufsicht über den Fleiß und die Fortschritte des zum Studium Beurlaubten konnte nirgendwo besser geübt werden als in der strengen Abgeschlossenheit des Klosters. Wer dennoch nicht recht vorwärtskam, wer sich als Enttäuschung erwies, wurde spätestens nach zwei Jahren wieder in den heimatlichen Konvent zurückgeschickt, um sein Leben fortan als einfacher Mönch zu fristen. Die Chance, im Orden aufzusteigen, war vertan.

Vielleicht ist es nicht ganz unnütz, sich dieser Gegebenheiten zu erinnern, unter denen Martinus die Erlaubnis zum Weiterstudium erhalten hat. Die stetige Karriere des Bruders Martinus, die sein Selbstgefühl stärkte und ihn erkennen ließ, wie viel er anderen voraus hatte, war eher normal als beispiellos. Sie stellte kein Ereignis dar, das außerhalb jeder menschlichen Erfahrung anzusiedeln gewesen wäre, und schon gar kein Wunder. Sie gründete nicht auf dem Trotzdem, sondern sie war – in all ihren Phasen – von verständnisvollen Oberen inquiriert. Diese Laufbahn entsprach den laufend unter Beweis gestellten Fähigkeiten dieses Mönches. Martinus war, das hatte nicht allein der Vater bemerkt, talentiert, in weiten Teilen sogar genial. Sein Orden konnte sich – früher oder später – eines solchen Mitgliedes rühmen, das eine echte Akquisition darstellte.

Kampf mit den Kommentaren

Am Erfurter Generalstudium der Augustiner sind für die Jahre 1506 und 1507 urkundlich zwei »doctores der heiligen schrift« bezeugt. Der eine war Johann Nathin, ein schwieriger Mann, der seine Hörer nicht eben zu begeistern verstand, der andere war Johann Paltz, ein rastlos tätiger Lehrer, weithin bekannt und, von der Kritik des Humanisten Wimpheling abgesehen, auch geachtet. Er war ein Bettelmönch aus Überzeugung, ständig um die Mehrung des Rufes seines Ordens bemüht, ein braver Ablaßprediger auch, Verfasser theologischer Trivialliteratur, kirchlichen Titeln nicht abgeneigt, kurz, weniger ein stiller Forscher als ein tüchtiger Geschäftsmann in Sachen der Orthodoxie.

Unter diesen Umständen konnte es nicht ausbleiben, daß Paltz immer wieder abberufen wurde, um anderswo als im klösterlichen Generalstudium die Belange seiner Kirche zu vertreten. So fiel Nathin, dem Sonderling, die Hauptlast der Ausbildung zu. Paltz, dessen rühriger Geist den Erfurter Konvent durchaus mitbestimmt hat, ist denn auch nicht eigentlich als Martins Lehrer anzusprechen, wohl aber Nathin, unter dessen Regentschaft Luther sein Theologiestudium aufgenommen hat. Diesem Lehrer hat die spätere Deutung den Satz zugeschrieben, seine Studenten sollten tunlichst die Bibel beiseite legen und sich an die bewährten Kommentare, an die »glossa ordinaria« halten. Aus dieser umstrittenen Äußerung ist sogar ein förmliches Bibelverbot gefolgert worden. Doch geht diese Interpretation zu weit.

Selbstverständlich hat Martinus Kommentare benutzt. Das tut jeder Student jeder Fachrichtung noch heute. Darüber ist die Heilige Schrift, der Text selbst nicht unbedingt zu kurz gekommen. Von Anfang an benutzt Martinus die Bibel sogar so eifrig, daß er bald zu jedem Spruch auch die richtige Seite anzugeben wußte. In Latein.

Übersetzungen der Schrift in die Muttersprache waren ungleich weniger gern gesehen. Zwar gab es auch sie. Doch kann von der Möglichkeit, Bibelübersetzungen zu gebrauchen, noch lange nicht darauf geschlossen werden, daß dieses Angebot auch angenommen worden ist.

So gehört auch der Bericht, Martinus habe seinerzeit – auf eigene Faust und daher in schwerem Ungehorsam – die Klosterbibliothek durchstöbert und erst dort eine verstaubte Bibelausgabe entdeckt, ins Reich der Legende. Ein solcher Kampf um die Schrift ist erfunden.

Etwas anders stand es um die Qualität der gängigen Kommentare, die das Studium begleiten sollten. Diese Folianten, richtige Mehrpfünder, ohne Temperament, doch voller Titel und Thesen, deren Details heute nur noch einigen Spezialisten etwas sagen, wurden von Jahr zu Jahr an den kirchlichen Akademien weitergeschleppt. Sie traktierten, alles in allem, jenen Gott, wie ihn sich die offizielle Überlieferung vorzustellen gewohnt war. Sie zogen nur noch die Linien einer Zeichnung nach, die von den anerkannten Kirchenvätern vorgegeben worden war, in Hunderten von Nuancen allerdings. Viele von diesen waren immer wieder vom Ausradieren bedroht, der Rest jedoch wurde von emsigen Epigonen ständig neu abgeschrieben, exzerpiert, kompiliert und paraphrasiert, schließlich gar in den Schulen systematisiert, auf daß die Nachwelt wisse, wo und wie dieser Gott zu finden sei.

Solche Scholastiker, wahre Schulautoritäten, gaben sich durchweg belesen, dozierten stets etwas von oben herab, ex cathedra eben, und konnten es nicht fassen, von frechen Humanisten eines schönen Tages nur noch ausgelacht zu werden, Wissenschaft hin oder her. Doch gab es wirklich etwas zu belächeln. Zu Luthers Studienzeit war schon ein Spät-, ein Endstadium dieser Methode erreicht, auch wenn dies noch längst nicht alle Lehrer wahrhaben wollten. Die Mühle drehte sich fast nur noch aus Routine, neuer Wind kam nicht mehr auf.

Die Glosse deutete wie eh und je allegorisch, nach dem Muster antiker Philologen. Sie ging davon aus, daß dem biblischen Wort ein tieferer Sinn als der Wortsinn innewohne, den es zu eruieren galt. Der bloße, nackte Sinn reichte nicht mehr, denn die Auseinandersetzungen um die gesunde Lehre, die so orthodox verteidigt wurde, verlangten mehr als den simplen Schrifttext des Jesus von Nazareth und seiner ungelenken Fischer. So hatten die ständigen Lehrstreitigkeiten, die mit dem Anspruch auf Einheit übertüncht werden sollten, immer häufiger die mystisch, geistig, philosophisch umdeutbaren Sinngehalte provoziert. Ihre Interpretation ernährte Scharen von Lehrern. Aber auch die Studenten hatten jahrelang damit zu tun. Martinus machte keine Ausnahme.

Später sagt er einmal von sich: »Weil ich jung war, da war ich gelertt, und sonderlich, ehe ich in die theologia kam, da gieng ich mit allegoriis, tropologiis, analogiis umb und machte lauter kunst ... ich weiß, da ein lauter dreck ist, den nuhn hab ichs faren lassen, und diß ist mein letzte und beste kunst.« Doch ist es noch ein weiter Weg bis dahin. Luther wird viele Jahre brauchen, bis er den angelernten »Dreck« fahren lassen konnte, bis er die frühere Methode als das durchschaute, was sie in Wirklichkeit war, ein »narren werck, wie wol es hoch gleist«.

Erst ein Martin Luther, der selbst zum Prediger des Wortes geworden war, konnte sagen: »Die Väter haben zu ihrer Zeit eine sonderliche Lust und Liebe zu den allegoriis gehabt, und sind damit umher spaziert und alle Bücher voll geklickt. Origenes ist fast ein Fürst und König über die Allegorien und hat die ganze Bibel durchaus voll solcher heimlicher Deutung gemacht, die denn nicht eines Drecks wert sind. Die Ursach ist, daß sie alle ihren Dünkel, Kopf und Meinung, wie sie es recht angesehen, und nicht S. Paulo gefolgt haben, der da will den heiligen Geist drinnen lassen handeln.«

Ja, dieser Mann wollte immer häufiger den klaren Text, das Wort selbst, nicht die »heimliche Deutung«, die Umschreibung der Doktoren. Dieser Wunsch brachte aber den Kampf gegen die Überlieferung mit sich, gegen die vielen Kommentare der heiliggesprochenen Schulhäupter, gegen die Scholastik als solche. Für diesen Strauß war Martinus noch nicht gerüstet, damals in Erfurt, mit seinen ganzen 24 Jahren. Zunächst siegte die Allegorie.

Sie hatte den Vorteil, allgemein verständlich zu sein in einer Zeit, die das Wort selbst nur selten hörte, gedruckt fast gar nicht vorfand, gezeichnet schon eher. Das Bild blieb noch am ehesten zugänglich: Der Tod als Knochenmann, der Papst mit seinen beiden Himmelsschlüsseln in Silber und Gold, der Adler des Kaisertums, die Rosen der Geschlechter, der Städte Lilien, die Wolfsgesten der Ketzerei. Warum sollte der Bilder- und Gleichnisreichtum der Heiligen Schrift, ausgerechnet dieser, nicht in ähnlicher Weise auszuwerten sein?

Die Lehre tat dies unverdrossen, verschob dabei unmerklich wichtige Grenzpfähle und freute sich aller Novitäten, die Himmlisches in Erdenbildern vorgezeichnet sehen wollten. Eine historisch-kritische Auslegung hingegen, ohne die heutzutage keine ernsthafte Beschäftigung mit der Schrift mehr auskommt, war unbekannt. Die Allegorie füllte alle Lücken, »fein gebutzt«, wie sie war. Daß sie dennoch »nicht glauben halten« konnte, sollte erst noch entdeckt werden.

Zu dieser zeitgenössischen Deutung des Wortes trat im übrigen die strenge Auflage hinzu, den heiligen Text – aus Furcht vor den zahlreichen Irrtümern, die eine eigenständige Auslegung mit sich zu bringen pflegte – in Einklang mit der offiziellen Kirchenlehre zu interpretieren und derart kontrolliert wie rationiert einstudieren zu lassen. Auch auf diesem Gebiet tummelte sich kein Allotria. Bewährt war allein die feste Tradition, die ein eigener Sententiarius vorzutragen hatte, der professorale Erklärer vor allem des Sentenzenkommentars des Magisters Petrus Lombardus, eines italienischen Scholastikers aus dem 12. Jahrhundert. Dieser – »es thuts yhm keiner nach« – hatte den theologischen Lehrstoff seiner Zeit in der seither üblichen Reihenfolge geordnet: Gotteslehre, Schöpfungslehre, Lehre von der Erlösung, Sakramentenlehre (mit der Festlegung der Siebenzahl) und Eschatologie.

Lombardus – »ist ein gross man gewest« – war übrigens Schüler des bedeutenden Petrus Abaelardus gewesen, auch dieser ein – von Bernhard von Clairvaux – Verfolgter, der in strenger Klosterschaft geendet hatte. Lombardus, obwohl treu dem Ketzer Abaelard und dessen scholastischer Methode, einem Denken und Lehren in Satz, Gegensatz und Schlußsatz, ergeben, starb in allen Ehren als Bischof von Paris, dem Sitz der berühmtesten theologischen Schule. Sein Kommentar, selbst bereits früh glossiert, wurde bald zum einflußreichsten Handbuch der folgenden Jahrhunderte. Bis etwa in das 16. Jahrhundert in Gebrauch, formte solche Dogmatik weitgehend das theologische Denken. Ihre Meinungen, obgleich immer nur privater Natur, hatten offiziöse Geltung in der damaligen akademischen Welt erlangt. Diese trug sie in zahllosen Disputationen vor und reichte sie den Jüngeren in vielen Zusatzkommentaren weiter, unter anderem in dem

Luther geläufigen Werk des Gabriel Biel, eines Hauptvertreters des sogenannten Okkamismus. Martinus kann sich zeitlebens nicht ganz von dieser Doktrin lösen, wenn er auch später eine eigenständige Kritik äußert: »Wen Lombardus mit diesem vleis in die bibel were geraten, ßo wers gegangen. Es hatt nicht sollen sein.«

Wozu auch sollte eine Lehrautorität »in die Bibel geraten«? Die Lehre etwa jenes englischen Franziskaners William aus Ockham, der seinerzeit als Gebannter am Hofe des ebenfalls geächteten Ludwig des Bayern zu München Protektion gefunden hatte, war inzwischen anerkannt. Die ehemalige Rebellion galt als fein, und der ehedem verketzerte Okkam hieß »unbesiegbarer Lehrer«. So können sich die Zeiten ändern. Johann Nathin, entschiedener Biel-Schüler, leitete jedenfalls in jenen Jahren unangefochten das Erfurter Generalstudium, und dies gut nominalistisch, ohne besondere Verbeugungen vor Thomas von Aquino oder Duns Scotus.

Martinus, hierin alles andere als der legendenverklärte Autodidakt späterer Interpreten, hat in gewohnter Disziplin mitstudiert. Die theologiegeschichtlich so einflußreich gewordene Lehre eines Thomas hat er auf diese Erfurter Weise allerdings kaum je richtig kennengelernt. Er wird denn auch in der Folgezeit das »metaphysische Geschwätz« des Aquinaten der Lächerlichkeit preisgeben: »Thomas ist nicht einer laus werdt; ist gleich mit seinem schreiben: Wasch nur den beltz und mach mir den nicht naß.« Der nüchterne Denker Thomas – »man hatt im mussen ein tisch auß schneiden, das er den bauch in das loch liget, raumb zu haben am tisch zu sitzen« – lag Luthers Leidenschaftlichkeit nie besonders. Es gibt eine Affinität der theologischen Temperamente, und Martinus paßte nicht zu Thomas. Die Spekulationen, »hundert Fragen«, allesamt der heidnischen Philosophie entlehnt, dies Gerede reizt Luther kaum. Er findet, wie er 1532 sagen wird, darin »nicht ein wort, das einem mocht zuversicht zu Christo machen«.

Auf das Wort der Hoffnung aber kam es doch bei einem Theologen an. Metaphysik hingegen bedeutet ein von den Heiden erlerntes Schließen, ein »Silbenstechen«, eine ständige Deduziererei, die am Wesentlichen vorbeidachte. An solcher Theologie wenigstens ein beiläufiges Interesse zu finden, gelingt Luther erst, nachdem die an ihrem Ordensbruder Thomas geschulten Dominikaner ihr Geschütz gegen den Abweichler aus dem Augustiner-Orden auffahren. Da ist seine Person gefordert, seine Passion bedroht.

Himmlische Justiz

In den Monaten zwischen der Primiz und dem Oktober 1508, da die Welt vor den Toren des Erfurter Klosters miterleben durfte, wie Maximilian als erster deutscher König den Titel eines »Erwählten Römischen Kaisers« annahm (mehr blieb ihm nicht) und Michelangelo wie Raffael im Rom des Papstes Julius II. wirkten, wird Martinus – im Gehorsam – dem Okkamismus zuhören, dessen System ihm als einleuchtend beschrieben worden ist, dessen Lehre seinem Herzen aber nicht zugesagt hat, obgleich er auf eine stille Weise von ihr beeinflußt wurde. Eine Antwort auf die Fragen, die ihn quälten, erhielt er nicht.

Das Studium der sekundären Autoritäten, mit denen er sich herumzuplagen hatte, blieb einseitig. Die Theologie benutzte sie in sorgsam ausgewählten Blütenlesen und Zitatensammlungen, die alles Wissenswerte mundgerecht servierten. Völlig undenkbar erschien solcher Systematik gegenüber jedoch die wirkliche Frage, auf die jene Autoritätsfetzen keine Antwort wußten. Die Anfechtungen blieben, und die Verzweiflung nahm noch zu, denn kein gelehrtes Buch sprach zu diesem Herzen, am allerwenigsten noch das Hauptwerk des Erfurters Johann Paltz, die »Himmlische Fundgrube«, in der sich, pedantisch aufgelistet, zwar alles mögliche fand, nur nicht das, was Luther suchte.

Die Angst um den Sinn des Lebens steigerte sich, eine Angst, von der – wie Luther einmal sagen wird – alle Väter und Doktoren der heiligen Kirche nichts Rechtes wissen konnten. Denn sie alle hatten allenfalls »tentationes corporales«, also rein leibliche Versuchungen verspürt wie etwa Hunger, Krankheit, Verfolgung und Mönchsschuld. Ein Ordensleben ohne eine solche Art der Anfechtung war unvorstellbar. Das wußte auch Martinus. Beichtväter, Seelsorger, Ordensobere rechneten immer wieder mit derlei Skrupeln, Rückschlägen und Beängstigungen. In den Mönchsstand der Buße gehörte die Traurigkeit hinein. Sie galt als mönchische Erscheinung. Doch half dies Martin nicht weiter. Die Berufskrankheiten und die probaten Arzneien gegen diese reichten nicht an sein Leiden heran. Seine Anfechtungen waren von einer besonderen Qualität. Seine Passion war neu.

Martinus spricht davon, als er sich auszudrücken gelernt hat, daß die Lehrer keine »tentationes« durchlitten hätten, wie er selbst sie hatte kennenlernen müssen, also keine »tentatio spiritualis, fidei et spei, tentatio ab dignitate et praedestinatione« in seinem urpersönlichen Sinn und Ausmaß, nicht die todesnahe Frage nach dem Sinn des Lebens, theologisch ausgedrückt nach der Auserwählung oder Verwerfung durch einen Gott, den gnädig zu stimmen dieser Mensch und Mönch – voller Angst um sein und der anderen Menschen Heil – mehr und mehr versucht, indem er sich auf die guten Werke besinnt. Diese Anfechtung, eingebunden in die äußerste Einsamkeit, dieses drohende Aufgeben allen Glaubens und aller Hoffnung, diese Angst vor einem unabänderlich verhängten Verdammungsurteil der himmlischen Todesjustiz wird zum beherrschenden Thema seines Daseins. Abgründe tun sich auf, das Leben scheint verfehlt, der Tod triumphiert auch im Jenseits, und die Hölle ist ganz einfach das Nichts, der Un-Sinn.

Der Angefochtene handelt davon, daß das am schwersten sei, was er dann 1525 artikulieren kann, jene Anfechtung nämlich, die »man pflegt zu nennen desertionem gratiae, da des Menschen Hertz nicht anders fület, denn als habe jn Gott mit seiner Gnade verlassen und wolle sein nicht mehr«. Verlassenheit, Aufgegebensein, nichtswürdige Existenz, Sinnlosigkeit, Leben ohne Würde, ohne Ziel und Erinnerung, das bedeutet Drohung, das treibt alle Hoffnungen aus, das verewigt die Verzweiflung.

Einmal mehr heißt es mors, mors, mors. Alles Leben bleibt vom schrecklichsten Sterben bedroht – und von einem noch schlimmeren Gericht, vom Endurteil der Verdammung zum Nichts. Der Mönch – »es gehören gar starcke Geister da zu, solche puffe auszuhalten« – erfährt auf diese Weise am eigenen Leibe und an der eigenen Seele die Konsequenzen jener religiösen Rechtsordnung, die ein bestimmter Katholizismus (den Luther vielleicht für den einzigen gehalten und angegriffen hat) in der Theologie festgeschrieben hatte: Christus, der Erlöser, ist auch der Richter, der genauestens Buch führt über all die kleinen Menschlein mit all ihren Sünden.

Lag es da nicht nahe, einen Versuch nach dem anderen zu unternehmen, den Gerichtsherrn doch noch umzustimmen? Mußte der Mensch ihm nicht bereits auf Erden, wo denn sonst, zu beweisen suchen, daß er etwas wert war, daß die eigene Existenz nicht nichts galt?

Aber wie sollte ein Sünder dies anfangen? Zog Gott sich nicht ständig auf seine eigene – furchtbar sündenlose – Majestät zurück, um den Menschen, der schuldig geworden war, allein zu lassen? Legte der Gerichtsherr nicht eine Beweislast auf, die einfach nicht zu tragen war? Wuchs das Böse nicht, indem es bekämpft wurde? Wurde ein Mensch der List und Tücke im eigenen Herzen je Herr? Oder waren alle Anstrengungen, die die Theologie einem nahelegte, von vornherein aussichtslos? Scheiterte jeder Beweis an der eigenen Nichtswürdigkeit? Triumphierte nicht – am Anfang wie am Ende – allein die Verdammnis? Siegte nicht die Ewigkeit der Hölle, und dies, bei einer solchen Beweislage, zu Recht, in Gerechtigkeit?

Die Lage verschlimmerte sich zusehends. Martinus sagt: »Im bapsttumb war mirs grosser ernst, das ich wolt fromm sein, aber wie lange wehrets? Nur biss ich hatte Meß gehalten. Über eine stunde war ich böser denn vor.« Kein Gottesdienst, keine Abtötung hielt die Sünde im Zaum. Immer tiefer lief der Mensch in den Zorn Gottes hinein, immer schneller rannte der Sünder von der Gnade des Herrn weg. Jeder Beweis versagte. Entlastungszeugen fehlten. Daher war »das hertz verzagt und das gewissen, das sichs furchte fur einem rauschenden baum blat und on unterlaß geiecht ward durch allerley lere und werck von einem zum andern«.

Eine Beschäftigung mit der kirchlichen Lehre von der sogenannten Prädestination, der Vorausbestimmung des menschlichen Heils durch den ewigen Gott, der Sinnvorgabe durch einen Gerichtsherrn also, konnte unter solchen Umständen geradezu lebensgefährlich werden. Die Verzweiflung gewann aus ihr nur neue Nahrung, aber keine Hoffnung. Es wird noch sehr lange dauern, bis dieser angefochtene Mensch ruhiger werden kann: »Wir sollen unsern Herr Gott nicht weitter suchen, den er uns bevolhen hatt.« Daß das Wort Gottes ausreichen konnte, war noch nicht erlitten.

Bereits aus den Erfurter Jahren läßt sich erahnen, in welche Ratlosigkeit dieser Mönch noch getrieben werden würde, bevor seine eigene Theologie ins Dasein treten konnte. Das Problem begann so oder so schon damals zu drängen. Nur löste es sich noch nicht. Die Theologie, welche »den Kern der Nuß erforscht, das Innere des Weizenkorns und das Mark der Knochen«, wie sie ein Brief Martins vom 17. März 1509 an Johann Braun in Eisenach umschreibt, ließ gefährlich lange auf sich warten. Noch war Martinus stumm. Doch auch Thomas von Aquino war seinerzeit ein »stummer Ochse« geheißen worden, als seine Inkubationszeit noch nicht zu Ende war. Große Dinge brauchen ihre Zeit.

Der junge Ordensmann stand so oder so noch etwa auf demselben Punkt wie früher, als er im Herbst 1508 den Befehl erhielt, an Stelle des Wolfgang Ostermayr die den Augustinern übertragene Lektur der Moralphilosophie an der Artistenfakultät der neugegründeten Universität Wittenberg zu übernehmen – und gleichzeitig sein eigenes Theologiestudium fortzusetzen.

7. Die Wittenberger leben am Rande der Barbarei

Stadt im Sand

Nach Wittenberg berufen zu werden, ausgerechnet in dieses »winckelichen«, galt nicht allen als ehrenvoll. Ein Gelehrter mußte schon ein Debütant sein und ohne Erfahrung in Berufungsverhandlungen, um einen solchen Ruf an eine eben erst gegründete Universität nicht ausschlagen zu können. Oder aber er gehorchte, weil er Mönch war, denn »do schickte es Gott wunderlich wider aller Menschen gedancken, das ich von Erffurd gegen Wittenberg muste, deponirte mich wol . . .«

Der Bruder Martinus – »ich habe zu Wittenbergk erstlich angefangen zu deponieren« – machte sich denn auch gehorsam auf, aus dem berühmten Erfurt in jenes weit weniger angesehene Städtlein an der Elbe zu ziehen, das nur »eitel steine«, nicht aber ein »fett, köstlich erdreich« aufzuweisen hatte. Daß sich in Wittenberg überhaupt eine Universität fand, hatte ihn gewundert. Dieser Ort mit etwa 2500 Einwohnern, von anderer Seite knapp als Schindanger bezeichnet, wollte trotz aller aufgewandten Mühe keine richtige Stadt werden, ein Elbflorenz schon gar nicht. »Das land und leute tragens nicht«, so der inzwischen einheimische Luther dreißig Jahre später. Viel hat er nicht von dieser Stadt gehalten, die nur Sand und Wasser kannte: »Wir haben zuweilen die Elbe allzuviel, die uns gruben und keller füllet.« Und die Wittenberger gefielen ihm auch nicht besonders: »Wenn man gleich frume, ehrliche leute hiereyn gesehet hett, so weren grobe Sachsen auffgegangen. Wie der Eulenspiegel, der seht auff einen marckt kieselsteine dicens: Ich sehe bose buben; wen ich gleich frumme leut sehet, so giengen schelck auff, den das land tregts nicht.« Luther gibt sich keiner Täuschung über die Seinen hin. Aber geblieben ist er dann doch gute dreißig Jahre in diesem Wittenberger Winkel.

Der Weg von der thüringischen Schmalzgrube in die karge Gegend um Wittenberg, vom wohlhabenden Süden also bis hin an die Grenze der Barbarei, führte damals, bei diesem ersten Besuch, über Weimar, Naumburg, Halle zunächst in das herzogliche Sachsen, welches seit der Teilung des Erbes von 1485 von der albertinischen Linie, gegenwärtig von Luthers späterem Gegner Georg dem Bärtigen regiert wurde, und schließlich in das Kursachsen der Ernestiner, vertreten durch Friedrich von Sachsen. Es war ein ziemlich langer Weg.

Das merkte Martinus bald: Er reiste ja nicht im Wagen, nicht zu Pferd. Er wanderte, Meile um Meile, zu Fuß. So war es dem Mönch vorgeschrieben, der mit gesenkten Augen, die Hände in den Ärmeln seiner Kutte, fürbaß zu schreiten hatte, ohne, da war der mönchische Anstand vor, die Blicke schweifen zu lassen. Luther ist zeit seines Lebens viel gewandert, alles in allem, so wird geschätzt, etwa 10 000 Kilometer. Klagen über diese Strapazen gehörten sich nicht. Die Disziplin machte stumm. Allenfalls mochte dem jungen Mönch der Lärm der Straße eine gewisse Abwechslung gegenüber der klösterlichen Isolation bedeutet haben.

Die Straßen jener Zeit waren voller Leben. Sie bildeten nicht wie heute einen Gegensatz zur Intimität des Privatlebens, sondern öffneten diese nach außen. Da wurde gebettelt, geraubt, geboren und gestorben. Aus den Dickichten am Rande brachen die gefürchteten Raubritter hervor, eine Dauerplage für die kaufmännischen Pfeffersäcke, deren Waren nun einmal – an streunenden Landsknechten vorbei – von Markt zu Markt transportiert werden mußten. Links und rechts der Handelsstraßen gingen die Bauern ihrer mühseligen Arbeit nach, lagerte fahrendes Volk, Gaukler, Bettler, Scholaren, Gesellen. Hin und wieder erhob sich Aufregung: Ein vornehmerer Zug, viele Wagen, viele Pferde, setzte seine Vorfahrt durch, wenigstens bis zum nächsten Grenzpfählchen, wo neue Dokumente gefragt waren, auch er, gerade er im übrigen vor Überfällen nicht sicher, es sei denn, gepanzertes Volk schützte ihn. War solch eine Kolonne aber vorbei, so schloß sich die Straße wieder, und alles war wie zuvor. Das gemeine Volk blieb unter sich, eingetaucht in den eigenen Lärm. Die Hauptperson dieser Bildwelt ist und bleibt die Menge, nicht die anonyme Masse der Stadt von heute, sondern die Versammlung der Nächsten, der Nachbarn, der Kinder, der Frauen, die sich gegenseitig kennen.

Mittendrin der wandernde Bettelmönch, mit gesenktem Blick, mit verschlossenem Mund, so wenigstens die heilige Regel. Martinus wird sich daran gehalten haben. Aber er mag auch offene Ohren gehabt haben, denn da, im Bad der Menge, galt es, dem Volk »auffs maul« zu schauen, da war zu hören, was einem die Professoren nicht gesagt hatten, da konnten gar Fetzen der wirklichen Sprache aufgeschnappt werden, wie sie die Handwerker, die Fuhrleute, die Händler im Munde führten, allesamt auf ihre Weise dem anarchischen Getümmel dieses Draußen ausgesetzt – und doch gerne darin zu Hause.

Näherte der Wanderer sich schließlich einer größeren Stadt, so begrüßten ihn nicht nur die Feldsiechen, die Aussätzigen, die nicht in die Tore eingelassen wurden, aber doch in deren Nähe vegetierten; es warteten auch die ersten Zeichen der Zivilisation, die Vorstädte, nicht bessere Slums als die heutigen, sowie die Kehricht- und Abfallhaufen, von den Stadtbürgern schlicht über die Wälle gekippt, und selbst die Galgen mit ihren verfaulenden, verfallenden Leichen, voll von Aasfressern, Zeugen einer unbarmherzigen Justiz der Menschen, Sinnbilder aber auch einer höheren Gerechtigkeit, eines noch zornigeren Richters, der die Seele zu verderben versprochen hatte, wenn der Sünder seiner nicht achtete.

Wittenberg, auf das der Frater Martinus zuwanderte, bildete keine Ausnahme. Im Gegenteil. Zwar hatte die dortige Universität in einer Werbeschrift, natürlich war ein Jurist ihr Verfasser, Reklame für die Stadt zu machen versucht. Sie hatte dies auch nötig, denn der Zulauf an Studenten war schon in den ersten Jahren merklich zurückgegangen. So ließ die Hochschule schreiben, das Leben in Wittenberg sei ausgesprochen billig, mit nur acht Gulden im Jahr sei auszukommen (manche Professur war auch nicht viel höher dotiert), die Luft sei bekömmlich und die Pest sei so gut wie gar nicht bekannt. Doch das war, des Fremdenverkehrs wegen, gewaltig übertrieben.

Andere Stimmen klangen ehrlicher: Wittenberg, »bis doher ein arm, unansehnlich stadt; kleine, alte heßliche, niedrige, höltzerne häuslein: einem dorff ähnlicher, denn einer Stadt«. Und selbst wenn in Rechnung gestellt wird, daß es manche Urteile über dieses Wittenberg darauf abgesehen hatten, dem Ketzernest, das einen Luther beherbergte, eins auszuwischen, indem sie es »ein ungesunt, unlieblich erd, on wyngarten, on baumgarten, on fruchtbar baum, eine bierische kamer, rauch, frost halb, on freid, ganz kottticht« hießen, der Wirklichkeit kamen sie bedenklich nahe. Martinus erschien damals schockiert.

Schloß, Kirche und Universität eines Kurfürsten

Daß sich im Laufe der nächsten Jahre alles zum Besseren änderte, war Hauptsorge des zuständigen Landesherrn. Sachsens Kurfürst würde diese Ecke seines im übrigen stattlichen Territoriums schon noch befördern. Anderes ließ der Neid auf den Vetter Georg und dessen stolzes Leipzig nicht zu. Friedrich hatte selbstverständlich auch Geld, denn die Erzbergwerke warfen viel ab, und Luther lobt diesen Sparsamen: »Er konde söller und boden fullen, das er noch grösser gruben dazu lies machen und fullen . . . Wan er gleich in ein schlos kam, so aß, tranck und füttert er wie ein ander gast, bezalet alles rein ab . . .« Der Leitsatz dieser Ökonomie, »sammelt ein mit scheffeln und gab aus mit loffeln«, machte aus dem Sachsen einen wohlhabenden Mann, der keine Anleihen bei anderen zu machen brauchte, was nicht jeder von sich sagen konnte.

Friedrich galt auch in anderen Angelegenheiten seiner Regierung als besonnen. Wegen seiner Bedächtigkeit, die nicht zu den ansonsten üblichen Kriegshändeln neigte, ist er dann »der Weise« genannt worden, und dies – im Vergleich zu vielen seiner Standesgenossen – nicht zu Unrecht: ». . . soll auch Herzog Friedrich, der löbliche Kurfürst zu Sachsen, gesagt haben, da ihm Etliche riethen, er sollte Erfurt uberziehen und belagern, es würde uber fünf Mann nicht kosten, die da würden umkommen, . . . ›Es wäre an einem zu viel!‹«

Luther lobt diesen Mann, denn Friedrich »konnte viel verdauen und ihm selbs steuern, ob er gleich von Natur zornig war, aber er hielt an sich«. Diese Haltung muß Martin, der den eigenen Zorn kannte, imponiert haben.

Der Kurfürst hatte sich allerdings sehr, vielleicht gar zu sehr im Zaum. Er war ein verschlossener Herrscher, ein Meister geradezu im Totstellen. Seine Isolation ging hart an der Menschenscheu vorbei. Er ließ die Leute, Ratgeber oder Bittsteller, einfach stehen und warten. Seine offiziellen Schreiben konnten zehn- oder zwanzigmal abgeändert werden, bevor sie abgeschickt wurden – oder auch nicht. Luther kennt diesen Mann: »Hertzog Friedrich saß, lies im ratten, thet die augen zu und signirt die rede an nach einander, und zuletzt sagt er und sprach: Also khan dieser rat nitt bestehen; das und das kompt draus.«

Auch zum Heiraten fand Friedrich keinen Antrieb, wohl zum Zeugen von vier natürlichen Kindern. Luther weiß darüber Bescheid, über die Konkubine des Souveräns nämlich, »die Wantzlerinne«, und deren Sprößlinge. Dennoch lobt er seinen Landesherrn einmal als züchtigen und keuschen Mann, was vielleicht – verglichen mit anderen – stimmen mochte.

Der Fürst galt sogar als fromm. In Glaubensdingen blieb er beständig und weise bis hin zur Frömmelei: Luther, seinen Professor, welcher der Wittenberger Universität noch in ungeahnter Weise aufhelfen würde, hat er zeitlebens nicht vorgelassen, dessen Theologie schon gar nicht. Doch seine Hand wird er über das Landeskind halten. Er war sich nämlich bewußt, sehr bald sogar, was er an Martinus hatte.

Luther hat seinerseits die Totstellreflexe dieses Herrn respektiert, sich nicht aufgedrängt. Die beiden verstanden sich, das gegenseitige Verhältnis war keineswegs indifferent, viel eher in einer Art gegenseitiger Zuneigung aus der Distanz heraus begründet. Der Kurfürst wird später in geradezu rührender Zärtlichkeit um Martinus' Wohlergehen und Sicherheit besorgt sein. Und Luther wird Friedrich als Muster eines Fürsten verehren, als einen Vater des Vaterlandes, wie er im Buche stand, vielleicht gar einem kursächsischen Salomo vergleichbar.

Hinter der hausbackenen Fassade des Fürsten wachte nämlich ein reger Geist. Der Kurfürst wußte, was er wollte, wenn er auch länger brauchte als andere, seine Wünsche zu äußern. Zwar wußte er oft überhaupt nicht, was er tun sollte. Doch wußte er fast immer, was er nicht tun durfte. War er einmal zum Handeln entschlossen, nach vielen Ja, Nein und Aber, so zögerte er nicht mehr. Er hatte sich beispielsweise dafür entschieden, in Wittenberg etwas zu ändern, und das tat er dann auch. Er wollte zwei Brennpunkte schaffen, die der Stadt Leuchtkraft verleihen, die Massen anziehen würden: die Universität und die Schloßkirche.

Der Herrscher hatte keine Kosten gescheut, den Neubau dieses Gotteshauses, seit alters her eine stiftische Kapelle und neuerdings wegen der Nähe zum Schloß umbenannt, eindrucksvoll zu gestalten, mit 16 Altären, zwei Emporen und einem wehrhaften Turm. Martin Luther, nachmaliger Prediger zu Wittenberg, hielt diese neue Kirche allerdings für winkelig, für kaum geeignet, eine Predigt zu halten und zu hören. Doch der Kurfürst war stolz auf sie. An die Kathedralen und Dome anderer Städte reichte die Schloßkirche freilich nicht heran. Ihre Attraktion wurde die Vielzahl von Privilegien und Gnaden, die in der allen Heiligen geweihten Kirche zu gewinnen war.

Wittenberg hatte schon früh über eine besonders anziehende Reliquie verfügt, über einen Dorn aus der Leidenskrone Christi. Im Verlaufe wundergläubiger Zeiten hatten sich um dieses eine Kleinod herum weitere gruppiert. Sie waren, gut theologisch, nach dem alt- und neutestamentlichen Heilsgeschehen katalogisiert, aufgereiht, angeordnet und in kostbaren Gefäßen auch ausgestellt, ein frommer und nachhaltiger Anschauungsunterricht, eine Bibel für die Armen.

Für diese hatte der Kurfürst vorgesorgt. Ein wenig Glanz fiel dabei auf seinen eigenen Glauben zurück. Reliquien waren sein Notpfennig für Himmel und Erde. Das Anhäufen von Gegenständen war ein Mittel der Selbstdarstellung, und Besitz bedeutete Macht wie Repräsentation. Der Liebhaber sammelte daher nicht wie heute systematisch, sondern häufte Reichtümer an, die dann – wie im Falle Wittenberg – mit Hilfe eines 1509 von Cranach verfaßten Heiligtumsbuchs zu bestimmten Gelegenheiten vom Publikum besichtigt werden konnten. Der Vetter Georg mochte sich demgegenüber ruhig auf seine Taler verlassen. Kursachsen hortete andere Schätze, die weder Rost noch Motte verzehren konnten.

Friedrich war schon zu einer Zeit, da er noch nicht – wie von dem päpstlichen Nuntius in Worms hinter vorgehaltener Hand – als »ein fettes Murmeltier« beschimpft werden konnte, da er demnach noch beweglicher war, als seine Porträts es vermuten lassen, auf Pilgerfahrt gewesen, 1493 im Heiligen Land, wie sich das gehörte für jemanden, der Reliquien zu sammeln plante. Von dort hatte er – mit dem Daumen der heiligen Anna – einen bescheidenen Grundstock für das eigene Museum mitgebracht, denn dort gab es wirklich noch etwas zu holen, da lag herum, dessen »wir uns nun mussen schemen tzugedencken«, wie der Spielverderber Luther später feststellte.

Neben den Aposteln und den Evangelisten waren selbstredend Patriarchen und Propheten vertreten, wenn auch nur portionsweise, in anschaulichen Stücken. Sogar vom Busch, den Mose brennen gesehen hatte, besaß die Wittenberger Schloßkirche einen Ast. Dazu kamen – Luther spottet – »Josephs hosen, S. Francisci niederkleidt«, Haare, Hemd, Rock der Gottesmutter. Auch ein paar Tropfen ihrer Muttermilch fehlten nicht, nach Luther auf die folgende Weise für die Nachwelt gerettet: »Das kindt Hiesvs sog die brüste, ward tzornig, wandte sich hinweg, da sprang die milch hinweg, und sie fingen sie mit einem leffel auff ect.«

Wie dem gewesen sein mag, zu Wittenberg fanden sich auch Teile der Wiege des Jesuskindes, Halme vom Stroh, auf welches man das Neugeborene gebettet hatte, ein vollständiger Leichnam eines der unschuldigen Kinder, die Herodes hatte zu Bethlehem ermorden lassen. Selbst der Stein, auf dem Jesus gesessen hatte, als er mit Dornen gekrönt worden war, fehlte – in Stücklein – nicht. Ebensowenig die Geißel, die ihn blutig geschlagen hatte, und Dornen der Krone wie Nägel vom Kreuz hatten sich von Zeit zu Zeit in wunderbarer Weise vervielfältigt. Der heilige Schatz erfreute sich einer »taglich merung«, zumal der fromme Kurfürst auf dem Konstanzer Reichstag des Jahres 1507 ein päpstliches Schreiben erwirkt hatte, das auch seine Standeskollegen und die sonstigen Potentaten des Reiches ersuchte, »von allen Reliquien und heiligthumps an welchen orten die befunden etwas davon yren fürstlichen gnaden mit zu tailen und folgen zu lassen«.

Die Bitte scheint Erfolg gehabt zu haben. Viele machten Friedrich die Freude: Wurden noch 1513 bescheidene 5262 Partikel aufgeführt, eine Zahl also, die kaum der Rede wert war, so nennt ein Verzeichnis fünf Jahre darauf nicht weniger als 17 443 heilige Teile als sichere Grundlage für einen in heiligem Zahlenrausch berechneten Ablaß von fast 130 000 Jahren. Angesichts derart dimensionierter Zeitabschnitte, um die der Fromme die zu erwartenden eigenen Fegefeuerbußen kürzen konnte, lohnte eine Wallfahrt nach Wittenberg. Der Portiunkula-Ablaß des heiligen Franz von Assisi tat ein übriges. Einen solch vollkommenen Ablaß, der den reuigen Menschen gänzlich vom Fegefeuer befreite und ihm damit allerhand Beweislast vor dem gestrengen Gott abnahm, gab es nur im italienischen Heimatort Assisi sowie in einem schwedischen Kloster – und eben zu Wittenberg, an der Schloßkirche des weisen Kurfürsten.

Friedrich von Sachsen hatte auf das richtige Pferd gesetzt. Seine Rechnung begann aufzugehen. Er konnte andere Projekte weiterverfolgen. Die Stadtbauten und die neue Universität, nahe der attraktiven Schloßkirche angesiedelt, zogen bald die Gewerbe der Maler und der Buchdrucker nach Wittenberg. Der Kurfürst erwies sich auch hierin als besonnen: Er spürte Deutschlands beste Kräfte auf, noch bevor sie berühmt geworden waren, Albrecht Dürer nicht weniger als Lukas Cranach, der sich dann auch festhalten ließ mitsamt seiner immer stärker besetzten Werkstatt, einer späteren Werbeagentur in Sachen Luther. Die Schloßkirche besaß, da der junge Mönch Martinus in der Stadt eintraf, Altäre von den beiden Deutschen, dazu Bilder von Niederländern, Italienern und Franzosen. So gut wie nichts davon hat den Bildersturm überstanden, den eine spätere Reformation durchführte, sehr zu Luthers Leidwesen übrigens.

Die folgenden Jahrhunderte haben das Aussehen der Wittenberger Hauptbauten noch mehr verändert, zum Teil bis zur Unkenntlichkeit. Das Schloß erlitt bereits 1546, in Luthers Todesjahr, die erste schwerwiegende Beeinträchtigung, als seine Turmhelme abgetragen wurden, um Kanonen auf den Plattformen postieren zu können, welche die – inzwischen protestantisch gewordene – Stadt im Schmalkaldischen Krieg gegen die Kaiserlichen verteidigen sollten. Nach diesem – verlorenen – Waffengang kam Wittenberg dann an die Albertiner, und das Schloß wurde nur noch selten benutzt. Anno 1760, im Siebenjährigen Krieg, ist es ausgebrannt. Nach einer notdürftigen Reparatur wurde es in den Befreiungskriegen 1813/1814 nochmals zerschossen, und der Turm der Schloßkirche brannte ein weiteres Mal. Nach 1817 ging das Schloß schließlich an die preußischen Militärbehörden, die es zu einem beschußsicheren Gebäude umbauten. Die Schloßkirche hingegen wurde 1892 – gleichsam um Luthers Grablege herum – zu einem gründerzeitlichen Prachtbau umgestaltet: ihr Innenraum war damit verloren.

Martinus hatte eine ganz andere Stadt vorgefunden. Schloß und Schloßkirche waren eben erst in den Dienst der jungen Universität gestellt worden. Im Schloß befand sich die kurfürstliche Bibliothek, die zugleich als Universitätsbücherei genutzt werden konnte. Die Schloßkirche galt seit 1507 als Universitätskirche. Für die Universitätsangehörigen wurden eigene Katheder eingerichtet; das große des Rektors direkt vor dem Chor, so daß der Hauptaltar zum Teil verdeckt war. In der Kirche selbst fand die Amtseinführung des jeweiligen Rektors statt, aber auch die wichtigeren Disputationen wurden dort abgehalten, vor allem bei Doktorpromotionen. Das Hauptportal an der Nordseite diente als Anschlagbrett für Bekanntmachungen der Hohen Schule und ihrer Lehrer. Auch von dieser Einrichtung wird noch Näheres zu hören sein. Der Professor Luther kommt 1517 auf sie zurück.

Fürs erste nahm kaum jemand Notiz von dem jungen Gelehrten, der da angekommen war. Die vor ihm berufenen Dozenten, auch Jakob Trutfetter aus Eisenach gehörte zu ihnen, waren mit anderem beschäftigt. Die neue Akademie, der sie angehörten, erlebte noch immer ihre Geburtswehen. Sie war geflissentlich an Erfurt vorbei gegründet und daher auch anders strukturiert worden als jene Universität. Leipzig gar, wo Georg das Sagen hatte, galt nicht als Vorbild für den Gründer Friedrich. Wittenberg orientierte sich eher an der Tübinger Geistigkeit. Von dort waren angesehene Lehrer gekommen, von dort wurden anfänglich auch die Statuten ausgeborgt. Luther selbst bestätigt dies, als er einmal auf »Thubingen« zu sprechen kommt.

Die Reform von 1508 änderte zunächst nicht viel: Wittenberg blieb, alles in allem, eine Art mittelalterliches Generalstudium mit Bursen-Zwang, Resumtionen und Disputationen, auch mit viel Scholastik. Ein Liebäugeln mancher Poeten mit dem Humanismus schloß dies freilich nicht aus. Das bürgerliche Streben nach neuer Bildung hatte von überallher deutsche Studenten und Wanderpoeten ins Mutterland des Humanismus und der Renaissance, nach Italien, getrieben und sie an die Quellen des vorchristlichen Wissens der griechischen und der römischen Antike geführt. Die Geheimnisse der Welt zu lüften und die Wahrheit zu finden, war ihr Ziel gewesen. Die Realitäten aber hatten viele von diesen Auswanderern wieder eingeholt.

Das optimistische Menschenbild, das da so gerne vertreten wurde, bestand die Prüfung des Alltags nicht in dem Maße, wie die Jungen geglaubt hatten. Martin Luthers Auffassung von der Welt, wie sie sich in den Jahren der Anfechtung herauszubilden begann, schien um etliches realistischer zu sein. Es verwundert daher auch nicht, daß dieser Mann zeitlebens dem Humanismus fernstand und – über die gemeinsame Suche nach den Quellen wie nach dem klaren Wort hinaus – kaum Berührungspunkte mit der neuen Bewegung anerkannte. Die

Augustinereremiten hatten satzungsgemäß zwei Wittenberger Professuren zu besetzen, die des Biblicus in der theologischen und die der Moralphilosophie in der artistischen Fakultät. Der kluge Gründer hatte es verstanden, die Hauptlast seiner eigenen Schatulle zu ersparen, indem er sich auf die Rücklagen einer Kirche stützte, die 15 von den insgesamt 22 Professoren zu dotieren hatte, wenn auch mehr schlecht als recht, wie sich unter diesen Umständen versteht.

Die biblische Professur hatte seit 1502 der Generalvikar der sächsischen Augustiner inne: Johann von Staupitz war jedoch durch sein hohes Ordensamt so sehr in Anspruch genommen, daß er nur selten lesen konnte. Um so eifriger wurde der Augustinerbruder Martinus in die Pflicht genommen: Er hatte viermal pro Woche die Nikomachische Ethik des Aristoteles vorzutragen, dazu dreimal die abendlichen Disputationen der Studenten zu leiten. Gleichzeitig sollte er sein theologisches Studium fortsetzen, die Vorlesungen und Resumtionen an der Theologischen Fakultät besuchen, den Grad eines Bakkalaureus der Theologie erwerben und schließlich auch in dieser Disziplin Vorlesungen anbieten. Die Wittenberger Zeit hatte es also in sich: Die Arbeit an zwei Fakultäten zugleich, hier Lehrer, dort Schüler, häufte sich, und die Routine machte es schwer, dem Eigentlichen nachzugehen, den »Kern der Nuß« weiter zu erforschen.

Martinus blieb diszipliniert, rackerte sich ab, dozierte Philosophie, legte die vorgeschriebenen Examina ab – und wurde bereits im Herbst des Jahres 1509, als er sich gerade auf seine Antrittsvorlesung als Sententiarius der theologischen Fakultät vorbereitete, wieder nach Erfurt zurückbeordert. Der Notstand in der Artistenfakultät war anderweitig behoben worden, und dieses sein erstes Wittenberger Jahr blieb ums Haar eine bloße Episode.

Doch nicht ganz. Denn Martinus ist mit großer Wahrscheinlichkeit bereits zu dieser Zeit mit jenem Staupitz zusammengetroffen, der das theologische Leben seines jungen Mitbruders mitentscheidend prägen sollte, der sogar ein besonderer Schutzherr für diesen wurde, wenn nicht mehr: Um 1468 aus Meißner Adel zu Motterwitz geboren, Augustinerprofesse in München, anno 1500 in Tübingen Doktor der Theologie, daselbst auch Prior des dortigen Augustinerklosters, des heutigen Stifts, inzwischen Generalvikar des Ordens in Sachsen und erster Dekan der Wittenberger theologischen Fakultät – »es kost in auch wol muhe, bis er die universitet hulff anrichten« –, war Staupitz ein Lehrer von tiefem Gemüt, dessen Pyknikergesicht von Güte, stillem Humor, Kultur und Welterfahrung zugleich zeugte, ein Vorgesetzter zudem, wie Martinus ihn gerade brauchte. Mit dem Geschick oder Glück des jungen Großen fand – oder ernannte – Luther in diesem Mann seinen Vater, der ihn, wohl als erster überhaupt, verstand und ein ähnliches Temperament zu nehmen wußte: »Es muß ein feiner impetus in dem man gewest sein.«

Das größte Verdienst des Augustineroberen bestand aber nicht in der Mitteilung der eigenen, an Paulus geschulten Theologie an den jungen Bruder (»Staupitz hat die doctrinam angefangen«), sondern in einem im verborgenen geleisteten Dienst, dem aufgeschlossenen Gespräch mit dem Angefochtenen. Martinus litt nach wie vor unter dem Gesetz, das auf ihm lastete und dessen Beweislast er sich durch noch so große Anstrengungen nicht gewachsen fühlte, eben den »rechten knotten«, wie er Staupitz beichtete. Jener Gott, der offiziell als Herr des Gesetzes gedeutet wurde, als ein ständiger Normierer und Überwacher nämlich, der, tat er überhaupt seinen Mund auf, nur neue Vorschriften zu verkünden wußte, wurde für Martin mehr und mehr zum Gift.

Staupitz konnte, wenn er auch kein wirksames Gegenmittel anzubieten hatte, zuhören, immer wieder, mit größter Offenheit und Geduld. Noch mehr: Dieser Zuhörer griff ein, wenn es ihm zuviel wurde, wenn Martins Leiden ihm als bloße Skrupel erschienen, wenn »Humpelwerk und Puppensünden« überhand nahmen.

Einmal muß er diesem Sohn auch gesagt haben, die Liebe zu Gott sei eigentlich nicht das Ziel, sondern der Anfang einer jeden wahren Buße. Dieses Wort eines Schrift-, nicht eines Juristentheologen haftete in Martin wie der »Pfeil eines Starken«. Zwar war es nicht neu, Staupitz trug überhaupt keine eigentlich neue Theologie vor, dafür war er, aufs Ganze gesehen, doch zu sehr Verwaltungsmann als Wissenschaftler, allein dieses Wort zählte zu jenen wenigen, die getrost das rechte Wort zur rechten Zeit heißen dürfen. Der väterliche Freund hatte allem Anschein nach in Martinus die ungewöhnliche, in Anfechtungen reifende Begabung erkannt. Künftig tat er alles, um dieses Reifen zu einem guten Ende zu bringen.

Äußeres Ziel dieses Prozesses sollte nach Staupitz die Übernahme des eigenen biblischen Lehrstuhls zu Wittenberg durch Luther sein. Bis dahin würde es noch etwas dauern. Vorerst hatte der geistliche Vater im richtigen Augenblick die radikale Umkehr in Martins Gedanken und Gefühlen zu unterstützen. Denn endlich begann etwas in dem Depressiven zu schwingen, das Wort nämlich, welches später, nach weiterer Inkubation, in der weiten Welt Widerhall wecken würde.

Martinus hat Staupitz nie vergessen. Er ist ihm dankbar geblieben. Staupitz soll auf dem Totenbett gesagt haben, er habe diesen Einen stärker geliebt, als es eine Frau je gekonnt hätte.

Wirklich verstanden hat er Martin vielleicht doch nicht. Zwar konnte er den Mitbruder anhören, auch einmal zum Lachen bringen, was bei dessen Traurigkeit nicht unwichtig war. Doch hat er die angestammte Lehre nicht verlassen und das neue Evangelium, das spezielle Wort des Martinus nicht angenommen. Luther hat dies sehr bedauert.

Aber auch so war Staupitz wichtig genug: Seine Bereitschaft, einem Verzweifelnden beizustehen, half immer wieder, aktuelle Beweisnöte zu überwinden, Boden zu gewinnen, jenes Vertrauen zu fördern, ohne das, Martin sagt es später selbst, der Sohn »ersoffen« wäre. Was Staupitz gesagt oder auch nicht gesagt hatte (weil er zuhören konnte), blieb in Martinus haften, blieb im Unterschied zu anderen Autoritäten der Frühzeit auch unangetastet. Hier hatten sich Vater und Sohn gefunden, für eine Strecke des langen Weges zumindest. Dieser Weg des Einen aber ging weiter, weg von Wittenberg, zurück nach Erfurt.

8.
Es ist wider Gott und Vernunft, daß ein jeglicher das Unterste zuoberst und alles umkehre

Lauter Aufruhr im »tollen Jahr« 1510

Kaum jemand scheint in Erfurt auf Martinus gewartet, sich gar auf seine Rückkehr gefreut zu haben. Die Erfurter nahmen ihn eher noch unfreundlicher auf als die Wittenberger vor Jahresfrist. Nur Nathin, der nach dem unfriedlichen Weggang des Kollegen Paltz alle Bürde der Lehre allein zu tragen hatte, sah in dem Heimgekehrten eine willkommene Entlastung. Die übrige Fakultät jedoch zierte sich, aus besonderer Kollegialität zu Wittenberg und den dort Examinierten. Jedenfalls weigerte Erfurt sich kurzerhand, die auswärts abgelegten Prüfungen anzuerkennen und Martinus als Sententiarius zuzulassen, obwohl dieser doch Erfurter Magister artium und theologischer Scholar war. Er hatte den Makel, an einer Winkeluniversität aufgestiegen zu sein, die das stolze Erfurt nicht schätzte.

So mutete es ihm – unter offenkundiger Nichtachtung der Wittenberger Examina – mehr zu, als er eigentlich hätte erwarten dürfen. Martinus überwand diese Hürden, hielt Probe- und Antrittsvorlesungen über den unvermeidlichen Lombardus und wurde schließlich im Herbst 1510 auch von den Erfurtern als Sententiarius habilitiert. Damit lag die übliche Lehrtätigkeit vor ihm, und die Promotion zum Doktor der Theologie wartete. Er konnte sich ans Werk machen, in seiner Zelle weiterstudieren, Ruhe und Isolation des Klosters ausnutzen.

Draußen ging die Geschichte weiter: Kaiser Maximilian, Ludwig

XII. von Frankreich (»Wen ich zur selben Zeit gelebt hette, were ich mit den grosten ehren gen Pariß gefoddert worden. Aber ich war noch zu jung«), Ferdinand der Katholische von Spanien und Papst Julius II. hatten ihre Händel für einige Zeit überspielt und sich zu einer Liga zusammengerauft, die das – vorsorglich exkommunizierte – Venedig schlagen mußte, welches dem römischen Pontifex ungehorsam erschienen war. Der heilige Plan war schon im Mai 1508 aufgegangen, und des Papstes Ländereien waren wieder gerettet. Anfang 1510 absolvierte della Rovere Venedig von der Kirchenstrafe, nahm es in Gnaden auf – und die Ligisten hatten die Hände frei, gegeneinander Krieg zu führen.

Ludwig und Julius machten den Anfang, nachdem der französische König sich bei seinen Universitäten um ein entsprechendes Gutachten bemüht hatte, das ihm den gerechten Kriegsgrund wider den Römer bescheinigen sollte: »Da war nicht ein universitet, die da hett Ja gesagt . . .« Der Franzose hielt sich jedoch nicht daran, und bald stand wieder alles im gewohnten Kampfgetümmel, jeder gegen jeden. Die Ligen wechselten ihre Farben; sie waren einmal heilig, einmal nicht, je nachdem Julius, der solche Heiligkeit von Amts wegen zu vergeben hatte, mitmachte oder nicht. Nur England hielt sich seinerzeit heraus: Heinrich VIII. war ausschließlich mit dem eigenen Regiment beschäftigt, von dessen Details die Welt noch hören würde.

Martinus vernahm kaum etwas. Weit entfernt davon, die Welthistorie zu verstehen, lassen seine späteren Äußerungen nicht einmal erkennen, ob er überhaupt jene Geschichte mitbekommen hat, die sich anno 1510 vor den Klosterpforten abgespielt hat. Dabei stand Erfurt bereits in heller Empörung, als Martinus in seine mönchische Heimat zurückkehrte. Die Sprengsätze, welche in das Fundament der Turmbewehrten mit eingebaut waren, eine politisch wie klerikal eingefärbte Zwiespältigkeit zwischen dem Erbherrn Kurmainz und dem Schutzherrn Kursachsen sowie ein bankrottierendes Finanzsystem, hatten zu der Explosion jenes Jahres geführt. Der schon seit einiger Zeit drohende finanzielle Ruin mußte den Rat der Stadt desavouieren. Die Zinszahlungen des Gemeinwesens dürften damals fast die Höhe der städtischen Einnahmen, stolze 97 Prozent, erreicht haben.

Diese Situation kam den geistlichen Oberherren aus Mainz wie gerufen. Sie konnten falsche Gerüchte über Höhe und Art der Schulden wie über das Finanzgeschick des ungeliebten Magistrats ausstreuen: Fabeln, die erst auf ihren Gehalt hin abgeklopft werden konnten, als bereits alles vorüber war. Fürs erste prüfte Erfurt nämlich nicht, dachte schon gar nicht über gemeinsam zu verantwortende Lösungen nach, sondern schritt zur Tat. Die Mainzer Demagogie tat ihre Pflicht, hier eine Denunziation, eine andere dort. Geistliches Salböl ins Feuer der sozialen Unzufriedenheiten zu gießen, fiel nicht schwer.

Die Gemeinde hatte ihren Rat schon lange satt. Hilfe für die bedrohten Obrigkeiten, die da einen Offenbarungseid leisten mußten, war kaum mehr zu erhoffen. Jetzt forderte die Straße Rechenschaft und Aufklärung. Diese kam von einem Heinrich Kellner, der sich vorwagte, den Erregten Rede und Antwort zu stehen. Doch zeigte er sich den Fragenden gegenüber nicht geständig. Er herrschte sie an, von oben herab, wie er es gewohnt war. Ein solcher Mangel an politischem Fingerspitzengefühl im entscheidenden Moment mußte mit Verhaftung, Folter und Tod gesühnt werden. Das Maß war voll.

Seit Jahren hatte der Erfurter Alltag den Druck einer wachsenden Verschuldung zu spüren bekommen. Die Steuern nahmen ständig zu, die Maßeinheiten wurden zu Lasten der Verbraucher geändert, das Geld wurde immer kleiner und schlechter. Am ärgsten aber drückten die Abgaben, die den Grundnahrungsmitteln aufgelastet worden waren, ohne die doch niemand leben konnte. Getreide, Fleisch, Wein und Bier, selbst der Waid, Grundlage des früheren Erfurter Wohlstandes, wurden hoch besteuert. Überall waren die »Aufsätze und beschwerlichen Neuerungen« zu spüren, die ein verzweifelter Rat den Bürgern »aufgedrungen« hatte. Die Form der Erhebung dieser Abgaben, vom Rat eigens zu lösende Kaufzettel, die vor jedem Erwerb von Waren auf dem Markt vorzuweisen waren, machte die Besteuerung noch drückender. Da »ward das volck also unwillig über und versprachen den rath also sehr, und auch auf dem Land, daß das niemant geglaubt hette«. In der Lebensmittelsteuer sahen viele, nicht zu Unrecht, eine Bevorzugung der Besitzenden, denen die abnehmende Kaufkraft des Erfurter Geldes kaum etwas ausmachte, da sie von allem genug besaßen.

Die soziale Entwicklung der vorangegangenen Jahrzehnte hatte die Unzufriedenheit noch verstärkt. 54 Prozent der Erfurter Bevölkerung gehörten damals in die unterste Steuerklasse oder waren völlig zahlungsunfähig, und das Handwerk der Stadt, dem sich die Mehrzahl der Einwohner zurechnen wollte, hatte sich mehr und mehr zersetzt: Einige wenige Meister waren zu Kleinunternehmern aufgestiegen, weil sie die Zeichen einer neuen Zeit als erste erkannt hatten. Sie beteiligten sich am Handel über Land, vermehrten auf diese Weise das eingesetzte Kapital und konnten immer mehr lohnabhängige Gesellen einstellen. Jene Meister aber, welche die neue Entwicklung nicht abgesehen oder falsch eingeschätzt hatten, sanken ins Proletariat ab, verloren ihre Selbständigkeit, wurden schließlich selbst zu Lohnabhängigen, anderen Arbeitgebern untertan. Nun mußte sich »der arm antwerksman zum merer teil mit stuckwerk ... erneren, und die kauffherren tragen den gewin heim«. Wenn es ganz schlimm wurde, stand »der arm arbeyter zitrend bey der thür mit geschloßnen henden, stilschweygent, auff das er des Kauffherren huld nit verlier; hat etwann vor gelt auff die Arbeit entlehnet, alßdann rechent der kauffherr mit im wie er will.«

Der traditionelle Zusammenhalt der Zünfte und ihrer Angehörigen zerbröckelte, denn die neureichen Unternehmer wollten bald mit den Zurückgebliebenen nichts mehr zu tun haben. Die »unmodernen« Meister aber näherten sich, von ihren früheren Kollegen abgewiesen, den Gesellen, ein Zeichen sozialer Schande gerade in einem hierarchisch-ständischen Ordnungsgefüge. Je mehr aber das Kapital der Wenigen an Einfluß gewann, desto aussichtsloser wurde die Situation der Gesellen. Selbst aufzusteigen, Meister zu werden und dies auch zu bleiben, wurde immer schwieriger. Eine vielköpfige proletarische Opposition stand jetzt einigen wenigen Unternehmern gegenüber, die sich zur Wahrung der eigenen Interessen schnell mit den alten Ratsgeschlechtern verbündeten, um sich die da unten vom Leibe und vom Säckel zu halten. Auf die Dauer konnte dies nicht gutgehen.

Erfurt erlebt 1510 sein tolles Jahr. Im Gegensatz zu den späteren Aufständen in den deutschen Landen richtete sich der Hauptangriff der Unzufriedenen dabei gegen das Stadtregiment der Patrizier, noch nicht gegen den Klerus. Dessen Mainzer Vertreter nutzten vielmehr die Gunst der Stunde, schürten die seit Jahren in der Stadt gärende Spaltung, untergruben das Ansehen des Steuer-Magistrates nach Kräften und förderten die innergemeindliche Opposition. Ein Teil der Erfurter Geistlichkeit folgte ihnen dabei, und dies weniger aus politischer Zuneigung zum Erzbischof als in der Absicht, mit dem Sturz des alten Rates eine steuerliche Entlastung für sich selber zu erreichen: Seit 1493 waren auch geistliche Güter – wenigstens zum Teil – mitbesteuert worden, und die neuen Maßeinheiten des Magistrats schädigten den Weinhandel der Pfaffheit in zunehmendem Maß. Aufhetzende Predigt und soziale Agitation konnten daher Hand in Hand gehen und den Willen zum Widerstand wecken.

Als der Magistrat schließlich seine Unfähigkeit, die entglittenen Finanzen noch einmal in den Griff zu bekommen, offen eingestehen mußte, weil es einfach nicht mehr weiterging, war die Zeit des Umsturzes da. Ende 1509 hatten aufständische Handwerker bereits das Sagen bekommen, und im Januar des folgenden Jahres wurde der patrizische Rat der Alten ganz entmachtet, weggejagt und durch ein revolutionäres Regiment ersetzt, welches sofort die Steuern senkte und die Lebensmittel erschwinglicher machte. Die Verhältnisse grundlegend zu ändern schafften jedoch auch die neuen Herren nicht. Zu viel Ungerechtigkeit hatte sich im Laufe der verflossenen Jahrzehnte angesammelt, als daß sie hätten in wenigen Monaten beseitigt werden können.

Hinzu kam die traurige Erfahrung, daß Kurfürst Friedrich von Sachsen, auch er nicht weniger an Erfurt interessiert als sein Mainzer Kollege und schon von daher zum Schirmherr der vertriebenen Räte des Vorjahrs aufgerückt, zum probaten Mittel der Straßensperre gegriffen hatte, das die aufständische Stadt von ihren Lebensadern abschnitt und damit neue Teuerungen heraufbeschwor. Gegen diese Maßnahme halfen weder die Spieße der erzbischöflichen Landsknechte noch die Worte der neuen Ratsherren. Erfurt saß auf dem trockenen. Seine Zukunft war düster. Während beispielsweise das ferne Hamburg just 1510 zur Reichsstadt hatte aufsteigen können, war Erfurt weiter denn je von diesem Privileg entfernt. Mainz und Sachsen ließen nicht mehr locker, Erfurt aber wurde zwischen beiden aufgerieben.

Das neue, von Mainz geförderte und gleichermaßen von Kursachsen hintertriebene Stadtregiment fand keinen Ausweg mehr. Was allein zu tun blieb, war Rache zu nehmen an jenem Rat Kellner, der noch immer in gutem Gewahrsam saß. Seiner war sich die Menge sicher. Was danach kommen würde, wußte niemand. Also wurde ein ziemlich summarischer Prozeß geführt, das patrizische Schandmaul gestopft, der feine Herr am 28. Juni 1510 kurzerhand aufgeknüpft. Luther hat später an diesen Mann erinnert, den er gut und klug nennt. Und er hat aus Kellners Schicksal geschlossen, das Sprichwort stimme: »Einem tzu enge, tzween gerecht, dreien tzu weit, d. h., man soll einen pauer nicht ins regiment setzen.«

Einer Lösung der städtischen Probleme war die Menge mit Kellners Hinrichtung nicht näher gekommen. Luther dazu: »Wer darnach in das regiment kam, da es zurissen war, der wurd gefierteylet, das in zwenzig jarn kein regiment kondt sein.«

Es sollte wirklich noch schlimmer kommen, aus geringfügigstem Anlaß. Während der Michaeli-Kirchmeß vom 4. August 1510 war eine Rauferei zwischen etlichen Studenten und städtischen Knechten entstanden. Was zu anderen Zeiten mit ein paar blauen Flecken, mit angeschlagenen Nasen hier und dort, mit Verwarnung, vielleicht auch mit Karzer geendet hätte, löste jetzt blutige Straßenkämpfe aus. Die städtische Partei verstärkte sich rasch, Handwerksgesellen liefen mit Prügeln und Stangen herbei, endlich mit den Studierten abzurechnen, und schon war die schönste Schlägerei im Gange. Die studentischen Kleindegen stachen aber nicht geübt genug, und schließlich mußte die etwas hochnäsige Akademikerschar sich in ihrem Großen Kolleg verschanzen, das ihr Exterritorialität, verbrieftes Privilegium, zu versprechen schien.

Das »volck« konnte jedoch allem Anschein nach nicht lesen. Es erlaubte sich sogar, vor dem Gebäude Geschütze aufzupflanzen. Die Herrlein drinnen nahmen unter diesen Umständen schnell Reißaus, und die Siegerpartei brandschatzte daraufhin, wo sie konnte, verwüstete die Behausungen der Scholaren und Magister, schleppte alles beiseite, was nicht niet- und nagelfest war, Bücher, Talare, Betten, Hausrat. Die wertvolle Bibliothek ging unter, und das Archiv wurde geschändet. Der Magistrat aber sah für gewisse Zeit beiseite. Erst »am dritten Tag gereute die Erfurter«, was geschehen war. Doch ein nachfolgender Strafprozeß erbrachte so gut wie nichts. Die Artistenfakultät blieb aufs schwerste getroffen. Die ehemalige Bildungsstätte des Scholaren Luther lag in Trümmern.

Der theologischen Fakultät, auf deren Doktorat sich der Bruder Martinus in seiner Zelle vorbereitete, war kein Schaden zugefügt worden. Der Mönch verliert kein Wort. Die Forschung ist sich sogar bis heute nicht ganz im klaren, welche Partei er seinerzeit ergriffen hat, ja, ob er überhaupt geneigt war, Farbe zu bekennen. Dieser Mann tritt nicht nach außen.

Luther ist, neuzeitlich gesprochen, ohnedies als ein im Verhältnis zur Umwelt introvertierter Typus zu bezeichnen. Kindheit wie Studentenzeit, von der klösterlichen Disziplin gleich gar nicht zu reden, hatten diese Neigung nach innen eher noch gefördert als gebremst. Extreme Beschäftigung mit dem Selbst wird zu seinem Merkzeichen. Sogar als Martinus später – von außen und für außen – ins Äußere gezwungen werden wird, zeigt sich immer wieder eine starke Tendenz zum Rückfall nach innen, in die Zelle, in das Stübchen. Luther ist zu kaum einer Zeit jener sich im Außen wohl fühlende und eigentlich politische Täter gewesen, als den ihn eine geläufige Geschichtsschreibung schildert. Daran soll bereits jetzt erinnert werden.

Vorerst schweigt Luther zu den Erfurter Vorgängen. Erst später, als er grundsätzlich, von Wittenberg aus, mit der Stadt und ihren Bürgern abrechnet, kommt er auch auf das tolle Jahr zu sprechen. Erfurt hat seiner Meinung nach damals Kursachsen die Treue gebrochen, vor allem dem bedächtigen Friedrich, seinem eigenen Beschützer. Luther ist auch gleich mit der Belehrung zur Hand: Diese Stadt fällt ihm unter den Spruch »Stoltzer mut, heimlicher neid und kindischer rad haben Rom und troia zustort«. Die Menschen sollen nicht mutwillig »ein Regiment zerreißen«. Denn dies ist »keine leichte Sache«.

Erfurt wird sich nicht mehr von seiner Rebellion erholen. Das Jahr 1510 hatte zwar, hart am Rande einer die Stadt übergreifenden kriegerischen Verwicklung, mit Waffenstillstand und Kompromiß geendet. Der Mainzer Herr behielt die Stadt, und die Bürger erhielten das Recht, einen Rat zu wählen und von diesem Rechenschaft zu verlangen. Doch hielt Erfurt sich nie so ganz an diesen Vergleich, warum auch, denn immer neue Unzufriedenheiten wuchsen heran. Nur wenige Jahre später gibt es anderen Aufruhr. Das Jahr 1521 wird den Sturm der Volkspartei sehen, verstärkt durch etliche Adlige und Studenten, gegen die Kleriker von Sankt Marien und Sankt Sever, auch gegen das erzbischöfliche Haus, wo der Repräsentant des Mainzers saß. Und im Bauernkrieg werden noch schlimmere Kämpfe toben. Martin Luther aber, inzwischen etablierte moralische Größe, schreibt 1525 an den Rat der Stadt, es sei »wider Gott und Vernunft«, daß »ein jeglicher seinen Nutzen habe und nach seinem Willen lebe, das Unterst zuoberst und alles umkehre, daß der Rat die Gemeinde fürchte und ihr Knecht sei, die Gemeinde wiederum oberster Herr und Meister und niemanden fürchte«.

Vielleicht geht die Interpretation nicht fehl, Martinus habe schon 1510 ein Gutteil seiner künftigen Entwicklung zum Mann des Wortes erahnt, die er eines Tages selbst umschreibt: »Ich gehore in die heilige schrefft und nicht in hoffe sachen. Ich sol mit federn und dintten umbgehen; sie sollen des schwerttes wartten, das ihnen bevolen ist.«

Luther hat damals wohl auch schon die Masse des Pöbels, den »Herrn Omnes« verachten gelernt, weil dieser stets zu Zerstörung der gottgewollten Ordnung geneigt sei. Gewalt ist diesem Wortgewaltigen völlig zuwider, wenn sie von seiten derer kommt, die keinen Auftrag Gottes haben. Allem Anschein nach haben die Erfurter Erfahrungen oder Nicht-Erfahrungen mit der Revolte von 1510 diesem Professor geholfen, die späteren Aufstände des gemeinen Mannes auf seine Art zu beurteilen – und etwa die Bauern zum Totschlagen freizugeben. Seine Theologie geht jedenfalls davon aus, daß die Obrigkeit von Gott über das Volk gesetzt ist »wie die katz uber die meuße«. Daher gilt für allen Aufruhr: »Wo vater und mutter nicht mehr kan, da mus der hencker ausrichten und rechen.«

Damit ist noch nichts Definitives über Luthers grundsätzliche Stellung zur Obrigkeit gesagt. Denn diese wird, wie Martinus immer deutlicher sehen wird, ihre Aufgabe herzlich schlecht verrichten: »Gleich als wan einer ein schartig beil hat, do verterbet er alles mit, was er heuet.« Luther spricht deutlich über solch schlechte Sachwalter Gottes und droht ihnen nicht nur einmal den Zorn seines Gottes an: »Unser Herr Gott sicht, wie die hund scheissen, seichen und uberal unfletig machen, zerprechen schussel und teller. Aber wenn er beginnt zu visitirn, so zurnt er greulich.«

So spricht der Theologe, der sich 1510 in die Zelle zurückgezogen hatte, das Studium dem Aufruhr der Straße vorzuziehen. So lautet seine Theologie des Wortes. Das blieb ihm haften. Auch uns.

Akademischer Alltag

Martinus, Träger neuer akademischer Würden, bereitete sich im Herbst 1510 auf seine Vorlesungen im Kloster vor. Seine Notizen, die er in ein der Klosterbibliothek entliehenes Handexemplar des Sentenzenkommentars eingetragen hat, sind erhalten, die ältesten wissenschaftlichen Niederschriften, die wir aus seiner Hand besitzen. Es handelt sich bei ihnen nicht um die Wiedergabe der Vorlesungen selber, sondern um bloße Anmerkungen aus drei Semestern, in denen er über Lombardus gelesen hat.

Aus derselben Zeit stammt auch ein Sammelband, der verschiedene kleinere Schriften Augustins enthält und nach Martins Aufzeichnungen schon 1509 von ihm benutzt worden ist. Auch in dieses Buch hat der junge Forscher in seiner bekannt schönen Handschrift Randbemerkungen eingetragen. Sie mögen ihm am Rande eingefallen sein, die Textkorrekturen, Verweisungen, Inhaltsübersichten, zustimmenden, abweisenden und polemischen Noten, auch die ausführlichen Darlegungen. Insgesamt zeigen sie, wie gründlich und penibel Martinus die Bücher, die er studierte, durchzuackern gewohnt war, und dies nicht nur zu eigenem Nutz und Frommen, sondern auch im Hinblick auf die ihm anvertrauten Studenten, diese vorerst noch so kleine Schar. Einigemal redet er sie in den Randbemerkungen förmlich an: »Bitte, unterstreicht dies!« Auch dieser kleine Schlenker mag zeigen, wie ernst es ihm gewesen ist. Er fühlte sich, alles in allem, auf dem richtigen Weg, im zusagenden Beruf.

Moderne Bibliotheksbenutzer sollten den aufkommenden Ärger über diesen Unterstreicher fremder Bücher vergessen: Das war, bei Büchern ebenso wie bei den noch kostbareren Handschriften, durchaus gebräuchlich. Ebenso üblich war Martins damalige Wissenschaft. Zwar legt er sich, einigen Mitbrüdern folgend, mit dem Humanisten Wimpheling an, welcher die Herkunft der Regel des Augustinerordens vom heiligen Augustinus in frecher Weise zu bestreiten gewagt hatte, doch der Rest ist Ruhe. Die Erfurter Klostertheologie hatte in Luther einen durchaus würdigen Vertreter gefunden.

Was ihn allenfalls von seinem Lehrer Nathin unterscheidet: Er lernt bereits jetzt ein wenig Griechisch und vor allem Hebräisch, um an den Urtext der Heiligen Schrift heranzukommen. Denn: »Ein Messer schneidt besser denn das ander; also kann auch einer, der die Sprachen kann und gute Künste wohl gelernet hat, besser und deutlicher reden und lehren.« So sagt er es dann im Jahre 1533.

Allerdings sind seine Hilfsmittel in Erfurt dürftig gewesen. Das Lehrbuch, welches ihm zur Verfügung stand, die »Rudimenta« des Humanisten Reuchlin aus Pforzheim, kam über fragmentare Ansätze im Hebräischen kaum hinaus. Martinus hat damals, so sagen es andere von ihm, höchstens »ein weinich de hebraischen sprake geleret« und die wenigen Vokabeln nur hin und wieder auch in seiner Sentenzen-Vorlesung verwenden können. Später, anno 1544, sagt er selbst von sich: »Wenn ich jung were, so wolt ich Griechisch perfekt studirn, so das ichs kundte . . .«

Dennoch beherrscht er, alles in allem, die Sprachen so gut, daß er später über die sprachliche Bildung gewisser Geistlicher spotten darf: »Einer vom Adel, ein Domherr, las in einer Lection, Glam für Gloriam; daher haben die Alten gesungen: Glim, Glam, Gloriam, die Sau die hat einen Chorrock an.« Jedenfalls war das Interesse des jungen Dozenten geweckt worden, damals in Erfurt, und die lateinische Übersetzung der Schrift, die Vulgata, wird ihm immer fremder werden. Er sucht den klaren, einfachen, deutlichen Wortlaut, nicht mehr dessen »Geistlichkeit«. Dazu hilft ihm, so sagt er es Anfang der dreißiger Jahre zu den Seinen, die hebräische Sprache, denn die »ist fur andern wol einfältig, aber majestätisch und herrlich, schlecht und wenig von Worten, aber da viel hinter ist; also, daß es ihr keine nachthun kann«.

Es war vielleicht doch etwas unüblich, daß ein so junger Mann aus eigenem Antrieb so viel Mühe auf das Erlernen so ungewohnter Sprachen verwandte. Und es war wohl auch nicht gebräuchlich, daß der junge Mann diese Sprachen, vor allem das Hebräische, nicht nur »gegen der Grammatica gerichtet«, sondern »im Lesen einen Ort und Spruch gegen dem anderen gehalten« hat. Luther bestätigt seine Methode, die den Meister des Dolmetschens ankündigt, immer wieder, wenn er sich an die nachrückende Generation der Seinen wendet: »Ich bin kein Ebräer nach der Grammatica und Regeln, sondern ich gehe frei hindurch.« Solche Freiheit schöpft er aus einem großen Herzen, aber auch aus dem Wort Gottes selbst, das er immer besser zu lesen verstehen wird, im Urtext, frei von allen späteren Zusätzen irgendwelcher Kommentatoren: »Die Ebräer trinken aus der Bornquelle; die Griechen aber aus den Wässerlin, die aus der Quelle fließen; die Lateinischen aber aus der Pfützen.« Wer so denkt, der war eines Tages vielleicht doch etwas aus der Reihe geraten. Schon damals in Erfurt, wer weiß.

Ansonsten ist er gänzlich normal. Seine Text- und Literarkritik, Versuche allenfalls, sprechen zwar für eine wissenschaftliche Anlage (vieles davon hat auch die Zustimmung der späteren Forschung gefunden), doch nicht für ein besonderes Genie gerade auf diesem Gebiet.

Auch sein sonstiges Vorgehen bewegt sich auf geläufiger Schiene: Martinus führt ergiebige Beweise aus der Schrift und aus den Vätern der Kirche, vor allem aus der Überlieferung des Schutzpatrons seines Ordens und der Säule der Kirche, des Augustinus, wie sich das für den Ordensmann gehörte. Originelle Wege ging er dabei kaum. Sein wissenschaftliches Verfahren, die Form der Textinterpretationen, die Mittel und der Aufbau seiner Argumentation entsprachen dem Herkommen. Selbst jene Rügen, die er in seinen Randnotizen den Doctores ins Stammbuch schreibt, sind kein Zeichen besonderer Unruhe oder gar Aufsässigkeit eines besserwisserischen Jungakademikers. Der Streit der verschiedenen theologischen Schulen tangierte auch sonst das Ansehen der »Väter« Tag für Tag. Darin war jeder geübt, der gut studiert hatte. Luther fragt einmal selbst, warum denn »allen der Widerspruch erlaubt« sei, nur ihm allein nicht.

Was allerdings an Luther hätte auffallen können, war weniger eine intensive Beschäftigung mit der Bewegung der Humanisten, als vielmehr sein bereits jetzt sich abzeichnendes Talent für anschauliche Darstellungen des wissenschaftlich zu vermittelnden Gegenstands: Luthers Herz manifestiert sich auch auf diesem Gebiet. Was er anno

1533 sagen wird, gilt vielleicht schon jetzt: »Meinet halben schreib ich kein buch noch predige ich, denn ich habs schon im herzen geschriben.« Martinus vermochte fesselnd zu erzählen, dabei sichere bis selbstsichere Urteile abzugeben, alles durchaus Charakteristika der nachmaligen Lehrtätigkeit.

Alles in allem enttäuschte dieser Mitbruder kaum die hohen Erwartungen, die der Orden in ihn gesetzt hatte, als er ihn für ein theologisches Studium freigestellt hatte. Die Oberen würden also künftig auf ihn bauen können, zumal sich seine Stellung im Erfurter Mutterkloster – nach all den Schwierigkeiten des Anfangs – gefestigt hatte. Selbst von den Anfechtungen ist in dieser Zeit nichts Bestimmtes mehr zu hören. Alles schien sich beruhigt zu haben.

Auch eine neue und unerwartete Entwicklung ließ fürs erste kein Wiederaufleben der alten Nöte befürchten, eher das Gegenteil. Luther sagt es einmal selbst, er wolle nicht um »hunderttausend Gulden« die Erfahrungen der nächsten Zeit missen, die ihm auf einer beschwerlichen Reise zuteil werden sollten. Und er belehrt später die Seinen, wie wichtig es sei, »daß junge Gesellen, wenn sie ihren Catechismus zuvor wol gelernet haben, und in Gottes Wort recht unterrichtet sind, Italien besehen, ihre Tücke und Büberey erfahren, damit sie sich wissen dafür zu hüten«. Seinerzeit war Martinus allerdings noch nicht so weit. Er ging noch mit anderen Absichten auf die weite Fahrt, als er in Angelegenheiten seines Konventes im November 1510 wieder einmal losgeschickt wurde, diesmal nach Rom, ausgerechnet.

9. Ich bin zu Rom gewesen, habe daselbst viele Messen gehalten

Ein deutscher Intellektueller

Anlaß, Ausgestaltung und Ausbeute der berühmten und später – aufgrund der Auffassung des Luther-Sohnes Paul – zu einem Hauptereignis hochstilisierten Rom-Fahrt des Bruders Martinus sind, mit einem einzigen, viel demütigeren Wort, mönchisch zu nennen. Hätte es überhaupt noch eines Beweises bedurft, wie sehr gerade Martinus einem Typ des Mönchtums seiner Zeit verhaftet gewesen ist, die gut vier Monate zwischen November 1510 und März 1511 hätten ihn erbracht. Kaum einmal erweist sich seine Ahnungslosigkeit so deutlich wie zu dieser Zeit. Von Wesen und Kultur des Südens, den er nun durchwandern soll, weiß er so gut wie nichts. Niemand scheint diesen Frommen darauf hingewiesen zu haben, daß es vor den Toren des eigenen Klosters noch anderes gab, das zu erfahren und zu erleben sich lohnte. Von Courtoisie gar hat er überhaupt nichts vernommen, von Weltgewandtheit, von jener »civilté«, welche im Geiste des erasmianischen Handbuchs die Summe der praktischen Kenntnisse darstellt, die zum Leben in der Gesellschaft vonnöten sind. Da hat keine Initiation stattgefunden: Ehre, Ruhm, Ansehen gelten nichts, nicht einmal das Sichbenehmenkönnen. Martinus freut sich, typisch engstirnig, allein auf jene Stadt des Papstes, in der ein Frommer seine Generalbeichte ablegen und als eifriger Pilger die verschiedenen Heiligtümer abklappern konnte. Mehr kommt ihm nicht in den Sinn, als eine »gantze beichte von jugent auff geschehen« zu »thuen und from« zu werden.

Was er darüber hinaus von seiner großen Wanderung (eine »Fahrt« war dies nicht) zu berichten weiß, ist auffallend wenig. Noch im Alter reicht seine Erinnerung, die in der Zwischenzeit so brisant gewordenen Fragestellungen einmal ausgenommen, in Sachen Italien allenfalls bis zu den Schneidern dieses Landes, die sich zu Spezialisten – »eine sunderliche zunfft« – entwickelt haben und die Hosen, Mäntel und Röcke gesondert zu fertigen wissen, während ihre deutschen Kollegen »hosen, wammes, rock, alles in eine form«, ja »uber einen leisten gißen« und »viel materia, keine Forma« geben. So ist ein Deutscher daran zu erkennen, daß er einen mäßigen Schneider hat, weil er nichts anderes als Hosen trägt »wie eine rauche taube [bis zu den Knien] und einen kurtzen rock, das man einem in hindern siehet.«

Demgegenüber sind die Italiener modebewußter und auch höflicher. Sie vergessen nie das »Herr« und das »Frau«, das »messer« oder »madonna«, auch nicht das »grammerzi«, das Dankeschön. Sie flöten und trillern ständig vor sich hin, dabei trinken sie bedeutend weniger als die Deutschen. Ihre Gesten wirken jedoch lächerlich; die welschen Frauen müssen, von ihren Männern eifersüchtig überwacht, verschleiert auf die Straße gehen. Es ist nicht gestattet, »daß jemand offentlich rede mit ihren Weibern, oder sie anspreche«. Die italienischen Tänze sind reichlich lasziv, obzwar sich Männlein und Weiblein nicht direkt anfassen, sondern sich »halten einander bei einem wuschtuchlein«. Die Notdurft, auch dies ein Zeichen der Unschicklichkeit, verrichten die Italiener »wie die Hündlein« an der nächstbesten Ecke, und das Lügen gehört schon fast zum Volkscharakter.

So weit die Erinnerung eines Mönches aus Sachsen. Viel mehr Verständnis hat Martinus kaum aufgebracht. Um die Landessprache hat er sich gar nicht bemüht. Nur einige wenige Brocken hat er davon behalten wollen. Das alles dünkt wirklich zu wenig, auch wenn sein Wort gilt, er verstünde die Italiener nicht und diese ihn nicht, das aber sei »eine natürliche Ursach für Zorn und Feindschaft«.

Luthers Zorn wird die »Walen« schon noch treffen. Er hält sie unverdrossen für die größten Gotteslästerer. Er erzählt Zoten aus ihrem Land, Geschichten von der Blasphemie jener, die die Gottesmutter eine Hure heißen »mit der großen fotzen« und den Apostel Petrus einen Mann »mit einem großen zerß« (Penis). Nein, die »Italiäner«, in deren Land die Stadt Rom liegt, liebt Luther nicht. Sie sind die »allerlistigsten und tückischsten Leute, die muß man fürnehmlich beschämen, betäuben, und ihnen ihre Schande aufdecken, daß sie schamroth werden . . .« Mehr gibt es nicht über sie zu sagen.

Es mag unfair sein, gegenüber dieser Dürre des Urteils auf Sehnsucht und Einfühlungsvermögen anderer deutscher Italienreisender zu verweisen. Zur Goethe-Zeit etwa war es für die Intelligenz nördlich der Alpen fast üblich geworden, das eigene Leben in ein »Vorher« und in ein »Danach« zu gliedern: Solche Unterscheidung lebte von den Erfahrungen vor der ersten Fahrt nach Italien und von den – qualitativ verschiedenen – nach der Reise. Doch wird ein solches Maß schwerlich an Martinus anzulegen sein. Gleichwohl bleibt der Erfurter Mönch auch weit zurück hinter dem, was andere Ordensleute seiner eigenen Epoche hatten fühlen und wissen können. Die Helligkeit des Humanismus, die Leuchtkraft der Renaissance, all dies war ja bereits ihr geistiges Eigentum geworden.

Das entlegene Sachsen hingegen scheint solche Erfahrungen nicht vermittelt zu haben. Es blieb nordisch, dunkel, nebelreich, sandig, im Vergleich mit Italien sogar unästhetisch, ein Land beinahe am Rand der gebildeten Welt. Martinus, ein rechter Sachse und nur das, hatte in den Trivialschulen seiner Heimat, zu denen auch die Landesuniversitäten zählten, von der übrigen Welt viel zu wenig erfahren. Diese Tatsache ist nicht zu übersehen, wenn über seine Bildungsmängel und über seine fast völlig fehlende Weltkenntnis gehandelt wird. Ein Magister der schönen und freien Künste, ein aufsteigender Hochschullehrer, ein talentierter junger Mann ist, von Rom und Italien her gesehen, in dumpfester Unkenntnis gehalten worden. Das Kloster hat damit an seinen Bildungsmöglichkeiten gefehlt, ihm vorenthalten, was er so dringend gebraucht hätte. »Ja wie leid ist mirs itzt, das ich nicht mehr Poeten und historien gelesen habe und mich auch dieselben niemand gelernt hat«, sagt er später.

Streit um die richtige Regel

Der Erfurter Konvent hat diesen Mitbruder Ende 1510 auf die weite Reise geschickt, zusammen mit einem anderen Augustiner, in Angelegenheiten der Kongregation, ohne einen Zehrpfennig, dafür wohlbestallt mit Empfehlungsschreiben, welche eine Unterkunft um Gotteslohn in den am Reisewege liegenden Klöstern sichern sollten. Warum nun die Erfurter just ihren Martinus nach Rom wandern ließen, kann nicht mehr zweifelsfrei eruiert werden. Der Auftrag, den sie ihm auf die Seele banden, war gerade für ihn delikat genug. Denn die beiden Emissäre sollten in Rom nichts anderes erreichen als eine Zurücknahme einer von Staupitz und für Staupitz getroffenen Entscheidung.

Dieser Generalvikar der sächsischen Kongregation seines Ordens war im Juni 1510 vom römischen Augustinergeneral Egidio Canisio da Viterbo zum Oberen der Provinz Saxonia ernannt worden. Gleichzeitig sollte Staupitz, also durchaus mit Rückendeckung seines Generaloberen, der eine Deutschland-Visite wegen des heiligen Krieges der Liga mit Venedig hatte aufgeben müssen, jene inneren Konflikte dieser Provinz lösen, die sich aus der allmählichen Scheidung in die reformierten Konvente der strengen Observanz und in die reformunwilligen Klöster der sogenannten Konventualen entwickelt hatten. Die Mehrzahl der Konvente, 22 von 29, erklärten auch bald ihr Einverständnis mit der von Staupitz geplanten Zusammenlegung, einer rechtlich-geistlichen Union, die Reformfreudige und -gegner aneinanderbinden sollte, um den Letzteren die strengere Lebensform ihrer Mitbrüder etwas schmackhafter zu machen. Sieben Konvente verweigerten jedoch den Gehorsam, da sie um ihr eigenes Reformwerk fürchteten, das durch eine engere Gemeinschaft mit den Angehörigen der lässigeren Richtung eher nivelliert als gefördert worden wäre.

Zu den sieben Opponenten gehörten die beiden wichtigsten Konvente der ganzen Provinz, Erfurt – und Nürnberg. Der Rat dieser Stadt, dessen Stolz auf die eigene Emanzipation eine Unterwerfung seiner Augustiner unter den Sachsen Staupitz ohnedies nicht gelegen kam, hatte den Eremiten das Trinkwasser gesperrt, bis auch sie auf die Anti-Staupitz-Linie eingeschwenkt waren. Und kaum waren die Nürnberger Mönche gefügig, so setzten sie sich auch schon an die Spitze der Opposition, auf einer eigens einberufenen Konferenz formierte sich der Widerstand und beschloß – im Ungehorsam gegen das geltende Recht – eine gemeinsame Appellation nach Rom. Dazu wurde ein Anwalt der eigenen Interessen gewählt, ein des Italienischen mächtiger und mit dem Geschäftsgang der Kurie vertrauter Mitbruder, der aber – hierin wurde getreulich die Regel befolgt – von einem Reisegefährten begleitet werden sollte, eben von Martinus. Dieser hatte sich kurz zuvor zusammen mit seinem Lehrer Nathin als beredter Wortführer der Opposition hervorgetan.

Aussichtsreich war solch eine Rom-Fahrt allerdings kaum, denn der Generalobere würde zu seinem sächsischen Provinzial halten. Gleichwohl zogen die beiden Mönche etwa Mitte November 1510 los. Eine lange und beschwerliche Reise lag vor ihnen, die immer wieder von den Pilgern verlangte (Luther erzählt es beiläufig in dem Jahre 1532), »offt weit umb ein berg umbgehn oder zu einer bruckhen«, weil der Wanderer nicht wie ein Vogel den geradesten Weg fliegen konnte.

Der genaue Verlauf der Fußwanderung läßt sich nicht mehr festlegen. Luthers Mitteilungen sind zu knapp, oft auch zu generell und zu beziehungslos, als daß sie ein sicheres Urteil gestatteten. Die späteren Deutungen gehen weit auseinander: Fast jeder Interpret hat eine eigene, »wissenschaftlich gesicherte« Route herausgefunden. Die Folge war bisweilen ein wunderlicher Zickzackweg, der zwischen Nürnberg und Rom sogar Avignon nicht aussparte, einer Rechnung für ein vom Frater Martinus angeblich verzehrtes Huhn wegen.

Demgegenüber läßt sich mit einiger Bestimmtheit nur sagen, daß Hin- und Rückreise über verschiedene Routen geführt haben. Wahrscheinlich ist auch, daß auf der Hinreise Ulm, Oberschwaben (»Wen ich vil reysen solte, wolte ich nirgent lieber den durch Schwaben und Beyerlandt zihen . . .«) und die Ostschweiz berührt wurden, bevor die Mönche sich über den heute unzugänglichen Septimerpaß zum Bergell und dann nach Mailand wandten. Das nächste feststehende Ziel war Florenz, und von dort aus ging es auf der alten Kaiserstraße über Siena und Viterbo nach Rom.

Martin Luther selbst, von seinem Weggefährten kennen wir nicht einmal den Namen, hilft bei einer detaillierten Beschreibung der Route auch nicht weiter. Seinerzeit hat er so gut wie nichts gesagt oder geschrieben, was überliefert wäre. Später äußert er sich nur beiläufig, eine Notiz hier, ein Einfall dort, über die Stationen seiner damaligen Reise. So berichtet er aus einer Erinnerung, die ihm in das spätere Konzept paßt, von technischen Wunderwerken, vom Schlagwerk einer Nürnberger Uhr etwa oder vom Ulmer Münster, das zu groß für eine verständliche Predigt sei. Er erzählt, auch dies nur am Rande, von der Gastfreundlichkeit in Schwaben und Bayern, die sich so wohltuend von der sächsischen abhebt, von auffälligen süddeutschen Dialekten, von gut befestigten Städten, vom Veltliner Wein, dem magenfreundlichen, und von der Schweiz, einem ungastlichen, bergigen Land, das ohne den für Luther so wichtigen Ackerbau, auch ohne richtige Bauern auskommen muß, dafür aber voller Wiesen steht, die sich »uber bergk und thal« ziehen.

Der Mönch weiß dann – später – auch von der »Hadermetz« Mailand zu berichten, »darumb man sich raufft«, vom Wasserreichtum der lombardischen Ebene, von Hospitälern und Findelhäusern des mediceischen Florenz, deren Verwaltung, »königliche Gebäude, mit bester Küche und Getränken, aufmerksame Diener, sehr gelehrte Ärzte, saubere Betten« ihn beeindruckt haben. Derlei hat er in Deutschland kaum kennengelernt. Der eingelieferte Kranke, vielleicht war Martinus hier selbst von einer seiner häufigen Darmverstimmungen betroffen, wird notariell registriert, dann »zeucht man im eynen weißen kittel an, legt in in ein schon gemalet bette, reyne tucher«, und wenn er Durst hat, so erhält er ein Getränk in einem feinen Becher.

Den sächsischen Bettelmönch beeindruckte diese Zivilisation, das muß er den Welschen noch im Alter lassen. Auch sonst lernte er hinzu: Als ihn ein Fieberanfall heimsucht, den er sich, wie er später meint, aus Unkenntnis der »sehr schädlichen und pestilenzischen« Luft Italiens zugezogen hat, wird er mit Hilfe eines Hausmittels kuriert. Nachts hatten sein Gefährte und er das Fenster ihres Schlafgemachs offen stehen lassen und »sehr hart« geschlafen. Morgens, im tiefen Winter, wachten die Mönche benommen auf, hatten »die Köpfe voller Dunst«, waren »schwer und ungeschickt«, und konnten statt der üblichen Tagesleistung von etwa vierzig Kilometern kaum eine Meile zu Fuß gehen, »so plagte uns der Durst«. Wein zu trinken kam nicht in Frage, denn »es ekelte uns . . ., daß wir ihn auch nicht riechen konnten«, und das Wasser, welches die beiden trinken wollten, galt als »tödlich«. Erst zwei Granatäpfel halfen wieder auf die Beine: »dadurch erhielt Gott uns das Leben«.

Das sind ergötzliche Berichte eines gealterten Mannes. Sie alle bleiben Episoden. Es findet sich kein Zusammenhang, schon gar kein Hinweis auf vorangegangene Bildung, die seinerzeit einen weiteren Horizont für Italien eröffnet und offengehalten hätte. Auch als Italien-Fahrer blieb Martinus der mönchische Pilger, der nur sehr wenig von der äußeren Welt hat aufnehmen können, weil ihm niemand das Sehen des Vorhandenen mit weltzugewandten Augen beigebracht hatte. Hinzu kommt, daß Martinus noch nicht an das Ende seiner Inkubationszeit gelangt war. Noch blieb er stumm.

Vorerst fehlt alles. Manch einer dieser Mängel wirkt auf uns Angehörige einer Generation von Dauertouristen beinahe grotesk: Die Alpen zum Beispiel, heute Gegenstand höchster Bewunderung und ständiges Objekt der neuesten Techniken, jedenfalls bis in den letzten Winkel hinein erschlossen und, Gipfel um Gipfel, erklommen, diese Alpen hatte Martinus, ganz Mönch, ganz niedergeschlagener Blick, noch nicht einmal richtig wahrgenommen. Dabei ist er ausgerechnet in den schlimmsten Monaten eines ohnehin schneereichen Winters über sie gezogen, einmal hin, einmal zurück, alles zu Fuß. Äußerungen aber finden sich kaum. Schon gar nicht läßt sich ein Naturgefühl ausmachen, wie es doch auch zu jener Zeit schon ganz gut bekannt war: Diese Berge sprechen nicht. Sie bleiben dürftiges Erdreich, den Bauern feindlich abgeneigt, und Schluß.

Rom, eine Schutthalde

Aber selbst in Rom sollte sich das Auge des Pilgers nicht weiten. Auch in dieser Stadt hat er herzlich wenig gesehen. Viel in Rom herumgelaufen ist er allerdings, nach eigenem Bekunden wie »ein toller Heiliger durch alle Kirchen und Klüfte«. Er war jetzt in seinem Element.

Schon als er die ewige Stadt zum erstenmal erblickt, wirft er sich zu Boden und ruft: »Sey gegrüßet, du heiliges Rom. Ja, rechtschaffen heilig, von den heiligen Märtyrern und ihrem Blut, das da vergossen ist . . .« So spricht ein Überzeugter.

Ganz so glorios war die Stadt, all ihrer antiken, christlichen und künstlerischen Symbolik zum Trotz, damals nicht. Florenz und seine stolzen Bürger zum Beispiel verglichen die eigene Polis noch nicht einmal mit diesem Rom da unten. Ein solcher Trümmerhaufen war einer wirklichen Konkurrenz gar nicht fähig. Die antiken Stätten lagen ja in Scherben. Niemand kümmerte sich um sie. Der Glanz der italienischen Renaissance hatte Rom noch nicht ganz erreicht. Von einer weiten Einöde zu sprechen, traf die Wirklichkeit eher.

Die aurelianische Mauer, zwölf Tore, 361 Türme, doch ganz weit draußen, hinterließ auf die Besucher aus dem Norden noch den gewaltigsten Eindruck. Ihrem ungeheuren Umfang entsprachen jedoch weder Bebauung noch Einwohnerzahl der Stadt. Der größte Teil Roms lag unbebaut, ein wüstes Gebiet, aus dem sich Kirchen, Klöster, Geschlechtertürme und vereinzelte Häuser erhoben. Wälder, Wiesen und Weiden hatten mehr Erfolg auf diesem Terrain. Die freie Natur schuf sich unaufhaltsam ihren ursprünglichen Raum, über die verfallenden Zeugnisse einer menschlichen Kultur hinweg. Auf dem antiken Forum graste Vieh, in den Palästen von früher fand es Unterschlupf. Der Circus Maximus umschloß Gemüsegärten und Magazine, die Thermen des Diokletian sahen einen Wildpark, in dem, wer es sich leisten konnte, den Freuden der Jagd nachging. Vom Lateran im Süden bis zur Augustiner-Kirche Santa Maria del Popolo im Norden, in deren Kloster Martinus aufgenommen war, ließ es sich durch die Stadt wandern, ohne viel bewohntes Gebiet berühren zu müssen.

Viel wahrscheinlicher war es, daß der Pilger auf das Gesindel stieß, das sich in den Ruinen am Wege eingenistet hatte. Bis dorthin reichte nicht einmal der Arm des »Bargello« Nicolo Fieschi, dessen – unter dem zupackenden Julius II. erneuertes – »trefflich, hart regiment« Luther später beschreibt: ». . . der Häuptmann und Richter reitet alle Nacht mit drey hundert Dienern in der Stadt umher, hält die Scharwache stark. Wen er auf der Gassen erwischt, der muß herhalten; hat er eine Wehre bey sich, so wird er entweder gehänget oder ertränket und in die Tiber geworfen . . .«

Diese Justiz reichte weit. Allzuweit aber durfte sie nicht kommen. Die Wüstungen siegten. Martinus hat damals eine Schutthalde besucht, hier und da auch eine Art Baustelle: »Wo jtzt Häuser stehen, sind zuvor die Dächer gewest; so tief liegt der Schutt; wie man bey der Tiber wol siehet, da sie zween Landsknechts-Spieß hoch Schutt hat.«

Ein städtisches Leben hatte sich allein »bey der Tiber« entwickeln können, in den zum Fluß hin geneigten Vierteln Trastevere und Borgo. Dort drängte sich das Volk zusammen, weil etwas los war. In der von der antiken Engelsburg geschützten Vorstadt des päpstlichen Rom hatten die Amtsinhaber durchzugreifen begonnen, nachdem der Hofstaat aus dem fernen Avignon wieder in die eigentliche Hauptstadt der Christenheit zurückgekehrt war. Allzu viel war dennoch nicht geschehen. Erst einige Jahrzehnte nach Martins Besuch wird der Durchbruch in die Großzügigkeit gelingen. Vorderhand behalf die Kurie sich von Fall zu Fall: Der neue Kuppelbau von Sankt Peter, ein riesiger Baumarkt, war begonnen worden. Die vier Tragestümpfe standen bereits, und Sonderablässe sollten die weitere Finanzierung sichern helfen. Auch einige Kirchen, darunter die der Augustiner, wiesen schon die neue Linie auf. Der Lateran wurde entrümpelt, und neue Prachtstraßen, mitten durch die Landschaft gebrochen, erhielten den Namen von Päpsten. Herrschen und Bauen waren eins.

Sixtus IV., Innozenz VIII., Alexander VI. und Julius II., die Päpste zu Luthers Jugendzeit, verstanden wenigstens dieses ihr Metier: Da sie zum Bauen nicht nur Steine brauchten – die bekamen sie wohlfeil aus den alten Ruinen–, sondern auch etwas Geld, so holten sie dieses, wo es zu holen war, am einfachsten noch aus der unerschöpflichen Sparkasse der geistlichen Güter. Rom wurde mit dieser Hilfe, wenn überhaupt, zu einer wirklichen Stadt, einem Sitz aller Gnaden, nicht aber zu einer Wirtschaftsmetropole, zu keinem Hauptort der Welt. Die kaum vierzigtausend Einwohner, die es zählte, ließen es weit hinter Venedig, Paris oder London zurücktreten.

Allein der Geldverkehr brachte Gewinn, jener nuancierten Gnadengaben wegen, die nur hier zu erwerben waren. Alle großen Bankhäuser hatten sich denn auch intim an den Vatikan angeschmiegt. Jede Art eines Banco di Santo Spirito florierte, auch die Filialen der Fugger und der Welser. Wer durch die Stadtviertel dieses Roms kam, verstand sehr schnell, was die Eigenart der damaligen Stadt ausmachte und wem Rom gerade eine solche verdankte.

Von dem Rom aber, das der Frater Martinus als das der Märtyrer begrüßt sehen wollte, war hier wenig zu spüren. Hierher strömten keine echten Glaubenszeugen mehr, sondern die Verehrer anderer Tugenden, Pfründenjäger, Nepoten, Bittsteller, Prozeßfreudige, Simonisten, Diplomaten und politische Agenten aller Art. Sie bildeten die eigentliche Kulisse der hohen Papstgeschichte. Sie füllten die römische Bühne bis über den Rand hinaus. Sie kannten das Geschäft der Dispensen, Reservationen, Privilegien, Legitimationen, der Ausnahmen schlechthin. Sie sahen aber auch hin und wieder hinter die Fassaden, wo die moralische Armut wohnte.

Der Blick des Bruders Martinus hat nicht bis dahin gereicht. Luther schien alles – der Hauptteil der Kurie, die Masse der Kurtisanen war ohnedies mit Julius II. auswärts – nicht wahrgenommen zu haben, obgleich er im Alter auch von den Zahltischen berichtet, die in den kurialen Korridoren gestanden waren. In den vier Wochen, die er in

Rom verbracht hat, war ihm anderes wichtiger. Wieder einmal bleibt aber sein nachmaliger Bericht zu lückenhaft, als daß die Forschung mit Bestimmtheit sagen dürfte, was eigentlich er in dieser Zeit unternommen hat.

Die Dienstgeschäfte, das Einreichen des aussichtslosen Appells und das Warten auf den Bescheid, nahmen nicht viel Zeit in Anspruch. Martinus, der Landessprache nicht kundig und für die Kurie ein unbeschriebenes Blatt, hatte gewiß Muße genug, sich um die eigene Sache zu kümmern, selbst wenn er den täglichen Chordienst im Gastkonvent mitmachen mußte. So hat er mit großer Wahrscheinlichkeit seine Generalbeichte abgelegt, sein Leben in Reue zusammengefaßt – und zu seiner peinlichen Überraschung in den römischen Beichtvätern »gar ungelehrte Leute« gefunden, die noch nicht einmal ihr kasuistisches Geschäft richtig verstanden, geschweige denn auf den Ernst eines deutschen Mitbruders einzugehen in der Lage waren.

Messen, Ablässe, Zwiebeln und Knoblauch

Sogar als Meßpfaffen sind sie, für diesen frommen Sachsen zumindest, die reine Enttäuschung gewesen. Martinus, der in Rom »viel messen ghalten« hat, sah dort auch andere viel halten. Mit seinem eigenen Zelebrationsstil, der einige Zeit benötigte, da er wirklich meinte, was er sagte, ist er den italienischen Zelebranten jedoch nur im Wege gestanden. Sie alle konnten »rips, raps« ihre Messe hinter sich bringen, »alß triben si ein gauckel spiel«. Ehe der traurige Luther nur den ersten Teil seiner Messe gelesen hatte, waren sie, an den Nebenaltären, schon ganz durch.

Bereits in Mailand, wo die Messe nur nach einem Ritus gefeiert werden durfte, von dem der Frater aus Erfurt noch gar nichts gehört hatte, war ihm die Erfahrung nicht erspart worden, daß einem Priester wie ihm der Altar kurzerhand verweigert wurde. Und auch in Rom war er in einer besonders berühmten Kapelle des Lateran wegen des übergroßen Zulaufs an Zelebranten nicht angekommen: »aß einen rustigen (gesalzenen) Hering dafur«. Am liebsten hätten die Römer ihn, den Zeitvergeuder, ohnedies von jedem Altar, die deutsche Nationalkirche Santa Maria dell' Anima ausgenommen, weggedrängt, mit einem »passa, passa, immer weg, kom davon«. Er ist einfach zu langsam. In der Stephanus-Basilika hat er innerhalb einer einzigen Stunde, so lange mochte er selber zelebriert haben, nicht weniger als sieben Priester »eine messe außrichten« sehen. Man kam herein, packte aus, goß Wein ein, trank diesen aus, packte wieder ein und ging heraus. Mehr wäre wirklich zuviel gewesen.

Diese Kleriker konnten einem leid tun. Denn obgleich die Kirche unermeßliche Reichtümer besaß, waren diese doch ungleichmäßig verteilt. In den Städten waren die Geistlichen zwar von den Steuern befreit und der weltlichen Gerichtsbarkeit entzogen; hier konnten sie Ansprüche an das Gemeinwesen stellen, ohne die Verpflichtung eines Bürgereides eingegangen zu sein, doch nur eine relative Minderheit lebte in Überfluß und Luxus. Da sah das Volk, wie der zeitgenössische Kritiker Johannes Butzbach über deutsche Verhältnisse berichtet, »aufgeblasene Gestalten einherschreiten, in feinste Tuche aus England gekleidet, auf dem Kopfe das Biret, die mit kostbaren Edelsteinringen geschmückte Hand entweder auf dem Rücken oder hochmütig in die Seite gestemmt. Oder sie reiten stolz zu Pferd vor zahlreicher, buntfarbig gekleideter Dienerschaft . . . Da wird gepraßt bei prunkenden Mahlen, das Gut frommer Stiftungen vergeudet in Bädern, Aufwand getrieben mit seltenen Pferden, Hunden und Jagdfalken.« Erzählungen über Gewalttätigkeiten im Bordell oder Berichte über Raufereien von Domherren waren jedenfalls so selten nicht.

Daneben fand sich jedoch, in den Bischofsstädten ebenso wie unter der Landgeistlichkeit, ein zahlreiches klerikales Proletariat, schlecht ausgebildet und noch schlechter bezahlt. Sebastian Brant reimt dazu: »Kein ärmer vich uf erden ist/dan pristerschaft, der narung gebrist.«

Damit es aber nun nicht an der Nahrung gebrach, mußten sich diese Kleinkleriker umtun, Pfründen ergattern, Anteile an Gebühren wie an Zehnten erobern und endlich viel »messe halten«. Denn das »Plärren« brachte Gewinn. Latein brauchten sie dafür nicht viel zu können. Luther mokiert sich noch im Jahre 1538 über diese Zustände unter den Geistlichen, die vom Messesingen leben mußten, ohne allzuviel von der Sache selbst mitbekommen zu haben: Sie alle halten Weihwasserwedel, Rauchfaß und Kreuz für ihre drei – statt der sieben des gelehrten Lombardus – heiligen Sakramente, und auch Meßtexte können sie nur ein paar auswendig, weil sie diese immer wieder vor sich hinzusingen haben, um die darauf liegenden Stipendien, ihren Lebensunterhalt, zu verdienen: »Wenn einer nur ein Pfaff war und konnte eine Messe für die Todten halten, das konnte ihn ernähren; denn es war ein reicher Jahrmarkt, der viel Gewinst trug. Wenn einer aber eine Messe von der Jungfrauen Marien hatte, der stund wol.« Das mochte für die Verhältnisse in Deutschland wie in der heiligen Stadt Rom gelten.

Was der Mönch Martinus dort sonst noch aufgeschnappt hatte, hat ihm nicht weniger weh getan: ». . . mich grauet, wenn ich dran gedencke. Do horte ich unter andern groben grumpen uber den tisch dj chartusanen lachen und rhumen, wie etliche messe hilten und uber den brod und wein sprechen: Panis es et panis manebis, und also auffgehoben.« Gerade von Angehörigen der Kurie, den »chartusanen«, solches zu hören, hat den Frommen geschmerzt: »Nhu, ich waß ein junger und recht frommer munch, dem solche wortt wehe thaten. Was solte ich doch gedencken? Was konde mir anders einfallen den solche gedancken: Redet man hie zu Rhom frei offentlich uber tisch also? Wie, wen sie allzumhal, babst, cardinal, mith den chartusanen also messe halten, wie fein were ich betrogen, der ich von ihnen so viel messe ghort hatte!« Brot und Wein durften ja nicht »bleiben«, sondern mußten sich, so die katholische Dogmatik, in Fleisch und Blut Christi »wandeln«. Ein bloßes »auffgehoben« tat es nicht. Erhoben und dem Volke gezeigt wurde allein die konsekrierte Hostie, das wahre Fleisch und Blut des Herrn.

Auch Luthers übrige Erfahrungen mit der Heiligen Stadt waren nicht dazu angetan, seine Ehrfurcht zu mehren. Hätte er den eigenen Glauben nicht mitgebracht, wäre er der leichtsinnige Mönch gewesen, den eine bestimmte Fama aus ihm gemacht hat, so wäre Rom ihm damals nur übel bekommen. Sonderlich fromm konnte in der Nähe eines Papstes kaum jemand werden, über den es so viel Drastisches zu klatschen gab. Julius II., im Winter 1510/1511 eben einmal wieder auf einem seiner Kriegsabenteuer, schnitt in den Gerüchteküchen nicht besser ab als sein Vorgänger Alexander VI. Borgia, von dessen Skandalen inzwischen alle Welt zu flüstern und – mit sanfter Duldung des Nachfolgers – auch mehr und mehr zu übertreiben wußte. Die Lasterhaftigkeit war in der Zwischenzeit so öffentlich geworden, daß Martinus »selbs zu Rom höret auf den Gassen frei reden: Ist eine Hölle, so stehet Rom drauf«.

Nun hatte der deutsche Mönch seinerzeit gewiß kein sonderliches Interesse an einer Chronique scandaleuse gehabt (im Alter war dies ein wenig anders), doch hatte er, »ein Bon Christian«, auch kaum die Ohren vor dem verschließen können, was da von den Dächern gerufen wurde. Doch als er »darumb trauret«, wurde ihm bedeutet, solches Trauern sei schiere Narretei. Nur Unfähigkeit zu trauern brachte eine klerikale Karriere weiter. Daran konnte gerade in Rom kaum ein Zweifel bestehen.

Martinus hat denn lieber seine Pflichtübungen absolviert, ist getreulich fastend von Hauptkirche zu Hauptkirche gezogen, hat sich wohl auch an einen gedruckten Pilgerführer gehalten, der die Merkwürdigkeiten der Stadt Rom auflistete, hat Gnaden wie Ablässe für sich und die Daheimgebliebenen gesammelt, auch die mannigfachen Reliquien der Stadt durchgeschaut, die selbst einen Kenner der Wittenberger Schloßkirche staunen machten, ist hin und wieder vor verschlossenen Türen und vor unzugänglichen Sammlungen gestanden, und hat den Besuch in den »Klüften« der Katakomben nicht versäumt, wo viele tausend römische Märtyrer »unter der Erden schränkigt liegen«. Auch hat er fromm die von Sankt Lukas »eigenhändig« gemalten Madonnen (nicht aber die aus den Schulen späterer und weniger legendärer Künstler) geehrt, ist fast ein wenig über ein Pantheon ins Schwärmen geraten, welches die heidnischen Götter dem wahren Christus hatten kampflos überlassen müssen (»Abr da Jesus

Christus kombt, den wollen sie nicht leiden. Noch hatt er sie aufgesteubert!«), und – hat alles geglaubt. Sogar die »ungeschwungenen Lügen«.

Die Heilige Stiege am Lateran ist er Stufe um Stufe auf den Knien hinaufgerutscht, eines klug gestaffelten Ablasses wegen, den er seinem Großvater Heine Luder aus Möhra ins Fegefeuer zuzuwenden gedachte. Gleichgültig und lässig ist dieser Pilger nicht gewesen, auch wenn er im späteren Rückblick, da er besser zu sehen und sich auszudrücken gelernt hatte, alles etwas anders interpretieren wird: »Wer gehn Rhom kam und brachte geldt, der krieget vergebung der sunden. Ich, als ein narre, trug auch zwiebeln gehn Rhom und brachte knobloch wieder«. Gleichwohl rät er jedem seiner späteren Prediger, Rom zu sehen und »des bapsts jarmarckt«. Denn da gehen einem die Augen auf.

Vorerst führt der gewohnte Gang zurück. Ende Januar macht Luther sich auf den Heimweg, über den Brenner diesmal, dann nach Augsburg, wo Martinus einer Jungfer Ursel (Anna Lamenit) einen Zwischenbesuch abstattet, die – wenigstens für eine gewisse Zeit – bei vielen, darunter dem Kaiser Maximilian, im Rufe der Heiligkeit gestanden hat. Er fragt sie, die schon im Jahr darauf als Betrügerin der Frommen entlarvt werden wird (»es war mit ihr lauter Bescheißerey«), ob sie nicht gerne stürbe, um dieses Jammertal gegen die jenseitige Glorie einzutauschen. Ihr Nein, die spontane Antwort auf eine echt lutherische Frage, enttäuscht ihn sehr. »Hie weiß ich, wie es zugehet; dort weiß ich nicht, wie es zugehet«, hatte sie gesagt. Luther fragt nicht mehr weiter. Er fühlt sich »sehr fur den Kopf gestoßen«. Er geht nach Nürnberg zurück, wo die Opposition die neue, die alte Situation bespricht. Ende März 1511 ist der Frater Martinus dann wieder in Erfurt eingetroffen. Hier wartete die gewohnte Arbeit auf ihn. Der Ersatzmann, welcher die Vorlesungen übernommen hatte, konnte abgelöst werden.

10.
Wie der Glaube ist, so ist auch Gott

Ein Doktor predigt

Ein weiteres Mal holten die Ereignisse der folgenden Monate die Erwartungen nicht ganz ein. Das Erfurter Kloster fand nämlich nicht zu der Ruhe zurück, die ein junger Magister für den Fortgang seiner Studien gebraucht hätte. Zusammen mit Nürnberg, das sich mit der

Nachricht, die Martinus aus Rom überbracht hatte, gar nicht einverstanden zeigte, setzte auch Erfurt die Opposition gegen Staupitz und dessen Pläne fort. Der Nürnberger Rat wollte nach wie vor nicht, daß das Kloster seiner Stadt »underwerffig gemacht« und der Provinz Saxonia »eyngeleibt« wurde. Erfurt schloß sich dem Widerstand an. Es war daraufhin sogar von Exkommunikation der Abspenstigen die Rede. Doch der Generalobere des Ordens lenkte wider Erwarten ein: Der Widerstand durfte, Kompromißvorschläge hin oder her, nach der »herprachten gewonhait« verfahren, also alles beim alten belassen.

Zuvor hatte es jedoch Ärger gegeben. Eine Minderheit des Erfurter Konvents hatte sich schon für die Annahme eines von Staupitz in entgegenkommender Weise vorbereiteten Vergleichs ausgesprochen, darunter auch der Frater Martinus, der bald als »zu seinem Staupitz abgefallen« galt. Die Mehrheit wollte nämlich keinen Kompromiß. Ihr Motto lautete »alles oder nichts«. Luthers Aufenthalt war damit zu einer Frage von Wochen geworden. Wahrscheinlich hat Erfurt ihn bereits im Sommer 1511 nach Wittenberg abgeschoben. Diesmal für immer. Endgültig scheint auch die Abneigung der Zurückgebliebenen gegen Martinus geblieben zu sein: Das Band war zerschnitten.

Wittenberg empfing Luther dagegen nicht unfreundlich. Staupitz hatte vorgesorgt. Als Vertreter des Wittenberger Konvents ist Martinus im Mai 1512 auf einem Kapitel des Ordens in der Stadt Köln anzutreffen, wo er den Dom besichtigt, ein »ungewonlich bau«, keine von den »feinen messigen kirchen mit nidrigen gewelben«, die er so schätzte. Hier in Köln wurden die Pläne des Oberen Staupitz – der römische General hatte unterdessen ganz nachgegeben – für alle Zeiten begraben. Die Nürnberger waren Sieger geblieben. Sie hatten ihre »gewonhait« ohne Abstriche durchgesetzt. Staupitz verzichtete nach dieser Schlappe auf sein Amt als Provinzial wie auf seine Union, blieb jedoch Generalvikar des Ordens – und den siegreichen Nürnbergern künftig in Freundschaft verbunden.

Martin Luther ist seinerzeit nicht mehr in Sachen Union hervorgetreten. Die Angelegenheit hatte sich erledigt. Ihm selbst brachte das Kölner Kapitel die Betrauung mit dem Amt eines Subpriors im Wittenberger Kloster sowie die Weisung, sich um das Doktorat in der Theologie zu bewerben, zwei Auszeichnungen also, die den Qualitäten dieses Mönches durchaus gerecht wurden.

Er selbst hatte sich gegen eine derartige Karriere im Orden gesträubt, die sein künftiges Leben in eine ganz bestimmte Bahn lenken mußte: Der Subprior sollte das Klosterstudium leiten, und das Doktorat bedeutete die Übernahme der von Staupitz abzugebenden biblischen Professur in Wittenberg. Martinus, ein »schwacher und krancker bruder«, der nicht allzu lang zu leben glaubte, fühlte sich diesen Aufgaben nicht gewachsen. Er spricht mehrfach, gut diszipliniert und mönchisch zurückhaltend, von seiner Unfähigkeit.

In einem berühmtgewordenen Gespräch unter dem Birnbaum des Wittenberger Klosterhofes (einen Kreuzgang gab es nicht) war es Staupitz dann aber gelungen, die Argumente des Mitbruders durch Gehorsam zu entkräften, damit Martin »etwas zu schaffen bekomme« und seinen unfruchtbaren Grübeleien entgehe. Luther erzählt im Sommer 1540 von der Antwort des Oberen auf seinen Hinweis, er werde nicht lange leben: »Es ist gleich recht. Unser Herr Gott hat itzt viel zu schaffen im himel; wenn ir sterbt, so komt ir in seinen rat, denn er mus auch einige doctores haben!«

Die Furcht des Fraters Martinus, sich gerade für eine Bibelauslegung von Amts wegen nicht sonderlich zu eignen und auch nicht befähigt zu sein, als ordentlicher Professor in das öffentliche Leben einzutreten, hat sich gleichwohl noch lange gehalten, und die klösterliche Bescheidenheit fesselte die wahren Talente der Person. Dennoch mußte dieser Mann diesen Beruf ausüben. Seine Wittenberger Professur zwang ihn nämlich zu einem neuen System, das die bloße Innenwelt überwand, zu Auseinandersetzungen auch mit den Erfurter Wahrheiten, ob er nun wollte oder nicht. Wünschte Luther das zu verkünden, was ihm persönlich etwas bedeutete, so war er auf eine solche Lehrtätigkeit angewiesen. Heute würde er vielleicht Journalist werden. Damals wurde er Lehrer, und dies mit Erfolg. Die Studierenden werden bald aufhorchen und sich »wie Ameisen« um Luther scharen. Die Fakten sprechen für sich: Einen solchen Dozenten würde Wittenberg so schnell nicht mehr sehen. Der Kurfürst hat dies erkannt und seine Hand nicht mehr von dieser Leuchte seiner Hochschule zurückgezogen. Luther war und blieb Professor. Sein Leben lang.

Ähnlich ist es dem Prediger Martinus gegangen: Auch gegen eine Übertragung des Predigtamtes hatte der Mönch zunächst »mehr als 15 Gründe« vorzubringen gehabt, war jedoch bei Staupitz auf Lachen gestoßen. Der Obere nahm Luthers Einwand, »Ihr bringt mich umb mein leben; nicht ein viertel jar wird ich leben«, zu Recht nicht ernst, sondern sagte zu seinem jungen Mitbruder: »Ey, lieber, seid nicht klüger als der gantz convent und die patres!«

Das Kloster der Wittenberger Augustiner hatte gewußt, wen es mit dem Predigeramt betrauen wollte. Predigen zu dürfen, galt in einer Zeit, die Priesteramt und Predigt nicht streng miteinander verknüpfte, als besonderer Vorzug, der nur den Fähigsten zuteil wurde. Im übrigen hatten sich erst mit dem Aufkommen der Bettelorden, vor allem der »Prediger munch«, in den Städten die Prädikantenstellen gemehrt. Die Weltgeistlichen hingegen begnügten sich mit ihrem Dienst als Meßpfaffen und hielten sich der Kanzel meist fern. Als 1538 beispielsweise die Jesuiten, also keine Bettelmönche, in Rom zu predigen beginnen, wird solche Neuerung noch als »unerhört« bezeichnet.

Die Verkündigung des Wortes selbst war, die Fastenzeit ausgenommen, ein seltenes Ereignis. Die Predigten thematisierten weniger das Wort Gottes als die vielen Berichte über Mirakel und besondere Ereignisse im Leben der volkstümlichen Heiligen. Die meisten Prediger verirrten sich auch gerne in Prophezeiungen oder versenkten sich in dürre Spitzfindigkeiten der Scholastik, ganz über die Köpfe des geduldig schlummernden Volkes hinweg, das zu ihren Füßen ruhte. Natürlich gab es Ausnahmen, gerade in Deutschland. Glänzende Prediger von großem Format fanden sich, welche die zentralen Heilswahrheiten beredt anzubringen verstanden. Aber sie waren nicht die Regel.

Außerdem war die Predigt an eine eigene Beauftragung gebunden. Predigte jemand ohne Genehmigung, zog er sich Schuld und Buße zu. Predigen konnte in den Bettelorden nur ein theologisch Geschulter, der nach reiflicher Prüfung die Approbation seines Oberen erhalten hatte. Auf diese Weise suchte die kirchliche Obrigkeit allzu großem Redefluß und allzu gewagter Exegese den Boden zu entziehen. Ebenso wie das Katheder der wissenschaftlichen Theologen observiert wurde, hatte auch die Kanzel der Volksprediger – in aller Regel zumindest – die Aufsicht der Obrigkeit zu gewärtigen. Von einem Doktor war allerdings zu erwarten, daß er richtig und orthodox zu predigen verstand. Ihm war die Erlaubnis kaum zu versagen. Daher wurde auch Martinus zum Prediger bestimmt.

Anfangs hat er seinen neuen Dienst nur vor den eigenen Mitbrüdern innerhalb der schützenden Mauern des Klosters zu Wittenberg versehen. Seine Furcht war groß. Im Mai 1532 noch sagt er einem Debütanten, er habe sich selbst »wol ßo seer gefurcht furm predigtstul« wie dieser. Erst in der Folgezeit wurden ihm Kanzel und Katheder zur Heimat. Luther ist zeitlebens ein Mann des Wortes geblieben, wenn er sich selber auch immer wieder für einen recht schwachen Prediger gehalten hat: »Ich habe mich offte selbst angespeiet, wan ich vom predigtstuel komen bin: Pfue dich an, wie hastu gepredigt?« Das sagte ein Mann von sich, der mit gewissem Stolz auch von sich behaupten durfte: »Gott hat in tausend Jahren keinem Bischof so große Gaben gegeben als mir; denn Gottes Gaben soll man sich rühmen.«

Der Herbst 1512 brachte Martin Luther die feierliche Promotion. Papst Julius II., dessen Pontifikat, den Vorschriften des kanonischen Rechtes gemäß, dieser Akt zugerechnet wurde, hatte in diesem Jahr Parma und Piacenza seinem Kirchenstaat einverleiben können, und die Franzosen waren von den Schweizern unter dem Kommando des Kardinals Matthäus Schiner aus Italien verjagt worden. Die Medici residierten wieder in Florenz, Ferrante von Aragon annektierte das mit Frankreich verbündete Navarra, und im Lateran hatte ein unwilliger Papst im Mai das Allgemeine Konzil eröffnen müssen, welches bis ins Jahr 1517 dauern – und so gut wie nichts erbringen sollte.

Die Wittenberger Universität feierte ihren neuen Doktor, der 1531 über das Lateran-Konzil sagen wird, es habe nur bestimmt, »das die pfaffen lange rocke bis auff die knochen tragen sollten, hohe schu, breitte platten und kein rodt kleit«. Martinus hatte im September seine früheren Mitbrüder aus Erfurt zur Promotion am 18./19. Oktober 1512 eingeladen, wenn auch erfolglos. Niemand war gekommen, auch nicht der inzwischen sehr verärgerte Kollege Nathin. Wittenberg promovierte daher ohne Erfurter Beistand.

Um den Festakt möglichst eindrucksvoll gestalten zu können, hatte sich der Landesherr sogar erboten, dem Bettelmönch die beträchtlichen Promotionskosten auszulegen. Friedrich von Sachsen brauchte allerdings nichts zu verschenken: Staupitz hatte dem sparsamen Herrn bereits vorsorglich in Aussicht gestellt, Martinus werde »sein Lebenlang die Lektur zu Wittenberg ... versorgen«. Die kurfürstliche Hofkammer zahlte denn auch, und der künftige Professor quittierte: Die Empfangsbescheinigung vom 9. Oktober 1512 ist das älteste Schriftstück in Deutsch, welches wir aus seiner Hand besitzen.

Ob Martinus damals in Leipzig gewesen ist, um das Geld persönlich abzuholen, steht nicht zweifelsfrei fest. Zuhause gab es genug zu tun. Die Redefreudigkeit der gravitätischen Gelehrten jener Tage und die Hörwilligkeit der Universitätsangehörigen wie der geladenen Gäste verlangten einige Festreden, gestelzte Disputationen, die sorgsam vorbereitet werden mußten. Leider ist nichts mehr von alledem erhalten. Wir wissen nur, daß die Schloßkirche schließlich die von Andreas Bodenstein »ex Carllstadt« vorgenommene Promotion des »frater Martinus lüder« gesehen hat, dem damit die Befugnis übertragen war, »in der Theologie zu lesen, zu lehren, auszulegen, die Cathedra des Magisters zu besteigen und alle anderen Magisterakte öffentlich und privatim zu verrichten«.

Als äußere Zeichen der neuen Würde galten das wollene Doktorbarett, welches Martinus künftig anstelle der Mönchskapuze tragen sollte, und der – ebenfalls vom Kurfürsten zugelegte – goldene Doktorring mit silbernem Wappenschild, auf welchem drei ineinander verschlungene Ringe die Geheimnisse der Dreifaltigkeit symbolisierten. Der Verleihung dieser Insignien folgte, recht zeitgemäß, eine neue Reihe von Reden, darunter eine Disputation, welche zwei autorisierte »Kampfhähne« unter der Leitung des soeben Promovierten auszufechten hatten, in diesem Fall Wenzeslaus Link, der mit Luther befreundete Prior des Augustiner-Klosters, und Nikolaus Grüneberg, Pfarrer an der Wittenberger Stadtkirche.

Nachdem schließlich noch die Gebühren bezahlt und die Eide abgelegt waren, wurde der noch nicht dreißigjährige Bruder Martinus am 22. Oktober 1512 offiziell in das nur fünf Mitglieder zählende Professorenkollegium der Theologen aufgenommen. Er war damit bestallter Ordinarius der biblischen Lektur, und sein Vorgänger Staupitz schied endgültig aus einem Amt, das er wegen seiner sonstigen Verpflichtungen kaum mehr hatte ordnungsgemäß verwalten können.

Der neue Professor Luther hatte im Augustiner-Kloster zu Wittenberg inzwischen ein eigenes Studierzimmer zugewiesen bekommen, ein winziges Kämmerchen nur, gelegen im Obergeschoß eines Baus, der das Schlafhaus der Mönche mit deren Brauhaus verband. Mehr Platz stand auch einem gelehrten Subprior nicht zu. Mehr Raum konnte das noch immer unfertige Schwarze Kloster dieser Bettelmönche nicht einmal bieten, selbst wenn es gewollt hätte, denn sogar seine Kapelle, unbestritten der wichtigste Ort, stand windschief, an ihrer Wand fand sich ein recht ungehobeltes »Predigtstühlchen aus alten Brettern«, das nicht eben einladend wirkte.

Martinus aber freut sich über sein »stublin«. Zum ersten Mal in seinem Leben konnte er nämlich einen eigenen Raum beziehen und damit, unbeaufsichtigt und ungestört, seiner Arbeit nachgehen, dem Dienst am Wort, getreu dem Eid der Promotionstage.

Das Wort ist wahrhaftig seine Welt geworden, gerade in diesem Winkel Wittenberg. Die Erwartungen, welche Staupitz dem Kurfürsten signalisiert hatte, sollten sich erfüllen: Martin Luther hat die Wittenberger Professur – elf Jahre auch als Dekan – bis zu seinem Tod innegehabt und mehr als dreißig Jahre lang biblische Vorlesungen gehalten. Schon diese Tatsache ist aller Ehren wert. Nicht weniger verdienstvoll als diese Pflichterfüllung in guten wie in schlechten Tagen bleibt die Ausgestaltung des Amtes selbst, welche der Herr Doktor in zähem Vorwärtsrücken erreicht hat: Seine Professur setzte ihre Würde und Freiheit von Jahr zu Jahr nachdrücklicher gegen die anderen durch, drängte allmählich sogar die ausufernden Sentenzenlesungen an der Universität zurück und wurde schließlich zu dem, was sie immer hätte sein können, zur königlichen Lektur, zur Herrscherin, nicht zur Magd der scholastischen Kommentatoren.

Solch ein Erfolg fällt niemandem in den Schoß. Talent fand sich zwar, denn nicht umsonst war Martinus als vergleichsweise junger Fant in ein derartiges Amt berufen worden, das – etwa in Erfurt – niemand erhalten konnte, der nicht schon fünfzig Jahre alt war. Doch die Begabung allein machte diesen Sommer nicht. Hinzu trat jener immense Fleiß, der die Arbeitswut geradezu zum Charakteristikum werden ließ: »Ich mußte mich in der biblia wurgen«, sagt Luther dann im Jahre 1539 über diese Zeit. Und der Arbeitseifer erlahmt noch lange nicht: »Ich war mued und arbeit mich den tag ab und fill also inns bethe, wist nichtts drumb«, sagt er über eine spätere Phase seines Lebens. Alles in allem ist dieser Mann seinem eigenen Wort gehorsam geblieben: »Wer ym geringsten treu ist, der ist auch im grossen treu; wer ym geringsten untreu ist, der ist auch im grossen ungerecht. Ursach ist: An den lappen lernen die hundt leder fressen. Also auch wer ym geringsten vleissig ist, der ist auch ym grossen vleissig . . . Wer das geringe verschmehet, dem wirt das grosse nit ... Wer die buchstaben gering achtet, der wirt nimer mehr etwas groß lernen.«

Die Entwicklung vom Geringen zum Großen hin brauchte Zeit. Als der »frater Martinus lüder« in das Wittenberger Kollegium aufgenommen wurde, hatte er überhaupt noch nichts publiziert. Von einem Schriftenverzeichnis konnte keine Rede sein. Luther war ein gänzlich unbekannter Dozent, während einige seiner Kollegen sich bereits einen Namen in der wissenschaftlichen Welt gemacht hatten: Der Gründungsrektor Martin Polich etwa, von Hause aus Mediziner, Leibarzt des Kurfürsten auf dessen Reise in das Heilige Land, doch auch streng thomistischer Philosoph und Theologe, vor allem bekannt durch seine Arbeiten zur Anatomie und zur Erforschung der Syphilis. Martin Luther mußte erst noch durch Publikationen beweisen, daß er wissenschaftlich zu arbeiten verstand und sich auch vor dem Urteil der Fachwelt nicht zu verstecken brauchte.

Dieser Nachweis – Luther hat erst nach Jahren der Dozententätigkeit etwas veröffentlicht – war nicht ohne Muße zu führen. Und nicht allein diese schien nötig. Der neue Professor hatte im Jahre 1512 noch nicht einmal ein besonderes Programm vorzuweisen. Ihm ging kein Ruf voraus. Er vertrat keine bestimmte Schule. Er war gar nicht einzuordnen, er galt weder als modern noch als scholastisch. Er war schlicht unbekannt, ein Wechsel nur auf die Zukunft, den es erst noch einzulösen galt. Der Orden hatte den Mönch vor einen festgefahrenen Karren gespannt, zum Doktorat »gezwungen und getrieben«, zum Predigen »mit den Haaren gezogen«. Das betont er selber immer wieder, zumal er erst später zu erkennen beginnt, worauf er sich eingelassen hatte: »Hätt ich aber gewußt, was ich jetzt weiß, so hätten mich kaum zehn Roß dazu ziehen sollen.«

Seinerzeit gehorcht er. Wie immer. Die Worte »Gehorsam«, »Pflicht« und »Befehl« lösen sich ab, auch und gerade nachdem er, der »geschworene Doctor der heiligen Schrift«, seinem Lebensberuf einen neuen Inhalt abzuringen, sein Amt revolutionär umzugestalten gewagt haben wird. Im Gehorsam hat er begonnen, im Gehorsam – nicht mehr gegen die Menschen, sondern gegenüber seinem Gott und dessen Wort – wird er sein Wirken in Wittenberg fortsetzen und beschließen.

Das anfangs noch fehlende wissenschaftliche Programm, für ihn das »Licht«, ein Lebensstil, reicht er übrigens bald nach. Der Wissenschaftsbetrieb Wittenbergs wird mit seiner Hilfe umgekrempelt. Martinus publiziert keine einzige Schrift, die seine Umwelt hätte von ihm erwarten dürfen, keine scholastische Abhandlung, keinen logischen Disput.

Gerade mit letzterem hatte die Universität gerechnet. Er hatte sich, eine hervorragend rezeptive Begabung, mit größter Leichtigkeit alles Gelesene und Gehörte angeeignet. Er konnte dank seines ausgezeichneten Gedächtnisses das einmal Angeeignete glänzend reproduzieren. Warum sollte er das Gehörte nicht eigenständig wiedergeben?

Doch ausgerechnet dies tut er nicht. Zwischen 1515 und 1545 veröffentlicht er vor allem Werke, die im Zusammenhang mit seiner biblischen Lektur stehen. Während die Wissenschaft seiner Universitätszeit im Zeichen der – von Luther als »ranzig« bezeichneten – Logik stand, während logische und wissenschaftliche Traktion eines Themas weitgehend gleich waren, behandelt dieser Mann des Wortes seine Biblica. Mit der Heiligen Schrift hatte er sich von Jugend auf intensiv beschäftigt. Er konnte den größten Teil der Bibel auswendig, und ihre Zitate flogen ihm mit verblüffender Leichtigkeit zu. Seine Schriftgelehrsamkeit blieb zeitlebens sein Stolz, veranlaßte ihn allerdings auch zunehmend zu nicht immer gerechten Urteilen über die Papisten, die ihm nicht folgen konnten oder, noch schlimmer, nicht folgen wollten.

In den Anfangsjahren zu Wittenberg machte dieses Können noch wenig Aufsehen. Im Sommer 1514 etwa war der Bruder Martinus in seiner Universitätsstadt so unbekannt, daß der Benediktinermönch Paul Lange, der damals die Universitäten bereiste, um Stoff für ein Buch über bedeutende Theologen zu sammeln, ihn gar nicht erst aufsuchte.

Der Schrecken der Stille

Schweigen und Schrecken zugleich stehen über den nächsten Jahren, ein Sturm inmitten der Ruhe. Martinus arbeitet am theologischen Aufruhr, hält aber in aller Stille seine klösterliche Disziplin. Die vorgeschriebenen Gebetsstunden, nicht immer angenehme Unterbrechungen des Studiums, versäumt er kaum. Wenn es wegen anderer Verpflichtungen Rückstände gibt, so holt er diese – in dieser frühen Zeit wenigstens – getreulich ein, »betet nach«, sehr zur Verwunderung mancher Mitbrüder, die es nicht so genau nehmen, zumal immerirgendein Dispensgrund winkt. Im Frühjahr 1533 berichtet Luther seinen Schülern – »von dem leyden wysst yhr jungen gesellen nichts« – davon, wie er seine Horen, die Breviertexte, die zu absolvieren waren, »offt eine gantze woch bis auff den sonnabend, je zwo wochen oder drey« gesammelt habe, um sie dann auf einmal abzubeten, drei ganze Tage lang eingesperrt, ohne zu essen und zu trinken: »Da war mir der kopff so toll davon, das ich in funff nachten kein aug zu thett ... und kam von sinnen.« Wenn er dann wieder studieren wollte, so »gieng mir der kopff umbb«.

Auch wenn davon auszugehen ist, daß eine solche Erzählung übertreibt, um die Schrecknisse des inzwischen abgeschüttelten Mönchsstandes in düsterem Schwarz darzustellen, kann doch nicht geleugnet werden, daß der Frater Martinus seinen Lebensstil ernst genommen hat. Gerade die Ordensoberen übersahen den Gehorsam dieses Mönchs nicht, und schon 1515 rückt Martinus zum Distriktsvikar auf, der eine Reihe kleinerer Klöster zu beaufsichtigen hatte. Kurz zuvor hatte er, unterdessen schon auf dem Weg zur Meisterschaft des Wortes, auf dem Ordenskapitel zu Gotha eine aufsehenerregende Festpredigt gehalten, eine Abrechnung mit den Denunziationen mancher Mönche, die sich selbst für kleine Heilige, ihre Mitbrüder jedoch für sündige Gesellen hielten. Das saß. Abschriften dieser Predigt waren noch nach einem Jahr gesucht.

Auch sonst schätzte man den stillen Mann. Martinus schreibt an einen Freund: »Ich tue fast nichts am Tage als Briefe abzufassen ... bin Klosterprediger, Vorsteher bei Tische, werde täglich zum Predigen in die Pfarrkirche geholt, bin Studienaufseher, Vikar, was so viel heißt wie Prior über elf Klöster, Kontrolleur unserer Fischteiche bei Litzkau, Anwalt der Herzberger Mönche zu Torgau, lese über Paulus Kolleg, sammle Material über den Psalter und all das, wie schon gesagt, neben der Arbeit, die den größten Teil der Zeit beansprucht, dem Briefschreiben ...«

Die Tätigkeit als Professor, auf die der zitierte Brief anspielt, blieb gleichwohl die vordringlichste Aufgabe. Martinus tat auch hierin mehr. Das war nicht selbstverständlich. Die Hochschullehrer der Zeit waren nicht mit Pflichtvorlesungen überlastet: In Tübingen etwa hatten die Ordinarien nur fünf Stunden monatlich zu lesen, in Leipzig noch weniger. In Wien hatte ein im Jahre 1464 verstorbener Professor volle 22 Jahre über die ersten Kapitel des Propheten Jesaia gelesen; ein Leipziger Kollege benötigte um 1500 für die ersten acht Kapitel des Jeremia 24 Jahre. Die Hörer mußten unter diesen Umständen fast schon ein alttestamentliches Lebensalter erreichen, wollten sie den ganzen Propheten mitbekommen. Überhaupt waren seinerzeit recht merkwürdige Dinge aus Leipzig zu hören: »In einem ganzen Jahr werden nicht zehn Lectiones gelesen, und wenn sie lesen, so lesen sie doch also, daß wenig Frucht denen, die da zuhören, damit erwächst. Wenn ein Doctor zu lesen auf die Kathedra kommt, so sitzt er und guckt aus seiner Kappen und lieset, daß er sich selbst kaum hören kann.«

Wittenbergs Universität wollte es ein wenig besser machen. Ihre Doktoren mußten die ganze Vorlesungszeit hindurch »klar und verständlich« artikulieren, damit die Hörer einen Gewinn hatten. Allerdings blieb es auch an dieser Hochschule vergleichsweise gemütlich. Nur der jüngste Doktor machte eine Ausnahme. Zwar las auch er nicht viel häufiger als seine älteren Kollegen, doch arbeitete er ungleich mehr: Eine gewaltige Masse von Texten entstand in jenen frühen Jahren, Vorlesungsmanuskripte, Predigten und Briefe. Es läßt sich kaum begreifen, woher Martinus überhaupt die Zeit genommen hat, um dies alles zu verfassen. Mit Recht wurde bemerkt, daß derjenige, welcher alles, was da zwischen 1513 und 1518 entstanden ist, auch nur abschreiben wollte, ohne jede Vorbereitung, ohne Studium der Quellen, schon einen stattlichen Teil von sechs Jahren brauchen würde. Dr. Martin Luther hat es geschafft.

Das blieb nicht verborgen. Johan Oldekop, ein späterer Gegner, hat zum Teil die ersten Vorlesungen des Neuen gehört: »Die Studenten hörten ihn gern, denn seinesgleichen war bis dahin noch nicht gehört worden, der ein jedes lateinisches Wort so tapfer verdeutscht hätte.« Dieser Professor zog bald weitere Hörer an; seine Kollegen nahmen es zur Kenntnis. In Wittenberg offenbarte sich mehr und mehr eine Lehre, die »Macht hatte«. Dabei waren es keine speziell wissenschaftlichen Interessen, die Martinus arbeiten, schreiben und sprechen ließen. Es ging ihm vielmehr um den Glauben, um Gott selbst. Denn »wie der Glaube ist, so ist auch Gott«.

Wer den Glauben aus den Sentenzenkommentaren zu gewinnen suchte, war bei Martinus fehl am Platz. Scholastik, auch und gerade Aristoteles, führte zu nichts. Denn »niemand wird zum Theologen, der es nicht ohne Aristoteles wird; der ganze Aristoteles verhält sich zur Theologie wie die Finsternis zum Licht«. Die echte Theologie, welche den Kern der Nuß erforscht, fand sich allein im Wort Gottes, in der Heiligen Schrift: »Was nämlich dem Vieh die Weide, dem Menschen die Wohnung, dem Vogel das Nest, dem Fisch der Strom, der Gemse der Fels ist, das ist die Heilige Schrift der gläubigen Seele.« Nicht mehr und nicht weniger. So steht es in einer Psalmen-Erklärung des Professors nachzulesen.

Luther bleibt dieser Ansicht treu. Er wird einmal von der Heiligen Schrift sagen, sie sei »wie ein sehr großer weiter Wald, darinnen viel und allerlei Bäume stünden, darvon man könnte mancherlei Obst und Früchte abbrechen. Denn man hätte in der Biblia reichen Trost, Lehre, Unterricht, Vermahnung, Warnung, Verheißung und Dräuung etc. Aber es wäre kein Baum in diesem Walde, daran er nicht geklopft und ein Paar Äpfel oder Birnen davon gebrochen und abgeschüttelt hätte.«

Von der gleichen Intensität im Umgang mit dem Wort Gottes zeugt eine Bemerkung aus dem Jahre 1532, in der Luther Stellung nimmt zu seiner Methode der Auslegung: »Darüm diesen Spruch ... müssen wir nicht mit Kalbsaugen ansehen oder anschauen, wie eine Kuhe ein neu Thor ansieht, sondern damit thun, wie man zu Hof pflegt zu sagen: Fürstenbriefe soll man drei Mal lesen, das ist, oft und vielmal lesen, denn sie sind bedächtig geschrieben. Also sollen wir den Spruch auch fleißig betrachten ...«

Solche Lust am Wort wirkte ansteckend. Die Kollegen Bodenstein, genannt Karlstadt, und Nikolaus von Amsdorf schlossen sich bald an, förderten die neue Auffassung im Kollegium und trugen dazu bei, daß die Vorlesungen alten Stils immer weniger Zuhörer fanden. Die Sentenzen des Petrus Lombardus wurden jedenfalls vor fast leeren Bänken vorgetragen. Martinus schrieb im Mai 1517 nach Erfurt: »Unsere Theologie und Augustin machen hier die besten Fortschritte und haben mit Gottes Hilfe bereits in dieser Hochschule die Herrschaft gewonnen, Aristoteles aber gleitet hinab, sein Sturz steht nahe bevor und, wenn er stürzt, wird es für immer sein. Es ist fast zum Verwundern, wie man jetzt die Sentenzen schmäht; überhaupt kann niemand auf Zuhörer hoffen, der nicht in seinen Vorlesungen diese unsere Theologie, das will sagen die Bibel und St. Augustinus oder einen anderen der alten Kirchenlehrer behandelt.«

Die Bibel und die Kirchenlehrer zu behandeln, wollte allerdings von der Pike auf gelernt sein. Gute Sprachkenntnisse in Griechisch und Hebräisch waren die Voraussetzung. Wittenberg machte auf diesem Gebiet erst zaghafte Schritte. Auch Luther wußte dies gut. Es war daher unumgänglich, an die junge Universität die entsprechenden Lehrer zu ziehen.

Mit der Berufung des blutjungen Magisters Philipp Melanchthon geschah dies. Hier war ein deutliches Zeichen gesetzt. Melanchthon, der bereits ein Vorwort zu den im März 1514 von seinem Großonkel Johannes Reuchlin im Kampf gegen die Kölner Theologenfakultät herausgegebenen »Briefen berühmter Männer« verfaßt hatte, war der richtige Mann am richtigen Platz. Er würde es bleiben, der wichtige, wenn nicht der wichtigste Gefährte Luthers. Schon in seiner Antrittsvorlesung vom August 1518 führt er aus, die alte klassische Bildung sei untergegangen und dafür sei die Afterkultur der Scholastik hochgekommen, die sich auf einen verstümmelten Aristoteles stütze, deren Methode unfruchtbar und wenig wissenschaftlich sei, deren Logik eigentlich gar keine darstelle, die es aber doch seit Jahrhunderten verstanden habe, die Welt geistig zu unterjochen und Kirche wie Theologie geistig zugrunde zu richten. Jetzt aber gelte es, Geschichte und Sprachen zu studieren, um – über Glossen, Konkordanzen und Kommentare hinweg – zu den reinen Quellen des Glaubens vorzudringen, die es erst ermöglichten, Christus ganz und richtig zu verstehen.

Das war ein Programm von nachgerade revolutionärer Kraft. Melanchthons Konzeption würde beispielgebend für neugegründete Universitäten in evangelischen Territorien wie Marburg, Königsberg und Jena werden, aber auch für die Reorganisation bestehender Hochschulen wie Leipzig, Greifswald, Rostock und Tübingen. Die simpelsten Einsichten der Gräzisten würden künftig einen tiefen Eindruck auf die theologische Wissenschaft der Epoche machen, und der bloße Text, der einfache Wortsinn eine jahrhundertealte Dogmatik umkrempeln, wenn diese ihn nur ließ.

Luthers frühe Zeit als Wittenberger Doktor der Heiligen Schrift läßt die neue Entwicklung erkennen, ganz allmählich zwar, doch deutlich genug. Er sagt es zwanzig Jahre später selbst: »Ich hab mein theologiam nit auff einmal gelernt, sondern hab ymmer tieffer grubeln mussen ...« Seine ersten vier Vorlesungen (Psalmen, Römer-Brief, Galater-Brief, Hebräer-Brief) umfassen jenen wichtigen Zeitabschnitt zwischen 1513 und 1518, in denen sich der große Schrecken teils vorbereitete, teils bereits ereignete.

Diese Manuskriptmasse der Frühzeit, nach vielen Anfangsschwierigkeiten heute noch immer eines der wichtigsten Objekte der Forschung, stellt eine in sich abgeschlossene Gruppe dar. Martinus bedient sich bei diesen vier Lektionen noch eines überkommenen Verfahrens, das er später schon aus Zeitmangel fallenlassen mußte. In dieser ersten Zeit jedoch hält er sich daran, arbeitet mit zäher Langsamkeit, geradezu pedantisch, immer streng und subtil, dem Wort verpflichtet.

In einer kleinen Wittenberger Offizin läßt er für sich und seine – inzwischen stark wachsende – Hörerschaft die biblischen Texte, über die er lesen will, mit breiten Rändern und weiten Zeilenabständen drucken. Der freie Raum zwischen den Zeilen und an den Rändern wird bis auf den letzten Rest mit Glossen zugedeckt. Das war keine leichte Arbeit. Der Schreiber von damals brauchte eine äußerst feine Feder, um seine Anmerkungen überhaupt zwischen den Zeilen unterbringen, und der moderne Herausgeber braucht eine Lupe, um diese Glossen entziffern zu können.

Es läßt sich vorstellen, wieviel Mühe Martinus gerade auf diese Arbeit für seine Studenten verwenden mußte: Die mangelhafte Beleuchtung im Turmstübchen spricht für sich, aber auch die Tatsache, daß die weitaus meiste Zeit des Studiums im Dämmerlicht oder bei Nacht zugebracht werden mußte. Dennoch hört niemand Klagen, kein Lamento über die überbeanspruchten Augen oder über entzündete Augenlider. Was allein zu bemerken ist, sind die Randglossen, eine um die andere, alle miteinander geschickt in die Zwischenräume eingetragen, alle wohl im voraus auf Zetteln ausprobiert, umgeschrieben und komprimiert, dann erst in der eiligen und doch gleichmäßigen Schönschrift der Gotik ins reine gebracht.

Man glaubt beinahe, die lautlose Stille des Klosters und den leichten Staubgeruch von Büchern aus der winzigen Bibliothek zu spüren, wenn man sich diesen Manuskripten zuwendet. Dieser Doktor schrieb und schrieb. Nicht nur Glossen, sondern auch förmliche Exkurse zu besonders wichtig erscheinenden Texten. Diese sogenannten Scholien hat Martinus seinen Hörern ebenso diktiert wie die Randbemerkungen. Studentische Nachschriften, über deren Zustand man sich allerdings das Seine denken wird, sind noch erhalten. Glossen und Scholien Luthers lassen erkennen, wie ein fleißiger Professor gearbeitet hat und wie er – über das Übliche dieser Manuskriptform hinaus – neue Wege zu neuen Einsichten zu bahnen wagte. Luther macht sich von Mal zu Mal von den überkommenen Formen los. Seine Glossen platzen aus den Nähten, lassen die Schulautoritäten hinter sich und schaffen dem klaren Text seinen Raum. Die Worte der Sekundärlehrer überlassen der Macht des Wortes ihren Platz.

Luther hätte diesen Durchbruch nicht allein geschafft. Er brauchte Unterstützung. Diese kam der neuen Methode vom soeben entwickelten Buchdruck. Selbst die neugegründete Wittenberger Universität mit ihren so bescheidenen Mitteln konnte verhältnismäßig rasch eine ausreichend bestückte Bibliothek aufbauen, als es gedruckte Bücher zu erwerben gab. Der Kurfürst half seinerseits immer wieder ein wenig mit. Früher, da noch abgeschrieben statt gedruckt worden war, wäre dieser schnelle Ausbau einer Bücherei hingegen fast unmöglich gewesen.

Martinus aber hat Glück. Er bekommt die berühmte Erstausgabe des griechischen Neuen Testaments, die von Erasmus erstellt worden und im März 1516 bei Johann Frobenius zu Basel erschienen war, bereits nach wenigen Wochen in die Hand. Mit einer bestimmten Stelle der Vorlesung zum Römer-Brief setzen die Zitate aus Erasmus fast schlagartig ein, und sofort malt Luther auch griechische Buchstaben. Nun bleibt er nicht mehr so sehr auf die verderbten Texte der Späteren angewiesen. Nun sieht er mit eigenen Augen, auch den französischen Exegeten Jean Lefèvre d'Etaples, auf dessen Vorarbeiten über die Psalmen und Paulus er sich in seiner Vorlesungsvorbereitung hatte stützen können.

Das Sehen mit eigenen Augen gefällt ihm. Mehr und mehr wird er in der Folgezeit von der Schultradition abrücken und selbständige Wege beschreiten. Das hat er selber ähnlich empfunden. Sogar kurz zurückliegende Arbeiten genügten ihm immer weniger, so schnell war inzwischen das Tempo der eigenen Entwicklung geworden. Die Erkenntnisse überschlagen sich jetzt. Es ist eine Lust zu denken. Glossen und Scholien verharren zunehmend beim griechischen Urtext, daneben noch beim Heiligen des eigenen Ordens, dem großen Augustin; im Vergleich zu ihm verblassen die Sekundärzitate einer »Glossa ordinaria«. Augustinus ist ungleich ursprünglicher, und der junge Augustiner-Mönch bemerkt dies nicht ohne Ehrgeiz, denn nun läßt sich der eigene Urvater mit heimlichem Triumph gegen die dominikanischen Neuerer mit ihrem Thomas von Aquino ausspielen: »Ich verschlang anfangs den Augustin mehr, als ich ihn las.« Thomas, Aristoteles und die Ihren aber fallen, und dieser Sturz »wird für immer sein«. Martinus' Texte sind die älteren. Seine Theologie wirkt ursprünglicher.

Als er dies erkannt hat, frißt er sich immer tiefer in die Vorstellung hinein, die dunklen Stellen der Schrift müßten sich am griechischen und hebräischen Urtext lösen lassen. Die humanistischen Zeitgenossen Etaples, Reuchlin und Erasmus werden auf diese Weise des »tieffer und tieffer grubelns« auch für ihn zu Autoritäten mit ähnlichem, wenn nicht gleichem Gewicht wie die überkommenen Väter. Martinus profitiert von einer geradezu umstürzlerischen Neugewichtung seiner eigenen Epoche: Erstmals seit Jahrhunderten werden jetzt die Uhren nachgestellt, die Maße nachgewogen, Gewichte von früher für zu leicht befunden, die theologischen Waagen überhaupt neu geeicht.

Der »Subjektivismus« ist ein Grundgebrechen des Augenblicksmenschen Luther genannt worden; ich kann dem nicht folgen. Ich halte diesen Wesenszug für das Zeichen geistiger Gesundheit eines Menschen. Martinus verhält sich richtig: Er macht einen Unterschied zwischen seiner eigenen theologischen und der traditionellen metaphysischen Denk- und Ausdruckswelt. Er sucht in Anfechtungen über Anfechtungen das Heil, nichts als das Heil – für sich und die ihm Anvertrauten.

Zwar bleibt seine Diktion anfangs noch traditionell, scholastisch, ja juristisch. Die Worthülsen werden jedoch zunehmend mit neuen Inhalten gefüllt: Die Straftheologie der Überlieferung mit ihren Grundbegriffen »Gerechtigkeit« (iustitia), »Rechtfertigung« (iustificatio) und »Gnade« (gratia), die in Martinus' frühen Schriften so oft genannt sind, muß der gewandelten Sicht weichen. Denn das Kreuz Christi straft nicht mehr.

Simul iustus et peccator

Wir wissen bereits, daß der Paulus, wie Luther ihn kennengelernt hatte, nicht geeignet war, die Anfechtungen zu lösen. Im Gegenteil, die Schriften des Apostels wurden zur ständigen Quelle der Angst. Immer wieder steht Martinus das Gericht vor Augen, die drohende Beweislast der Lohnordnung, das Empfinden, Gott sei nur für einen Augenblick Vater, für eine ganze Ewigkeit jedoch strenger Richter. Der Doktor und Mönch in seinem »stublin« rechnet mit der Verdammung durch Gottes Gerechtigkeit, als er sich mit den entsprechenden Texten der Schrift beschäftigt. Er kommt von diesem Wort, das so hart und bitter ist, nicht los.

Und doch wird gerade dieses Wort für ihn zum Tor in das Paradies werden, wie er später selbst feststellt. Martinus, der »dem Paulo von hertzen feindt« gewesen war, weil dieser so oft und so klar von der greulichen Gerechtigkeit geschrieben hatte, erfährt eine förmliche Bekehrung hin zum wahren Evangelium. Es handelt sich dabei nicht um religiösen Schein, nicht um »biblische Kunstausdrücke«, wie ihm vorgehalten wurde. Nein, er fängt an, die Gerechtigkeit Gottes zu begreifen als die, kraft derer der Gerechte durch das Geschenk Gottes lebt, nämlich »aus Glauben«.

Diese Einsicht war das Ergebnis eines jahrelangen seelischen Ringens und ernster Meditation über eine Stelle aus dem Brief des Paulus an die Römer (R 1, 17). Die dort genannte Gerechtigkeit Gottes wird – aus ihrem Kontext heraus und in Verbindung mit R 3, 21 ff. – nicht mehr als eine Gerechtigkeit verstanden, die nach dem Recht richtet, nach Beweisen fragt, den Sünder straft und den Gerechten belohnt. Sie stellt sich jetzt – so formuliert Luther etwa 1525 – »passiv« dar: Durch Gerechtigkeit rechtfertigt Gott geschenkweise den Menschen. Er rechnet aus Gnaden die Sünden nicht mehr an. Er rechnet vielmehr mit jener Gerechtigkeit des Kreuzes Christi, welche den Schuldiggewordenen befreit. Der Gerechte ist der Sünder, und dies zugleich, »simul iustus et peccator«. Gott rettet nicht den Heiligen, sondern den Sünder, der zu seiner Schuld steht, der aus Tod und Hölle »zu ihm schreit«, der wider alle Vernunft und gegen alle Einreden der moralischen Weltordnung dem Gnadengericht Gottes sich stellt, nicht aber auf eigene Verdienste sich beruft, Beweise für seine Heiligkeit anschleppt, Zeugen für die eigene Gerechtigkeit benennt, und seien dies alle Heiligen der Kirche.

Die neue Situation ist angebrochen: »da wardt ich frolich«. Die Zeit ist vorbei, da »Gerechtigkeit Gottes«, wie Martinus 1538 sagt, »in meynem hertzen ein donnerschlag gewest«. Luther hat seine eigene Theologie auf den Kopf gestellt – und die theologische Welt dazu. Er sagt: »Sind ich Paulum verstanden hab, so hab ich keinen Doctor konnen achten. Sie sind mir gar gering worden«. Selbst Augustinus wird zunehmend ins zweite Glied gedrängt, »da mir in Paulo die thur auffgieng, ... da war es aus mit yhm«.

Ohne daß Martinus es zunächst merkte, führte ihn seine Arbeit aus den Bahnen der alten Kirche in ein neues religiöses Gedankensystem hinein, in eine ihm annehmbar erscheinende Theorie, welche dem Angefochtenen ein gewisses intellektuelles und emotionales Gleichgewicht verschaffte. Wenigstens für einige Zeit. Denn später wird er neue, fast noch schwerere Anfechtungen durchzustehen haben, zumal er in seinen Zweifeln über die Haltbarkeit seiner Lehre nicht von der Stelle kommt und sich geradezu krampfhaft an die anderen Sicherheiten klammert, sein eigentliches Alters-Problem.

Jetzt aber, in diesen jungen Jahren, ist er hindurch. Sein »simul« bleibt die große Häresie, ein logischer Widersinn auch. Logischerweise kann der Mensch nämlich nur eins nach dem anderen sein, erst Sünder, dann Gerechter – oder umgekehrt. Nicht aber beides zugleich. So lehrte es die gängige Theologie. Martinus dreht solche Logik um. Der Mensch, der vor seinem Gott steht, ist und bleibt stets unter dem »gefällten Urteil«, im Bekenntnis seiner Unwürdigkeit, die allein von der barmherzigen Gerechtigkeit Gottes lebt. In jedem Augenblick seines Lebens muß der Mensch sich als Sünder bekennen und – als solcher – der Gerechtigkeit standhalten. Auf diese Weise bleibt er immer »Sünder und Gerechter zugleich« und gelangt hier auf Erden nicht über dieses Paradox hinaus.

Das Paradox entspricht der evangelischen Torheit, von der Paulus spricht. Was dagegen die sittliche Vernunft als moralisch erkennt, muß als sündig verworfen werden. Dem Glaubenden wird der Widersinn zur Wahrheit. Er vernimmt im Nein des Gerichts das Ja der Verheißung. Im Glauben wird Gottes Gerechtigkeit als Gnade offenbart. Darum »lebt der Gerechte aus Glauben«.

Dieses Leben setzt, wie könnte es anders sein, kein Werk des Menschen voraus, das dieser sich als Verdienst anrechnen dürfte. Der rettende Glaube, der das Leben gibt, bleibt Gottes Tat, Erfolg und Frucht des von Gott im Sünder geweckten und vollzogenen Gerichts, nicht aber in Werken der Demut erpreßte Gesinnung. Die Gerechtigkeit Gottes ist ungeschuldet. Sie kann nicht verdient werden. Das Heil liegt außerhalb des Menschen. Es kommt allein vom Kreuz Christi her, in dem uns Gottes Gericht gezeigt worden ist, und dies ein für allemal. Christus hat uns zuerst geliebt, in Tod und Auferstehung, uns allen zum Beispiel.

Das ist der ganze Luther. Das ist sein Mehr. Er hat sich – und sehr vielen anderen – das »hertz frolich gemacht«. Ein Mensch, Gott, ein Mensch! Fünfhundert Jahre nunmehr, so lange schon, ist Luther, unvergessen, unter uns, ein Verzweifelter, ein Gehoffter zugleich, »simul iustus et peccator«, wie er dieses Dasein dargestellt hat, er, ein Mensch unter Menschen, von Schuld um Schuld erschreckt, gleichwohl gerechtfertigt im Glauben. Denn so, nur so, ereignet sich Menschsein, wird es nur von ihm, kaum einholbar exemplarisch, für ihn gedeutet.

Dies bleibt ihm immer, über alle beschönigenden und beschämenden Beschreibungen seiner Biographen hinaus. Dies bleibt ihm jedoch nicht allein. Viele glauben noch immer dieses Wort. Und noch immer ist nicht abzusehen, ob das Wort nicht doch noch über alle Gewalt der Welt siegen wird, jenes Wort zumal, auf das dieser eine Mensch vor einem halben Jahrtausend all seine Hoffnung gesetzt hat – und auch all seine Verzweiflung.

Heute mögen manche darüber staunen, wie simpel diese Erkenntnisse anmuten, wie zögernd sie sich Luther mitteilten, in welch traditioneller Sprache sie daherkommen. Solch einer Neubesinnung ist fürs erste auch kaum die gewaltige geschichtliche Wirkung zuzutrauen, die ihr beschieden war. Denn sie lebte zumindest am Anfang noch inmitten der ordensüblichen Demuts- und Selbstanklageformeln. Martinus hatte sich nur sehr behutsam vorgetastet. Er ist erst von den späteren Gegnern zu Präzisierungen und Ausdeutungen seiner Grunderkenntnis gezwungen worden. Ein Systematiker wurde er dabei nicht. Seine Wissenschaft lebt aus dem eigenen Erleben, aus der Mitte einer passionierten Persönlichkeit. Seine Auseinandersetzung mit Paulus und dem Römer-Brief ist nicht nur auf logisch-rationalem Niveau abgelaufen. Sie hat tiefste Schichten in diesem Menschen angesprochen. Die Anfechtung fand nicht nur im Kopf statt. Martinus hat die Abgründe der eigenen Lehre in seinem Leben durchmessen müssen, doch hat er diesen Prozeß der Selbstfindung in Stille durchlebt, in innerer Verhaltenheit und Disziplin, nicht im lauten Lärm um sein Selbst. Sein Lamento blieb verborgen. Es hat sich nicht auf die Straßen gedrängt. Viel später sagt Luther sogar, es sei ein »Sieg Satans« gewesen, »daß er mich aus der Stube trieb und mich zwang, unter die Menschen zu gehen«.

Die Feststellung, Martinus sei erst im Verlaufe jahrelanger stiller Kämpfe zu seiner Lehre vorgedrungen, erfüllt vielleicht nicht eben jene Erwartungen, die von solch einem Neuerer ein plötzliches, stichflammenartig emporschießendes Reformatorenerlebnis erhofft haben. Und wirklich sprechen auch einige Gründe für den Blitz. Es finden sich Quellen, die auf einen derartigen Durchbruch hindeuten. Allerdings bleiben einmal mehr in Luthers Leben die genauen Daten dieses Ereignisses im dunkeln, und die Interpretationen schwanken zwischen den Jahren 1513 und 1519 hin und her. Luther selbst erzählt 1532 von einem Vorgang im »Turm«, da ihm schlagartig die eigentliche Bedeutung der Stelle aus dem Römer-Brief aufgegangen sei, die ihn vorher so lange geängstigt hatte. Er sagt abschließend: »Dise khunst hat mir der Heilig Geist auff diser Cloaca auff dem thorm gegeben«, Anlaß genug für eine katholische Deutung, den Ort dieses so wichtigen reformatorischen Geschehens auf dem Klosterabort zu lokalisieren. Warum auch nicht? Mancher wird eben auf der cloaca besser inspiriert als andere auf der cathedra.

Luther mußte ein solches Ereignis in einem ganz besonderen Licht sehen. Hier, »auff dieser cloaca auff dem thorm«, ergriff ihn nach den Jahren der Qual und Angst erstmals eine Welt der Ruhe und Sicherheit. Hier begriff er etwas, auf das er durch Zweifel und Unsicherheit hindurch mühsam vorbereitet worden war. Hier war ein Schlußstrich unter einen Lebensabschnitt gesetzt.

Doch ginge die Annahme fehl, mit Hilfe dieses sogenannten Turmerlebnisses – der Ausdruck ist unglücklich und sollte möglichst aus der Diskussion verschwinden – könne eine geradezu dramatische Wende in Luthers Denken beschworen werden. Der Blitzschlag von Stotternheim hat sich im Wittenberger Kloster kaum wiederholt. Ungleich mehr spricht für ein stetiges, gänzlich untheatralisches Reifen der evangelischen Erkenntnis, selbst wenn manche Tage und Ereignisse Martinus mehr Schritte nach vorn haben tun lassen als andere und daher eine besondere Art von Erlebnischarakter bekamen. Luthers Bericht von der »cloaca auff dem thorm« schließt also eher eine Periode des Reifens ab, als daß er neue Einsichten eröffnete, die erst noch hätten reifen müssen.

Daß Martins persönliches Wachsen auch theologische Neuheiten zur Folge hatte, war dem Betroffenen noch unbewußt. Luther schwankt in den nächsten Jahren zwischen einem Ja zur alten Kirche und einem Ja zu sich selbst, als wüßte er noch gar nicht recht, daß diese beiden Ja unvereinbar waren. Noch über fast zehn Jahre hinweg ist diese Unsicherheit an seinem ausgesprochenen Zickzackkurs gegenüber dem Papst und den Seinen zu spüren. In diesem Kurs verbarg sich durchaus keine listig berechnende Politik, keine Juristerei des verhinderten Rechtsgelehrten, kein subtil eingefädeltes Doppelspiel. Dies alles hätte Luther nicht zustande gebracht. Dafür wäre er zu arglos gewesen.

Der Zickzackweg war vielmehr Ausdruck für den höchst ambivalenten Konflikt im Inneren dieses Menschen, der mehr und mehr – durch äußere Ereignisse, nicht durch innere Erlebnisse – in den Bruch mit Rom hineingezogen werden wird. Martinus kämpft um seine Lehre, die in so vielen Anfechtungen und Niederlagen erobert worden war. Das war sein gutes Recht. Aber er versucht auch, mit nicht weniger Recht, einen Ausweg zu finden aus dem Dilemma der beiden Ja. Er will in der Kirche bleiben, ohne sich und seinen Passionen allzu viel vergeben zu müssen: »wie demüthiglich griff ich den Papst zuerst an, wie flehet ich, wie sucht ich!« Erst nach vielen Versuchen, sein Vorgehen vor sich selbst zu rechtfertigen, ohne daß es ihm gelungen wäre, den Schmerz im Innern über den Verlust der altkirchlichen Sicherheit zu betäuben, läßt er den Bruch geschehen, »einem Leichnam ähnlicher als einem Menschen«.

Vorerst hätte der Wittenberger Gelehrte, obgleich nach eigener späterer Erkenntnis in seiner Möncherei »ein Wollender und Laufender«, der »je länger je weiter davon kam«, schon einen Verdacht auf Häresie weit von sich gewiesen. Nach wie vor glaubte er sich als treuen Sohn seiner Kirche, und ein Ketzer wollte er schon gar nicht sein. So weit reichte die Neuerung, die doch keine war, nicht: Paulus selbst war dessen Zeuge.

Daß die Entwicklung in aller Stille bereits weit über das gewohnte Maß der Neuerungen hinausgegangen war, entdeckten alle miteinander, Martinus durchaus nicht als erster unter ihnen, erst im Laufe der nächsten Zeit. Denn ein an sich unbedeutender Streit um einen zweifellosen Mißbrauch der kirchlichen Bußpraxis weitete sich plötzlich zu jener Katastrophe aus, die eigentlich weder in Luthers Lehre angelegt noch von diesem überhaupt vorhergesehen worden war. Es war ein kleiner Kleriker, der das Faß zum Überlaufen brachte. Der Mönch Martinus aber sah sich gefordert, mit Hilfe seiner eigenen Theologie zum Menschen Luther zu werden.

Teil II

Die Wege vom Mönch zum Menschen

11.
Nichts ist heil, wo alles heil ist

Die Jahre zwischen 1513 und 1517

Die Weltgeschichte der Jahre zwischen 1513 und 1517 gänzlich überschätzen hieße es, wollte die Forschung ihr abfordern, ausgerechnet über Kursachsen, über dessen Residenzdorf Wittenberg, dessen Universität, deren Professoren, deren einen namens Frater Martinus, dessen Fündlein im Turmstübchen eines drittrangigen Klosters ein Urteil abzugeben. Sie hat, ungestörte Herrscherin, all dies gar nicht zu bemerken geruht. Später ist die Welt dann zur Magd dieser Ereignisse im Winkel abgesunken. Sie hatte an den Folgen ihrer Versäumnisse schwer zu tragen und mußte wohl auch ein wenig ihr früheres Desinteresse bereuen. Doch weiß sie Anfang 1517 noch immer nicht, was da auf sie zugekommen ist. Sie hat ganz andere Sorgen.

Schon 1513 war wieder einmal alles durcheinandergeraten, was viele wohlgeordnet gewähnt hatten. Der erwählte römische Kaiser Maximilian hatte zusammen mit Englands Heinrich VIII. die Franzosen geschlagen; Florida war im gleichen Jahr an die weitsichtigen Spanier gefallen, die sich jenseits der bekannten Wasser, wo es noch Land und Gold in Fülle gab, ein Imperium zusammenscharrten, und auch Julius II. della Rovere hatte noch 1513 seine Kriegsaxt endgültig begraben müssen. Michelangelo schuf ihm, einem der großen Toten Roms, inzwischen ein ebenso großes Grabmal. Raffael hingegen übte seinen schönen Stil an der Sixtinischen Madonna, auch dies eine Erinnerung an den eben verstorbenen römischen Hausherrn. Machiavelli erprobte neue Theorien an seinem Hauptwerk »Il principe«. Gedruckt sah die Welt dieses aus gutem Grund erst später. Anders Albrecht Dürer, der nach wie vor Düsternis in harte Tafeln grub, den Tod, den Teufel, kurz darauf auch die Melancholia, rabenschwarz.

Anlässe für Depressives gab es zuhauf: Joß Fritz und sein Bundschuh hatten sich im Breisgau erhoben, um nur ein einziges Beispiel für die wahre Lage zu nennen. Das deutsche Volk war schon längst in Bewegung geraten, die Gesellschaft schichtete sich um, und seit mehr als dreißig Jahren erschütterten Aufstände und Unruhen die traditionelle Hierarchie des Feudalsystems. Das Aufkommen frühkapitalistischer Elemente in der Produktion hatte die inneren Widersprüche dieser Ordnung noch verschärft. Insbesondere sah sich der Gegensatz zwischen dem Feudaladel und der Bauernschaft, dieser Grundwiderspruch der Epoche, durch das Hinzutreten des neuen Gegensatzpaares Frühkapitalismus: Spätfeudalismus noch aktualisiert. Eine spannungsgeladene Situation entstand, die alle Bereiche des gesellschaftlichen Lebens erfaßte. Der Frühkapitalismus zersetzte die überkommene Gesellschaftsstruktur. Er hatte einen neuen Gott auf den alten Thron gesetzt: das Geld.

Herold der modernen Gesinnung ist ein Mann mit Namen Jakob Fugger, der aus bescheidenen Anfängen zum Chef einer reinen Monarchie aufgestiegen war. Er verkörpert in sich die neue, rationelle Wirtschaftsordnung, die Erwerb und Profit zum Selbstzweck erhebt. Gleichzeitig ist der Fugger noch fest in den religiösen und geistigen Strömungen des späten Mittelalters verwurzelt. Auf diese Weise – Fugger stirbt, mit etwa zweieinhalb Millionen Gulden Vermögen der reichste von allen, 1525 in Luthers großem Sturmjahr, unbeirrt vom Umbruch seiner Zeit – vereinigt er jenes merkwürdige Nebeneinander von alter Überlieferung und aufbrechender Neuerung, das sein ganzes Zeitalter prägt. Er ist zeitlebens altkirchlich fromm gewesen – und ebenso unangefochten ein Revolutionär der Wirtschaft. Viele neideten ihm seinen Aufstieg, fast alle maßen seine neue Ökonomie an den – auf dem Papier des Glaubens – noch immer gültigen Grundsätzen der mittelalterlichen Wirtschaftsethik, der schon das bloße Zinsnehmen als Wucher galt.

Doch finden sich bald selbst Kirchenfürsten als stille Teilhaber an den aufsteigenden Kapitalgesellschaften, und Theologen wie Jean Calvin, für die Handelskapital und Zinsnehmen zu respektierende Realitäten sind, bieten mit ihrer Lehre von der – auch ins Diesseits durchschlagenden – Vorherbestimmung Gottes ein ideologisches Fundament für die gesellschaftlichen Aktivitäten bürgerlicher Kreise, während breite Schichten des Volkes sich über die Wucherer und »Fürkäufer« und deren Schuld an den anhaltenden Preissteigerungen erregen, kleine und mittlere Kaufleute wegen der neuen Wirtschaftspraktiken in Existenzangst geraten und der Adel sein verletztes Standesgefühl gegen den zunehmenden politischen Einfluß der Geldmächtigen zu verteidigen sucht.

Der Fugger hatte die Zeichen der Zeit richtig gedeutet. Seine Karriere, stellvertretend für alle Monopolisten, führte unaufhaltsam nach oben, ließ verletzte Fürsten zurück, mißachtete auch die durch Schrift und Predigt genährte Entrüstung weitester Kreise – und nahm kein Ende. Die Fugger drängten selbst in den Raum der Hanse und errichteten in Amsterdam, London und Malmö ihre Faktoreien. Nichts konnte sie stoppen.

Das war unheimlich. Martin Luther wird 1532 über einen Nachkommen des Jakob Fugger sagen, er selbst wolle nicht einmal hunderttausend Gulden dafür nehmen, »das der Focker sol ein augenblick Gott sein«. Denn dann brächte Satan die Menschen um.

So mochten zwar die Frommen sprechen, doch war der Siegeszug des Geldes nicht von ungefähr gekommen. Schon die Kreuzzüge, in denen sich ein christliches Abendland zur fragwürdigen Demonstration seiner Glaubenseinheit hatte aufraffen wollen, hatte zu einem sprunghaften Anstieg des italienischen Levante-Handels geführt. In der Folgezeit wuchs und wuchs dieser Markt, Satan hin oder her. Auch die Geldwirtschaft der Großregion nahm zu, bis sie schließlich dem ganzen Kontinent ihre eigenen Gesetze auferlegen konnte. Über Nacht fühlte fast jedermann einen enormen Geldbedarf. Der solide, bodenständige Grundbesitz von früher geriet dagegen von heute auf morgen ins Hintertreffen, und die Ritter sahen nicht nur in Dürers Darstellung »Tod und Teufel«.

Besser ging es fürs erste nur den größeren Herren. Sie entdeckten auf ihren Territorien neue Beute: Jedes Vorkommen von Edelmetall wurde fieberhaft ausgebeutet und zu Gold gemacht. Mansfeld stand nicht allein. Für all das neue Geld aber mußte ein neuer Apparat erfunden werden, der die Ströme kanalisieren konnte. Die Italiener waren gleich zur Stelle, und ein abstraktes Instrumentarium des Kredit- und Wechselwesens wurde geschaffen. Es trägt noch heute italienische Namen.

Wer und was an der Herrschaft war, zeigte eben diese Namensgebung: Eine neue und fast mysteriöse Art von Besitz war aufgekommen. Denn während der geheiligte Grundbesitz der Feudalzeit noch etwas Anschauliches, Erdhaftes, Sinnenfälliges und wohl auch Redliches an sich gehabt hatte, wirkte der Geldbesitz merkwürdig abstrakt. Er war weithin unsichtbar. Er blieb in Kontobüchern, auf dem Papier, hinter Ziffern und Zahlen versteckt. Das Volk sah ihn nicht – und doch vermochte er täglich seine Übermacht zu beweisen. Der Grundbesitz hingegen, der auf nachprüfbaren Berechtigungen beruhen sollte, blieb zurück, wirkte ohnmächtig. Ihn zu mehren, setzte handfeste Aktivitäten voraus, ein Hin- und Herrücken zumindest der Grenzsteine, hier und da selbst eine kriegerische Verwicklung. Diese Art von Besitz hatte etwas Festes an sich. Schwer war der Boden, schwieriger noch seine Umschichtung. Die Welt hatte sich seit langem daran gewöhnt, eine ganz bestimmte Menge an Land zu besitzen. Diese Grenzen waren fixiert. Neuer Grund und Boden fand sich allenfalls über den Meeren. Um in diese Weiten zu gelangen, mußte eine Nation jedoch tüchtige Seefahrer kennen, mutigen Entdeckergeist vorzeigen.

Anders verhielt es sich in Sachen Geld. Dieses kannte keine Schranken. Es war stets beweglich. Es entstand beinahe aus dem Nichts. Es hing nicht an überkommenen und eifersüchtig gehüteten Privilegien. Es ließ sich beliebig tauschen – und vermehren. Ein Fugger hatte den neuen Stil exemplarisch vorgelebt: Mit nichts als einem Wanderstab in der Hand war er seinerzeit in eine Stadt gekommen, und als er hinausgetragen wurde, hatte er märchenhafte Summen hinterlassen. Ihm nachzueifern, wenigstens im kleinen, wurde das erklärte Ziel aller aufstrebenden Bürger und Handwerker. Erfurt hatte keine Ausnahme gemacht.

Martin Luther versteht diese Welt zeitlebens nicht: »Wenn ytzt einer nur 50 fl. zu weg bringt, so legt ers in handl; wie kan die welt lenger stehen?« Ja, alles handelt, wuchert, zinst und kreditiert: »Fürsten, graffen, ritter, edelleut, perger sein eitl hendler.« Das kann der fromme Mann nicht fassen, denn »gelt macht schelck«. Alles ist käuflich geworden: »Es ist nichts so vest, so nur ein esell mit golt dazu komen kan, so ists zugewinnen.« Die alte Moral vergeht: »Ist das nicht ein tropff, der ein hauß zu Wittemberg gekaufft hatt umb 30 fl. und wils umb 400 verkauffen?« Da hilft vielleicht nur noch, so Luther anno 1533, die Exkommunikation, die es gegen solchen Wucher »wider anzurichten« gilt. Die »gelegenen gütter« zählen kaum mehr etwas. Der Grundbesitz ist dahin. Geld regiert die Welt. Alle wollen immer noch mehr davon nach Hause tragen und ihre Kisten und Kästen füllen. Und »der gesamte Adel und die Fürsten denken darauf, Deutschland zu knechten, und saugen das Volk aus und wollen alles allein haben«.

Alle wollten vielleicht, aber nicht alle konnten auch. Die Zurückbleibenden mußten jedenfalls sehen, wo sie blieben. Vor allem die unteren Schichten dieser Gesellschaft hatten das Nachsehen. Zu ihnen gehörten, Potz Blitz, mehr und mehr auch die ehedem so stolzen Rittersleut'. Von ihren Burgen aus sahen sie in ohnmächtiger Wut neuerdings all die Geldsäcke ihrer Handelswege ziehen, immer am eigenen Grundbesitz vorbei, als zähle dieser schon gar nicht mehr. Was zählte, waren nur noch die Schulden, die man selber abzuzahlen hatte. Wem? Just jenen Pfeffersäcken, die einen »legen« konnten.

Von Haus aus besaß der Kleinadel fast gar kein Geld, sondern nur sein Lehen und die Arbeitskraft der Hörigen. Von Hause aus brauchte er auch so gut wie kein Geld. Wollte er zum Beispiel seine Burgen erweitern oder stärker befestigen, was er tun mußte, seit es stärkere Geschütze gab, so ließ er auf seinem Grundbesitz in Fronarbeit Steine brechen, Kalk und Ziegel brennen, Holz schlagen. Gebaut wurde dann langsam, die Bauern würden es schon schaffen. Alles hatte Zeit.

Allen schlug damals nur morgens, mittags und abends vom Kirchturm die Stunde. Doch auch der Mann am Glockenstrick verließ sich dabei vor allem auf sein eigenes Gefühl für die Zeit. Selbst den Mächtigen waren – bis zur Erfindung des ersten mechanischen Zeitmessers in Taschenformat, die in Luthers frühe Jahre gefallen ist – nur Sonne, Sand und Wasser als Zeitgeber zur Verfügung gestanden. Das hatte über Jahrhunderte hinweg genügt. Von Minuten und Sekunden war keine Rede. Die Stunden reichten als Einheit aus. Der Mensch empfand das Jahr, die Jahreszeiten, die Monate und Tage als hinlängliche Kategorien des eigenen Zeiterlebens. Ein Bedürfnis, genau, auf die Sekunde und deren Bruchteile genau zu wissen, wie spät es war, fand sich nicht.

Von daher gesehen, verwundert es nicht mehr so sehr, daß Luther nie recht wußte, wie alt er war. Zeit war noch lange kein Geld. Sie arbeitete noch nicht für den einen oder den anderen. Der Mensch konnte sie auch noch nicht verlieren. Erst die frühen Geldleute haben diesen Zustand geändert. Weil sie ihre Tätigkeiten fernab vom ruhigen Zyklus der Bauern entfalteten, waren sie auf Genauigkeit, ja Tempo, auf Zahlen und Ziffern angewiesen. Ihnen reichten Sonnenstand und Jahreszeit nicht mehr aus. Ihre Kaufmannsvernunft verlangte nach Regel und Norm. Sie rechnete mit Pfennig und Komma. Zeit wurde zum Maß der Arbeit, zur Quelle materieller Werte. Für Handel und Verkehr war die Orientierung nach Raum und Zeit wichtige Bedingung. Neben der Herstellung von Globen und ihrer Vervollkommnung gewannen verbesserte Landkarten ständig an Bedeutung. Auch die in den »Weltbeschreibungen« wie in Sebastian Münsters »Cosmographia« zusammengetragenen Informationen gaben Kaufleuten und Seefahrern wichtige Auskünfte, und die in Nürnberg und Augsburg verfertigten Uhren und Meßinstrumente erfreuten sich großer Nachfrage. Zinsnehmen und auch Wucher aber unterlagen künftig nicht mehr der Fremdbestimmung durch Gott und Teufel. Sie zahlten sich selbst aus. Sie schufen eigene Gesetze.

Was die Kaufleute erkannt hatten, spüren die Ritter viel später. Sie merken es erst, als die Macht des Geldes wie Gift zu wirken beginnt, als immer mehr Dinge des täglichen Lebens nur noch um Geld zu haben sind. Schließlich müssen viele – auch die Bedürfnisse haben unterdessen zugenommen – gar einen Teil ihrer Naturaleinkünfte zu Geld machen, weil die Zeit es verlangt. Das bedeutet, die Leibeigenen schärfer heranzunehmen, aus dem Besitz mehr herauszupressen, »auf die Uhr zu sehen«. Aber auch so erlöst der Adelige bei den reichen Bürgern in der nächsten Stadt immer weniger, weil es die Standesgenossen genau so machen und die Preise drücken. Also schaut er, woher er Geld bekommt, lebt auf Wechsel und Kredit, verpfändet künftige Ernten, schließlich selbst Teile des liegenden Besitzes, Stück um Stück, und wundert sich ganz zuletzt, wo das Erbe der Väter geblieben ist: in den Säcken der Geldhändler.

Da soll ein Rittersmann nicht rebellisch werden? Wo nur ist die Ehre des Adels geblieben? Was tut eigentlich der Kaiser? Kann nicht wenigstens der für Ordnung sorgen? Geht es dem etwa gleich schlecht?

Geld regiert das Reich

Maximilian I. hat, kurz gesagt, ähnliche Sorgen. Herrscher zu sein, war schon einmal leichter gewesen in diesem Reich, das auseinanderzufallen drohte. Zwar glich er dem Kaiser aus dem Bilderbuch: eine gewaltige Adlernase, blitzende Augen, ritterliches Benehmen und alter Adel, Lust am Waidwerk wie am Kriegswesen. Das paßte und fand den artigen Beifall der Zeitgenossen. Solcher Applaus wurde auch eifrig propagiert, denn der Buchdruck half. Allerdings stand diese Herrlichkeit nur auf dem Papier der Werbung. Pläne, Denkschriften und Vorlagen der Herren Räte gab es zwar zuhauf. Doch Taten folgten nicht immer, und die Belange des Reiches traten auf der Stelle.

Der Kaiser war ein Vertreter seiner Übergangszeit: weltoffen und unternehmungslustig, zum einen kraftvoll im Planen, andererseits aber abhängig von Stimmungen und Launen, sprunghaft in seinem Handeln, in vielem ein neuzeitlicher Mensch, in noch viel mehr ein Mann der Vergangenheit, ein Herr voller traditioneller Ideale, doch ohne Mittel, diese zu verwirklichen. Trotz verschiedener Förderungsmaßnahmen stand Maximilian letztlich dem kapitalistischen Fortschritt im Wege. Er verschleuderte immer wieder das gewonnene Geld, und seine kostspielige Hofhaltung wie seine dynastischen Scharmützel schädigten die Wirtschaft zusätzlich. Im Unterschied etwa zu den sächsischen Fürsten verlor der Kaiser durch seine Anleihepolitik auch nach und nach seinen direkten Einfluß auf den Bergbau an die Bankhäuser, die ihm ihrerseits die Ausbildung eines förmlichen Finanzwesens mitverdankten, weil sie immer wieder gezwungen waren, Geld zu beschaffen und dem Souverän nachzureichen.

Was gelang, war nur Maximilians Familienpolitik. Obgleich sich das alte Hausmittel der Habsburger auf Geburten, Hochzeiten und Sterbefälle, also auf die Wechselfälle des Menschenlebens verlassen mußte, denen unvorhergesehene Ereignisse ständig einen Strich durch die Rechnung machen konnten, weil nicht jedes Kind, das erwartet wurde, auch gedieh, nicht jeder jede ehelichte, die ihm vorgelegt worden war, nicht jeder starb, wie es eingeplant war, ging doch immer wieder etwas von allem auf.

Maximilians Kriege glückten ungleich weniger, obwohl der Kaiser fast ununterbrochen im Feldlager weilte. Ob all seine Kämpfe jedoch der Mehrung des Reiches galten, wie er vollmundig verlautbaren ließ, war eine andere Frage. Was als Hausmachtpolitik begonnen hatte, war nämlich längst schon Großmachtpolitik geworden. Länder wie Österreich und auch Burgund, das Maximilian erheiratet hatte, schienen dem Habsburger eher am Herzen gelegen. Geerbt hatte er diese Vorliebe für das eigene Haus von seinem Vater Friedrich III. Wie dieser ließ er sich im Reich nur bei festlichen Aufzügen blicken, der Schau wegen, die weitergehen mußte. Er fühlte sich stets als »deutscher Ritter«, doch ließ er seine Kinder und Enkel strikt französisch erziehen, und auch seine Briefe sind in der feineren welschen Sprache gehalten.

Weniger fein war seine sprichwörtliche Unzuverlässigkeit: Nach kurzer Zeit schon hatte er allen Kredit verspielt, und dies nicht nur bei der Diplomatie, sondern auch, was wichtiger war, bei den Geldgebern. So einem lieh niemand gerne, denn dieses Kapital war leicht verloren, und diese Anfänge eines Staatsschuldenwesens sagten beileibe nicht jedem zu. Maximilians Geldnot wurde bald zum Gespött, zumal sie mit immer ausgreifenderen Projekten Hand in Hand ging, die – utopisch genug – sich fast ständig am Rande des Reiches bewegten: Skandinavien, Portugal und Ungarn etwa sollten allen Ernstes heim ins Reich »gezogen« werden, unter Berufung auf unvordenkliche Erbansprüche, die aber auch nur auf irgendeinem Fetzen standen und durchaus nicht von allen anerkannt wurden.

Selbst an das Papsttum hat Maximilian einmal für sich gedacht. Das war so närrisch nicht, wie es heute scheinen mag. Gründe für eine derartige Ämterdoppelung gab es genug in einem Zeitalter, das noch immer – auf dem Papier – von der alten Einheit träumte. Geld aber gab es nicht. Kein Finanzier war bereit, derlei Fantasmen zu unterstützen, und der Kaiser griff wie gewohnt ins Leere. Seine Geldsäcke waren nun einmal nicht prall gefüllt. Der Hohn über die Armut des Herrschers war nur zu berechtigt. Ritterliche Schulden machten einfach zahlungsunfähig. Der schöne Schein des Amtes trog. Maximilian besaß kein Geld. Er borgte es sich von allen Seiten, selbst in kleinen und kleinsten Beträgen. Er nahm, was sich ihm bot, auch Gaben in Tuch oder in anderen Naturalien, und er verpfändete sein Erbe mit dessen Bodenschätzen Stück um Stück an das große Geld. Nicht von ungefähr würden bald die Großbankiers im Reich das Sagen haben.

Der »letzte Ritter« und der »Vater der Landsknechte« zugleich, auch diese Doppelbezeichnung ein Zeichen seiner Gewandtheit nach rückwärts wie nach vorne, handelte nicht anders als seine Ritter auf ihren kleinen Burgen: Er griff seinen Grundbesitz an, weil seine Bedürfnisse und deren großer Stil Geld verlangten. Alle Gulden sollten den Herrschaftsträumen dieses Mannes dienen, also dem eigenen Hause, viel seltener dem Reich. Daß die widerspenstiger werdenden Reichsstände immer wieder ihre Gefolgschaft aufsagten, geschah daher nicht ohne Grund: Die Eifersucht der Konkurrenten auf die Hausmacht des Kaisers, der ständig versuchte, sein Habsburg aufzurichten, war berechtigt.

Der deutsche Geiz tat ein Übriges. Die Taschen blieben zu. Zwar war die Mehrheit sich einig darüber, daß sie um nichts in der Welt auf einen Kaiser verzichten wollte, weil dieser zu einem richtigen Reich gehörte. Doch war sie ungleich seltener dazu bereit, sich diesen Traum auch etwas kosten zu lassen. Machiavelli, der 1508 eine Reise in den Südwesten des Reiches unternommen hatte, sah klar: »Wer daher der Meinung ist, die Unternehmungen Deutschlands seien kräftig und könnten leicht gelingen, bedenkt zwar, daß es in Deutschland jetzt keinen Fürsten gibt, der sich den Plänen des Kaisers zu widersetzen vermöchte oder wagte, wie sie es früher zu tun pflegten; aber er bedenkt nicht, daß es für einen Kaiser Hindernis genug ist, wenn ihm die Fürsten in der Ausführung seiner Pläne nicht beistehen.«

Maximilian selbst sah seine Lage ähnlich. Eine spätere Tischrede Luthers berichtet von einem Ausspruch des Kaisers: »Er wär ein König der Könige; denn wenn er gleich seinen Fürsten etwas auflegte, da es ihnen gefiele, so thäten sie es; wo nicht, so ließen sie es. Zeigte damit an, daß ihm die Fürsten niemals gehorsam gewest, sondern thäten, was sie wollten. Der König von Frankreich aber wäre ein König der Esel; denn Alles, was er die Seinen hieße, das mußten sie thun wie die Esel, dem müßten seine Fürsten gehorsam seyn . . .«

In der folgenden Auseinandersetzung um die Sache des Bruders Martinus, die schnell eine Angelegenheit des Reiches wie des Kaisers werden würde, hat sich diese Auffassung bestätigt. Die Fürsten und Städte, die nicht so wollten wie der Kaiser, widersetzten sich durch passiven Widerstand und ließen den Erwählten immer wieder fallen. Die Fürsten schoben die Last des Reiches, sich einen Kaiser zu halten, mehr und mehr auf die reichen Städte ab, und diese reichten den Schwarzen Peter zurück. Was schließlich bewilligt wurde, nach vielem Hin und Her, glich einem Almosen. Aber selbst dieses wurde nicht freiwillig gegeben. Es wurde in jammervoll kleinkrämerischen Disputen abgetreten, damit nur kein einzelner ein Scherflein zuviel für das Wunschbild aller ausgebe.

Was der Kaiser wirklich besaß, war ein mächtig tönender Titel. Da er dies merkte, hielt sich sein Engagement für das Reich in Grenzen. Wer so behandelt wurde, wer auf seinen vielen Reisen noch nicht einmal in jedem Fall die Gasthofrechnungen begleichen konnte, wer sich hin und wieder auf französisch empfehlen mußte, falls ein Gastgeber auf Barem bestand, wer sich - nach eigenem Bekunden ein »Gemsensteiger«, wie Luther festhält - vor seinen Gläubigern ins Hochgebirge auf die Jagd flüchten durfte, von dem war nicht viel mehr als Ehre und Ritterlichkeit zu erwarten. Der eigentliche Souverän blieb das Geld. Der Kaiser hingegen hatte sich damit zu begnügen, zum Kreis der vielen Zuschauer im Theater jener Zeit zu zählen: Maximilian und sein Hof schaute zu, die Ritter schauten von ihren Burgen herab zu, auch die Bauern auf den Feldern schauten zu, wie das Geld auf seinen breiten Straßen an ihnen allen vorüberzog, um zu arbeiten. Angehalten hat es bei ihnen allen nicht.

Auch die römische Kirche hatte sich zunächst mit dem bloßen Zuschauen begnügen müssen. Noch konnte sie den Zug des Geldes nicht stoppen, um ihn in die eigenen Kanäle zu leiten. Anfangs versuchte sie andere Mittel: Als die Phantasie einer ganzen Epoche aus den Fugen zu geraten drohte, wurde die Teufelskunst des Zinsnehmens kirchenoffiziell verboten. Die Kirche konnte nicht dulden, so meinte sie, daß sich ein Besitztum gleichsam von selbst, ohne Zutun des Besitzers mehrte. Das war gegen Gottes gutes Gesetz.

Doch die überlegene Wirtschaftsform, die sich nicht sonderlich um Gott kümmerte, war nicht mehr an die Zügel eines theologischen Gebotes zu legen. So wurde der Ausweg ersonnen, das Wuchern den ungeliebten Außenseitern der geschlossen christlichen Gesellschaft zu gestatten, den Juden, die sich nicht an die Christensprüche halten wollten, ungläubig, wie sie nun einmal waren.

Just diese Lösung war keine. Sie erwies sich sogar als verhängnisvoll. Zinsnehmer wie in Zins Genommene hatten sich nur Ärger eingehandelt. Viele der schlimmen Sätze Luthers über die Juden sind denn auch in dieser sogenannten Lösung begründet. Luther sieht in der Judenfrage kein rassisches, sondern ein wirtschaftliches und – in Übereinstimmung mit der Tradition der Christen – ein religiöses Problem. Auch ist eine handfeste nationale Antipathie, ähnlich der gegenüber allem Welschen, nicht zu verkennen.

Zunächst versucht Luther es noch mit dem Glauben: Er will die Juden mit Hilfe der Predigt vom wahren Evangelium bekehren, zumal diese nur zu ihrem eigentlichen Glauben zurückkehren, wenn sie die Botschaft des im Alten Testament vorhergesagten Messias Jesus Christus annehmen. Doch mißlingen ihm alle diesbezüglichen Versuche mit den »Sabbathern«. Das Judentum bleibt verstockt, und als der alte Luther dies erkannt zu haben glaubt, wütet er in »scharfer Barmherzigkeit« gegen das unbußfertige Volk. Im Jahre 1543 wird er sogar vorschlagen, die Synagogen zu verbrennen, die Häuser der Juden zu zerstören, ihre Schriften zu vernichten und die jüdische Jugend zur Arbeit »im Schweiß der Nase« anzuhalten. Dieser letzte Vorschlag, greulich und unverzeihlich wie die übrigen, entstammt nun aber nicht mehr dem üblichen Schema der Ketzer-Verfolgung, wie es die Kirche kannte, sondern Luthers Vorstellungen von der Nationalökonomie. Nach seiner Auffassung arbeiten diese Leute absolut nichts – und werden doch steinreich. Mit dem Geldbesitz und vor allem mit dem Wuchern kommt er einfach nicht zurecht. Daß die Juden ihren Wucherhandel allüberall in Deutschland vermehren, will ihm nicht in den Sinn: »Ist doch kein stadt oder dorff, es hat namen, zeichen und gaßen von den juden.« Also ist es am besten, die Deutschen machten es wie die anderen Nationen und wiesen diese Parasiten aus dem Land. Sollen die Juden sehen, wo sie bleiben. Sie können ja in ihr eigenes Land ziehen, möglichst weit weg. Luther gibt mit diesen Bemerkungen, die noch mit vulgärer Propaganda und den geläufigen Greuelmärchen angereichert werden, der allgemeinen Stimmung furchtbaren Ausdruck, und von der Frohbotschaft des Christus ist keine Rede mehr. Hier redet, wie Luther bereits damals vorgehalten worden ist, kein Seelenhirte, sondern ein »Schweinehirt«, und die Moral der Christen ist in höchster Gefahr.

Das Problem des Wucher-Geldes aber blieb am Leben. Gerade Italien wird denn auch diesen Sachverhalt schneller als die Deutschen durchschauen. Die bisherige kirchliche Lösung führte so oder so in eine Sackgasse. Also drehten die Modernen um und fuhren künftig in die richtige Richtung. Deutschland hingegen brauchte viel länger für diese Kehrtwendung und trug daher die schlimmeren Konsequenzen. Die Schwerfälligkeit des Landes ließ es noch lange zu, von den beweglicheren Italienern, die sich so rigoros von der alttheologischen Mentalität gelöst hatten, dominiert zu werden.

Als die italienischen Wirtschaftsformen ihren Siegeszug angetreten hatten, besann sich auch die Hauptstadt der Kirche darauf, daß sie in Italien lag, und wurde fortan zu einem großen internationalen Zentrum des Systems. Die Römer standen bald nicht mehr hinter ihren erfolgreichen Landsleuten zurück. Das deutsche Silber fuhr damit, sehr zum Leidwesen der Nation, in die Opferkästen der Welschen. Rom preßte enorme Summen, Gebühren für Ämterverleihungen und Dispensen, aus den deutschen Gebieten, und die Anpassung der Kirche an die sich herausbildenden ökonomischen Verhältnisse im Sinne einer ungehinderten Erwerbstätigkeit wie eines rein weltlich orientierten Profitstrebens war Tatsache geworden. Der Wehruf des Walther von der Vogelweide paßte, obgleich drei Jahrhunderte vor Martin Luther ausgestoßen, auch auf die geänderte Situation: »hêr stock, hat iuch der bebst hergesendet, daz îr in rîchet und uns tiutschen ermet unde pfendet?« Ja, der Opferstock Roms war und blieb ein lebendiges Wesen.

Deutschlands Opfer und Klagen

Die »tiutschen«, die »zärtlichen Märtyrer« Luthers, aber auch seine »Tölpel und Einfaltspinsel«, litten gewaltig. Zwar konnte wenigstens ihr Grund und Boden nicht einfach nach Italien exportiert werden. Die Welschen würden sich blutige Nasen holen, wenn sie sich daran wagten, solch einen Besitz zu verschieben. Doch das Geld der Nation konnten sie außer Landes ziehen. Es schien geradezu einen Drang nach den südlichen Gefilden zu verspüren.

Rom war inzwischen recht attraktiv geworden. Am päpstlichen Hof war ein großer, juristisch wie fiskalisch einwandfrei arbeitender Apparat entstanden, der jenes gefährliche Eigengewicht entwickelte, das der Institution nun einmal anhaftet. Die Päpste hatten im Laufe der Zeit ihr Gebühren- und Taxenwesen ständig ausgebaut, immer wieder neue Quellen erschlossen, Kirchenstrafen und Gnadenerweise zugleich verdinglicht. Hier fühlte sich das Geld offensichtlich wohl. Hier arbeitete es gerne. Hier konnte es sich ausruhen.

Die offizielle Kirche aber wurde auf diese Weise mehr und mehr zur Rechtsanstalt, zum Ausdruck von Geld statt von Geist, zum Selbstzweck. Die Verstrickung in die moderne Zeit und die durchgängige

Anpassung an die Welt, wie sie diese Art von Kirche vorgenommen hatte, entkleideten die Institution ihrer eigenen Ansprüche, etwas Besonderes zu sein, und nahmen ihr Stück um Stück den Glanz unantastbarer Heiligkeit, unterwarfen sie gar den für alles Vergängliche geltenden Maßstäben menschlicher Kritik.

Deutschland lamentierte auch – in »unglaublicher Geduld«, wie Luther meinte – unentwegt gegen die Beutelschneiderei der Römer, welche, so Ulrich von Hutten, die »Zehntscheuer der Welt« hüteten, das »gemeine Schauhaus«. Wirksame Abhilfe ersann es nicht. Anfangs hatten die Deutschen noch mitgespielt, als die Legaten des Papstes milde Gaben heischten, um das Abendland gegen die mächtigen Feinde von außen, vor allem gegen die immer bedrohlicher vorrükkenden Türken verteidigen zu können. Doch griff sich dieser römische Vorwand so schnell ab wie die Münzen, die ihm geopfert wurden. Und die Deutschen klagten. Doch zahlten sie nach wie vor. Luther sagt: »Wie kumpt der romische Geiz dazu, daß er alle unserer Väter Stiftung, Bißthumb, Lehen zu sich reißet? Wer hat solche unaussprechliche Räuberei je gehoret oder gelesen? Haben wir nit auch Leut, die ihr durfen, daß wir die Maultreiber, Stallknecht, ja Hurn und Buben zu Rom mit unserer Armuth reich machen müssen, die uns doch nit anders, denn Stocknarren halten und darzu spotten aufs allerschmählichst?« Doch ist dies erst eine spätere Erkenntnis. Vorerst wartete Deutschland ab.

Eine echte Revolution hat es so oder so nicht gegeben. So weit wollten die Deutschen es nicht kommen lassen, auch Luther nicht, dem das Erfurter tolle Jahr noch in den Knochen steckte. Über steckengebliebene Anfänge des Aufruhrs gegen eine unheile Welt gelangten die Deutschen nicht hinaus. Gegen eine unheile Kirche gar versuchten sie sich so gut wie überhaupt nicht. Was ihnen blieb, waren lange Perioden des allgemeinen Mißvergnügens und der Erregung der Vertrauensseligen. Alles schimpfte vor sich hin: »So frißt der Papst den Kern, so spielen wir mit den ledigen Schalen.«

Gründe dafür gab es genug. Kirche und Staatsverfassung lagen im argen. Spannungen keimten allerorten auf. Der Frühkapitalismus jener Jahre machte die Risse in der Einheit immer häufiger sichtbar, zumal er einen Prozeß der sozialen Differenzierung auslöste, der die Gesellschaft mehr und mehr in unterschiedliche Schichten aufspaltete, in ein Oben und in ein Unten, in die Kapitaleigner und in die Zurückgebliebenen. Zugleich zeigte die neue Wirtschaftsform auch die schweren Mängel der antiquierten Reichsverfassung auf, all die Anachronismen der deutschen Staatlichkeit, die geprägt war von einem schwachen Wahlkaisertum, das schnell mit Geld nachzukaufen war, von starken Partikulargewalten wie den Kurfürsten, aber auch von den übrigen Ständen, mochten diese auch kaum einmal zur wirklichen Einheit finden.

Dem Kaiser fehlten so oder so, wir wissen dies bereits, ein starkes Krongut und spezifische Finanzquellen. Er blieb auf das Borgen angewiesen. Aber auch eine funktionierende Exekutive wurde ihm versagt. Reichsgerichtsbarkeit und Wehrverfassung galten als mangelhaft. Infolge seiner Stellung als Gewählter blieb der Monarch von der Gunst seiner Wähler abhängig. Dieser Zustand erschwerte sein Bündnis mit den Städten gegen die Fürsten, das etwa in Frankreich die Bildung eines Nationalstaates befördert hatte. Das deutsche Wahlkaisertum war zudem, wenigstens auf dem Papier der Theorie, universal angelegt. Diese römisch-christliche Konstruktion barg jedoch, so edel sie sich anhören mochte, die Gefahr in sich, daß auch nichtdeutsche Potentaten an die Spitze des Reiches gelangen konnten, falls sie sich – wie nach Maximilians Tod – ihre Wählerstimmen gesichert hatten: mit viel Geld natürlich, mit wenig Träumen.

Reformpläne und europäische Nachbarn

Unter solch universalen Rahmenbedingungen war es praktisch unmöglich, eines der vielen Übel zu isolieren und einzeln anzuprangern. Wenn sich in diesem Reich wirklich etwas ändern sollte, dann mußte auch die Reform universal sein und an Haupt und Gliedern durchgreifen. Das war allenthalben zu hören. Auch wurde daran gedacht, eine starke Zentralgewalt das aufgesplitterte Land sichern, dem politisch aufstrebenden Bürgertum einen inneren Markt garantieren und auf diese Weise die Nationwerdung der Deutschen betreiben zu lassen. Doch gingen die Ansichten über den Weg und die Details einer solchen Reform weit auseinander. Schon die Klagen, die sich immer häufiger in Aufständen gegen die jeweils als verantwortlich betrachteten Herren entluden, waren verschiedenster Natur. Die einzelnen Klassen und Fraktionen verbanden ihre Reformvorstellungen mit eigenen Schlagworten und Zielen. Politische, soziale, wirtschaftliche und nicht zuletzt auch religiöse Ursachen führten zu unterschiedlich artikulierten Protesten, wurden hin und wieder auch in verbale oder in handgreifliche Aktionen umgesetzt. Aber nach wie vor fehlte die eine Stimme, die alles hätte zusammenschreien können, auch die eine Hand, die alle Divergenzen hätte zusammenbinden wollen. Deutschland wartete noch immer, und die gebräuchliche Formel »Kaiser und Reich« drückte eher das Trennende als das Gemeinsame aus.

Erste Vorstellungen, die eine Zentralisation des Reiches betrafen, hatten sich zwar – auf feudaler Grundlage allerdings – bereits um 1400 bei Nikolaus von Kues gefunden, einem der tiefsinnigsten Denker seiner Zeit: Jährlich abzuhaltende Reichstage sollten, gleichsam als Zusammenfassung des ständischen Willens, das Reich repräsentieren und auch für eine geordnet einheitliche Rechtspflege sorgen. Dem

Kaiser aber sollten sie die nötige Autorität sowie eigene Finanzen sichern, damit er seiner gottgewollten Amtspflicht als oberster Gerichts- und Feldherr wie als Schirmherr der heiligen Kirche nachkommen konnte. Kaiserliche Gewalt war demnach keine eigenständige, für sich allein existierende Größe, die vom Reich abgetrennt werden durfte. Sie war von diesem abgeleitet. Der Kaiser ist allein der oberste Diener eines einheitlichen christlichen Reiches. In seinem Amt steht er aber gleichberechtigt neben der Kirche, deren Aufgaben streng von denen der weltlichen Gewalt geschieden sind. Dennoch geht es nicht ohne sie. Auch der Papst gehört in den universalen Traum hinein.

Ungleich stärker als diese Schriften des Kusaners hat die sogenannte Reformatio Sigismundi das Denken der folgenden Jahrzehnte bestimmt. Ihr Verfasser wird wohl einer der auf dem Konzil von Basel (1431 - 1437) tätigen Juristen, Kanzleibeamten und Schreiber gewesen sein. Seine Schrift, ganz sozial und reformerisch bewegt, nimmt sogar schon die Bundschuh- und Bauernkriegs-Ideologie vorweg. Immer wieder wurde sie gelesen, zitiert, neu aufgelegt. Sie traf auf ein ständig wachsendes Interesse, zumal sie den Bedürfnissen weitester Kreise entgegenkam. Schließlich fand sic sogar Eingang in die Reichsgesetzgebung. Als Privatarbeit eines Anonymus wurde sie daraufhin kaum mehr angesehen.

Ihre Breitenwirkung war ungleich größer. Sie galt als modern. Sie hielt sich nicht bei der Sprache des überholten Feudalismus auf. Sie spiegelte ein neuzeitliches Rechtsempfinden wider, sie war gar mit der (angenommenen) Autorität eines Kaisers versehen. Und vor allem vertrat sie die Sehnsüchte der bürgerlichen Opposition in Stadt und Land, eben des gemeinen Mannes, der sich nur wenige Jahre nach der letzten Auflage dieser Kampfschrift zu jener Revolte erheben sollte, die unter dem Namen »Bauernkrieg« in die Geschichte Luthers und der Deutschen eingegangen ist.

Revolutionär ist allerdings weniger der sprachliche Duktus als die Aussage dieser Reformatio: Die Reichsverfassung soll nicht mehr innerhalb der feudalen Ordnung reformiert werden. Sie ist vielmehr völlig umzustürzen, denn »nichts stet in rechter ordenung«. Die Unordnung erstreckt sich auf die Bereiche des Lebens, die den damaligen Existenzraum maßgeblich prägten, auf den geistlichen wie auf den weltlichen. Die Ursachen des Verfalls sind auf geistlichem Gebiet in der Käuflichkeit der Ämter, auf weltlichem im Geiz zu suchen. Beide leiden am Geld. Weil die oberste Kircheninstanz dem Geld nachläuft statt ein christliches Beispiel zu geben, ist auch die politische Korruption an der Tagesordnung. Geistliche wie weltliche Autoritäten vernachlässigen ihre eigentlichen Aufgaben, suchen allein ihren Egoismus, verkaufen sich an das Geld, und der einzig Leidtragende in diesem Verfall der Sitten wie des Rechts ist der kleine Mann.

Es versteht sich von selbst, daß nur eine rigorose Beschränkung dieser Geldverfallenheit und eine Selbstbesinnung der korrupten Kirche auf die Botschaft Christi sowie der Verzicht auf alle weltliche Gewalt dazu beitragen können, die Kirche wieder zur Kirche der Kleinen des Evangeliums werden zu lassen, in der die Liebe zum Nächsten oberstes Gebot ist. Da eine Reformation zum Wort Gottes hin jedoch auf den erbitterten Widerstand eines abgefallenen Klerus stoßen wird, der seine Privilegien nie und nimmer der Botschaft des Herrn opfern wird, muß zur Gewalt gegriffen werden. Ein Priesterkönig wird sich an die Spitze dieser Revolution stellen, und die Städte, die Laien also, werden zu den tragenden Säulen der neuen Reichsgewalt. Der alte Feudaladel weicht einem neuen christlichen Adel. Die Kleinen werden groß.

Die endgültige Befreiung aus der gegenwärtigen Unrechtssituation erwächst aus dieser Schicht: Auch der ersehnte Priesterkönig gehört zu den kleinen, demütigen Menschen. Die bisher Unterdrückten werden herrschen; eine Relativierung der bestehenden Werte bahnt sich an; nicht mehr jene menschliche Ordnung kann eine dauerhafte Lösung der Probleme garantieren, in der nur menschliches Recht herrscht, welches doch a priori Unrecht darstellt, weil es immer egoistische Ziele verfolgen muß. Die neue Ordnung führt sich statt dessen auf Gott und dessen Recht zurück. Sie achtet die gottgewollte Gleichheit aller Menschen, die eine Unterdrückung der Vielen durch einige Wenige nicht zulassen kann. Fürsten im herkömmlichen Sinn wird es nicht mehr geben, nur noch Vikarien und Statthaltereien des Kaisers. Dieser erhält wie das nunmehr geeinte Reich einen spezifisch sozialen Auftrag, der vom ursprünglichen göttlichen Recht, nicht jedoch von den papierenen Privilegien der Menschen abgeleitet wird. Jeder menschliche Herrschaftsanspruch ist ja nur so lange berechtigt, wie sich seine Träger in Übereinstimmung mit dem göttlichen Willen befinden. Um diesen kennenzulernen, heißt es, zu den Quellen zurückzugehen, den klaren Text des Anfangs zu suchen.

Wie diese neue Ordnung allerdings zu konkretisieren ist, entzieht sich der Vorstellungskraft der Reformatio Sigismundi. Wieder einmal steckt der Teufel in den Details. Auch Martin Luther wird ein paar Jahre später vor demselben Problem stehen, das Wort im Alltag einzulösen. Kriterien für die Neugestaltung des menschlichen Zusammenlebens vermag die Reformatio jedenfalls nicht zu nennen. Sie beschränkt sich auf allgemeintheologische Aussagen. Luther wird es ähnlich ergehen, als es – im schlimmen Jahr 1525 – dem gemeinen Mann gegenüber zum Schwur kommt.

Die Reformatio flüchtet sich in eine Vision, denn ihre naturrechtlich begründeten Forderungen lassen sich kaum in den konkreten gesellschaftlich-politischen Bereich übersetzen, allenfalls in endzeitliche Gedankenwelten, die einmünden in den großen Traum, daß aufgrund der Erlösung aller Menschen durch Christus, angesichts des Kreuzes, in dem das Endheil bereits vorweggenommen ist, die Feinde machtlos sein werden. Detailliertere Aussagen gelingen nicht. Damit deutet sich bereits der tiefe Widerspruch in den späteren Auseinandersetzungen um und mit Luther an: Wie wird die Aussage des evangelischen Wortes, das der Mönch Martinus in seinem Stübchen neu entdeckt hat, in konkrete gesellschaftliche Praxis übersetzt? Wie kann das göttliche Recht mehr als formale Aussagen wie »Gerechtigkeit für alle« oder »Liebe zum Nächsten« bereitstellen, um die weltliche Ordnung hienieden revolutionär umzugestalten? Diese Fragen bleiben.

Die Epoche wartet auf eine schlüssige Antwort. Nein, sie wartet schon nicht mehr. Sie stürzt sich geradezu auf die Theologen, um diesen die Lösung zu entreißen. Doch bleiben all ihre Anstrengungen vergebens. Die bekannten Schulautoritäten sprechen schon lange nicht mehr an.

Etwas konkreter äußert sich das »Buch der hundert Kapitel und der vierzig Statuten« des sogenannten Oberrheinischen Revolutionärs, der sich in jenen Tagen zu Wort meldet. Der in einem bitteren Erkenntnisprozeß gealterte, obrigkeits- und vor allem kaisertreue, inzwischen jedoch maßlos enttäuschte Verfasser hält, kurz gesagt, nicht allzu viel von den Städten und deren Geldbürgern. Es sind noch einmal die Ritter, die das neue Gesicht des Reiches bestimmen sollen. Auch ruft er, der rückwärts Gewandte, nicht zum gewaltsamen Sturz der Feudalverhältnisse auf. Der Bundschuh wie die Gewalt des gemeinen Mannes erscheinen diesem Patriarchen als lebhafte Bedrohung jener Ordnung, die allein durch die tatkräftige Besserung der Adelssitten und durch eine rechtzeitige und wirksame Reichsreform abgewendet werden kann. Das Heil seiner Welt liegt in einer besseren Rechtlichkeit, vor allem aber in den Händen eines mächtigen Kaisers und Königs, der sich einer tapferen und sittlich hochstehenden Ritterschaft bedienen kann und soll.

Auf diese Weise bleiben im übrigen auch die Deutschen unter sich. Sie nehmen eine – beinahe ins Groteske übersteigerte – geschichtliche Rolle ein, die sich gegen alle fremdländischen Einflüsse absichert. Deutsch ist die Ursprache der Welt: Schon Adam unterhielt sich auf deutsch mit seiner Frau, und auch Alexander der Große war nichts anderes als ein deutscher Heroe. Die Italiener wie die Franzosen kommen demgegenüber nicht auf. Sie bleiben in ihrer Rolle als Knechte der Deutschen zurück. Wer hat denn eigentlich, so eine Erkenntnis der Zeit, in der Varus-Schlacht des Jahres 9 die Römer geschlagen, wenn nicht die starken Germanen? Wer bildet, wenn nicht die echten Deutschen, die große und lebendige Nation im Reich?

Diese Auffassung mag reichlich überspannt wirken, doch war sie ein präziser Ausdruck der zunehmenden Reizbarkeit der »tiutschen« gegen alles Welsche, vor allem auch gegen die alltägliche Einmischung Roms in die inneren Angelegenheiten des Landes wie gegen die Aussaugung der vaterländischen Finanzen durch die »Romanisten«, zumal sie ganz offen den römischen Handel als Diebstahl und Raub, die Pfaffen und Mönche als »rouber des eigentumbs der armen« bezeichnete. Jedenfalls verstanden viele solch eine Stimme gut. Auch sie half mit, Luthers Milieu aufzubauen.

Im übrigen war es hohe Zeit, sich verständlich zu machen. Irgendwoher mußte doch das Wort kommen, welches die Lösung aller Probleme brachte, zumindest aber das so lange angesammelte Brennholz der deutschen Unzufriedenheit entzündete. Lange konnte die Ruhe nicht mehr andauern. Allenthalben gärte es. In der Bewegung des Bundschuh, die in diesen Jahren immer wieder an einer anderen Ecke Südwestdeutschlands aufbricht, meldete sich beispielsweise der soziale Kampf gegen Klerus und Adel immer drängender zu Wort, ein Kampf, den man zusammen mit dem erhofften Volkskaiser führen wollte, um Frieden und Recht wiederherzustellen.

Diese Aufstände berufen sich auf die Funktionslosigkeit eines Rechtes, welches die gesamte wirtschaftlich-politische Situation des gemeinen Mannes bestimmt. Daher soll auch das Gottesrecht als neue Legitimationskategorie an die Stelle des hinfälligen alten Rechtes treten.

So sprechen die Aufständischen. Doch es fehlen ihnen die konkreten Normen, das einheitliche, überregionale und für alle verbindliche Programm. Die gesamte Bewegung bleibt elitär. Sie schafft es nicht, durch eine wirklich volksnahe und realisierbare Zielsetzung die Bauern, auf die sie sich bezieht, zu mobilisieren. Sie spricht über deren Köpfe hinweg.

Dabei hätten sich Tatsachen zur Genüge nennen und bekämpfen lassen: Leibeigenschaft, Beschränkungen der Freizügigkeit und des Erbrechtes, Häufung der Abgaben, Geldleistungen unerhörter Art, Verletzungen oder gar Entzug des Gemeineigentums und der Freiheit von Wald, Weide und Wasser, Jagd- und Wildschäden, Willkür und Eigennutz der Beamten, Fronen und deren Erhöhung ohne entsprechende Gegenleistungen der Herren, Einschränkungen von dörflichen Rechten, Entzug des Backofens im Dorf, Badeverbot im Dorfbach, Mühlenzwang, Gefangennahme und Folter ohne rechtliche Grundlage, Entrichtung von Zöllen und Wegegeldern, Pflichtvernachlässigung der Pfaffen.

An allen Ecken und Enden des Alltags werden die guten alten Rechte verletzt, weil die Herren und deren Räte »stendige nuwerungen« erfinden und durchsetzen. Nirgends ist das Volk mehr seiner angestammten Rechte sicher. Fast täglich kann es gesagt bekommen, das Gestern gelte heute nicht mehr. Soll es da einfach zuschauen, ohne den Dreschflegel zu erheben?

Martin Luther wird bald danach gefragt werden. Noch sitzt er in seiner Zelle, grübelt seine neue Theologie weiter aus und ahnt nichts von den Hoffnungen, die auf ihn gesetzt werden. Er hat noch kein Gespür für das Lebensgefühl der unteren Schichten seiner Umwelt, die nicht mehr mitspielen wollen, weil es ihnen reicht. Er hat auch nicht bemerkt, daß sie schon zum bewaffneten Kampf entschlossen sind, weil all das unerhört ist, was sich die Herren mit ihnen erlauben.

Die da oben reformieren nämlich nur so vor sich hin, immer zum eigenen Vorteil, immer in die eigene Tasche, dabei ohne wirklichen Erfolg. Gutes Exempel: Die Kurfürstenpartei. Sie hatte gegen den Kaiser zu rebellieren begonnen und dabei dessen außenpolitische Nöte auszunutzen verstanden, zumal sich diese – Maximilians Träumen zufolge – an den Rändern des Reiches häuften, gegen Frankreich wie gegen Ungarn hin. Zuhause war derweil versucht worden, die Schäfchen ins trockene zu bringen und dem Kaiser ein Reichsregiment aufzuhalsen. Doch setzte dieser sich zur Wehr. Ohne ihn lief nichts. Die Vorstellung von der Einheit unter dem gewählten Souverän verhinderte jeden Widerstand gegen einen Kaiser, dem die ganze Fürstenreform nicht paßte.

Was blieb, war das gewohnte Lamento in einem Reich, das unter der Gestalt der Monarchie anarchistisch geworden war. Der Mißerfolg der eigenen Reformabsichten hinterließ auch bei den Herrschenden ein dumpfes Gefühl des Nicht-mehr-Könnens, sogar der Unsicherheit. Selbst der Herr, zu dem die Unteren sehnsüchtig aufblickten, weil sie wenigstens ihn in Sicherheit wähnten, wußte nicht mehr weiter. Die da oben waren unsicher wie die da unten. Es gelang niemandem, einen einheitlichen Nationalstaat zu schaffen, der nach innen gesichert, nach außen selbständig gewesen wäre. Sich von den Mentalitäten und Praktiken der römischen Kirche abzusetzen, glückte ebensowenig. Selbst die Zerschlagung der hinderlichen Feudalverfassung, diese soziale Aufgabe nationaler Reformen, mißglückte immer wieder. Deutschland blieb gehemmt. Es stand sich selbst im Wege. Das mußte sich um so nachteiliger auswirken, als die europäischen Nachbarn, vor allem Frankreich, England und Spanien, sich gerade damals als Nationalstaaten konsolidieren konnten.

In Frankreich war auf Ludwig XII. schon 1515 der Vetter Franz auf den Thron gefolgt. Dieser durfte gleich zeigen, was in ihm steckte: Die Schweizer wurden geschlagen und Mailand, das noch immer so umstritten war wie zur Zeit, da Martinus nach Rom gewandert war, fiel an den Franzosen. Mit dem neuen Papst Leo X. Medici schließt Franz I. anno 1516 ein Konkordat, das ihm die Herrschaft über seine eigene Landeskirche sicherte, ein frecher Erfolg, den die braven Deutschen nicht für möglich gehalten hätten.

Spanien, dessen Königreiche nach dem Tod des Ferrante von Aragon an dessen burgundischen Enkel Karl übergegangen waren, einigt sich im gleichen Jahr mit Frankreich. Selbst Kaiser Maximilian muß diesem neuen Frieden beitreten. Nur Englands Heinrich VIII. fühlt sich unter all diesen Friedensstiftern seltsam allein. Er sucht, in seinem Lordkanzler Wolsey, einem von Luther beschimpften Despoten im Kardinalsgewand, eine neue Politik. Thomas More aber – auch er wird noch einmal Kanzler Heinrichs sein – zieht sich im Jahre 1516 auf seine Insel Utopia zurück.

Desungeachtet gehen die Weltläufe auch 1517 recht irdisch weiter: Der Bundschuh regt sich wieder; Karl I. von Spanien, ein siebzehnjähriger Knabe, schaut erstmals nach seinen Erblanden, wo alles gärt, und das Lateran-Konzil geht unter Papst Leo X. ebenso lustlos zu Ende, wie es unter Julius II. begonnen hatte. Antworten auf die Lebensprobleme der Epoche vermag es nicht zu formulieren. Es übt sich vielmehr in den gewohnten – und von Luther mehrfach verspotteten – Sentenzen, Resumtionen und Disputationen.

Auch in der Kirche Roms ist nämlich alles geblieben, wie es immer gewesen war. Weshalb auch nicht? Ist sie nicht etwa heil wie eh und je? Bedarf sie wirklich einer Reform? Es gibt schon einige Leute, die meinen, gerade die Kirche sei unheilbar irreformabel. Luther wird, in unnachahmlicher Kürze, sagen: »Nichts ist heil, wo alles heil ist.«

12.
Das gegenwärtige Geld lässt den gegenwärtigen Gott verachten

Das Credo des Credits

Natürlich hatten viele Anlaß genug, ihr Heil bereits verwirklicht zu sehen: »Kredit«, so hieß noch stets das Zauberwort, welches die Taschen der Finanziers füllte, und mit einem Kredit hat alles angefangen, was später, als sich ein anderes Credo vom herkömmlichen abzuheben begann, die »Reformation« des Martin Luther genannt worden ist. Zu Anfang, im Spätjahr 1517, ging es um viel weniger als um den wahren Glauben. Das lateinische Wort »credere« kannten Welt und Kirche nämlich eher vom neutralen Partizip des Perfekts her als im persönlichen Präsens, denn alle Welt hatte häufig mit dem »creditum«, seltener mit dem »credo« zu schaffen. Nach bester Wirtschaftsmanier fanden sich ein Schuldner, Albrecht von Brandenburg, der sich inzwischen auf drei Bischofsstühle zugleich hatte setzen dürfen, und ein Gläubiger, der Fugger hieß. Die beiden hatten sich eines Tages zusammengetan, als der eine noch höherem Rang in seiner Kirche, der andere noch höherer Verzinsung seines Kapitals nachgelaufen war.

Allerdings empfand kaum jemand diese Verbindung von adeliger Kirche und Finanzwelt als unpassend. Solche Liaisonen waren inzwischen notorisch. Das geistliche Territorium, eine deutsche Eigentümlichkeit, baute das priesterlich-kriegerische Reich seit langem mit auf. Deutsche Bischöfe waren als Inhaber von Reichslehen zu Trägern weltlicher Hoheitsrechte avanciert, beherrschten ganze Landstriche wie etwa die – auch von Luther angesprochene – »pfaffen gaß« der Bischöfe von Mainz, Trier und Köln, und mußten sich daher nicht nur als Fürsten fühlen. Sie waren Fürsten. Und sie blieben es.

Die deutsche Kirche stellte in weitesten Teilen eine Adelskirche dar, deren Bischofsstühle in aller Regel von Fürstensöhnen besetzt wurden. So waren um das Jahr 1517 allein 18 deutsche Erzbistümer und Bistümer in der Hand hoher Adeliger. Es lag geradezu im Wesen dieser Doppelstellung, daß diese Fürstbischöfe zu Exponenten der Verweltlichung wurden, welche der Kirche Deutschlands drohte. Die Aufgaben der Gebietsobrigkeit entfremdeten die Vertreter der Kirche immer stärker ihren eigentlichen Pflichten, und ihre Zugehörigkeit zu einem fürstlichen Haus verstrickte sie in die Berechnungen dynastischer Politik. Weniger Interesse konnten sie dagegen für die Belange ihres Volkes zeigen, welches sich ihnen entfremdete und beim niedrigen Pfarrklerus Gehör fand.

Dieser war später auch sofort bereit, sich der neuen Bewegung anzuschließen und die eigenen Bischöfe zu verlassen, von denen er so gut wie nichts gehört hatte, als es noch Zeit gewesen wäre. Die Fürstbischöfe hingegen verblieben über Luthers Brandjahre hinweg in ihrer gewohnten Passivität, konnten sich keinen Reim auf die Neuerung machen und schwankten nicht selten zwischen altem und neuem Credo hin und her. Eine echte religiöse Überzeugtheit, die auch Widerstandskraft in sich geschlossen hätte, bewies kaum einer von ihnen. Die deutsche Kirche erwies sich in ihren obersten Repräsentanten ganz einfach als desinteressiert, wenn nicht als völlig lau. Engagement zeigten die hohen Herren erst, als es sich darum handelte, die geistlichen Territorien gegen den Zugriff der Neuerer zu verteidigen und über die ersten Anstürme hinweg zu retten. Grundbesitz, geistliche Macht und Geld, viel Geld waren, so zeigte sich, eine fast unlösbare Einheit eingegangen, der auch das Wort Luthers nichts anhaben konnte.

Albrecht von Brandenburg machte keine Ausnahme. Er paßte vielmehr zu seiner Zeit wie das Bild in den pompösen Rahmen, und so hatte auch kaum jemand etwas gegen das neueste Kreditgeschäft dieses Herrn einzuwenden, welches mit Fuggers Hilfe abgewickelt werden sollte. Allein Friedrich von Sachsen äußerte Bedenken. Doch auch diese bezogen sich nicht in erster Linie auf kirchliche Probleme. Der junge Fant Albrecht, aus dem Hause der Hohenzollern, das der kursächsischen Sippe noch stets ein Dorn im Auge gewesen war, wurde einfach zu mächtig, und dies ausgerechnet vor Friedrichs Haustür.

Bereits 1513 hatte der dreiundzwanzigjährige Hohenzollernsproß nämlich die Verwaltung des Bistums Halberstadt auf diejenige seines Erzbistums Magdeburg geschichtet, zu dessen Sprengeln auch Kursachsens Einzelgebiete zählten und dessen Territorien in die kursächsischen eingriffen. Magdeburg war früher eine wettinische Domäne gewesen, nicht zuletzt auch die Basis willkommener Versorgung für die jüngeren Abkömmlinge des Hauses, denen außer der Pfaffheit nicht mehr viel übriggeblieben war, wovon sie hätten ihr adeliges Leben fristen können. Doch war just zu der Zeit, da Magdeburg wieder einmal vergeben werden sollte, kein passender Wettiner zur Hand gewesen. Der unverheiratete Friedrich hatte niemanden vorzuzeigen gehabt, der sich zum Bischof geeignet hätte. So war es der aufstrebenden Sippe der Brandenburger gelungen, Magdeburg der eigenen Linie zuzurechnen, eher zufällig sogar, jedenfalls aber in Form einer höchst ärgerlichen Niederlage für Friedrichs Politik.

Schlimmer noch drückte die Tatsache, daß Albrecht anno 1514 zu allem Überfluß auch das Mainzer Erzbistum erlangt hatte. Sein geistliches Reich umschloß damit fast halb Deutschland. Vor allem verfügte das Haus Hohenzollern künftig über zwei der sieben Kurstimmen, und gerade die aus Mainz wog besonders schwer. Der Mainzer Herr war Primas der deutschen Kirche und, als Kurfürst, Erzkanzler des Reiches. Hinzu kam seine Anwartschaft auf den Kardinalshut, der eine weitere Rangerhöhung mit sich bringen mußte. Luther wußte von der »Pest Deutschlands« Albrecht, daß er ein »deutscher Wal« war, ein germanischer Römling, welcher »das Höllekühlin verdäuet« hatte und künftig schlimmer noch als die einheimischen Welschen hausen würde. Und der Nachbar Friedrich blickte nicht ohne Grund so bekümmert in die politische Zukunft. Von Albrecht war gewiß noch etliches zu erwarten.

Am ehesten konnte sich der wohlhabende und auch in Gelddingen grundsolide Kurfürst von Sachsen noch mit dem Gedanken abfinden, daß Albrecht von Brandenburg sich in riesige Schulden gestürzt haben mußte, um in so kurzer Zeit hintereinander drei Bischofssitze zu sammeln. Derlei kostete Geld, das wußte Sachsen. Die Römer taten bekanntlich selten etwas nur um Gotteslohn. Schon die erzbischöfliche Würde mußte um ein Heidengeld erlöst werden. Das Zeichen des neuen Standes, Pallium genannt, eine mit sechs schwarzen Kreuzen versehene Binde aus weißer Schafswolle, die vom Papst persönlich geweiht und dem Erzbischof als Ausdruck seiner Verbundenheit mit dem römischen Stuhl zugelegt wurde, galt als besteuert. Niemand bekam es umsonst.

Hinzu kamen die immensen Summen, welche der römische Pontifex und die Seinen als kleine Kompensation erwarten durften für ihre

Bestätigung der – nach streng kirchenrechtlicher Vorschrift eigentlich unzulässigen – Wahl auf einen dritten Bischofsstuhl. Die Gewissensbedenken, Albrecht auch noch nach Mainz zu setzen, damit der gute Hirte von dort aus die Herde Numero drei weide, ließen sich nur mit Geld beschwichtigen. Die Dispens, eine willfährige Ausnahme von der allgemein verbindlichen Norm, verschlang ein erkleckliches Sümmchen. Ein derartiger Präzedenzfall fiel ziemlich schwer ins Gewicht, zumal es noch andere Kandidaten gegeben hatte, denen Mainz auch nicht ungelegen gekommen wäre.

Bezahlt mußte so oder so werden. Woher aber sollte das Geld kommen? Albrecht hatte sich bereits verausgabt. Die Kassen waren leer, und die beiden ersten Pfründen darbten vor sich hin. Mainz selbst, dem in kurzer Zeit ein paar Oberhirten weggestorben waren, betrachtete sich aus gutem Grund als zahlungsunfähig. Die Mainzer Diözesanen hatten seit Jahren die Wechsel im erzbischöflichen Amt finanziert, und manche Verbitterung war zurückgeblieben, da ständig das gute rheinische Geld »an die Tiber« wanderte, auf daß es welsche Kriegskassen fülle. Albrechts Boten hatten denn auch schon vor der Wahlversammlung erklärt, ihr Herr werde Dispens, Bestätigung und Pallium selber frei finanzieren.

Nach erfolgter Wahl las es sich freilich anders. Das Versprechen ließ sich nicht einhalten. Als Helfer in solch geistlicher Not empfahl sich schließlich das Haus Fugger. Dieses wußte Rat und besaß das nötige Kleingeld. Jakob Fugger, ein Königsmacher jener Zeit, hatte vorgesorgt. Eine Vielzahl von völlig unterschiedlichen Unternehmungen, Textilfabriken, Bergwerke, Bankhäuser hatten die Blüte seiner Familie begründet und gesichert. Und Geschäfte mit Rom waren geradezu eine Spezialität des Hauses geworden. Nach und nach hatten die Fugger ihre römischen Konkurrenten zurückgedrängt und sich einen Alleinvertretungsanspruch für Finanzierungsgeschäfte aller Art erhandelt, die zwischen Rom und Deutschland liefen. Und das Haus sorgte nebenbei auch für die Seinen: So hatte beispielsweise ein junger Mann aus der Augsburger Familie, der die Firma Fugger bei der römischen Kurie vertrat, Probsteien in Passau, Regensburg, Speyer, Würzburg und Bamberg ergattert, eine auskömmliche Lebensstellung.

Es war eigentlich selbstverständlich, daß die Fugger auch die Interessen der Hohenzollern vertraten. Albrecht zahlte schließlich an den Papst Leo X. 14 000 Dukaten, die übliche Summe für eine Bestätigung, und darüber hinaus zehntausend Dukaten als freiwillige Zugabe, wie das bei Präzedenzfällen nun einmal so war.

Jakob Fugger hatte das Geld vorgestreckt. Die römische Filiale seiner Bank hatte sich aber, nachdem dem Mainzer ein derart monströser Kredit eingeräumt worden war, im trauten Verein mit den Experten der päpstlichen Kurie gleich auch die Modalitäten der Rückzahlung mit ausgedacht: Der sich ohnedies anbietende Ablaß, den der

Papst für den Neubau seiner Peterskirche ausgelobt hatte, wurde schlichtweg mit dem Mainzer Handel kombiniert. Albrecht erhielt das Monopol, den fälligen Ablaß in Deutschland vertreiben zu lassen. Er durfte die Hälfte der anfallenden Ablaßgelder dazu verwenden, seine Schulden, natürlich mit Zinsen, bei den Fuggern zurückzuzahlen. Die andere Hälfte wollten die Römer erhalten; und Kaiser Maximilian, der Wind von solch windigem Geschäft bekommen hatte, zweigte - geteilt wird, wenn schon, dann durch dreie - für seine eigene Kasse auch noch eine milde Gabe ab.

Das Hauptgeschäft bei dieser Kampagne machte der Fugger, der eine baldige Amortisierung des Kredits sowie einen hohen Gewinn im Auge hatte. Er war es auch, der die Ausschreibung und Bekanntmachung des päpstlichen Gnadengeschenkes veranlaßte. Seine Beamten überwachten die Durchführung des Handelsgeschäftes (es gab nicht selten auch diplomatische Verwicklungen zu lösen, was einen Teil der Einnahmen verschlingen konnte), und seine Kommissäre begleiteten die Ablaßprediger auf ihrer Werbetour, um gleich an Ort und Stelle abkassieren zu können.

Die Erträge wanderten in die offiziellen Kassen, in schwere, mit Eisenbändern beschlagene Opferkästen, welche die Kassierer immer wieder weiterschleppten, zumal es noch keine eigentliche Scheckwirtschaft gab, die die vielen Münzen abgelöst hätte. Schließlich wurden die Scherflein der Witwen und Waisen zusammengezählt, ein Notar hielt den Vorgang fest, und alle Erfolgszahlen wurden auf das genaueste in den Büchern festgehalten, bis hin zu kleinsten Summe, bis hin zur geringsten Währung, alles in allem ein gelungenes Abbild der deutschen Zerstückelung in viele Kleinstaaten und Münzherrschaften.

Was solls? Das Geld kam ein, und dies war die Hauptsache. Zwar blieben die Resultate magerer, als erhofft, denn auch der Pomp der Kommissäre und Prediger kostete sein Teil an Werbekosten. Doch verblieb noch genug. Und was nicht weniger wichtig war: Das Haus Brandenburg hatte in Rom zusagen müssen, künftig die mediceische Politik tatkräftig auch im Reich zu unterstützen. Rom und die Fugger dachten bereits daran, daß Maximilian wohl die längste Zeit regiert hatte. Eine Neuwahl des deutschen Kaisers war eine so wichtige Sache für die Kirche wie für das Kapital, daß beide würden auf die zwei Kurstimmen der Brandenburger zurückkommen müssen.

Alles war aufs beste bestellt. Albrecht stellte eine sichere Adresse dar. Die Gläubiger hatten den Hochverschuldeten in der Hand. Eine Kreditgefährdung lag kaum im Bereich des Möglichen. Die Dekkungssumme war ausreichend, und die Sicherheiten schienen blendend. Eigentlich hätte angenommen werden können, daß eine solch subtile Vorbereitung des Kredits auch in der Folgezeit einen geordneten Gang garantieren würde, bei so viel gutem Glauben an das Leihen und an das Zurückzahlen zumal, bei einem derartigen Vertrauen auch auf die Kreditwürdigkeit der Beteiligten, die da miteinander in das Geschäft gekommen waren.

Doch gab es bald einen Dritten im Bunde, dem die ganze Richtung nicht paßte, einen Störenfried, der eine solchermaßen geheilte Welt für unheilbar marode hielt: Martin Luther, der einen sehr persönlichen Kampf mit Gott und Welt geführt hat und in den Jahren des Hohenzollern-Handels noch weiterführt, meldet sich jetzt zu Wort. Und keine noch so eindringliche Analyse der deutschen Vorbedingungen des »Reformations«-Jahres 1517 kann der Erkenntnis ausweichen, daß eigentlich nur dieser eine Mensch zur Ursache des künftigen Geschehens geworden ist. Das Milieu um den Einen herum stellt, so wichtig es sein muß, nur eine sekundäre Quelle zur Deutung der kommenden Ereignisse dar, die eine Welt verändern werden.

Das religiöse Grunderlebnis des Bruders Martinus ist singulär. Es wäre, wollte die Deutung überhaupt so unhistorisch weiterfragen, selbst in einer anderen nationalen Umwelt denkbar gewesen. Es ist nicht einfach deutsch. Luther hat sich erst noch, wie die nächsten Jahre zeigen werden, an seine spezifisch deutschen Verhältnisse und an die nationalen Tatsachen seiner Theologie gewöhnen müssen. Seine Frage nach Gottes Gerechtigkeit war jedenfalls territorial unbegrenzt, ein universales Problem, das in einem einzelnen Menschen durchlitten worden ist.

Kein vernünftiger Mensch hätte allerdings im Jahre 1517 diesen Störenfried in der eigenen Buchführung aufgeführt. Als es um Debet und Kredit ging, war Martinus weder ein Aktiv- noch ein Passivposten, der junge Professor aus Wittenberg, der in keiner der vielen Bilanzen seiner Zeit auftauchte. Um so unerfreulicher war es, daß ein solcher Mann im Oktober 1517 von sich aus – zunächst noch als ein recht stiller Teilhaber – in das Geschäft des Großen Geldes einbrach.

Noch peinlicher wirkte es, daß Luther sich dazu berechtigt glaubte. Sein Credo hieß nämlich: Der Mensch hat sich an einen Gott zu halten, dessen Gerechtigkeit ein »creditum« besonderer Art erforderlich macht, ein Vertrauen allein auf Gnade. Diese Gnade war und blieb ungeschuldet, unverzinst, ja unverzinslich. Damit stand Gottes Debet auf einem Blatt, dessen Zahlen die Fugger und ihr bischöflicher Schuldner allem Anschein nach noch nicht einmal entziffern konnten. Daß sich Klerus und Finanz dennoch zusammengetan hatten, um auf ihre Art das todernste »credere« eines jeden Menschen in die Fehlform von diesseitigen Abschlagszahlungen auf das Jenseits umzumünzen, war Luther zuviel geworden. Das gegenwärtige Geld sollte den gegenwärtigen Gott nicht »verachten« dürfen.

Zur Ämterhäufung des Albrecht von Brandenburg selbst hatte Martinus geschwiegen. Doch als Doktor der Heiligen Schrift wollte er Stellung nehmen gegen die Folgelasten des Ablaßbetriebes, der sich zwischen dem Hohenzoller und dem Fugger entwickelt hatte. Luther war aufgrund seiner neuen Erfahrungen mit Paulus schon in den letzten Jahren immer unsanfter mit der scholastischen Theologie umgesprungen, deren »credere« ihm immer fragwürdiger erschienen war. Als öffentlicher Prediger, der sich mit seinen Zuhörern verstand, hatte er vieles über die sonderbaren Praktiken der Ablaßprediger erfahren, die jenseits der kursächsischen Grenzen ihren Geschäften nachgingen. Friedrich selbst hatte sein Gebiet, jeder war sich der Nächste, wohlweislich gegen alle Brandenburger Kreditinteressen abgeschirmt: Das gute sächsische Silber sollte nicht wegen eines hohenzollerischen Palliums außer Landes gehen. Da war die Oberhoheit des Landesherrn vor.

Martinus aber hört und handelt. Gleichwohl hütet er sich in jenen Tagen vor jeder Unbesonnenheit. Er schreit nicht los. Er ist »demüthiglich«. Er räumt dem Hohenzollern eine Chance ein. Vorerst scheint es sich auch nur darum zu handeln, eine Stellungnahme des Kirchenfürsten zu erhalten. Luther möchte sich vergewissern, ob der Erzbischof wirklich nichts von Gottes Rechenkünsten versteht. Zunächst soll nur angefragt werden. Martinus wendet sich, ganz mönchische Disziplin, ganz akademische Gelehrtheit, an Albrecht von Brandenburg mit der Bitte um Auskunft in einer heiklen Angelegenheit. Er unterbreitet zugleich einige Diskussionsvorschläge, erheischt jedoch auch eine offizielle Meinungsäußerung über Soll und Haben in der Ablaß-Sache, bleibt jedenfalls Professor und Prediger des Wortes.

Geschäft mit dem Jenseits

Was war das überhaupt, was ist ein »Ablaß«? Die katholische Theologie von heute – fünfhundert Jahre nach Luthers Anfrage existiert das Problem noch immer! – versteht unter einem solchen die Zusage besonderer Fürbitte der Kirche um Erlaß einer zeitlichen Strafe vor Gott für Sünden, die hinsichtlich ihrer Schuld bereits getilgt sind. Die Schuld ist behoben, doch ihre Folgen gelten als durch Reue und Umkehr noch nicht ganz beseitigt. Es ist daher Aufgabe des einzelnen, sich um die völlige Überwindung solcher Straf-Folgen zu bemühen. In diesem Bemühen unterstützt ihn das Fürbittgebet der Kirche, wenn er sich um einen Ablaß sorgt.

Das alles klingt ein wenig kompliziert. Die subtile Aufteilung der Sündhaftigkeit des Menschen in Schuld, Konsequenzen der Schuld und zeitliche, in Zeiteinheiten aufteilbare Straffolgen ist merkwürdig genug. Doch versteckt sich selbst hinter der neuzeitlichen Formulierung des traditionellen Ablaßwesens, welches in seinen Wesensinhalten gar zur Ehre eines Glaubenssatzes aufsteigen würde, mehr als eine groteske Lust am Lösen von Detailproblemen menschlicher Schuld.

Eine jahrhundertealte Angst vor dem Jenseits, vor dem »danach«, vor dem unsichtbaren Gott, dem jeder Mensch sich auf Gedeih und Verderben auszuliefern hat, wird all diese Ablaßdoktrinen mitgestaltet haben. Es hat den Anschein, als hätten die Gläubigen nicht mehr vergessen können, daß sie immer wieder mit Hölle und Fegefeuer geschreckt worden waren. Die Legenden- und Visionenliteratur gerade des ausgehenden Mittelalters läßt zudem vermuten, daß das Fegefeuer noch schlimmere Ängste provozierte als die ewige Hölle. Von den Strafen der Hölle konnte ein Mensch sich durch Reue und Buße befreit wähnen, und dies ein für allemal. Die Zeiteinheiten der Fegefeuerstrafen jedoch verlangten nach kürzenden Abstrichen, nach Neuberechnungen, nach Ablässen, sollten sie sich nicht zu beinahe unbegrenzten Fristen ausweiten, die kein gepeinigter Mensch je hätte abwarten können oder wollen. Also vertraute der Sünder sich – noch immer – der Kirche an, glaubte an deren hilfreichen Arm, der – wie die Offiziellen sagten – bis in das Jenseits des Fegefeuers reichte, hoffte auf das amtliche Fürbittgebet und suchte die behördlich abgesegneten Ablässe zu gewinnen, wo immer solche zu erreichen waren.

Die der Zeit eigene gesteigerte Empfindlichkeit in religiösen Belangen gab den Hintergrund dieser Suche nach Gottes und der Kirche Gerechtigkeiten ab. Einmal mehr war das Jüngste Gericht Hauptort der Epoche. Nichts quälte die Menschen so sehr wie ihr Wissen um einen plötzlichen Tod. Martin Luthers Erlebnis zu Stotternheim ist, von daher gesehen, ein typisch zeitgemäßes Geschehen. Tod, Tod, Tod heißt die religiöse Formel der Menschen. Im Tod entscheidet sich – ein für allemal – die eigentliche Zukunft: Ewiges Leben oder ewige Verdammnis, je nachdem der Mensch von seinem Gott in seinem letzten Stündlein angetroffen worden ist. Der Tod, König des Schreckens einer ganzen Weltzeit, zeigt seine Macht jedem Sterblichen. Der Mensch kann nur hoffen, mit Hilfe einer bestimmten Kunst des Sterbens richtig vorbereitet dieser Macht in die Hände zu fallen, die ihn einer noch größeren Gewalt, dem lebendigen Gott selber, überantworten wird, während der große Gegenspieler Satan sich anschickt, Gott die einzelne Seele noch im letzten Moment abzuluchsen.

Jedermann ist zwischen diese beiden Mächte, zwischen Gott und den Teufel gestellt. Während des irdischen Lebens weiß kein Mensch, wie die definitive Entscheidung einst ausgehen wird, für welche der beiden Gewalten er sich entschieden hat. Erst der Tod, Wächter am Tor, welches das Diesseits mit dem Jenseits verbindet, läßt einen wirklichen Blick in die Zukunft zu, macht Leben oder Nicht-Leben vor Gott in einem einzigen Augenblick – und zugleich für immer – sichtbar, zwingt jeden in die unentrinnbare Entscheidung Gottes hinein.

Der Mensch weiß dies. Aber er versucht auch, sich schon in diesem Leben einen kleinen Ausblick auf jenes andere Leben zu sichern, indem er sich bereits hinieden erste Gewißheiten für das Drüben verschafft. Die Kirche, stets besorgt um die ihr Anvertrauten, spielt wakker mit: Sie bietet eine Fülle von sicheren Ausblicken an. Sie spendet Trost und Zuversicht. Sie handelt gar mit handfesten Zusagen ihres Gottes, welche auch drüben gelöst sein lassen, was herüben von den Offiziellen aufgebunden wurde. Die klerikale Gewalt endet nicht auf Erden. Sie reicht weiter. Sie bindet selbst Gott, wenn sie die Sünde absolviert. Sie sieht auf die Konsequenzen der (nachgelassenen) Sünde, indem sie ihre Ablässe offeriert.

Dieses Ablaßwesen, wie es sich zu Luthers Lebzeiten entwickelt hatte, stellte allerdings schon einen gewissen theologischen Fortschritt gegenüber der Frühzeit dar: Hatte der Mensch noch zu Beginn dieser Straftheologie die jenseitigen Züchtigungen durch jene frommen Bußwerke abkürzen müssen, die – nach genau detaillierter Abstufung – in langjährigem Fasten, in Exilierungen, in ermüdenden Wallfahrten und auch in wirtschaftlichen Sanktionen bestanden hatten, so konnte er neuerdings ein anderes – unter germanisch-rechtlichem Einfluß ausgestaltetes – Angebot nutzen. Jetzt wurde nämlich alles etwas leichter, wenn auch nicht billiger angeboten: Die körperlichen Ahndungen durften durch Geldbußen ersetzt und eventuelle Fastenwerke durch Vermögensstrafen abgelöst werden. Das Geld begann auch auf diesem Gebiet seinen Vormarsch, und die Bußgelder waren immer leichter aufzubringen. Jeder wußte, wofür er zahlte.

Im übrigen gab die Kirche noch ein weiteres Mal dem Rechtsempfinden der Germanen nach, indem sie es in bestimmten Fällen dem Büßenden freistellte, die eigene Strafe durch Stellvertreter abmachen zu lassen und sich einen Lückenbüßer zu dingen. Von diesem Vertretungsgedanken aus war es kein allzu großer Schritt hin zum eigentlichen Geschäft mit dem Ablaß, welches im Laufe der Zeit die Strafen und die Bußen immer lustiger hin- und herbewegte – und schließlich in aller Form damit Handel zu treiben begann.

Papst und Bischöfe machten mit. In vorderster Front. Bald war die Rede von zeitlichem wie von vollkommenem Erlaß der – auf das Fegefeuer anzurechnenden – kirchlichen Bußstrafen, falls sich der Pönitent nur bereit zeigte, seinen Beitrag in Form von Gaben für die wechselnden oberhirtlichen Zwecke zu leisten. In der Folge wurden mit Hilfe solcher und ähnlicher Bußleistungen Kreuzzüge, Türkenkriege, Ketzerverfolgungen und päpstliche Bauunternehmungen finanziert. Die Angst vor dem fegefeuerträchtigen Jenseits war voll in die Geld- und Zeitwirtschaft des christlichen Abendlandes integriert. Wo dagegen – wie etwa in den Ostkirchen – niemand von einem Fegefeuer wissen wollte, hat auch der Ablaß keinen Einlaß finden können.

Die römische Kirche hingegen, noch ganz im Vollbesitz aller dogmatischen Wahrheiten, behielt das Geschäft bei und weitete es gar aus. Der wachsende Geldbedarf der sich mehr und mehr in irdische Händel verstrickenden Päpste machte es nötig, immer neue Finanzquellen zu erschließen, in den Massen der Gläubigen das Bedürfnis nach diesem neuen Gnadenmittel zu wecken und wachzuhalten, spezielle Formen der Ablaßpropaganda zu erfinden und den Gewinn des einzelnen Ablasses stetig zu erleichtern. Der Drang nach Ausgestaltung und Vermehrung des Gnadenmittels wird zum hervorstechenden Kennzeichen dieser spätmittelalterlichen Religiosität. Immer schneller, immer sicherer, immer leichter soll der einzelne Mensch Zugang erhalten zu dem reichen Schatz der Gnaden, der im Opfertod Christi und in den Verdiensten der Märtyrer und Heiligen aufgespeichert lag. Alle Anzeichen einer Entwicklung zum religiösen Großbetrieb und zu mechanischer Werkheiligkeit lassen sich an den Erscheinungsformen dieser Kirchenfrömmigkeit ablesen.

Die Kirche schaute schon längst nicht mehr zu. Sie handelte entschlossen, als es galt, den so unergründlich erscheinenden Zusammenhang von Geld, Zeit und Angst ein für allemal zu interpretieren. Bonifaz VIII. Caetani beispielsweise hatte bereits im Jahre 1300, als die Kreuzzugsstimmung der Massen abgeflaut war, einen besonderen Jubelablaß ausgeschrieben, der an die Neuentdeckung des sogenannten Heiligen Jahres gebunden sein sollte. Die neue Quelle »mit der gulden pforten«, wie Luther 1532 darüber sagt, brachte in der Folgezeit so viele Heilsinteressenten nach Rom, daß die Kurie sie in immer kürzeren Abständen sprudeln ließ: Ursprünglich auf volle 100 Jahre angesetzt, wurde die Frist schließlich auf 50 Jahre herabgesetzt, um der Lebensjahre Jesu willen dann auf 33 und endlich, wohl wegen der vielen Nachfragen nach solchem Ablaß, auf 25 Jahre festgelegt, was in etwa der durchschnittlichen Lebenserwartung der Menschen von damals entsprochen haben dürfte.

Der Born sprudelte jedenfalls zur Zufriedenheit seiner Entdecker. Luther sagt dazu, es sei dem Papst vor allem darum gegangen, »daß er ymer frisch gelt uberkome. Drumb yhm auch die gar zu lang waren«, die Zeitabstände nämlich, die notgedrungen zwischen den Jubeljahren klafften.

Nun, auch dafür hatte Rom Abhilfe ersonnen. Wer noch immer nicht daran glaubte, zu seinen Lebzeiten nach Rom zu gelangen, bekam ein weiteres Entgegenkommen zu spüren: Die Römer schickten ihm den ersehnten Ablaß in der Folgezeit frei Haus. Wandernde Händler besorgten ihr heiliges Geschäft bald an allen Orten, die ihnen nicht aus politischen Gründen unzugänglich waren. Und als sei es auch damit noch nicht genug: Wer damit rechnete, selbst nach dem Gewinn eines vollkommenen Ablasses wieder in Sünde zu fallen, ohne gleich wieder einen Händler an der Hand zu haben, der ihm Nachschub verkaufen würde, der konnte spezielle Beichtbriefe erwerben, die ihn ermächtigten, nach Art eines Schecks einmal im Leben und einmal in Todesgefahr bei jedem beliebigen Priester den Ablaß einzulösen.

Und weiter gings: Wem selbst die Beschränkung auf die zwei genannten Gelegenheiten noch immer zu knapp bemessen schien, der erreichte – seit Sixtus IV. della Rovere – einen Brief, welcher mit jeder Beichte einen vollkommenen Ablaß verband. Zum Schluß ging der Handel mit solchen Beichtbriefen so weit, daß diese auf Vorrat gekauft und – wie Wertpapiere – nach Belieben weitergegeben werden konnten. Zudem war es üblich geworden, die gewonnenen Ablässe auch gleich im billigeren Dutzend jenen Verstorbenen ins Fegefeuer nachzureichen, die zu ihren Lebzeiten die moderner gewordenen Geschäftsbedingungen der Kirche noch nicht hatten ausnutzen können.

Roms Erfindergeist trieb immer neue Blüten: Er legte dem Ablaßerwerber noch andere Zugaben bei, denn neben dem Beichtbrief konnte dieser künftig auch einen Butterbrief erlangen, der ihn an den kirchlich gebotenen Abstinenztagen wenn nicht Fleisch, so doch Butter, Eier, Käse und Milch essen ließen, ohne eine Sünde befürchten zu müssen, die neue Strafen nach sich gezogen hätte. Schließlich zählte zu diesen Zuwagen auch die Ermächtigung, bestimmte Gelübde in andere gute Werke umzuwandeln, die sich etwas leichter erfüllen ließen, sowie das Recht, unrechtmäßig erworbenes Gut guten Gewissens behalten und nutzen zu können, falls sich der legitime Besitzer nicht mehr auffinden lassen wollte.

All diese Dreingaben eigneten sich hervorragend dazu, die Attraktivität der heiligen Ware zu verstärken. Das Volk war jedenfalls guten Glaubens. Es zahlte und zahlte, und es sparte auch immer wieder an, um von neuem zahlen zu können. Denn es meinte, mit dem Zahlen sei es getan.

Allem Anschein nach beließ Rom den Pöbel in diesem Glauben. Auffallen mußte bei dem ganzen Handwerk nur das Theoriedefizit, welches den Händlern drohte. Doch die Praxis gedieh, und das blieb die Hauptsache. Luther sagt einmal dazu, als er auf den Mainzer Erzbischof zu sprechen kommt: »Hat also die reichen wucherer fein eingeweihet mit seiner welschen manier«. Die welsche Manier hatte nichts mit Theorie zu tun, sondern mit Geschäft. Geld statt Geist lebte. Niemand wußte so recht, wie die herrschende Praxis zu rechtfertigen war. Niemand schien dies überhaupt wissen zu wollen. Zwar gab es Scholastiker, die sich auf den himmlischen Gnadenschatz beriefen, welcher aus den überschüssigen guten Werken Christi und der Heiligen auch der irdischen Kirche – und damit dem Papst – ein bestimmtes Kapital sicherte, mit dem es dann zu wuchern galt. Die römische Kirche sah sich jedoch nicht dazu genötigt, ihre Praktiken auch theologisch hinlänglich absichern zu lassen. Eine förmliche Anerkennung jener Schultheologie stand fürs erste gar nicht zur Debatte. Rom behalf sich von Fall zu Fall. Mehr Theologie brauchte es nicht.

Daß es immer wieder erklärte Gegner des Ablaßwesens gegeben hatte, unter ihnen Abaelard, Wycliffe, Hus, nahm die Orthodoxie nicht weiter tragisch. Diese Ketzer hatten den verdienten Lohn bereits empfangen. Die Kurie begnügte sich damit, nach bewährtem Muster zu handeln und sich hin und wieder auch beiläufig in päpstlichen Erlassen dahingehend zu äußern, daß alles recht sei, wie es eben sei. Eine besser ausformulierte Doktrin wäre des Guten zuviel gewesen. Das Volk, auf dessen Zahlungsmoral es allein ankam, blieb bei der simplen Vorstellung, Schuld lasse sich durch Geld tilgen. Die Tüfteleien der Theologen führten nicht weiter. Fürs erste genügte es, sich an die gröberen Interpretationen der Ablaßprediger zu halten, welche nicht differenzierten, sondern Klartext sprachen, mochte der eine oder andere von ihnen auch ein wenig von der Theologie abweichen.

Einer dieser Abweichler hieß Johannes Tetzel, ein emsiger und selbstbewußter Geschäftsmann im Gewand des heiligen Dominikus, auch ein überzeugter Geistlicher mit organisatorischem Geschick. Ihm hatte die Weltgeschichte, die sich im allgemeinen kaum um kleine Kleriker kümmert, weil es genug von ihnen gibt, einen besonderen Platz zugedacht. Denn Tetzel, ein »großer Clamant«, predigte den Ablaß Leos X., Albrechts von Brandenburg und Jakob Fuggers als Generalsubkommissar in unmittelbarer Nähe Luthers. So konnte es kaum ausbleiben, daß Martinus von diesem Herrn hörte.

Das Volk erzählte zunehmend Erstaunliches auch über den Prunk und Pomp, mit dem der Bettelmönch auftrat, über das Läuten mit allen Glocken, über die großen Empfänge durch den Magistrat der Städte, welche Tetzels Ablaßtruppe beehrte, über das rote Kreuz, das in den Kirchen zwischen zwei Fahnen mit dem Wappen des römischen Leo aufgerichtet war, über die mit Ablaßbriefen behängten Wagen, mit denen der Prediger seinen Einzug hielt, über die mächtig donnernden Predigten auch, die der starkleibige Mann vortrug, um die Gläubigen bei Laune und bei Kasse zu halten, weil der Kredit nicht warten konnte: »Hört ihr nicht«, soll Tetzel in seiner Standardpredigt gesagt haben, »eure toten Eltern schreien und rufen: Erbarmt euch doch mein. Wir sind in schwerer Straf und Pein, daraus ihr uns mit geringen Almosen erretten könnet.«

Tetzel mit seinen »greulich, schrecklich Artickeln« war schon ein Ereignis. Erst später wurde er, der Kleinste unter den Beteiligten, zum großen Sündenbock gemacht, dem aller Dreck angehängt werden konnte, den seine Kollegen und Kumpane andernorts in ihrem heiligen Handel auf sich geladen hatten. Luther selbst hat diese Verleumdungen nicht übernommen. Zwar sagt auch er: »Tetzel macht es so grob, das mans muste greiffen«. Doch noch dem sterbenden Tetzel hat er anno 1519, als alles anders gelaufen war, als beabsichtigt, einen Trostbrief geschrieben, um ihn über den Grund zum schlimmen Streit zu beruhigen, der Tetzel selbst, allen Legenden zum Trotz, nicht gewesen ist.

Luther brauchte diesen Mann 1517 nicht mehr. Seine Theologie war bereits weit über eine Ablaßpredigt hinausgeeilt. Tetzel gab allenfalls den Anlaß dafür ab, daß der Wittenberger Professor sich erneut – einige ähnliche Disputationsversuche waren voraufgegangen – zu Wort meldete. Martinus selbst dazu, im Jahre 1532: »Als ich erst wider den Ablaß schriebe, da thäte ichs nicht aus Vermessenheit oder daß ich auf meine Kunst und Weisheit gepocht hätte, sondern ich wollte den Handel vom Ablaß nur anstechen und gedachte, es würden darnach wol andere Leute sich finden, die es besser würden hinausführen.«

Als Luther, geschworener Doktor der Heiligen Schrift, schließlich am 31. Oktober 1517 seine sofort berühmtgewordenen 95 Thesen veröffentlichte, machte er damit allein seine eigene Meinung bekannt, wie sie sich schon geraume Zeit vor Tetzels Auftritten herausgebildet hatte. Dabei ging es ihm weniger um eine Stellungnahme gegen den Ablaß als um ein Wort für Gottes Gerechtigkeit. Sie allein sollte siegen und herrschen.

Martinus wandte seine in aller Stille des Stübchens erlittenen und erarbeiteten neuen Prinzipien auf einen besonderen Fall an, in dem das »gegenwärtige Geld« den guten Gott zu verachten drohte. Tetzels Predigten boten die nächste Gelegenheit, den Mainzer Erzbischof, der es doch noch ein wenig besser wissen mußte als sein Abgesandter, nach dem Sinn des ganzen Unternehmens zu fragen.

Die von einzelnen Autoren verneinte, von Historikern jedoch bejahte Frage, ob Luther ein solches Thesenpapier »gegen 12 Uhr mittags« auch an die Schloß- und Universitätskirche »angeschlagen« habe, um von diesem Schwarzen Brett aus zur akademischen Disputation zu laden, ist demgegenüber zweitrangig. Wichtiger erscheint die Feststellung, daß da ein Mensch mit all seiner in vielen Anfechtungen erfochtenen Gelassenheit die Kraft aufbringt, die Sache mit Gott auch und gerade der Kirche seiner Zeit gegenüber neu zur Sprache zu bringen und sich selbst dabei – als einen Betroffenen – völlig hinter die eigene Theologie zu stellen, weil er unbedingt an die Gerechtigkeit seines Gottes zu glauben gelernt hatte.

Gewiß hat Martinus auch aufgeschrien, gewiß waren diese Thesen neuerisch genug, Tetzel hatte sofort das tödliche Schlagwort von der »Ketzerei« zur Hand, und auch von seinem Kollegen Karlstadt weiß Luther zu berichten, er habe schon früher gesagt: »Wenn er wüßte, daß er solchs im Ernst redete, so wollt ich Euch bei dem Papst verklagen als einen Ketzer.« Doch bezwingt nicht der Aufschrei, nicht die Systematik, sondern ein sehr persönlich vorgetragener Anspruch auf das Recht, an das zu glauben und das zu erhoffen, was Luther als Wahrheit in sich brennen fühlte, das schlichteste Wort Gottes, kurz, die Buße.

Daß dieses Wort, von Martinus impulsiv und zugleich überlegt artikuliert, eine Antwort verlangte, dürfte unbestritten sein. Doch weiß die Kirche dies erst heute. Damals fand sich niemand dazu fähig oder bereit. Halb Europa las zwar in fliegender Hast die neue Mär aus Wittenberg (wo lag das überhaupt?), und die meisten stimmten auch zu. Nur einige schüttelten den Kopf. Die Angelegenheit machte ein Aufsehen, das keiner erwartet hätte, die Herren des ominösen Kreditgeschäftes am allerwenigsten. Bald wurde der für die akademische Welt in Latein verfaßte Thesentext abgeschrieben, vervielfältigt, umhergeschickt, neu abgeschrieben, als Faltblatt wie als Plakat gedruckt, ins Deutsche übertragen, in den wichtigsten Passagen zitiert, gelesen, debattiert, resümiert und disputiert. Fast überall fand sich Bereitwilligkeit, einem Mann, der als Priester und Lehrer der Theologie an einer Hochschule unter dem ganzen Einsatz seiner Persönlichkeit an die Öffentlichkeit getreten war, aufs Wort zu glauben. Hier sprach jemand, ganz plötzlich, für alle.

»In vierzehn Tagen schier durch ganz Deutschland« sei das kleine Blatt gelaufen, meinte sein Verfasser später, »denn alle Welt klagte über den Ablaß«. Mit Hilfe des Buchdruckergewerbes wird die nach Stil und Gedankenführung – trotz ihrer Übersetzung ins Deutsche – alles andere als populäre Schrift allerorts verbreitet. Schon Anfang März 1518 hat sie auch Erasmus – wohl in einem Basler Nachdruck – als literarische Neuigkeit nach London weitergereicht. Eine wohl einmalige Konstellation von Umständen, in der eine ganz intime Passion um den Bußbegriff auf den allgemeinen Unwillen der Menge getroffen war, machte aus dem Autor der Thesen über Nacht den Sprecher der öffentlichen Meinung.

Luther war darauf nicht vorbereitet. Zu plötzlich war er aus seinem Stübchen auf den Kampfplatz der lauten Meinungen gerissen worden. Und ebenso unerwartet wird er immer weiter nach vorne geschoben, von Bastion zu Bastion, von Standpunkt zu Standpunkt. Der Weg zurück war fürs erste wenigstens von innen wie von außen versperrt. Martinus blieb zunächst das Zeichen des Widerspruchs. Während sein bisheriges Leben in aller Regelmäßigkeit verlaufen war, während die harten Kämpfe im Innern einen steten Aufstieg des Tüchtigen in der eigenen klösterlichen Umwelt begleitet hatten, sah Martinus jetzt, von einem Tag zum anderen, den gefährlichen Weg des notorischen Genies vor sich, einen Weg, der dramatische Ereignisse, große Geschehnisse, schicksalsschwere Verantwortlichkeiten mit sich bringen würde. Ruhe konnte es so schnell nicht mehr geben. Die Öffentlichkeit ließ sich ihren Mann nicht nehmen. Zu lange hatte sie auf einen solchen Sprecher gewartet.

Auch die – eigentlich angesprochene – akademische Welt in ihren Schreibstuben nahm den Kollegen aus Wittenberg zur Kenntnis. Doch äußerte sie sich vorerst nicht, denn bei aller Zustimmung war sie schnell auch peinlich berührt von derart unwissenschaftlicher Propaganda. Die Kreise der Professoren wußten noch nicht, was sie von alldem zu halten hatten. Sprach da ein Verführer der Massen, ein Scharlatan - oder ein verkanntes Genie der Kirche, ein Mensch, der zu lehren wußte? Selbst der Mainzer Erzbischof, dem Luther ein formvollendetes Schreiben eingereicht hatte (das Thesenpapier lag als Anlage bei), schwieg ebenso wie der Bischof von Brandenburg, dem Wittenberg unterstand, und andere hohe Prälaten, denen Martinus ebenfalls geschrieben hatte.

Die Frage des Augustiner-Mönchs, was er nun tun solle, läßt sich - sie ist kinderschwer - allem Anschein nach nicht beantworten. Zudem ist unsicher, ob der Mainzer überhaupt einen Blick auf Luthers Schreiben und seine Anlage geworfen hat. Theologie war des Hohenzollern Stärke nicht. Der Erzbischof bevorzugte die Praxis, den tausendfach geübten Brauch seiner Kirche. Eben diesem Usus aber wurde Martinus gefährlich. Das fand der hohe Herr sehr schnell heraus.

Er charakterisierte daher das Diskussionsvorhaben des Wittenbergers als »trotzig«, bei aller mönchischen Bescheidenheit des Autors, und erklärte seinen Beratern, ihn selber ginge dies alles eigentlich gar nichts an. Nur sei zu befürchten, daß das tumbe Volk »geärgert« werde von solchen Reden, die besser am grünen Tisch geführt wurden. Allein aus Sorge um die dem erzbischöflichen Stuhl Anvertrauten unternimmt Albrecht denn auch jene paar Schritte, die ihm erforderlich erschienen sind, dem Bettelmönch das weitere Fragen sauer zu machen.

So wird der fragwürdige Text der Universität Mainz vorgelegt, damit diese, noch immer das probateste Mittel unter Professorenkollegen, den Wittenberger auf akademische Art erledige, ihm beispielsweise Fehler und Mängel in seiner Beweisführung nachweise, ihn auch der theologischen Unkenntnis, der mangelnden Vertrautheit mit den überkommenen Autoritäten zeihe. Im übrigen soll - auf juristischem Wege - ein Verbot weiterer Diskussion erzwungen werden, denn die Inopportunität von Luthers Anliegen liegt auf der Hand. Die heile Welt könnte wirklich gestört werden.

Daß mit derlei Praxen Luthers Frage nicht beantwortet war, scheint niemand bemerkt zu haben. Dabei klärte ein Prozeß die Causa Gottes nie und nimmer. Über die akademischen Autoritäten hatte sich der Wittenberger Professor schon längst seine Meinung gebildet. Derlei focht ihn nicht an, auch wenn er sich keinem der folgenden Dispute entziehen wird. Gottes Gerechtigkeit, wie sie in Martinus brannte, war mit den herkömmlichen theologischen Formeln nicht zu löschen.

Luthers Gegner sollten ihren Grundirrtum, das Lebensproblem einer passionierten Persönlichkeit mit dürren Juristereien und unangefochtenen Theologien lösen zu wollen, noch bereuen. Fürs erste hoffen sie noch auf Einsicht. Jene Art von »Liebe und Eifer zur Wahrheit«, von denen bereits die Einleitung zu Luthers Thesen gesprochen hatte, läßt sich aber bei den nüchternen Prozeßbevollmächtigten kaum antreffen. Die geordnete Welt der Schultheologie hatte bereits ihren Frieden mit Gott gemacht. Sie baute auf Sicherheit, nicht auf eifriges Nachfragen oder gar auf Zweifeln. Luther dagegen wollte die Anfechtung, die Betroffenheit, die Unsicherheit der menschlichen Existenz.

Buße, immer wieder Buße, ein ganzes Leben lang, lautete der unmißverständliche Auftrag Jesu Christi, dem der Mensch sich nicht durch Zahlung irgendeiner Abstandssumme entziehen konnte. Daher sprach schon die erste der Thesen dezidiert von solcher Buße. Luther läßt die übliche Ablaßkritik seiner Epoche hinter sich, welche sich allein bei den Mißbräuchen einer an sich löblichen Sache aufhielt. Buße war für ihn ein Lebensprogramm, das den Einsatz des ganzen Menschen erforderte – und nicht nur dessen Beicht- und Butterbrieflein. Buße machte unsicher, den irdischen Sicherheiten gegenüber, und zugleich sicher, im »credere« des Menschen, im unbedingten Vertrauen des »simul iustus et peccator« auf einen großen und gegenwärtigen Gott, der im Kreuze des Herrn unüberbietbar barmherzig zu seiner armen Welt gesprochen hatte.

Kreditgeschäfte hatten demgegenüber allein ein falsches Sekuritätsgefühl zur Folge, das Gottes Gnadengerechtigkeit im voraus mit in das eigene Kalkül einzubeziehen wagte. Der Ablaß, den die Schar des Brandenburgers geradezu als »Versöhnung Gottes mit den Menschen« zu feiern gewagt hatte, war nichts anderes als ein schlimmer Ausdruck von Blasphemie, zumal er den Lebensprozeß christlicher Bußarbeit auf ein paar Minuten Handelsgeschäft, auf ein paar Pfennige zusammenzog. Wer dies nicht einsah, wer diese Auffassung nicht teilte, war kein Verkünder des Gotteswortes, und hieße er Papst.

13. Meine Disputation schwankt unter Lästerungen hin und her

Pastose Oberhirten in Mainz und Rom

Des Papstes Kurie war noch vor Weihnachten 1517 mit der Angelegenheit befaßt worden, die sich – durch offizielles Zutun der Kirchenoberen – zu einem »Fall Luther« auszuweiten begonnen hatte. Der Mainzer Erzbischof war bereits Anfang Dezember zu der Auffassung gelangt, es sei für ihn das Klügste und auch das Bequemste, den Frater Martinus durch Tetzel darüber in Kenntnis setzen zu lassen, daß sich eine weitere Diskussion erübrige, und – gleichzeitig – eben diese Diskussion einer nicht ganz geheuren Sache in aller Stille an den Obersten Bischof der Kirche weiterzureichen.

Diese Entscheidung eines Behaglichen sollte noch unbequeme Konsequenzen haben, denn die wissenschaftliche Ebene eines Disputes unter Diskussionsgewohnten war damit fast unwiderruflich verlassen. Jetzt konnten die Juristen, die Praktiker tätig werden, und dies auf ihre Art, Schritt um Schritt vorrückend, solche Causa immer wieder hin- und herschiebend, bis sich ein definitiver Abschluß fand.

Auf diese Weise hatte die vor über zehn Jahren aufgegebene Rechtsgelehrsamkeit den Theologen Martinus wieder eingeholt, und die Verhältnisse von früher waren zurückgekehrt, von denen Luther sagt: »Es ist ein ewiger Hader und Kampf zwischen den Juristen und Theologen. Gleichwie das Gesetz und Gnade sich mit einander auch nicht vertragen, denn sie sind wider einander; also sind die Juristen und Theologen auch zwieträchtig, denn eins will immer höher seyn, denn das Ander. Das ist aber die Ursache, daß die Juristen wollen haben, man soll ihr Ding für das Höchste halten. Die haben nun vierhundert Jahre regieret, und je und je die Theologen verachtet, und sind ihnen gram gewesen. Als ich zu Erfurt studierte, da durften die Juristen den Doktoren der Theologie lassen entbieten: Wissen die Esel nicht, wie sie gehen sollen?«

Nein, die theologischen Esel wußten wirklich nichts. Sie glaubten an ihr Wort. Die Juristen aber, vor allem die klerikalen, hatten mehr. Sie gaben sich gelehrt und wissend, und doch vertieften sie die Kluft zwischen ihrer Rechtsfindung und dem gemeinen Mann, der ihrer Klügelei nicht gewachsen war. Sie arbeiteten nur denen zu, die sie besoldeten. Sie bildeten eine widerchristliche Elite. Sie besaßen ein schändliches Recht, »das nach geld stinckt«. Luther wird sich zeitlebens mit diesen Leuten herumschlagen, denn das Jahr 1518 macht erst den Anfang. Noch 1539 liest er den Juristen, die seine Sache überhaupt nicht verstanden haben, die Leviten: »Wir wollens nicht leiden, das ir sollet unser kirchen zu reissen; wollet yrs aber thun, so thuts anderswu. Wir sollen des papstes esels dreck und furtze nicht haben; frest irs selber! Werdet yrs aber nicht thun und euer horner aufsetzen, so faret fort; so wil ich meine horner auch aufsetzen und euch stossen, das krachen sol.«

Der Zwist ist schon jetzt unheilbar. Luther sieht sein Wort in den falschen Händen. Aber im Jahre 1518 hat Albrecht von Brandenburg keineswegs ungewöhnlich gehandelt. Die Paragraphen mußten eingeschaltet werden. Alle Welt vertraute ihnen. Die Räte und Verständigen waren dies gewöhnt. Davon lebten sie, daraus leiteten sie ihre Daseinsberechtigung ab. Viele andere Akten waren bereits angelegt, viele weitere Denunziationspapiere gesammelt worden. Fälle gab es immer wieder. Die Archive schlossen sich früher oder später auch über diesen, begruben lebendiges Denken und Fühlen, sprachen abschließend von Rückkehr zum Gehorsam.

Das wußte auch der Hohenzoller, im übrigen – wie Tetzel – ein ziemlich mittelmäßiger Darsteller der Bequemlichkeiten seines Standes. Das enthüllende Porträt, welches Lukas Cranach zwischen 1520 und 1525 von ihm gefertigt hat, zeigt ihn nicht als einen zupackenden Herrscher, nicht als einen Julius II. im Kleinformat, nicht im Panzerhemd, schon gar nicht mit Schwert und Lanze. Im Gegenteil, Albrecht wird als ein verweichlichter Mann mit zerfließenden Zügen wiedergegeben. Kardinalsgewand wie Kardinalsgesicht geben nach, lassen sich nicht festlegen. Klare Linien finden sich nicht. Ein flächiges, fleischiges, ja pastoses, nach Luther »erdhaft todliches« Antlitz, verzärtelte, allein des Brauchs wegen verschränkte Hände, denen keinerlei Kriegswerkzeug anvertraut sein will, ein auffallend kleines und verzogenes Mündchen, sentimental wie die Augen des geistlichen Kurfürsten, so hat ihn der Maler gesehen. Nackt und bloß.

Alles in allem scheint der Hohenzollernprinz, der dieses Porträt anerkannt haben muß, nicht viel mehr als eine Art Connaisseur gewesen zu sein, ohne rechte Lust zum Durchgreifen also, mit mehr Engagement allein in seinen Liebschaften, von Jugend auf geschmäcklerisch verwöhnt, auf seinen künftigen Stand hinbehütet, von allen Widrigkeiten ferngehalten, der Fortuna ans Mutterherz gelegt. Ob er von der Härte des Wortes Gottes je etwas mitbekommen hat, bleibt zweifelhaft. Luther selbst, der diese Härte an sich erfahren mußte, sagt anekdotenhaft darüber, der Mainzer habe einmal eine Bibel zu Gesicht bekommen und darin geblättert, schließlich aber gemeint: »Ich weiß nicht, was es für ein Buch ist, denn alles, was nur darinnen ist, das ist wider uns.«

Albrecht ist sein Leben lang weich geblieben, schwankend, ängstlich besorgt, von schleichenden Krankheiten bedroht. Seine Kraft war eher hinterlistig. Sie kam von hinten, »meuchling«, wie Luther meint. Seine ehrgeizigen Pläne, darunter die Absicht zu heiraten und seine riesigen geistlichen Ländereien kurzerhand der Lehre Wittenbergs anzuvertrauen, wird er wieder drangeben. Intrigen, die zumindest ein gewisses Quantum an Standhaftigkeit vorausgesetzt hätten, waren seine Sache nicht. Von daher gesehen ist Luthers Urteil zu überspitzt: »Ich wolt ihn, der doch mein ergster feindt ist, wol gunnen, das er bapst wer, den ich auch zu disen ampt kein bessern wust, darzu man nur die aller ergesten buben und schelcken nimpt.«

Der Herr von Mainz war kein solcher Bube und Schalk. Er wollte in geselliger Ruhe leben, seinen Frieden genießen, sogar beliebt sein, auch bei den Künstlern, die er an seinen Hof zog. Mathias Grünewald zählte zu diesen. Sogar Martin Luther konnte später, als aus dem Wittenberger Mönch etwas geworden war, zumindest insgeheim auf den Brandenburger zählen. Denn selbst mit dem Ketzer wollte Albrecht seinen Frieden machen. Er war gar nicht so. Über alles ließ sich reden. Für alles fand sich eine Lösung.

Die Entscheidung, den Papst mithereinzuziehen, war allerdings keine Lösung. Sie war herzlich falsch. Sie erst machte aus der Mücke den Elefanten. Dabei war Leo X. Medici an diesem nordländischen Mönchsgezänk uninteressiert. Der Papst hatte Besseres zu tun. Von ähnlich weichem Charakter wie sein Mainzer Erzbischof genoß Leo sein Amt, lavierte sich mit doppelzüngiger Diplomatie durch alle Fährnisse seines Pontifikates durch, lebte von kleinlichsten Verschwörungen in den Schicksalsfragen der europäischen Politik – und übersah nie den Ausbau der eigenen Hausmacht.

Auch der Medici, über dessen Tod Luther eine besondere Geschichte erzählen wird, denn »er ist todt blieben, da er mit einem Knaben zu schaffen gehabt hat, und darüber gestorben«, ließ sich in seinem Nepotismus durch keine noch so verzweifelte Kriegslage beirren. Mehr Bankier als Papst, bildete Leo X. den Ablaßhandel zum Wirtschaftssystem größten Ausmaßes fort und unterhielt zweitausend käufliche Ämter, deren Hin und Her die eigenen Schatullen füllen sollte. Bei einem solchen Herrn waren spezifisch theologische Fragen dagegen weniger gut aufgehoben.

Martinus hatte daher, so schien es wenigstens, auch aus Rom keine Antwort auf seine Existenzfrage zu erwarten. Leo X. war mit eigenen Problemen voll ausgelastet: Es galt nach wie vor, Bündnisse zu schließen und zu lösen. Vier Ligen handelt er gegen zwei mit Franz I. von Frankreich aus, ein Bündnis auch gegen den spanischen Karl, eines mit diesem. Daß bei derlei Geschäftigkeit das päpstliche Lateran-Konzil nicht von der Stelle gekommen war, leuchtet ein. Es wurde einfach beiseite geschoben.

Glaubensfragen waren das letzte, das dieser Renaissance-Hof als dringlich empfunden hätte. Wichtiger schienen wochenlange Jagdausflüge, Theateraufführungen von Saison zu Saison, der römische Karneval und eben auch der Schacher mit der Angst der Vielen vor dem Jenseits, der die Kriegskasse wie die Privatbörse immer wieder auffüllte. Sonderliche Sorgen machte Rom sich nicht um eine Religion, die es von Berufs wegen zu vertreten hatte. Die Hauptsachen, die päpstlichen Ansprüche, galten als gesichert. Was blieb, war Spektakel.

Ein Dominikaner konnte den römischen Leo als »Sonnengott« feiern, der ein Mäzenatentum sondergleichen begründet hatte. Und dieser Lobhudler blieb nicht allein. Heerscharen von Literaten und Improvisatoren drängten zur mediceischen Futterkrippe, für deren Unterhalt die geistlichen Einkünfte herhalten mußten. Eintagserzeugnisse erwarben sich reichen Lohn. Dichterlinge sahen sich plötzlich in den Adelsstand erhoben, erhielten Titel, Posten, Pfründen. Selbst

Erasmus ließ sich seinerzeit zu peinlichem Schmeicheln herbei, reihte sich ein in die lange Schar derer, die, Christen oder Nichtchristen, diesem Papst huldigten, um reich dotiert von dannen zu gehen.

Nicht ohne Grund hat Ranke auf das »Zufällige und Lotteriehafte« dieses Mäzenats verwiesen, dem nichts Dauerhaftes eignete und das schon gar keinen Vergleich zuließ mit dem drängenden Talent eines Julius II., von dem der Epigone Leo X. Michelangelo und Raffael übernommen hatte. Raffael war es auch, der den Medici zusammen mit zwei Nepoten porträtiert hat, in einem berühmten Bild, einer Entlarvung in Öl. Leo ähnelt auf frappierende Weise dem Hohenzollern Albrecht: Das Gesicht des Genießers, der gekniffene Mund, die aufgesetzte Festigkeit der Augen.

Lukas Cranach war gewiß dem Porträtisten Raffael unterlegen, doch gesehen haben die beiden Künstler die beiden Oberhirten mit gleich scharfem Blick. Die ihnen zum Porträt saßen, waren Menschen, denen es nicht ernst war. Raffael ist allerdings noch etwas mitleidiger: Sein Papst hält eine Lupe, betrachtet ein kostbares Manuskript, weist damit auf seine Interessen hin. Der Mainzer dagegen weiß kaum wohin mit seinen Händen. Er hält sie auf theatralische Weise zum Gebet gefaltet, Ring an Ring.

Weder in Mainz noch in Rom konnte von Glaubensernst die Rede sein. Leo X. übte sich – ein Abklatsch seines Onkels Lorenzo Il Magnifico – im äußerlichen Glänzen, im Genuß des Ästhetischen. Die große Idee, das Gespür für die Tragik seines Amtes in seiner Zeit, die Passion für die Passion gehen dieser Nichtigkeit ab. Seine Heiligkeit erregt Mitleid, nicht zuletzt bei Martin Luther, dessen Schriften Leo X. nie so genau unter die Lupe genommen hat wie jenes Manuskript auf Raffaels Bild. Mitleid ist angebracht, und der Medici wird von dem deutschen Mönch auch geschont. Luther unterscheidet zwischen dem Papst und seiner Kurie. Er hält den Papst für schlecht beraten, für falsch informiert, für ein Opfer seiner verderbten Umgebung voller Juristen.

Diese Pietät einem labilen Favoriten gegenüber nimmt noch heute nicht jeder ohne Wehmut zur Kenntnis. In der Sache selbst bleibt es aber bei dem tiefen Ernst des Anfangs, wie er in den letzten der 95 Thesen zum Ausdruck gekommen war: Die Worte »Strafe«, »Leid«, »Tod« und »Hölle« fallen wie Hammerschläge auf den weichen Frieden. Noch immer ist nichts heil, wo alles heil ist.

Rom überhört das Klopfen. Leo X. hat keine Ahnung von der Gefährlichkeit des Angriffs, der sich so dezidiert gegen die eigene Heilsgewißheit richtet. Seine Juristen reichen die unbequeme Angelegenheit an den Augustiner-Orden weiter, der sich mit »dem Menschen« da beschäftigen soll. Niemand von all den hohen Herren kennt aber die wahre Meinung der Öffentlichkeit. Nur der »treffliche Mann« Albrecht Dürer, als Künstler dem Volk auf die sensibelste Weise verbunden, schickt dem ihm noch völlig unbekannten Luther spontan einige seiner Werke, ein kleiner Dank für den Durchbruch. Endlich hatte einer den Mut aufgebracht, der Katze die Schelle umzubinden, und dies ohne Angst vor den Ketzerriechern der alten Kirche.

Ketzerjäger wittern Unrat

Gerade diese säumen nicht. Sie wittern die Gefahr aus dem Norden. Wenn schon Rom nicht hellwach ist, so schläft doch der klerikale Unterbau nicht. Tetzel meldet sich als einer der ersten und prahlt: »Der Ketzer soll mir in drei Wochen ins Feuer geworfen werden und in einem Badehute gen Himmel fahren.« Das hieß: Verbrennen, Sammeln der Asche in einen alten Hut, Wegwerfen dieser letzten Überreste der Häresie ins Wasser, getreu der alten Übung, die mit vielen anderen vor und nach ihm auch Jan Hus hatte erleiden müssen, dessen Asche 1415 »in den rhein gefuert« worden war, wie das den Ketzern zukam, die nicht einmal die winzigste Reliquie zurücklassen durften, sondern ganz ausgerottet werden mußten.

Die »damnatio memoriae«, ein Erbübel der Orthodoxie, kannte keinen Pardon: Die Sieger, Eigentümer der Wahrheit, die sie waren, machten selbst den Namen und das Andenken eines Verbrannten »stinkend«, auf daß niemand mehr seiner im Guten sich erinnern könne. Sie wollten wieder unter sich sein, die heile Welt der Wahrheit genießen, den Buchstaben des eigenen Rechtes lesen und deuten, ohne ständig von irgendwelchen Abweichlern belästigt zu werden, die immer noch etwas nachzufragen wußten. Tetzel wußte genau, was er sagte. Ähnlich christenfreundlich ließen sich andere Dominikaner vernehmen, so daß es schließlich die Augustiner, bislang noch ohne notorische Ketzer in den eigenen Reihen, mit der Angst zu tun bekamen. Plötzlich flüsterte alles, schaute von Martinus weg und schob andere Geschäftigkeiten vor. Selbst zu Wittenberg war die Stimmung »in der erste sehr schwächlich«. Von den Professoren stand zunächst nur Karlstadt hinter seinem Kollegen. Der Prior des eigenen Konvents aber kam zum Bruder Martinus, um diesen zu warnen, er möge keine Schande über die Seinen bringen, zumal die Konkurrenten aus dem Lager der Dominikaner »schon für Freuden hüpfen, daß sie nicht allein in Schanden steckten, sondern nu auch die Augustiner brennen müßten«.

Die Dominikaner hüpften allerdings nicht nur. Sie handelten auch. Johann Tetzel disputierte im Januar 1518 zur Erlangung des Lizentiats an der Universität zu Frankfurt an der Oder. Thema seiner Disputation waren 106 Gegenthesen, die ihm vom Professor Konrad Wimpina zugelegt worden waren, um – schnell und gut – mit dem Wittenberger abrechnen zu können. Tetzel war allem Anschein nach auf Martinus angesetzt worden. Andersfalls wäre er wohl nicht auf irgendwelche Thesen oder Antithesen von Gewicht gekommen.

Damit noch nicht genug: Die Dominikaner erörterten die Frage, wie der unverschämte Martinus am schnellsten zur Strecke zu bringen sei. Schließlich kamen einige zu der Ansicht, eine Denunziation wegen Ketzerei sei noch stets die wirksamste Arznei gewesen. Solch eine Anzeige wog ungleich schwerer als diejenige des Mainzer Erzbischofs. Denn jetzt war ganz offiziell das Stichwort gefallen, welches – zumal in einer so brennfreudigen Zeit – die Lunte an das Pulverfaß legte.

Das verhängnisvolle Wörtlein flüsterte nicht aus irgendeiner Ecke. Es tönte lautstark von denjenigen, die sich in Sachen Inquisition am besten auskannten, die ein Monopol auf das Anstecken von Scheiterhaufen besaßen. Hinzu kam eine nicht unwichtige Feststellung: Auch in Rom saßen an mitentscheidender Stelle die »prediger munch«. Der eine etwa, Nikolaus von Schönberg, galt als der nächste Vertraute eines Nepotenkardinals aus der Sippe der Medici, und der andere, Bruder Thomas de Vio, stand selbst kurz vor der Erhebung zum Kardinal, war dazu der einflußreichste Theologe der Kurie – und zu allem Überfluß Generalmagister des Ordens. Die Dinge standen also nicht schlecht für die Vertreter des wahren Glaubens. Wittenberg begann um Luthers Leben zu fürchten. Schon jetzt, zu diesem frühen Zeitpunkt. Asche würde, einmal mehr, zu Asche kommen.

Der Betroffene selbst war nicht ängstlich. Er fühlte sich geblendet vom Tageslicht einer Welt, die ihn so schlagartig zur Kenntnis genommen hatte. Martinus konnte alles noch nicht glauben. Wer verstünde dies nicht? Der Wittenberger Mönch hatte unterdessen bereits jene seltsam zwiespältige Zeitspanne hinter sich gebracht, die zwischen der Publikation einer Arbeit und den ersten Anzeichen einer durchschlagenden Wirkung liegt. Diesmal war das Echo, im Gegensatz zu früheren Bemühungen, nicht ausgeblieben, wenn es auch in einem nicht vorhersehbaren Ton zurückschallte. Nicht jede Stimme klang nämlich so freundlich wie die des Franziskanerpriors Dr. Fleck, welcher Luther einen aufmunternden Brief geschrieben hatte, für den dieser noch im Spätjahr 1542 zehn Gulden geben wollte, wenn er ihn nur hätte. Solche ersten Stimmen – »ich hab Fleck lieb . . . Die mönch warn im auch gram« – werden nie vergessen.

In der Folge traten die Freundlichkeiten – Fleck hatte über Luther gesagt: »Er ist da, der es thun wirt!« – hinter die Drohungen zurück. Martinus fühlt sich mißverstanden, vor allem von den Laien, die mit seinen akademischen Thesen nicht viel anfangen konnten. Der Professor setzt sich daher noch einmal hin, verarbeitet umfangreiche Sekundärliteratur zum Thema und deutet in einem zweiten Anlauf, aber noch einmal scholastisch, seine Bußthesen aus. Zugeeignet werden diese »Resolutionen« dem Bischof von Brandenburg, einem gewissen Herrn Schulze. Luther kommentiert und interpretiert darin, was an sich doch bereits hätte einleuchten müssen. Noch weiß er nichts davon, geblendet, wie er ist, daß sich manchen Leuten überhaupt nie etwas erklären läßt, weil sie der eigenen Meinung stets den Vorrang vor dem Neudurchdachten einräumen.

Dabei gehörte der hochwürdigste Herr Schulze, als Bischof eine Ausnahme, weil kein Adliger von Geburt (Luther später dazu: ». . . wolte furstlich gehalten und genennet sein, furstliche dentze halten, dachte nicht, das er eyn schreiber gewesen wer«), noch nicht einmal zu denen, die keinerlei Gespür für Neues haben. Dieser Bischof – »unter einem geпornen fursten und gemachten« sieht Luther 1538 einen großen Unterschied – dachte gar nicht so weit. Er teilte, ein ahnungslos-freundlicher Mann, dem Wittenberger Professor lediglich mit, er fände gegenwärtig nicht die Zeit, diese sicherlich höchstinteressante Schrift zu lesen. Und ein wenig später wird er in Wittenberg ausrichten lassen, in dem vorgelegten Werklein fände sich ohnehin nichts Unkatholisches.

Das konnte mit solcher Bestimmtheit gewiß nicht gesagt werden. Immerhin hatte Luther die traditionelle Zwei-Schwerter-Lehre eine Erfindung der Hölle genannt, immerhin hatte er zustimmend auf die Ostkirche hingewiesen, die den Römern kaum als katholisch gelten konnte, immerhin verteilte er die Ketzerhüte anders als gewohnt, indem er sie den kirchlichen Praktikern aufsetzte, und immerhin lehnte er das Verbrennen der Ketzer ab, da er in der Schrift selbst nichts darüber finden könne. Derlei Praktiken aber, Schwerter wie Brände, waren doch gut katholisch, wenn auch nicht bis in alle Winkel hinein dogmatisch ausgeleuchtet. Wer solche Praxis der konkreten Kirche bestritt, machte sich zumindest verdächtig. Wer seine Zweifel daran äußerte, ob der römische Papst wirklich alles tun durfte, was er tat, dem war nicht unbedingt ein echt katholisches Fühlen mit der Kirche zu bescheinigen.

Der Bischof tat dies dennoch. Vielleicht hatte er, alles in allem, nur das Wohl dieses jungen Professors im Auge, als er ihn auf diese Weise zu integrieren suchte. Vielleicht war er aber auch jenen Menschen zuzurechnen, denen die Übereinstimmung aller lieber ist als der Zwist einzelner. Wir wissen nicht, was den Oberhirten zu seinem positiven Urteil bewogen hatte. Luther aber konnte dies nur recht sein.

Er geht auf der bischöflichen Basis einen großen Schritt weiter, löst sich vom lateinischen Disputationsstil und bereitet einen »Sermon von Ablaß und Gnade« vor, in welchem er – in der Volkssprache Deutsch – einer noch breiteren Öffentlichkeit seine Auffassungen darlegen will. Doch ist er zunächst gehindert, den wichtigen Plan auszuführen.

Mitte März 1518 gelangt Martinus nämlich in den Besitz der Frankfurter Gegenthesen der Herren Wimpina und Tetzel. Er erhält auch die Glossen zugestellt, welche Dr. Johann Eck, Theologe zu Ingolstadt, unter dem Namen »Obelisci«, »Spießchen«, gegen ihn gerichtet hatte. Und während ihn die Ansichten eines Tetzel kaum mehr berühren, kränkte ihn Ecks Stellungnahme tief, war er doch von einem Kollegen, mit dem er erst vor kurzem brieflich Freundschaft geschlossen hatte, als Dummkopf und versteckter Hussit aufgespießt worden. Spießchen galten im übrigen als Zeichen der antiken Literaturwissenschaft, mit denen unechte Textstellen gekennzeichnet wurden. Damit war bereits Ecks Titel-Wahl zu einer Provokation für Luther geraten.

Dieser Professor Eck, Bauernsohn wie Luther, vierschrötig, hartgekantet und auf eine schulmeisterliche Weise unnachgiebig, sollte in der nächsten Zeit zu Luthers Hauptgegner werden. Es war kein leichter Widerpart, der da Anfang 1518 seine »Höllenspeise« vorgesetzt hatte. Eck wußte nämlich immer schon alles. Er hatte bereits in seiner Jugend gelesen und ausstudiert, was zu lesen war. Er war immer schon früher als die anderen fertig. Er verfügte über ein enzyklopädisch geschichtetes Wissen, hatte alles parat und verstand, stets das passende Zitat aus einem Gedächtnis hervorzukramen, in dem der gesamte Schatz der Orthodoxie abrufbereit gelagert schien. Martinus hatte einem solchen Mann gegenüber kaum eine Chance. Das sollte sich noch zeigen.

Selbstverständlich fielen die besonderen Talente des Dr. Eck auch anderen auf. Bald hieß es allerorten Eck, Eck und wieder Eck. Das geschmeichelte Faktotum der großen Welt ist überall, ein wandelndes Lexikon, beflissen zur Stelle. Dieser Mann gilt als der große Eck, der brauchbare Eck, der unentbehrliche Eck. Schließlich bleibt er auch der einzige, der Luthers Sache immer am Kochen hält. Er gönnt sich kein Aufatmen, keine Ruhepause. Eck schreibt ständig vor sich hin. Er kann sogar Luthers Tempi einhalten, während die sonstigen Literaten auf der Strecke bleiben. Zwar schreibt er einen spröden Stil, und von Esprit ist keine Spur zu entdecken. Eck treibt Spiele mit seiner Zitatenlogik, doch die Phantasie, neue Spiele zu erfinden und sich daran zu freuen, geht ihm völlig ab. Er ersetzt diesen Mangel durch einen besonderen Eifer, der ihn vielen empfiehlt: Seine Lebensaufgabe wird es, ist es schon, die Ketzerei mit Stumpf und Stiel auszurotten, alle Löcher zu verstopfen, durch die des Satans Rauch in die heilige Kirche eindringen könnte, die Schadstellen im Gemäuer der Orthodoxie auszubessern und alle Störenfriede wie »Füchslein zu fangen, solange sie noch jung sind«, um von vornherein klare Fronten zu schaffen, die Partei der Sieger auf den Lorbeeren ihrer Wahrheit ausruhen zu lassen.

Schade, so meint er, daß es nur wenige seiner Art gibt, daß die Kurie zu Rom und anderswo zu lax mit den Ketzern umgeht. Ließe sie ihn vorgehen, wie er wollte, so sähe alles ganz anders aus. Er fürchtet sich nicht vor dem Herumwühlen im Dreck, der Dr. Eck. Weil es unbestritten auch in der Kirche, die der Ingolstädter bis aufs Blut verteidigt, Unrat gibt, Hurerei, Geldscheffelei, anrüchige Doktrinen, schlafende Bischöfe, die nicht durchgreifen, die sich nicht als »Saubermänner der Nation« betätigen wollen, sondern handeln wie ein Schulze von Brandenburg, legt sich Eck bald auch mit den Oberhirten an, um seine eigene Bewegung zu fördern, die der wahren Kirche und dem wahren Papst gilt.

Der Papst, wohl auch nach Ecks Meinung schlecht informiert und von den falschen Leuten beraten, sollte nämlich die Bischöfe, Kleriker und Ordensleute, die nichts taugen, kurzerhand fortjagen, um mit eisernem Besen Ordnung zu schaffen. Am tunlichsten wäre es, die Kirche würde sich gesundschrumpfen, und am besten wäre es auch, Rom ließe den Dr. Eck selber das unangenehme Geschäft der Reinigung besorgen, denn nur dann wäre es richtig getan. So aber . . .

Luther meint später, der selbsternannte Reformer sei so tüchtig gar nicht gewesen: »Eck ist kein prediger nicht, den wen einer sol reden, das im nicht ernst ist noch zu hertzen geht, do einer nitt lust hatt, das ist nitt muglich, das es sol klingen. Wen Eck soll reden vom trincken, spilen, hurn und guten gesellen, das get im wol abe.«

Auch die Römer werden eines Tages den Zeloten in ihre Akten zurücklegen: »der bapst kan in nicht genug straffen, denn er hats schiff verfurtt«. Sie gebrauchen ihn eine Zeitlang, so lange es passend erscheint, und lassen den Professor, der seine Schuldigkeit getan hatte, schließlich in den Pfarrdienst einer kleinen Gemeinde abwandern. Luther aber wird sich noch kurz vor Ecks Tod darüber wundern, daß dieser Gegner so lange leben darf – wohl weil »er sich dem Teufel ergeben hat und ein contractum mitt im gemacht wie lang er in noch soll leben lassen«. Eck hat seine Kirchenreform jedenfalls im kleinen fortgesetzt, doch – so der unversöhnliche Luther – »der Mensch« hat sich nicht bekehrt und Buße getan, »ei, es ist ein grosser zorn Gottes . . .«

So weit sind die beiden aber noch nicht miteinander. Vorerst ist Eck noch gut im Geschäft. Martinus sagt selbst, dieser Gegner habe ihn erst munter gemacht.

Ein deutscher Sermon

Ziemlich aufgeweckt klingt die Endfassung des angekündigten Sermons wirklich, dessen zwanzig komprimierte Thesen alles unverändert sagen, was zu sagen war. Bischof Schulze hatte diesem Büchlein nach anfänglichem Zögern eine Art Druckerlaubnis nachgereicht, die sich gar noch auf die Resolutionen bezog, welche ihm als so gut katholisch galten. Diese Imprimatur in der Tasche, glaubte sich der Doktor Martinus, in recht eigenwilliger Auslegung allerdings, geradezu von Amts wegen ermächtigt, seine Lehre zu verbreiten, die nicht neu, sondern nach des Bischofs Meinung die alte war. Wer künftig noch einmal wagen würde, Luther einen Ketzer zu heißen, setzte sich zumindest einem Brandenburger Bischof gegenüber ins Unrecht und zählte zu jenen, die »finstere Gehirne sind, die Bibel nie gerochen, die Kirchenväter nie gelesen, ihre eigenen Lehrer nie verstanden haben«.

Der bischöflich abgesegnete Sermon ging seinen Weg. Mehr noch: Er beschritt eine Straße des Triumphes. Die Auflagen stiegen ständig, und die Editionen jagten sich vor allem in den Städten Süddeutschlands, wo alles kaufte und las. Verdient hat der Professor aus Wittenberg im übrigen, dem Brauche seiner Zeit gemäß, kaum ein Scherflein an diesem seinem schriftstellerischen Erfolg. In die hübschen Summen, die einkamen, teilten sich die Drucker, die Verleger und die Steuerherren: »da hatt ein pfennig den andern pfennig erworben. Es hatt mechtig erstlich vil getragen . . .«

Der Bettelmönch aus Wittenberg – »die drucker zornen mich alle tag« – blieb so arm wie zuvor. Sogar um ein Stück Tuch für seine verschlissene Kutte mußte Martinus die Räte seines Kurfürsten angehen, die andere Ausgaben für dringlicher hielten als die standesgemäße Einkleidung eines Universitätstheologen. Friedrich von Sachsen hielt sich von dem eben entstandenen Wirbel um seinen Professor zurück. So war es seine Art.

Einen einflußreichen Gönner bei Hofe hatte Martinus jedoch in dem kurfürstlichen Bibliothekar, Sekretär und Beichtvater Georg Burkhardt aus Spalt bei Nürnberg gewonnen. Dieser Spalatinus, wie er sich nennen ließ, hatte wie Luther in Erfurt studiert und den Wittenberger Theologen bereits 1513 als einen »ausgezeichneten Mann und Gelehrten« bezeichnet. Und im Mai 1515 war Spalatin schon »der Seinige« geworden, so daß Luther bald wie ein Orakel zu jeder wichtigeren Entscheidung herangezogen und um seinen Rat befragt wurde, ein Verfahren, an das sich beide Seiten durchaus gewöhnen konnten.

Der Hofkaplan Friedrichs von Sachsen war viel wert, wie sich noch herausstellen sollte. Er konnte auf seine zurückhaltende Art und Weise den schwerfälligen Kurfürsten dirigieren und, was noch wichtiger war, diesem die eigenen Pläne und Absichten mit Luther so erscheinen lassen, als hätte Friedrich sie als erster gehegt. Denn wenn Spalatin und die wachsende Schar der »Martinianer« bei Hofe ihrem Herrn nicht immer wieder suggeriert hätten, es sei jetzt dieses zu tun, jenes zu lassen, hätte Friedrich den Doktor aus Wittenberg, der so viel Unruhe ins Land brachte, womöglich fallenlassen. Spalatins Geschick aber lenkte den Kurfürsten, ohne daß dieser es merkte oder merken wollte, wieder und wieder in die richtige Richtung.

Solch behutsame Lenkung des schweren Schlachtschiffs erwies sich bereits im Frühjahr 1518 als notwendig. Die Dominikaner, ständig auf der richtigen Fährte, hatten in der Zwischenzeit ihren Ehrgeiz darangesetzt, den Ketzergeruch des Bruders Martinus beim gesamten Augustiner-Orden, an der Universität Wittenberg, selbst beim Kurfürsten von Sachsen auszumachen. Auch Johann Tetzel ruhte nicht. Von Halle aus, einem Residenzplatz des Mainzer Oberhirten, schickte er einen Boten nach Wittenberg, der Hunderte von Exemplaren der Frankfurter Gegenthesen unter die Studierenden werfen sollte, um Luther, den ortsansässigen Professor, bei den Lernenden unmöglich zu machen.

Diesem Abgesandten erging es übel: Die Studenten nahmen ihm kurzerhand seinen Krempel ab und verbrannten die Tetzel-Heftchen. Solche Orthodoxien wollte Wittenberg, das seine Sensation in Luther hatte, weder sehen noch lesen.

Doktor Martinus selbst, ein wenig nüchterner, beurteilte den Studentenstreich ernst: Eine solche Bücherverbrennung würde ein noch schlimmeres Feuer provozieren. Die Anhänger der alten Theologie könnten derlei Possen nicht schweigend hinnehmen. Das war klug gedacht. Auch Spalatin hatte die wachsende Gefahr erkannt und seinem Kurfürsten nahegelegt, er solle gerade in diesen entscheidenden Wittenberger Tagen seine Professoren Luther und Karlstadt in seinen besonderen Schutz nehmen.

Friedrich ließ sich noch zu weiteren Taten herbei: Die Augustiner hatten, durch ihre Erfahrungen mit den Dominikanern gewitzigt, einen besonderen Konvent nach Heidelberg einberufen, welcher über die entstandene Lage beraten sollte, und Staupitz war daran gelegen, seinem Schüler und Freund eine möglichst große Mehrheit im eigenen Orden zu sichern. Daher hatte er an Luther die eigentliche Führung der Disputationen über Luther vergeben. Diese wichtige Aufgabe setzte allerdings einen langen Fußmarsch quer durch Deutschland voraus. Damit dieser gefährliche Weg, an dessen Rändern die Schlägertrupps der Konkurrenz lauern konnten, um den Ketzer gefänglich nach Rom und damit zu Kerker und Scheiterhaufen zu führen, nicht tödlich ende, versah der Kurfürst den Mönch und dessen Begleiter mit Empfehlungsschreiben an die Beamten Sachsens wie an die Fürsten, deren Territorien bei der Wanderung nach Heidelberg passiert werden mußten. Vorsicht war geboten. Mit Ketzern fackelte die Orthodoxie nicht lange.

14. Je mehr jene wüten, desto weiter gehe ich vor

Disput zu Heidelberg

Die kursächsischen Befürchtungen sollten sich als unbegründet erweisen. Martinus blieb unbehelligt. Er zog mit seinem Begleiter, dem Bruder Leonhard, über Leipzig, Coburg und Würzburg nach Heidelberg, reichte unterwegs seine »Kredenzen« ein, wann immer es nötig schien, und blieb guter Dinge. Es kam sogar zu interessanten Begegnungen am Wege. Schon fanden sich nämlich Leute, die in dem wandernden Bettelmönch den Wittenberger Professor erkannten, von dem sie gerade etwas gehört oder gelesen hatten. Andere erblickten eine Ehre darin, den Bekanntgewordenen zu sprechen oder zum Essen zu bitten.

Luther ist voller Zuversicht für die Heidelberger Disputation. Die großen Ereignisse, zu deren Mittelpunkt er werden wird, wirken jetzt auf ihn ein, doch führen sie ihn nicht mehr in den Konflikt, und er baut keine Komplexe mehr auf. Martinus reagiert jetzt spontan, direkt und stark auf alles, was ihm begegnet. Er erledigt seine Aufgaben im Handumdrehen. Er fängt an zu scherzen, indem er einschlägige Fachausdrücke seines inneren Kampfes in seinem Brief vom 15. April 1518 an Spalatin gebraucht: »Ich habe die Sünde, zu Fuß gegangen zu sein, vollkommen gebüßt und bedarf daher für sie keines Ablasses. Nirgends fanden wir einen Wagen, der uns hätte mitnehmen können. Und so muß ich ununterbrochen weiter Reue, Bekenntnis und Buße leisten.«

Auch in Heidelberg wartete eine freudige Buße auf Luther. Denn diese Tage des Disputes brachten ihm den Durchbruch in der eigenen Kongregation. Vor allem die jüngere Generation sah in Martinus ihren Mann, der es den Greisen zeigen würde, die noch immer auf ihren spitzfindigen Meinungen beharrten. Der Meinungsumschlag kam plötzlich. Ein Orden schart sich fast von einem Tag zum anderen um den berühmten Mitbruder, der so beredt über Sünde, Gnade, freien Willen und Glauben zu sprechen weiß, der gar dem »ranzigen Aristoteles wie dessen Metaphysik eine Abfuhr aus Wort und Geist der Heiligen Schrift erteilt, der einfach überzeugt.

Viele wollten überzeugt sein. Selbst ein Gast aus dem feindlichen Dominikaner-Orden, der später berühmtgewordene Martin Bucer von Schlettstadt, von dem enttäuschten Luther dann ein »leckerlein« geheißen, ein Schlingel, der ihn »zu offt betrogen« habe, stellt 1518 voller Staunen fest: »Wundersam ist Luthers Anmut beim Respondieren, unvergleichbar seine Langmut beim Zuhören. Sein Scharfsinn erinnert an die Art des Apostels Paulus. Mit ebenso kurzen wie treffenden, aus dem Vorrat der Heiligen Schrift genommenen Antworten reißt er alle zur Bewunderung hin ... Er ist es gewesen, der in Wittenberg der Herrschaft der Scholastik ein Ende gemacht und bewirkt hat, daß dort das Griechische, Hieronymus, Augustin und Paulus öffentlich gelehrt werden.«

Martinus hatte zweifellos Eindruck gemacht und auf diesem Kapitel zu Heidelberg, das von katholischer Seite später als »theologische Bankrotterklärung der deutschen Augustiner« disqualifiziert werden sollte, Freunde gewonnen. Selbst wenn der Übereifer der jugendlichen Begeisterung vom Endurteil abgezogen wird, selbst wenn festzustellen ist, daß nicht alle Hörer gleich begeistert waren, daß auch nicht alle ihrer anfänglichen Begeisterung treu geblieben sind (das »leckerlein« Bucer zum Beispiel), der Wittenberger Frater war zum Ereignis geworden.

Bei seinen früheren Lehrern und jetzigen Kollegen Usingen, Trutfetter und Nathin stieß der junge Dozent jedoch auf eisige Ablehnung. Sie schienen sich in der Folgezeit allesamt den Greisen zurechnen zu wollen. Sie blieben auf jenen Ansichten sitzen, die fast zwangsläufig in das gegnerische Lager führten. Keiner von ihnen bewies das Quentchen Klugheit oder Demut, sich die neuen Wege – auch und gerade von einem einstigen Schüler – zeigen zu lassen. Wirkliche Unterstützung für Martinus war allein von den Jüngeren zu erhoffen, die noch kein ganzes Leben einer bestimmten Lehrmeinung geopfert hatten, sondern umzudenken wagten. Den alten Erfurtern hingegen blieb die neue Theologie »ein Ekel«, Luther ein Ignorant.

Die Sonntagspredigt eines Ketzers

Am 15. Mai traf ein hoffnungsfroh jugendlicher Luther wieder in seinem Heimatkloster ein. Einige meinten gar, die Reise habe ihm sichtlich gutgetan, denn er sei nicht mehr so abgehärmt und eingefallen wie früher, sondern behäbiger und korpulenter zurückgekommen. Martinus schreibt selbst an Spalatin, wie erstaunlich gut ihm Speise und Trank zugesagt hatten. Am nächsten Sonntag steht er dann wieder auf der Kanzel der Wittenberger Stadtkirche und predigt dem Volk. Doch nicht über seine eigenen Fragestellungen, wenigstens nicht unmittelbar, sondern über ein von außen an ihn herangetragenes Thema, den Kirchenbann.

Das Problem war nicht an den Haaren herbeigezogen. Es blieb nicht akademisch. Denn das Netz der Denunzianten zog sich immer enger um den Abweichler zusammen. Der fühlt sich bald »von allen Seiten mit Dornen umgeben«. Unter seiner Kanzel waren schon an jenem Maisonntag etliche »gräuliche Späher« gesessen, die sich in die Menge der Zuhörer geduckt, doch alles mitgeschrieben oder aus dem Gedächtnis notiert hatten, was ihnen ketzerisch erschienen war. Und das war nicht wenig gewesen.

Luther mußte auch künftig mit solchen Spitzeln rechnen. Das Denunziantentum besaß Tradition in der Kirche. Seit jeher hatten die Mächtigen beredte Helfershelfer in den Reihen der Gläubigen gefunden, die das schlimme Geschäft besorgten, um Gott einen Dienst zu erweisen. Solche Spürhunde blieben stets auf der Lauer. Wie die Schweine die Trüffel, so witterten sie die Ketzerei im Boden der Orthodoxie und ruhten nicht, bis alle gefährlichen Zitate ausgegraben waren. Martinus beklagt selbst, auf welch gehässige Weise diese seine Wittenberger Sonntagspredigt auseinandergerissen und wieder »zu Artikeln zusammengestellt« worden sei, um das Holz für den Scheiterhaufen aufschichten zu können, der wohl die Folge des drohenden Bannes sein würde. Die Denunzianten verstanden ihr Geschäft.

Im übrigen wußten sie, daß sich Kirchenobere fänden, die derartige Dienste honorierten. So machten sie sich ans Werk, fanden bereits beim flüchtigen Durchlesen ihrer Notizen die anstößigen Stellen heraus und übten sich im Fleddern. Die Maschinerien der Orthodoxie waren in Gang gesetzt. Es würde genügend Handlanger geben, sie am Laufen zu halten. Reicher Lohn, hüben wie drüben, winkte. Denn es galt solchen als wohlfeile Entschädigung für die Beschwernisse ihrer Suche, wenn einer der Ausgespähten und Denunzierten schließlich gebannt wurde oder gar auf ewig brannte.

Martinus hatte jedenfalls seine Chancen auf diese Endlösung seines Lebensproblems gewahrt, als er in seiner Predigt gegen einen Bann vorgegangen war, der »niemand schädlicher und gefährlicher« sein würde »als denen, die ihn fällen«. Solche Rede, unvorsichtigerweise auf die Heilige Schrift gestützt, tat den Eigentümern der überliefert einseitigen Wahrheit weh, denn da fragte einer ohne jede Rücksicht auf die herrschende Praxis der Kirche, ob nicht die Jäger kränker seien als die Gejagten, die Sieger vor Gott nicht schuldiger als die Unterlegenen.

Das ging zu weit. Derlei Geschwätz war nicht zu dulden. Jetzt mußte gehandelt werden. Es ging nicht an, daß ein Prediger mit den Emotionen des gläubigen Volkes spekulierte, indem er die – finanzkräftige – Wunderwaffe des Bannes ein Spiel nannte, das zwar die Gewissen der Betroffenen verwirren konnte, bis sie sich loskauften und die päpstlichen Kassen auffüllten, das jedoch nicht ins Jenseits durchschlug. Hier leugnete ein Theologe die Kraft des langen Arms der eigenen Kirche. Noch mehr: Luther, der allem Anschein nach für sich selber sprach, pöbelte von seiner Kanzel herab, jeder solle frohlocken, der in ungerecht verhängtem Bann stürbe. Denn »selig, wer in solchem Bann dahingeht. Er wird die Krone des Lebens erlangen, weil er der Gerechtigkeit treu geblieben ist!« Das war eine Umschichtung aller Werte zwischen Diesseits und Jenseits. Das war unerhört.

Die Orthodoxie handelte. Nicht überstürzt, nein, sie ging besonnen vor. Der Prediger Martinus wurde unter dem Vorwand, vor dem Hofe Georgs von Sachsen eine Ansprache halten zu sollen, nach Dresden eingeladen – und dort zunächst einmal (die katholische Deutung will es anders) nach allen Regeln der Kunst ausgehorcht. Ein Abendessen, ein sich anschließendes Gespräch mit unbekannten Gästen über Aristoteles und Thomas von Aquino, das gelegentliche Nachfragen nach der Wittenberger Predigt von neulich, die versteckten Hinweise auf die von den dortigen Spionen herausgezogenen Kernthesen über die Bannpraxis erbrachten Stoff genug, um dem beim Reichstag in Augsburg befindlichen päpstlichen Gesandten Mitteilung zu machen. Dieser aber reichte flugs das ganze Corpus delicti nach Rom weiter, er hätte kein Dominikaner sein müssen, der Kardinallegat de Vio.

Kaiser Maximilian meldet sich

Beigefügt hatte de Vio ein kaiserliches Schreiben, in dem Maximilian höchstselbst die Kurie ersuchte, den Bruder Martinus in den Bann zu tun, weil dieser den Ablaß bestreite und mit dieser falschen Lehre nicht nur den gemeinen Mann, sondern auch manch einen der höheren Herrn in Verwirrung stürze. Nicht nur das unwissende Volk, sondern auch das Lager der Fürsten war in Gefahr ketzerischer Anstekkung, meinte Maximilian I.

Mit diesem Schreiben hatte sich der Kaiser zur Partei gemacht. Ob er sich jedoch überhaupt mit Luther beschäftigt hatte, bleibt zweifelhaft. Allem Anschein nach war er nur wieder einmal dabei, neue Pläne zu fassen, seine Außenpolitik einmal mehr zu ändern, sich neuerdings Rom anzunähern und als Unterpfand des Gesinnungswandels den vermeintlich Schwächsten, einen deutschen Bettelmönch, der modernen Diplomatie zum Opfer zu bringen.

Sein Brief machte so oder so in Rom Furore. Ein solches Schreiben konnte nicht übergangen werden. Der Kaiser hatte sogar angekündigt, das päpstliche Urteil sofort vollstrecken zu lassen. Auch das war interessant klingende Neutönerei aus Deutschland. Wenn nämlich Maximilian selbst sich derart erbötig zeigte, dann mußte hinter dem »Fall Luther« doch mehr stecken, als dies das Rom eines Leo X. bisher angenommen hatte.

Dort war die Kurie der Angelegenheit in den zurückliegenden Monaten mit der gewohnten Routine nachgegangen: Auf Betreiben der deutschen Dominikaner, vor allem des zur Speerspitze der Luther-Gegner aufgerückten und nicht zuletzt aus diesem Grunde schnell zum Doktor der heiligen katholischen Theologie beförderten Tetzel, war zwar der kanonisch vorgeschriebene Prozeß eröffnet worden. Doch reichte die Stellungnahme des offiziellen Sachverständigen Roms, des fast siebzigjährigen Dominikaners Sylvester Prierias (»Potz Leichnam! will es dahin gereichen, und die Sache für den Papst kommen? Was will daraus werden?«), welche zugunsten der Gewalt des Papstes in ganzen drei Tagen zusammengestoppelt und anschließend in Druck gegeben worden war, kaum hin, die Anliegen des Martinus auch nur ansatzweise zu charakterisieren, geschweige denn die Wittenberger Theologie mit sachbezogenen Argumenten als Häresie zu brandmarken, mochte das Gutachten auch noch so viele Verbalinjurien gegen den Augustiner-Frater enthalten. Der römische Experte hatte die Sache zu leicht genommen (»derselbige Bachant hat lose Dinge geschrieben«), sich aufs Schimpfen beschränkt, Luther einen Hund und Erzmagen, eine Eisennase, einen Leprösen und Hautfleckigen geheißen, ihm blinde Karrieresucht unterstellt, selbstverständlich auch an die ketzertypische Hoffart erinnert, doch in der Sache selbst keinerlei Fortschritt erbracht. Was blieb, war der hinlänglich bekannte Hinweis auf das römische Axiom, daß der Papst noch immer rechtens tun könne, was er faktisch tue.

Damit war Leo X. schlecht bedient. Das merkte die Kurie. Sie hieß den Sachverständigen einen Tölpel, und der Pontifex selbst meinte, der Gutachter hätte besser drei Monate als drei Tage auf eine solch heikle Aufgabe verwandt. Gleichwohl leierte die Routine weiter. Der päpstliche Ankläger Girolamo Ghinucci wollte die Angelegenheit zu Ende bringen. Er nahm das Elaborat des Experten Sylvester für bare Münze, fertigte auf dieser theologisch so schwankenden Grundlage eine förmliche Zitation des Beschuldigten aus und ließ den Bruder Martinus über den Legaten und die Fugger »binnen sechzig Tagen nach Zustellung« zum Verhör nach Rom laden.

Die Wittenberger Freunde setzten sich daraufhin noch im August 1518 zusammen, wälzten Fachliteratur und ersuchten, ein Schachzug besonderer Qualität, den sächsischen Kurfürsten, welcher wie de Vio schon in Augsburg weilte, beim schlecht informierten Papst, diesem »Daniel in der Löwengrube«, zu erwirken, daß ein Deutscher sich in Deutschland, also an unverdächtigem Ort, rechtfertigen dürfe. Diese Forderung traf ins Herz. Sie war schon auf anderen Reichstagen erhoben worden, um dem welschen Anspruch auf Rechtsoberhoheit begegnen zu können.

Und überhaupt: Martinus weist die Bezeichnung »Ketzer« ausdrücklich zurück. Ablaß und Bann sind nicht zum förmlichen Dogma erhoben. Weder der Papst noch ein Konzil haben diese Fragen in den hohen Rang definierter Wahrheit versetzt. Daher bleiben sie der theologischen Diskussion anvertraut. Was also hat Prierias zu schelten?

Das klang gut und war geschickt. Der Schwarze Peter lag wieder in Rom. Frater Martinus hatte im übrigen schon im Mai desselben Jahres an den Papst in ähnlich aggressivem Sinn geschrieben und den Spieß umgedreht, als er Leo X. zum Beweis der Rechtgläubigkeit wie der löblichsten Gesinnung gegen den Heiligen Stuhl seine Resolutionen übersandt hatte. Damals hatte er sich gegen diejenigen verwahrt, welche seinen guten Namen stinken ließen, indem sie ihn als Falschgläubigen und Abtrünnigen denunzierten.

Luthers Gewissen ist rein. Er ist kein Häretiker. Er ist vielmehr – und dies kraft päpstlicher Vollmacht – bestallter Lehrer der Schrift, welcher von Amts wegen strittige Fragen zu disputieren hat. Mit größerem Recht hören die Gegner wegen ihrer mißbräuchlichen Ablaßpraktiken und ihrer aristotelischen Pseudotheologie auf den Ketzernamen. Nein, der Professor aus Wittenberg bewegt sich, so betont er immer wieder, allein in akademischen Begriffen. Er legt keine dogmatischen Festsetzungen vor. Er verfaßt Streitsätze. Und selbst dies tut er »dummen Geistes«, weil die Not zwingt. Nur deswegen »schnattert die Gans unter den Singschwänen«. Nur aus diesem Grund duldet der Kurfürst von Sachsen »solche Pest an seiner Hochschule«, obgleich Friedrich doch »der größte Liebhaber ist katholischer und apostolischer Wahrheit«.

Gerade auf diesen katholischen Friedrich würde es jetzt ankommen. In seinen Händen lagen die Schlüssel zu Luthers Zukunft. Die von ihm mitgetragene Forderung nach einem deutschen Gericht in der Angelegenheit des Bruders Martinus, die von nun an nicht mehr verstummt, sondern zu einem Losungswort der öffentlichen Meinung wird, zeigt, wie erschüttert das Vertrauen in die höchste geistliche Instanz und deren Gerechtigkeit war. Daran ändert auch die Mitteilung des Kaisers Maximilian an Papst Leo nichts mehr, die aus dem Mönchsgezänk eine reichsoffizielle Affäre hatte werden lassen, aus der politisches Kapital zu schlagen war.

Rom wurde überspielt. Doch auch Luther war der Wendung zur großen Diplomatie hin nicht gewachsen. Er brauchte Hilfe. Schon seinen Hinweis auf die Rechtgläubigkeit des sächsischen Kurfürsten im Brief an den Papst verdankte er wohl der glättenden Hand des Höflings Spalatin, und gerade dieser wird in den nächsten so entscheidungsträchtigen Wochen handeln, indem er die Fäden aus dem Hintergrund weiterspinnt.

Nach außen schien Martins Geschick ohnehin besiegelt. Der Ankläger Ghinucci hatte das neue Material, welches die Dominikaner in der Zwischenzeit hinzugesammelt hatten, durchgesehen und, die kaiserliche Empfehlung im Rücken, dem Papst angeraten, endlich durchzugreifen. Der Medici ermächtigte denn auch am 23. August 1518 seinen Legaten de Vio, Luther ohne Verzug zu verhaften und bis auf weitere Weisung aus Rom in Gewahrsam zu halten. Gleichzeitig wurde Friedrich von Sachsen in einem Breve gebeten, den »Sohn der Bosheit« dem Kardinal auszuliefern.

Auch der Augustinergeneral ging nicht ohne päpstliche Weisung aus, einen bevollmächtigten Ordensbruder nach Deutschland zu entsenden, um Martinus zu ergreifen, an Hand und Fuß zu fesseln und gefangenzusetzen. Der General teilte diesen Befehl zwei Tage darauf dem sächsischen Provinzoberen mit und fügte hinzu, auch er habe diesen Frater Martinus als Rebell wider den eigenen Orden nach Rom zitiert.

Damit war das Netz dreifach ausgelegt. Es konnte kein Entrinnen mehr geben. Noch immer galt die fromme Devise, einen Ketzer zu fangen sei Gott wohlgefällige Christenpflicht. Warum sollte sich ausgerechnet Friedrich von Sachsen nicht an ein so klares Gebot halten?

Er tat es nicht. Der Kurfürst erwog inzwischen andere Pläne. Schon am 27. August hatte er es abgelehnt, den ihm von Kaiser Maximilian vorgelegten Vertrag über die Wahl des spanischen Karl zum römischen König zu unterzeichnen. Mit dieser Weigerung hatte Friedrich aber höchst diplomatisch die Karte des Papstes ausgespielt: Leo X. wünschte sich alles andere als ausgerechnet Spaniens Herrscher auf dem deutschen Thron, weil dieses Doppelregiment eine Umzingelung des mediceischen Kirchenstaates mit sich hätte bringen können, wenn nicht müssen.

Die drohende Wahl durch die deutschen Kurfürsten konnte allerdings nur verhindert werden, wenn der einflußreichste Wähler, Kursachsens Friedrich, bei seiner Ablehnung blieb. Rom mußte daher alles daransetzen, diesen Mann bei der Stange zu halten. Um solch ein hohes Ziel zu erreichen, zeigte der Legat, ganz Diener seines Herrn, sich sogar bereit, Friedrich entgegenzukommen, wo immer sich dies als nötig erweisen sollte.

Es traf sich gut, daß die Gelegenheit bereits da war: Der sächsische Kurfürst machte in jenen Tagen dem Kardinallegaten in Augsburg seine Aufwartung. Und er hatte ganz nebenbei auch ein Anliegen. Nachdem Friedrich, wie es in seiner Art lag, die Geschichte mit seinem Wittenberger Professor hin und her erwogen hatte, war er nämlich zu der Ansicht gelangt, ein Sachse könne, alles in allem, allein auf deutschem Territorium befragt werden, nicht aber im Welschland. Daher bat er de Vio, den Doktor Luther doch nach Augsburg zu bestellen, um ihn dort väterlich, nicht jedoch richterlich ins Gebet zu nehmen. Und nach dem Gespräch sollte Martinus ungehindert nach Wittenberg heimkehren.

Die erstaunliche Bitte wäre kaum erfüllt worden, wenn sie nicht in das neueste diplomatische Konzept der Römer gepaßt hätte, obgleich der Kardinal dieses nicht allzu deutlich zeigte. Friedrich wartete, der Legat aber konnte sich zuvorkommend zeigen: Das schlimme Breve, welches soeben noch die sofortige Auslieferung des Sohnes der Bosheit gefordert hatte, wurde dem Kurfürsten gar nicht erst überreicht (nur Spalatin gelangte auf verschlungenen Wegen später in seinen Besitz), und eine Eildepesche ging an den Papst, die von Friedrichs Ersuchen berichtete und neue Anweisungen erbat.

Rom handelte so prompt, wie es de Vio angeraten hatte. Statt in der Angelegenheit des Ketzers zu verfahren, wie es vor kürzester Frist gedroht hatte und wie allein es die kirchliche Situation erfordert hätte, lenkte es aus politischen Gründen ein. Damit hatte die Kurie jenen Beweis geliefert, den Luther und die Opposition brauchten: Roms Kirche war und blieb ein Rechtsinstitut, eine politische Instanz, eine Institution der Gewalt, nicht des Wortes.

Martinus konnte, ohne dies zu wissen, zumindest dieses eine Mal für sich als Gewinn buchen, daß die Kurie den Krediten mehr Glauben schenkte als den Theologien. Leo X. blieb auf Friedrich, den Hauptwähler, angewiesen, wollte er den spanischen Kandidaten zugunsten des französischen Franz I. aus dem Feld schlagen. Ja, viele munkelten bereits, eher werde noch der Kursachse selbst gewählt, lieber als Karl verschaffe die Kurie dem Fürsten ohne Hausmacht Friedrich die Krone, so sehr fürchtete sie das Haus Habsburg, welches dem Reich schon ein paar Kaiser besonderen Zuschnitts beschert hatte.

Der Papst tat, was er konnte: Friedrich sollte gar durch die Verleihung der höchsten päpstlichen Auszeichnung für Nichtkleriker, der »Goldenen Tugendrose«, dazu gewonnen werden, seine Stimme, wenn es darauf ankam, im Sinne des Medici abzugeben. Martin Luther jedoch, so Leo X., durfte ganz selbstverständlich auf deutschem Boden, zu Augsburg, verhört werden. Selbst von einem eventuellen Freispruch war damals, wenn auch nur beiläufig, die Rede. Ein solcher wurde wenigstens nicht mehr ganz ausgeschlossen, denn da war Friedrich von Sachsen vor.

Auf dem Weg nach Augsburg

Der Kurfürst, versöhnlich gestimmt, wies noch Ende September seinen Professor an, sich auf den Weg nach Augsburg zu machen. Martinus gehorchte. Von der soeben noch drohenden Gefahr hatte er nicht viel erfahren. Andere wußten es besser. Luther heißt sie, von Nürnberg aus, wo er Rast gemacht hat, kurzerhand kleinmütig, denn sie verkennen, daß Jesus Christus, der Herr, »auch zu Augsburg, auch mitten unter seinen Feinden herrscht«, und daß das Wort, so die politische Theologie des Martinus, alle Gewalt besiegen wird. Martinus ist sich ganz sicher.

Dennoch ist der Frater einen schweren Gang gegangen. Später spricht er sogar vom schwersten seines Lebens. Zum einen meldete sich – vielleicht eine Folge der unterdrückten seelischen Anspannungen jener Tage – ein schweres Magenleiden, das Luther »fast die Besinnung verlieren« ließ und es erforderlich machte, daß der Fußmarsch abgebrochen und die letzte Strecke Weges auf einem Wägelchen zurückgelegt wurde. Andererseits hatte Luther in Wittenberg seinen neuen Kollegen Philipp Melanchthon zurückgelassen, »den besten Griechen, den gelehrtesten und gebildetsten Mann«, den die junge Universität hatte auf Drängen Luthers an sich binden können.

Im Juni 1518 waren die Berufsverhandlungen mit dem einundzwanzigjährigen Magister aus Süddeutschland eingeleitet worden, dem die Wittenberger den neu zu schaffenden Lehrstuhl für Griechisch und Hebräisch angetragen hatten. Und nach kurzem Schwanken – auch die Nachbaruniversität Leipzig, ausgerechnet diese, zeigte Interesse an dem Humanisten – hatte der Umworbene zugesagt. Ende August war er in Wittenberg erschienen, um von da an dem Lehrkörper dieser Universität 42 Jahre ohne Unterbrechung anzugehören.

Dieser Professor – wir haben bereits von seiner stolzen Antrittsvorlesung gehört – war die folgenreichste Eroberung, die Luther je gemacht hat. Melanchthon hat auf seine stille wie gescheite Weise das Geschick des Freundes ein Leben lang begleitet (er wird Luther dann auch die Totenrede halten) – und, was noch mehr war, die erstaunliche Ausbreitung der neuen Bewegung entscheidend mitbewirkt. Es gelang ihm sehr schnell, einen neuen Schul- und Hochschultypus zu schaffen, eines der großen Daten in der Historie des gelehrten Unterrichts. Junge Akademiker, die eine gleichmäßige Ausbildung genossen hatten, verließen künftig Jahr für Jahr Melanchthons Hohe Schule, wurden Gründer und Vorsteher städtischer Gymnasien und blieben ihrem großen Lehrer lebenslang verbunden. Nach wenigen Jahren schon schickten sie ihrerseits Schüler auf den umgekehrten Weg nach Wittenberg, wo der Präzeptor Germaniens wirkte, und der Kreislauf Melanchthonscher Bildung hub an, über vier Jahrzehnte hinweg.

Wittenberg wird auf diese Weise aus einer traditionslosen Akademie an der Grenze zur Barbarei zu einem Bildungszentrum von europäischem Rang. Schon bald gleicht das Elbstädtchen, das einen Luther wie einen Melanchthon aufzuweisen hatte, einem wimmelnden Ameisenhaufen. Bald wird die Zahl der Studierenden die der Einheimischen übertreffen.

Die Altgläubigen hingegen verharrten auf dem gewohnten Ausbildungsstand, bei ihrer überalterten Lateinschule, über die Luther hart geurteilt hat, weil »das doch gar kein nütze war, sehr verdrießlich und beschwerlich, auch unlustig, damit man nur die gute Zeit zubrachte, und manchen feinen geschickten Kopf verderbte . . .« Auf diese unlustige Weise entgingen der alten Kirche fürs erste all jene großartigen Möglichkeiten der griechischen Klassik, mit denen die Neuen wucherten, und ihre Ausbildungsstätten verloren von Jahr zu Jahr mehr an Boden gegenüber der Wittenberger Moderne, ein Rückstand, der eigentlich nie mehr ganz eingeholt worden ist.

Martinus, der anfänglich nur geahnt haben mag, welche Akquisition seine Universität in Philippus gemacht hatte, war zufrieden: Gerade jetzt, wo er sich immer entschiedener auf die wortgetreue Auslegung seines klaren Textes zurückzuziehen begann, war es ein ungeahnter Glücksfall, daß in Melanchthon solch ein Grammatiker der beiden biblischen Ursprachen zur Verfügung stand. Und schon sieht Wittenberg den berühmten Luther, der seinerseits alle Hände voll zu tun hatte, den eigenen Gefährdungen zu begegnen, mitten in den Studierenden unter der Kathedra des Philippus sitzen, um nachzuholen, was an ihm versäumt worden war.

Martinus hat immer wieder von dem bescheidenen Freund gelernt, an ihm auch vieles ertragen, was er keinem anderen durchgelassen hätte, darunter selbst die baldige Neubelebung des verhaßten Aristoteles, den Wittenberg gerade überwunden zu haben glaubte. Melanchthon war eine Sensation. Am 25. August 1518 war er aufgetaucht, und schon eine Woche später berichtete Luther, daß die Vorlesung dieses Magisters gesteckt voll sei. Da begann ein neuer Wind zu wehen, und es war jammerschade, daß ausgerechnet in diese ersten Wochen der Ruf zum Verhör gefallen war.

Augsburg aber wollte nicht warten. Es hatte soeben einen Reichstag miterlebt, bei dem der fast sechzigjährige Maximilian zum letzten Mal aufgetreten war, um von seinen Plänen zu retten, was noch zu retten schien. Der Kaiser wirkte bereits viel älter, als er in Wirklichkeit war. Seine legendäre Rüstigkeit hielt er nur noch mit Mühe aufrecht. Armbrustschießen, Fechten und Reiten, selbst Jagen gingen ihm nicht mehr so glatt von der Hand wie früher.

Die stolzen Vorhaben von ehedem waren sichtlich gealtert. Von der Reichsreform waren allenthalben nur noch Bruchstücke wahrzunehmen. Einen wirklichen Durchbruch erhoffte niemand mehr von dem faltigen Mann, der seinen Tod herankommen glaubte. Zwar beschworen die Interessierten noch einmal die alte Einheit von Kaiser und Papst, redeten auch von den »Zwei Schwertern«, als hätte es dazu überhaupt noch etwas zu bemerken gegeben, und hatten der Türken wegen gar eine neue Reichssteuer im Auge. Doch machte derlei Geschwätz keinen besonderen Eindruck mehr. Das Mittelalter war dahin.

Der Bischof von Lüttich, Eberhard von der Mark, bei Kaiser wie Papst zu gleichen Teilen in Ungnade, machte sich zum Sprecher der Unzufriedenen, ließ seine Registerarie ertönen, zählte alle Fehler und Mängel des Systems auf, nannte Roß und Reiter, verweigerte kurzerhand die Steuergefolgschaft, verwies auf die viel glücklichere Hand des Franzosenkönigs Franz im Umgang mit den Römern – und hatte damit das Problem einer Türkenabgabe vom Tisch. Der Legat de Vio aber, der soeben noch die Kanzel des Augsburger Doms dazu benutzt hatte, den versammelten Ständen jenen großen Plan der Einheit schmackhaft zu machen, sah gar nicht mehr gut aus. Niemand schien bereit, ausgerechnet Maximilian in den Heiligen Krieg, zur Rückeroberung von Konstantinopel und Jerusalem, zu schicken – und solch eine Wahnsinnsunternehmung auch noch mit dem guten deutschen Geld mitzufinanzieren. Sollten die Welschen doch schauen, woher sie ihre Dukaten bekamen. Die ständischen Kassen der lieben »tiutschen« blieben zu.

Der Kardinallegat mag damals in Augsburg ziemlich gelitten haben. Denn auch die zweite Angelegenheit, deretwegen er über die Alpen geschickt worden war, in ein Land, das dem hohen Herrn gar nicht zusagte, drohte nicht im Sinne der päpstlichen Kanzlei geregelt werden zu können. Maximilian hatte seinen letzten Plan nämlich noch nicht ganz aufgegeben, die Frage der leidigen Amtsnachfolge ein für allemal klären zu lassen. Sein eigenes Haus, die Dynastie Habsburg-Burgund, mußte im Reich an der Macht bleiben. Der Kaiser sorgte für die Interessen seines Enkels Karl.

Zwar hatte Maximilian, nach wie vor in Geldnöten, die Wahl noch vor kurzem weiterzuverkaufen versucht, an den Ungarnkönig wie an Englands Heinrich VIII., doch war er inzwischen wieder zur Besinnung gekommen. Karl, König von Spanien und Herzog von Burgund, sollte die Linie der Habsburger Kaiser weiterführen. Der Kandidat, keine besondere Leuchte, stand auf Abruf bereit. Was wie immer fehlte, war das Geld. Denn solch eine Wahl würde sehr viele Dukaten kosten. Allein die Voranschläge beliefen sich auf rund eine Million in Gold. Jedermann, der sich einflußreich glaubte, hielt bereits die Hand auf.

Hilfe kam vom Hause Fugger. Die Geldsäcke signalisierten dem bedrängten Herrscher ihr Interesse, und im Jahr 1523, als es um die Rückzahlung geht, schreibt Jakob Fugger folgerichtig an den Kaiser, es sei »auch wissentlich und ligt am tag, dess Ew. Kay. Mt. die Römisch Cron ausser mein nicht hette erlangen mögen . . .« Die Wahl war zur Auktion geworden, bei der der Meistbietende den Zuschlag erhalten würde. Das wußten die Augsburger Kaufleute genau. Und sie meinten, daß es einem Bankhaus gut anstand, den »König zu machen«. Also arbeiteten sie fieberhaft an dem neuen Kredit, der den an Albrecht von Brandenburg gewährten in den Schatten stellen würde. Ein Bankenkonsortium mußte dafür herhalten, denn selbst die Möglichkeiten der reichen Fugger waren schließlich erschöpft. Die Beobachter aber – ganz Europa hatte sie vorsichtshalber ausgesandt – schauten zu.

Selbstverständlich zeigte auch das Haus Medici brennendes Interesse am Ausgang einer solchen Wahl. Der Legat de Vio war sich daher seiner Aufgabe bewußt. Es galt, die passende Gelegenheit abzuwarten. Wenn die Golddukaten fehlten, war noch immer geistliche Münze zur Hand.

Der päpstliche Abgesandte kannte sich aus. Nicht umsonst war er nach Augsburg geschickt worden, nachdem der ursprünglich in Aussicht genommene Kardinal Farnese ausgefallen war. Jacob de Vio, mit Ordensnamen Thomas, galt als gewiefter Kirchenmann. Angefangen hatte die Karriere des 1469 Geborenen allerdings etwas anders: Mit 15 war er in den Orden der Dominikaner eingetreten, hatte sich bald mit der Geistigkeit des Thomas von Aquino vertraut gemacht und seine ersten Sporen in einer heißen Diskussion mit dem italienischen Humanisten Pico della Mirandola verdient. Seither galt er als Leuchte seines Ordens, lehrte Theologie in Padua, Pavia und Rom, wurde im Jahre 1508 Generaloberer der Predigermönche und verfaßte, einfach nebenher, die bedeutendsten Kommentare zur »Summa theologica« des Aquinaten, in denen er auf eigenständige Weise dessen Lehre erneuerte. Auch hatte er bereits einmal über die Lehre vom Ablaß gearbeitet.

Damit nicht genug: Das gegen den rechtmäßigen Papst ausgerufene Konzil von Pisa hatte ihn anno 1511 veranlaßt, seinem Vorbild Thomas von Aquino getreu die Autorität des Papsttums in Wort und Schrift zu stärken. Er war es auch gewesen, der Julius II. della Rovere dazu bewogen hatte, seine Kriegszüge für kurze Zeit zu unterbrechen und das fünfte Lateran-Konzil auszurufen. Zwar hatte dieses keinen Erfolg gebracht, doch hatte es dem Dominikanergeneral eine Rednerbühne zur Verfügung gestellt, die es de Vio ermöglichte, die nicht eben populäre Lehre von der Unfehlbarkeit des römischen Papstes öffentlich zu urgieren.

Der Papst zeigte sich dankbar: Im Jahre 1517 erhob Leo X. seinen Verteidiger zum Kardinal. Und im Jahr darauf wurde de Vio Erzbischof von Palermo, noch ein Jahr später Bischof seiner Vaterstadt Gaeta, der er im übrigen seinen Namen Gaetano, latinisiert »Cajetanus« verdankt. In der Folgezeit wird er sich davon überzeugt zeigen, daß die Bibelauslegung in seiner eigenen Kirche auf sträfliche Weise vernachlässigt worden ist. Zwischen 1523 und 1534 wird er Kommentare zu fast allen Büchern der Heiligen Schrift verfassen.

Doch bedurfte es zu dieser Spätarbeit erst der reformatorischen Anregung durch die Bewegung des Fraters Martinus. Cajetan, vielleicht der bedeutendste Fachtheologe seiner Zeit, hätte aber noch in Augsburg nicht im geringsten damit gerechnet, daß just jener »schäbige Bettelmönch«, den er zu verhören haben würde, diese Neubesinnung auch für die alte Kirche leisten würde, ja sie wohl schon geleistet hatte, als er auf den prächtigen Dominikanerkardinal traf.

15.
Ich werde sie über ihre ganz unverschämte Frechheit und maßlose Unwissenheit belehren

Streit um zwei Kirchenmodelle

Thomas de Vio, jeder Zoll ein Oberhirte, saß anno 1518, ganz Vertreter der römischen Gewalt, in Augsburg zu Gericht. Nach kurialer Lesart hatte er als persönlicher Vertreter des Papstes sogar vor »irgendwelchen Königen« Vorrang zu beanspruchen, zumal Rom der Ansicht war, daß ein Papst, wie Luther später voller Entrüstung erzählt, in einem einzigen Finger mehr Macht habe als alle deutschen Fürsten zusammen.

Nun, der Cajetanus genoß die Privilegien seines Amtes. Mit großem Pomp war er in der Stadt des Reichstages eingetroffen, auf einem weißen Saumpferd mit rotem Zaumzeug. Purpur, die Farbe der Herrscher, stand ihm zu, und selbst die für ihn vorgesehenen Räume mußten purpurn drapiert werden. Der Zeremonienmeister des Kaisers verzweifelte bereits ob all der Ansprüche des geistlichen Herrn, der immer neue Forderungen stellte, die seinen Rang unterstreichen sollten.

De Vio wußte, was er tat. Ende April 1518 erst war er zum Legaten bestellt und am 1. Mai zum Bischof geweiht worden. Die stattliche Pfründe Palermo wartete auf ihn. Am 5. Mai war er von Rom aufgebrochen, um die Kirchenpolitik seines Herrn zu fördern. Die Sache des wittenbergischen Fraters Martinus galt vorerst für drittrangig. Da Rom diesen Professor bereits als widerlegt und überführt betrachtete, so daß sich dieser hätte allenfalls noch in einen summarischen Widerruf retten können, wollte er sich überhaupt unter die Einheit der Kirche beugen, hätte sich der Kardinal in der Funktion eines Notars sehen dürfen, vor dem ein bislang unbotmäßiger Sachse erscheinen und Zeichen wirklicher Reue bekunden mußte. An Theologie wäre dabei zunächst weniger gedacht worden, und von Diskussion wäre anfangs nur ganz am Rande die Rede gewesen. Ein Vertreter des Papstes disputierte nicht, schon gar nicht mit irgendeinem Mönchlein aus dem Norden, vom Rande der Zivilisation, auch und gerade wenn dieses von sich selbst so eingenommen war, Italien als »ägyptische Finsternis« zu bezeichnen, deren »Feindschaft gegen Wissenschaft und Bildung kein Maß findet«.

Hätte Leo X. wie anfangs geplant den Farnese, alles andere als einen Theologen, nach Deutschland geschickt, so wäre wohl alles nach

Wunsch gelaufen. Der Prozeß wäre entsprechend kurz gewesen. De Vio aber kann nicht aus seiner Haut. Er versucht eine Symbiose von Wort und Gewalt. Er verläßt sich nicht allein auf die Macht seines Amtes. Mehr und mehr bricht in ihm der gelehrte Thomist durch, der argumentieren möchte – und dies dann doch vor lauter Gewalt nicht schafft. Auch zeigt sich in ihm der Dominikaner-General, der dem eigenen Orden in den zurückliegenden Jahren seine spezielle Reform verordnet hatte, eine Art Vorgriff auf die vom Papst von oben durchzuführende Gesamterneuerung der Weltkirche. De Vio hatte die eigenen Anstrengungen auf dem Lateran-Konzil nicht vergessen, wo er die Kirchenreform als tätige Selbstbesinnung auf das Wesen der Institution gepredigt hatte, die nichts anderes sein durfte als päpstliche Reformation, als Erneuerung des Ganzen vom obersten Bischof aus. Die streng an Thomas von Aquino geschulte Kirchendoktrin des Dominikaner-Oberen hatte den Papst in seine unaufgebbaren Rechte eingesetzt. Damit war jener ständig drohende Konziliarismus dogmatisch erledigt, der noch immer die demokratische Willensäußerung der Vielen dem Befehl des einen römischen Pontifex überzuordnen bereit schien. Diese irrige Konzilsidee war derart gefährlich, daß de Vio auf dem Lateran-Konzil als einziger bei der Schlußbefragung der Väter mitgeteilt hatte, ihm sei es ganz recht, wenn diese Versammlung aufhöre. Er erwartete nichts mehr von einem solchen Konzil.

Das war folgerichtig. Das theologisch Erreichte genügte vollauf: Die praktische Erneuerung der Kirche gehörte in die Hand des Papstes, und nur dahin. Je mehr hiervon einem Konzil übertragen worden wäre, je einschneidender eventuelle Reformdekrete eines Konzils ausgefallen wären, desto größer wäre die Gefahr eines neu aufkeimenden Konziliarismus gewesen. Solches mußte aber unter allen Umständen verhindert werden. Das Amt des Papstes durfte nicht tangiert werden.

De Vio hatte genug geleistet. Das Ja zum Amtsinhaber und dessen Oberhoheit über den Rest der Kirche galten als einzig zulässiger Ausdruck des Glaubens. So Cajetanus, der wußte, was er damit lehrte, und der auch dabei blieb.

Nach etlichen Jahrhunderten des Schwankens hat seine dezidierte Auffassung auch gesiegt. Daß er seinerzeit in Ungnade fiel, daß der Papst, auf den er seine theologische Hoffnung gesetzt hatte, gar kein Reformer war, wiegt demgegenüber nicht schwer. Zwar mißglückte auch die Angelegenheit Luther, die Römer warfen dem Legaten zu viel theologische Violenz anstelle von Diplomatie vor, zwar ging auch die Pfründe Palermo bald wieder verloren, doch blieb Cajetan der eigentliche Sieger. Denn einige Jahrhunderte später steht seine Auffassung für die amtliche Kirchenlehre. Luther aber kämpft noch immer um seine Anerkennung in Rom ...

Augsburg brachte jedenfalls eine wichtige Auseinandersetzung zwischen zwei Reformtheologien, auch zwischen zwei Kirchenmodellen. Das sollte sich bald zeigen. Der Legat war um diese Aufgabe nicht zu beneiden, und Martinus auch nicht. Luther berichtet 1532 von seiner damaligen Situation, von seiner Angst, nun bald sterben zu müssen (»Ach, wie ein schande werde ich meinen liben eltern sein!«), von seiner völligen Unerfahrenheit in Dingen der welschen Diplomatie (»dann ich kendt die Waln nit«) und, was am schlimmsten war, von seinem Gefühl, ganz allein gelassen zu sein, nachdem sich so viele von ihm zurückgezogen zu haben schienen.

Ob der stolz auftrumpfende Kardinal ähnliche Sorgen hatte, wissen wir nicht. Aber ganz glücklich konnte auch er nicht gewesen sein. Irgend etwas stimmte nämlich nicht. Die Römer hatten ihm Anfang September – Friedrich von Sachsen hatte inzwischen die bekannten Unsicherheiten gezeigt – mitteilen lassen, alle richterliche Gewalt liege nunmehr bei seiner Person und die martinianische Sache sei zum einen im kurialen Sinn zu erledigen, zum anderen dürfe der Kurfürst nicht vergrämt werden. Was war zu tun?

Den Weg nacktester Gewalt konnte Cajetan angesichts der schwankenden Haltung des sächsischen Fürsten nicht beschreiten. Martinus konnte nicht einfach beseitigt werden. Und doch mußte der Kardinal schon um seiner eigenen Theologie willen die Unterwerfung des Aufmüpfigen erreichen.

Cajetan tat in dieser heiklen Lage das, was ihm am einleuchtendsten erschien. Er wählte den Mittelweg. Er ließ die Drohung mit der Gewalt ohne Abstriche im Raum stehen, setzte aber darauf, den Mönch argumentativ von der Haltlosigkeit der neuen Worte überzeugen zu können, ihm daraufhin den erforderlichen Widerruf abzunehmen und die Sache auf diese Weise vor aller Welt zu bereinigen. Ein deutscher Professor, welcher derart zurückgesteckt hatte, würde künftig nicht mehr viel ausrichten. Seine Glaubwürdigkeit bei den Reformern wäre dahin gewesen.

Der gelehrte Kardinal denkt alles durch. Nunmehr fühlt er sich auch in seinem Element. Er setzt sich hin, sammelt Argumente und schreibt sie nieder. Am 25. September hat er bereits den ersten von 15 Traktaten gegen den Bruder Martinus abgeschlossen. De Vio kann schnell schreiben, denn er schöpft aus dem vollen. Die Argumente sind Meisterleistungen. Alle nehmen sie Luther ernst, alle sind sie ausschließlich gegen diesen gerichtet, ohne daß jedoch der Name des Neuerers nur ein einziges Mal erwähnt würde.

Cajetan argumentiert sachlich, gut thomistisch, auf den Gegenstand der Auseinandersetzung bezogen, nie niveaulos, wie das die römische Polemik, angefangen bei Prierias, tat. De Vio bleibt ernst. Er verharmlost nicht. Sein theologischer Spürsinn findet die logisch schwachen Stellen in Luthers leidenschaftlichen Schriften heraus: die Bußlehre, das Sakramentsverständnis, die Sache mit der Gewißheit des

Glaubens. Deswegen fühlt sich Cajetan auch vorbereitet. Dieser Luther braucht nur noch zu kommen, dann kann ein Gespräch beginnen, vor dem es dem Kardinal nicht bange ist. Seine Präparation steht auf sicheren Füßen. Der Wittenberger hingegen wird die Augsburger Schriften seines hohen Gegners noch nicht einmal zu Gesicht bekommen. Sie werden erst 1530 veröffentlicht. Vorerst dienen die hieb- und stichfesten Unterlagen allein ihrem Verfasser.

Als der Deutsche am 7. Oktober eintrifft, das »Brüderlein«, wie der Kardinal herablassend anmerkt, fängt alles recht nett an, wenngleich die drohenden Untertöne der Violenz nicht fehlen. Martinus, der in einem Augsburger Kloster wohnt, hat sich gleich nach seiner Ankunft dem Kardinal melden lassen. Doch war dies voreilig. Es wird ihm angeraten, sich zunächst nicht in der Öffentlichkeit zu zeigen. Die kursächsischen Räte wissen, warum. Der Kaiser hat sich nämlich inzwischen auf seine Jagd zurückgezogen, und Kurfürst Friedrich weilt nicht mehr in der Stadt. Fürs erste braucht Luther daher die Geleitbriefe, auf die er bisher verzichtet hatte: Er kannte die Welschen nicht, und dennoch war er so naiv gewesen, daß er »on gleit hinaus zog«. Ohne Schutzbriefe zu sein, zog die Gefahr mit sich, auf offener Straße – ein kurzer Prozeß – ergriffen zu werden. Da ist es vorteilhafter, zuhause zu bleiben und sich den Besuchern zu widmen, die den Aufrührer wider die Macht der Kardinalskirche zu sehen und anzufassen neugierig sind.

Zu ihnen zählt, etwas harlekinesk, ein italienischer Diplomat, ein gewisser Messer de Serralonga, der es kurz machen möchte und dem deutschen Doktor vorschlägt, nicht alles gar so furchtbar ernst zu nehmen, sondern sich mit dem REVOCO, dem »ich widerrufe« zu bescheiden, auf daß alles verziehen und vergessen sei. Im übrigen sei dieser Weg, so das Sprachrohr der herrschenden Meinung, der allein realistische, denn der sächsische Kurfürst greife doch wohl nicht ausgerechnet wegen eines Theologieprofessors zu den Waffen, lege sich schon gar nicht mit Papst und Kaiser zugleich an, der weise Herr.

Der Italiener hat recht. Die Logik zwingt. Luther weiß dies. Aber er widersteht (»die sechs Buchstaben REVOCO wolte mir nit eingehn«) diesem süßlichen »Verführer«, wie er gleich an Spalatin schreiben wird, und wartet auf andere, auf gewichtigere Gesprächspartner, die gewiß andere, bessere Vorschläge unterbreiten werden. Martinus denkt an eine Art Kompromiß mit den Römern (»Es wart ihnen der fried genugsam angeboten«), so daß er schweigen würde, wenn diese schwiegen. Aber dies ist nur eine Seite seines immer noch zwischen Für und Wider schwankenden Wesens.

Luther trägt sich andererseits, allein gelassen, wie er ist, mit dem Gedanken, an ein Allgemeines Konzil zu appellieren, falls der Kardinal wider Erwarten doch nicht mit Gründen, sondern mit Gewalt gegen ihn vorgehen sollte. Luther wetzt sein Messer, doch scheint er nicht zu wissen, daß er just mit solcher Absicht bei dem überzeugten Papalisten Cajetan in ein Wespennest stechen wird. Ein Konzil ist wirklich das letzte, womit diesem Dominikaner und dessen Auffassung vom Papsttum begegnet werden kann. Da stünde eine theologische Lebensarbeit auf dem Spiel. Der Wittenberger Mönch wird sich gerade in diesem Punkt vorsehen müssen.

Der Papst und das Evangelium

Am 12. Oktober, inzwischen ist das Geleit zur Hand, tritt Martinus den Gang zum Legaten an. Zum ersten Mal in seinem Leben wird er einem leibhaftigen Vertreter Roms gegenüberstehen, und was für einem, in welch einer Sache! »Man hatte mir beigebracht«, so berichtet er später, »wie ich mich gegen den Kardinal benehmen sollte. Zuerst warf ich mich vor ihm aufs Angesicht nieder. Darauf, als er mich aufstehen ließ, richtete ich mich nur bis zu den Knien auf. Erst auf einen erneuten Wink stand ich ganz auf. Ich entschuldigte mich alsdann, daß ich erst den Geleitbrief abgewartet hatte, und versicherte, daß ich von ihm nur die Wahrheit hören wolle«.

Das klingt fast devot, immer noch sehr mönchisch. Doch leuchtet bereits wieder hinter den Konventionen und ihren Floskeln die Wahrheit auf, um die es gleich gehen wird. Cajetan kommt nämlich, nach einigen höflichen Worten der Einleitung, sofort zum Kern der Sache. Jetzt fallen die Forderungen Schlag um Schlag: Widerruf und Reue, Zusage künftigen Wohlverhaltens und Absage an alle Störungen des innerkirchlichen Friedens. Der Frater Martinus hört sich das Diktat an – und bittet um Angabe all jener Irrtümer, die er überhaupt revozieren soll. Denn der Legat wird kaum von ihm verlangen, Irrlehren abzuschwören, die er gar nicht gelehrt hat. Oder etwa doch?

Erst mit dieser Nachfrage Luthers – und der Tatsache, daß der Legat nicht sofort zur Gewalt gegriffen, sondern überhaupt noch geantwortet hat – setzt jene Disputation ein, die so unbefriedigend enden soll. Das Augsburger Gespräch wird unter der Hand zum Nicht-Verhör, und der Beschuldigte fühlt sich immer mehr als Verhandlungspartner und als Gleicher unter Gleichen. Der Augsburger Dialog gewinnt theologische Konturen. Er dreht sich eigentlich nur um zwei dogmatische Gegenstände, um Luthers Interpretation des kirchlichen Gnadenschatzes, der in der Ablaßfrage von Belang ist, und um seine Lehre von der Rechtfertigung des Sünders allein durch den Glauben, nicht aber durch die Sakramente der Kirche.

Das waren handfeste Standpunkte. Unter diesen Umständen kann das Augsburger Gespräch nicht mehr so simpel gedeutet werden, wie das versucht worden ist, indem auf die kurialen Allüren des Kardinals wie auf den aufgespeicherten antirömischen Affekt des Deutschen verwiesen wurde, welche das rein Theologische hätten als Nebensache erscheinen lassen. Nein, Augsburg sah ein um Sachbezogenheit bemühtes, dazu ein von beiden Seiten gleich leidenschaftlich geführtes Gespräch unter Kollegen, denen der rechte Weg der Reform nicht gleichgültig war. Hier trafen sich zwei ebenbürtige Widersacher, deren einer die Größe hatte, nicht zu widerrufen und dennoch einen Beweis aus der Schrift wider sich zu akzeptieren, und deren zweiter die Demut besaß, nicht auf der Gewalt als solcher zu bestehen, sondern – wenigstens fürs erste – dem Wort eine Chance einzuräumen.

Daß sich diese beiden Haltungen ausschließen mußten, wurde jedoch immer klarer. Der Dialog von Augsburg konnte den Frieden nicht bringen. Was er erbrachte, war ein Waffengang zwischen guten Gegnern, eine Begegnung zweier Weltanschauungen, die sich ihrem Wesen nach nicht vertrugen, deren Vertreter jedoch immer wieder miteinander zu sprechen wagten – bis hin zum bitteren Ende, das beiden geschadet hat.

Als alles vorüber war, sahen Dritte, daß beide, Cajetan wie Luther, auf ihre Weise als Gebrochene auf dieser Walstatt zurückgeblieben waren. Der Legat hatte seine Karriere zerstört, ungewollt den Papst verärgert und die pontifikale Reform der Kirche unmöglich erscheinen lassen. Und der Professor hatte seine unreformierte, ja irreformable Kirche, die Heimat seiner Jugend, endgültig verlassen. Schmerz aber und Tragik blieben. In den drei entscheidenden Tagen des Augsburger Oktobers war alles offiziell geworden, was Martinus im privaten Stübchen erwogen und erlitten hatte. Plötzlich gab es kein Zurück mehr. Der entscheidende Einschnitt im Äußeren war nicht im Wittenberg des Jahres 1517 geschehen. Er hatte kaum mehr etwas mit jenen Thesen des Anfangs zu tun, die so viel Aufsehen erregt hatten. Er wird aus dem Hier und Jetzt von Augsburg leben. Diese Stadt wird zu Luthers Schicksalsort.

Im Jahre 1518 bricht Martinus mit der römischen Kirche. Künftig wird es kein REVOCO mehr geben, nur noch ein Vorwärts. Was noch kommt, stellt mehr oder minder die Ausdeutung des Augsburger Geschehens dar. Luther ist frisch hindurch. Die späteren Interpretationen, die er – und viele andere – unternehmen werden, glossieren nur. Sie fügen nichts wirklich Neues hinzu. Im Kern ist alles schon da, im Oktober 1518. Einen »Bruder Martinus« wird es nie mehr geben. Das Augsburger Nachfragen Luthers schloß nämlich mehr in sich als eine Art der – unter Akademikern üblichen – Rechthaberei. Es stellte den präzisesten Ausdruck des Unvermögens eines Menschen dar, sich integrieren zu lassen, alles hinzunehmen, wie es ihm vorgelegt wurde, alles für recht zu halten, wie es sich eben gab, und gar eine Autorität anzuerkennen, die sich desto mehr der Heiligen Schrift entfremdete, je authentischer sie diese zu interpretieren vorgab.

De Vio, der gelehrte Widerpart, hatte diese Impotenz des Martin

Luther bald herausgefunden. Das Gespräch hielt sich folgerichtig in den nächsten Tagen nicht mehr beim simplen Ablaß auf, über den es kirchenoffiziell ohnedies nichts Definitives zu sagen gab, sondern es rückte immer drohender auf die Lieblingswahrheit des thomistischen Sachverständigen zu, auf die Gewalt des Papstes, auf jene Doktrin, die schon das Konzil zu spüren bekommen hatte. Gewalt, Gewalt, immer wieder Gewalt, so tönt der Legat sein Gegenüber an.

Gerade diese Wiederholungen wirken unmenschlich: Die Autorität der päpstlichen Gesetzbücher (»Gratianus, so das Decret zusammen gelesen hat, ist ein Esel gewest, der nichts verstanden hat«), die Herrschaft der römischen Dogmatik (»Lügen und Menschensatzungen, als die stracks wider Christum sind«), die von der Disziplin geforderten Unterwerfungsgebärden (»Eselsfürze sind es; wollt ihr gern, ich will sie euch wol zu fressen geben«), kurz, der gesamte Inhalt einer überwundenen Lehre steht gegen das Wort des Einen auf.

Martin Luther redet nun aber auch, doch kommt er nicht an. Dabei ist seine Wahrheit unmittelbar aus der Schrift geschöpft, ohne Zutun weiterer Mittler also, in Anfechtung über Anfechtung. Seine Einsichten sind erlitten. Sie entstammen der eigenen Passion. Sie machen menschlich. Sie lassen mit eigenen Augen sehen. Warum nur prallen sie vom Stellvertreter des römischen Papstes ab? Warum zieht dieser sich ständig auf seine Hilfsmittel zurück, statt sich des klaren Textes zu bedienen? Weshalb will dieser Kardinal nicht auch mit eigenen Augen sehen? Warum flüchtet sich de Vio in seine Bücher, warum holt er die Gewalt des Papstes zu Hilfe, wenn ihm zu Luthers Wort nichts mehr einfällt? Luther kann dies nicht verstehen.

Er schreibt nach Wittenberg, der Legat sei »vielleicht ein tüchtiger Thomist, aber kein klarer christlicher Denker und daher zur Behandlung dieser Sache ebenso geschickt wie der Esel zum Harfenschlagen«. Doch trotz dieses wenig schmeichelhaften Urteils versucht Luther, sein Gegenüber aus der Schrift zu überzeugen. Noch immer vertraut er auf den Text. Er arbeitet schriftliche Voten aus, doch ohne Erfolg. Alles, was er sagt, wird als »neue Lehre« abklassifiziert.

»Neu« heißt aber nicht etwa »gut«, sondern »irrig«. Cajetan freut sich keineswegs über die Erkenntnisse seines Dialogpartners. Im Gegenteil, er sieht in diesen nicht viel anderes als Abweichungen vom richtigen Weg, den die alten Wahrheitsgewalten vorgezeichnet haben. Nur ein Beispiel: Daß der Glaube rechtfertigen solle und nicht etwa das Sakrament, war eine solche neue Lehre. Sie war unerhört. Niemand kannte sie. Daher war sie schlichtweg falsch, falsch, falsch.

Der Legat kann diese und ähnliche Neuigkeiten Luthers nicht mehr hören. Es ist ihm einfach zuviel. Immer ungeduldiger ist er geworden, der Kardinal, zumal sich das Brüderlein im Verlauf der Diskussion immer höher reckte und die Umstehenden sich mehr und mehr über die Engelsgeduld des Repräsentanten der päpstlichen Violenz zu wundern begannen, die den Wittenberger weiterreden ließ.

De Vio greift ein. Seine Ungeduld ist begründet: Weshalb soll das Gespräch sich noch um ein Thema streiten, das eigentlich schon immer entschieden war, und dies vom Papst, von wem sonst? Was Luther dagegen vorbrachte, der »aus der Schrift« widerlegt zu werden wünschte, klang hohl, leer und unüblich. Der deutsche Doktor war einfach nicht auf der theologischen Höhe seiner Zeit. Dabei hatte doch gerade das letzte Konzil . . .

Cajetan hatte genug. Das Gespräch fand ein schnelles Ende. Der Legat vergaß seine Argumente und griff auf das bewährte Mittel zurück, welches die Römer ihm an die Hand gegeben hatten, die Drohung mit der schweren Kirchenstrafe, falls Luther nicht widerrufe. Der Ketzer aber blieb starr. Es gab nichts zu widerrufen. Luther drehte sich vom Kardinal weg und ging davon.

Die Zuschauer waren schockiert. Auch Cajetan zeigte Wirkung: Die tiefliegenden Augen des Neuerers hatten es ihm angetan. Von ihnen ging eine Art bezwingender Macht aus. Sie deuteten auf den unbezwingbaren Fanatismus des Häretikers hin, der von sich aus, ohne Zutun einer Papstkirche, zu sehen gelernt hatte.

Der Nachspann zu diesen Augsburger Tagen bringt Geschäftigkeit. Beide Seiten versuchen zu retten, was nicht mehr zu retten ist. Staupitz tritt, auch beim Kurfürsten, für den Mitbruder und Freund ein, das »unschuldige Blut«. Der Legat und die Seinen überlegen hin und her, was zu machen sei, nachdem alles Lavieren und Drohen an der Verweigerung des Widerrufs gescheitert ist. Zugegeben, viele tun viel, denken nach, und doch bleibt das erlösende, kleine Wort, die unscheinbare und versöhnliche Geste aus, die winzige Nachgiebigkeit, die alles noch einmal hätte wenden können.

Unterdessen sind größere Gewalten in Gang geraten. Staupitz hat erfahren, daß der eigene Ordensgeneral Luthers Gefangennahme angeordnet habe, wie der Papst befohlen hatte, und er versucht, Luther dem Zugriff der Jäger zu entziehen, ihn vielleicht gar nach Paris zu schaffen, wo der Papst weit war. Doch gelingt es ihm nicht, im reichen Augsburg das nötige Reisegeld aufzutreiben. Die Stadtbürger sympathisierten allenfalls in Gesprächen mit dem kühnen Doktor, doch wagten sie nicht, die eigene Sympathie allzu konkret werden zu lassen. Als Kapitalanlage eignete sich der Professor kaum.

Staupitz zieht die Konsequenzen, löst Luther, als habe er die innere Entwicklung des Sohnes nur noch nach außen hin nachvollziehen wollen, vom Ordensgehorsam – und setzt sich selbst aus Augsburg ab, da ihm zu Ohren gekommen ist, daß auch er auf der Schwarzen Liste Roms stehe. Luther bleibt allein, während Cajetan vom Kurfürsten ein Eingreifen verlangt, da das Maß jetzt voll sei. Martin hatte in der Zwischenzeit ja zu erkennen gegeben, daß er nicht mehr einlenken werde. Vielmehr appeliert er jetzt an den Papst, lehnt gleichzeitig die Herren Prierias und Ghinucci als befangen ab und weigert sich, einer Vorladung nach Rom Folge zu leisten, wo selbst ein Pontifex seines Lebens nicht sicher sein könne. Dem Legaten gegenüber beruft er sich aber auf sein Gewissen. Das hieß nichts anderes, als daß alles bleiben müsse, wie es vor Augsburg gewesen war: ein Ding der Unmöglichkeit.

Als der Kardinal auf diese Epistel gar nicht erst antwortet, halten die Ratgeber Luthers den Zeitpunkt für eine heimliche Flucht aus Augsburg für gekommen. Jetzt ist keine Zeit mehr zu verlieren, denn der Feind ruht nicht, auch wenn er schweigt. Er kann jederzeit zupakken, und dann ist guter Rat teuer. In der Nacht des 20. Oktober 1518 wird dem Doktor daher ein kleines Pförtchen in der ansonsten gut bewachten Stadtmauer geöffnet. Auch ein gutmütiges Reitpferd steht bereit, dazu ein Begleiter. Und dann muß sich der Gelehrte so, wie er eben gerade ist, auf den Heimweg nach Wittenberg machen: »hat kein hosen angehabt, nur knie hosen, kein messer noch wher, kein sporn«.

Nun, das Pferd war sanft, wenn auch ein wenig knochig: »hat ein hart trabenden klepper gehabt«. Luther ritt auf diesem Tier acht Stunden ohne Unterbrechung, fiel aus dem Sattel und nächtigte auf einer Schütte Stroh in Monheim, also schon jenseits der Donau an der großen Nürnberger Straße. Ziemlich sicher hätte er die inzwischen zurückgelegten ganzen sieben Meilen auch zu Fuß bewältigt, statt sich als ungeübter Reiter zu versuchen, und mit größter Wahrscheinlichkeit hätten ihn schnell auch ein paar gute Reiter eingeholt, wenn sie ihm nachgeschickt worden wären. Doch geschah nichts. Allem Anschein nach hatten die Augsburger Gönner, selbst ein Domherr fand sich unter diesen, vorgesorgt und ein paar Kreditgeschäfte betrieben.

Das war nicht unnötig gewesen. Dieser Kuttenträger zu Pferde mag nämlich vielen, allzu vielen aufgefallen sein. Luther erzählt später, ein Graf Mansfeld habe ihn erkannt – und ausgelacht. Die Flucht war so oder so kaum von langer Hand geplant, wenn auch gut bezahlt worden. Den Professor selbst hatten solche Zumutungen eher überrascht.

Gleichwohl langt er am 22. Oktober in Nürnberg an, wo er endlich auch Albrecht Dürer sieht und wo ihn ein Brief Spalatins erreicht, dem eine Kopie des päpstlichen Verhaftungsschreibens vom 23. August beigelegt ist. Im Gefühl, einer großen Gefahr entronnen zu sein, reitet Luther weiter, mehr schlecht denn recht, und erreicht schließlich am Jahrestag der 95 Thesen Kemberg, tags darauf Wittenberg, wo er – »so heilig war ich« – sogleich eine Messe liest, zum Dank für die glückliche Errettung aus der Hand des Papstes. Abends schreibt er an Spalatin, er wundere sich, was für ein Wesen »so viele große Leute« von all seinen Kämpfen und Leiden machten . . .

Noch immer weiß er nicht recht, wie ihm geschieht. Noch zwanzig Jahre später wird er sich wundern: »Gott hat mich plötzlich in das wesen gefurt . . . denn da ichs anfieng, weis Gott, ich verstund es nicht«. Immerhin faßt er, da er inzwischen ein wenig Gespür für Publicity gewonnen hat, die Augsburger Ereignisse in eine für die Öffentlichkeit bestimmte Abhandlung zusammen, der er auch urkundliche Anlagen beifügt.

Ein romfreies Konzil

Diese »Acta Augustana« erscheinen im Dezember 1518 und machen dem sächsischen Kurfürsten Kopfzerbrechen. Ein öffentlicher Bericht über Cajetans Vorgehen und ein Abdruck des päpstlichen Breves als Haupttrumpf konnten zwar die Flucht rechtfertigen und gewaltiges Aufsehen machen. Doch war eine solche Aufregung Friedrich zuviel. Die Zensur griff zu, kam jedoch etwas zu spät, da die Druckbogen bereits herausgegangen waren. So vermochte der Zugriff nur noch eine besonders anstößige Stelle einzuschwärzen, ganze elf Zeilen, die erst mit Hilfe der modernen Chemie wieder zum Vorschein gebracht werden konnten.

Luther hatte darin die Echtheit des ominösen Papstbriefes bezweifelt und vermutet, daß das gesamte Schreiben von seinen Widersachern in Deutschland hergestellt worden sei. Solch eine Unterstellung ging dem Kurfürsten zu weit. Denn damit war dem Kardinallegaten nichts anderes unterschoben, als daß dieser entweder mit Fälschern zusammengearbeitet hatte oder das Opfer eines plumpen Betruges geworden war. Beides war degoutant. Der Wittenberger Professor ließ jedes Augenmaß vermissen. Hatte er überhaupt je ein solches besessen? Würde er sich darum bemühen? Friedrich von Sachsen, der seine Hände am allerliebsten in Unschuld gewaschen hätte, war in Sorge.

Inzwischen hatte Cajetan ihm mitgeteilt, was genau in Augsburg geschehen war. Der Legat sprach eine offene Sprache: Luther galt als hartnäckiger Ketzer, der wissentlich und öffentlich gegen die Lehre des Heiligen Stuhles verstoßen hatte und daher nicht mehr auf die Unterstützung seines Landesherrn hoffen durfte. Es lag nur nahe, daß Friedrich endlich handelte und den Häretiker auslieferte, auf daß Rom mit diesem verführe, wie es in solchen Fällen üblich war.

Friedrich liest Ende November diese so logisch argumentierende Auslassung des Kardinals. Er ist aber höchst unangenehm berührt. Denn nun muß er wirklich etwas unternehmen, obwohl er »auch nicht mehr bey der Sache zu thun« wußte. Was tut er jedoch wirklich? Er schickt eine Kopie des Legatenbriefes an den Betroffenen und fordert diesen zur Rückäußerung auf. Luther antwortet noch am selben Tage, er weiß, warum, und zerpflückt die Logik des Kardinals nach allen Regeln der Kunst.

Vor allem die Ausführungen des Legaten, in denen dieser den Anschein erweckt, in Sachen Ablaß sei alles schon kirchenoffiziell geregelt, reizen zum Widerspruch. Cajetan hatte in diesem Punkt der allgemeinen Entwicklung ein wenig vorgegriffen. Auch der Kardinal wußte gut, daß Rom den Ablaß noch gar nicht theoretisiert hatte. Daher hatte er bereits von Augsburg aus den Erlaß einer amtlichen Deklaration beantragt und gleich einen Entwurf für das zu erwartende päpstliche Lehrschreiben beigefügt, so daß am 9. November 1518 wirklich eine offizielle römische Verlautbarung erscheinen konnte. Diesmal hatte die Kurie so schnell wie möglich gehandelt.

So weit, so gut. Luther war jedenfalls einige Zeit zuvor noch im Recht: In den Augsburger Tagen konnte ihm zumindest in diesem Punkt kein Lehrverstoß nachgewiesen werden, weil eine zweifelsfrei umschriebene Ablaßlehre im Oktober 1518 noch nicht vorgelegen hatte. Martin weist seinen Kurfürsten auf diese Lücke im System hin und versäumt nicht, den Landesherrn darauf aufmerksam zu machen, daß er sich an einem Mord beteilige, wenn er Cajetan nachgebe. Abschließend baut er Friedrich eine goldene Brücke und bietet ihm ein freiwilliges Verlassen Kursachsens an, um zu vermeiden, daß »Eurer Herrlichkeit um meinetwillen irgendein Übel zustößt«.

Martin Luther hat dieses Angebot ernst gemeint. Zumindest trifft er Reisevorbereitungen, predigt zum Abschied von den Seinen zweimal auf der Kanzel der Wittenberger Stadtkirche – und harrt im übrigen der Dinge, die kommen werden. Friedrich aber rührt sich nicht. Da unternimmt sein Professor einen weiteren Schritt. Er wendet sich nicht wie früher an den »besser zu informierenden« Papst. Er wirft dem päpstlichen Rom den Fehdehandschuh hin, indem er seine Drohung wahrmacht und ganz offen gegen den Papst an ein »freies Konzil« appelliert. Am 28. November läßt er das folgenschwere Aktenstück in der Kapelle zum Heiligen Leichnam Christi zu Wittenberg notariell beurkunden und sofort heimlich – auf Vorrat – drucken. Bald aber gibt ein gewinnfreudiger Drucker, der eine neue Sensation wittert, das Blatt ohne Wissen des Verfassers an die Öffentlichkeit.

Nicht ganz zu Unrecht übrigens, denn es handelte sich um einen glänzenden Einfall Luthers. Der Text seiner Appellation war fast wörtlich einer anderen entnommen, welche die Pariser Sorbonne erst im März des Jahres 1518 im Streit um die alten Freiheiten der französischen Kirche erlassen hatte. Was aber der vornehmsten theologischen Fakultät der Christenheit recht war, durfte einem Wittenberger Dozenten billig sein. Rom war doppelt gewarnt, und dies just zu einer Zeit, da Frankreichs König sich Aussichten auf die Kaiserkrone ausrechnete und, alles in allem, auch den sächsischen Kurfürsten umwerben mußte.

Friedrich wußte aber noch immer nicht recht, was er tun sollte. Alles ging zu schnell. So viele wichtige Entschlüsse in Folge überforderten seine Bedächtigkeit. Die Briefe, welche er in jenen Tagen nach

Wittenberg richtet, zeigen dies. Der Kurfürst hatte dem Professor zuerst mitteilen lassen, er billige den Plan einer Ausreise, weil es das beste sei, wenn Luther »von Wittenberg kurtz umb ziehen und sich an einen andern heimlichen ort begeben« würde, »da seins lebens sicher were, dan er kunte ihn zu Wittenbergk nicht vortedigen«.

Luther hatte verstanden. Es war ihm »bange und wehe«, zumal er nicht wußte, »wo auß«. Am Abend des 1. Dezember 1518 lud er die guten Freunde in das Wittenberger Kloster, um den Abschied zu begehen. Noch im Laufe der Nacht wollte Martin die Stadt verlassen und »darvon seyn gezogen, wohin ihn Got gefuret hette«. Der Kurfürst meldet ihm über Spalatin, er sei überrascht, daß sein Doktor noch immer in Wittenberg sei. Luther versteht ein weiteres Mal, was die Stunde geschlagen hat. Doch läßt er sich nicht stören. Und wirklich: »wie er mit den gesten guter dinge ist«, kommt ein neuer Eilbote von Spalatin. Seine Nachricht überrascht die Kenner des Kurfürsten nicht: »So der Doctor noch forhanden were, das er beyleibe nicht weg zoge, den der churfurst hette was notlichs mit ihm zureden«. Luther packte also wieder aus und blieb.

Der Kurfürst, der kaum daran gedacht haben mochte, seinen Doktor als einen leibhaftigen Ketzer, an Händen und Füßen gefesselt, den Welschen auszuliefern, berät in den ersten Tagen des Dezembers mit seinen Beamten erst einmal in aller Ruhe, was zu tun sei. Die kurfürstlichen Räte waren die richtige Adresse. Sie waren fast alle in der Zwischenzeit zu guten Martinianern geworden. Spalatin hatte vorgesorgt. Friedrich ließ sich dazu bestimmen, den Herrn Kardinallegaten abschlägig zu bescheiden. Grund dazu hatte er.

Friedrich war der Meinung, gegen Luther liege nichts Gravierendes vor: »Ich weiß nichts boses von ihm. Ich hab mit ihm nichts zu thun. Thuet er was, das unrecht ist, so disputiret und unterredet euch mit ihm zu Wittenberg; do hab ich ein universitet. Er sol euch zur antwort stehen. Ich hab so viel gelerter leute zu Wittenberg; thete er was unrechts, sie wurden ihn nicht leiden.« So interpretiert ihn Luther im Jahr 1540. Dieser landesherrlichen Auffassung – »ich hab do ein universitet« – ist eigentlich beizupflichten.

Was zu tun war, wenn wirklich eine offizielle Bannbulle ergehen würde, die jeder Diskussion ein Ende machte, wußte der Kurfürst jedoch nicht. Vorerst verlegte er sich auf das Warten. Daß ausgerechnet in diese Zeit des Totstellens die Publikation der »Acta Augustana« wie die Appellation an das freie Konzil fielen, hatte Friedrich sehr verärgert. Seine Pläne waren über den Haufen geworfen. Der Kurfürst war sich nicht mehr ganz so sicher, ob er nicht doch etwas »boses« von Luther wußte. Denn nun war Rom bis aufs Blut gereizt.

Es ist daher verständlich, daß die kurfürstliche Zensur jetzt zugriff, jene anstößige Stelle übermalte, der sie noch habhaft werden konnte, Cajetan damit das Odium eines Fälschers zu nehmen suchte – und wieder einschlief. Friedrich glaubte, der Gerechtigkeit Genüge getan zu haben. Der Stein des Anstoßes war beseitigt.

Der Kurfürst konnte sich wieder dem normalen Geschäftsgang zuwenden: Zum 18. Dezember ging das nach seiner Gewohnheit »wohl zehn, ja zwanzig und mehrere Male« durchgesehene Schreiben an den Legaten ab, in welchem Friedrich dem Kardinal bedeutete, er könne ihm doch, alles in allem, nicht willfahren. Luther war gerettet. Der Kurfürst hatte sich entschieden.

Zu keiner Zeit hat Friedrich übrigens seinen damaligen Entschluß zurückgenommen. Was lange gewährt hatte, war endlich gut geworden. Der ketzerische Doktor blieb weiter in Wittenberg, wartete auf die neuen Schritte der Gegenseite, vor allem auf die Bannbulle, und war guter Dinge. Es war mit Fug und Recht anzunehmen, der Papst werde eine derart wichtige Angelegenheit, die seit neuestem den Schutz sogar eines Kaiserwählers genoß, nicht überstürzen.

Die Zuversicht trog nicht. Rom lenkte wirklich ein. Die Kurie des desinteressiert-heiteren Leo X. hatte inzwischen mehr Gründe denn je, Vorsicht walten zu lassen. Das Augsburger Verhör war ein Schlag ins Wasser gewesen. Des gelehrten Legaten guter Wille, das wußte der Papst unterdessen, reichte auf diplomatischem Parkett nicht weit. Die Ablaßbulle »Unigenitus« vom 9. November 1518 bestätigte indirekt die Richtigkeit der These Luthers, bisher sei in dieser Materie keine kirchenamtlich verbindliche Feststellung getroffen worden, weshalb er auch nicht der Häresie schuldig zu sprechen sei.

Der Wittenberger Bettelmönch, von dem die Kurie vor Jahresfrist noch nicht einmal gehört hatte, war in diesem Lehrschreiben mindest mittelbar ernst genommen worden. Jetzt erst, da Rom ihm eine Bulle nachgeschickt hatte, die ihn zu einer Festlegung nötigen sollte, nahm seine Gegnerschaft Gestalt an, während die Kurie in diesen Monaten zu bemerken beginnt, daß sie selber eigentlich nur noch reagiert, ja daß ein kleiner Frater dem Papst das Heft aus der Hand zu nehmen begonnen hat. Der römische Löwe hat keine richtigen Zähne mehr.

Der politisierende Kammerherr

Auch was nun folgen wird, spricht nicht für ein löwenhaftes Agieren des Papstes Leo. Denn Rom nimmt seine Zuflucht zur Auszeichnungs-Diplomatie, erinnert sich wieder der Dekoration für verdiente Laienpotentaten und findet auch einen Zuträger, welcher dem in Aussicht genommenen Friedrich von Sachsen die »Goldene Rose der Tugend« überreichen soll, im päpstlichen Auftrag, mit den besten Empfehlungen des Medici.

Die Wahl fiel auf Herrn Karl von Miltitz. Dieser war seines Zeichens Titularkammerjunker päpstlicher Heiligkeit. Das blieb auch schon alles, was von dem eben achtundzwanzigjährigen Gecken zu sagen war, den Luther später einmal »des babst mutter« nennen wird. Als nachgeborener Sohn einer verarmten Familie des meißnerischen Kleinadels war er – ohne Neigung – in den geistlichen Stand getreten, hatte etliche Jahre zu Köln studiert und war schließlich anno 1514 nach Rom übergesiedelt, wo er ein bescheidenes Klerikerglück zu machen hoffte, war er doch auch ein klein wenig »verwandt«, ein Jungnepot gleichsam des Vertrauten des Kardinals Medici, des uns schon bekannten Dominikaners Nikolaus von Schönberg.

Verwandt sein hieß schon allerhand. Arbeiten brauchte ein Verwandter nicht gar so streng. Allenfalls besorgte er für die Daheimgebliebenen, den sächsischen Kurfürsten nicht ausgenommen, ein paar Reliquien, die in der Sammlung noch fehlten. Hinzu kam ein flinkes Maulwerk, das hin und wieder sogar den Papst zu unterhalten wußte. Das war alles.

Daß Rom ausgerechnet dieses Männchen zum Kurfürsten von Sachsen sandte, ließ nicht auf besonderes diplomatisches Geschick schließen. Unter anderen Umständen hätte Friedrich einen Miltitz gar nicht erst vorgelassen. Doch der Junker brachte in seinem Reisegepäck allerhand mit, was den Kurfürsten geneigter machte: Zum einen die Goldene Rose, von Luther auf knapp zweihundert Dukaten Geldwert geschätzt, doch von ungleich höherem ideellem Wert, so daß ein frommer Fürst sie schon in seiner Kollektion haben mußte, sollte er sich und seine Tugend nicht vor seinesgleichen verstecken müssen; und zum anderen jene Dispenspapiere, die Sachsens Herrscher benötigte, um seinen Abkömmlingen, goldener und rosiger Tugendwandel einmal hin oder her, wenigstens den Rechtsschein einer legitimen Geburt nachreichen zu können.

Miltitz erschien also willkommen, und er wußte dies auch. Bald nutzte er die günstige Situation, die sich bot. Schon immer hatte er nach Höherem gestrebt, »ein stolzer, prächtiger Mann«. Bloßer Briefträger zu sein, schien ihm zuwenig. Ein Mann mit seinen Fähigkeiten mußte sich auch politisch betätigen, Fäden ziehen, Liaisonen knüpfen, sich unentbehrlich machen. Nicht nur die kleine Maus war grau. Auch die Eminenz.

Es traf sich gut: Cajetan, dem Miltitz unterstellt worden war, hatte sich bereits zum Kaiser nach Österreich begeben, als der Junker in Augsburg anlangte. Miltitz konnte walten, wie er wollte. Niemand schaute ihm auf die Finger. So deponierte er die Goldene Rose bei den Fuggern, wo sie gut aufgehoben war, und zog gen Norden, zumal er von allen Seiten vernommen hatte, welch ein Aufsehen Luthers Sache machte. Der Amateurdiplomat war nicht mehr zu bremsen: Eine einmalige Okkasion bot sich an: die abschließende Regelung einer Angelegenheit, die einen de Vio überfordert hatte.

Der Geheime Rat seiner Heiligkeit fiebert geradezu der Tat seines

Lebens entgegen. Unterwegs prahlt er, wie wichtig seine Aufgabe sei, unterwegs spricht er als Deutscher, nicht als Welscher, unterwegs öffnet er sein Herz und läßt alle Mysterien des päpstlichen Hofes zugleich ahnen und erraten. Unterwegs deutet er sogar an, welch interessante Post gerade ihm ein Papst anvertraut habe, der weder Tetzel noch Prierias noch Cajetan sonderlich schätze, ja die Dominikaner insgesamt nicht favorisiere.

Der Erfolg läßt Miltitz nicht im Stich: Viele hören ihm zu, sprechen von ihm, laden ihn zu Tisch, freuen sich, ihn zu kennen, von ihm wiedererkannt zu werden. Manche sehen in ihm gar den in alle Geheimnisse Roms eingeweihten Intimus des Medici, den Kenner aller hohen Herren und Damen der Kurie.

Kursachsen nimmt den großen Versöhner ernster, als der Wichtigtuer es verdient hätte. Friedrich gewährt ihm sein Ohr, ja der Kurfürst weist Luther an, sich mit diesem Herrn in Verbindung zu setzen, der in der Zwischenzeit auch Tetzel, diesen »elenden Sündenbock«, vorgeladen hatte, wenn auch ohne Erfolg. Anfang Januar 1519 trifft Luther im sächsischen Altenburg mit dem diplomatischen Dilettanten zusammen. Miltitz kommt auf ihn zu (»Ho, scit yhr so jung?«) und regt Luther sogar an, ungewohnt versöhnliche Worte – das REVOCO ausgenommen – zu gebrauchen, unter der Bedingung allerdings, daß auch die Gegenseite künftig die leidig gewordene Sache auf sich beruhen lasse.

Miltitz aber ist zufrieden. Ihm reicht dieser Erfolg. Er hat sich, das wird bald alle Welt erfahren, um den Frieden verdient gemacht, um den Altenburger Kompromiß, der doch gar keiner ist. Er hat gar Tränen vergossen und den Bettelmönch geherzt, und dies alles im Dienste der guten Sache, die ihm, so ganz nebenbei, vor der Geschichte ein gewisses Verdienst einbringen würde.

Der Kämmerer ist wirklich in Luthers Historie eingegangen. Dies nicht einmal ganz zu Unrecht, denn Miltitz, ansonsten ein Leichtgewicht, hatte als einziger Römling wenigstens für ein paar historische Augenblicke die richtige Fährte ausgemacht. Sein unübersehbarer Ehrgeiz im Privaten, die Triebfeder des offiziösen Unternehmens, tut demgegenüber nichts zur Sache. Der Edelmann hatte gespürt, daß Martin Luther, von dem ganz Deutschland sprach, nicht aus der Kirche gedrängt werden durfte, ohne daß diese Schaden nähme.

Ungleich unwichtiger waren demgegenüber die Tetzels. Ihnen hatte Miltitz einen konsequenten Kampf angesagt. Sie fielen in Ungnade. Luther jedoch nicht in der Kirche Roms zu halten, erschien dem Junker verhängnisvoll. Ein solch religiöses Genie, wohl das gewaltigste seit Augustinus, mußte einfach in der Kirche bleiben, um für deren Reform arbeiten zu können. Miltitz, der nach seinem eigenen Bekunden sogar die Bannbulle mit sich geführt hatte, wendet jedenfalls diese schwerste aller Waffen nicht gegen Luther an. Vielmehr ist er nach dem Treffen von Altenburg davon überzeugt, die Angelegenheit bereinigt zu haben. Rom wird ihm alle Anerkennung schulden.

Stolzgeschwellt eilt Miltitz nach Süddeutschland, um sich und seinen Altenburger Erfolg bei Cajetan zu melden. Daß er bei dem Legaten keinen Applaus zu erwarten hatte, sondern nur die Mißbilligung seines versöhnlerischen Alleinganges, scheint ihm nicht bewußt gewesen zu sein. Dabei war für Cajetan alles klar. Kompromisse kamen nicht mehr in Frage. Das mußte dem Herrn Miltitz gesagt werden.

Martinus Kardinal Luther?

Aber es kam alles anders. Wieder einmal griff die höhere Politik in Luthers Angelegenheit ein. Schon am 12. Januar 1519 war nämlich Kaiser Maximilian zu Wels in Oberösterreich verstorben. Das war eine Überraschung, obgleich sich die Welt schon seit einiger Zeit auf dieses Ereignis vorbereitet zu haben glaubte. Die mediceische Politik hatte jedenfalls fürs erste alle Hände voll zu tun, um die Nachfolge im kurialen Sinn zu regeln. »Sinn« aber hieß im Klartext: Der habsburgische Bewerber Karl mußte ausgeschlossen werden.

Eher kam noch Franz I. von Frankreich in Frage. Ja, einige Zeit dachte Rom wieder daran, den Kurfürsten von Sachsen, ausgerechnet, als den genehmsten Kandidaten zu betrachten. Die Römer ließen diese Meinung auch in Kursachsen bestellen. Friedrich war umworben wie selten. Leo X. fürchtete eine Wahl des Habsburger über alles.

Diese Angst zeigte sich nicht zuletzt in den Purzelbäumen, welche die vatikanische Diplomatie schlug. Selbst Herr von Miltitz war wieder in Gnade angenommen. Der Kämmerer hatte das Seinige beizutragen. Seine Memoranden, die so optimistisch über den Kompromiß mit Luther berichteten, wurden von Rom für bare Münze genommen, denn dieses glaubte nur zu gern, was gerade in das eigene Konzept paßte: Eine Versöhnung mit dem sächsischen Landeskind Luther mußte auch den Landesherrn Friedrich günstig stimmen.

Der römische Löwe gefiel sich in solchen Kapriolen: Papst Leo X. tat in seiner bedrängten Lage sogar mehr, als von ihm erwartet wurde. Er schrieb seinem »lieben Sohn Martin Luther« direkt, lobte ihn, so gut es eben noch ging, und ließ über Sachsens Kurfürst bestellen, wenn Luther in Sachen Widerruf nach Rom zu seinem Vater kommen wolle, so liege ein ausgiebiges Reisegeld aus der päpstlichen Schatulle bereit.

Friedrich von Sachsen hat dieses erstaunliche Breve, in dem der römische Leo plötzlich wie ein Kater schnurrte, um die freche Maus doch noch fangen zu können, nicht an den Adressaten weitergereicht. Luther hätte es ohnehin, so schätzte ihn der Kurfürst richtig ein, nicht übers Herz gebracht, dem Vater zu Rom einen Widerruf frei Haus zu liefern. Also legte Kursachsen das Schreiben beiseite. Es hatte ein zu unsicheres Fundament. Es ging von Kompromissen aus. Es basierte auf den Übertreibungen des Miltitz.

Der Junker selbst wußte von allem so gut wie nichts. Er setzte seine aufklärerische Tätigkeit fort, drang schließlich doch bis zu seinem Legaten vor und handelte diesem sogar eine Einladung an den »willigen« Luther ab. Der Wittenberger sollte diesmal, in Sachen REVOCO, in Koblenz auf Cajetan treffen, um die Angelegenheit endgültig aus der Welt zu schaffen. Daß Luther auf eine solche Zumutung seitens des »lächerlichen Herrn von Miltitz« ablehnend reagieren würde, schienen nicht alle erwartet zu haben. Es wäre denn auch zu schön gewesen, die große Versöhnung zu feiern, von Luther ein gewaltiges Stück an Entgegenkommen einzustreichen – und seine Sache daraufhin zu vergessen.

Luther macht am 17. Mai 1519 einen dicken Strich durch die Rechnung und teilt bündig mit, mit de Vio wolle er nichts mehr zu tun haben. Im Gegenteil. Die Ausführungen des Legaten zu Augsburg seien derart irrig gewesen, daß er sich ernstlich überlege, Cajetan selbst vor dem Papst und dem Kardinalskollegium zu verklagen.

Das war deutlich. Miltitz aber versteht noch immer nicht viel. Ende Mai taucht er ein weiteres Mal beim sächsischen Kurfürsten auf und übergibt diesem zu Weimar die Weisung, das neue Ablaßschreiben der Kurie auch auf seinem Territorium verkünden zu lassen, auf daß Luther endgültig wisse, worauf sich sein Widerruf zu gründen habe. Friedrich und seine Räte hören sich den Sendboten an und denken sich ihr Teil. Und dann geschieht, was das Beste ist, nämlich gar nichts. Friedrich hat noch immer die Trümpfe in der Hand, während die aufgeregte römische Kurie kaum mehr ein noch aus weiß.

In Rom ging alles drunter und drüber. Anders kann das Angebot aus dem Juni 1519 an den Kurfürsten und Kaiserwähler Friedrich kaum verstanden werden, einem Mann seiner Wahl den roten Hut zu verleihen, falls nur Kursachsens Stimme im Sinne Roms abgegeben werde. Diese Blankovollmacht bedeutete im Klartext nämlich nichts anderes als die päpstliche Einwilligung, just jenen Bettelmönch, von dem Rom in letzter Zeit einen Widerruf nach dem anderen verlangt hatte, weil er ein verstockter Ketzer war, zum Kardinal zu erheben. Der »Mann von Friedrichs Wahl«, Luther, wäre damit zum Kollegen eines Cajetan geworden, und die Überraschung der Welt über diese ungeahnte Wendung der Dinge wäre einsichtig gewesen.

Bei Papst Leo war allem Anschein nach nichts mehr unmöglich. Doch war das verzweifelte Angebot zu spät gekommen. Die Wahl Karls von Spanien war nicht mehr zu verhindern. Die Fuggerschen Kredite hatten bereits ihre Wirkung gezeigt. So mußte auch Leo X. in letzter Minute auf den ungeliebten Kandidaten einschwenken, um nicht völlig isoliert zu werden. Der neue Kaiser hieß, zu Frankfurt in

Abwesenheit einstimmig gewählt, Karl V. Er sollte über vierzig Jahre lang die Geschicke des Reichs mitbestimmen.

Herr von Miltitz jedoch geriet in Vergessenheit. Zwar fuhr er noch eine Zeitlang in Deutschland auf und ab, doch hatte er keine Mission mehr. Schließlich erinnerte Rom sich seiner noch einmal – und auch der Goldenen Rose, die ihn eigentlich nach Norden geführt hatte und die noch immer bei den Fuggern lag. Der Kavalier übergab sie auch ganz artig. Doch empfing ihn Kurfürst Friedrich gar nicht. Das gute Stück wurde am Dienstboteneingang abgegeben. Der Junker aber, welcher auf eine hohe persönliche Belohnung gerechnet hatte, wurde mit einem Trinkgeld abgespeist. Die sechshundert Goldstücke, von denen Luther berichtet, flossen in andere Taschen. Nicht einmal die Spesen wurden ersetzt, denn Kursachsen hatte Besseres zu tun. Der Kämmerer war ein Statist, der beiseite geschoben werden durfte. Was ihm blieb, waren einige kleinere Pfründen im Reich. Zehn Jahre später ist er dann ebenso sang- und klanglos untergegangen, wie er gelebt hatte, nach Luthers Bericht »jämmerlich ersoffen«. Die Geschichte hatte mit seiner Begleitung ihre Zwischenaktmusik durchgespielt, mehr nicht.

16.
Die Leipziger haben uns weder gegrüßt noch besucht

Des Antichristen Tyrannei

Der geschichtliche Weg des Martin Luther geht dagegen weiter. Immer drängender wird die »Augsburger Frage« nach der Gewalt des Papstes, im Vergleich zu der Ablaß, Fegefeuer und Reliquienverehrung zweitrangig sind. Schon am 5. März 1519 hatte Luther in einem Brief an Spalatin das heikle Thema aufgegriffen: »Ich habe nie daran gedacht, von dem Papst abzufallen. Ich bin ganz damit zufrieden, daß er der Herr der Welt genannt wird und auch ist. Ich weiß, daß man auch den Sultan wegen der Gewalt, die ihm verliehen ist, ehren und ertragen muß. Er lasse nur mit seinen Dekreten das Evangelium unverworren, dann werde ich kein Härlein rühren . . .«

Da ist es wieder, das Wort des Evangeliums, welches dem Papst so gefährlich werden kann – und auch wird. Und da findet sich, ziemlich gut versteckt, der ungeheuerliche Vergleich zwischen dem römischen Papst und dem Sultan der Heiden, die es beide zu ertragen gilt.

Solch eine Sprache in einem Brief an den Freund verrät viel mehr über die wahre Lage als der Burgfrieden des Miltitz, der nur zwei Monate gedauert hatte. Luther ist bereits jenseits der Papstkirche, auch wenn er diese Folgerung noch immer Dritten überlassen muß. Der Gedanke ist ihm zu gefährlich. Vorerst lenkt er sich durch Schreiben ab. Fünf zum Teil recht umfangreiche Schriften finden den Weg in die Öffentlichkeit, behandeln unter anderem Fragen vom »ehelichen Stande«, legen das Vaterunser aus und kommentieren die Psalmen wie den Brief an die Galater.

Luther entwickelt in diesen Publikationen Schritt um Schritt eine detailliertere Theologie, indem er seine Gedanken in den Alltag überführt: Kinder erziehen hat den Vorrang vor Wallfahrten, Kirchen bauen und Messen stiften; Prozessionen sind ganz unnütze Werke, die von Gottes Gerechtigkeit ablenken, statt auf sie hinzuführen; der Krieg gegen die Türken ist Unrecht, gerade weil er um des wahren Glaubens willen geführt zu werden verspricht. Und das Wichtigste: Die von Bernhard von Clairvaux den Ordensleuten empfohlene Christus-Minne, vor allem das mystische Versenken in das Leiden des Herrn, stellt kein Verdienst dar, denn auf diese Weise wird Passion zum Genuß, zum »Un-Leiden«. Wer sich auf derart süße Art in die LeidensMinne versenkt, genießt das eigene Gefühl, vergißt jedoch die Hauptsache, den »Ernst Gottes über die Sünde und die Sünder«, welcher in Christi Kreuz und Tod ein für allemal offenbar geworden ist.

Das Wort spricht für Martin Luther anders als für die Theologen der Mystik, die er noch vor einigen Jahren – zum Beispiel in dem Traktat »Ein Theologia Deutsch«, der ersten von ihm (im Jahre 1516) herausgegebenen Schrift – geschätzt hatte, als er schrieb, er wünsche, »das dißer puchleyn mehr an tag kumen, ßo werden wyr finden, das die Deutschen Theologen an zweyfell die beßten Theologen seyn«. Inzwischen ist er der Ansicht, daß deren Minne mönchisch verfremdet, unernst, ja genießerisch ist und, kurz gesagt, nichts mit dem wirklichen Wort zu tun hat. Mit der Mystik teilt Luther zwar die Auffassung, daß das gesprochene Wort über der geschriebenen Sprache stehe. Doch rückt er von den Inhalten dieser Theologie ab und ist, im vorliegenden Fall, davon überzeugt, Christi Leiden sei ungleich ernster zu interpretieren. Die Mystiker reichen nicht mehr an seine eigene Auslegung heran.

Ob er mit dieser Meinung die Mystik richtig deutet, ist jedoch eine andere Frage. Und ob er die Tiefen jener Frömmigkeitstheologie je ausgelotet hat, bleibt auch zweifelhaft. Eher hält sich der Eindruck, hier kämpfe jemand – aus gegebenem Anlaß – gegen Windmühlenflügel.

Ungleich mehr hat der Wittenberger Professor von jenen Problemen verstanden, an die er sich in den nächsten Monaten herantastet: Zum einen lernt er mehr und mehr Hebräisch, was seinen Bibelkommentaren zugute kommt und seinen Deutungen des Wortes eine besondere Plastizität verleiht. Andererseits reift unter der Hand auch das Hauptthema heran, die Frage nach der päpstlichen Gewalt.

Hier findet sich im Frühjahr 1519 eine Wendung, die künftig immer drängender formuliert werden wird: Rom, die große Hure Babylon, und der Antichrist sind eins. Das klingt unerhört blasphemisch: Der Papst, die Kurie, die Ewige Stadt, alle miteinander sind sie von dem schlimmen Verdikt betroffen, und dies keine zehn Jahre nach Martins eigener Rom-Fahrt.

Aber hat sich nicht in der Zwischenzeit Unvergeßliches ereignet? Der fromme Pilger von einst hat doch erfahren, daß sein höchster Herr nicht ein Mensch, sondern allein Jesus Christus ist. Setzt sich dagegen ein kleiner Mensch an die Stelle des Wortes, welches nach Gottes Willen die Zusage der im Kreuze bereitgehaltenen und von diesem nicht ablösbaren Barmherzigkeit enthält, so wendet sich ein solcher, und hieße er Papst, gegen Gott und seinen Gesalbten. In dieser Wendung gibt sich dieser Mensch als Anti-Christ zu erkennen, als Vertreter jener scheußlichen Institution, die von so vielen Apokalyptikern angekündigt worden ist und in dieser Endzeit zu ihrer Herrschaft über alle Menschen gelangen möchte. Nur einer wird ihr wehren, so die Weissagung, die im Volke umläuft, ein Mönch. Joachim von Fiore, der ketzerische Abt aus dem 12. Jahrhundert, hatte von dieser Entwicklung gesprochen, ganz ein Vorläufer Johannes, der auf den Kommenden hinzudeuten hatte. Und daß der Antichrist nur im Kampf besiegt werden konnte, war auch prophezeit worden.

Wieviel Martin Luther von alledem gewußt hat, läßt sich nicht mehr sagen. Doch kann es nicht wenig gewesen sein. Gerade im Jahre 1519, da Augsburg bereits hinter ihm liegt und die große Auseinandersetzung um den Papst erst noch geführt werden muß, greift Luther immer häufiger zu der bereitliegenden Vokabel und ihren Inhalten, wie sie die Ketzertradition mit sich geführt hatte.

Erinnern wir uns: Der Brief an Spalatin, welcher den Papst mit dem Sultan verglichen hatte, spricht vom Herrn der Welt. Diese Bezeichnung verbarg für alle Eingeweihten ein Reizwort. Denn allein der Satan war mit diesem Begriff gemeint, bisher wenigstens, zumal in den klaren Texten der Heiligen Schrift. Plötzlich ist es da dem Briefschreiber herausgerutscht, daß der Christ auch noch andere Herren der Welt kennen und benennen sollte, und an erster und wichtigster Stelle eben den römischen Pontifex.

Luther schreibt, sich selbst zur Bestätigung und anderen zur Lehre, daß das Gebot des Papstes nur dann binde, wenn es sich mit der Ehre Gottes vertrage. Damit war Rom relativiert. Aber noch nicht genug: Luther nennt das gesamte Papsttum eine irdisch-menschliche Einrichtung, keine göttliche Stiftung.

Solche Worte bedürfen keiner weiteren Deutung mehr. Da hilft kein Miltitz weiter, kein Cajetan, kein Papst Leo X. Luther ist ganz entschieden: »Pabst kund nicht fried halten. Wen ein apffel reiff wird, mus er fallen, ob er gleich raum gnug am baum hatt.« Leider hat das bisher noch kaum jemand in dieser Deutlichkeit und Entschiedenheit kapiert: »Hatt kein keiser, konig noch theologus gemercket, das ich mich der grossen blintheit wunder . . .«

Jetzt ist es soweit. Luther – »Ich bin des Papsts Kaulbarsch, der stachlichste Schuppen hat, den er nicht verschlingen kann. Er hat einen Igel an mir funden zu käuen« – wird sein Leben lang sagen, daß endgültig Schluß ist.

Das Papsttum hat nicht nur historisch gesündigt: »Da einer gestorben, hat sein Nachfolger, der an seine Statt kam, alle seines Vorfahren Gesetz, Decret und Ordnungen aufgehoben und abgethan, ließ ihn ausgraben und die Finger abschneiden«. Es hat nicht nur gelogen und betrogen, »es ist eitel erdicht Ding und Fabeln . . .« Es hat nicht nur politisches Unheil mit sich gebracht: »Dann er siehet, daß ihm gielt, dencket: Sol ich fallen, so muß der keiser mit«, nein, viel schlimmer noch, der Papst ist »unser ergster feind«, da er »alle welt teuschet mit seines esels furtzen«, weil er sich und seine Gewalt an Gottes Wort ausprobiert und sich an dessen Stelle gesetzt hat: »Wo die lerch ist, do ist gern der kuckuck auch, denn er meinet, der kün tausent mal besser singen den die lerch. Also setzt sich der babst in die kirche, und do mus man seinen gesang hören; domit uberschreiet er die kirchen . . .« Luther sagt es in bildhafter Sprache: »Der Papst ist der Kuckuck, er frisset der Kirche ihre Eier und scheißt dagegen eitel Cardinäl aus. Darnach so will er seine Mutter, die christliche Kirche, fressen, darinnen er doch geborn und auferzogen ist.«

Gegen den Antichristen hilft nur ein Mittel, die Reinigung: »Die muttere seind fröhlich, wan sich die kinder nur unreine machen. Es muß eine purgation sein . . . Scheissen den babst hinweg.« Der römische Souverän kann sich gegen ein solches Mittel nicht wehren, denn »der Ars, der läßt sich nicht binden, will stracks Herr sein und die Oberhand und das Regiment haben. Darumb hat der Papst sonst nichts unverboten gelassen an des Menschen Leib und Seele, denn denselben.«

Luther ist unerbittlich. Der Papst ist machtlos. Er wird untergehen »wie die selbige gehle blume, daraus auff den abent ein stinckender monch wirth«. Die Institution des Antichristen hat keine Zukunft mehr. Im Frühjahr 1543 sagt Martin über diese seine zuversichtliche Meinung: »Ich habs Wort, denn damit gehe ich zu betth, las unsern Herrgott machen.«

Martin weiß, wovon er spricht. Seinerzeit hat er, aus gegebenem Anlaß, die päpstlichen Dekretalen studiert, jene Disziplinarsätze aus dem Corpus Iuris Canonici, auf denen die Alltagsdoktrin der päpstlichen Tyrannei basierte. Seine bisherigen Kenntnisse der Kirchen- und der Papstgeschichte waren gering gewesen. Niemand hatte es für nötig befunden, diesen Magister während seines Studiums über die lebendige Tradition seiner Kirche aufzuklären. Die Schule gab allein die papiernen Sätze weiter und kommentierte sie. Das mochte, »ein eitel bettelwerck«, genügen. Nachzufragen, die Hintergründe so mancher dogmatischen Festlegung gar in handfester Kirchenpolitik und Tagesaktualität statt in Gottes Wort zu suchen, war bereits bedenklich der Ketzerei nahe. Da hielt sich der Fromme lieber an die bewährten Rechtssatzungen der Kirche.

Wer aus diesen zitieren konnte, wer ein fähiger Kanonist war, der die heiligen Kanones hin- und herwerfen durfte, wie es ihm paßte (»ein recht Chimära und gräulich Wunderthier«), der schlug jeden gegnerischen Widergedanken zu Boden: ». . . aber der Schwanz ist wie die Schlange, das ist, ihre Lehre gleißet schön, scheinet hübsch, und was sie lehren, gefällt der Vernunft wol und es hat ein Ansehen; darnach bricht ihre Lehre mit Gewalt durch . . .«

Das Corpus Iuris Canonici blieb des Papsttums Autorität schlechthin. Es war Verfassung, Glaubensbuch, Nachschlage- und Zitierwerk in einem, vor allem aber ein Buch der Gewalt. Gerade das tägliche Leben ließ sich mit diesem Opus regeln, zumal es als selbstverständlich zu gelten hatte, daß das in der Rechtssammlung verewigte kanonische Ius der Kirche jedem weltlichen überlegen sei. In diesem Buch hatte die Summe der päpstlichen Ansprüche Fleisch angenommen unter den Menschen.

Wehe aber dem, der diese Auffassung nicht teilte! Luther sagt später, des Papstes Recht stinke »nach eitel Ehrgeiz, Hoffart, Eigennutz, Geiz, Superstition, Abgötterey, Tyranney, und dergleichen Lastern, und ist ein Grundsuppe, darein der Papst, der Antichrist, sein Unflath geschmissen hat.«

Das war unverzeihlich. In einem derartigen Urteil zeigte sich, so Rom, der Haß des Ketzers auf die Ordnung der Orthodoxie. Mit einem solchen Menschen ließ sich nicht mehr reden. Ihm fehlte die Ratio, und auch die einfachsten wissenschaftlichen Voraussetzungen gingen ihm ab. Daß sich der Wittenberger Professor im Text des Alten wie des Neuen Testaments besser als die Kanonisten auskannte, war vergleichsweise unerheblich. Die wirkliche Gewalt lag ausschließlich in jener Sammlung verborgen, die das kirchliche Leben im Alltag prägte – und nicht in der relativ zurückhaltenden Schrift, die von Jesus Christus berichtete.

Luthers Wort befand sich doch wohl von allem Anfang an im Hintertreffen, weil das Recht und seine Gewalt die Welt regierten, nicht aber die Heilige Schrift. Allein einige Humanistenzirkel mochten sich, und dies nicht nur aus biblischen Gründen, um den Wittenberger bemühen, dessen Stern neben ihnen aufging. Aber auch die Drucker – allen voran die geschäftstüchtigen Basler – taten das Ihre. Luther wurde vor allem aus seinen Publikationen berühmt. Selbst Erasmus horchte auf, wenn auch aus gebührender Distanz, und der Wittenberger Hörsaal füllte sich zur großen Freude des Universitätsstifters Friedrich.

Doch lag über allem schon so etwas wie ein Hauch der Melancholie. Die Gewalt würde sich zur Wehr setzen und ihre Bastionen nicht kampflos aufgeben. Luthers eigentliche Kämpfe standen noch bevor. Es ist bis heute nicht sicher, ob er sie gewonnen hat. Je härter er kriegen muß und je zorniger er dabei um sich schlägt, desto siegreicher erscheint nämlich die irreformable Gewalt der alten, unfehlbaren Kirche. Das wird er noch zu spüren bekommen.

Ein geistliches Turnier im Jahre 1519

Ein erstes Gespür für die härteren Tatsachen dieser Welt hatte Luther dem benachbarten Leipzig zu verdanken, einer Stadt, die er immer in schlechter Erinnerung behalten und ihres blutsaugerischen »geldthandels« wegen sogar den »wurm im lande« geheißen hat. Die Kollegen an der dortigen Universität sahen nämlich Luthers Auftreten gegen das theologische Herkommen mit sehr gemischten Gefühlen. Mehr und mehr war auch eine Schmälerung der eigenen berühmten Hochschule zu erwarten, wenn dem Neuerer nicht Einhalt geboten wurde, der da in Wittenberg lauter und lauter krähte. Leipzig schimpfte also, neidete Wittenberg den Erfolg und fand immer neue Haare in der Suppe Kursachsens.

Ansonsten gab es sich mit der alten Wahrheit zufrieden. Der Landesherr, Herzog Georg der Bärtige, sorgte dafür, daß nicht allzu viel Neuerung über die Grenzen gezogen kam, schon gar nicht aus dem Territorium des Vetters Friedrich, der einen Ketzer schützte. Fürs erste hielt Leipzig sich also, Neid und Wut im Herzen, zurück, ging der gewohnten Arbeit nach und wartete darauf, bis dieser Luther sein bißchen Pulver verschossen haben würde. Die Zeit würde auch diesen Ehrgeiz heilen, und nur neue Besen kehrten gut.

Doch die Ruhe dauerte nicht lange. Der Wittenberger Professor Karlstadt hatte sich inzwischen mit ein paar hundert Thesen hinter Martin Luther gestellt, und sein Ingolstädter Kollege Eck, wie immer auf der Lauer, war auf diese aufmerksam geworden. Ohne diesen Dr. Eck schien neuerdings nichts mehr zu laufen, und so waren auch einige Briefe gewechselt worden, in immer gereizterem Ton. Die Theologen hatten sich Thesen und Gegenthesen an den Kopf geworfen, im Oktober 1518 sogar Luther selbst befragt und schließlich angeregt, auf gut akademische Weise eine längere Disputation abzuhalten, welche den Professoren Gelegenheit geben sollte, sich zusammenzuraufen. Als es aber darum gegangen war, den Ort dieser Veranstaltung zu bestimmen, war die Wahl auf Leipzig gefallen, obgleich weder die

– von Herzog Georg wegen ihrer Faulheit und Verfressenheit gerügte – Fakultät noch der zuständige Bischof die rechte Freude an dieser Wahl gezeigt hatten.

Der Herzog hatte sich durchgesetzt. Ein derartiges Treffen war nach seinem theologischen Geschmack. Dr. Eck hatte, das wußte der Sachse genau, von Karlstadt kaum etwas zu befürchten. Wer am Schluß siegen würde, stand bereits zu Beginn fest. Alles sah nach einem Triumph der alten Lehre aus, und gerade solch ein Sieg paßte in das herzogliche Konzept, mochte Friedrich nur sehen, wo er mit seinen Kämpen blieb. Georg selbst verglich sich nur zu gern mit dem Kurfürsten, der keinerlei theologischen Sachverstand aufzuweisen hatte, während er selbst als ein ziemlich befähigter Theologe angesehen wurde, der – obschon Laie – mitzudisputieren wußte. Also Schluß mit den bänglichen Einreden der Leipziger Gelehrten. Ein Festsaal wurde hergerichtet, und das Schauspiel konnte beginnen.

Am besten präpariert erschien Dr. Eck. Karlstadts Thesen waren für ihn nur ein Vorwand gewesen, dem Größeren eines auszuwischen, der hinter der Neuheit stand. Bereits im Dezember des Vorjahres hatte sich der Ingolstädter in zwölf Thesen mit Luther selbst angelegt und diesen darauf festzulegen versucht, er habe die Oberhoheit der römischen Papstkirche über die Kirchen des Ostens in Zweifel gezogen. Martin, dem der Kamm geschwollen war, hatte auf diese Behauptung eine noch viel gefährlichere gesetzt: »Daß die römische Kirche über allen anderen stehe, wird bewiesen aus den allernichtssagendsten Decretalen, die erst in den letzten vierhundert Jahren entstanden sind. Gegen dieselben zeugt aber die beglaubigte Geschichte von elfhundert Jahren, der Text der Heiligen Schrift und das Dekret des Nizänischen Konzils, des heiligsten von allen.«

Diese Aussage, an Luthers neuesten Studien geschult, ließ nichts zu wünschen übrig. Sie öffnete die tiefe Kluft zwischen dem Wort und dem Corpus Iuris Canonici und machte den Abfall des Mönches nur zu offenkundig. Kursachsen war gebührend entsetzt und fragte sich bereits, ob Luther inzwischen nicht doch alle Vernunft verloren habe. Martin aber weiß, was er gesagt hat. Er beharrt darauf, ja er deutet dunkel sogar das Martyrium an, das auf ihn, den – wie Christus – von allen Verlassenen, wartet.

Die radikale Aussage findet den Weg in die Öffentlichkeit. Gleichzeitig äußert Luther die Meinung, unter diesen Umständen sei es wohl am besten, wenn er selbst sich mit Eck in Leipzig schlage. Auf diesen Vorschlag hatte Eck nur gewartet. Er setzte es gegen viele Bedenken durch, daß Martin in Leipzig reden durfte, ohne daß ihm, gegen den ein Ketzerverfahren lief, jemand »das Maul zubinden« würde.

Eck war am Ziel. Sogar Georg von Sachsen, der gekränkt war, weil die beiden Hauptgegner ihn übergangen hatten, lenkte ein, vergaß seine Bedenken gegen die Teilnahme »eines in den Gerichtszwang päpstlicher Heiligkeit verstrickten Menschen« an einer so feierlichen Disputation und ließ zum Turnier blasen.

Eck war bereits um den 22. Juni 1519 in Leipzig eingetroffen und in der Fronleichnamsprozession mit durch die Stadt gezogen. Auch hatte er sich als der kommende Sieger feiern lassen und zu allem Überfluß eine Empfehlung der Fugger mitgebracht, die ihm verbunden waren, nachdem er ihre Kreditgeschäfte anno 1515 mit Unterstützung des Papstes in einem berühmtgewordenen Gutachten getauft hatte.

Die Wittenberger dagegen kamen erst am 24. Juni in zwei gewöhnlichen Rollwagen an. Im ersten saß Karlstadt, keine sehr überzeugende Erscheinung, ständig voller Angst, immer in den Büchern herumsuchend, die er auf dem Wägelchen mit sich führte. Der zweite Wagen trug Luther, Melanchthon und den derzeitigen Ehrenrektor der Wittenberger Universität. An die zweihundert Studenten aber liefen, mit Spießen und Hellebarden ausgestattet, neben diesen Wagen her. Sie wollten die Aufgabe übernehmen, der Diskussion der hohen Herren, die im Festsaal der Pleißenburg stattfand, auf den Leipziger Gassen handgreiflichen Ausdruck zu verschaffen. Man konnte nie wissen. Die Wittenberger fühlten sich wie im feindlichen Ausland. Leipzig sah die Kursachsen nicht allzu gern. Um so größer war der Spott der Gaffer gewesen, als an Karlstadts Wagen mitten in der Stadt ein Rad gebrochen und der Wittenberger Professor daraufhin, ein böses Omen, herausgefallen war.

Das fing gut an. Nicht viel besser ging es weiter. Denn der Leipziger Magistrat hielt sich sehr zurück, behandelte die Wittenberger fast wie eine feindliche Gesandtschaft im Kriege, kredenzte ihnen nicht einmal den üblichen Ehrenwein, sondern hielt allein dem stolzen Herrn Eck Pferd und Reitknecht bereit, auf daß dieser seine Spazierritte, die Reitgerte in der Hand, unternehmen könne. Eck legte diese Peitsche im übrigen nicht gerne weg. Wie es hieß, nicht einmal bei den Disputationen. Er wußte, was er in Leipzig galt.

Bereits in den unvermeidlichen Vorgeplänkeln, als es um die Geschäftsordnung gegangen war, hatte der Ingolstädter gezeigt, wer das Sagen hatte. Eck fühlte sich Karlstadt derart überlegen, daß er entgegen früheren Absprachen auf eine »italienische Manier« der Disputation drang, auf freie Rede und Gegenrede also, auf Zitation aus dem Gedächtnis, nicht aus den mitgeschleppten Folianten, die die Disputanten ständig hätten, zeitraubend genug, hin- und herblättern müssen. Karlstadt, der Schwächere, merkte gleich, woher der neue Wind wehte, und lehnte ab. Er durfte sich seine Nachschlagewerke nicht nehmen lassen, sonst hätte er womöglich eine noch traurigere Figur gemacht, der »arrogante Mann mit einem kläglichen und stumpfen Geist«. Auch Luther war mit dem Vorschlag nicht einverstanden, sagte jedoch schließlich zu. Nur in einem Punkt blieb er fest: Der

Papst sollte in keinem Fall als Schiedsrichter angerufen werden können, eher schon ein Konzil, dem er, alles in allem, noch immer vertraute.

Nach so vielen Präliminarien drängte Georg von Sachsen auf den Beginn der Hauptsache. Im Großen Kolleg der Universität fand die offizielle Begrüßung der Disputanten statt. Die Thomaner gestalteten mit einer zwölfstimmigen Messe den Festgottesdienst in ihrer Kirche, und der Professor der Allgemeinen Rhetorik Petrus Mosellanus hielt, unter ständigem Geräusper und Gekrächze, eine lateinische Rede, zwei geschlagene Stunden lang, die sich mit der »richtigen Art und Weise, theologische Sachen zu disputieren«, beschäftigte. Dann warf sich alles zu Boden, um den Beistand des Heiligen Geistes zu erflehen, und los ging es.

Eine erste Woche der Disputation folgte, die allein von Eck und Karlstadt bestritten werden konnte. Das Turnier hielt sich dabei in Grenzen. Die aufgebotene Bürgerwehr, die alltäglich mit klingendem Spiel aufzog, hatte nicht viel zu tun, sah sie von den Studentenhändeln ab, die Leipzig und Wittenberg gegeneinander austrugen.

Luther selbst, der offiziell noch gar nicht disputierte, ließ es langsam angehen. Er predigte in der Anfangsphase vor denen, die ihn hören wollten, über die Gewalt des Apostels Petrus. Und Eck predigte, auch nur so nebenbei, gegen Luther. Ansonsten blieb es ruhig. Luther schaute sich in der ungeliebten »Stadt des Mammons« um, registrierte halb belustigt, halb verschreckt, wie es allüberall über ihn flüsterte, ja, wie die Dominikaner das Allerheiligste Sakrament vor ihm in Sicherheit brachten und von den Altären in Sankt Pauli wegliefen, als sie ihn nahen sahen, den Ketzer.

Erst am 4. Juli, morgens gegen 7 Uhr, konnte auch er in den Disput eingreifen, welchen Karlstadt zum Thema der Gnadenwahl Gottes bereits hinter sich gebracht zu haben glaubte. Eck dräute schon auf seiner Kathedra, die sinnigerweise mit einem Bildnis des heiligen Georg geschmückt worden war. Dieser edle Besieger des teuflischen Drachens wartete offensichtlich auf neue Beute. Luther mochte ahnen, was auf ihn zukam.

Der Festsaal war voller als bisher. Von vielen Seiten kamen die Neugierigen gelaufen, um den eigentlichen Ketzer sich schlagen zu sehen. Honoratioren aus der Stadt, Mitglieder der Leipziger Fakultät und auswärtige Kleriker drängten sich hinter die Kanzel des großen Eck. Allein dreißig Zuhörer wollten später private Notizen vom Disput gemacht haben, obgleich solche Mitschriften bei ähnlichen Gelegenheiten »bei Leib und Leben« verboten worden waren. Ungleich wichtiger war ja stets das offizielle Protokoll. Es sollte nach deutscher Art verfertigt werden, was bedeutete, daß die Redner langsam sprechen mußten, damit die Schriftführer mitkamen. So »redete man alle Dinge in die Federn«, um die hieb- und stichfeste Argumentation nachher auch beweisen zu können, als es darum ging, den Sieger zu küren.

Alles ließ sich recht gravitätisch an, und manch einer wird von Zeit zu Zeit eingenickt sein, als sich die gelehrt und gemächlich vorgetragenen Zitationen aus den Spezialwerken häuften und keine neuen Beweisgänge aufkommen wollten.

Dr. Eck, eher »einem Fleischer oder einem rohen Landsknecht« als einem Theologen vergleichbar, führte ersatzweise seine »echt deutsche Stimme« vor, spuckte Zitate vor sich hin, wälzte aus dem brillanten Gedächtnis neue heran, wiederholte sich aber auch, indoktrinierte, setzte alles bereits voraus und verlor immer wieder die Geduld mit den armseligen Wittenbergern, die vergleichsweise nichts anzubieten hatten. Zwar ließ sich nicht überhören, daß Luther und Karlstadt zumindest in der Heiligen Schrift besser Bescheid wußten als ihr Kontrahent. Doch zählte dies nicht viel. Alles wartete auf andere Themen, denn Luther mußte gereizt werden, und Karlstadt galt ohnedies als geschlagen, zumal dem Mann bei seinem Sturz aus dem Wagen auch »das Gedächtnis gänzlich weggeflossen« zu sein schien. Luther berichtet davon, daß Karlstadt mehr Schande als Ehre eingelegt habe bei diesem Disput, weil er laufend seine Zettelchen befragt habe, aus denen er zitierte und diktierte, bis es ihm endlich untersagt wurde.

Der Hauptketzer war noch immer ruhig. Luther erging sich in den üblichen Formeln, drehte auch einmal an seinem Doktorring, den einige Leipziger sofort als Zauberutensil identifizierten, und roch gar an einem mitgebrachten Blumensträußchen, was ebenfalls nach Hexerei aussah. Nur eines tat er nicht: Er verhaspelte sich nicht. Er lehrte keine aufregend neue Doktrin. Er wirkte ausgesprochen brav. Eck mußte anderes Geschütz auffahren, um diese Mauer der Gewöhnlichkeit zu brechen.

Martin selbst lieferte ihm das Pulver dazu, als er – eher beiläufig – auf die »behmischen Ketzer« zu sprechen kam, gegen deren Irrtümer kein Vertreter der wahren Lehre, nicht einmal Eck, aufzutreten wage. Der Angesprochene gab gleich zurück: »Wenn der Herr Pater so gegen die Hussiten ist, warum benutzt er dann seine trefflichen Geistesgaben nicht dazu, gegen sie zu schreiben?«

Daraufhin erregt sich Luther, Eck mache ihn da plötzlich zum Hussiten, rücke ihn gar in die Nähe gefährlichster Ketzerei. Eck meinte, so sei es gar nicht gemeint gewesen, und doch ...

Martin kochte, und gerade das hatte Eck beabsichtigt, der seinen Wittenberger kannte. Nun fehlte nur noch ein falsches Wörtlein, und der Kollege würde aus seiner Haut fahren. Nach dem Mittagessen des 5. Juli war es soweit. Luther nahm, erregt, wie er war, die Hussiten in Schutz und billigte ihnen, diesen allgemein als Erzketzer verdammten und verfolgten Abweichlern, »viele echt christliche und evangelische Sätze« zu.

Alles stockte, und Herzog Georg fluchte laut sein: »Das walte die Sucht« in die entstandene Stille hinein, denn das war wirklich zuviel. Gerade ihn, dessen Mutter die Tochter des böhmischen Ketzerkönigs Georg Podiebrad gewesen war, durfte niemand an die verdrängte Herkunft erinnern. Ihm, dem »rechten pfaffen pfeindt«, ging die Fama voraus, er habe seine Abneigung gegen den Klerus »nicht gedruncken, sondern gesogen«, also schon mit der Muttermilch eingenommen, zumal er gar nicht »Sechsischen gepluts« sei, sondern nichts weiter denn ein »Behm«. Georg wußte um diese – von Luther später genüßlich ausgebeuteten – Gerüchte. Zeitlebens hatte er sich darum bemüht, dem Gerede entgegenzutreten, er habe das ketzerische Denken des Großvaters geerbt. Zeitlebens hatte er daher auch besonders katholisch gefühlt und gehandelt. Nun aber, zu Leipzig, wollte er sich erst recht »weiß prennen«.

Im übrigen hatten die Böhmen sein Herzogtum verheert, und die Professoren der Leipziger Universität waren vor den Häretikern aus Prag unter seinen katholischen Schutz geflohen, und, und, und ... War dies etwa nicht genug? Dieser Luther aber wagte es vor aller Augen und Ohren, solchen Erbfeind noch in Schutz zu nehmen, und dies in Anwesenheit des allerkatholischsten Herrschers!

Georg der Bärtige hat diesen Satz nie mehr vergessen. Luther war sein »persönlicher, geschworener« Feind geworden. Der Herzog nennt den Ketzer später einen »Erzseelenmörder« und einen »Doctor Eselsohr«, ja »der abfälligen Pfaffen und aller Abtrünnigen Hurenwirt«. Und Luther meint, dieser Mann »hatt einen haß geschepft wider uns, den kann er nit hinausfuren und verdauen; er muß darunter sterben.«

Wittenberg wird sich für diese lebenslange Feindschaft revanchieren. Auch Martin wird keine Gnade mehr gegen Georg, »unsern ergsten feindt«, kennen, der nichts Besseres als ein »bastardh« ist, aus dessen »munth hat mußen ein scheißhaus werden« und so fort. Luther läßt künftig seinen Zorn an dem mißgläubigen Sachsenfürsten aus. Auch er hat den Leipziger Vorfall nicht vergessen.

Eck triumphierte und ließ fortan nicht mehr locker. Luthers Temperamentsausbruch mußte sofort in nüchterne Argumentation überführt werden: Was Martin ausgerufen hatte, war keine momentane Entgleisung mehr, sondern der Ausdruck sorgfältig überlegter Grundhaltung. Luther, dieser Patron der Hussiten, wenn nicht noch Schlimmeres, hatte in aller Öffentlichkeit die zu Konstanz überführten Ketzer verteidigt und damit das Heilige Konzil desavouiert. Wer jedoch ein einzelnes Konzil mißachtete, indem er an der Rechtmäßigkeit einer Härctikerstrafe zweifelte, der geriet in den unabwendbaren Verdacht, Papst und Konzil generell zu verdammen.

Luther hatte in der Hitze des Gefechts den entscheidenden Schritt getan, vor dem er zwar innerlich noch zurückscheute, der aber in der

Konsequenz seines Denkens lag: Er hatte die zweite Stütze des traditionellen Kirchenbegriffs angegriffen, nach dem Papst und dessen Gewaltprimat auch die Heiligkeit der Konzilien. Und dies, obwohl er selbst noch soeben an ein Konzil appelliert hatte!

Alles roch gefährlich nach Ketzerei. Wozu brauchte es noch weitere Beweise? Weshalb war eigentlich noch mit diesem Fürsprech des Irrtums zu disputieren? Ketzer blieb Ketzer. Das sahen fast alle ein. Eck hatte den Wittenberger in der Falle.

Luther zappelte, aber er wehrte sich gebührend. Er verwahrte sich offiziell dagegen, daß Eck sich, obgleich nur Disputant, zum Endrichter aufspielte, indem er ihn laufend in den Ruch der – mit dem Tod bedrohten – Häresie zu bringen suchte. Eck steckte daraufhin ein wenig zurück, meinte, er habe alles nicht gar so persönlich gemeint, und blieb weiter am Ball. Schon kurz darauf hatte er neues Glück mit seinem Widerpart, denn Martin sprach ein weiteres Mal recht unbefangen von der Irrtumsmöglichkeit der Konzilien. Eck darauf: »Hochwürdiger Herr Pater, wenn Ihr glaubt, daß ein rechtmäßig zustande gekommenes Konzil geirrt habe und irren könne, so seid Ihr mir wie ein Heide und Zöllner. Was aber ein Ketzer ist, brauche ich hier nicht weiter auszuführen.«

Nein, das mußte der Ingolstädter wirklich nicht. Der Saal wußte, wer von den beiden Disputanten der Häretiker war – und bleiben würde. Das Wort vom Hussitenpatron blieb an Luther hängen. Der sächsische Professor würde es nie mehr abschütteln können. Es wurde immer wieder, mal offen, mal hinter vorgehaltener Hand, wiederholt und galt noch auf dem Wormser Reichstag knapp zwei Jahre später als ein Hauptargument für die offizielle Verurteilung Luthers. »Hussit« geheißen zu werden, ein »Behm« zu sein, das reichte. Mehr Beweise brauchte niemand.

So war es kein Wunder, daß die restlichen Tage dieser Disputation zu Leipzig eher ruhig verlaufen sind. Ecks Verhandlungsziele waren erreicht, und der Rest blieb Routine. Luther hatte sich bereits um Kopf und Kragen geredet. Als sich der Brandenburger Kurfürst bei Herzog Georg zu Besuch anmeldete, wurde denn auch dem ganzen Spuk ein Ende gemacht. Eck ließ sich – in Leipzig wie zuhause in Ingolstadt – als Sieger feiern, der den Ketzer gelegt hatte. Georg der Bärtige schenkte ihm zum Dank für diesen Schultersieg einen stattlichen Hirsch, selbst Karlstadt erhielt ein Präsent, und nur der Hussit aus Wittenberg ging leer aus.

Die Nüchternen hätten Luther insgesamt als zu bissig empfunden, hieß es in der abschließenden Beurteilung des Unternehmens durch Mosellanus. Er sei »in der Kritik ein wenig zu unbescheiden« gewesen, habe sich als ein Mann erwiesen, der »in der religiösen Frage eigene Wege geht«, sei überhaupt ein Gelehrter, der mehr riskiere »als ein Theologe an und für sich tun darf«.

Diese Einschätzung war klimatisch nicht unwichtig, denn die Unentschiedenen fühlten sich jetzt von so viel Passion eher abgestoßen als angezogen. Ihnen kam Luther eben doch zu extrem vor, und sie begannen, um ihrer Ausgewogenheit willen, sich langsam, aber sicher von diesem Feuerkopf abzusetzen.

Dr. Eck aber ließ das Feuer nicht ausgehen, um dem Böhmenfreund ein für allemal zu zeigen, was Ketzerei bedeutet. Er bemühte sich um den Brandenburger Kurfürsten, auch um den Bischof Schulze von Brandenburg und schließlich gar um den obersten Ketzerrichter im Westen Deutschlands, um den Dominikaner Jacob von Hoogstraaten (Luther: »Ich habe keinen größeren Esel gesehen«). Damit war alles in den besten Händen. Wieder einmal konnte die Orthodoxie darauf hoffen, daß das Feuer bald brennen würde. Leipzig war wohl die letzte Disputation Luthers gewesen. Künftig sollte nicht mehr das Wort, sondern das Feuer sprechen. Das war alte Übung, und auch in Luthers Falle würde man nicht von dieser abweichen.

Daß nicht alles so glatt verlief, wie es Eck geplant hatte, sollte sich aber noch erweisen. Die als Schiedsgericht in Aussicht genommenen Universitäten Paris und Erfurt waren nicht so willig, wie die sich überlegen fühlende Ecksche Rechtgläubigkeit dies vorausgesetzt hatte: Erfurt mochte gar nicht, und die Sorbonne verlangte einen derart hohen Preis für eine Stellungnahme zum Leipziger Disput, daß Georg von Sachsen zunächst alles hinschmiß und auf andere Mittel zu sinnen begann. So viel wollte er sich seinen Sieg nicht kosten lassen.

Grüße aus Böhmen

Im übrigen hatten sich die Wittenberger, voller Verstimmung über den Ausgang der Leipziger Gespräche, wieder auf ihre Publikationen geworfen, ihre eigentliche Domäne, und bald drehte sich das Karussell von Streit- und Schmähschriften erneut im Kreise. Selbst aus Böhmen, ausgerechnet, wurde jetzt Zustimmung für Luthers Position signalisiert. Unter großen Vorsichtsmaßnahmen – der Denunziant schlief nicht – gingen daraufhin Schriften zwischen Prag und Wittenberg hin und her. Luther bekam zum ersten Mal wirklichen Einblick in das Wollen des Ketzers Jan Hus.

Dieser Mann überwältigte ihn. Im März 1520 wird er über ihn an Spalatin schreiben: »Ich habe bisher unbewußt alles, was Hus hat, gelehrt . . . Wir sind wirklich alle unbewußte Hussiten, auch Paulus und Augustin. Wie schrecklich sind doch die Gerichte Gottes: Die evangelische Wahrheit ist schon vor hundert Jahren verbrannt, wird heute verdammt, und niemand darf sich zu ihr bekennen!« Luther greift dieses Thema auch später auf, wenn er auf die Lenkung der Weltgeschichte durch Gott zu sprechen kommt: »Johann Huß war das Samenkorn; der muste unter die erden, must verbrand werden . . . Sehet aber, was nach den 100 jaren doraus geworden ist.«

Die Wittenberger Bewegung steht in der langen Reihe der unorthodoxen Wahrheit, wie sie sich aus Männern wie Hus aufbaut, der von sich gesagt hatte, zu seiner Zeit habe ihn niemand hören wollen, doch nach einhundert Jahren schon »werdt yhrs horen mussen und werds nit konnen wehren«. Jedenfalls ist »an vielen Orten deutsches Lands noch allzeit blieben das Mummeln von Hus, und hat immer zugenummen, bis ich auch drein gefallen erfunden hab, daß er furwahr ein theur, hocherleucht Mann gewesen«. Luther, der dies bekennt, wird immer überzeugter, daß Hus ein Vorläufer gewesen ist, der zu seiner Zeit die Mißbräuche der Papstkirche gegeißelt hatte, während Wittenberg mehr und mehr das Papsttum selbst, also das System angreift – und erledigt. Mit dem Papst geht es abwärts, eine späte Rache noch des als Ketzer Verbrannten: »Nach dem Johannes Hus verbrandt ist, so ist das bapstumb immer in einem fallen gefallen.«

Diese Sprache war unbewußt die richtige. Die Gegner der neuen Lehre hatten nicht mehr darauf zu warten brauchen. Sie ahnten, nein, sie wußten bereits, daß sie hier ihre Beute machen würden. Jacob von Hoogstraten hatte das Seine dazu getan, und die Universitäten Löwen und Köln hatten gegen Wittenberg mobilgemacht und schon Ende 1519 die Unterdrückung und Verbrennung der Lutherischen Schriften gefordert. Diesem Urteil schloß sich bald auch einer der einflußreichsten Männer in der Umgebung des neuen Kaisers an, der Kardinal Hadrian von Utrecht, Erzbischof von Tortosa in Spanien. Das bedeutete Gefahr im Verzuge.

Kursachsen erkannte die neue Lage sehr schnell. Kardinal Hadrian war gefährlich, und als nicht viel weniger gewichtig galten die Stimmen des Kurfürsten von Brandenburg, des Herzogs von Sachsen und sogar des Bischofs Schulze, der Luther neuerdings wie ein Holzscheit im Kamin brennen sehen wollte, nachdem ihm nicht mehr alles so gut katholisch wie ehedem vorgekommen war, was der Wittenberger Doktor von sich gab.

17.
Das Evangelium kann nicht ohne Rumor gepredigt werden

Der Reiz des Pamphlets

Die Gegner mußten sich wirklich auf allerhand gefaßt machen, denn Martin Luther geht einem Höhepunkt seines schriftstellerischen Lebens entgegen. Die nächsten Monate sind voll von Arbeit. Aus Leipzig zurück, schrieb der Professor mehr denn je. Von vielen Seiten ist er, der immer bekannter werdende Theologe, um Beistand angegangen worden. Sein Kurfürst hatte den Anfang gemacht: Friedrich war so angeschlagen aus dem Frankfurt der ränkevollen Kaiserwahl zurückgekehrt (»Die Raben müssen einen Geier haben«), daß der Hof sogar mit seinem Tod rechnete. Luther verfaßte in jenen Tagen eine eigene Trostschrift für den Kranken und sagt ein noch größeres Predigtwerk für alle Sonn- und Feiertage des Jahres zu. Schon im Spätjahr 1519 kommen einige erbauliche Kleinschriften hinzu, welche Alltagsthemen der Theologie behandeln: das Vaterunser, die Buße, den Bann, das Sterben. Außerdem nimmt Luther gleich zweimal Stellung zu dem ökonomisch so wichtigen Problem des Zinsnehmens, in einem kleinen und in einem großen »Sermon vom Wucher«, und gibt gleichzeitig in weiteren Bögen seine Studien zum Psalter heraus, von dem er einmal sagen wird: »Den Psalter sol man nicht aus den henden legen und sich on unterlaß drinnen spiegeln, den wir konnen seine herlichkeit nicht ßo groß achten, wir lesen yhn denn mit fleyß.«

Im ganzen hat dieser Mann in den wenigen Monaten nach der Leipziger Disputation nicht weniger als 16 Schriften publiziert, eine neue Bestätigung seines Talents und seines Fleißes zugleich. Diese schriftstellerische Tätigkeit wäre gewiß schon Beschäftigung genug gewesen, doch kam noch der wachsende Zwist mit den Gegnern hinzu (»ich hab auß allen gschriften meiner widersacher noch nie ein halb blat gelesen, darwider ich nit genug zuanttworten gehabt und befunden hette«), außerdem die Predigtverpflichtung in Wittenberg und, auch dies ist nicht zu vergessen, die normale Tätigkeit als Professor der Heiligen Schrift an der aufblühenden Landesuniversität.

Noch fünf Jahrhunderte später läßt sich bestätigen, was Luther seinerzeit gesagt hat: »Ich habe eine rasche Hand und ein promptes Gedächtnis. Wenn ich schreibe, fließt mirs nur so zu, ich brauche nicht zu pressen und nicht zu drücken.« Ja, von allen Seiten müssen ihm die Gedanken, die Bilder, die Vergleiche und die Sprichwörter nur so zugelaufen sein, auf eine unvergleichliche Art, in einer bei keinem anderen anzutreffenden Fülle. Die literarische Produktion dieses Mannes umfaßt schließlich über sechshundert Titel, deren größter Teil in ungefähr 350 Erstpublikationen schon zu seinen Lebzeiten erschienen ist.

Was Martin Luther »umb Gottes willen, nicht umb der weldt willen angefangen« hatte, was er freiwillig, nicht wegen irgendeines Verdienstes weiterführen wollte, entfaltet dabei mehr und mehr eine innere Freiheit und Kraft, auch ein immer stolzeres Selbstbewußtsein. Plötzlich sieht er sich inmitten einer Umwelt voller wirtschaftlicher, sozialer und religiöser Gärungsprozesse und mitten in der ihn selbst umgebenden Gefahr als Mittelpunkt allen Geschehens, und dies nicht so sehr aufgrund einer besonderen Begabung oder Originalität, als vielmehr dank seiner einmaligen Vitalität, die jeden Widerstand von innen wie von außen zu überwinden scheint.

Seine Produktivität wächst ins Ungeheure. Die Werke dieser Phase zeigen eine ursprünglich polemische Frische und Schärfe. Mit einem mächtigen Aufgebot an Wörtern – sein Wortschatz ist bis heute noch nicht ausreichend lexikographisch erfaßt – schreibt er geradezu eruptiv alles nieder, was ihm einfällt, selbst wenn es nicht zur Sache gehört. Seine Ausdrucksformen, seine Gedankengänge, seine Sprache schütteln gleichsam alles Angelernte ab, und die originäre Persönlichkeit setzt sich gegen das Anerzogene durch: Der Mensch, nicht selten der Bauer, siegt gegen den Mönch und den Scholastiker.

Luther hat zu sich selbst gefunden. Er hat eine unverwechselbare und von aller Schminke freie Sprache zur Hand, deren bildkräftige Worte, Sätze, Pausen, Abschnitte ihn selbst ausdrücken. Er schlägt, im Zorn, mit aktionsgeladenen Verben zu, streichelt jedoch an anderer Stelle ebenso gerne und zart mit den gleichen Worten. Überhaupt liebt er die Malerei mit Lauten, ist fast verliebt in sein Instrument der Sprache, die Zeugenschaft für das Wort schlechthin, und läßt fast durchweg eine überragende Musikalität der Sprache erkennen.

Seine Arbeitsmethode ist singulär. Er schreibt und schreibt in atemloser Eile. Immer neue Bilder, immer neue Ausdrücke, ständig wechselnde Materien sprudeln aus dem Stübchen in die Welt hinaus. Auch wenn im nachhinein, in der Ruhe der Rezension festzustellen ist, daß nicht alles, was da unter Hochdruck geschrieben wurde, die gleiche Gediegenheit aufweist, auch wenn Flüchtigkeiten, Unklarheiten, Widersprüche, Nachlässigkeiten, Übertreibungen, Gliederungsfehler und Inkonsequenz nachzuweisen sind, bleibt doch die Höhe dieser Schriftstellerei unerreicht.

Der Duktus der Worte reißt kaum ab. Luther arbeitet rastlos, ohne sich zu schonen. Seine »wunderliche cantzley« muß selbst von den Gegnern anerkannt werden, die nicht mehr mithalten können und daher, nach alter Übung, die Qualität der vielen Publikationen aus Wittenberg zu beargwöhnen beginnen. Martin schert sich nicht darum, sondern arbeitet weiter wie gewohnt.

Gewohnheit war es bereits, daß die Lehrjungen der Druckereien an der Tür des Professors warteten, um neue Bogen abzuholen oder Fahnen zur Korrektur abzugeben. Luther ist der erste deutsche Autor, der die sprachliche Eigenmächtigkeit der Drucker, Setzer und Korrektoren bremst und sie zu genauer Wiedergabe der mit dem Verfasser selbst vereinbarten Sprachgestalt anhält. Er sagt 1525 dazu: »ym corrigirn mus ich offt selbs endern, was ich ynn meyner handschrifft habe übersehen und unrecht gemacht, das auff meyner handschrifft exemplar nicht zu trawen ist«.

Der gelehrte Mann in seinem Turmstübchen erweitert seine Veröffentlichungen noch mitten im Druck, verbessert eine Stelle, verschlechtert manchmal eine andere. Zusätze werden angefügt, Änderungen durchgedrückt, zum Guten wie zum Schlechteren. Hin und wieder beschäftigt Luther mehrere Drucker auf einmal, so drängte alles weiter und weiter. Und während der Buchdruck in den katholischen Gebieten, besonders in Leipzig, stark zurückging, etablierte sich in Wittenberg bald eine ganze Druckerzunft mit schließlich etwa sechshundert Beschäftigten. Dieser Aufschwung kam nicht von ungefähr, denn die Drucker-Verleger wurden schon wegen der relativ teuren Druckschriften, die oft nur für begüterte Schichten erschwinglich waren, reich an einem Autor, der selbst nach wie vor kein Honorar sah, weil er »sein gnade nicht verkeuffen« wollte.

Dabei hätte Luther durchaus etwas verdient. Er erarbeitete alles allein, ohne Hilfe, ohne Sekretariat, ohne Kopieranstalt. Alles wurde von ihm selbst, Bogen um Bogen, in der Handschrift von früher geschrieben. Aber nicht nur um das Niederschreiben ging es. Zitate mußten nachgeprüft werden, andere Literatur sollte nachgelesen oder abgeschrieben werden, und von Fotokopieren war keine Rede. Dabei klopfte immer wieder ein neuer Verleger an, denn nachgedruckt, oft in zehn oder mehr Ausgaben, wurde unentwegt. Luthers Schriften waren in diesen Jahren die am meisten gelesenen, und die großen Verlagshäuser hatten ihre Wittenberger Konjunktur. Die »Druckerherren«, wie die Verleger nicht ohne Grund genannt wurden (»ihre Weiber trieben so eine Pracht«), warens zufrieden. Allein auf der Frankfurter Messe des Jahres 1520 hat beispielsweise ein einziger Buchhändler 1400 Exemplare lutherischer Schriften abgesetzt. Der Basler Drucker Froben, welcher auch Frankreich, Italien, die Niederlande und Spanien belieferte, schrieb einmal, noch mit keinem Autor habe er »so viel Glück gehabt« wie mit Luther, dessen Werke bei Erscheinen zum Bestseller wurden, zumal selbst eine nur eben flüchtig hingeworfene Schrift zu dieser Zeit ihre Abnehmer fand. Die Gegner hinwiederum folgten den Erstgedanken aus Wittenberg mit einem eigenen Wust an Antithesen, Pamphleten und Widerlegungen. Und so wälzte sich eine Flut von Publikationen durch das Jahrhundert, das die neue Kunst des Drucks zur Überproduktion verleitete.

Luther fühlt sich in seinem Element. Seine Kampfeslust, bisher unter der mönchischen Decke verborgen und ins Innere abgelenkt, tritt hervor. Martin hat sein Behagen daran, die Überlegenheit, die er in sich spürt, allen anderen zu beweisen. Sein Blut ist erfrischt von einem »guten und großen Zorn«. Und in solch einem starken Gefühl schreibt er vor sich hin, wirft »Zeddel um Zeddel« den Druckern vor, läßt sich bald auch keine Korrekturen mehr abringen, ist förmlich berauscht vom Geist seines Wortes.

Der Zorn geht seinen Weg, und ohne diese Anregung will Luther kaum mehr ein Zeugnis hinschreiben. Denn das Wort des Evangeliums »kann nicht ohne Rumor gepredigt werden«, so lautet eine der wichtigsten Einsichten seines Lebens. Auch und gerade auf diesem Gebiet kämpft er gegen die Lauen und deren Herzensträgheiten, gegen die routinierte Glaubensstumpfheit der Papstkirche, welche von seinem Mehr so gut wie nichts verstanden hat. Martin wird schließlich einen Satz formulieren, der als ständige Wegweisung für Radikale aller Art angesehen werden kann: »Ich sehe, daß diejenigen, welche in unserer Zeit nur ruhige Traktate schreiben, sehr bald vergessen werden. Niemand kümmert sich mehr um sie.«

So wischt der Neuerer die »Oberhochverständigen« seiner Gegenwart mit ihren bedächtigen Argumentationen und peniblen Rezensionen von seinem Tisch. Er hält nichts von denen, die immer nur warnen, immer nur nachrechnen und spekulieren, ständig vernünfteln, nie einen neuen Weg in die Unsicherheit hinein wagen, immer nur logisch und abgewogen formulieren, ja alle Unwägbarkeiten mit in ihr Kalkül einbeziehen wollen, das Pamphlet aber als schlimmste aller Literaturgattungen betrachten, weil sie selbst nicht jenen Zorn in sich tragen, der Voraussetzung allen Engagements ist.

Luther ist gereizt. Aber er ist es gern. Er reizt ohne Rücksicht auch andere immer wieder bis aufs Blut. Paracelsus, ein Zeitgenosse ähnlicher Charakterart, wird einmal sagen, wer seinen Glauben auf den Papst setze, der ruhe auf weichem Samt, wer aber auf Luther baue, der sitze auf einem Vulkan. Dieses Wort trifft die Persönlichkeit des Radikalen kongenial. Das Himmelreich leidet Gewalt. Wer nur »hinter dem Ofen sitzt«, erlebt und erleidet solche Wahrheit zeitlebens nicht: »Es ergehe, was recht ist, wenn auch alle Welt darüber zu Trümmer gehen sollte. Denn ich sage, daß der Friede in die unterste Hölle zu verweisen sei, der mit Schaden des Evangelii und des Glaubens erkauft wird.«

Der Himmel leidet Not, das Evangelium braucht Rumor, und das Wort benötigt das Pamphlet, nicht aber die stillvergnügte Abhandlung, die nur dicke Bibliotheken noch feister macht, die Menschen auf der Straße aber nicht erreicht. Martin, vulkanisch genug, ist sich seiner Sache sicher. Er will gereizt bleiben. In dieser Reizstimmung ist er für Impulse aller Art empfänglich. Der Mönch mit den niedergeschlagenen Augen, die auf der Rom-Fahrt nichts Rechtes gesehen hatten, scheint überwunden. Martins Augen erblicken jetzt alles, was sie schauen wollen. Niemand hält sie zu. Das Mönchtum, das stilisiert zurückgehaltene Latein der letzten Jahre gelten als überholt. Die Anregungen drängen von allen Seiten herein. Die Widersacher liefern sie in Hülle und Fülle. Das Wort bekommt Ausdruck, wird bunt und bunter, findet zu seinen Nuancen. Nun bricht aus einem Menschen hervor, was nur mühsam gedämpft worden war. Die Zeit der Inkubation ist zu Ende. Der Zorn hat die Sprache seines Zeugnisses erreicht. Ein Mensch beginnt sich zu melden, und was für einer, bei Gott!

Genau besehen, ist dieser Zorn für das Wort die einzige wirkliche Waffe gewesen, die Martin Luther in jener hellen Periode eines erhöhten Lebensgefühls zur Verfügung stand. Denn der Kurfürst hielt sich bedeckt, während die Gegner immer lauter – und mit immer größerem Recht – nach dem Bann riefen. Der aber bedeutete den Tod für den Ketzer. Demgegenüber stellten die Sympathisanten noch lange keine Macht dar, auf die Luther hätte unbesehen zählen können. Allein der Zorn, diese blutige Waffe (»Ich wollt aber, daß ich eitel Donnerschläge wider das Papstthum reden könnte und ein jeglich Wort eine Donneraxt wäre!«), hieb Martins Zeugnis einen Weg durch das Dickicht der traditionellen Lehre: »Wer nicht scheltet, nicht beißt und beleidigt, der richtet nichts aus. Ermahnt einer die Päpste mit rücksichtsvollem Tone, so halten sie das für Schmeichelei und meinen recht zu haben auf Unverbesserlichkeit. Aber Jeremia fordert mich auf und sagt mir: ›Verflucht sei, wer das Werk des Herrn mit Trug tut‹ (48, 10); er will Werke des Schwertes gegen die Feinde Gottes.«

Erst später, als er etwas ruhiger geworden ist, klagt Martin sich dieses Zornes an: »Der zorn wil nicht lassen! Do zurn ich offt umb ein dreck, das nit der red werd ist, also hart, das, wer mir in weg kompt, mus sich leiden; dem sprech ich kein gut wort zu. Ists nicht ein schendlich ding?« Später weiß er auch um die besondere Art dieser Anlage, die so schnell wieder seiner nicht ebenso berühmtgewordenen Zartheit weicht: »Wen ich zornig bin, ßo laß mich nur mit frieden und verschnauben . . . man sol eim zornigen raum lassen.«

Doch immer wieder setzt Luther seinen Zorn durch, sooft es um die Sache des Wortes gegen die Klüglinge geht, die nichts, gar nichts verstanden haben: »Ich wolts gern gering und gschlacht machen; wens aber disputirens gildt, kum einer in der schul zu mir! Ich wils im scharff genug machen und im antworten, er machs, wie krauß er will. Ich muß noch mal ein buch wider die klugen prediger schreiben.«

Und wieder sagt er in einem Bild, was er meint: »Ein Bienlin ist ein klein Thierlein, macht süß Honig, dennoch hats ein Stachel. Also hat ein Priester die allerlieblichsten Trostsprüche; doch wenn er aus billigen Ursachen zu Zorn gereizt und getrieben wird, so beißt und sticht er auch die Schuldigen.«

Luther mußte stechen, denn »da erfrischt sich mein gantz geblut«. Feinheiten – wie etwa Melanchthon – konnte sich nicht jeder leisten: »Philippus sticht auch, aber nur mit pfrimen und naddeln; die stich sind ubel zu heylen und thu wehe. Ich aber steche mit schwein spiessen.« Die alte Lehre leistete unverschämten Widerstand: »Ein weydens rutlin kan ich mit einem messer zerschneyden, zu einer harten eichen mus man parten und keyl haben, kan sie dennoch kaum spallten.«

Der Vorgang des Spaltens war schwer genug. Luther verfügte kaum einmal über eine festgelegte Doktrin, auch später, in ruhigeren Zeiten nicht. Er hatte auch kaum einmal eine in sich festgefügte Partei hinter sich, wie das Zwingli in Zürich über sich würde sagen können. Luther fand vielmehr von Fall zu Fall lose und loseste Parteigänger, die ihrerseits immer wieder, schwankende Rohre im Wind, nach neuen Ufern Ausschau hielten und ihn einfach stehenließen, wenn sie seiner überdrüssig waren. Luther war überhaupt nie der Mann des sicheren Programms, welches sich hätte ohne Experimente nach einem rational durchgeklügelten Plan verwirklichen lassen. Er wußte nicht einmal, wie eine in Jahrhunderten festgefügte und etablierte Welt und Kirche sich hätten zur Umkehr, zur Buße in seinem Wortsinn bewegen lassen. Und am allerwenigsten wußte er, welch detaillierte Ordnung er an die Stelle der alten hätte setzen sollen.

Martin Luther ahnt bisher nur, was auf ihn zukommen wird. Er weiß noch nicht, daß nicht das drohende Martyrium, nicht Bann und Scheiterhaufen seine Passion ausmachen werden, sondern das Gefühl, als einzelner gegen die Ordnung der vielen aufgetreten zu sein, ohne zu wissen, was aus solcher Rebellion gegen den Gehorsam entstehen würde, und auch ohne fähig zu sein, neue Ordnungen zu schaffen.

Um die Wende zum Jahre 1520 fühlt sich Luther mit seinem Zeugenzorn ganz allein. Er muß sich an die eigene Überzeugung klammern, das Wort wolle es so – und nur so. Die Resignation ist nämlich auch für ihn eine greuliche Gefahr. So aber vermag er – Mitte Februar 1520 – an den treuen Spalatin zu schreiben: »Ich beschwöre Dich: Wenn Du vom Evangelium die rechte Meinung hast, glaube ja nicht, seine Sache könne ohne Unruhe, Ärgernis und Zwiespalt gehandelt werden. Du wirst aus dem Schwert keine Flaumfeder, noch aus dem Krieg den Frieden machen. Das Wort Gottes ist Schwert, Krieg, Fall, Ärgernis, Verderben, Gift . . . Und die Wahrheit, derer man sich bewußt ist, kann gegen halsstarrige und unbändige Feinde der Wahrheit keine Geduld üben.«

In diesen wenigen Sätzen deutet sich bereits das künftige Dilemma des lutherischen Wortes an, die Frage nämlich, ob Wahrheit je ohne Gewalt gegen den Irrtum ausgesagt werden könne. Zwar ist das richtige Wort sanft und zart: »Christus mit seinen Predigten ist fluchs mit parabeln herein gefallen, von schaffen, hirten, wolffen, weinbergen, feigenbeumen, samen, acker, pflug; das haben die armen leut khonnen vernemen.« Doch hat derselbe Christus auch ganz anders gesprochen, Krieg wie Zerwürfnis angedroht und die ewige Verdammnis angekündigt für jene, die das Wort zwar hören, aber nicht befolgen wollen.

Das Wort ist demnach ein zwiespältiges Etwas: »Das ist ein wünderlich Ding, daß durch das Evangelium, daß sie erweichen und zur Buße locken sollte, sie nur härter, ärger und böser werden sollten. Aber gehets doch der Sonne auch also, die scheinet auf einen Schlamm oder Koth, derselbige ist gar weich und voller Wassers, aber die Feuchtigkeit vertrocknet durch der Sonnen Wärme und Hitze, und wird der Koth so hart als ein Stein oder Kießling. Dargegen aber scheinet die Sonnen auch auf Wachs, das hart ist, daß mans mit Axten und Schlägeln muß voneinander treiben, aber wenn das Wachs der Sonen Wärme fühlet, so wirds weich, es zergehet, verschmilzt und zufleußt.« Die einen werden durch dasselbe Wort hart, die andern weich. Wer soll sich da noch auskennen?

Luther wetzt das Schwert. Seine Gegner hingegen brauchen sich nicht um sein Wort zu kümmern. Sie haben ihr Gesetz und dessen Gewalt. Da gibt es nur Eindeutigkeit, kein Dilemma, keinen Zwiespalt: Ein Ketzer gehört verbrannt – und Schluß. Diese Leute können sich auf dem Bett ihrer Überlieferungen ausruhen. Sie kennen bereits alle Ketzereien der Geschichte. Diese sind allesamt in Standardwerken aufgezeichnet und katalogisiert. Niemand mehr regt sich darüber auf. Wer nachliest, findet ganze Typologien, und auch der Wittenberger wird schnell in das richtige – alte – Kästchen einzuordnen sein. Die Hinweise auf Böhmen zeigten bereits in die richtige Richtung.

Im übrigen soll dieser einzelne Mann ruhig gegen die jahrhundertealten Bastionen anrennen. Die Guten haben nichts weiter zu tun als die Burg zu verteidigen. Von ihnen werden keine neuen Argumente verlangt. Ihnen reichen die alten. Sie dürfen das Hergebrachte loben. Sie können alles so rechtfertigen, wie es eben geworden ist. Viel neue Logik ist nicht gefragt. Diese Kreise beschränken sich auf die pure Reaktion, auf die Abwehr des Angriffs, auf die erwiesene Überlegenheit der traditionellen Sicherheiten. Und so schreiben sie weiter wie gewohnt, zitieren die überkommenen Schulautoritäten ein weiteres Mal, wie sich dies gebührt, argumentieren auch gar nicht zu laut, denn laut ist falsch, treiben ihre Wissenschaft in ruhigem, bescheidenen und sachlichen Ton – und Schluß. Die Welt wird ja sehen, wer und was übrigbleibt, wenn sich der Pulverdampf gelegt haben wird. Nach aller menschlichen Erfahrung siegen jene, denen der Zorn nie die Feder führt, denen kein blind und stumpf Argument einfach nur so herausrutscht, denen es vielmehr ein inneres Bedürfnis ist, jeden einzelnen Satz vor der Publikation mehrfach zu korrigieren, auszuwiegen und dann noch mit Fußnoten abzusichern, auf daß nur niemand Anstoß nehme oder, schlimmer noch, irgendein neues Fündlein mache.

Ja, eine spätere Zeit wird diese Leuchten der Wissenschaft, zu denen nicht nur ein Cajetan gehört, unter die Sieger rechnen. Eines Tages wird die Welt an ihrer so besonnenen Haltung Gut und Böse, Wahr und Irrig ablesen, denn sie, nur sie füllen dann die neuen Lehrbücher, auf die es noch immer angekommen ist. Die Lauten aber, die Zornigen sind vergessen. Sie waren nicht gleichgeschaltet. Solche Leute kann niemand in die Schulbücher aufnehmen, sonst nähme irgend jemand Anstoß an ihnen. Ihre Diktion bleibt unfein. Unseriös sind all ihre Publikationen, denn das Temperament hat in den anerkannten Folianten keinen Platz. Der Zorn darf kein Heimatrecht beanspruchen. Allein das Gleichmaß triumphiert.

Gerade deshalb wird die Langeweile des Durchschnitts siegen. Das wissen bereits die Wissenschaftler des Jahres 1520. Subtile, zu Konflikten neigende Fragestellungen gehören ausschließlich vor das Forum der klerikal bestimmten Oberschicht, unter keinen Umständen aber unter das Volk. Das muß dieser junge Luther wohl erst noch lernen. All seine Laute werden wieder vergehen. Von den eigenen Auffassungen braucht die Reaktion deswegen keinen Zoll abzurücken, denn Luthers Argumente sind überhaupt keine. Sie überzeugen nicht. Die Burg der Tradition wird so leicht nicht aufgegeben, mag der Zornige auch dagegen anrennen, solange er will. Die alte Kirche hat viel Zeit. Sie ist derlei Rebellion gewohnt. Luther ist schließlich nicht der erste, den sie durch bloßes Abwarten erledigt hätte. Schlimme Verwicklungen könnte allenfalls sein Tick mit sich bringen, sich direkt an das Volk zu wenden. Er wird doch wohl nicht?

Gute und falsche Werke

Genau das wird Luther tun. Das Stadium der akademischen Disputationen ist vorbei. Augsburg und Leipzig hatten ihre Zeit. Doch jetzt ist eine andere Epoche angebrochen. Martin will seinen Zorn vor ein anderes Publikum streuen. Die Greisentheologen sind ihm langweilig geworden. Er fordert – bereits von Georg dem Bärtigen – ein Schiedsurteil durch die ganzen Universitäten, also durch Gelehrte, die keine Berufstheologen sind. Er spricht künftig, auch dies ist ein Symptom für seine Lösung aus der mönchischen Engführung, alle Stände an. Er entdeckt die Menschen außerhalb des klösterlichen Gettos, vor allem die »jungen Leut«. Zu ihnen spricht er in diesem Jahr 1520. Was er bereits in den Kleinschriften des vergangenen Winters begonnen hat, führt er jetzt in größerem Umfang weiter: Schritt um Schritt werden jene herkömmlichen Institutionen abgetragen, die »wie Felsen« aufgeragt waren. Er benötigt für diese Arbeit ganze drei, vier Kampfschriften. Nicht mehr. Dann ist alles vorbei. Dann ist, so glaubt er damals, die Burg der Altgläubigen geschleift.

Angefangen hat Luther mit einer offensichtlichen Leugnung einiger Wesensinhalte der traditionellen katholischen Sakramentenlehre, mit einer handfesten Ketzerei somit, die alle – relativ zweitrangigen – Ablaßtheorien hinter sich lassen mußte. Als Sakramente galten ihm – bereits in einigen Mitteilungen des Jahres 1519 an Spalatin – nur noch Taufe, Buße und Abendmahl. Für den sakramentalen Charakter der Ehe, der Firmung, der Krankensalbung oder der Priesterweihe fehlt ihm das Verständnis. Schon das Wort »Sakrament« ist der Bibel unbekannt, ebenso die reinliche Scheidung der Altkirche zwischen einem Klerus und den (untergeordneten) Laien. Gar eine besondere Aufgabe des Mönchtums zu erkennen, fällt schwerer denn je, ist eigentlich ganz unmöglich: »Die munch und nunnen vergehen, wie die son den schnee hin leckht; sie gehen dahin und kennen sichs nicht erweren.« Recht besehen, so Luthers Fazit im Jahre 1532, waren die Mönche allein »unsers Herrgotts leuße, die der Teuffel Adam in seinen peltz gesetzt hatt« oder, nicht weniger unnütz, eben »flohe, die sich ewig mit einander beissen wie die sperling und die schwalben«.

Wichtiger als alle Möncherei ist für den Christen, in »dem natürlichen Berufe bleiben, den ihm die göttliche Vorsehung angewiesen hat«. Also hat er zunächst für Frau und Kinder zu sorgen, und erst in zweiter und dritter Linie gen Rom zu wallen, Kerzen und Messen zu stiften, Rosenkränze abzubeten. Diese von Menschen hinzuerfundenen Extras sind und bleiben sekundär, wenn nicht gar – im Vergleich zur Berufsarbeit – sittlich wertlos. Das Papsttum lobt Gott »mit strohfiddeln, tauben schellen und kue schellen, mit hultzern glocken und klappern«. Das ist Blasphemie, und nichts sonst. Martin bereut später einmal, daß er sich selbst über so lange Zeit hinweg hat täuschen lassen – und daß er viele andere mit derlei getäuscht hat: »Ich wollt lieber, daß ich wäre ein Hurenwirth oder Räuber gewesen, denn daß ich Christus 15 Jahr lang mit Messelesen so geopfert und gelästert habe!«

Die Basis für solch späte Erkenntnisse hat Luther schon im Jahr 1520 gelegt, da die wichtigsten Bastionen des alten Glaubens als brüchig enthüllt worden sind. Natürlich konnte diese Abbrucharbeit eines so bekannten Theologen nicht verborgen bleiben. Kursachsen war sehr bestürzt. Friedrich wußte nicht, wie er zu seiner Überzeugung stehen sollte, Luther nach Möglichkeit zu schützen. Doch seine Räte wußten weiter. Der Bruder des Landesherrn, Johann der Beständige (»ein frommer herr«), wartete schon lange darauf, von Luther auch ein eigenes Werk gewidmet zu bekommen, das ihn ein wenig aus dem Schatten des Älteren heben würde. So fügte es sich gut, daß im Frühjahr 1520 ein »Sermon von den guten Werken« in Arbeit war, der sich Herzog Johann dedizieren ließ, um einen einflußreichen Patron mehr bei Hofe zu gewinnen. Luther arbeitete offensichtlich mit besonderer Freude an diesem »kleinen Buch«, das »wird das beste werden, was ich bisher veröffentlicht habe«. Nun, diese Erwartung hat sich nach Auffassung vieler Fachgelehrter auch erfüllt. Der Sermon ist, wenn nicht die allerbeste, so doch eine der besten Schriften Luthers geworden, wenn er auch immer im Schlepptau der übrigen Arbeiten des Jahres 1520 gestanden hat.

Luther läßt den Sermon, eine Summe des christlichen Lebens, mit einer direkten Absage an die traditionelle Doktrin beginnen: Es gibt keine guten Werke außer denen, die Gott selbst zu tun geboten hat, also die Befolgung der Zehn Gebote. Und noch eins: Das erste, »höchste und alleredelste gute Werk ist der Glaube an Christus«. Wer Luther inzwischen kennt, der weiß, was unter solchem Glauben zu verstehen ist: Nicht ein Menschenwerk, sondern Gottes Handeln am Menschen, welches diesem das neue Lebensgefühl schenkt, in Gottes Gnade zu sein.

Was der Mensch im Gefühl unternimmt, Gottes Huld unterworfen zu bleiben, das ist und bleibt gut, so gering und alltäglich es nach außen hin erscheinen mag, das Essen und Trinken, das Gehen und das Stehen, ja selbst das Aufheben eines Strohhalms. Was dagegen nicht in dieser Gesinnung getan wird, das geschieht auch nicht in Gottes Gnade, sondern das werkt der bloße Mensch, um sich Gottes Huld erst noch zu erwerben, wie etwa das Fasten und das Wallfahren, das Messestiften und das Rosenkranzleiern.

Also macht allein das Stehen in Gottes Gerechtigkeit, das beschriebene neue Leben, die Urgesinnung des Christen, schlechthin frei. Das Suchen nach guten Werken jedoch, wie des Papstes Kirche es lehrt, schafft Leibeigene. Der eigentliche Gläubige lebt frei und froh, und auf diese Weise dient er seinem Gott ganz umsonst. Er ist zufrieden, daß es jenem gefällt. Der Unfreie hingegen sucht und sorgt ein Leben lang, wie er Gott am tunlichsten besänftigen könne, und so läuft er »nach Sankt Jacob, Rom, hierhin und dahin, fastet den und diesen Tag, beichtet hier und beichtet da, fragt diesen und jenen und findet doch nicht ruhe seines hertzens . . .«

Um wievieles einfacher hat es der gute Gott mit seinen Menschen gemeint, indem er ihnen seine klaren Gebote gegeben und den simplen Text dieser Normen ihnen ins Herz hineingelegt hat! Warum sollte sich der Mensch nicht mit diesen Klarheiten begnügen? Alles andere versklavt durch die falschen Werke, als da sind Abgötterei, Pracht, Pomp, Menge, Laufen nach Rom und zu den Heiligen, Kirchenbauen, Stiften, Zahlen und Aufblasen.

Diese Einsicht in die wahren Verhältnisse Gottes und der Menschen hat Luther bewogen, »das große Gepränge mit Bullen, Siegeln, Fahnen, Ablaß zu verwerfen, womit das arme Volk zum Kirchenbauen, Geben, Stiften, Beten geführt wird, während doch vom Glauben ganz geschwiegen, ja er ganz niedergedrückt wird«.

Denn es ist falsch, die eigene Ehre zu suchen, auf eigene Hilfe zu bauen, die geistliche Gewalt zu mißbrauchen, ketzerische Lehren von

Amts wegen zu verfechten, den Bann vergebens zu fällen, das Evangelium nicht zu predigen, die Leute nicht richtig zu lehren, wie sie Predigten hören oder beten sollen, und was es sonst noch an römischem Mißbrauch geben mag. Gott allein zu suchen und den Glauben an ihn, der selig macht, ist dagegen ein gutes Werk.

Gerade davon hört der gemeine Mann in den papistischen Unterweisungen nichts. Die Romanisten sind sehr weit vom Glauben entfernt. Ihr Metier ist die Gewalt, ihr Buch das der Juristen, nicht aber das des Evangeliums. Daher können sie das ihnen anvertraute Volk nichts Gutes lehren: Denn »wenn wir in der Kirche zur Messe sind, da stehen wir wie die Ölgötzen, wissen nichts aufzubringen noch zu klagen, da klappern die Steine, rauschen die Blätter und das Maul plappert.« All das ist krassester Unglaube.

Solch eine unsinnige und blasphemische Frömmigkeit gilt als die Konsequenz einer Kirche, der es »an guten Predigern und Prälaten gebricht«, in der »eitel Buben, Kinder, Narren und Weiber regieren«. Martin ist in dieser Frage ganz und gar entschlossen. Zweifel gibt es keine mehr. Schlimm genug ist es, daß niemand die Wahrheit zu sehen scheint, die von Wittenberg in immer neuen Anläufen in die katholische Welt hinausgerufen wird, weil die Verblendung der Kirche inzwischen ein Ausmaß angenommen hat, das nicht mehr in Stille zu ertragen ist: »Wenn der Türke Städte, Land und Leute verdirbt, Kirchen verwüstet, so meinen wir, der Christenheit sei großer Schaden geschehen. Da klagen wir und bewegen Könige und Fürsten zum Streit. Aber daß der Glaube untergehet, die Liebe erkaltet, Gottes Wort zurücksteht, allerlei Sünde überhandnimmt, da gedenkt niemand des Streitens.«

Luther, inzwischen selbst ein Sehender, ja viel, viel später ein Prophet (»Ich hab ein stuck von einem propheten bei mir; es will war werden, was ich prophecei, drumb enthalt ich michs und rede nicht vill«), lehrt auch andere sehen. Er läßt die Wahrheit aus einem geänderten Blickwinkel schauen, denn »wo die rechte Hoffnung auf Gott verhanden ist, da ist ein mutiges, trotziges, unerschrockenes Herz, das hinansetzt und der Wahrheit beisteht, es gelte Hals oder Mantel, es sei wider den Papst oder die Könige.«

Das Neue des Sermons besteht jedoch nicht allein in diesem veränderten Sehen, wie es die Hoffenden zugesagt bekommen haben, sondern auch in einem Niederlegen der alten Barriere zwischen heilig und profan. Künftig ist alles heilig, was in Gottes Zuversicht geschieht, und alles profan, was sich gegen Gottes Glaubensgerechtigkeit wendet, um durch eigene Werke Lohn und Verdienst zu scheffeln.

Da nun just die Mönche geradezu Spezialisten sind im Erfinden solch guter Werke des Fleisches, indem sie ihren eigenen Stand mit Hilfe immer neuer Subtilitäten Gott nahezubringen vorgeben und zugleich die übrigen Menschen als zurückgeblieben verachten, sieht

Luther im Ordensleben keine Bevorzugung mehr. Im Gegenteil. Wenn ein Mönch nicht zum Menschen wird, wenn er seine früheren Werke nicht ablegt und sich dem Glauben der Vielen zuwendet, so verfehlt er sein ewiges Heil und geht der Gerechtigkeit Gottes verloren. Der gute Gott hat seinen Willen den Menschen – und zwar allen ohne Ausnahme – ins Herz geschrieben. Er unternimmt alles, um die Menschen zu retten. Was er aber gar nicht schätzt, ist jene Moral der Selbstheiligung, wie sie seit alters den Ordensleuten eingebleut worden ist. Und obwohl Luther diesen bescheinigt, es sei beispielsweise »nicht einer zu finden, der bis in sein vierzigstes Lebensjahr Keuschheit gehalten hätte« (wie er selbst), da alle miteinander »im Dreck bis an die Ohren stecken«, setzen die Mönche auf das eigene Können und führen sogar eine Menge guter Eigenwerke gegen die ungeschuldete Gerechtigkeit Gottes ins Feld.

Das ist von Grund auf falsch und gotteslästerlich. Alle sogenannten Extraleistungen sind demnach, so sieht es ein ehemaliger Mönch namens Martin Luther nach seinen jahrelangen Anfechtungen, nur unnützes Zeug, denn sie bewirken das Gegenteil von dem, was sie vorgeben. Sie bringen den Menschen nicht zu Gott. Sie werfen ihn auf sich selbst zurück. Sie spiegeln ihm Leistung vor, wo Gnade am Platz wäre. Sie lassen ihn den Grundsatz des »simul iustus et peccator« vergessen. Sie verderben ihm den Sinn für die innere Wahrheit des Leitwortes des soeben geschriebenen »Sermons von den guten Werken«, die lautet: Wir sind alle »Kinder und doch Sünder«.

Das sind harte Worte über die Vergangenheit eines Menschen. Luther rechnet mit sich selber – und mit seiner Erziehung – ab. Doch tut er dies nicht um der Abrechnung willen. Er zerstört nicht blind das Alte, damit seine Neuigkeiten um so blendender dastehen. Nein, hier zeigt sich sein Bestreben, so viel wie möglich von dem Hergebrachten zu erhalten, um es umzubilden und umzudeuten, ja um es auf diese Weise zu retten. Seine Ketzergesinnung ist – wie die so vieler anderer – im innersten konservativ gestimmt. Nichts von dem, was ihm einmal lieb gewesen ist, wird einfach weggeworfen. Immer wieder versucht er die Umdeutung, das neue Sehen des Alten, schon um sich und seine Hörer nicht vor den Kopf zu stoßen.

»Ich bin nicht keck«, sagt er, »ich habe vielmehr Scheu, etwas Neues anzurichten.« Der Zorn seines Zeugnisses ist sehr zart. Es geht ihm nicht um das kecke Neue als solches, sondern – Prediger, der er bleiben wird – um das Heil derer, zu denen er sich gesandt glaubt, deren Seelen er zu retten hat, indem er ihnen allen das wahre Wort verkündigt und sie dadurch aus der unheilvoll-gewalttätigen Fessel des alten Glaubens löst. Wer diesen Mann als bloßen Neuerer interpretiert, wer von Martin immer frechere Schritte in eine bestimmte Richtung fordert, der hat sein innerstes Anliegen nicht verstanden. Die nächsten Jahre werden dies zeigen.

Noch etwas wird sich den anderen – und Luther selber – Stück um Stück offenbaren: Martin, der geblendet in das grelle Licht des Welttages hinausgestürmt ist, wäre eigentlich lieber, wie im tollen Jahr Erfurts, in seinem Stübchen geblieben. Dort fühlt sich der Prediger und Professor wirklich wohl. Die Gewalt der Welt liegt ihm ungleich weniger. Selbst sein Zorn, der sich in so vielen Schriften entladen kann, wirkt deswegen eines Tages überspitzt und aufgesetzt. Luther zöge wohl, fragte ihn überhaupt je einer danach, die frühere Abgeschiedenheit den Gewalttaten der Zeit vor. Das Wort in der Zelle und aus der Zelle macht seine wahre Stärke aus, bietet ihm Heimat.

Von daher gesehen, empfinden viele es als eine schmerzliche Tragik, daß die Historie seines Falles im Jahre 1520 schon weit über diese Sehnsucht nach Abgeschiedenheit hinausgeeilt ist. Luther wird gerade in den nächsten Monaten noch heftiger als bisher gefordert werden. Die Zeit des Stübchens hingegen läßt noch lange auf sich warten. Wenn sie ihm dann endlich zuteil werden wird, hat ihn bereits eine stille Resignation ergriffen. Diese wird ihn zu der Frage an sich selbst treiben, ob er überhaupt einmal auf dem richtigen Weg gewesen sei, als er sich darangegeben hatte, Neues zu sehen. Und schlimmere Anfechtungen als zuvor brechen dann, in der Sicherheit des Alters, aus diesem Menschen hervor.

Mauern aus Stroh und Papier

Vorerst zweifelt er noch nicht. Denn es gilt, in diesem Überschwang des Jahres 1520, die inzwischen zu Grundaussagen gewordenen Denkanstöße von früher niederzulegen: Die Enthüllung des Geheimnisses der Bosheit zu Rom, die falsche Gewalt des Papstes über die Gewissen der Gläubigen, den antichristlichen Charakter des Papsttums schlechthin, die Überzeugung vom baldigen Hereinbrechen des Gottesgerichtes am »lieben Jüngsten Tag« und die religiöse Pflicht aller Sehenden, gegen das Papsttum wie gegen den Satan selbst vorzugehen, um Gott in dieser Endzeit zum Recht seines Wortes zu verhelfen.

Martin Luther führt den Gedanken in einem besonderen »Plakat« aus, das Anfang August 1520 erscheint und sofort zum Riesenerfolg wird, dem Sendbrief »An den christlichen Adel deutscher Nation von des christlichen Standes Besserung«. In diesem Büchlein, dessen Anliegen auch Georg von Sachsen nicht seine Zustimmung versagen kann, selbst wenn er es unterdrücken läßt, wendet sich Luther offen an die Fürsten und an den neuen Kaiser, das »edle junge Blut«, um von dieser Seite Schützenhilfe für seinen Lebenskampf gegen Rom zu erlangen. Er ruft aber nicht eine bestimmte soziale Schicht auf, sondern den Adel als den Inbegriff aller weltlichen Obrigkeit, die vom Kaiser bis herab zum letzten grundherrlichen Gerichtshalter reicht.

Dieser Adel soll der geborene Wortführer des Widerstandes gegen die Tyrannei der Romanisten und der berufene Träger einer Reform der zahllosen Mißstände im kirchlichen wie im bürgerlichen Leben sein, einer Reform, der gegenüber Rom sich immunisiert hatte.

Die Obrigkeit will allerdings erst noch für diese ihre Berufung gewonnen werden. Das haben auch frühere Schriften anderer Autoren, von denen bereits die Rede war, ähnlich gesehen: Der Adel wird kaum von sich aus tätig. Er ist erst zu »reitzen«.

Luther schildert denn auch in grellen Farben und in einem »gräßlich-wilden« Ton die ungeheuerlichen Auswüchse des römischen Fiskalismus, die Willkürakte der päpstlichen Gerichtsbarkeit, die Korruption und Verschwendungssucht eines aufgeblähten Hof- und Beamtenstaates und all die sonstigen schlimmen Theorien wie Praxen der Römlinge, wie sie den Deutschen schon lange ein Dorn im Auge sind. Zwei Übel sind es in Deutschland selbst, denen begegnet werden muß, die weitverbreitete Bettelei und die Vielzahl der Heiligenfeste und Wallfahrten, die von der Arbeit abhalten. Beide Übel gehen auf Rom zurück, da gibt es keinen Zweifel.

Der Erfolg seiner Kampfschrift, einer »Kriegstrompete«, gibt Luther recht: Hier redet kein isolierbarer »Fürwitz noch Frevel« eines Mönchleins, hier hat die Hoffnung einer Nation ihr Sprachrohr gefunden. Nach so vielen vergeblichen Anläufen wird sich jetzt ein »frisch hindurch« zeigen, denn nunmehr ist – so sagt es die Schrift selber – die Zeit des Redens da. Nun werden die jahrhundertealten Beschwernisse der elenden Deutschen gegen die Romanisten theologisch aufgearbeitet und zu schlagkräftigen Worten geformt. Luther beginnt, dem wachsenden Informationsbedürfnis und Kommunikationsdrang der »lieben Laien« entgegenzukommen und andererseits die Grundlagen für die deutsche Fachsprache der Theologie zu legen. Jetzt versteht ihn die Umwelt. Von vielen Seiten kommt das Echo. Das Lager der nationalen und der humanistischen, gegen die Papstkirche gerichteten Opposition hat seinen Wortführer.

Von nun an ist der geschäftliche Erfolg der Luther-Schriften nicht mehr zu bremsen. Dieser Autor liefert damals durchschnittlich ein Drittel der gesamten deutschsprachigen Buchproduktion. Allein von 30 seiner Schriften, die er zwischen 1517 und 1520 veröffentlicht hat, sind mehr als 370 Drucke bekannt, die etwa 250000 Einzelexemplare erbringen. Die Flugschrift »An den christlichen Adel« wird schon im Jahre 1520 dreizehnmal aufgelegt, wobei allein auf die Erstauflage 4000 Exemplare, eine ungewöhnlich hohe Zahl, entfallen. Ganz nebenbei wird das bisherige Luxusprodukt Buch damit zu einer Art Massenartikel, den auch weniger begüterte Käuferschichten sich leisten können.

Luther versteht zu schreiben, was Ulrich von Hutten, selbst einer der gewaltigsten Rebellen wider die Herrschaft der Romanisten, begeistert: Die Römer haben drei Mauern gezogen, daß »niemand sie hat reformieren können, wodurch die ganze Christenheit greulich gefallen ist«. Diese Mauern werden hier und heute von Martin geschleift: Der Anspruch, die geistliche Gewalt gehe der weltlichen vor; der Anspruch, Rom habe die Heilige Schrift authentisch auszulegen; der Anspruch, ein Allgemeines Konzil unterstehe dem römischen Papst.

Das Brechen solcher Bastionen fällt leicht, denn die Mauern sind schon lange brüchig, auch wenn das niemand in dieser Deutlichkeit wie Martin gesehen und gesagt hat. Die Römlinge haben die Bollwerke nur erbaut, um in deren Schutz ihr gotteslästerliches Treiben fortsetzen zu können, ohne einen Zugriff der Laien befürchten zu müssen. Doch jetzt sind die Laien aufgewertet. Luther hat die »strohernen und papiernen« Bastionen eingedrückt, und der von der altkirchlichen Dogmatik so hochgepriesene feine Unterschied zwischen den Klerikern und den Laien bricht in sich zusammen. Alle Christen sind durch Taufe, Evangelium und Glauben einander gleich.

Es ist ein Unding, Unterschiede zu suchen, Seinsgräben auszuheben, dogmatisch wie soziologisch faßbare Differenzen zu postulieren: »Daß aber der Papst oder Bischof salbet, Platten macht, ordiniert, weiht, sich anders als Laien kleidet, kann einen Gleißner und Ölgötzen machen, macht aber nimmermehr einen Christen oder geistlichen Menschen.« Alle Menschen sind ohne Unterschied von Gott zum gemeinsamen Priestertum berufen. So will es das Wort. Da die päpstlichen Dekretalien etwas anderes lehren, sind sie falsch, unchristlich und satanisch. Es bleibt dabei: Zwischen Bauer und Pfaff gibt es keinen Unterschied.

Auch ist es eine ausgemachte Lüge der Römer, daß nur Petrus und nicht die ganze Christengemeinde »die Schlüssel« erhalten habe: Die Lehrgewalt, die Strafgewalt und die übrigen Gewalten, die sich Rom im Laufe der letzten Jahrhunderte angeeignet hat, stellen einen Raub am Volke Gottes dar. Wenn sich ein Papst dieser Räuberei rühmt und sich nicht an das Evangelium hält, sondern dieses nach eigenem Gusto – immer an den Gläubigen vorbei – auslegt, so gehört er bestraft, mag er auch noch so sehr »bannen und donnern«. Luther wird sagen, wie er sich die Strafe denkt: »Nachdem wir erlitten haben so viel Bullenkrämer, Cardinäle . . . und wer kunnt die Rotte solcher Schinder und Schlinder alle erzählen, so der Rhein kaum genug wäre, die Buben alle zu ersäufen!«

Der Ketzer sagt, wie es ist: Nicht die erdichteten Worte der Päpste, nicht deren Ansprüche und Privilegien können die wahren Christen davon abhalten, sich nach dem eigenen Schriftverständnis zu richten und die Gewichte in dieser Welt und in dieser Kirche neu zu verteilen. Denn ein jeder ist berufen. Das Wort »Beruf« erfährt eine Erweiterung. Es meint nicht mehr wie im mittelalterlichen Klerikerjargon die geistliche Betätigung, sondern jede Tätigkeit, die in Verantwortung Gott gegenüber geschieht – die bürgerliche Arbeitswelt eingeschlossen.

Geistliche und weltliche Gewalt sind radikal umgedeutet. Zwar hatte es auch vor Luther Bestrebungen gegeben, Kaisertum und Papsttum in ihrer Zuordnung neu zu bestimmen und die Gewalt der Römer zu beschneiden. Doch waren diese Theorien davon ausgegangen, daß es eine gottgewollte Scheidung zwischen den »beiden Völkern« gebe, daß also der Klerus penibel von den Laien abzuheben sei. Diese Differenzierung sagt Luther nichts mehr. Er sieht in ihr nur noch ein trickreiches Herrschaftsinstrument Roms.

Die Mauer stürzt: »Alles, was aus der Taufe gekrochen ist, das mag sich rühmen schon geweiht zu sein als Priester, Bischof, Papst.« Einen besonderen geistlichen Stand gibt es nicht. Die Bibel kennt ihn nicht, und der Christ braucht keine speziellen Mittler auf seinem Weg zu Gott. Zwar gibt es auch künftig Menschen, die den Dienst der Verkündigung auszuüben haben. Doch sind sie von der Gesamtgemeinde beauftragt und leben in einem übertragenen – und wieder entziehbaren – Amt. Eine Ordination, wie sie die Papisten für ihresgleichen angenommen haben, findet sich nicht. Niemand ist Priester auf ewig, Christus allein ausgenommen. Niemand kann Gewalt in geistlichen Angelegenheiten ausüben. Wo geglaubt wird, zwingt niemand. Selbst die Obrigkeit hat ihre Gewalt nur als Notrecht zugestanden bekommen. So kann sie auch nur zur Behebung der Not tätig werden.

Die Adressaten dieses Schreibens horchten auf. Für viele von ihnen war dies die Sprache ihres eigenen Denkens und Fühlens. Daher verwundert es nicht, daß die wenigen Seiten des Büchleins, welches den Durchbruch von Luthers Gedanken bei den Laien bedeutete, die Papiermauern des Papsttums einfach wegbrennen konnten. Ein Mensch, der Luther las und verstand, fühlte sich aufgeklärt, mündig, emanzipiert und entfesselt. Er brauchte nicht mehr in einem besetzten Land zu leben.

Das neue Lebensgefühl hat seine Wirkungen nicht nur im Innenraum der alten Kirche, sondern weit darüber hinaus entfaltet: Ein Kampf aller um Freiheit und Recht hebt an, ausgelöst von einem ehemaligen Mönch, dessen Stimme gehört worden ist. Jetzt fällt es dem Papsttum nicht mehr so leicht wie bisher, seine ganz gewöhnliche Gewalt durchzudrücken. Nun fallen die Bastionen der Kurie von selbst, die »erdachten Fündlein« sind entlarvt, und die mächtige Institution steht als Lügnerin da: »Denn das ist gewiß, daß der Papst und Cardinäl sammt seinen Bubenschulen gar nichts gläuben; lachens dazu, wenn sie vom Glauben hören sagen.«

Die Welt spürt, daß diese Schrift den schwersten Schlag bedeutet, der je gegen Rom geführt worden ist. Luthers Wort wirkt eingängig, seine Reformvorschläge sind griffig. Der Leser kann sich daraus bedienen, dieser Broschüre entnehmen, was ihm selbst am Herzen liegt, und loswerden, was ihn bedrückt. Dumpfe Sehnsüchte werden klarer, unterdrückte Wünsche erlangen Luft zum Atmen, und eine allgemeine Aufbruchstimmung gewinnt Raum. Luther hat Platz geschaffen. Von seinem Stübchen aus.

Die Hure Babylon

Damit nicht genug: Noch im August 1520, unmittelbar nach dem Erscheinen der Schrift an den christlichen Adel, begann der Wittenberger Professor mit einer neuen Arbeit, welche die Grundlagen des altkirchlichen Glaubens auf andere Art zerstören sollte. Ihr Titel »Von der babylonischen Gefangenschaft der Kirche« sagte vieles, ihre Absicht, nur ein »Präludium« zu sein, bedeutete vergleichsweise wenig. Und doch stürzte eine Welt ein, als Luther das in Latein verfaßte Vorspiel im Oktober veröffentlichte. Dieses »neue Liedlein« wurde nämlich von den Adressaten, den des Lateins mächtigen Kleriker-Theologen und den gebildeten Laien, nur zu gut verstanden.

Der Verfasser nimmt kein Blatt mehr vor den Mund: Das Papsttum wird als Antichrist und als Hure Babylon umschrieben. Da ist zunächst vom Betrug der römischen Heuchler die Rede, dann von den Gegnern, die »Zeit und Papier genug« haben, um gegen Luther zu fechten. Das war bereits aus den früheren Angriffen gegen das Rechtsgefüge der Papstkirche bekannt. Martin führt daher einen neuen Stoß. Der geht gegen das Herzstück der römischen Glaubenslehre, gegen den überlieferten Begriff des Sakraments als eines durch sich selbst wirksamen Zeichens, in dem Gottes Gnade faßbar tätig wird. Schon die traditionelle Siebenzahl der Sakramente ist irrig. Es bleiben, nimmt der Theologe die Schrift genau, allein Taufe, Brot und Buße. Gerade diese drei sind in die Gefangenschaft der römischen Hurenkirche geraten. Die Kurie hat sie ihres evangelischen Wortgeistes beraubt und mit Betrug über Betrug zugedeckt. Die Römer haben den klaren Text Gottes verdeckt und verkürzt. Sie haben – einmal mehr – Gewalt über Gottes Wort ausgeübt und sind auf diese Weise zu den eigentlichen Ketzern geworden, zu »bloßen Rottengeistern«. Die Freiheit muß daher gegen sie, nicht mit ihnen erstritten sein!

Das klingt nach Programm, das kommt den Sehnsüchten des gemeinen Mannes entgegen, das hat revolutionäre Schärfe. Luther spricht davon, daß der echte Christ freudig, frei und fröhlich bleibe, denn er brauche sich nicht mehr vor dem Bischof von Rom, diesem Tyrannen, zu fürchten, der seine eigenen Phantasien als Glaubensartikel verbreitet hatte. Luthers Christ ist ein freier Mensch. Er hat den römischen Betrug durchschaut und weiß, daß die Mysterien schon längst fiskalisiert worden sind, daß die Zeremonien erkauft werden, ja daß an derlei Machenschaften die ganze Nahrung der Pfaffen, ihr lauterer »Gewinn und Verdienst« hängen. Der Christ des Wortes weiß zudem, daß sich selbst die Mönche nicht von den übrigen Christen unterscheiden, es sei denn, auch die Taufe werde in einem römischen – und damit strikt gotteslästerlichen – Sinn ausgelegt.

Wer solches zu tun gewillt ist, prostituiert das Sakrament der Buße, weist dem Geld eine Heimstatt im Glauben und im Geist an, macht aus der evangelischen Buße eine »vortreffliche Brutstätte des Gewinns und der Gewalt«, kommt nie los von dem »Herumgerenne der Wallfahrten«, von den »erlogenen Heiligenlegenden« und was es sonst noch an tyrannischer Geldschinderei des Antichristen geben mag.

»Sonst« gab es noch die Messe. Sie wird ihres Opfercharakters entkleidet: Nicht mehr das Wandlungswort des geweihten Priesters, sondern der Glaube des Empfangenden trägt die Gegenwart Christi beim Abendmahl. Diese Auffassung löst die Feier der Eucharistie von ihrem traditionellen objektiven Sinn. Sie läßt das Meßopfer der Papisten ein gutes Werk sein und legt künftig eigenen Wert auf den Glauben der am Abendmahl Beteiligten, der allerdings eines sichtbaren Zeichens bedarf: Kirche und Abendmahl sind nicht nur geistlich zu deuten. Sie bedürfen der Sichtbarkeit. Auch Luthers Wort will gesehen werden. Es gehört vor die anderen. Es schwirrt nicht schon deswegen willkürlich in der Gemeinde herum, weil es keine geweihten Amtsträger mehr benötigt, auch keine Hierarchie mehr, keine Differenz mehr zwischen Ordinierten und Laien. Denn auch und gerade das freie Wort ist geordnet. Das aber sehen viele nicht ein. Die nächsten Jahre werden ihre – innerreformatorischen – Diskussionen gerade um diese Art der Gemeindeordnung des Abendmahls mit sich bringen.

Einiger als über das Abendmahl sind sich die Neuerer über Luthers andere Aussage, daß nämlich die restlichen vier Sakramente der alten Kirche – Weihe, Ehe, Krankensalbung und Firmung – Menschenwerk und plumpe Täuschung einer aufgeblähten Gewaltherrschaft sind. Einigkeit herrscht auch darüber, daß das Wort nicht knechten kann, sondern nur die Sakramentsdoktrin der Römer. Das Wort macht frei und hoffnungsvoll: Weder der Papst noch irgendein Bischof, noch sonst ein Mensch hat das Recht, auch nur eine Silbe dem Christen vorzuschreiben, es sei denn mit dessen Einwilligung. Denn »was anders geschieht, ist Tyrannei, und Knechte des Menschen dürfen wir nicht werden«.

Was liegt daher näher, als den wahren Glauben wieder in sein Urrecht einzusetzen, damit seine Zuversicht siege? Luthers Programm ist einfach. Hier spricht der Bewahrer, nicht der Neuerer. Dieser Ketzer will nicht nach vorne. Er strebt zurück zu den Anfängen, indem er eine tausendjährige Tradition vernichtet, die nur alt, aber nicht originär ist. Das System Rom soll künftig keine Chance mehr haben. Der

Durchbruch zum Ursprung muß gelingen. Mehr will Martin gar nicht. Dieser Plan ist bereits sein Mehr.

Gerade diese einfache Melodie aus Wittenberg störte alle Harmonien Roms. Das Präludium klang in den Ohren der Altgläubigen mißtönig. Der kaiserliche Beichtvater zum Beispiel, der – wie so viele andere – die früheren Publikationen des Martin Luther noch mit einem gewissen Wohlwollen verfolgt hatte (»nicht alles war falsch«), erklärte jetzt, es sei ihm beim Lesen dieses neuesten Machwerks gewesen, als schlüge ihn jemand vom Kopf bis zu den Füßen mit der Peitsche entzwei.

Das mochte stimmen, denn auseinandergeschlagen waren die alte Kirche, die hergebrachte Doktrin und der gewohnte Glaube. Wer Ohren hatte zu hören, vernahm dies und stöhnte auf. Liebgewordene Vorstellungen waren plötzlich dahin. Die Basis der kirchlichen Religiosität war vor aller Augen zerstört. Das tat weh, sehr weh.

Einer, von dem es kaum jemand erwartet hätte, muß diesen Schmerz besonders gefühlt haben. Er setzte sich hin und verfaßte eine Gegenschrift. Und auch mit dieser rückt Luther in die Weltgeschichte auf. Denn ihr Autor war der englische König.

Heinrich VIII., streitbar und unsicher zugleich, sah durch Luthers neuestes Opus »seine eigene Mutter« beleidigt. Er mußte diese Schmähung wieder aus der Welt schaffen: »Wollte Gott, meine Fähigkeiten kämen meinem guten Willen gleich, aber ich kann gar nicht anders als mich verpflichtet zu fühlen, meine Mutter, die Braut Christi, zu verteidigen.« Nun ja, Englands König sollte ein paar Jahre später seine eigene Mutter Kirche selbst schwer beschimpfen. Fürs erste galt es, den lutherischen Prometheus zu zerschmettern. Heinrich VIII. wollte in den Sakramenten der Kirche durchaus keine menschlichen Erfindungen sehen, und schon gar keine Zuchtinstrumente, mit denen die Gläubigen in einer rituell verbrämten Abhängigkeit gehalten werden sollten, indem Rom sie in der Taufe zunächst kaperte, schließlich in regelmäßigen Abständen durch Beichte und Brot fesselte, entließ und wieder einfing, sie aber, wenn sie heirateten, durch eheliche Bande züchtigte, oder, als Kleriker, durch die Weihen band, und schließlich, durch Ölung, wieder in ein anderes Leben laufen ließ. Nein, so ging es wirklich nicht. »Dieses Mönchlein« brauchte eine Züchtigung. Das neue Wort durfte nicht ohne Antwort bleiben.

Luther war für den Engländer, getreu der überlieferten Ketzerliteratur, nur mehr ein Wolf, ein Trompeter des Hochmutes, ein tollgewordener Hund und ein Monstrum, ja ein zwielichtiger Geselle der Unmoral, zumal der Verlust des Glaubens – so der sich selbst prophezeiende König (»der teuffel reit ihn«) – vom Verlust der Sittlichkeit herrührte. Heinrich VIII. mußte reden.

Die Abfassung seiner »Verteidigungsschrift zugunsten der Siebenzahl der Sakramente« fiel Heinrich von England allerdings schwer.

Bald schon mußten ihm Fachtheologen beispringen, schließlich auch Thomas More, zumal ein passables Latein gefordert schien. Dann aber war das »gülden Büchlein« fertig. Bald war es auch politisch zu nutzen, denn es sollte als Basis für ein Lob des Papstes dienen, weil Heinrich sich ein wenig zurückgesetzt vorkam, wenn er nach Spanien blickte, dessen Karl zu neuen Ehren gekommen war, oder nach Frankreich, wo eine »Allerchristlichste Majestät« thronte. Heinrichs Stolz, der König ist eben dreißig Jahre alt geworden, läßt keine Zurücksetzung zu. Er handelt. Auf Luther einzuschlagen, und dies im Namen der Kirche, beheimatet in deren sittenfester Disziplin, gibt dem König eine gewisse moralische Glaubwürdigkeit wieder.

Zwei Dedikationsexemplare der königlichen Schrift, in Pergament, dazu in Goldbrokat gebunden, werden Papst Leo zu Füßen gelegt. Der englische Geschäftsträger in Rom hatte sie geschäftig in den Vatikan getragen, wo er dem versammelten Konsistorium gar eine eigene Ansprache hatte halten dürfen. Darin war auffallend oft die Rede von der falschen Wittenberger Schlange gewesen, die der Welten Bestand annagte. Da wurde selbst Sokrates zitiert, der Zerstörer der Athener Moral und Religion. Gut und Böse sind jedenfalls richtig verteilt, so daß der Papst gar nicht anders kann, als für eine solch »höchst geistreiche Rede« zu danken – und natürlich auch für König Heinrichs Bereitschaft, dem Papsttum »mit Schwert und Feder« zu Hilfe zu eilen.

Papst und Kardinäle sind voll des Lobes für den englischen Herrscher. Dieser sorgt dafür, daß der Jubel auch andernorts bekannt gemacht wird. Luther selbst muß daraufhin eine Erwiderung verfassen. Und Heinrich VIII. schlägt zurück, doch ist sein Eifer für die wahre Lehre schon merklich erkaltet. Er ist bereits im Besitz eines neuen Titels, den weder Karl V. noch Franz I. kennen. Er heißt künftig »Defensor fidei«, Verteidiger des Glaubens. Seine Nachfolger tragen diesen Namen noch heute, obgleich sie ihrerseits schon längst – nicht ohne Zutun jenes Heinrich – dem Verleiher in Rom Valet gesagt haben.

Ein Hofnarr hatte übrigens schon damals nicht ohne Einsicht in die Realitäten bei Hofe zu der ganzen Episode gemeint: »Guter Heinz, laß uns beide, du und ich, einander verteidigen, und überlasse es künftig dem Glauben, daß er sich selbst verteidige . . .«

Eine Selbstverteidigung des wahren Glaubens war wirklich so unnötig nicht. Denn Martin Luther schlug anno 1520 noch ein viertes Mal heftig zu. Inzwischen hatte auch Rom ein neues Zeichen gesetzt, welches Wittenberg nicht übersehen konnte. Der schwärende Ketzerprozeß hatte dazu geführt, daß eine förmliche Bannandrohungsbulle erlassen worden war. Eine neue Phase der Auseinandersetzung hob an.

18.
Wenn sich das durchsetzen sollte, dann ist es um Glauben und Kirche geschehen

Luthers Sendbrief an den Papst

Doch stockt der Zwist schon wieder, wenn auch nur für kurze Zeit. Noch einmal, ganz am Rande, kommt in diesen Wochen die Versöhnung ins Gespräch, und dies inmitten der römischen Vorbereitungen auf die Endlösung des Ketzerfalles Martin Luther, inmitten auch der Abfassung ganz und gar unverzeihlicher Pamphlete des Wittenberger Professors. Luther muß nämlich ein Versprechen einlösen. Er hatte noch Mitte Oktober 1520 dem Herrn von Miltitz zugesagt, er werde sich in einem besonderen Schreiben an den Papst wenden, um mit diesem persönlich die ganze Angelegenheit ein letztes Mal durchzusprechen. Zusammen mit diesem Brief an den Medici wollte er auch eine kurze Abhandlung »der Sache selbst« nach Rom schicken, und zwar beides so schnell wie möglich, beides unter Rückdatierung auf Anfang September 1520, damit nicht der Eindruck entstehe, er sei erst von einer Bulle zum Einlenken bewogen worden.

Die Absicht war nicht schlecht. Die Ausführung wies jedoch ein paar Haken und Ösen auf. Martins »Sendbrief an den Papst Leo X.« signalisierte nämlich alles andere als Versöhnung. Nicht allein zwischen den Zeilen dieses Schreibens (das den Papst wohl gar nicht in der geplanten Form erreicht hat, dagegen im Druck in Deutschland verbreitet wurde) kommt das »frisch hindurch« des Schritt um Schritt weiter abfallenden Wittenbergers zum Ausdruck. Luther spricht offen vom Mitleid, das er dem Papst entgegenbringe, der in die »Mordgrube aller Mordgruben« gefallen sei, der sich kaum mehr gegen die eigenen Freunde zur Wehr setzen könne, die »wilde Tiere« darstellten, und der Leuten wie einem Dr. Eck, dem »großen, ruhmredigen Helden«, einfach ausgeliefert erscheine. Luther sieht sich demgegenüber als den eigentlichen Retter der Kirche, als Propheten, der dem Papst erst sagt, was und wie die Wirklichkeit seiner Institution ist, und als Mann, der das Wort schätzt und nicht die »zarte und weiche« Schmeichelei jener Schönfärber, von denen Leo X. umgeben ist.

Martin läßt sich dieses Selbstbewußtsein nicht nehmen. Er sagt die Wahrheit, die ganze Wahrheit und nichts als die Wahrheit: »Es ist aus mit dem römischen Stuhl, Gottes Zorn hat ihn überfallen ohne Aufhören.« Und er beklagt die Reformfeindlichkeit der Kurie, welche Gottes Strafgericht auf sich ziehen wird: »O Du allerunseligster Leo! Der Du sitzest auf dem allergefährlichsten Stuhl, wahrlich ich sage Dir die Wahrheit, denn ich gönne Dir Gutes.« Die Wirklichkeit, die es dem Papst zu vermitteln gilt, liegt in der Einsicht, daß es »nichts Ärgeres, Vergifteteres, Gehässigeres« unter dem weiten Himmel gibt als den römischen Hof, welcher »der Türken Untugend weit übertrifft«. Die Wahrheit ist es auch, daß »alle gute Christen sind, die schlechte Römer sind«.

Zu den Schlechten gehören Eck und Cajetan. Beide sind verloren, denn sie haben die christliche Wahrheit verdorben. Sie verlangen aber dennoch von einem Sehenden wie Luther das große REVOCO. Doch: »Daß ich meine Lehre widerrufen sollte, da wird nichts draus.« Im Gegenteil. Luther bekräftigt in diesem Schreiben seine Irrtümer. Vor allem das kleine Büchlein, das er seinem Brief an den Papst beilegt und das »Von der Freiheit eines Christenmenschen« handelt, strotzt in den Augen Roms von Ketzereien. Zwar ist es seinem Umfang nach nur ein Heftchen, doch »ist die ganze Summe eines christlichen Lebens darin begriffen, so der Sinn nur verstanden wird«.

Daß Rom diesen Sinn gar nicht verstehen konnte, ist inzwischen bekannt. Das Büchlein mit dem glänzend gewählten Titel (der Inhalt fällt gegenüber früheren Werken etwas ab) löste gar nichts. Von Versöhnung kann künftig keine Rede mehr sein. Das Tischtuch ist zerschnitten. Wer der römischen Kirche die Versklavung der Menschen an eine Gesetzesreligion vorwirft, wer gegen die äußere Gewalt dieser Kirche die Freiheit des Wortes betont, vertieft den Graben. Martin hat in seinem Sachbüchlein an den Papst, welches noch nicht einmal eine Kampfschrift des gängigen Kalibers darstellt, sondern meditativ gestimmt ist, nichts zurückgenommen. Er hat seine Grundanliegen bestätigt, wenn auch in netter Form: Der Glaube geht allen guten Werken vor, die Unterscheidung zwischen Klerikern und Laien ist hinfällig, die evangelische Freiheit kommt vor allen »Sünden, Gesetzen und Geboten«, und die Zutaten, welche den Katholizismus prägten, sind nichts anderes als Blasphemien. Der freie Christ wird solche Werke zwar – um der schwachen Mitchristen willen – nicht rigoros ausrotten, doch innerlich ist er längst über sie hinweggeschritten. Derlei ist überwunden.

Die römische Bulle

Roms Kirche mußte sich selbst, alles in allem, durch solche Worte überwunden vorkommen. Derartige Versöhnungsbriefe aus Wittenberg konnten ihr nur noch als neuer Hohn erscheinen. Die Würfel waren gefallen. Die Zeit eines Miltitz war für die Kurie vorbei. Nach langwierigen theologischen Vorarbeiten – die Universitäten Löwen und Köln, aber auch Cajetan und der nach Rom gekommene Eck hatten das Ihre beizusteuern verstanden – und nach einigem Hin und Her zwischen den diplomatischeren und den zupackenderen Parteigängern am Hof des Medici-Papstes war schließlich die lange erwartete Bannandrohungsbulle ausgefertigt und im Juni 1520 ohne Unterschrift des Papstes und der Kardinäle in Druck gegeben worden. Luther hat sie wohl schon gekannt, als er sein Versprechen einlöste, an Leo X. zu schreiben.

Kaum ein Romanist hätte eine andere Tonart erwartet. Die Kurie war mit Luther fertig, und endlich war auch die Bulle erschienen. Diese stellte ein kuriales Meisterstück dar, das beste Anschauungsmaterial für jeden, der Luthers eigene Auffassungen bestätigt sehen wollte. Die Römer taten dem aufsässigen Wittenberger damit jeden Gefallen. Als sei noch nicht genug geschehen, räumt die Kurie dem schon seit Jahren überführten Ketzer eine neue Reuefrist ein. Luther darf sich noch einmal sechzig Tage Zeit für seinen Widerruf lassen. »Erhebe dich, Herr, erhebe dich, Petrus, erhebe dich, Paulus, erhebt euch alle, ihr Heiligen der katholischen Kirche zusammen . . .«, so hebt das Schriftstück im besten Hofstil an. Ja, Gott selbst soll aufstehen wider seine – das heißt des Papstes – Widersacher, die sich erhoben haben in Deutschland, in jenem Land also, dem Rom einst gnädig das Kaisertum zugewendet hat. Undank ist unterdessen der deutschen Welt Lohn, welcher alle Päpste stets alles erdenklich Gute getan haben. Aus Deutschland kommt das wilde Schwein, der Fuchs, der Gottes eigenen Weinberg verwüstet.

So pathetisch geht es in diesem Schreiben zu. Die Römer leiden. Sie sprechen vom »Schlangengift«, von »Krebsschaden« und »Pest«, von der »schädlichen Natter, die dem Acker des Herrn schadet«, von »lügnerischen Lehren, die Schulen des Verderbens bilden« und so fort. Doch ist der Kern der Sache weniger erbaulich: Ganze 41 Ketzer-Thesen, aus Luthers früheren Werken zusammengestoppelt und wild durcheinandergestreut, schließen sich der Einleitung an. Die späteren, viel ergiebigeren Sätze des Häretikers durchzuarbeiten hatte Rom allem Anschein nach keine Zeit. Auch sonst scheint es ziemlich geeilt zu haben: Thesen, die zu bereuen und zu widerrufen Luther noch einmal eine Gnadenfrist gesetzt wird, bleiben fast unverständlich, da sie aus ihrem Kontext gezogen sind. Einige andere sind so willkürlich formuliert, daß Luther selbst sie nicht erkannt und auch sofort, zur Freude der Zuschauer, als Bastarde charakterisieren darf.

Doch verfängt solche Logik in Rom nicht mehr. Es hat sich entschlossen zuzuschlagen. Und es schlägt zu: Die Thesen dürfen nicht mehr gelehrt werden, auch wenn sie noch gar nicht gelehrt worden sind. Sie sind nicht einmal mehr zu begünstigen. Weder der Kaiser noch ein Kurfürst, noch irgendein anderer Christ soll sie künftig schützen dürfen. Basta!

Nein, immer noch nicht Schluß. Gegen Ende der Bulle spricht Rom sogar davon, daß die Schriften des Ketzers »insgesamt« zu verbrennen und nicht mehr neu aufzulegen seien. Auf die soeben noch erwähnten 41 Einzelthesen kommt es nicht mehr an. Tabula rasa heißt die Devise der Orthodoxie. Alles muß weg.

Wittenberg war erstaunt über das Durcheinander. Die Römer hatten sich wohl nicht einigen können oder wollen: Einundvierzigmalige oder »insgesamte« Ketzerei, das blieb die Frage. Eine glättende Endredaktion schien diese Bulle nicht erlebt zu haben. Vielleicht war die Kurie völlig überfordert von einem solchen »Ausbruch des christlichen Mitleids«, als den sich ihr Schriftstück bezeichnete. Dr. Eck, das »Ruhmtierchen«, bedauerte jedenfalls das Machwerk, das eine Chance hatte verstreichen lassen. Nichts »Paulinisches oder Evangelisches« enthalte die Bulle, keine gründliche Widerlegung der offensichtlichen Irrtümer Luthers, keine saubere Aufarbeitung der Fragestellungen, nur Juristereien, nur Routine, nur Hopp, Hopp.

In Rom schien wirklich niemand Bescheid zu wissen über den Verurteilten aus dem hohen Norden. Es drohte vielmehr ein weiteres Mal dem sächsischen Kurfürsten Maßnahmen an – und ließ sich wieder einmal von dessen Diplomatie hinhalten. Friedrich hatte seelenruhig erklärt, Luthers Sache sei inzwischen in ganz Deutschland so mächtig, daß ihr mit Gewalt nicht mehr beizukommen sei, er, ein einzelner und schwacher Fürst, könne dies schon gar nicht. Im übrigen habe das Land in der Zwischenzeit begonnen, »weise zu werden«. Selbst die Laien läsen jetzt die Schrift, lernten die Ursprachen, empfänden gar gewisse Sympathien für Böhmen . . . Falls Rom Luther wirklich nahetreten wolle, so solle es dies mit Hilfe eines neutralen Schiedsgerichtes versuchen, das sich in der Schrift, worin denn sonst, auskennte. Der Professor wäre gewiß damit einverstanden, denn er selbst habe ein solches Gericht immer wieder gefordert. Nur Rom habe sich störrisch gezeigt. Weshalb also der Lärm einer solchen Bulle?

Friedrich bringt die eigenen Schäfchen in Sicherheit. Er wiegelt ab, übt die hohe Kunst der Dissimulation, die er so meisterhaft beherrscht, hält sich bedeckt – und zieht doch alle Fäden weiter. Rom aber versucht es mit der Offensive. Bereits im Juli 1520 hatte der Papst in Eck und in dem italienischen Humanisten Geronimo Aleander zwei neue Nuntien ernannt, welche die ungeschickte Bulle in den deutschen Landen publizieren und durchsetzen sollten. Dabei bot sich eine Arbeitsteilung an: Den Falken Eck, der die Wahrheit siegen sehen wollte, schickte die Kurie nach Sachsen, wo es herzhafte Leute brauchen würde, und der geschmeidigere Aleander sollte sich – in den höfischen Formen der Diplomatie – um den Kaiser bemühen.

Die gestellte Aufgabe war für beide nicht leicht. Kaum jemand von den wirklich wichtigen Leuten in Deutschland hielt etwas von dieser weltgeschichtlich so entscheidend gewordenen Bulle. Von einer richtigen Publikation konnte keine Rede sein. Oft war nicht einmal ein williger Drucker aufzutreiben, der sich mit einer solchen Arbeit seine Finger hätte schwarz machen wollen. Kirchliche Behörden leisteten passiven Widerstand, der deutsche Episkopat, den Rom bei der Abfassung übergangen hatte, tat beleidigt, Studentenkrawalle und offener Spott tauchten fast allerorten auf, und Hutten höhnte, wie er wollte. Das Desinteresse grenzte an Sabotage. Überall fanden sich rechtliche Bedenken, zumal hier einmal wieder der päpstliche Primat gegen die nationalen Interessen durchgesetzt werden sollte – und dies gegen Deutschlands inzwischen berühmtesten Mann. Von den theologischen Schwachstellen war schon gar nicht mehr die Rede. Der geistig regste Teil der Nation leistete einhelligen Widerstand. Die Römer konnten sehen, wo sie blieben.

Eck, ganz im Vollgefühl des nahen Sieges über den theologischen Konkurrenten, verstand dies alles nicht recht. Seine Bedenken gegen die Bulle waren nicht so schwer, daß sie hätten seine Kampfeslust beeinträchtigen können. Für ihn war noch immer alles klar. Er hatte jetzt einen römischen Blankoscheck in Händen, der es ihm, so seine eigene Interpretation, erlaubte, auch noch andere Ketzer, seine persönlichen Feinde in Deutschland, in die Verdammnis der Luther-Bulle mitaufzunehmen. Das tat er denn auch, räumte unter seinen Privatgegnern auf, verteilte nach Belieben die Ketzerhüte – und wunderte sich erst ein wenig später über seinen Mißerfolg, der die Reuebekundungen einiger Schwächerer nicht aufwog.

In Kursachsen selbst stieß Eck nämlich auf verschlossene Türen, verstockte Herzen und taube Ohren, ja, was noch schlimmer war, auf sachkundige Juristen, die dem Eiferer sagten, was noch immer als Landesrecht zu gelten hatte: Die Bulle gehörte nicht dazu. Selbst Leipzig wollte nichts mehr von dem großen Disputanten des Vorjahres wissen. Unter diesen Umständen wagte Eck sich gar nicht erst in die Höhle des »wilden Schweins«, sondern machte um Wittenberg einen großen Bogen. Das »gewaltige Geschrei, Prahlen und Gepränge«, mit dem der Ketzer-Nuntius seinen Auftrag hatte durchführen wollen, verfing nicht. Nur Meißen, Merseburg und Brandenburg, wo die bekannten Oberhirten saßen, zeigten mehr Verständnis für den Sendboten des »heiligen Fluches«. Aber das war, aufs Ganze gesehen, viel zu wenig. Gesetz und Gewalt erwiesen sich als wirkungslos.

Die Ereignisse waren über Eck und Aleander hinausgeschritten. Bald mußten die beiden Nuntien erkennen und nach Rom berichten, daß die Kurie sich in den Deutschen getäuscht habe, ja daß fast neun Zehntel Deutschlands auf der Seite der Rebellion stünden. Was kaum jemand von den Kurtisanen erwartet hatte, war eingetreten: Die lieben Deutschen klagten nicht mehr nur, sondern sie handelten auch. Der zu Rom gefällte Spruch wurde als offenes Unrecht empfunden, als üble Machenschaft der Kurie, als ein Akt päpstlicher Willkürgewalt, gegen den sich das Nationalgefühl wenden mußte.

Martin Luther hatte das Glück, daß sich diese Strömungen auf ihn und seine Sache richteten. Er war so volkstümlich wie seine Schriften geworden, und die Menge billigte ihm zu, daß er seine Angelegenheit auch in Deutschland vor einem weltlichen Forum verfechten dürfe. Wahrheit ließ sich nämlich nicht durch Feuer vernichten, wie das – im Falle Hus – noch vor einhundert Jahren versucht worden war. Diesen Fehler wollten viele nicht noch einmal auf eigenem Boden wiederholen lassen. Ketzer mußten überführt, nicht hingerichtet werden.

Luther hätte sich unter diesen Umständen falsch benommen, hätte er sich konziliant gegeben. Jetzt stand das Volk hinter ihm. Über Versöhnung konnte mit den Römern nicht mehr gesprochen werden. Zwei neue Arbeiten, eine lateinische Entgegnung auf die Bulle und eine Streitschrift wider Ecks »neue Bullen und Lügen«, schlagen denn auch durch: Die Bannandrohung, an deren Echtheit im übrigen einige Zweifel bestanden, gilt als Werk des Antichrists. Und so verwundert es auch nicht, daß Martin die Römer auffordert: »Tut Buße und laßt ab von solch satanischen Lästerungen Gottes, und zwar schnell!«

Die Sache Roms bleibt Sache des Teufels und schlimmste Ketzerei. Luther vertritt dagegen die Wahrheit des guten Gottes. Daher darf er, nicht der Papst Leo, die Verdammung aussprechen. Der Spieß ist umgedreht. Ob mit Erfolg, ist eine andere Frage. Fürs erste werden die Menschen gebeten, für die Bekehrung des satanischen geistlichen Standes zu beten. Luther wirkt in diesen entscheidenden Tagen selbstsicher. Doch bleibt Unsicherheit. Denn der Scheiterhaufen ist nicht bloß eine leere Drohung. Das Martyrium um der Sache Gottes willen ist nicht von der Hand zu weisen. Martin weiß nicht genau, was er in einem solchen Falle täte. Vorerst wartet er ab. Er sieht sich als der freie und frohe Christenmensch, der »von Gottes Gnaden erlöst« ist. Er weiß sich im Wort der Schrift geborgen. So sagt er es wenigstens. Demgegenüber auf weltliche Gewalt zu vertrauen, wäre eine Selbsttäuschung. Deshalb verzichtet er darauf, den Ratschlägen der kursächsischen Beamten zu folgen und die deutschen Fürsten um Schützenhilfe wider die welschen Anschläge zu bitten.

Allerdings wiederholt er am 17. November 1520 seine Appellation an das Konzil und lädt die Reichsstände ein, sich dem Appell anzuschließen oder doch wenigstens der Antichristenbulle nicht zu gehorchen, sondern ihm zuzugestehen, daß er allein »auß der schrifft« widerlegt werde. Martin nutzt die günstige Stimmung im Reich und macht aus der – eher theologisch begründeten – Appellation an ein Konzil eine politisch gefärbte an den Kaiser und das Reich. Diese war nicht mehr zu überhören. Irgend etwas mußte geschehen. Zumindest waren viele darauf neugierig, ob es dem Einzelkämpfer wirklich gelänge, die mächtige Institution Rom in Deutschland und mit Deutschland in die Knie zu zwingen. So ließen sie ihm – und damit dem Recht des Gotteswortes, wie er sagte – diese Chance.

Das Ansinnen Martins, vor ein neutrales – und möglichst auch in der Heiligen Schrift bewandertes – Schiedsgericht gestellt zu werden, war nicht unbillig. Wer redlich dachte, mußte selbst dem potentiellen Ketzer ein faires Verfahren zugestehen. Wer gar auf Luthers Seite stand, dem kam eine solche Forderung nur zupaß: Zumindest konnte ein weiteres Mal Zeit gewonnen werden. Alle möglichen Leute, selbst Erasmus, verhandelten in diesem Sinne mit dem einflußreichen Meister im Zeitgewinn, dem sächsischen Kurfürsten, der sich in jenen Tagen in Köln aufhielt, der Hochburg der Ketzerjäger. Dort suchten die »Bluthunde und Esel« ja noch immer nicht die »Roßkäfer im Mist«, wie Luther dies angeraten hatte, sondern wie eh und je die Ketzer.

Friedrich kamen solche Unterredungen recht, denn auf diese Weise würde es ihm gelingen, die päpstlichen Nuntien hinzuhalten, denen alles zu schleppend ging. Immer wieder schob der Kurfürst Gespräche vor und reiste schließlich sogar unverrichteter Dinge aus Köln ab, um zuhause weitere Schritte zu bedenken, die er vielleicht gar nie würde unternehmen können.

Dem zurückgelassenen Aleander blieb nichts anderes übrig, als auf eigene Rechnung tätig zu werden. Er übte sich im Verbrennen ketzerischer Bücher, auch und gerade in Köln, wenn auch kaum jemand tätige Hilfe bei diesem Geschäft leisten wollte. Im Gegenteil, die Martinianer manipulierten derart, daß schließlich gut katholische Literatur in Flammen aufging, Luthers Schriften jedoch gerettet wurden. Ähnlich erging es dem Nuntius in Mainz.

Das war ärgerlich. Alles in allem ging kaum etwas so voran, wie die Kurie erhofft hatte, mochten auch die Bücherverbrennungen einen gewissen äußeren Effekt haben. Denn selbst in den nur so zögernd brennenden Feuerchen des Nuntius sah die Straße ein weiteres Zeichen dafür, daß Rom endgültig ernst machen wollte. So frohlockten denn auch einige, daß das Volk »sich zusehends bessere«. Drehte sich der Wind in Deutschland?

Feuer, das 1520 eine Ordnung verbrennt

Wittenberg nahm die neue Entwicklung zur Kenntnis. Das Glück, ein Volkstribun zu sein, konnte von kurzer Dauer sein. Das »Kreuziget ihn« stand haarscharf neben dem »Halleluja«. Die Bulle war nah und fern zugleich. Luther mußte sich etwas einfallen lassen. Warum sollte er eigentlich nicht Gleiches mit Gleichem vergelten?

Luther hatte schon seit einiger Zeit jene Dekretalen gesammelt, die ihm entbehrlich schienen. Bereits im Juli 1520 hatte er an Spalatin geschrieben, die Würfel seien gefallen und er verachte »das Wüten und die Gunst Roms«. Denn die Römlinge könnten nur Oberflächliches verbrennen, er selbst aber werde, »wenn ich nur irgend Feuer haben kann, das ganze päpstliche Recht verdammen und öffentlich verbrennen, das heißt den ganzen Pfuhl von Ketzereien ...«

Natürlich war sofort »irgend Feuer« zur Hand. Auch der Zeitpunkt wurde auf das delikateste gewählt. Die Bulle hatte von einer Reuefrist gesprochen und sechzig Tage für den Widerruf eingeräumt. Diese hatten sich, falls – juristisch exakt – von der Zustellung des Dokuments an gerechnet wurde, am 10. Dezember 1520 erfüllt, just an jenem Tag also, an dem der Nichtjurist Luther seinerseits zur Tat schritt. Melanchthon hatte noch kurz zuvor durch einen Anschlag an der Tür der Wittenberger Stadtkirche bekanntgemacht, daß »alle Freunde der evangelischen Wahrheit« eingeladen seien, sich um 9 Uhr vormittags bei der Kreuzkapelle vor der Stadtmauer einzufinden, »woselbst nach altem apostolischen Brauche die gottlosen Bücher des päpstlichen Rechtes und der scholastischen Theologie verbrannt würden«.

Diese Einladung übertrieb nicht: Der Brauch war urchristlich. Schon zur Zeit der Apostel waren, wie die Schrift berichtet, »Zauberbücher« den Flammen übergeben worden. Auch die weiteren Jahrhunderte hatten die Überlieferung bewahrt – bis in Luthers Zeit hinein. Die Theorie stimmte also. Größere Schwierigkeiten machte dagegen die Praxis. Denn kaum jemand wollte Martin, dem neuesten Verbrenner, kostspielige Exemplare »gottloser Bücher« aushändigen und sich auf diese Weise um das teure Pergament bringen. Die Schriften eines Thomas von Aquino oder eines Duns Scotus bekam Martin also nicht, wohl aber einige kleinere Schriftchen, dazu ein Exemplar der Dekretalen, also ein reichsrechtlich gültiges Gesetzbuch, sowie ein kasuistisches Handbuch für Beichtväter. Die Besitzenden trennten sich also nur von jenen Büchern, die sie ohnedies nicht brauchten, und die Studierenden, denen ein derartiges Happening des berühmten Professors recht gekommen war, hatten außer der Freude an einem Feuerchen ohnehin nichts beizusteuern. Bücher besaßen sie kaum.

So zog denn eine Schar mit geringster Beute auf den Schindanger an der Elbe hinaus: Ein Magister entzündete den kleinen Stoß. Das kanonische Recht ging in Flammen auf, und auch jene Büchlein des Dr. Eck, die ergattert worden waren. Luther aber sah mehr als die Flammen: Er verbrannte eine Vergangenheit und deren System. Daß er »zitterte und betete«, wie eine Überlieferung sagt, bringt seine innere Haltung am getreuesten zum Ausdruck. Der Professor weiß, was er an diesem Wintermorgen unternimmt: Er nimmt Abschied von seiner Erziehung und bricht zu anderen Ufern auf. Ob er, fast unbemerkt, auch ein Exemplar der päpstlichen Bannandrohungsbulle mitverbrannt hat oder nicht, ist daher nur eine Frage von sekundärer Bedeutung. Martin hat am 10. Dezember 1520 mehr vernichtet als ein Stück römischen Papiers. Sein Feuer hat seine Jugend verbrannt. Nie mehr wird er ein gehorsamer Sohn der alten Kirche sein können.

Diese prinzipielle Veränderung hat er sich soeben in aller Öffentlichkeit bewiesen.

Tags darauf erklärt er – in deutscher Sprache – gut 400 Hörern im Kolleg jenen Vorgang, welchen er sich selbst nicht mehr zu deuten braucht. Er spricht von den beiden Feuern, die auf ihn – und auf alle Wahrheitsliebenden – warten. Auf der einen Seite brennt das Martyrium, der Scheiterhaufen, das Fanal aller Ketzermörder dieser Welt, auf der anderen Seite jedoch das ewige Feuer der Hölle, das Gott jenen bereitet hat, die wider besseres Wissen die Wahrheit seines Wortes verleugnen, aus Angst vor denen, die nur den Leib, nicht aber die Seele verbrennen können.

Erst mit dieser Erklärung war das Geschehen von Wittenberg abschließend interpretiert: Keiner der üblichen Studentenulks hatte sich abgespielt. Aus dem Scherz von früher war bitterer Ernst geworden, wenigstens für den Einen, der da seine Sache deutete. Bücher zu verbrennen war nur ein Anfang. Wer in Rom den Sitz des Antichrists erblickte, würde früher oder später auch die Kathedra des Papstes zu verbrennen haben, ob er wollte oder nicht. Dieses Brennen liegt auf dem Berufenen – und macht ihn zugleich frei. Also ist es Aufgabe der neuen Wahrheit, die brennlustigen Papisten selbst zu verfeuern. So, nur so, im läuternden Feuer, ereignet sich die Zukunft des Gotteswortes. Luther geht, selbst befreit, als Befreier voran. Die Frage nach der Gewalt des Wortes aber stellt sich offensichtlich noch nicht in voller Schärfe.

In seiner Rechtfertigungsschrift »Warum des Papstes und seiner Jünger Bücher von Doktor Martin Luther verbrannt sind« spricht der Befreite von dieser Tat im Winter 1520 zu all denen, die wie er als »Liebhaber christlicher Wahrheit« gelten wollen, und deutet sie als »geschworener Doktor der Heiligen Schrift« wie als »täglicher Prediger«. Diese Bezeichnungen sind für ihn wichtig geworden. Denn die beiden Titel, von Staupitz nur nach langem Drängen und doch in stiller Anerkennung des Eigenen übernommen, geben Martin die Gewißheit, das Richtige getan zu haben. Lehrer und Verkünder des Wortes Gottes zu sein, ist, das weiß er jetzt, seine Lebensaufgabe. Ihr gegenüber verblassen die sekundären Berufungen zum Mönch und zum Priester einer Kirche, die längst von der schriftgemäßen Wahrheit abgefallen ist und die evangelische Lehre »mit verstopften Ohren und Augen« verbrennt, um die eigene widerchristliche Doktrin zu konservieren. Berufener Verkünder des Wortes zu sein bedeutet ungleich mehr, als Pfaffe der Gewalt zu bleiben.

Um Luthers Tat windet sich bald die Gloriole. Holzschnitte, Streitschriften und Flugblätter zeigen ihn im Strahlenkranz, und selbst die Taube des Heiligen Geistes schwebt hier und da über solch einem »Elias«, oder je nachdem, über solch einem »deutschen Herkules«. Allerdings war noch immer nicht klar, ob sich der Heiligenschein nicht doch auf einen Märtyrer legen würde. Denn auch wenn die Ereignisse um die Bulle »Exsurge Domine« nicht zum Erfolg für die Römer ausgeschlagen waren, so blieben die Welschen doch mächtig. Überdies schienen sie neue Hilfe von einer Seite zu erhalten, die erst jetzt in das große Ringen eingriff: Der junge Kaiser, selbst ein Welscher, zog die »pfaffen gaß« des Rheins herauf. Ein Reichstag sollte nämlich abgehalten werden, zu Worms.

19.
Es ist keine verachtetere Nation als die Deutschen

Der Spielstand vor dem Reichstag zu Worms

Die Stadt am Rhein war für das große Spiel der Reichspolitik bereit. Nur: welches Spiel überhaupt gespielt werden sollte und wer welche Karten in den Händen hatte, war so sicher nicht. Zu einer Zeit, da die Umkehrung vieler Werte eingesetzt hatte und da selbst in den Kartenspielen der Epoche die gesellschaftlichen Positionen zu wechseln begannen (noch heute sticht im Skat der Bube, also der Knecht, sogar den König), konnte so gut wie nichts im voraus festgelegt werden. Alles war im Fluß. Luthers spätere Feststellung ». . . der Papst ist die sechs Schellen, der Türk die acht Schellen, der Kaiser ist der König im Spiel. Letztlich kömmt unser Herr Gott, theilt das Spiel aus, schlägt den Papst mit dem Luther; der ist sein As«, bleibt nachmalige Zutat. Vorerst stand erst der Spieltisch zur Verfügung, die gute, alte Stadt.

Worms, seit alters her hochberühmt, schon unter Augustus römische Garnison, dann Zentrum des Burgunder-Reiches, bevorzugte Residenz der Franken, von den Saliern wie von den Staufern geschätzt, war ein passender Ort. Die Stadt galt viel. Im Laufe von 700 Jahren wird sie über 200 kaiserliche Besuche, Hoftage und Festfeiern sehen, darunter gut 40 Reichstage, vor allem auch den des Jahres 1495, da einmal mehr über die »Reform« gehandelt worden war.

Die dem Kaiser Maximilian in jenem Jahr von den Ständen aufgenötigte Verpflichtung, jährlich einen Reichstag einzuberufen, hatte sich zwar nicht realisieren lassen. Doch waren die Reichstage inzwischen zu einer voll anerkannten, in sich geschlossenen Körperschaft geworden, deren Zusammensetzung – seit 1489 hatten sich auch die reichsunmittelbaren Städte neben den Kurfürsten und Fürsten einen festen Platz erobert, wenngleich ihr Stimmrecht stets beschränkt war – dem Belieben des Königs entzogen war und ohne deren Mitwirkung der Herrscher in allen wichtigen Angelegenheiten des Reiches handlungsunfähig blieb. Die wachsende Bedeutung der Reichstage, bei denen allerdings die Masse des Bürgertums ebenso wie die Millionen der bäuerlichen Bevölkerung ausgeschlossen blieben, äußert sich in den festen Formen der Debatte: Nach der Eröffnung durch die Verlesung einer kaiserlichen Proposition wurde getrennt beraten und schließlich ein Kompromiß für den sogenannten Abschied gesucht, der in Form eines Vertrages den gesammelten Willen der Stände dem kaiserlichen Gegenüber vortrug.

Diese Etikette erwies sich als effizient: Kaiser und Reich standen sich als Partner gegenüber, und jede Seite wußte, was sie – und die andere – wollte. Die tatsächlichen Kräfteverhältnisse im Reich hatten einen bündigen Ausdruck gefunden, und es verwundert daher nicht, daß alle großen Auseinandersetzungen der Zeit sich zu Reichtagsverhandlungen verdichteten.

Auch jetzt, im Jahre 1521, sollte es, so ging die Rede, ein weiteres Mal um das Dauerthema zwischen Kaiser und Reich gehen, um die Reform, für welche die Deutschen von dem jungen Karl V. allerhand erhofften, der sich und seine Pläne zu Worms erstmals offenbaren würde.

Daß gerade die Reformwünsche der Deutschen sich neuerdings auch mit Luther und dessen Schicksal verbunden hatten, stand auf einem anderen Blatt. Es war ein grandioses Mißverständnis, auf Grund dessen sich der überwiegende Teil der Nation, der »verachtetsten unter allen«, wie später aus Wittenberg zu hören sein würde, jenem Doktor zuwandte und dem radikalen Theologen des Wortes all die eigenen – national oder bildungspolitisch gefärbten – Reformwünsche unterstellte, die Luther selbst nicht hegte, mochten auch seine Kampfschriften von der Reform gesprochen haben.

Die Reaktionen des Heiligen Stuhls auf Luther waren nun aber schwächlich genug ausgefallen. Theologisch waren sie alles andere als zwingend und dazu noch politisch auf vielfältige Weise gehemmt. Die Bannandrohungsbulle hatte bereits kaum mehr wirklichen Schaden anzurichten vermocht, und auch die am 3. Januar 1521 erlassene und im Oktober 1521 publizierte Bannbulle »Decet Romanum Pontificem« würde allem Anschein nach das Schicksal ihrer Vorgängerin teilen müssen. Die Kurie hatte viel zu lange gezögert, sogar zögern müssen, da eine wichtige Karte im deutschen Spiel, die des Kaisers, noch gar nicht verteilt gewesen war, als es Zeit schien.

In Deutschland selbst war dieses diplomatische Abwarten mit gemischten Gefühlen zur Kenntnis genommen worden: Die einen, stets zur Verteidigung ihrer Orthodoxien aufgelegt, hätten die guten Karten Roms lieber früher, als der Gegner noch ein schlechtes Blatt hatte, ausgespielt gesehen. Die anderen aber sahen in der ganzen Ketzerjagd nicht viel anderes als eine von außen kommende, kuriale Maßnahme von Politikern, der eine eigentlich theologisch-kirchliche Verbindlichkeit und damit eine Gewissensverpflichtung abgesprochen werden mußte.

Eine Lösung der verwickelten Lage erwarteten sich viele allenfalls von einer Oberinstanz, welche die Spielkarten beider Seiten noch einmal hätte überprüfen sollen. Am liebsten hätten einige diese Aufgabe in die Hände eines universalen Konzils gelegt. Aber dies blieb ein frommer Traum, denn weder der Papst noch die Kardinäle noch der Kaiser konnten eine derart gefährliche Lösung in Betracht ziehen, die ungeahnte Konsequenzen gehabt hätte. Rom war ja eben erst durch das letzte Konzil vorgewarnt worden. Cajetan und die Seinen wollten nichts vergessen.

Wenn sich schon keine Gewaltlösung fand, wenn schon vom Mißerfolg einer einseitig kurialen Bannbulle auszugehen war, so war Rom noch am ehesten mit der Behandlung des Falles Luther auf dem deutschen Reichstag zu Worms einverstanden, zumal es sich von der Zusammensetzung dieser Körperschaft Schützenhilfe erwartete. Die universale Lösung war, so Rom, ausgeschlossen, die deutsche ein kleineres Übel, und nur die römische selbst versprach Aussicht. Sie durchzusetzen, das Faktum des geschehenen Bannes also gegen alle Diskussionsversuche zu betonen, war damit erste Aufgabe des päpstlichen Nuntius in Worms. Und nur wenn er scheitern sollte, konnte er – als zweitbeste Karte – den Reichstag umzustimmen suchen. Die kuriale Partei sah diesem Wormser Treffen also mit Skepsis entgegen. Ihre eigenen Karten taugten allem Anschein nicht viel: die Bannbulle fast gar nichts und die Hoffnung auf die Reichstagsmajorität nur wenig.

Aber auch Luther selbst konnte, ein wenig politisches Gespür vorausgesetzt, nicht hoffnungsvoll auf Worms schauen. Martin erlebt in diesen Wochen einen Zwang nach außen: Er, der im Tiefsten seines Wesens nach Gottes Gerechtigkeit suchte, spürte inzwischen, daß er nicht darum herumkommen würde, sich mit den konkreten geschichtlichen Bedingungen seiner Theologie auseinanderzusetzen. Und diese blieben nun einmal deutsch, mochte einem das passen oder nicht.

Gewiß »hätte« seine Neuerung auch in einem anderen Land geschehen können, gewiß »hätte« sich das Wittenberger Stübchen auch in Oxford oder Paris denken lassen, aber es war eben alles in Deutschland passiert. Und der Versuch des Jahres 1521, eine Lösung des Falles zu finden, geschah nicht in Paris oder in London, sondern – vor der Kulisse eines Reichstages – in Worms. Deutsch statt universal, deutsch statt französisch oder englisch, oder italienisch, so lautete die Bedingung. Mit einem theologischen Durchbruch allein war es nicht getan. Luther mußte aus seinem Stübchen heraus und sich seiner Umwelt stellen. Heidelberg, Augsburg und Leipzig waren nur Stufen dieser politischen Entwicklung gewesen. Worms bildete ihren Höhepunkt.

Dem neuen Kaiser, dessen Herkunft und Zielsetzung im übrigen nicht deutsch waren, mag es, alles in allem, nicht unähnlich ergangen sein. Auch er »hätte« wohl eine andere Lösung vorgezogen. Aber auch er wird in dieses Deutschland hereingezwungen, das ihm nicht paßt. Karl V. muß sich bequemen, nachdem er nun einmal gewählt ist, die »querelles allemandes« anzunehmen. Das sagt dem Habsburger nicht zu, der sich in seinem Reich nicht wohl fühlt – und der dieses Mißbehagen deutlich zur Schau stellt.

Karl von Spanien spielte eigentlich ein anderes Spiel. Er hatte vor Jahresfrist seine Wahl zum Kaiser nur in Abwesenheit angenommen. Allein die spanischen Angelegenheiten hatten seine Aufmerksamkeit beansprucht: Zuhause lag alles im argen, Aufstände lösten einander ab, und er hatte beinahe fluchtartig eine Wahlheimat verlassen müssen, die noch gar nicht die eigene geworden war. In jedem Fall wollte er aber zurückkommen und in Spanien nach dem Rechten sehen.

Das Reich erschien vergleichsweise uninteressant. Aber ausgerechnet dieses erhoffte sich von ihm ein Durchgreifen, und das hieß kurz: die Reform. Kaum jemand von den Reichsständen schien darüber informiert gewesen zu sein, wie schlimm es dem jungen Mann soeben noch in Spanien ergangen war, auf welch unsicheres Terrain seine Herrschaft in jenen Stamm- und Erblanden gegründet war, die so weit ab lagen und erst in neuester Zeit von sich reden machten, seit Spanien ausgezogen war, neue Gebiete, Geld und Gold zu erobern. Die Deutschen, die nicht im entferntesten daran dachten, über die Meere nach Indien zu segeln, waren daher auf Gerüchte angewiesen und auf widersprüchliche Meldungen, wollten sie etwas Näheres über ihren neuen Kaiser erfahren. Und so warteten sie ab, ob sich das Hörensagen bewahrheitete. Worms würde ja den Zwanzigjährigen selber sehen, der von Spanien über England und die Niederlande in das Reich gezogen kam.

Das Bild, das Deutschland sich schließlich machen konnte, fiel getrübt aus: Karl saß zwar gut zu Pferde, in höfischen Kunststücken schien er bewandert und geübt, und das Lanzenstechen und Turnierreiten beherrschte er trotz seiner ziemlich hinfälligen Statur. Ausgesprochen kaiserlich sah er jedoch nicht aus: Der Rauschebart fehlte, auch die imposante Fülle des Leibes, die viele Fürsten des Reiches auszeichnete. Das Haar fiel strähnig, blaß, dünn um das Gesicht eines zarten Knaben, der Mund stand stets offen, und die Lippe hing nach unten.

Manche Betrachter hielten diese Symptome für ein Zeichen früher – also von Habsburg ererbter – Blödheit. Ihr Eindruck verstärkte sich noch, als der Souverän so gut wie nichts sagte, sondern seine Räte parlieren ließ (Luther später: »Er ist stille und frum. Ich halte, er redet in eim jar nicht ßo viel als ich in einem tage«). Bald hieß es, Karl sei völlig in der Hand seiner Berater.

An diese hatte sich der Reichstag also zu halten, denn der Kaiser, der soeben zu Aachen gekrönt worden war, der soeben den Titel eines »Erwählten Römischen Kaisers« angenommen hatte, der soeben geschworen hatte, »den heiligen überlieferten Glauben« zu halten und zu bewahren, die »Kirche und die Geistlichkeit« zu beschirmen und »der päpstlichen Heiligkeit« in Ehrfurcht und Treue alle »schuldige Ergebenheit« zu erzeigen, dieser Karl, der schüchterne Jungmann, schaute einen noch nicht einmal richtig an. Manche zweifelten daher daran, ob er eines eigenen Willens fähig sei, ob er eigenen Verstand besitze, ob er dazu tauge, nach Gottes Willen »tzu gnaden und ungnaden« sein Amt auszuüben, wie das ein Geier über die Raben tat.

Diese Zweifel sind manchem Fürsten so unangenehm nicht gewesen. Denn die Mängel, die sie dem Jungen zuschrieben, paßten in ihr eigenes Konzept. Sie hätten gar die umstrittene Frankfurter Kaiserwahl im nachhinein lohnend gemacht. Denn dieses Jüngelchen war doch wohl keine Gefahr für gestandene Mannsleute, so tuschelte es bereits. Mit ihm konnten alle umspringen, wie sie wollten, ins Gesicht hinein ehrerbietig, des hohen Titels wegen, hinter dem Rücken jedoch etwas männiglicher und ungehorsamer.

Jedenfalls hatte dieser Herrscher noch einen weiten Weg vor sich bis hin zu dem hoheitsvollen Souverän, in dessen Reich »die Sonne nicht unterging«, bis hin auch zu dem letzten Imperator überhaupt, den wir kennen, bis hin zu dem Sieger aller Sieger, als den ihn Tizian wiedergegeben hat. Vorerst blieb dies alles ein Traum.

Nicht wenige Deutsche wollten träumen. Sie wünschten sich jemanden, dem sie ihre ererbten Hoffnungen anhängen konnten. Diese Sehnsüchte ließen sie sich auch von einem bläßlichen Jungen nicht bestreiten. Und so schlug Karl von dieser Seite eine Woge von unangemessenen Erwartungen und unklaren Hoffnungen entgegen, als er – umgeben von einem stattlichen Hofstaat aus Niederländern, Spaniern und Deutschen – endlich rheinaufwärts nach Worms zog, um den Reichstag in eigener Person zu eröffnen. Deutschlands volkstümliche Prophezeiungen und auch die Begrüßungsworte etlicher Humanisten vermeldeten einmal mehr den Ausbruch eines neuen, des goldenen Zeitalters. Und, so Luther damals selbst, das »junge, edle Blut« hatte »viel Herzen zu großer, guter Hoffnung erweckt«, ohne dies zu wollen. Deutschland wollte seinen Kaiser wiederhaben.

Nicht alle träumten mit. Ihre Wirklichkeit sah viel nüchterner aus. Denn Karl war weder »aus altem deutschen Blut«, wie die eine Seite gerühmt hatte, noch sprach er überhaupt die rauhe Sprache der Deutschen. Er war, wie sich das gehörte, französisch erzogen. Hadrian von Utrecht, der Kardinal, hatte dafür gesorgt, daß der Junge die richtige Lebensart erhielt, und die suchte eigentlich niemand in Deutschland.

Dennoch war die Bildung des neuen Kaisers über gewisse Fertigkeiten im Turnier nicht hinausgelangt: Sprachen hatte er kaum erlernt, und sein Geschichtswissen blieb lückenhaft. Wirkliche Freude schien ihm allein das Hofzeremoniell der Burgunder und der Spanier zu bereiten, diese seine eigentliche Religion, die Etikette schlechthin, eine recht schwärzliche allerdings. An ihr, an all ihren Formen, Farben und Details hält er fest. Noch im Jahre 1548, Luther ist da schon tot, wird Karl V. seine kleinkrämerische »Große Kleiderordnung« erlassen, die etikettiert und differenziert: »Da durch jetzo gebrauchte Köstlichkeit der Kleydung ein überschwenglich Gelt aus Teutscher Nation geführt, auch Neyd, Haß und Unwillen, zu Abbruch christlicher Liebe erweckt, und solche Köstlichkeit der Kleydung, durchaus also unmäßlich gebraucht, daß unter den Fürsten und Graffen, Graffen und Edelmann, Edelmann und Bürger, Bürger und Bauersmann keyn Unterschied erkandt werden mag: So haben wir uns mit Churfürsten, Fürsten und Ständen nachfolgender Ordnung der Kleydung vereinigt und verordnet.«

Von Ordnung ist auch der Rest seiner Glaubensanschauungen geprägt: Tradition, Gehorsam und Form nennt sich diese Trinität. Wer solches Schwarz mit den roten Tupfern der ketzerischen Rebellion zu versehen wagte, büßte im Feuer. Da gab es kein Pardon. Schwarz blieb Schwarz. Staat und Kirche hatten auf diese Form zu achten. Ketzerei verstieß gegen die Einheit der Kirche, die ihrerseits allein gewährleisten konnte, das verstreute und so verschieden entwickelte Reich zusammenzuhalten. Karl V. ist ein Leben lang nicht von dieser Herzensneigung abgewichen.

Diplomatisches Vorspiel

Die kaiserliche Politik verlangte nun aber auch Berechnung. Auf internationalem Parkett konnte sie sich kein Herzklopfen leisten. Nur der Verstand berechnete den Wert der einzelnen Spielkarten, setzte Einfluß und Stichkraft der Figuren fest, versuchte immer wieder, Züge und Gegenzüge genauestens zu erforschen und auch das Blatt zu wenden, Freunde und Gegner gegeneinander auszuspielen, ohne selbst am Ende der Partie mit leeren Händen dastehen zu müssen. Von daher gesehen, hat Karl V. diesen Reichstag des Jahres 1521 formvollendet begonnen, durchgeführt und abgeschlossen.

Und doch ging schon damals – trotz allen Kalküls – das deutsche Spiel verloren. Karl und die Seinen schienen nämlich die Deutschen gar nicht richtig in ihre Berechnungen einbezogen zu haben. Nach dem Tode Maximilians I., der ebensowenig wie sein Vater Friedrich III. die Reichsreform hatte zu Ende bringen können oder wollen, wäre der neue Kaiser aufgerufen gewesen, die drängende Frage der

Zuordnung von kaiserlichem und ständischem Regiment zu beantworten. In einer der vielen Wahlkapitulationen – einer Neuerung, die Karl erstmals hatte unterzeichnen müssen, um überhaupt gewählt zu werden – hatten sich die deutschen Kurfürsten bereits eine Art ständiger Reichsexekutive ausbedungen, nämlich einen Regentschaftsrat, der nicht nur während der Abwesenheit des Kaisers hätte das Reich regieren und damit den Herrscher ausschalten oder zumindest in dessen Kompetenzen beschränken können.

Kaum war aber der neue Kaiser gewählt, so wollte er von einer solchen Zusage nicht mehr viel wissen. Die Errichtung der geplanten Zentralbehörde, die sich aus Vertretern der Reichsstände zusammengesetzt hätte, wäre ja, so ließen seine Räte durchblicken, dem Versuch gleichgekommen, die kaiserliche Majestät unter Vormundschaft zu stellen. Es war daher ein Gebot der Selbstverteidigung gegenüber den eigenen Wählern, daß Karl V. eine abweichende Position verfocht: Nur die geheiligte Person des Kaisers selbst vertritt die Gesamtheit des Reiches. Ein dauerndes Zentralorgan der Stände ist ein Unding. Allenfalls konnte für die Zeiten der Abwesenheit des Kaisers eine Art von Statthalterrat gebildet werden, der im Namen des Kaisers die Geschäfte führte.

Die Fürsten, denen diese Stellungnahme ihres Kaisers vorgelegt wurde, fanden sie nicht ohne Grund »hochbeschwerlich«, das heißt unannehmbar. Daraufhin stritt alles hin und her, wollte um keinen Preis einlenken – und fand sich schließlich doch in einem Kompromiß zusammen. Derlei gab es immer wieder, wenn nichts Handfestes herauskommen durfte. Der Kompromiß vertagte den Kampf zwischen Kaiser und Reich nur um eine weitere Galgenfrist – und gewonnen hatte niemand. In der Praxis von Reichsgesetzgebung, Landfriede und Neuordnung des obersten Reichsgerichts zeigte sich dieser Mangel sehr bald: Kaiserliche und ständische Ordnungen lähmten sich, statt sich gegenseitig zu fördern. Die Lähmung erfaßte das gesamte Reich und hielt dieses auch künftig in einem improvisierten Zwitterzustand von Hilflosigkeit und seltsamer Selbsthilfe. Und noch ein paar Jahre später sollte sich zeigen, daß selbst die Waffen keine Einheit mehr gewährleisten konnten. Gerade sie nicht. Denn inzwischen war bereits die ganze Religion gespalten, und viele Stände sahen sich außerstande, einem katholischen Kaiser ihre protestantischen Truppen zur Verfügung zu stellen.

Begonnen hat diese Spaltung des Reiches und seiner Macht in zwei Großgruppen, die sich bald »Konfessionen« nennen würden, eben in Worms. Denn der Reichstag wartete noch mit einem anderen Problem als der Reichsreform auf den eiligen Kaiser. Dieser, ohnedies mit seinen Gedanken in Spanien, war alles andere als erfreut über diese neuerliche Verzögerung seiner Heimreise. Karl V. sollte neben seinen vielen anderen Beschwernissen ausgerechnet noch den Fall eines kleinen Mönches aus dem hintersten Sachsen behandeln und sich in ein endloses Gelehrtengezänk hineinziehen lassen?

Karl V. wehrt sich. Argumente für seine Weigerung boten sich zuhauf. Hatte doch bereits der Papst selbst gesprochen, dessen Bann eine Tatsache war, an der es nichts mehr zu deuteln gab. Was also mußte noch besprochen werden? Der eine Glaube, das eine Gesetz, der eine Kaiser sprachen doch ein und dieselbe Sprache.

Einige einflußreiche Deutsche waren nicht dieser Meinung. So klar war der gesamte Vorgang nicht. Viele von ihnen waren schon aufgrund der vorangegangenen Ereignisse auf dem Reichstag zu aufgebracht, als daß sie sich hätten von diesem Kaiser beschwichtigen lassen. Bei ihnen verfing die Berufung auf die Tradition nicht mehr. Es ging ihnen um das Prinzip. Der ungeduldige Kaiser würde sich noch die Zeit nehmen müssen, um seine Karten neu zu mischen und dann auszuspielen. So schnell gab Deutschland nicht auf.

Karl V. bekam die Mißstimmung zu spüren. Es war zu dumm, daß er sich noch nicht einmal auf die eigenen Wähler verlassen konnte. Einer von ihnen zum Beispiel, Friedrich von Sachsen, gab sich besonders neutral und entgegenkommend, bot auch jede Hilfe an – und tat dennoch so gut wie nichts. Dabei wäre so vieles auf ihn angekommen. War nicht in seinem Land die neue Ketzerei aufgeblüht? Jetzt aber wagte es dieser Sachse, geflissentlich darüber hinwegzusehen, daß sein Professor bereits offiziell gebannt war. Und noch mehr: Friedrich schien nicht bemerkt zu haben, daß Luther seinerseits die Feldzeichen der päpstlichen Gewalt in aller Öffentlichkeit geschändet hatte. Spürte der Kurfürst denn nicht, daß es nach allen Regeln des Reichsrechtes keiner weiteren Diskussion mehr bedurfte? Dem Bannspruch des römischen Papstes mußte die Ächtung durch den Kaiser doch auf dem Fuße folgen, ohne jede weitere Anhörung zumal, sollte auch nur ein wenig die Etikette befolgt werden.

Aber Friedrich drückte sich. Und als sei es damit noch nicht genug, er fand sogar Anhänger. Eine Mehrheit der Stände forderte immer lauter ein Verhör des Ketzers durch den Kaiser, und andere Stimmen favorisierten – ganz im Sinn des vornehm argumentierenden Erasmus – eine förmliche Schiedsgerichtsbarkeit, um die »Tragödie Luthers« aus der Welt zu schaffen.

Der Kaiser konnte sich nur wundern. Da gab es doch wirklich einige Leute, die sich darauf geeinigt zu haben schienen, Rom einmal Rom sein zu lassen und fürs erste die päpstliche Oberhoheit in Lehrstreitigkeiten schlichtweg zu vergessen. Luthers Sache galt ihnen offensichtlich als Gelehrtenstreit, und niemand konnte sie von dieser Meinung abbringen.

Nicht weniger verblüfft zeigte sich der Kaiser, als seine Räte ihre eigene Lösung vortrugen. Einige von ihnen hatten nämlich eine Chance gewittert, daß unter diesen deutschen Umständen die kaiserliche Majestät den Papst übergehen und selbst nach dem Rechten sehen dürfe. Das hörte sich nicht schlecht an. Zugleich konnte auch eine Art Glaubensdiplomatie gegenüber dem Kurfürsten von Sachsen und dessen Sympathisanten geübt werden, derer es von Tag zu Tag mehr zu werden schien.

Die kaiserliche Partei ist plötzlich recht bestimmt: Luthers Sache muß vom Kaiser behandelt werden. Deutschland soll seinen Willen bekommen. Allerdings durften nicht die Stände das Verhör durchführen, sondern allein der Herrscher. Nicht einmal der sächsische Kurfürst, geschweige denn die übrigen Stände hatten, so die Räte des Kaisers, eine verfassungsrechtliche Mitwirkung in solcher Angelegenheit zu beanspruchen. Allein der Kaiser nimmt sein Recht wahr. Er sorgt für den rechten Glauben. Der Papst, der auch mitsorgen müßte, ist weit vom Schuß. Ihn kann der Kaiser, wer weiß, gar mit dieser leidigen Sache ein wenig zu erpressen versuchen. Muß Karl V. nicht ohnedies noch nach Rom fahren? Steht nicht noch seine Krönung durch den Papst aus? Soll dieser aber mitspielen, so darf der Hof ihn nicht völlig vergrämen. Andererseits kann Leo X. doch mit Luther etwas unter Druck gesetzt werden ...

In Worms gehen die Meinungen hin und her. Was aber wirklich zu tun ist, weiß zur Stunde noch niemand. Zwar werden alle Winkel der Renaissance-Diplomatie abgesucht, doch findet sich keine durchschlagend simple Lösung. Alles bleibt so halbgar wie die übrigen Lösungen, die in dieser Stadt gefunden werden: Der Kaiser selbst hat in Worms noch nicht einmal ein eigenes Zimmer für sich allein. Auch er muß sich mit einer Halbheit begnügen: Sein Erzieher schläft im selben Raum. Und der päpstliche Nuntius, der sich für die ausschlaggebende Persönlichkeit des gesamten Treffens hielt, hatte erst nach langem Suchen und vielen Zurückweisungen eine ungeheizte und schmutzige Dachkammer als Bleibe gefunden.

Dennoch herrschte die offizielle Etikette gewaltig, und im Dom stritt sich alles um die besten Plätze. Später ging es dann um die besten Informationen, denn die Stadt war voll von Gerüchten. Trotz aller offiziellen Verbote fanden sich immer wieder Flugblätter, die Neues zu vermelden hatten. Sogar die Schriften des Ketzers lagen griffbereit, so daß sich bedienen konnte, wer wollte. Einige Spanier, Verfechter des wahrsten Glaubens dieser Welt, griffen zwar zu und zerfetzten einige dieser häretischen Heftchen. Doch blieben sie nicht ungestraft, denn auch die Martinianer führten eine gute Klinge.

Worms war in wilder Erregung. Immer wieder wurden die Karten neu gemischt, und immer wieder warf irgend jemand das Spiel von neuem hin: »Gott acht die konige, wie ein kartenspil die kinder achten. Weil sie spielen, haben sie sie in iren henden, darnach werffens in ein winckel, unter die banck oder ins kerich ...« meinte Luther, Anlaß allen Zwistes, später einmal.

Doch ging das Wormser Spiel weiter, obgleich weder der Kaiser noch Martin, noch die Römer wollten. Schließlich setzten sich nämlich jene Leute aus dem Hintergrund durch, die »Martino Gutes gönnten« und zugleich der römischen Kurie übel wollten.

Nuntius Aleander, fälschlicherweise – auch von Luther – als Jude bezeichnet und damit diskriminiert, hatte zwar kurz zuvor sein Bestes getan, um die ganze Angelegenheit noch einmal herunterzuspielen und als bereits erledigt auszugeben. Der Ketzer und Rebell in Worms, unter dem Angesicht der kaiserlichen Majestät, das war nun doch zu viel. Eine Vorladung hätte Luthers Sache aufgewertet, hätte den Häretiker geradezu zu einem Gleichberechtigten gemacht, obschon er doch, immer wieder seis gesagt, überführt und verdammt war. Aber der Römer war unterlegen.

Schließlich schickte die Obrigkeit wirklich nach dem Verworfenen, teilte ihm auch in aller Etikette, wenn auch ohne Aussicht auf Erfolg, die Forderung nach dem Widerruf mit, und stellte gar ein Geleit in Aussicht, das den Aufrührer in des Kaisers Namen schützen sollte. Wenn dies keine halbe Lösung war! Eigentlich konnte es keiner Partei ganz wohl gewesen sein bei dem Gedanken, Luther gehe wirklich auf die Vorladung ein und trete vor der Majestät auf, ohne ein deutliches REVOCO zu sprechen. Denn eine neuerliche Verweigerung des Widerrufs beinhaltete zum einen eine Kränkung des Kaisers, daran gab es wenig Zweifel, und stützte andererseits die Sache selbst, was ebenso einsichtig war. Die Angelegenheit war und blieb verfahren.

Das Geleit aber war zugesagt. Luther holt noch im Jahre 1532 bei Tisch das Originaldokument hervor und buchstabiert es seinen Zuhörern. Der Kaiser selbst hat es an den »Ersamen unnsern lieben andechtigen D. M. Luther Augustiner ordens« geschickt und mit dicken Lettern unterschrieben. Luther ist auf die Anrede stolz, denn da wird er, der Gebannte, »ersam« und »lieb« und »andächtig« genannt. Das war mehr als Etikette, meint er, denn auch sein Gegner Georg von Sachsen hat ihm einen Geleitbrief zugestanden, »dieweil dann derselb Lutter seinen wege zum thail durch unser furstenthumb Lande und gepiette Nemen wirdet«. Nur die höfliche Anrede hat der Herzog dem Gebannten verweigert. Das wurmt den Wittenberger Professor noch nach Jahren.

Wie dem auch gewesen sein mag, der romkritisch eingestellte Reichsherold Kaspar Sturm wird auf den Weg geschickt, um den Herrn Doktor abzuholen. Die Päpstlichen und viele von den Kaiserlichen konnten nur noch hoffen, der Ketzer werde es erst gar nicht wagen, dieser Vorladung Folge zu leisten.

Der Betroffene selbst hatte, wie es seine Art war, unterdessen in aller Wittenberger Ruhe abgewartet, welches Ende das Intrigenstück zu Worms nehmen würde. Die Wartezeit fiel ihm nicht lang. Es gab immer wieder etwas zu schreiben.

Er mußte seine Ämter zu Wittenberg versehen, als sei nichts geschehen. Er hatte sich zwar inzwischen, nicht zuletzt infolge des römischen Bannspruchs, von seinen Ordensverpflichtungen befreit geglaubt (was kirchenrechtlich nicht ganz exakt war), und er nahm daher am »Eselsgeschäft« des Horensingens nicht mehr teil, doch wohnte er noch immer im Kloster, predigte und hielt seine Vorlesungen ab, ohne das Wittenberger Stadtgespräch jener Tage zu berühren.

Erst am Dienstag nach Ostern, dem 2. April 1521, bestieg er zusammen mit zwei Reisegefährten ein kleines Rollwägelchen, das ihm der Magistrat der Stadt mit drei Pferden und einem Zehrgeld zur Verfügung gestellt hatte. Die Universität hatte ihrem Mitglied »20 fl. in peutl« mit auf die lange Reise nach Worms gegeben, die über Leipzig, Naumburg und Weimar führte.

Dann aber geschah Seltsames. Luther berichtet im Sommer 1540 über die Ereignisse dieser Tage: »Wie wir nun miteinander nach Worms kamen, da ich von hertzog Johanßen geld bequam zur zerung, so kumbt das geschrei, das Doctor Martinus zu Wurmbs schon verdambt sei mit seinen buchern; und das war also. Dazu kamen mir keiserliche boten unter augen, die das keiserliche mandat in allen stedten anschlagen sollten, das Doctor Martin Luther vom keiser verdambt were.«

Es war offensichtlich, daß das kaiserliche Mandat zur Einziehung und Verbrennung der Schriften des Ketzers aufforderte, während diesem selber das Geleit in eine ungewisser werdende Zukunft zugesichert wurde. Luther jedoch blieb gelassen, führte dieses Doppelspiel auf die Machenschaften des Mainzer Kardinals zurück, der »das redlein trieb«, und setzte seine Reise fort. Er wollte Albrecht von Brandenburg den Gefallen nicht tun »und furchten, man mocht ihn verbrennen, und nicht auff den reichstag kommen«.

Gewarnt war er gleichwohl. Das Beispiel des Jan Hus blieb gegenwärtig. Luther wußte auch nie so recht, wie weit in Worms selbst der Schutz des eigenen Kurfürsten reichen und anhalten würde. Grund, sich zu fürchten, gab es also schon.

Aber es fand sich auch Anlaß zur Freude. Das kleine Wägelchen trug nämlich einen Sieger. Der Reichsherold berichtete nach Worms, daß »überall, wo er durchkomme, alle Welt, alt und jung, Knaben und Mädchen, ohne daß er es verhindern könne, dem Doktor Luther entgegenströme«. Die Fahrt schien zu einem Triumphzug werden zu wollen, wenn auch die mahnenden Stimmen nie aussetzten. Luther, nach Art seiner eigenen Lehre froh und frei, nahm diese Mahnungen in sich auf, erwog sie auch – und war doch der Ansicht, er müsse die Wahrheit sagen, selbst wenn es ihn »zwanzig Hälse koste«.

Es ist nicht unwichtig, auf diese doppelte Schichtung der Gemütslage dieses Mannes zu dieser Zeit hinzuweisen: Angst und Trotz finden sich zugleich. Furcht und Freude, Zuversicht und Schmerz lassen sich nicht ganz voneinander trennen. Auch meldet sich gerade in jenen Tagen eine nicht näher auszumachende Krankheit, die Martin noch ein halbes Jahr lang belästigen wird.

Eitel Freude herrscht also nicht. Aber eben auch nicht die nackte Angst. Luther kommt am 14. April in Frankfurt an und schreibt noch am selben Abend an Spalatin, er werde nach Worms kommen »allen Pforten der Hölle und allen Gewalten der Luft zum Trotz«. Tags darauf rückt er wirklich wieder weiter vor: »Ich wil hinein, wenn alle Teufel drin weren!«

Die Widersacher aber sind, so vermeldet Aleander, »wie vom Donner gerührt«, als sie in der Stadt des Reichstags hören, Luther komme nun doch, und im Triumph. Der Nuntius ist außer sich, läuft hin und her und versucht, beim Kaiser zu erreichen, daß der »Schurke« doch wenigstens ohne alles Aufsehen in die Stadt gebracht und ebenso heimlich untergebracht werde, um alle Aufregung beim gemeinen Mann zu vermeiden.

Luther selbst ist inzwischen wiederum von verschiedenen Seiten dazu gedrängt worden, doch noch umzudrehen und sich nicht so blind auf des Kaisers Geleit zu verlassen. Auch Friedrich von Sachsen ist unsicher geworden. Er hält neuerdings die ganze Angelegenheit für »übel« und Martin bereits für verurteilt. Doch läßt sich dieser nicht mehr aufhalten.

Gegen 10 Uhr morgens, am 16. April 1521, einem Dienstag, der noch durch den kaiserlichen Schutzbrief abgedeckt ist, zieht der Ketzer dann auch wirklich in die Stadt ein, auf seinem Wägelchen, von vielen Reitern, meist sächsischen Edeln, begleitet. Die Wormser hatten etwas zu schauen, und selbst »die gräulichen Späher« des Herrn Nuntius ließen sich die Gelegenheit nicht nehmen, solch »sittenlosen Dämon«, wenn auch verstohlen und heimlich, zu besichtigen.

Luther vor dem Reichstag

Nun, der böse Geist aus Wittenberg kam fürs erste in einem Gasthof unter. Dort wünschte ihn nach dem Essen alle Welt zu sehen, zu sprechen, zumindest anzufassen, als sei er ein wertvolles Ausstellungsstück oder gar eine Reliquie. Nicht so der Nuntius Aleander, früher Professor in Paris, der nur noch über »die Trunkenheit, der Luther sehr ergeben ist, und viele andere Handlungen der Roheit in Blicken, Worten, Werken, Mienen und Gang« sowie über die ungeschickten kaiserlichen Räte und das Verhalten des zögerlichen Kursachsen Friedrich lamentieren konnte: Sie hatten doch allesamt dazu beigetragen, daß ein leibhaftiger Häretiker nunmehr vor aller Augen hofhalten konnte, einem Kaiser und dem Stellvertreter des Papstes mitten ins Gesicht hinein: »Bilder Luthers, die neulich hier feilgeboten wurden, waren im Nu abgesetzt, so daß ich keins mehr bekommen konnte.«

Aleander hatte so unrecht nicht. Denn die ein Auftreten Luthers vor dem Reichstag und damit vor Karl V. selbst empfahlen, waren jetzt die kaiserlichen Ratgeber – und nicht etwa Martin selber. Auch der Kurfürst zögerte. Friedrich beschränkte sich darauf, zur Demut und Ergebenheit zu mahnen, für alle Fälle Rechtsbeistand zu avisieren und Luther vor allem davon abzuraten, als ein »neuer Elias« mit Feuer und Lärm aufzutreten. Mehr war von ihm nicht zu erhoffen. Martin fand sich unterdessen ohne weitere Hilfe zurecht.

Und bald ist er gefragt: Am 17. April, noch vor 10 Uhr morgens, teilt der Reichsmarschall Ulrich von Pappenheim dem Wittenberger Professor mit, er habe sich – gegen 16 Uhr – vor Kaiser und Reich einzufinden.

Der päpstliche Nuntius hatte damit vor aller Welt eine folgenschwere Niederlage erlitten, und, was noch schlimmer war, die kirchlich-politischen Grundvorstellungen der Epoche, nach denen das geistliche Recht geradezu unlösbar mit dem weltlich-kaiserlichen verknüpft war, waren vom Kaiser selbst verletzt worden. Die Mauer Roms hatte eine Lücke bekommen, die sich nicht wieder schließen lassen würde.

Von daher gesehen, war Dr. Martin Luther bereits als Sieger anzusehen. Seine Doktrin hatte ihre Richtigkeit erwiesen, wenn auch fast noch niemand, der Kaiser am allerwenigsten, von diesem Triumph wußte. Luther bereitete sich inzwischen vor, seine große Stunde zu erleben: Noch schnell wird eine besonders auffällige Tonsur geschoren, so daß vom krausen dunklen Haar Martins nur ein kleiner Kranz um den Kopf stehenbleibt, eine gut erinnerte und fast heiter stimmende Episode am Rande der Etikette.

Zur festgelegten Zeit führen der Reichsherold und der Reichsmarschall den überführten Häretiker »Augustiner ordens« auf Umwegen – die Hauptstraßen waren dicht gedrängt von Schaulustigen – »gleichsam wie einen Dieb« zur höfischen Pfalz, wo die Erkundigung stattfinden soll. Dort muß er, zur Abkühlung des Gemüts wohl und auch aus Rücksicht auf seinen Rang, zwei volle Stunden stehen und warten. Erst gegen 18 Uhr wird er in die niedrige Hofstube gerufen, wo sich der Reichstag versammelt hat. Einige Gönner bahnen ihm den Weg. Alles ist gespannt. Endlich ist der zu sehen, von dem das ganze Reich gehört hat.

Wie hat Martin Luther denn ausgesehen? Ganz genau wissen wir dies nicht. Zwar ist ein Porträt überliefert, das viele kennen: etwas süßlich, ein volles Gesicht, braunes Haar und kleine, sanfte Augen. Doch handelt es sich dabei nicht um ein Original, sondern um eine ideale und typisierte Zusammenschau aus einigen anderen Bildern, auf denen ihn sogar seine eigenen Freunde kaum erkannt hätten. Luther selbst hat sich, soweit bekannt, nur von Lukas Cranach malen lassen. Doch war dieser kein ganz großer Künstler, eher ein Unternehmertyp, der seine Werkstatt zu einer Art Manufaktur erweitert und – als ein gewissen Rücksichten unterworfener Hofmaler – die Kunst als eine Sache der Arbeitsteilung aufzufassen begonnen hatte. Von einem erstrangigen Maler der Zeit, von Dürer oder Holbein, existiert kein Porträt Luthers.

Aussagen über Martins Aussehen sind also auf bloße Näherungswerte angewiesen. Doch erlauben auch diese eine gewisse Wirklichkeitsnähe, wenn auch nicht eine absolut sichere, photographische Aussage. Luther erscheint etwa auf Cranachs ältestem Porträt als ein magerer, hohlwangiger Mönch mit hervorstehenden Backenknochen, gleichsam ausgemergelt durch Krankheit, Askese und inneren Kampf. Aber schon bald wird sich diese äußere Erscheinung ändern.

Bereits in Worms war Luther voller geworden, ja er neigte schon zur späteren pyknischen Fülle, zeigte Ansätze von Doppelkinn und Bauch, war »von ziemlicher Feiste«. Noch ein paar Jahre später wird das Gesicht des etwa mittelgroßen, stämmigen Mannes immer rundlicher, ganz zuletzt fast kugelrund, groß und voll. Der Hals geht schließlich beinahe vollständig verloren, während die breiten Schultern, der weite Brustkorb, die kurzen und kräftigen Gliedmaßen, die flächigen Hände, die dicken Finger und das volle Lockenhaar auffallen. Martins Stirn ist niedrig, breit gewölbt. Er hat hervorspringende Augenbrauen, die Augenwülste werden von einer Warze über dem rechten Auge noch unterstrichen, und über der fleischigen Nase kann die charakteristische senkrechte Zornesfalte stehen. Seine Augen selbst, die den Zeitgenossen besonders aufgefallen sind, springen etwas hervor, sind klein und braun: »Die dunklen Augen blinzelten und zitzerlten wie ein Stern, also daß sie nicht wohl können angesehen werden«, meint ein Beobachter, und Melanchthon nennt sie »hellblikkend, katzenhaft«. Luthers Gesichtsfarbe wird als »gesund und lebhaft« angegeben, die Körperhaltung gilt als stramm und trotzig-bewußt, der Gang ist »aufrecht, mehr nach hinten als nach vorne sich neigend, das Gesicht gen Himmel aufgehoben«. Ein stattlicher Mann.

Dieser Luther schreitet durch die Reihen der Gaffenden. Er hält, so wird berichtet, die Augen keineswegs mehr wie zu seiner mönchischen Zeit tief gesenkt, sondern blickt fest auf seine Richter. Den anwesenden Spaniern mochte gerade diese Keckheit gar nicht gefallen, denn die Hofetikette schrieb andere Haltungen vor, zumal bei einem Nichts wie bei diesem Professorenmönchlein, das allenfalls reden und schreiben, nicht aber eine Waffe führen konnte. Auch der zarte Jüngling, der da – als Kaiser – vor Martin auf dem Thron saß, erschien von diesem Auftreten des Rebellen nicht begeistert. Demut hätte einem Luther besser angestanden, denn Karl V. war bereits Ergebenheit gewohnt, und dies von ganz anderen Herren.

Doch ging die Angelegenheit ihren Lauf. Ein bischöflicher Beamter aus Trier, Dr. Johann von Ecken, stellte sofort auf Latein, dann erst auf Deutsch die entscheidenden Fragen, auf die nach Meinung der Altgläubigen eine klare Antwort erwartet werden konnte: Anerkennung der vorgelegten Schriften – und Widerruf derselben. Mehr gab es nicht zu fragen und nicht zu antworten. Martin zögerte nicht, sprach zur Verwunderung vieler zunächst Deutsch, erkannte die kleine Handbibliothek an, die Aleander mit einiger Mühe hatte zusammenstellen lassen, und bat zugleich, in Sachen Widerruf, um Aufschub, zumal die Arbeit einer langen Lebensspanne nicht so mir nichts dir nichts abgestritten werden könne.

Das war nicht unbillig. Auch der Kaiser, der kein Wort verstanden hatte, sondern sich Satz um Satz hatte übersetzen lassen müssen, zeigte sich »aus angeborener Güte der Majestät« nicht abgeneigt, der Bitte zu entsprechen. Als es dann aber um die Länge der Bedenkfrist ging, machten vor allem die »roten Hütlein«, die Kardinalspartei unter den Ständen, geltend, ein Tag reiche durchaus hin. Luther wisse nämlich schon seit langem, worum es in Worms gehe und was von ihm zu erbringen sei, das REVOCO und sonst gar nichts. Im übrigen habe bereits die kaiserliche Zitation von einem Widerruf gesprochen, also . . .

Ob sich die Vorladung allerdings derart dezidiert ausgedrückt hatte, blieb zweifelhaft. Luther war nicht dieser Meinung, doch konnte er nichts mehr erwidern, denn der Kaiser winkte ungeduldig ab, und der Verhörte wurde wieder in sein Domizil zurückgeführt.

Dort ärgerte sich Luther. Nun sollte ihm nicht einmal erlaubt sein, in einer derart wichtigen Angelegenheit, wo es auf Details ankam, seine Antwort auf die Vorhaltungen der Römer schriftlich abzustimmen und niederzulegen. Die Rede mußte vielmehr frei formuliert werden. Damit konnte sie aber steten Anlaß bieten, daß sich die Gegner an der einen oder anderen momentanen Formulierung stießen. Auch war der aufbrausende Augenblickszorn dieses Mannes inzwischen so gut bekannt, daß die Widersacher nicht ohne Grund darauf bauten, Luther werde sich vergessen und in sein eigenes Grab reden. Guter Rat war also teuer. Selbst Spalatin wußte nicht mehr weiter. Außer einer weiteren Beratung in Formfragen konnte der Hofkaplan nichts beitragen: Etikette ja, Theologie nein. Martin blieb mit seinem Problem allein. Ein Blatt, das erhalten ist, hat den Entwurf jener Antwort überliefert, die er sich in diesen Nachtstunden der Einsamkeit zu Worms notiert hat.

Am 18. April wird er dann gegen 16 Uhr wieder in die Pfalz geführt. Die Menge der Zuschauer ist noch angewachsen, weil selbst jene Mitglieder des Reichstages, die tags zuvor keinen Platz mehr in der engen Hofstube gefunden hatten, kein Wörtchen mehr versäumen wollten. Manche von ihnen standen sogar schon seit dem Vormittag an, um schließlich noch ein Plätzchen zu ergattern. Der Kampf war hart. Alles drängte hin und her. Verspätungen taten ein Übriges: Erst gegen 18 Uhr wurde der kaiserliche Sessel durch die Menge getragen, und kurz danach gaben sich die hohen und höchsten Herrn die Ehre. Viele von ihnen hatten damit gerechnet, ihr Rang hätte ihnen einen Sitzplatz freigehalten, doch auch sie sahen sich zu guter Letzt in allerlei Winkel gedrängt. Luther kam übrigens in diesem Gewühl mitten unter die Fürsten zu stehen, wo er nun wirklich nicht hingehörte.

Auf die Standardfrage nach Anerkennung und Widerruf antwortete er schließlich ausweichend: Seine ihm vorgelegten Schriften, die er anerkennen wolle, falls nichts darin »geändert« oder gar in Arglist »getilgt« sei, bestünden aus drei unterschiedlichen Sachgruppen, deren erste zur Erbauung geschrieben worden sei und schon deshalb keinen Widerruf dogmatischer Art erforderlich mache, deren zweite in gut deutscher Art aber gegen die römisch-welsche Tyrannei sich richte, das jedoch nicht ganz ohne Grund, und deren dritte endlich gegen einzelne Privatpersonen gehe, die sich – wider besseres Wissen vieler – zu Verteidigern eben dieser antichristlichen Praktiken aufgeschwungen hätten. Niemand werde nun aber annehmen, daß in den Fällen zwei und drei ein Widerruf erfolge, sonst fühlten sich gar die kurialen Tyrannen ihrer Leugnung des Gotteswortes noch sicherer als schon bisher, da noch niemand ihnen in aller Öffentlichkeit gewehrt habe. Allerdings bewege auch ihn, Martin Luther, nach wie vor die Frage, ob allein er im Besitze der Wahrheit, alle hochberühmten Gelehrten jedoch im Irrtum befangen seien. Daher sei er durchaus bereit, »sich weisen zu lassen«, denn so stehe es dem Christen an. Auch Christus habe einst vor dem Hohenpriester ähnlich argumentiert.

Luther ist »ohne Hörner und Zähne« da, wohin er wollte. Er fordert Kaiser, Fürsten und überhaupt jedermann direkt auf, ihn aus der Schrift zu widerlegen und durch Beweise des Irrtums zu überführen. Gelingt dies, so will er keinen Moment zögern, solchen Irrtum zu widerrufen. Auch wird er dann als erster die falschen Bücher ins Feuer werfen. Aber ohne einen solchen Beweis kann er beim besten Willen nicht an einen Widerruf denken. Vielmehr gilt es in dieser Stunde, Standfestigkeit zu beweisen, zumal auf seiten derer, die – wie er – ganz Deutschland einen Dienst zu erweisen haben. Und auch vom Kampf müßte nunmehr die Rede sein, meint er, denn Christus sei, wie bekannt, nicht gekommen, den Frieden zu bringen, sondern das Schwert.

Der Reichstag hörte sich diese abweichende Orthodoxie an und wußte künftig Bescheid. Die roten Hütlein, denen bereits vor diesem Auftritt alles klar gewesen war, drängten nun erst recht auf ein Ende, doch setzten sie sich ein weiteres Mal nicht durch. Denn noch immer zögerten viele, ließen über den offiziellen Befrager ein zweites Mal um Erläuterung bitten und nochmals ein etwas klareres Nein oder Ja fordern: »Keine Disputation über Glaubensartikel, die du unbedingt zu glauben verpflichtet bist, kannst du erwarten. Antworte vielmehr offen und unzweideutig, ohne Hintergedanken, ehrlich, ob du widerrufst oder nicht!«

Martin Luther antwortet in seiner Offenheit, indem er, ohne alle Hintergedanken, seine Prinzipien wiederholt: Beweis, Beweis, Beweis, Schrift, Schrift, Schrift. Anders kann er einfach nicht. Gott, der hinter allem vordergründigen Geschehen eigentlich Tätige, würde schon zusehen. Luther, Verkünder der Wahrheit dieses Gottes, hatte seine Predigt zu Worms hinter sich gebracht. Daher hieß der gewohnte Predigtschluß auch in diesem Falle ganz schlicht: Amen. Mehr hat erst die Legende aus diesem Wormser Diktum gemacht, nicht aber Luther selbst. Ihm genügte das Übliche, das Amen.

Auch den Ständen reichte diese Antwort. Hitze und Gedränge im Saal waren ohnedies so groß, daß alles zum Aufbruch trieb. Zwar wollte Dr. von Ecken noch einmal nachhaken und den Ketzer in aller Form auf die Irrtumsmöglichkeit des eigenen Gewissens aufmerksam machen, doch der Kaiser hatte abermals genug. Karl winkte dem Herold und forderte das Abführen. Einige Edle verstanden diesen kaiserlichen Wink als förmlichen Befehl zu Luthers Gefangennahme, murrten, schrien auf und scharrten mit den Füßen. Martin selbst hatte richtig verstanden: Das Geleit ging zurück zum Gasthof, nicht in das Gefängnis.

Unterwegs zeigten ihm viele ihre Freude über den Nicht-Widerruf, einige waren jedoch nüchterner, deuteten das Geschehen als Vorspiel zum Scheiterhaufen – und waren der Wahrheit damit näher. Luther selbst freute sich so oder so seines »Ich bin hindurch«, auch dies ein Eindruck ganz nahe an der Wirklichkeit.

Das Credo des Kaisers

Am nächsten Morgen handelte dann die andere Seite. Der junge Kaiser, für den es keinen Zweifel mehr gab, ergriff Partei und trug den wichtigsten Fürsten des Reiches sein eigenes »Wormser Credo« vor: Die Verpflichtung nämlich auf den Amtseid, den wahren Glauben – und nur diesen – um alles in der Welt zu schützen, die Einheit zu garantieren (und sei es im Kampf) und daher einen solchen Ketzer nicht mehr weiter zu dulden. Das klang gut, wenn auch ein wenig wirklichkeitsfern.

Karl V. hatte aber seine ureigenste Wahrheit ausgesprochen. Sein Credo, in französischer Sprache verfaßt und niedergeschrieben, stellt die erste höchstpersönliche Willenskundgebung in einer politischen Angelegenheit dar, die wir von ihm besitzen. Plötzlich ist der blasse Junge über sich hinausgewachsen. Nun ist er Kaiser, und seine Umgebung tritt hinter sein eigenes Wollen zurück. Karl ist betroffen, er und seine katholischen Ahnen, an die er erinnert. Er ist selbst gefordert. Sein Amt verlangt von ihm jene Standfestigkeit, von der noch tags zuvor der Ketzer gesprochen hat. Der Kaiser läßt sich an Entschiedenheit und Glaubensstärke nicht von einem Häretiker übertreffen. Seine Erziehung, seine Tradition, seine Etikette verlangen von ihm jene Ehrlichkeit, die Martin bereits bewiesen hatte. Ja, auch der Kaiser ist bewegt, auch er hat ein Gewissen zu verteidigen, auch er darf sich auf die Irrtumslosigkeit - des Papstes und der Konzilien, versteht sich - berufen, auch ihm steht ein persönliches Bekenntnis zu. Der Souverän, welcher ein tausendjähriges Vermächtnis zu verteidigen hat, der Kaiser, der sich auf eine altehrwürdige Tradition stützen muß, hat das Recht auf seinen ererbten Glauben. Was genau dieser beinhalte, sagte Karl V. jedoch nicht. So ist auch bei ihm wie in den Wormser Verhandlungen kein Bemühen um dogmatisch klar formulierte Aussagen zu finden. Hauptsache bleibt die undifferenzierte Abgrenzung vom Ketzer Luther. Das kaiserliche Credo scheidet die Welt Karls V. von der Luthers. Dem Abweichler steht allenfalls noch das freie Geleit zurück nach Wittenberg zu. Mehr nicht. Karl V. wird seine ganze Regierungszeit hindurch nicht mehr an diesem Grundsatz rütteln lassen. Ein Herrscher hat gesprochen, und die Abgrenzung ist perfekt.

Die Kurfürsten, welche um eine Stellungnahme zu diesem Bekenntnis gebeten wurden, waren weniger sicher. Zwar stimmten die roten Hüte, wie erwartet, freudig zu, doch blieb nicht nur Friedrich von Sachsen reserviert. Worms hatte die Spaltung offener denn je gezeigt, und der Zwist würde sich ausdehnen. Schon in der ersten Nacht tauchten Plakate auf, wider Luther, der doch gar nichts Neues gefunden habe, das eine; ein anderes, politisch wirksameres, sprach dagegen von mannhaftem Schutz für diesen Gerechten, nannte gar den Bundschuh und beschimpfte den Drahtzieher Albrecht von Mainz, dessen Kreditwürdigkeit in der Zwischenzeit offensichtlich noch mehr gelitten hatte.

Der rote Hut bekam es mit der Angst zu tun - und ließ um ein neues, detaillierteres Verhör des Gebannten bitten. Der Kaiser glaubte, nicht richtig zu hören, lehnte zunächst strikt ab - und sprach dann doch noch einmal von der Möglichkeit, Luther durch die Stände widerlegen zu lassen. Was jedoch ihn selbst betreffe, so wolle er den Ketzer nicht mehr sehen. Wozu auch? Sein Credo blieb standhaft.

Der Reichstag zeigte sich weniger stabil und rang dem jungen Herrscher eine Kommission ab, die zwar keine offiziellen Vertreter des Kaisers oder des Papstes sehen sollte, aber doch, um der Optik willen, Luther die geforderten Beweise nachreichen durfte. Doch wurde dieser Ad-hoc-Ausschuß mehrheitlich mit Luther-Gegnern besetzt: Georg von Sachsen, der Kurfürst von Brandenburg und der Trierer Erzbischof zählten dazu.

Sachsens Kurfürst hatte sich übrigens nicht in eine solche Kommission gedrängt. Er ließ Martin vielmehr mitteilen, besser als alle Politik sei Gottvertrauen. Mit dem Kaiser sich anzulegen, diesen »auf sich zu laden«, sei kaum angezeigt. Friedrich sprachs und zog sich zurück. Später würde er wieder hervortreten.

Luther wurde am 24. April vor die Kommission geladen, fast schon freundlich angehört und mit Zuckerbrot gelockt. Einen Widerruf gab es nicht. Aber auch keinen Gegenbeweis aus der Schrift, so daß eigentlich alles blieb, wie es immer gewesen war. Dennoch bemühten sich Dr. von Ecken, der Frankfurter Dechant Cochläus (»ein lauter Närrichen«) auf der einen Seite, Nikolaus von Amsdorf und der kursächsische Rat Dr. Schurff auf der anderen, im vertrauten Gespräch einen Kompromiß auszuhandeln. Erfolg hatten sie nicht. Nicht einmal die Vertreter jener jüngeren Generation, die auf die Konzilien setzten und Luthers Papstfeindlichkeit nur zu gut verstanden, konnten einen Mann überreden, der inzwischen zwar den Jan Hus verteidigte, nicht aber die Irrtumslosigkeit des Konzils zu Konstanz, das den Böhmen verbrannt hatte.

Auch ein anderer, von Aleander und Cochläus gebilligter Kompromiß, der Luthers Wahrheiten unter den Teppich gekehrt hätte, indem er mit Frieden und einem ruhigen und sicheren Wohnsitz für den Ketzer winkte, redete nur an einem Überzeugten vorbei. Mit Konzessionen und Spielereien war bei Luther nichts auszurichten. Nach wie vor lautete die Wahrheit Martins, er könne »von dem wahren Wort Gottes nicht weichen«. Und dabei blieb es.

Die roten Hüte hatten sich zu früh gefreut. Unter diesen Umständen mußten sie wieder von vorne anfangen. Denn die Mehrzahl der Teilnehmer des Reichstages schien weniger denn je davon überzeugt, in dem wackeren Mann Luther einen ausgekochten Ketzer vor sich zu haben. Viele hatten zudem noch immer nicht die Hoffnungen des Anfangs aufgegeben, den sächsischen Gelehrten vor den eigenen Karren spannen zu können, um gegen Rom und die Welschen zu ziehen. Aus Wittenberg kam ja allem Anschein nach das richtige Wort. Das hatte Martins Auftritt bezeugt. Aus Wittenberg stammte auch die Passion, die beste aller Überzeugungen. Rom hingegen war müde und verbraucht. Deutschland war viel zuviel von dieser Kurie gewohnt, zu viel Politik und Diplomatie, dagegen zu wenig Theologie und fast gar keine Heilige Schrift. Warum also machten es einem die roten Hüte so schwer, warum hielten sie nicht still, warum dachten sie alle so verzweifelt wenig an die Interessen der Deutschen? Hier in Worms hätte sich doch eine klare Chance gezeigt, Luther anzuhängen und gegen all das »unnutz predigen« der Welschen aufzustehen, vom Zahlen in den römischen Opferstock gleich gar nicht erst zu reden! Derlei mußte doch reiflich überdacht werden.

Während solche Überlegungen umliefen, teilte Karl V. in aller

Form mit, Martin Luther könne noch für drei Wochen mit dem zugesagten Geleit rechnen. Dann sei die Schonfrist zu Ende, und der Glaube werde sich durchzusetzen wissen. Luther macht sich denn auch bald auf die Heimreise, unter dem Geleitschutz einiger Edler, jedenfalls sehr viel heimlicher als bei seinem Einzug in Worms. Und Friedrich von Sachsen schweigt zu alldem.

Luther weiß noch nicht genau, was er von dem ganzen Abenteuer in Worms zu halten hat. Doch die Ereignisse der letzten Tage lassen ihn zu einem ersten Urteil kommen, das er aus Frankfurt unter dem 27. April an Lukas Cranach schreibt: »Oh wir blinden Deutschen! Wie kindisch handeln wir und lassen uns so jämmerlich von den Romanisten äffen und narren!«

Das stimmte. Denn die Romanisten feiern wirklich noch ihren großen Tag zu Worms. Aleander darf ihn – nach so vielen bitteren Niederlagen – zur Neige auskosten. Der Kaiser bittet ihn nämlich darum, daß er ein förmliches Edikt entwerfe, das die Reichsacht gegen Martin Luther, den notorisch unbußfertigen Ketzer, mit sich bringt. Dieses Edikt, eine der Schicksalsurkunden des Reiches, wird dann auch bald vor dem Reichstag verlesen. Nur hatte sich dieser in der Zwischenzeit schon halb verlaufen. Einige Fürsten, unter ihnen Friedrich von Sachsen, dem der Boden zu heiß geworden war, hatten sich bereits davongemacht. Zurückgeblieben war ein harter Rest der Orthodoxie, darunter der Brandenburger Kurfürst. Dieser ließ das Edikt feierlich absegnen und verkünden.

Martin Luther wird darin mit groben Ausdrücken traktiert. Seine Lehre heißt man eine »stinkende Pfütze«, seine Predigt gilt als Anstiftung zu Rebellion, Totschlag und Räuberei. Die deutschen Obrigkeiten tun daher gut daran, den Frieden des Glaubens mit dem Frieden ihrer Territorien ineins zu setzen. Kurz: Wer diesen Luther, der zehnmal schlimmer ist, als es Jan Hus je gewesen ist, nicht fängt und ausliefert, wird selbst bedroht. Alle Schriften, selbst Holzschnitte und Bilder oder was es sonst noch an Lutherischem geben mochte, müssen konfisziert werden. Die »damnatio memoriae« ist vollkommen. Es heißt folgerichtig zum Schluß, »danach wisse sich männiglich zu richten«, denn nunmehr ist alles klar. Die überwiegende Mehrheit der Stände hatte die eigentliche Gefahr ja gar nicht in dem Wittenberger Mönch und erst recht nicht in dessen theologischer Auseinandersetzung mit dem ungeliebten Rom gesehen, sondern in der revolutionären Reaktion des gemeinen Mannes auf Maßnahmen der ständischen Vollzugsorgane gegen Luther. Dieser Gefahr war durch das Edikt begegnet worden: Gegen des Kaisers Majestät selbst würde sich kaum ein Bauer wenden.

Karl V. war zufrieden. Jetzt konnte er endlich weiterreisen und sich nach Wichtigerem umsehen. An den Grenzen des Reichs drohte eine ungleich größere Gefahr. Frankreichs Franz I. rückte heran. Wie gut, daß wenigstens die leidigen deutschen Angelegenheiten in Worms hatten geregelt werden können: Zum einen waren die Stände mit ihrem Vorschlag zum Reichsregiment nicht durchgedrungen, sondern Karl V. hatte seinen Vertreter, den Statthalter, selbst bestimmen können, und auch die Sache Luther war – so das Edikt – definitiv abgeschlossen. Der Kaiser konnte Deutschland also getrost sich selbst überlassen. Der Statthalter, Karls Bruder Ferdinand (»Wenn du werest in deiner tauff ersoffen, so wer dir am besten geschehen«, sagt Luther 1542 über ihn), würde schon nach dem Rechten sehen.

Der Herrscher täuschte sich. Denn an allen Ecken und Enden des soeben »befriedeten« Reiches lohte bereits wieder die alte Aufsässigkeit auf. Worms hatte keinen so guten Schlußpunkt gesetzt, wie Karl V. es angenommen hatte. Im Gegenteil. Martin Luther erzählt noch viel später von dem Murren, das sich bereits in den Tagen des Edikts erhoben hatte: »Etliche haben bisher noch gute Hoffnung zu diesem Kaiser Karl gehabt, aber wie sehr dies tyrannische Edict die Herzen vieler frommen, ehrlichen Leute von ihm abgeschreckt und abwendig gemacht hat, das kann nicht gedacht, viel weniger gesagt werden.«

Jedenfalls flatterten die Wormser Glaubenspapiere des Kaisers, abgegriffene Spielkarten, vom Tisch. Ein neuer Wind wehte, rauher als zuvor. Nur von Luther selbst war nichts mehr zu hören. War er schon gefangen, niedergemacht, verscharrt? Hatte ihn die Reichsacht doch erreicht? Flugschriften befaßten sich mit »Doktor Martin Luthers Passion« und suchten, sein Schicksal zu deuten. Daß mit allem gerechnet wurde, zeigt die Bezugnahme auf Girolamo Savonarola: In Wittenberg erschien 1521 dessen Lebensbeschreibung mit deutlichem Hinweis auf Unschuld und ungerechte Exkommunikation. Doch wo blieb der unschuldig gebannte Wittenberger? Warum meldete Luther sich nicht zu Wort? Das war doch ganz gegen seine Gewohnheit. Wo nur steckte er?

20.
Jetzt hat Gott uns das ganze Meer seines Wortes geschenkt

Luther auf der Wartburg

Martin befand sich bereits in Sicherheit. Friedrich von Sachsen hatte ihm schon in Worms, natürlich in aller Heimlichkeit, mitteilen lassen, es werde ihn irgendwer irgendwo unterwegs »eintun«. Die Räte des

Kurfürsten, welcher für seine Person weder etwas »gegen Gottes Wort tun« noch den »Herrn Kaiser« vergrämen wollte, hatten vorgesorgt, und Friedrich selbst konnte noch vor seiner eigenen Abreise aus Worms mit gutem Gewissen vor dem Reichstag erklären, ihm persönlich sei von einer Gefangennahme des Ketzers nichts bekannt. Sein Mann saß schon im trockenen.

Am Abend des 1. Mai 1521 war Luthers Wägelchen in Eisenach angekommen. Dorthin strömte viel Volk, den Berühmten zu sehen. Am folgenden Morgen sollte Martin – wie schon an anderen Orten – die Pfarrkanzel betreten. Der zuständige Pfarrherr hatte aber schwere Bedenken geäußert und sich erst beruhigen lassen, nachdem ihm vor Notar und Zeugen versichert worden war, er habe dem Gebannten nur unter Protest die Kanzel eingeräumt. Der Häretiker predigte daraufhin seine Wahrheiten. Und im Laufe des 3. Mai erhielt er dann den dezenten Hinweis, seine Gefangennahme durch die Eigenen stehe unmittelbar bevor. Er solle daher die große Heerstraße verlassen und sich auf einer wenig befahrenen Seitenstraße nach Gotha wenden. Als Vorwand für diesen Abstecher wurde ein längst fälliger Besuch bei Verwandten in Möhra und Umgebung vorgeschoben.

Martin gehorchte, predigte unter freiem Himmel bei den heimischen Bauersleuten und machte sich am 4. Mai wieder auf den Weg. In der Nähe der Burg Altenstein »wischten« dann plötzlich einige Berittene aus einem Waldstück »heraus«. Die nicht völlig eingeweihte Begleitung erschrak gebührend, ein Mitreisender schlug sich gleich in die Büsche, Luther selbst aber griff sich zur Wegzehrung sein griechisches Neues Testament (in der Ausgabe von 1518) und die hebräische Bibel, bevor er sich festnehmen ließ. Die Wegelagerer rissen ihn mit sich fort, ließen ihn wie ein Hündlein neben ihren Pferden herlaufen – und gaben sich erst außer Sichtweite der Zurückgebliebenen zu erkennen.

Sogleich hob die Begleitung den Doktor auf ein Pferd, ritt mit ihm stundenlang querfeldein, um alle Spuren zu verwischen, und langte schließlich mit dem ungeübten Reitersmann gegen 23 Uhr auf der Wartburg an. Dort warteten bereits die Freunde, die das Bubenstück inszeniert hatten. Der Burghauptmann, ein Hans von Berlepsch, begrüßte Luther und teilte mit, es sei jetzt dringlich vonnöten, die mönchische Kutte gegen ein bereitliegendes Rittergewand einzutauschen. Im übrigen habe Martin Stubenarrest. Eines der ritterlichen Gefängnisse der Vogtei in seinem, des Berlepsch eigenem Wohntrakt in der Vorburg sei eigens zu diesem Zweck reserviert worden, eine Stube nämlich und eine schmale, nördlich anstoßende Schlafkammer, und dies wenigstens so lange, bis aus dem diszipliniert glattrasierten und geschorenen Mönch ein echter Junker geworden sei, dessen Vollbart, krauses Haar und ritterliches Benehmen keinen Verdacht mehr aufkommen lasse.

So geschah es dann auch. Nur zwei Edelknaben, die dem Arretierten regelmäßig um 10 Uhr und um 17 Uhr Essen und Trinken brachten, sowie der Burghauptmann selbst hatten in dieser ersten Zeit Zutritt zu dem geheimnisvollen Gast. Die übrigen Burgleute konnten den »Junker Jörg«, der da zu Besuch weilte, nicht aufsuchen, denn die Treppe zu seiner Behausung führte durch die Diele des Herrn von Berlepsch und wurde zudem bei Nacht mit Ketten hochgezogen und in Eisen verwahrt.

Martin war allein. Die Einsamkeit, welche dem früheren Ordensmann so lieb gewesen war, hatte nun aber plötzlich, wenn auch nur vorübergehend, etwas Beklemmendes für ihn. Luther war mitten aus dem Lärm der Polemik, mitten aus den Aufregungen des Ketzertums, mitten aus dem Gedränge des Wormser Reichstages in die äußerste Abgeschiedenheit gerissen worden. Hier auf der Wartburg lebte er wieder in klösterlicher Beschaulichkeit, angewiesen auf sich selbst, auf die eigenen Gedanken und auf die Schrift, die er gerettet hatte, als die vermeintlichen Strauchdiebe sich ihn geschnappt hatten.

Diese Stille mußte bewältigt werden, sollte sie nicht zum Anlaß einer förmlichen Haftdepression werden. Das »Reich der Vögel«, das »Reich der Luft«, von dem Martins Korrespondenz bald berichten wird, schließt nämlich erst langsam, als Worms abklingt, sein Herz auf. Fürs erste will er sich mit der erzwungenen Ruhepause nicht abfinden. Nach zehn Tagen klagt er, er sitze »faul und voll den ganzen Tag«. Die reichliche Kost, mit der ihn sein Gastgeber eindeckte, führte obendrein zu hartnäckigen Beschwerden, und der Mangel an Bewegung tat ein Übriges. Ein Brief vom 12. Mai an Melanchthon gibt die körperliche Situation wieder: ». . . mein Stuhl ist so hart, daß ich gezwungen bin, ihn unter großem Schmerz herauszupressen, bis mir der Schweiß herabrinnt; und je länger ich es aufschiebe, um so härter wird der Stuhl. Gestern ging ich seit vier Tagen wieder einmal; und deshalb schlief ich die ganze Nacht nicht, noch habe ich jetzt Ruhe. Bete, ich bitte Dich, für mich, denn dies Leiden wird unerträglich, wenn es fortschreitet, wie es begonnen hat.«

Das Leiden machte Fortschritte, »ein kleines gebrechlin« zwar, aber doch sehr, sehr lästig. Noch am 9. September erfährt Spalatin davon: »Nun sitze ich da mit Schmerzen wie eine Wöchnerin, aufgerissen, verletzt und blutig, und werde in dieser Nacht keine oder nur eine mäßige Ruhe haben.« Die von Bekannten zugesandten Abführmittel taten keine rechte Wirkung.

Daß sich unter diesen Umständen wieder die klösterliche Todsünde, der Geist des Trübsinns, einstellt, ist nachvollziehbar. Die unbefriedigende körperliche Situation führte mehr und mehr auch zu geistlich-geistigen Anfechtungen. Diese kommen – Luther zählt zu ihnen auch solche sexueller Art, warum denn nicht – aus der Untätigkeit, aus den Versuchungen des Müßiggangs auch, die so leicht zur

Trägheit des Herzens führen können, selbst bei einem derart energiegeladenen Mann.

Es ist jedoch auch gut zeitgenössisch, dazu noch immer ziemlich mönchisch, wenn Luther das Gros dieser Anfechtungen dem Leibhaftigen selbst zuschreibt. Die Luther-Legende hat schon sehr früh den Aufenthalt auf der Wartburg mit dem Teufel in Zusammenhang gebracht: Der berühmte Tintenfleck an der Wand des Studierstübchens, immer wieder von reliquiensüchtigen Besuchern abgegriffen und abgekratzt, dabei – der geläufigen Anekdote wegen – immer wieder erneuert, spricht für sich. Denn der angefochtene Mann hat sich der teuflischen Annäherung, so geht die Mär, nur zu erwehren gewußt, indem er dem Versucher das nächstbeste, was zur Hand war, nachwarf, eben kein Buch, kein Schriftstück, sondern – handfester und schmieriger – das Tintenfäßchen, ein »Hörnchen« für den Gehörnten.

So weit die Sage. Ein wenig anders jedoch die Realität: Luther fühlte sich durchaus versucht. Er spürte nicht allein sein »kleines Gebrechlein« am Leib. Er stand nicht nur Anwandlungen tiefer Depression durch, welche ihn über eine Woche hinweg nicht arbeiten oder beten ließen, nein, er kämpfte auch gegen sich selbst, er führte Selbstgespräche, die sich in das Gegenüber Satan objektivieren ließen, er stritt wider die Neigung, sich in dieser Stille gehenzulassen, mit allem Lärm des Kämpfens gegen den Papst aufzuhören, der Polemik zu entsagen, die Ruhe der Sicherheit zu suchen – und sonst gar nichts.

Viel harmloser waren solcher Anfechtung gegenüber die grauslichen Erzählungen Martins, die von den Späteren ausgeschmückt worden sind und auf eine tiefe Verhaftetheit der Zeit in den Teufelsglauben schließen lassen: nächtliche Poltergeräusche, ein schwarzer Hund im Bett, Lärm, als würden Fässer die Treppe hinuntergeworfen, als flögen Nüsse aus der Tischschublade an die Wand und so fort. Luther spricht von solchen Erlebnissen und macht den Satan für derlei Störungen verantwortlich. Doch ist dies nicht entscheidend für die Wartburg-Zeit geworden. Wenn jemand nachts im Bett liegt und der Wind um die Burg da droben streicht, wenn Läden klappern und Ketten quietschen, dann stellt sich gerne eine Art Jugendherbergenromantik ein, auch eine Gespensterstimmung, bei einem mittelalterlichen Theologen selbst noch der Gedanke an Teufelsspuk. Bei Tag besehen, schwindet die übernatürliche Deutung jedoch zum Nichts. Luthers Teufel kam in der Stille, nicht im Sturm, auch wenn der Lärm mehr Aufsehen machte – und beim Betroffenen größeren Eindruck.

Die schlimmste Phase der Anfechtung war bald wieder vorbei. Martin kam zu sich selber und lebte auf, als er die neue Umwelt wirklich reden ließ. Mit der Zeit darf er – der Bart ist inzwischen gewachsen – mit in die nahen Wälder gehen. Er sucht Erdbeeren, reitet mit einem Begleiter in der Gegend umher und wird schließlich mit auf die Jagd genommen.

Das ist kein erbauliches Erlebnis: Aus dem Doktor wird so schnell kein Edelmann. Denn das »bittersüße Vergnügen der Helden«, von Waldmännern rauherer Wesensart geschätzt, läßt den Theologen nur Mitleid mit der armen Kreatur empfinden. Luther verbirgt ein Häschen in seinem Überwurf, die Jagdhunde aber stöbern es auf, entreißen ihm die Beute – und der Herr Professor, die Edelleute können sich nur wundern, deutet das ganze Geschehen strikt theologisch, zuerst das kleine Tier, dann auch die Hunde und den Mord. Mit einem solchen Jagdkumpan, der im Tier die verfolgte Menschenseele, in den Hetzern Papst und Teufel, auch die Dominikaner, diese Gotteshunde, erblickt, ist unter Rittersleuten kein Staat zu machen. Ein Gelehrter, der überall nach einem Buch langt und an allen Orten, wohin Ausflüge unternommen werden, kleine Bibliotheken ausmachen will, sich sämtliche Schriften greift, an nichts Geschriebenem vorbeikommt, ohne darin zu blättern, wird kein rechter Mann.

Der Gebannte wird eine Instanz

Die hochgeborene Zuschauerschar ist sich in diesem Urteil einig. Reiten und Schreiben reimen sich nicht zusammen. Dieser Junker Jörg hat alle Mühe, das ritterliche Schwert anzufassen, die adligen Gesten comme il faut durchzuspielen oder auch nur seinen Bart standesgemäß zu streichen. Aus diesem Mann wird nie was werden, meint die Burg. Jörg lebt in einer anderen Welt.

Nicht schlecht beobachtet, denn der Doktor der Heiligen Schrift, welcher so überraschend faul und voll hatte da oben beginnen müssen, findet mehr und mehr in sein angestammtes Milieu zurück. Zunächst muß er zwar noch mit dem Geschriebenen vorliebnehmen, das er selbst mitgebracht hat. Er beginnt daher, fürs erste noch in einer zwiespältigen Mischung von Interesse und Langeweile, die Schrift in den Ursprachen durchzustudieren. Schließlich aber erlangt er aus Wittenberg, wohin bereits eine rege Korrespondenz eröffnet worden ist, die dort zurückgelassenen Arbeiten, die Druckbogen zum Magnificat, das weitere Material zur Erklärung der Psalmen und die im März 1521 erschienene Postille, die er fortzusetzen plant.

Bald ist der alte Arbeitseifer wieder da. Von der Wartburg aus, dieser »Wüsteney«, nehmen Schriften über Schriften ihren Weg hinab in das Land: Psalmenauslegungen, eine Stellungnahme zur unchristlich-unfreien Ohrenbeichte der Papisten und eine Interpretation des Lobgesanges Mariens, dieses Zeugnisses von der freien Gnade eines Gottes, der die Niedrigkeit seiner Magd angesehen hat. Gerade dieses Magnificat, in welchem Martin seine Zuneigung zur »zarten Gottesmutter« poetisch ausformt, hat es ihm angetan. Am Beispiel Mariens läßt sich in der aktuellen geschichtlichen Situation, in der sich der Interpret selbst befindet, aufzeigen, daß die Gnade Gottes auf seiten des Schwächeren, ja überhaupt desjenigen zu finden ist, der freiwillig auf alle Gewalt verzichtet und sich nicht in das Machtspiel der Herrscher hineinziehen läßt, sondern auf das Geschichtshandeln des Wortes, der Zusage Gottes baut.

Luther bereitet in dieser Marienhistorie seine eigene Geschichtstheologie vor, deutet die Grundlinien seiner Anschauung von Recht, Obrigkeit und Weltgeschehen an und schlägt sich gegen allen Aufruhr der menschlichen Täter auf die Seite der die Taten Gottes geduldig abwartenden Christen. Es wird nicht mehr lange dauern, bis sich viele aus konkretem Anlaß dieser Grundeinstellung Martins erinnern müssen.

Ähnlich bedeutsam für die nähere Zukunft wird Luthers Auseinandersetzung mit der Theologischen Fakultät zu Löwen, die ihn im Vorjahr angegriffen und seine Schriften zur Verbrennung freigegeben hatte. Ein Löwener Doktor, Jakob Latomus, hatte eine Streitschrift gegen Luther veröffentlicht, welche die Wittenberger Doktrin von Sünde, Gnade und »simul« zugleich in Frage stellte. Martin antwortet darauf, im Kern seiner Lehre getroffen, mit einer wichtigen Replik. Die Antwort von der Wartburg ersetzt zwar nicht sein oft geplantes, aber nie geschriebenes Buch über die Rechtfertigung. Doch enthält sie zusammen mit Luthers Kommentaren zum Römer- und zum Galater-Brief die Darstellung der eigenen Rechtfertigungslehre, wenn sie auch immer wieder gehemmt wird durch ihren eigenen literarischen Charakter, bloße Antwort auf eine Vorgabe zu sein und damit auf eine selbständig geformte Systematik zu verzichten.

So oder so sucht der antwortende Luther immer neue Beweisstellen aus der Schrift und aus den Vätern für seine Theorie, findet auch immer neue Griffe, den Angreifer zu Boden zu zwingen, und rückt keinen Deut von seinem »simul iustus et peccator« ab: Der Mensch hat keine zwei Seelen in seiner Brust, nein, er ist und bleibt der Eine, der Unteilbare, der noch immer zwischen Himmel und Erde, zwischen Sünde und Rechtfertigung, zwischen Geist und Fleisch hin- und hergerissen wird, wie Paulus selbst dies unnachahmlich umschrieben hat: »Wir wissen wohl, was wir tun wollen, aber wir bringen genau dies nicht zustande. Am Ende haben wir genau das getan, was wir gar nicht zu tun vorhatten . . . Die Sünde, die in uns lebt, setzt sich immer wieder durch . . . Am Wollen fehlt es nicht, nur am Tun. Wer rettet uns aus diesem Leben, das dem Tod verfallen ist? Dank sei Gott, daß Jesus Christus uns schon gerettet hat!«

Auch die sonstigen Themen seines Lebens fliegen Luther jetzt wieder zu, die Auseinandersetzung etwa mit der berühmten Fakultät in Paris, welche sich nun doch dazu bequemt hatte, die Leipziger Disputation und deren Umfeld zu begutachten, aber auch die Frage nach den Mönchsgelübden, welche sich immer drängender aus dem Kreis der eigenen Freunde erhob, die jetzt endlich Schluß machen wollten. Gerade das alte Problem der priesterlichen Ehelosigkeit machte nicht wenigen Martinianern zu schaffen.

Martin, der sich »kein Weib aufhalsen« lassen wollte, hatte selbst zwar keine Last mit dieser Frage, doch mehrten sich die Stimmen unter seinen Mitstreitern, die – ziemlich folgerichtig – die Freiheit vom Gesetz auch auf das gewalttätige Eheverbot der Papisten ausgedehnt sehen wollten – und zum Teil auch schon die entsprechenden Konsequenzen gezogen hatten. Luther, bereits nach Art eines Kirchenlehrers um Auskunft angegangen, stimmte diesem prinzipiell zu, sah kein Unrecht in der Priesterheirat, machte jedoch, was die Nonnen und Mönche betraf, Einwände geltend, zumal diese – im Gegensatz zum Zwangszölibat der Kleriker – doch in aller Regel freiwillig in den Ordensstand getreten waren. Um den Fragenden schließlich weiterzuhelfen, schickte der Junker Martin gegen dreihundert Thesen zum Thema aus, ordnete das Detailproblem des Zölibats in den größeren Zusammenhang von Gesetz und Evangelium, von Wort und Gewalt ein – und machte damit den Wittenbergern ein besonderes Geschenk, welches, so Melanchthon, den »wahren Anfang der Mönchsbefreiung« darstellte.

Eine wichtige Entscheidung war getroffen worden. Einschneidend war sie nicht allein wegen ihres Inhaltes, sondern auch wegen der Form, in der sie ergangen war. Martin Luther ist nämlich im Handumdrehen zu einer Art gesetzgeberischer Autorität geworden. Viele fragten bei ihm an, warteten auf seine Entscheidung – und befolgten diese.

Der Professor als Ordnungsfaktor, daran wird sich Luther erst noch gewöhnen müssen. Bald wird sich herausstellen, daß er von der neuen Stellung überfordert ist. Ein Mann wie er, der aller Juristerei abgesagt hat, darf nicht dazu gezwungen werden, seinerseits »aus der Freiheit ein Gesetz zu machen«. Von daher gesehen, war die Wartburg-Entscheidung in Sachen Priesterehe vielleicht nicht nur der Anfang der Befreiung, sondern auch der Beginn einer neuen Fesselung.

Doch bemerkte dies seinerzeit so gut wie niemand. Der Gebannte und Geächtete, der auf einer Burg Gefangene und doch Freie griff immer wieder und immer häufiger in das Alltagsgeschehen da drunten ein. Besonders auffällig wurde dies, als der ständige Kreditnehmer Albrecht von Brandenburg einmal mehr zur Ultima ratio des Ablasses greifen wollte – und sich dafür eine geharnischte Predigt aus dem »Reich der Vögel« einhandelte. Der Mainzer Kardinal hatte für den September 1521 nach Halle zu einer Ausstellung staunenswertester Reliquienschätze geladen, durch deren Besuch sich – wie zu Zeiten des Herrn Tetzel selig – riesige Ablässe gewinnen ließen. Und als habe sich in der Zwischenzeit gar nichts ereignet, ja als habe Luther noch nie etwas zu dieser Sache gesagt, priesen die Propagandisten des

Erzbischofs ihre Exposition an, zählten alle Wunderstücklein auf und gaben gar einen eigenen Katalog heraus, der die heiligen Reste schmackhaft machen sollte: einen Klumpen Lehm etwa, aus dem der Herr den Adam gebacken, ein wenig Manna aus der Wüste, Milch der Gottesmutter in etlichen Fläschchen, auch etwas Wunderwein von der Hochzeit zu Kana sowie allein vom Apostel Petrus 43 Einzelteile, alles in allem Partikel im geistlichen Wert von annähernd vierzig Millionen Jahren Ablaß, alles in allem Anreiz genug, sich gen Halle auf die Wallfahrt zu machen.

Luther hörte davon, tobte und schrieb umgehend »wider den Abgott zu Halle«, schlug drauf, daß die Fetzen flogen, zeigte sich auch unversöhnlich, als Albrecht hintenherum um Nachsicht und Zurückhaltung bat, und legte sich sogar mit seinem Kurfürsten an, der um jenen öffentlichen Frieden fürchtete, den der »eingetane« Professor so nachhaltig zu stören trachtete. Noch mehr: Albrecht wurde ein zweites Mal zur Ordnung gerufen. Der Junker Jörg war nämlich in der Zwischenzeit zu einem Kurzbesuch, in Bart und Wams der Edlen, in Wittenberg gewesen, um dort nach dem Rechten zu sehen. Bei dieser Gelegenheit hatte er den Kardinal, diesmal in ultimativer Form, ermahnt, seinen Handel unverzüglich einzustellen.

Albrecht reagierte darauf nicht beleidigt, sondern devot. Im Januar 1522 bekam der »liebe Herr Doktor« seine Antwort aus Mainz, doch da war die Exposition selbst schon vorbei. Und auch die Reue des geistlichen Schaustellers schien nicht tief genug gegangen zu sein, denn der ganze Spuk lebte noch einmal, im Jahr 1542, auf, als Albrecht seine Reliquiensammlung in Mainz ausstellte und Luther ihn verspottete, darunter befänden sich gewiß auch »zwo feddern und ein ey vom Heiligen Geist«. Fürs erste war der Wartburger Mönch jedoch zufrieden.

Luther hatte noch im Spätherbst 1521 ein weiteres Thema angepackt. In Wittenberg war nicht nur der Zölibat angegriffen worden, sondern auch, was ungleich wichtiger erschien, die katholische Meßfeier. Martin sollte ein weiteres Mal Stellung nehmen, Autorität des neuen Wortes, die er in diesen unangefochtenen Wartburger Monaten war. Er tat dies auch, ganz ohne Polemik, geradezu seelsorgerlich bewegt, immer an der Sache selbst bleibend. Diese Sache ist ihm klar: Priester- und Bischofsamt, wie sie die gewaltige Kirche Roms lehrte, waren unbiblisch, in der Schrift nicht vorgesehen, noch weniger darin begründet oder begründbar. Von daher war es nur ein kleiner Schritt hin zur biblischen Bestreitung der Messe, dieser Menschentat, die aus Gottes freier Verheißung ein gutes Werk fabriziert hatte. Mit solchen Werken galt es, des Wortes wegen, endgültig aufzuräumen. Allerdings blieb Luthers Zorn in der Sache selbst nicht das einzige Zeugnis: Um der Schwachen willen, mit deren Anfängerglauben er stets Geduld hatte und solche auch – wenn auch fast immer ohne Resonanz – von den anderen forderte, durfte nichts überstürzt werden. Die Menschen mußten zart angefaßt werden. Zorn allein tat es nicht.

Ähnlich hielt er es bei seiner Abrechnung mit den Mönchsgelübden, die ihm – wie sein Begleitbrief an den Vater Hans Luder zeigt – zu einer theologischen Aufarbeitung der eigenen Jugend mit ihren Irrungen und Inkubationen geriet. Der ehemalige Mönch, welcher jetzt nicht mehr die Kutte trägt, doch diese bald schon wieder anlegen wird, und dies freiwillig, aus Rücksicht auf die Schwachen, klagt nicht laut. Er sieht vielmehr seine langen Leiden im Mönchtum als Stellvertretung für die Vielen an, die ohne sein »frisch hindurch« gar nicht zur Freiheit vom Gesetz hätten gelangen dürfen. Er fühlt sich selber zu dieser Freiheit berufen, zu einer Freiheit von jenem Gehorsam, der immer wieder die Liebe, auch und gerade die zum Vater, hatte verleugnen müssen.

Hans Luders Stunde war – endlich – gekommen. Sein ältester Sohn befand sich auf dem Weg zurück in die alte Heimat. Eine Wunde wurde von dem, der sie gerissen hatte, geheilt, in diesem Büchlein, in diesem Brief, in dieser Freiheit, im neuen Gehorsam gegen das vierte Gebot Gottes, im neuen Ungehorsam gegen das wortfeindliche Menschwerk der mönchischen Normen.

Und was auch noch zu tun blieb: Die Postille, ein Buch der Betrachtung und der stillen Frömmigkeit, wurde auf der Wartburg weitergeschrieben. Luther deutete darin die Texte des hergebrachten Kirchenjahres aus, sich selber und den Lesern, Stück um Stück, in einer grandiosen Einfachheit. Die Wartburger Auslegung, über den Advent und Weihnachten ist sie nicht hinausgelangt, atmete diesen ganzen Menschen, und dies in einem fast unwirklichen stillen Klima der Behaglichkeit, als spiegelte sich die Sonne in einem ruhigen Wasser. Martinus' stille Größe, sein Stübchen kommen hier zu ihrem Recht. Das zarte Zeugnis für das Wort verrät die Tiefen dieses Menschen viel eher als der öffentliche Zorn. Wunder über Wunder sind da ausgebreitet, zur privaten Lektüre, nicht zur Predigtvorbereitung. Luther findet ständig neue Exempel, vom Leben auf dem Hühnerhof bis hin zur Entdeckung Amerikas, denn inzwischen hat er besser als früher zu sehen gelernt. Und doch schreibt er, auch darin ganz und gar Martin Luther, daß all seine Interpretationen nichts wert seien im Vergleich zum klaren Wort der Schrift selbst: »Es ist ein unendlich Wort und will mit stillem Geist gefasset sein und betrachtet . . . Darum hinein, lieben Christen, und laßt mein und aller Lehrer Auslegung nur ein Gerüst sein am rechten Bau, daß wir das bloße lautere Gotteswort selbst fassen, schmecken und da bleiben!«

Ja, das Wort mußte vom Volk geschmeckt werden. Das war dem Professor der Heiligen Schrift immer bewußter geworden, der da oben im Reiche der Luft saß und nur seine beiden fremdsprachlichen Schrifttexte zur Hand hatte. All seine Gelegenheitsschriften, die ihren Weg von der Burg genommen hatten, waren auf das Wort gegründet worden. Gleichzeitig hatte sich Luther aber, ohne zu ahnen, was sich anbahnte, auf sein wichtigstes Werk vorbereitet: das Buch aller Bücher.

Es dauerte allerdings noch etwas, bis er selbst schmeckte, worum eigentlich es ging: Das Gotteswort, das er auf griechisch und hebräisch mit sich trug, mußte dem gemeinen Manne erst verdolmetscht werden, sollte dieser etwas von der Predigt seines Heils verstehen.

Je intensiver Luther diese neue Erkenntnis in sich aufnimmt, hier oben in der Stille der Wartburger Zelle, desto mehr nähert er sich seinem Hauptgeschäft und desto konkreter wird der Dienst des einen Menschen an den vielen »lieben Deutschen«, für die er, so schreibt er es am 1. November 1521, »geboren« wurde. Luther hat einen unabweisbaren Auftrag zu erfüllen: »die not und beswerung, die alle stend der Christenheit, zuvor deutsche landt, druckt ... hat mich auch itzt zwungen zuschreyen unnd ruffen«.

Eines Tages ist es dann wirklich soweit: Martin fängt an, das Neue Testament in die Landessprache zu übersetzen. Damit schafft er – fast beiläufig und unbemerkt – sein am meisten in die Zukunft weisendes Werk. Zugleich ist diese Übersetzung auch ein Dank an die Vergangenheit: Die Heilige Schrift allein hatte Martin zu dem geformt, was er inzwischen war. An ihr hatte er, in tausend einsamen Stunden, die altkirchliche Theologie überwinden gelernt. In ihr wurde der Kern des eigenen Lebens entdeckt. Ihr Wort, Gottes Wort, hatte sich als die einzig schlagkräftige Waffe im Kampf gegen ein Gewaltsystem erwiesen. Ihr verdankte er seine Siege über die Scholastik. Aus ihr hatte er nach allen Niederlagen frische Hoffnung geschöpft.

Was er jetzt, auf der abgelegenen Burg, die aus ihm keinen Edelmann und Reiter hatte machen können, unternahm, zeigte daher nicht nur seine dienende Gebärde gegen das anvertraute Volk. Es galt auch, eine Dankesschuld abzutragen gegenüber einem Buch, das die Passionen Martins begleitet und ihm schließlich einen geduldigen Weg hin zum Gott der Gnadengerechtigkeit gewiesen hatte.

Die Monate auf der Wartburg haben auf diese Weise ein doppeltes Ausrufezeichen im Leben Luthers gesetzt: Zum einen ist die Dankespflicht der Liebe gegen die eigene Vergangenheit zu einem guten Ziel gelangt, zum anderen wird die Schrift für alle Zukunft in ihre Rechte eingesetzt, zurückversetzt, und dies vor aller Augen, in intimer Nähe. Martin selbst aber, auch daran darf erinnert werden, ist hier und jetzt vom Mönch zum neuen Menschen geworden.

Die Bibelübersetzung, stets Urforderung wie Urrecht der Ketzer, rechtfertigte den Theologen aus Wittenberg. Nun erst, da der gemeine Mann selbst schmecken konnte, weil er seine eigene Sprache, sein Maul wiedererkannte, war das Urteil über Luthers Sache und Person all denen da oben, all den Schiedsgerichten, Reichstagen, Konzilien, Gelehrten und Klerikern entzogen – und dem Volk anvertraut. Das Wort, auch und gerade Martins Wort, sprach künftig für sich allein. Es bedurfte keiner amtskirchlichen Krücke mehr. Es konnte auf alle klerikalen Vorausinterpretationen verzichten.

Leicht war die Aufgabe nicht, die sich der Doktor gestellt hatte. Denn Martin war trotz seiner humanistisch beeinflußten Sprachstudien kein ausgemachter Humanist, kein gelernter Sprachenmann, sondern ein in Geist und Methode der scholastischen Tradition erzogener, mit »viel bös Latein« herangebildeter und nach dem überkommenen Kirchenschema geformter Gelehrter. Diese Herkunft vermochte selbst ein in der Zwischenzeit unmönchischer gewordener Luther nicht zu verleugnen. Das Latein – und nicht die neutestamentliche Ursprache Griechisch – blieb denn auch seine eigentliche Stärke. Zu den wichtigsten Hilfsmitteln der Übersetzung wurden daher noch auf der Wartburg die traditionelle Vulgata und jene lateinische Ausgabe, die Erasmus, gut kommentiert, seiner uns schon aus Luthers früheren Wittenberger Vorlesungen bekannten griechischen Edition des Neuen Testamentes beigegeben hatte.

Martin Luther hat sich auf diese Werke verlassen, die ihm in sein Burgstübchen nachgeschickt worden waren. Allerdings verließ er auch immer wieder diese Vorlagen, benutzte sie zumindest in großer Souveränität, ließ sich von Fall zu Fall von den einzelnen Wellen des freien Übersetzens tragen, verpaßte dabei, wegen all der vielen Einzelentscheidungen des Dolmetschen-Amtes, einmal mehr ein eigenes (Interpretations-) System, hörte jedoch nie auf, tief in jenes »Meer des Wortes« einzutauchen, das ihm so offensichtlich geschenkt worden war, weil er wußte, »was für kunst, fleiß, vernunfft, verstandt zum gutten dolmetscher gehört«.

Denn: Die genaue Erfassung des biblischen Urtextes setzte zwar die Hilfestellung der beiden lateinischen Vorgaben voraus, doch die Arbeit des Dolmetschens selbst verlangte eine völlig eigenständige Neuschöpfung: »wer dolmetschen wil, mus grosse vorrath von worten haben.« Das »Neue Testament deutsch« gehört damit ganz zu Martin Luther. Daran läßt sich nicht rütteln. Selbst wenn der Junker Jörg auf seiner Burg eine jener mittelalterlichen Bibelübersetzungen in Deutsch zur Hand gehabt hätte, die ihm so gerne vorgehalten werden, um die Eigenleistung des Wittenberger Professors zu schmälern, so hätte er doch aus einer solchen Vorarbeit kaum besonderen Nutzen gezogen. Alle früheren Übersetzungen blieben nämlich dem Text der Vulgata verhaftet. Und alle waren sie sprachlich unbeholfen, ohne eigentliche Schönheiten des Wortes, eher Lehr- und Schularbeiten, methodisch trockene Kommentare – nicht viel mehr. Nur ein dünnes Rinnsal der deutschen Sprache schlängelte sich da. Von einem »Meer des Wortes« zu sprechen, hätte Spott erzeugt.

Natürlich kannte Luther solche deutschen Bibeln, selbst wenn ihm auf der Wartburg keine von ihnen zur Verfügung gestanden hat. Selbstverständlich waren ihm, dem Lehrer und Prediger, auch einzelne Wendungen aus ihnen im Gedächtnis haftengeblieben, die ihm jetzt aus dem Unterbewußtsein in die Feder flossen. Doch blieben sie recht schmale Bächlein, offenbarten keinen literarischen Zusammenhang, der einen breiten Strom hätte bilden können, und machten auch keinerlei wirkliche Abhängigkeit aus. Dafür waren sie sprachlich zu bescheiden. Martin Luthers Meer ist singulär.

Sogar im Vergleich zu seinen eigenen Vorarbeiten – Martin hatte auch in früheren Werken Bibelzitate gebraucht und solche auf Kanzel und Katheder einfließen lassen – stellt das Werk der Wartburg in seiner »edlen, fast wunderbaren Reinheit«, die Jakob Grimm ihm bescheinigt hat, eine absolute Spitzenleistung dar. Was früher noch Einzelfälle ausgemacht hatte (Luther übersetzte sich seine Zitate von Fall zu Fall für den Eigengebrauch), geschieht jetzt in einem zusammenhängenden Rahmen. In ganzen elf Wochen, einer Zeitspanne also, die wohl ein guter Kopist allein zum Abschreiben benötigt hätte, ist – aus einem selten einheitlichen Sprachgefühl heraus – eine von Grund auf deutsch empfundene und nicht nur ins Deutsche übersetzte Schrift entstanden, die noch immer ihresgleichen sucht. Nietzsche nannte sie kurzerhand »das bisher beste deutsche Buch«.

Nur schon die physische Leistung, zehn Seiten pro Tag zu bewältigen, bleibt ohne Vergleich. Dieser Mann stand in jenen Wochen auf der Höhe seiner Kraft, völlig eigenwüchsig, denkerisch ganz und gar gesund – und damit recht ketzerisch, zumal diesen von der Kirche nicht autorisierten Übersetzungen der Brandgeruch der Häresie anhaftete. Rom selbst kannte allein die Kommentare, jedoch keine derart eigenständigen und schon gar keine eigenwilligen Verdolmetschungen, die weit über eine Weitergabe der geläufigen ausgewählten Stellen hinausgegangen wären, in denen es vor allem um den Nachweis der Gewalt des Petrus und seiner Nachfolger ging.

Der Wittenberger indes, welcher mit eigenen Augen sah und mit eigenem Mund redete, wagte sich über derlei hinaus. Seine Parole hieß keineswegs Eingängigkeit um jeden Preis. Er nahm das Fragwürdig-Fremde nicht zurück. Er gab das Emotionale, Singuläre und Individuelle nicht auf: »ich bin der grobe waldrechter, der die ban brechen und zurichten mus«. Luther liebte nicht das glättende Gleichmachen (wie viele seiner Nachahmer), sondern die dramatische Dissonanz, die aufgeregte Bildhaftigkeit, die Lücken und auch die Brüche. Luther ist und bleibt, auch und gerade bei dieser Arbeit, parteilich. Er schreibt nicht halb so akkurat wie die anderen. Er hält nichts von Ausgewogenheit. Er läßt sein Herz einseitig sein, mochten auch die »Buchstabilisten« dagegen wettern, solange sie wollten.

Dieser Dolmetscher betrat fremdes Territorium. Er überwand die Grenzen und blieb gestützt auf sein Gottvertrauen, auf das Zeugnis für das Wort. Gerade Zeugnisgeben aber heißt für Luther Zornigsein, Zustoßen, Durchdringen, Grenzen überschreiten. Denn, so sagt er einmal, solche Arbeit am Wort muß blindlings, im Schwung und mit eben jenem Impetus geschehen, den Gott selbst liebt, um Großes zu schaffen. Ohne den »Dorsel«, vielleicht auch ohne einen gewissen »Dusel«, geht nichts. Überlegte der Übersetzer eine solche Aufgabe bei Tageslicht, rechnete er hin und her, ließe er seiner Ratio den Vortritt, so reichten »keine zehn Roß« aus, um ihn in das Meer der Worte zu ziehen. Nur der Zorn, das eigenste Element dieses Engagements, verleiht die Kraft zum Anfangen und zum Durchhalten: »das man dy wort recht faß und den affect und fuls im hertzen«. Dann strömen einem zu die neuen wie die alten Worte, die Gedanken und die Gefühle, die Poesie des Ausdrucks – und das Genie.

Luther arbeitet nach der Devise, je wortgewirkter, appellativer und eindrücklicher, desto unmittelbarer und desto näher am Zentrum des Zeugnisses. Das kommt von Herzen – und soll zu Herzen gehen. Hier spricht der Mensch den Menschen an. Spezifisch menschlich ist ja die Fähigkeit zum Nach-Sagen, Weitergeben, Verkündigen und Predigen, kurz die Rede. Der Text soll sich auf den Leser zubewegen, um eine Bewegung des Lesers zum Text hin auszulösen. Luthers Zeit lernt im übrigen eine besondere Art des Redestreites kennen, den Reformationsdialog, von dem mindestens fünfzig verschiedene Ausformungen vorliegen, die allesamt keine fertigen Überzeugungen darbieten, sondern den Prozeß des Überzeugens wie des Überzeugtwerdens widerspiegeln. Das ist ganz im Sinne Martins. Denn je näher der Text des Dolmetschen an das Herz des Aufnehmenden herantritt, desto bereitwilliger wird dieser sein, seinerseits nicht in der Ferne stehenzubleiben. Die Strategie des Predigers läßt die Adressaten und deren Verhältnisse nie außer acht. Dabei ist Luther, der Professor, nicht nur Sprecher des Volkes, sondern auch Sprecher zum Volk.

Modewörter und leeres – lateinisches – Wortgeklingel kommen für ihn nicht in Betracht: In seiner Bibelverdeutschung verwendet er nur etwa fünf Prozent vom genuin lateinischen Wortgut seiner Zeit. Seine Sprache soll verständlich sein. Wer »teglich newe wortter tichtet«, zählt bei ihm nicht viel. Solche Macher und Redner gehen »aufm Seile, hoch aus und nirgend an«. Der wirkliche Könner beweist sich in der Kunst, »viel mit wenig Worten fein kurz anzeigen« zu können. Schade, daß »niemant achtet recht deutsch zu reden, sonderlich der herrn Canceleyen und die lumpen prediger, und puppen schreyber«. So einer ist Luther gewiß nicht.

Allerdings bleibt er bescheiden. »Ich kan noch mein mutter sprach nicht, und ist doch so trefflich ding, wenn einer also redt, das mans fein allenthalben verstehen kan«, sagt er im November 1540 von sich. Dabei hat er eine Meisterleistung vollbracht: ». . . die biblia – das ich mich zwar nicht lob, sondern das werck lobt sich selber – ist so gutt und köstlich, das sie besser ist als alle versionen Greckisch und Lateinisch, und man findt mehr drinnen als in allen commentaren, den wir thun die stöck und plöck aus dem weg, das ander leutt ohne hindernus drinnen lesen mögen.« Und er hat zeitlebens viel Arbeit gehabt mit diesem – auf der Wartburg begonnenen – Werk, dem noch umfangreichere Ausgaben der gesamten Bibel folgen werden: »Es glaubt niemandt, was arbeitt uns gekostet hatt . . .« Denn eine Übersetzung gerade in das Deutsche, das im Vergleich zu anderen Sprachen arm erscheint (»muß vill vocabel porgen«), macht seltene Mühe: »Es solte mich niemandt mit gunst und golde vermocht haben, ein buch tzu transferiren, wan ichs nicht umb meines Herrn Christi willen gethan hette . . .«

Das wird ein Hauptgrund für das ganze Unternehmen gewesen sein: Um des Gotteswortes willen versenkt sich Luther in diese Fron und tut »einen grossen vleis bei der bibel«. Er wechselt, um Gott und dem Volk auch im Detail der Sprache zu dienen, bei seiner Übersetzung die Zeiten, die Satzstellungen, die Sprachformen. Er löst souverän auf, erzählt im Imperfekt, nicht mehr im Perfekt, setzt das Prädikat an das Satzende, löst Substantivverbindungen in Sätze auf, tilgt fast alle Fremdwörter, schöpft aus eigenem wie aus erinnertem Deutsch des Mauls und rettet, um nur ein Beispiel zu nennen, nicht nur zur Erweiterung und Präzisierung des eigenen Sprachmaterials auch die deutschen Sprichwörter, denn »es ist ein fein ding . . . und sindt starcke beweisung . . . Der Teufel ist auch den spruchwortern feindt, drumb hat er seine geister dran geschmirtt wie an vill spruch der schrifft, damit ers mitt seim spott verdechtig machte und die leutt davon furett. Wir mussen den Teuffels dreck davon thun und die spruchwörter erretten . . . wers kan, dem kumpts.«

Martin konnte es. Sein Sprachgenie verschmilzt die unterschiedlichen Elemente des spätmittelalterlichen Deutsch zum typischen Luther-Deutsch, das sich durch Verständlichkeit, poetische Bildhaftigkeit, sprichworthafte Diktion und eine klare, rhythmische Syntax auszeichnet. In seiner Sprache finden sich anschauliche Komposita wie »Blutgeld, Herzenslust, Denkzettel, Feuereifer, Machtwort, Bubenstück, Wortgezänk, Bilderstürmer, Winkelprediger, Sündenbock, Hiobspost, Kainsmal und Sündenangst«. Jetzt versteht der Leser selbst die gedolmetschten Fremdwörter wie etwa die »Richtschnur« anstelle des »Kanon«. Nun werden aber auch Fremdwörter in der deutschen Sprache heimisch, die diese kaum erwartet hätte: »Fieber«, »Laterne«, »Person«.

Da ist ein genialer Dichter am Werk, begabt mit einer Sprache, die sich der von der Sache gestellten Aufgabe förmlich anschmiegt: der zarten Poesie einer Weihnachtsgeschichte gleichermaßen wie den Todesschrecken der Endzeiterzählungen. In einer unglaublich erscheinenden Treffsicherheit, in einem kaum nachzuvollziehenden Gespür für den versteckten Affekt des einzelnen Textes begleitet Luther die heilige Geschichte, die er den Deutschen verdolmetschen will. Er sieht und hört diese Historie nicht wie ein fernes Wort. Er vernimmt sie, als sei sie gegenwärtig. Darum die Vorliebe für das Präsens und die Abkehr von allen rein historisierenden, Abstände festschreibenden Tempora, ja die Mißbilligung des bloßen Perfekts zugunsten persönlicher Erlebnisse des Jetzt und Hier und Ich. Denn »ich«, Martin Luther, »sah mit Jona in den Walfisch hinein . . .«

Luther ist Prediger. Er lebt mit Gottes Geschichte und in ihr. Er läßt deren Klang weiterklingen für alle, die sie – wie er selbst – als lebendiges, als gesprochenes, als aktuelles Wort hören wollen. Sogar seine Satzgliederungen und Zeichensetzungen machen aus der Schrift ein Wort, das der Leser hört, nicht überliest. So kommt es, daß viele Passagen fast von allein singen. Johann Sebastian Bach hörte verborgene Musik in ihnen – und brachte diese kongenial zum Weiterklingen.

Als Besserwisser, meist aus konfessionellen Rücksichten, eine solche Übersetzungstheologie angreifen, reagiert Luther, als gehe es um die eigene Passion: Hier fühlt er sich zuhause, da verstehen alle ausländischen Papisten nichts. Wenn jemand seine wissenschaftliche Qualifikation bezweifelt, ein beliebtes Kampfmittel der Zweitklassigen, die selbst nichts schaffen, sondern nur nachbeten, so schimpft er, recht paulinisch, diese Theologen hätten ihm, dem Doktor der Heiligen Schrift, nichts voraus, im Gegenteil, er – und nur er – könne auch noch ein wenig dolmetschen. Das aber verstünden jene nie und nimmer . . .

Die Bibelübertragung des »teutschen Cicero«, von ihm selbst – er ist ein fleißiger Tüftler, der drei Wochen nach einem Wort suchen kann – mit vielen anderen später in langen Jahren immer wieder nachgebessert, bleibt bestehen und erreicht ungeahnte Auflagen. Luthers Befürchtung, »man werd nicht vill in der biblia lesen, denn man ist ir sehr uberdruß, und druckt ir niemandt mer nach«, hat sich nicht bewahrheitet. Auch seine andere Sorge, die er noch im Jahre 1542 äußert, ist übertrieben: »Wenn ich gesterb, wird kein schulmeister, kein lehrer, kein küster sein, er wirt eine eigene bibel transferieren wollen. Unser version wird nicht mer gelten werden. Es werden all unsere bucher unter die banck gestossen werden . . .«

Das Gegenteil ist eingetreten: Mehr als 430 Ausgaben seiner Bibel sind bis zu Luthers Tod nachgewiesen, für die über eine halbe Million Einzelexemplare angenommen werden, und der Hauptverleger Lufft aus Wittenberg, an den das Honorar ging, wird zu einem der reichsten Männer der Stadt.

Schon allein ein solcher Kredit hätte gezählt. Doch gilt ein anderes Credo ungleich mehr: Diese Bibel wurde nicht nur gekauft, sondern auch gelesen. Nur einige ihrer Exemplare haben sich so unversehrt erhalten wie die Prachtbände der vorangegangenen – päpstlich privilegierten – Übersetzungen. Eine zeitgenössische Bibel von Martin Luther ist fast unweigerlich zerlesen, verbraucht und ausgeschöpft. Diese Tatsache begründet die höchste Ehre für ein Buch.

Die »evangelische« Bewegung (ein typisches Luther-Wort) hatte eine unversiegliche Quelle der Verkündigung gewonnen. Das Deutsch, die vielen Deutsch, die Dialekte eines zerrissenen Volkes wurden auf diese Weise geeint, im gemeinsamen Hören und Lesen. Eine Stoßkraft, die auf die Dauer an keiner Grenze eines einzelnen Potentaten gestoppt werden konnte, brach sich ihre Bahn. Das Volk lernte an diesem Buch zunehmend seine eigene, seine gemeinsam gewordene Sprache sprechen und schätzen. Die Bibel blieb, zum Teil auf Jahrhunderte hinaus, für viele »das Buch« schlechthin.

Dieser Erfolg ist auch der Reaktion der katholischen Gegner zu entnehmen, so etwa der Schilderung des Johann Cochläus: »Auf wunderbare Weise wurde Luthers Neues Testament durch die Buchdrucker vervielfältigt, so daß auch Schuster, ja selbst Weiber und andere einfältige Laien, welche nur halbwegs deutsch lesen gelernt hatten, dieses sehr eifrig lasen, als ob es die Quelle aller Wahrheit wäre. Die Anhänger Luthers trugen das Buch bei sich und lernten es auswendig. Dadurch eigneten sie sich binnen weniger Monate so viele dogmatische Kenntnisse an, daß sie sich erdreisteten, nicht nur mit katholischen Laien, sondern auch mit Priestern und Mönchen, ja sogar mit theologischen Magistern und Doktoren über Glaubensfragen und das Evangelium zu disputieren.«

Ein Leser spricht davon, Luther habe das Deutsche »erst recht geluppt, die Rhetoricam und alle zierligkeit darein gepflantzet und dermaßen außgebutzet und poliert, daß sie zu unsern zeiten jetzunder mit eloquentz, wolreden und schönheit der wort, sententzen und clausulen anderen spraachen nicht mehr viel bevorgibt.« Jetzt kann »ein yeder ... selbs lesen vnd dest bas darynn vrteilen.« Die deutsche Sprache, »ein schlafender Riese«, ist endlich »aufgewecket und losgebunden«.

Martin selbst aber spürte, daß sich auf die Basis der einen und neuen Schrift ein neuer Glaube gründen lassen würde. Die sich konsolidierende Bewegung des Wortes, der Glaube an Gottes befreiende Tat mußte daher nach Möglichkeit gegen alle Angriffe von außen abgeschirmt werden, um die Einheit des Neugewordenen abzusichern.

Diese Überlegung war verständlich. Daß sie auch verhängnisvoll sein würde, wußte Luther seinerzeit wohl noch nicht. Die neue Aufgabe schien ja vergleichsweise leicht. Wittenberg würde ohne große Mühe dafür sorgen, daß nicht »der Teufel ein Gespött anrichte« und die letzten Dinge ärger würden als die ersten. Martin wollte sich vorsehen. Die Papisten und ihr Anhang sollten nie mehr die Oberhand über die wahren Diener des Wortes gewinnen dürfen. Weshalb auch? Sie waren ohnedies, das lehrten die vergangenen Jahre, so gut wie geschlagen.

So weit, so gut. Inzwischen hatte jedoch eine neue Entwicklung eingesetzt. Und sie, fast nur sie sollte Luthers Spätzeit begleiten. Über zwanzig Jahre lang. Martin stellte nämlich – mit Erstaunen – fest, daß der Gegner nicht mehr allein von außen kam, sondern sich, mit eigenen, fremd klingenden Worten und Schreien, mitten unter den Martinianern erhob. Also verließ ein besorgter Mann im März 1522 sein Burgstübchen und ritt, noch immer in der Verkleidung des Junkers, mitten durch das Gebiet des Georg von Sachsen nach Wittenberg hinab. Die Stadt seiner Universität stand in offenem Aufruhr. Drängen, Drohen und Düstern bewegten ein immer apokalyptischer gefärbtes Gemeinwesen. Von Einheit im Worte Gottes sprach da unten kaum jemand mehr. Was war geschehen?

Teil III

Die Suche nach den anderen Sicherheiten

21. Es hat mich kein Feind so getroffen als wie ihr

Die Sektierer zu Wittenberg

Vieles hatte sich in der Zwischenzeit ereignet. Zu vieles. Luther mußte von seinem Patmos herunter und die Burginsel der Abgeklärtheit aufgeben, welche ein so ruhiges Schauen in die Ferne erlaubt hatte. Unterdessen war gerade die Nähe viel bedrohlicher geworden, als es der Seher da oben je erwartet hätte. Wie ein Sturzbach ergoß sich eine umfassende Neuerungsbewegung in die überlieferten Ordnungen des kirchlichen wie des sozialen Lebens hinein. Nichts schien diese Entwicklung aufhalten zu können. Die Wittenberger Wirren, von denen Luther gehört hatte, stellten nur einen Ausschnitt aus einer ungleich gewaltigeren Bewegung der Neuordnung dar. Die Saat, welche Martins Schriften ausgestreut hatten, ging auf. Leider jedoch nicht so, wie der Sämann selbst dies erhofft hatte.

Mehr und mehr findet sich das Unkraut mitten im Weizen. Luther ist vor die Entscheidung gestellt, es jenen Papisten nachzutun oder nicht, die – entgegen der biblischen Weisung – bereits auf Erden allen Wildwuchs beschnitten hatten, ohne eine solche Arbeit dem allein zuständigen Herrn der Ernte überlassen zu wollen. Martin muß sich früher oder später mit diesem Problem befassen, sich gleichsam gegen die Konsequenzen seiner eigenen Vorarbeit wehren, die ersten konkreten Versuche zur Verwirklichung seiner Lehre abweisen und gegen Kräfte und Gewalten vorgehen, die er selbst mit entbunden hatte.

Muß er dies aber überhaupt? Eine Antwort auf diese Frage ist so leicht nicht. Daß die biblische Ruhe des Wartburg-Dolmetschen empfindlich gestört ist, steht zwar außer Zweifel. Doch kann kaum entschieden werden, ob Luther wirklich durchgreifen mußte, ob er nicht doch hätte da oben bleiben sollen, in seinem Stübchen eben, in jener Zelle, die es ihm erlaubt hätte, die Stille dem Sturm entgegenzuhalten. Wie dem auch sei, Martin ging auf und davon, um seinem Wort Geltung zu verschaffen. Er verließ die Wartburg und handelte damit recht mutig. Dieser Abgang war wahrscheinlich eine der risikoreichsten Taten im ganzen Leben des Professors, denn die relative Sicherheit der Festung wurde gegen eine Welt eingetauscht, in der Unsicherheiten zuhauf drohten.

Doch kann kaum übersehen werden, daß nicht allein die äußere Ruhe oder Unruhe ausschlaggebend für diese Entscheidung im März 1522 gewesen sind. Ebenso drängende Fragen gab das Innen auf. Die Vorgänge um die Thesen des Jahres 1517, die Disputationen zu Augsburg und Leipzig, selbst der Wormser Auftritt vom vergangenen Jahr waren vergleichsweise abgesichert gewesen. Der Protagonist hatte damals seine Rolle so gut wie auswendig gekannt. Alle Szenen waren vom Drehbuch eines guten Gottes vorgeschrieben gewesen. Sie konnten im Klartext nachgelesen werden. Sie standen im Wort. Jetzt aber, so scheint es, wird plötzlich alles der freien Gestaltung überantwortet. Luther, soeben noch in der Schrift geborgen, soeben noch auf dem Zenit seines Schaffens, muß herab. Er kann nicht anders. Meint er.

Unten wird er Empörung, Aufruhr und schlimme Neuerung vorfinden. Da werden Worte über Worte stürzen. Fast jeder liest, spricht und handelt inzwischen seine eigene Schrift. Das Wort aber findet sich kaum mehr. Die Klarheit des Luther-Textes verschwimmt.

Dies ist eine völlig neue Erfahrung für Martin, in der er sich so schnell nicht zurechtfinden kann. Hier treten ganz unvermittelt neue Feinde in sein Leben, und dies zu einer Zeit, da die gewohnten Widersacher, Papst, Kaiser und Reich, beiseite blicken, weil sie eigene Querelen auszufechten haben. Das Wormser Edikt zum Beispiel wurde kaum mehr als eine wirkliche Verpflichtung, sondern eher als eine Art kompromißgeladener Leitformel betrachtet. Niemand schien in der Lage oder willens, Wittenberg den Garaus zu machen.

Unter diesen Umständen ist der Biograph beinahe versucht zu sagen, es »hätte« alles so schön sein können, wenn nicht, ja wenn nicht der gefährlichste aller Feinde mitten unter Luthers Anhängern selbst aufgestanden wäre. Auch Martin scheint dies ähnlich empfunden zu haben: Mitten in eine Welt ohne eigentliche Gegner stößt der Satan, indem er die neue Bewegung des Wortes in eine Vielzahl von Einzelworten aufteilt und Luthers ursprüngliche Klarheit fast vollständig vernichtet. Ausgerechnet Martins eigene liebe Stadt Wittenberg wird zum ersten und am nächsten liegenden Brennpunkt solch teuflischer Einwirkung.

Es gab ja inzwischen keinen Zweifel mehr: Andere hatten das Wort anders gelesen und interpretiert. Das war 1522 überall in der zuchtlos gewordenen Universitätsstadt zu spüren. Dabei hatte alles eher schleichend und unauffällig begonnen: Der Satan hatte die Hintertürchen benutzt, um wie ein reißender Wolf in die Hürde des Wittenberger Professors einzufallen. Ende 1521, in den Tagen des ersten, heimlichen Besuches Martins in der Stadt, war die Universität vom Kurfürsten noch in aller Ruhe zu einer gutachterlichen Stellungnahme in Sachen katholischer Messe aufgefordert worden, welcher eine Reformgruppe um Karlstadt und Melanchthon den Kampf angesagt hatte. Friedrich hatte damals nicht aus noch ein gewußt und daher allen Grund gehabt, um einen theologisch fundierten Rat einzukommen, der seine Untätigkeit absichern würde. Am liebsten wäre es ihm ohnedies gewesen, die Neuerung vor sich herzuschieben und auf eine Regelung zu warten, die von den Dingen selbst getroffen werden würde.

Der Kurfürst, der bis zu seinem Tod beim alten Glauben bleiben und vor allem seine teuren Reliquien nicht drangeben wollte, beabsichtigte also, um des organischen Reifens aller Dinge willen, sich still zu verhalten. Er hoffte darauf, diese Ruhe auch von seinen Professoren bestätigt zu erhalten. Genau dies war geschehen. Denn die Gutachter der Hohen Schule konnten sich von vornherein nicht einigen. Alle wußten, daß die beiden Lager nur noch der Form halber vor sich hin stritten. Man deckte daher den Auftraggeber mit den entsprechenden Voten ein - und gab Friedrich die Chance, fürs erste in der Sache alles beim alten zu lassen, jedoch weitere Diskussionen anzuregen, so sich solche in ruhiger Form abwickeln ließen.

Mit dieser dilatorischen Lösung, die nun wirklich keine war, da sie noch immer von ruhigem Disputationseifer ausging, wo doch schon Unruhen ans Tageslicht drängten, zeigt sich Karlstadt denn auch nicht einverstanden. Schon am Weihnachtstage 1521 hatte er nämlich ein Fait accompli geschaffen, in der Schloßkirche kurzerhand seine eigene Form eines erneuerten Gottesdienstes vorgeführt, auch den herkömmlichen Ornat des Priesters abgelegt, die unverständlichen lateinischen Konsekrationsworte durch deutsche Texte ersetzt und selbst den Laien den - seit der Hussitenzeit in höchstem Maße häresieverdächtigen - Kelch gereicht.

Das bedeutete Frevel oder, je nach Ausgangslage des Betrachters, Freiheit. Die beiden Parteien in der Stadt entzweiten sich jedenfalls noch mehr, und der Boden für den Aufstand des Neuen gegen das Althergebrachte war vorbereitet. Die Konsequenz zeigte sich schon in den folgenden Tagen: Am 27. Dezember 1521 kamen noch heftigere Männer in die aufgeregte Stadt, nämlich drei von ihrem Magistrat wegen Kirchenrebellion aus dem erzgebirgischen Zwickau vertriebene »himmlische Propheten«, Vertreter der damals radikalsten Richtung, Theologen und Handwerker in einem, Angehörige jedenfalls eines recht neumodisch anmutenden Standes von Erweckten.

Kaum hatten diese Apostel - Storch, Drechsel, Thomae hießen sie - in Wittenberg Fuß gefaßt, so waren sie auf Missionszug gegangen. Der Erfolg ließ nicht auf sich warten. Es schien nämlich eine besondere Anziehungskraft von ihnen auszugehen: Ihre visionäre Sicherheit frappierte alle Unsicheren, die Fremdartigkeit ihrer Doktrin lockte sogar die bisherige Orthodoxie aus ihrer Reserve und selbst ihre seltsam komplexe Haltung gegenüber dem Wittenberger Martin Luther, dem sie Achtung wie Verachtung zugleich entgegenzubringen verstanden, stieß nicht ab.

Zumindest Karlstadt fühlte sich verstanden und geborgen. Mit seiner Bekehrung war den Glaubenshandwerkern aus Zwickau jedoch ein entschiedener Einbruch in die Akademikerschaft der Universitätsstadt geglückt. Die raschen Eroberungen, die der Professor dann bei den Massen der unartikuliert Unzufriedenen machte, taten ein übriges. Der Neuerweckte wurde mehr und mehr in dem trügerischen Gefühl bestärkt, der geborene Führer einer immer weiter ausgreifenden Bewegung zu sein – und mit der Zeit sogar Luther ausstechen zu können. Die Heirat vom 19. Januar 1522, zu der der ehemalige Priester die Universität, den Magistrat und, ein unglaublicher Vorgang, sogar den Kurfürsten eingeladen hatte, setzte ein weiteres Zeichen für die andere Berufung.

Karlstadt war allerdings nicht der erste gewesen, der diesen Weg beschritten hatte. Die Augustinereremiten selbst, auch und gerade der Wittenberger Konvent, Heimat des Frater Martinus, hatten in dieselbe Richtung gedrängt. Ein Beschluß ihrer deutschen Ordenskongregation hatte zum Dreikönigsfest 1522 den Mitgliedern den Austritt aus dem Kloster ins Belieben gestellt. Wer unter diesen Umständen dennoch bleiben wollte – bereits im November des Vorjahres war ein gutes Drittel der Wittenberger Mönche davongelaufen –, der bekam neue Aufgaben zugewiesen: An die Stelle von Horengesang, Votivmesse und Bettelgang sollten Predigt, manuelle Arbeit und Sorge für die Notleidenden treten.

Das bedeutete ein Signal. Der Widerstand verbreitete die Wittenberger Beschlüsse alsbald im Druck, und sie wirkten in ganz Deutschland als Aufforderung zum Wechsel in einen richtigen Beruf. Die Heiraten von Mönchen, Priestern und Nonnen nahmen zu, ein Schritt, der vor aller Öffentlichkeit den Bruch mit der alten Kirche besiegelte. Das saß, auch wenn nicht jeder so weit gehen wollte wie jener Bischof von Samland, der seine Mitra ihrer Edelsteine und Perlen beraubte, um daraus Schmuck für seine junge Frau anfertigen zu lassen. Weniger spektakuläre Handlungen ließen auf dieselbe Geistigkeit schließen. Jedenfalls waren es gerade die ehemaligen Geistlichen, die zu den entscheidenden Trägern der Neuerung wurden, zu Propagandisten der Reform, die von Ort zu Ort zogen, um dem andrängenden Volk das Evangelium zu predigen. Sie verfügten über die nötigen Kenntnisse und auch über den Kontakt zu der Menge. Und so schritt die neue Bewegung in diesen Männern vorwärts: Fast überall veränderte die Neuerung die Gottesdienste und machte sich daran, die gewohnten Ordnungen umzustoßen. In Wittenberg etwa »haben die Studenten bloße Messer unter den Röcken gehabt, und als die Priester vor den Altar getreten sind, haben sie die Meßbücher hinweggetragen und die Priester von den Altären verjagt«. Das war nur ein Anfang. Doch war es Luthers Stadt, auf die zu schauen viele sich in der Zwischenzeit gewöhnt hatten. Daher folgten sie diesem Beginn auch andernorts.

Mönche und Pfaffen sollten nicht die einzigen bleiben, die sich ihre neue Freiheit selbst nahmen. Auch der gemeine Mann in Stadt und Land hielt sich jetzt nicht mehr zurück, sondern rührte sich, begann den Aufstand zu proben – und hatte damit fürs erste etlichen Erfolg.

Warum nur, fragte er sich, sollte allein der Klerus Gewinn aus den Wittenberger Vorgängen ziehen? Warum sollte der Vorteil wieder einmal allein bei jenen liegen, die schon unter dem Regiment des alten Glaubens so viel verdient hatten? Inzwischen wollten auch andere von der Neuerung profitieren. Den städtischen Plebejern etwa ging es schon lange um den Einfluß auf Zünfte und Räte, und dies nicht nur im Jahre 1510 in Erfurt, und so erhoben sich Gesellen gegen Meister, Bürger gegen Geldsäcke, Zünfte gegen Magistrate, alle miteinander aber gegen die so lästig gewordene Pfaffheit.

Machte die neue Bewegung wirklich Ernst mit den neuen Forderungen, mußte der Angriff nunmehr gegen die Macht der Altkirche im Reich, verkörpert in Bistümern und Domkapiteln, geistlichen Orden und Klöstern, vorgetragen werden. Was sollte aus der Kindertaufe, der Privatmesse, der Ohrenbeichte, der kirchlichen Eheschließung, den Fastengeboten werden? Was aus den zahllosen Feiertagen, den Wallfahrten, dem kanonischen Recht und seinen Dekreten? Welchem Zweck dienten künftig die vielen Pfründen und Stiftungen? Wer sorgte für die Armen und die Siechen, wenn die bisherigen kirchlichen Einrichtungen wegfielen? Wozu wurden überhaupt noch die in Bau befindlichen Kirchenschiffe und -türme weitergeführt? Was war mit der traditionellen Kunst anzufangen, nachdem die Heiligendarstellungen als anstößig und ärgerlich galten? Wozu brauchte es noch die herkömmliche Bildung mit ihrem stark klerikalen Charakter? Wozu studierte einer überhaupt noch, wenn die überkommenen Berufsziele weithin fragwürdig erschienen? Und was sollte mit der Masse von Meßpfaffen, Mönchen, Nonnen und Kanonikern geschehen? Was wurde aus den verlassenen Klöstern, was aus dem riesigen Besitz, den sich die Mönche in den vergangenen Jahrhunderten zusammengebettelt hatten? Wer kümmerte sich um die reichen Pfründen der Domherrn, wenn alle davonrannten, heirateten und alles hinter sich ließen? Wer nahm sich der gutdotierten Wallfahrtsorte an, wer sorgte sich um die goldenen Reliquien aus der überholten Epoche, nachdem die Institution Rom ihren sakralen Charakter eingebüßt hatte und der Weg zum Seelenheil nicht mehr an hohe materielle Zuwendungen, an Gebühren, Stiftungen und Spenden gebunden war? Wozu flüsterte der Neuerer noch das alte Kirchenlatein, da doch die Alleinherrschaft der deutschen Sprache auch im kirchlichen Bereich gesichert schien? Wohin also mit all dem überflüssigen Krempel von einst?

Irgend jemand mußte im übrigen die entstandenen Lücken füllen und sich das Geld der Kleriker verdienen. Einmal mehr waren, ein Erbteil der Vergangenheit, Kredit und Credo ineins gesetzt, und das religiöse Problem ging wieder Hand in Hand mit der sozialen Frage der Zeit. Aber gerade diese Verwicklungen ließen eben keine raschen Lösungen zu, wenn auch viele dies annahmen. Die eintretenden Verzögerungen waren in der Sache selbst begründet, und jede Aufhebung alter Formen schuf neue Probleme.

Leider sahen nur wenige diesen Zusammenhang, denn eine Zeit, die sich plötzlich als revolutionär empfinden durfte, war darauf aus, alles und jedes sofort und ohne Umschweife neu zu normieren. Von daher gesehen, war der Erfolg jener Zwickauer und Wittenberger Propheten, die keinerlei Zweifel über die eigenen Strategien zu hegen schienen, nur zu verständlich. Ihre Festigkeit, ihr Hang zu definitiven Lösungen, ihre mangelnde Bereitschaft zur Diskussion von Alternativen führten ihnen die Massen zu.

So schritt die Revolte zu Tat, nutzte geschickt alle sozialen Unzuträglichkeiten in Luthers Stadt, baute, nicht weniger ungeübt, auch die Restbestände an Aberglauben in die Verkündigung der eigenen visionären Interessen ein und verwüstete schließlich, um allem weiteren Nachdenken zu entgehen, Kirchen und Kapellen, stürmte Bilder und vernichtete die Heiligtümer von früher. Solche Gewalt stellte eine offensichtliche Lösung der Probleme dar: Die Asche fragte nicht mehr nach.

Leute, die zu Zweifeln neigten, waren demgegenüber nicht gesucht. Erst recht nicht jene, die sich um eine wissenschaftlich legitimierte Neubesinnung bemühten. Ebensowenig fragte die Neuerung nach dem Urvater der neuen Theologie, jenem Martin Luther, der sich inzwischen hatte eintun lassen. Es stand nirgendwo geschrieben, daß allein dieser Professor die Vollmacht hatte, das Wort zu verkünden. Gewiß, Luther hatte in seinen früheren Kampfschriften die Christen zu befreien, die Menschen mündig zu machen versucht. Das blieb sein Verdienst. Doch war das nur ein Anfang gewesen, ein ziemlich akademischer zumal. Die Mündiggesprochenen werkten unterdessen auf ihre eigene Art weiter. Sie lasen das Wort, wie immer sie wollten. Sie legten es für sich aus und hielten sich immer seltener an jene Grenzen der Predigt, welche die Ordnungsliebenden gerne gezogen gesehen hätten.

Bald breitete sich ein theologischer Primitivismus aus, der lehrte, daß der Erweckte alle Wissenschaft weit hinter sich lassen und vor allem die Kommentare der Intelligenz, wenn nicht gar die Schrift selbst vernachlässigen dürfe. Denn noch originärer als alle Buchstaben des Wortes wirkten doch wohl, so predigten die Propheten, die direkte Inspiration, die ungetrübte Vision, die unmittelbare Berufung, das Schauen also, nicht das Lesen. Schon schlug die Stunde der Laienprediger, die Erweckung nach Erweckung vor sich hin stammelten und die Scharen ansteckten. Jetzt fanden sich größere Konventikel als je zuvor zusammen, jetzt blühte Sekte um Sekte auf. Karlstadt aber lehrte, daß »die ungelehrten einfältigen Laien eines höheren Verstandes denn die gelehrten Theologen« seien und daß »ein Handwerksmann mehr von der Schrift weiß denn ein Bischof«. Daher schickte er seine Studenten ganz einfach nach Hause und trug ihnen auf, sie sollten die Felder ihrer Väter bestellen und endlich nützliche, das heißt körperliche Arbeit verrichten, statt sich durch ein Studium für die echte Erleuchtung verbilden zu lassen.

In solch verworrener Lage, wo jeder für jeden handelte, mußte früher oder später auch die Wittenberger Obrigkeit begreifen, daß mit bloßen Verboten nichts mehr zu retten war. Die Berufenen, und wer war dies nicht, hatten ja anderes zu tun, als auf bläßliche Worte zu hören. Sie wollten Mittäter haben. So wurde am 24. Januar 1522 eine »Löbliche Ordnung der fürstlichen Stadt Wittenberg« erlassen, die drei bunten Zielen zugleich dienen sollte, dem Kampf gegen die städtische Armut, der Ausrottung der Unzucht und der Neugestaltung des Gottesdienstes. Es wurde ein »gemeiner Kasten« eingerichtet, der die gesamten kirchlichen und karitativen Einkünfte enthielt und zur Unterstützung aller Notleidenden, auch der Schüler, Studenten und Priester, die ohne »Mus und Brot« auf der Straße lagen, bereit gehalten wurde, um dem Bettel wie dem Müßiggang zu steuern. Und die neue Orthodoxie wies, gut puritanisch, wie es Revolutionen nun einmal sind, die Dirnen aus der Stadt. Karlstadts Weihnachtsfrevel jedoch stieg zum Mustergottesdienst der Neuerung auf.

Sein Urheber, ein Führer, triumphierte. Er fühlte sich und seine Sache anerkannt. Doch der Strom der Unordnung trieb über ihn hinweg. Die löbliche Ordnung des Magistrats erwies sich recht schnell als ein zu schwacher Damm gegen die Entschlossenen, denen Ordnung und Überlegung bereits als Zeichen von Kleinmut und Schwäche galten. Die Obrigkeit vermochte sich nicht mehr zu behaupten, und auch Karlstadt begann, an seiner jungen Gewalt zu zweifeln. Eine höhere Macht mußte zu Hilfe gerufen werden. Der Kurfürst jedoch, an dessen Aufsicht appelliert worden war, zeigte sich verzagt.

Luthers Friedenspredigten

Friedrich hatte mit einem solchen Ausmaß an Rebellion nicht gerechnet. All seine Diskussionspläne schmolzen dahin, und sein Gemüt galt künftig als beschwert. Zum Eingreifen konnte er sich aber noch nicht entschließen. Vorerst verlangte sein eigenes Interesse nur, daß nirgendwo der Eindruck geschürt werde, der Landesherr selbst habe je solch überspannter Neuordnung zugestimmt. Langsam bekam Friedrich es nämlich mit der Angst zu tun. Der Vetter Georg setzte ihm immer heftiger zu, wies ihn auf die Konsequenzen der Lutherei hin, die in diesem Wittenberg sichtbar geworden seien, zieh ihn geradeheraus der hussitischen Ketzerei und verlangte, nicht weniger katholisch, ein wirkliches Durchgreifen. Der Kurfürst war in Zugzwang geraten. Irgend etwas mußte jetzt geschehen.

Die Situation war – und dies über Wittenberg hinaus – in der Tat unerträglich geworden. Ein Urproblem hatte sich aufgetan, die Frage nach dem Vorrang von Prädikanten oder Predigern, der stete Zwist zwischen den Experten und den Laien, der Kampf zwischen der Etikette und der losen Form, die Auseinandersetzung um Reform von oben oder von unten. Und damit bahnte sich die eigentliche Gefahr an: Mit einmal stand eine Art lutherischer Abweichung wider die lutherische Orthodoxie, und jene Einheit, die Martin seinem Papst vor die Füße geworfen zu haben glaubte, war unter den Neugläubigen selbst bedroht. Das Wort erschien zerlesen, zerfleddert. Ein Grund mehr für Luther, von seinem Berg herabzueilen, den noch immer zögernden Kurfürsten in seinen Ängsten allein zu lassen, ihm das vornehme Gefängnis auf der Wartburg einfach aufzukündigen und alle neuen Feinde niederzupredigen.

Daß dem ganzen Unternehmen ein innerer Mißerfolg beschieden sein würde, wußte Martin nicht. Er stieg »in höherem Schutz als dem des Kurfürsten« vom Berg, mit Vollbart, in roter Kappe, in dickem Wams, mit engen Hosen, ein Schwert recht drollig an seiner Seite. So wenigstens haben ihn zwei durchreisende Studenten aus der Schweiz beschrieben, die ihn unterwegs, im »Schwarzen Bären« zu Jena, bei Tische angetroffen hatten. Dieses Wartburg-Kostüm vertauschte der Junker Jörg jedoch sehr bald mit der inzwischen nicht weniger provozierenden Kutte des Mönchs »Augustiner ordens«. Und schon ging es los: Luther hieb mit der Waffe seines Wortes von der Kanzel der Stadtkirche zu Wittenberg drein.

Seine Schläge fielen jedoch recht sanft auf die Hörer herab. Denn dieser Prediger wollte seinerzeit alles, nur keine Gewalt. Diese blieb alleinige Angelegenheit der Päpstlinge. Gewalt hatten auch jene geerbt, die den Römern innerlich so nahe standen, wie Luther meinte: Die Wittenberger Glaubensrebellen etwa, doch auch die Stadtoberen, welche aus der evangelischen Freiheit eine Art Zwang gemacht hatten, indem sie Bilder stürmten und Gottesdienste neu normierten. Dieses »wüste Wesen« macht Luther nicht mit. Seine Devise heißt: Liebe, Liebe, Liebe – und damit Schonung aller Schwachen. Liebe, so Martin, macht den Christen wirklich frei, hebt ihn über alles Gesetz hinaus, auch und gerade über das neue derer zu Wittenberg.

Acht Tage lang, vom 9. bis zum 17. März, predigt Luther von dieser Liebe. Acht Tage hört die Stadt ihm zu. Und es gelingt ihm wirklich, die Wogen noch einmal zu glätten. Der Satan, welcher in die Hürde gefallen war, wird davongejagt. Wer sich rühmt, »mit Gottes Majestät von Angesicht zu Angesicht zu reden«, ist daher höchst verdächtig. Zwar machen die Propheten noch einen letzten Versuch, diesen Prediger Luther auf ihre Seite zu bringen, doch bringt er ihnen nichts ein. Dabei war gerade dieses spiritualistische Experiment aller Aufmerksamkeit wert. Denn es ließ erahnen, wie es wirklich um Martin bestellt gewesen sein mochte. Zum Beweis ihrer göttlichen Mission hatten ihm die Schwärmer nämlich angeboten, in seinem Herzen zu lesen und ihm dann zu sagen, was genau er in diesem Moment denke.

Luther willigt ein, und ein Interpret sagt ihm, er fühle eigentlich eine geheime Hinneigung zu den – nach außen hin so bekämpften – Schwärmern. Martin erscheint betroffen, denn seine inneren Regungen scheinen erraten. Die Kirche ist doch, alles in allem, ein »Mundhaus«, aber kein »Federhaus«. Oder etwa nicht?

Doch folgert er aus dieser Entdeckung seines Schwankens zwischen Ordnung und Freiheit, zwischen Stübchen und Straße, zwischen Zwang und Zuchtlosigkeit nicht etwa, daß es eine neue Einheit von Orthodoxie und Abweichung geben könne und müsse, nein, er schließt, ertappt, wie er ist, auf den satanischen Charakter der ganzen Prophetensekte. Zeit seines Lebens wird er von dieser Einschätzung nicht mehr abgehen, sondern die Hinneigung mit Ausfällen seines berühmten Zornes gegen solche Leute zu verdrängen suchen, die ihm »so ein Herzleid thun«, diese »güldene Fründichen und Brüderlin«.

Der Prediger einer Liebe, die Gewalt verabscheut, ist sich ja in dieser Frage zunächst noch ganz sicher: Aus der Freiheit darf man kein Müssen machen, denn »das kann Gott nit leiden«. Das Anfassen der Hostie, das Trinken aus dem Kelch, die Heirat von Mönchen und Nonnen und die Übertretung altkirchlicher Fastengebote machen alle miteinander noch keinen neuen Christen, sondern nur »klein Narrenwerk« im Vergleich zur großen Freiheit und Liebe, wie sie das Evangelium fordert. Erst wenn der Mensch von innen her reformiert ist, wenn er nach dem Wort zu leben trachtet, wird auch nach außen hin die Neuerung aufzurichten sein, denn dann erst bildet wahre Mündigkeit ein tragfähiges Fundament der Zukunft. Jetzt aber, im Frühjahr 1522, ist die Zeit für solche Dinge nicht reif. Die Schwachen müssen noch immer, wie der Apostel sagt, mit Milch herangepäppelt werden, ehe sie sich an die festere Speise machen dürfen.

In der Stadt ist über Martin zu hören, ein »so milder und gütiger Mann« könne und müsse wieder und wieder gehört werden, falls der Fromme nicht ganz aus Stein sei, denn er schlage »seine Nägel fest in den Geist der Zuhörer« ein. Doch stellen diejenigen, die so sprechen, nur einen Teil der Wittenberger dar. Karlstadt und viele andere waren wirklich aus Stein. Der durch den Beifall der Menge aufgeblähte und verhärtete Wortführer der letzten Monate grollte dem neuen Prediger, weil er Luthers Eingreifen als ein Stehenbleiben auf halbem Wege interpretierte. Das Verhältnis zu Martin, der die monatelange Bewegung der Wittenberger Gewalt, als deren Haupt sich Karlstadt gefühlt hatte, innerhalb einer einzigen Woche umgebogen hatte, ist nie mehr ganz gut geworden.

Das war im übrigen stimmig. Doch nicht allein Karlstadts Ehrgeiz und Neid waren schuld am künftigen Zerwürfnis, sondern auch die

Tatsache, daß Luther offensichtlich von den wirklichen Problemen nicht viel verstanden hatte. Die Glut schwelte unter der Asche weiter. Martin war einer der folgenschwersten Selbsttäuschungen seines Lebens erlegen. Die Wittenberger Erfolgspredigten aus dem März 1522 hatten ihn zu schnell ruhig und sicher gemacht. Luther meinte wirklich, die acht Tage seines Wortes hätten das Wort gerettet. Diese Fehleinschätzung mußte sich früher oder später an ihm und seiner Sache rächen.

So einfach war es nämlich nicht: Niemand durfte so gutgläubig dem Buchstaben wie dem Geist der eigenen Schrift vertrauen und dabei auf eine geradezu gefährliche Weise die Massen unterschätzen, welche zum einen weniger Luthers Freiheit als eine neue und gewalttätige Ordnung, zum anderen nicht die Liebe und Geduld dieses Predigers, sondern den Aufruhr um eines anderen Gesetzes willen wollten. Martin blieb daher auch nach dieser seiner Begegnung mit der Wirklichkeit der Welt alles in allem jener Idealist, der schon seine frühen Jahre im Stübchen verbracht hatte.

Papst und Kaiser

Die römische Gewalt hingegen zeigte sich noch immer kaum von Wittenberg infiziert. Die Institution hatte noch nicht einmal besondere Wirkung gezeigt unter Luthers wütenden Worten. Sie schien alles überdauern zu können, auch und gerade den Wechsel im höchsten Amt, das sie zu vergeben hatte. Das machte ihre Macht aus. Das sicherte ihre Tradition und mehrte ihren Stolz.

Am 1. Dezember 1521 war der Medici-Papst Leo X. gestorben, der sich mehr schlecht denn recht in Sachen Luther versucht hatte. Dieser Tod hatte kaum Aufregung verursacht. Das gewohnte Leben ging weiter. Die Kardinäle traten zum Konklave zusammen, berieten hin und her, erwogen die großen Namen der in Aussicht kommenden Familien – und wählten schließlich einen Mann vom Rande, mit dem niemand gerechnet hatte, einen Ausländer dazu, einen Niederländer aus Spanien, Kaiser Karls V. früheren Erzieher Hadrian Florensz d'Edel, der sich auch, gut orthodoxer Löwener Theologe, der er immer geblieben war, gegen Luther hervorgetan hatte. Auf ihm hatten die Erwartungen der Kenner gelegen, nachdem sich die italienischen Kandidaten gegenseitig blockiert hatten.

Doch läßt ausgerechnet dieser Kandidat der Mitte den gewohnten Gang der römischen Maschine ins Stocken kommen. Der Kompromißpapst gerät zu einer der schlimmsten Enttäuschungen der Epoche. Nur gut, daß er schon nach einem Jahr wieder die Segel streicht. Ende 1523 wird ihm dann der Eigentliche folgen, ein Medici natürlich, der alles wieder einrenken wird, was dieser Spielverderber angerichtet hat. Die römische Kirche ist daher nicht einmal angekratzt von diesem Intermezzo eines Nichtitalieners, des – bis in das Jahr 1978 hinein – letzten auf der päpstlichen Kathedra. Die kaiserlichen Räte hatten Hadrian ganz offen als ihre eigene Kreatur betrachtet, was so falsch nicht war; Karl V. aber erkannte sehr bald, welch unglücklich unzeitgemäße Figur der ehemalige Lehrer da machte; die vom Papst weggejagten mediceischen Gaukler rächten sich in Hunderten von Spottversen, und die Kardinäle, die von ihrem Herrn an so vergessene Gepflogenheiten wie Zölibat oder geistliche Kleidung erinnert worden waren, leisteten zähesten passiven Widerstand. Der Papst aber blieb unverzagt, predigte Türkenkrieg und Reform, ging auch in seiner persönlichen Lebensführung mit bestem Beispiel voran (kaum jemand folgte ihm), versuchte, dem Evangelium gerecht zu werden, und stieß inmitten der Korruption auf taube Ohren. Ein Papst, der Jesus Christus beim Wort nahm, war wirklich das letzte, was Rom brauchte.

Einen besonders unverzeihlichen Fehler hatte sich Hadrian VI. geleistet, als er sich in die innerdeutschen Angelegenheiten hatte einmischen wollen. Das Schuldbekenntnis, welches er seinem Legaten auf den Nürnberger Reichstag des Jahres 1522 mitgegeben hatte, war voll von Anklagen gegen die eigene Kirche gewesen. Das aber hatte nicht gutgehen können. Schuld und Sünde durften sich allenfalls bei einzelnen Gliedern der Institution, nicht aber bei dieser selbst finden. Allenfalls vereinzelte Mißbräuche waren zuzugeben, hinter vorgehaltener Hand natürlich. Doch dieser Papst hatte von viel, viel mehr gesprochen, und das vor einem Reichstag. Das nahm ihm alle Chancen.

Doch auch der Kaiser stellte in jenen Jahren keine ernsthafte Herausforderung mehr dar. Karl V. war von Worms aus wieder in die Ferne gezogen, und Deutschland interessierte ihn so wenig wie zuvor. Gegenüber dem gewaltigen Ringen um die Vorherrschaft in Europa, das in der Zwischenzeit eingesetzt und die christlichen Herrscher aneinander und gegeneinander gebunden hatte, erschienen das Credo des jungen Kaisers, Martin Luther und die ganze dumpfe Welt der deutschen Herren reichlich zweitrangig. Eine ungleich größere Auseinandersetzung stand an.

Zwar hatte der Krieg zwischen Karl V. und Franz I. wie ein Randgeplänkel und wie eine mittelalterliche Privatfehde begonnen, zum einen an der luxemburgischen Grenze, zum anderen weit hinten in den Pyrenäen, wo übrigens in einem der vielen kleinen Scharmützel ein baskischer Edelmann namens Inigo de Loyola verwundet worden war, der sein Krankenlager zum Anlaß der Besinnung und diese zum Urkeim eines neuen Ordens für die Reform der Kirche machen würde. Doch hatte Karl V. über diese regionalen Konflikte an den Grenzen zu Spanien und den Niederlanden hinaus größere Zusammenhänge gesehen, für beide Waffengänge den Franzosen-König haftbar gemacht und es schon bald zu einem wirklichen Zwist auf dem Schlachtfeld aller Schlachtfelder kommen lassen, in Oberitalien, und damit vor des Papstes privaten Pforten.

Der Kaiser hatte anfangs Glück. Alles strömte ihm zu: Mailand, noch immer eine Hadermetz, fiel ebenso wie Genua, der römische Potentat schwenkte rechtzeitig zum Kaiser um, und auch Heinrich VIII. von England versuchte, eine alte Rechnung in Nordfrankreich zu begleichen. Franz I. kam noch mehr in Bedrängnis, als sich einer von seinen Eigenen wider ihn erhob, ein Karl von Bourbon, der mit der Aussicht auf eine einträgliche Heirat und auf ein ansehnliches Satellitenkönigtum geködert worden war, was in Südfrankreich die Landverbindung zwischen Italien und Spanien, den Landen des Kaisers, hätte herstellen können.

Alles schien auch glänzend kalkuliert zu sein. Allein war die Rechnung ohne den französischen Adel gemacht worden. Der besann sich, in einer bereits antifeudal gewordenen Zeit, auf die alten Werte seines Standes, hielt treu zu seinem König und zwang den abtrünnigen Bourbonen zur Flucht. Dem Kaiser Karl aber, der zum Entsatz seines Parteigängers herangezogen war, blieb der Spott des Rückzuges.

Verdient habe er diesen allemal, so meinten viele, denn nicht nur die Italiener waren in der Zwischenzeit eines Kaisers überdrüssig geworden, der langwierige Kriege zur Mehrung des eigenen Hauses führte. Eine antihabsburgische Fronde flackerte auf, und die Pläne des jungen Mannes von der Weltherrschaft versanken. Alles, was in großartig etikettierter Idee vom Abendland geträumt worden war, stob dahin: Die gute alte Zeit, da Kaiser und Papst sich friedlich in die Herrschaft einer ganzen Welt geteilt hatten, schien nicht mehr aufleben zu wollen. Das Kalkül des spanischen Habsburgers war nicht aufgegangen. Selbst die große Koalition Europas gegen das abweichlerische Frankreich hatte letzten Endes so gut wie nichts eingebracht. Der Kaiser konnte unter diesen Umständen nur hinzulernen: Ein mit Gewalt befriedetes und nach Habsburg gezwungenes Italien gab nicht die richtige Basis für irgendwelche universell-imperialen Strategien ab.

Karl V. hielt auch nach diesem Versuch Scherben in Händen. Wieder einmal hatten sich die Realitäten als ungeordneter erwiesen denn die Etikette, und die Unordnung siegte wie schon in Spanien und Deutschland. Am schmerzlichsten aber brannte in jenen Tagen der Verrat des römischen Papstes. Clemens VII. Medici, von Luther später als »ein florentzisch hurnkindt« bezeichnet, hatte bereits im November 1523 den Träumer Hadrian abgelöst, um aus Rom wieder Rom zu machen. Er hatte sich auch beeilt, den neuen Wirklichkeiten nachzulaufen und – ganz im Sinne Italiens, wenn auch nicht im Sinne des Weltkaisers – bei Frankreich seine Zuflucht zu suchen. Karl, der Schüler des unglücklichen Vorgängers, saß daher allein auf seinen abendländischen Plänen. Das tat weh.

Linderung brachte allenfalls die kaiserliche Einsicht, daß von den

Realpolitikern zu Rom keine wirkliche Hilfe in den Angelegenheiten des wahren Glaubens an die Einheit von Kaisertum und Papsttum zu erhoffen war. Das Credo Karls V. hatte keinerlei Echo beim Stellvertreter Christi auf Erden gefunden. Darauf mußte der Kaiser sich künftig einstellen. Karl V., tief verletzt und in seiner kaiserlichen Ehre gefordert, wußte neuerdings, woran er war. Sollte der Papst seinerseits tun, was immer er wollte. Voll zorniger Enttäuschung schreibt Karl V. an seinen Gesandten nach Rom, nunmehr sei es auch nicht mehr an der Zeit, »über die Sache Luthers zu sprechen«.

Im übrigen hatte Clemens VII. auch kaum mit einem Durchgreifen gegen Luther gerechnet. Ihm selbst war die Sache des abgefallenen und gebannten Mönches nicht so wichtig. Es gab Größeres zu tun. Genau diese Haltung war, ohne deutsche Augengläser betrachtet, auch allein realistisch. Die Optionen von Kaiser und Papst hatten schon früher in eine eindeutig »welsche« Richtung gewiesen: Italien, Spanien und Frankreich hatten Gewicht, Deutschland nicht. Die Sippenhäupter Habsburg und Medici konnten daher über ihren Haus-Besorgungen das Reich Deutscher Nation so gut wie vergessen.

In Deutschland lief daher bald alles aus dem Ruder. Papst und Kaiser, die bestellten Steuerleute, beschäftigten sich mit anderen Dingen, trieben auf fremden Ozeanen herum und ließen die Deutschen Deutsche sein. Die deutsche Heimmannschaft, viele Köpfe, noch mehr Hände, werkte allein vor sich hin. Gewiß, das Schifflein lief nie auf. Es fand sich immer wieder, von Fall zu Fall, eine Zwischenlösung, um die Havarie zu vermeiden. Doch hatte alles weder Hand noch Fuß. Die Reichseinheit ging endgültig verloren, und auch die kirchliche Zusammengehörigkeit war zu Ende. Alles trachtete auf die Ausdehnung und flächenhafte Abrundung der in sich stark zersplitterten Gebiete auf Kosten schwächerer Nachbarn, und die schon 1495 gezählten über 350 Einzelterritorien in Deutschland veränderten sich nochmals.

Spaltung, Aufteilung und Einzelinteresse zeigten sich immer offener. Sie brauchten sich nicht mehr unter dem Gerede von der Gemeinsamkeit zu verbergen. Die Religionsfragen konnten als willkommene Gelegenheit benutzt werden, aus Bekenntnissen Bündnisse zu schmieden und die bereits bestehenden Gräben noch tiefer auszuheben. Politik wurde zur Konfession, und bald merkte alles, wie geschickt sich mit dem Wort – oder mit den vielen verschieden interpretierten Worten – Kriege bestreiten, Territorien beanspruchen und Andersdenkende knechten ließen.

Luthers Problem zeichnet sich ab

Inmitten einer aufgesplitterten Welt steht nun aber ein einzelner Mensch, der bislang davon ausgehen konnte, im Wort die Einheit, die

Sicherheit und die Verläßlichkeit bewahrt zu haben. Allerdings geraten diese Sicherheiten in jenen Monaten mehr und mehr ins Schwanken. Bei Martin Luther wird nämlich eine persönliche Entwicklung sichtbar, die immer häufiger zwischen Sicherheit und Unsicherheit hin- und herschwankt. Luther ist sich zum einen seiner Sache gewiß wie eh und je, zum anderen aber beginnt er, an der Richtigkeit seiner Sendung zu zweifeln. Daraufhin versucht er wieder, sein Wort sich und den anderen als sichere Wahrheit zu bestätigen, was jedoch in vielen Fällen mißlingt und ein neues Schwanken provoziert, das wieder, eine Kette ohne Ende, andere Festigkeiten und Einseitigkeiten erforderlich macht.

Die Monate auf der Wartburg und die erste Zeit in Wittenberg hatten offensichtlich als Katalysatoren gewirkt, und der Jahreswechsel von 1521 auf 1522 stellt eine tiefere Zäsur das, als bisher angenommen wurde. Von nun an kann man nämlich gleichermaßen auf Luthers Vorzeit zurück- wie auf die noch folgenden 24 Jahre vorausblikken. Die Lebensgeschichte eines seelisch wie körperlich leidenden Menschen wird einsichtiger denn je: Der so robust und seelenfest wirkende Mann besitzt zwar nach wie vor eine nach außen wie nach innen immense Kraft, doch leidet er auch mehr und mehr an körperlichen und geistig-geistlichen Unzulänglichkeiten. Seine Gesundheit ist bei weitem nicht so stark und unangreifbar, wie es vielen erscheinen will. Das Gegenteil kommt der Realität näher: Luther ist anfällig, auf weiteste Strecken hin geradezu labil. Hinter Martins Zorn verbirgt sich immer weniger seine große Sehnsucht nach Ruhe, und das Stübchen verlangt sein Recht. Luther bleibt schwankend. Er ist sicher und unsicher »zugleich«, und nicht einmal Gott scheint nun so klar zu sprechen wie zu den Zeiten, da es allein gegen den römischen Antichristen ging.

Plötzlich meldet sich dieses »simul« ganz besonderer Art und macht auch gleich arg zu schaffen. Es geht mit dem Wort nicht mehr so glatt voran wie noch vor Jahren. Martin bemerkt dies – und kennt keine eindeutige Antwort auf seine Situation. Zum einen ist er geneigt, sich ganz zurückzuziehen und alles sein zu lassen, zum anderen aber will er – im gewohnten Zorn – um seine Sicherheit kämpfen. Der Angriff der falschen Freunde hat ihn mitgenommen. Langsam, aber sicher wird aus seinem Stübchen der Hort aller Sicherheiten, aus seiner Ketzerei von früher die eigenkirchliche, lutherische, sichernde Orthodoxie neuen Stils. Das macht nicht wenige erschrocken. Ist etwa von allem Anfang an die Sache des Wortes nur eine Deuteformel für Sicherheit gewesen?

An dieser Stelle könnte weniger die Verurteilung als das Verständnis einsetzen. Denn Martin Luther lebt unter einem ganz besonderen Muß. Jan Hus ist diese Erfahrung erspart geblieben. Luther zitiert diesen Vorgänger in einem bestimmten Zusammenhang: Ihm selbst wird die Gnade des Feuers noch immer nicht wie jenem Böhmen vergönnt. Das Martyrium, die Verbrennung auf dem Scheiterhaufen, den Tod des Ketzers hätte Martin kaum gefürchtet. Solch ein Ereignis hätte vielmehr letzte Sicherheiten mit sich gebracht.

Nun aber bekommt auch das Geschehen zu Worms eine neue Deutung. Nicht allein der Kaiser spielte die schlechten Karten. Nicht nur der Papst und sein Nuntius besaßen ein miserables Blatt. Auch der vermeintliche Sieger in jenem Spiel hat allenfalls einen Pyrrhus-Sieg in der Tasche. Die Abreise aus der Stadt des Reichstages, da er »anderer leute Rath, wie wol ungern« gefolgt war, das Fett und die Faulheit der Ruhe sind nur ein, nicht aber das einzige Mittel gewesen, den Deutschen zu dienen. Martin sieht dies inzwischen klarer als damals, ja dieses Wissen ist bereits schwer geworden. Luther quält sich und läßt seinen Ärger an den Sündenböcken aus.

Die Korrespondenz, die Luther mit seinem Landesherrn führt, weist kein einziges Wort des Dankes oder gar der Anerkennung für die Rettung aus Gefahr auf. Vielmehr hagelt es gröbste Ausfälle gegen die Fürsten als solche. Martin spricht geradezu von seiner »natürlichen Abneigung« gegen alle Höfe und Kurien dieser Welt. Attackiert wird nicht allein der Kardinal zu Mainz, angegriffen wird auch der Herzog Georg von Sachsen und beschimpft sieht sich selbst der eigene Kurfürst. Der Wittenberger Theologe manifestiert auf diese Weise seine Unzufriedenheit mit jenen Spielchen der Diplomatie, denen er, der noch immer so mönchisch disziplinierte Weltferne, sich weniger denn je gewachsen sieht. Realitätssinn, Taktik, Kompromiß, das ist das letzte, was er je ernst genommen hätte. Seine Wirklichkeiten liegen auf einem ganz anderen Terrain. Er hat Erfahrungen mit einer anderen Realität: mit dem Wort. So glaubt er wenigstens.

Aber täuscht er sich nicht? Hat er sich nicht nur deswegen der Sicherheit dieses Wortes verschrieben, weil er sich den Gewalten in der Welt da draußen nie gewachsen fühlte? Diese Frage stellt sich immer drängender. Luthers Denken und Fühlen bleibt zwischen dem Wort und der Gewalt aufgehängt. Er kommt nicht mehr von seinem Problem los. Martin versucht in den folgenden Jahren, die sich in ihren Abläufen gleichen werden, immer wieder, sein Wort gegen die Gewalt zu stemmen, die auf ihn eindringt. Doch: Eben dieses Wort, hochgelitten und hochgelobt von dem Einen, erweist sich als seltsam hilflos, unpraktisch und ungeschlacht in den Händen seines Entdeckers, während es zu einer glatten und griffigen Waffe wird, wenn andere es zu fassen bekommen. Luther wird denn auch sofort sagen, unübertroffen treffsicher, kein Feind habe ihn je so getroffen wie eben die Seinen.

22.
Von Gottes Gnaden Evangelist zu Wittenberg

Der Mann des Wortes

Mit der Vokabel »Glück«, ausgerechnet, umschreiben manche dennoch die nun folgende Zeit in Wittenberg: Martin Luther habe in aller Ruhe seinen Glauben auch für andere ausbauen, dem Wort allen widrigen Umständen zum Trotz eine neue Heimstatt errichten und das einmal begonnene Werk zu Ende führen dürfen. Das alles ist aber eine fromme Täuschung jener, denen an einer möglichst ruhigen Entwicklung der Bewegung hin zur förmlichen Reformation gelegen sein mußte. Luther selbst hat kaum etwas von dem getan, was diese Deutung ihm untergeschoben hat.

Aufbauen, errichten, zu Ende führen, das sind fremde Worte, die sein Talent nicht treffen. Martin hat seinerzeit, in dieser Periode des Glücks, nicht einmal gemerkt, daß er jetzt, jetzt und vor allem jetzt hätte handeln müssen, daß er nicht hätte zuwarten dürfen. Der Wittenberger Professor, alles andere als ein politischer Mensch, zog sich statt dessen auf Kanzel und Katheder zurück, schrieb, predigte, wartete ab und reagierte allenfalls auf einige von außen an ihn herangetragene Problemworte. Er läßt noch immer »getrost und frisch predigen« und »die Geister aufeinanderplatzen und treffen«, weil er vom Sieg der Wahrheit überzeugt ist.

Luther ist ein Mann des Wortes, in ungleich geringerem Maße jedoch ein Mann der Tat. All seine Taten, soweit diese überhaupt in die Öffentlichkeit gedrungen sind, bleiben Episoden, fast schon lästige Unterbrechungen jenes eigentlichen Lebens, das sich in der Zelle – und nur dort – vollzogen hat. Das Reden und Schreiben, nicht aber das konsequente Handeln, sind Grundanlagen Martins gewesen und geblieben. Zeitlebens ist ein professoraler Gestus unverkennbar. Zu dieser Gebärde hatte der Orden ihn erzogen, und noch mehr: Auch die klösterliche Disziplin, alles andere als nur schlimme Erbschaft einer Jugend, hatte Luther für immer geprägt, mochte er sich auch in vielen Worten von ihr gelöst haben. Martin blieb ein Mensch der Zelle und damit das genaue Gegenteil all jener Täter, die auf den Märkten der Welt ihre Gewalt handelten.

Ihnen hat Luther mehr und mehr, gerade in den noch folgenden gut zwanzig Jahren, seinen unergründlich tiefen Haß entgegengeschrien, all diesen Juristen, Obrigkeiten, Fürsten und Henkern. Doch selbst dieser Haß wirkt trotz seiner Tiefe und trotz seiner volkstümlichen Formen seltsam einsilbig, fast wie eine hohe Aufhäufung auch von Wiederholungen, die den Hörer und Leser eben doch, alles in allem, eher ermüden als erregen. Luther schreit, zankt und tobt, doch hinter diesen späten Ausfällen verbirgt sich immer wieder die furchtbare Angst, den Tätern eben doch nicht gewachsen zu sein: eine bis in das Innerste hineinreichende Unsicherheit.

Martin sagt sich instinktiv, daß sein Talent in Sachen Gewalt allenfalls zum Oberen einiger kleinerer Konvente ausgereicht hatte, keineswegs jedoch zur Umgestaltung einer ganzen Welt. Eine solche Aufgabe hätte, so ist dies nun einmal auf dieser Erde, einen wirklichen Täter vorausgesetzt, einen Mann leidenschaftlich skrupelloser Gewalt, vielleicht gar einen Papst. Luther weiß aber, daß er gerade dazu nicht geboren ist, daß er solche Taten nie leisten wird, daß vielmehr andere, tätigere Menschen ihm vorauseilen werden, um sein bescheidenes Wort – auf ihre Art – zu organisieren.

Wäre es unter diesen schmerzlichen Umständen nicht besser gewesen, alles beim alten zu lassen? Hätte Luther nicht besser daran getan, ganz in der Zelle zu bleiben, statt sich auf den Kampf mit der Kirche einzulassen? War sein neues Wort denn wirklich so viel richtiger als das derjenigen, die eine ganze Welt geordnet hatten?

Diese Fragen belasten den Wittenberger Prediger mehr und mehr – und sie werden zum Anlaß schwerster Anfechtungen, die nicht geringer gewesen sind als jene, die er vor Jahren im Kloster durchzustehen hatte. Luther empfindet seine eigene Schwäche immer stärker. Er beginnt sich zu fragen, ob seine Rede für das Wort nicht eben doch eine Art von Schutzmaßnahme für sich selbst, ein Rückzug auf das Stübchen gewesen ist, nicht aber ein Vorstoß in die Welt der Kirche hinaus.

Niemand macht einem solch großen Menschen einen solch großen Rückzug auf sich selbst zum Vorwurf. Niemand klagt an. Niemand weiß es besser. Dennoch kann gesagt werden, daß Luthers Wahrheit nie näher beim Irrtum lag als zu der Zeit, da er sich, wenn auch oft genug widerstrebend, herbeiließ, in Reden und Schriften seine Umwelt zu führen. Seine eigentliche Sicherheit blieb nämlich fast ausschließlich im Stübchen, im Hörsaal, auf der Kanzel. Nicht aber fand sie sich an jenen Stellen zurecht, von denen aus die Welt wirklich gestaltet wird. Das Schlachtfeld war ihr so fremd wie die Kanzlei des Politikers und des Juristen. Vielleicht ist es keine Täuschung, wenn behutsam angenommen wird, daß Luther sich auf diesem Gebiet im Laufe der Zeit besser kennengelernt hat als viele seiner späteren Interpreten, die – aus nachmaliger Erkenntnis – aus diesem grandiosen Ängstlichen einen gewaltigen Reformator gemacht haben.

Gerade ein solcher Täter war Martin – ganz anders als etwa Huldrych Zwingli – zu keiner Zeit seines Lebens. Er wollte auch kein solcher Führer sein. Seine Existenz sah anders aus: Hatte er noch während seiner Mönchszeit den Rückzug auf das Selbst des Wortes mit den Erfordernissen der klösterlichen Disziplin zu erklären gesucht, so liebte er nach 1517 eine neue Deuteformel für ein und dieselbe alte Haltung, nämlich das Vertrauen auf die Tatkraft und den Tatwillen Gottes, denen gegenüber alles Menschenwerk unnütz erscheinen mußte. Immer häufiger, immer entschiedener spricht er von den Werken dieses seines Gottes, nicht aber von seinen eigenen, es sei denn, er interpretiere diese als diejenigen des von Gottes Wort selbst getriebenen Predigers und Evangelisten. Gott selbst ist aktiv. Nicht aber der Mensch.

Mit Hilfe dieses Musters hatte Luther bereits anhand des Magnificat die Mariengeschichte ausgelegt: sich selber zum Trost. In diesem Text hatte er, auf der Wartburg, indem er zu anderen redete, zu sich selbst gefunden. Das ist Luther, wie er leibt und lebt. Er darf nämlich jetzt sehen, was es mit den Niedrigen auf sich hat, die Gott – und allein dieser – immer wieder erhöht. Er sieht auch, daß Gott es liebt, die Gewaltigen vom Throne zu stoßen. Und er sieht daran, daß es der Menschen Los ist und bleibt, Sünder zu sein, nicht aber, wie es die Papisten vorexerzieren, stolze Täter: »Ach, lieber Herr Got, laß uns lieber arme sunder sein, die flux fallen. Behut uns nur fur diser bepstischen, pharaonischen blindheit.«

Gottes hohe Majestät hat sich zu den Menschen herabgeneigt, um diesen zu helfen: »Wenn ich denke an die große Majestat und Barmherzigkeit Gottes, so erschreck ich selber dafür, daß sich Gott so hoch hat herab gelassen.« Und Gott ist sich für nichts zu schade, was seinen armen Menschen nützt: »Ich halt, daß Gott gleich so viel zu schaffen und zu thun hat, daß er ein Ding wieder zunichte mache, als daß ers schaffe und mache ... Mich wundert, das man nit lanngst die welt vol geschissen bis an den himel.«

Das ist Martin Luthers Sprache, die eines Theologen, der von sich sagen kann: »Wir sind narren und elende humpler mit unserm thun und kunst.« Das ist aber auch die Sprache eines Theologen, dem seine eigene Theologie nie so leichtgefallen ist wie vielen anderen: »Es ist dem menschen itz kein kunst leichter den theologia. Ich wolt al mein finger drumb geben allein drei ausgenomen, das sie mir auch ßo leicht were. Aber ich kan nicht besser hindurch komen, den ich spreche: Teuffel, lecke mich in arß!«

Ein durch und durch Angefochtener spricht immer wieder von dieser Existenz zwischen Gott und Teufel, wie sie sich im Stübchen abspielt. Das sind seine Kämpfe, nicht aber jene, die sich auf den Straßen tummeln: »meine nacht krieg sind mir vil seurer worden denn die tag krieg ... den der Teuffel hat mir offt ein argument bracht, das ich nit wust, ob Gott wer oder nit.«

In diesen Kriegen zeigt sich Luthers Größe. Die großen Stunden seines Genies schlagen immer, wenn er in der Zelle für die Zelle spricht. Wird er dagegen auf den Märkten herumgereicht, so fühlt er sich viel weniger sicher und weicht oft genug in die Gewalt seines Zornes aus.

Sein Glück, wenn es schon genannt sein soll, hat sich im Turmstübchen gefunden. Führung jedoch, die über das Verfassen von Schriften hinausginge, Organisation einer sich entwickelnden Bewegung, die Anwesenheit und nicht nur Schriftsätze erforderte, Kirche gar, die verfaßt, institutionalisiert, gesetzt sein müßte und nicht nur unsichtbar sein dürfte, falls sie überhaupt in der Welt wahrgenommen werden möchte, all dies ist ihm einfach nicht möglich. Seine Hoffnung ruht, eine Theologie höchstpersönlicher Art, auf der Tat des Gotteswortes, dem sich jedes Menschenwort anzugleichen hat. Luther vertraut auf Gottes Zu-Sage, auf das Jasagen des Herrn aller Geschichte zu seinen Menschen, auf das Herabneigen einer unendlichen Barmherzigkeit. Alle Buchstaben der Menschen aber bleiben »todte woerter«.

Glücklich all jene, die sich diesem Vertrauen Luthers anschließen können. Ein kleiner heiliger Rest nur wird es sein unter den Menschen. Große, gewaltige Scharen überfordern die Theologie des Martin Luther. Je größer nämlich die Masse der Christen ist, desto eher wird sie nach Leitung und Ordnung verlangen. Und eben diese Führung kann und will er nicht leisten, der Professor da droben, da drinnen.

Genau eine solche Leitung aber wird inzwischen von dem »Evangelisten zu Wittenberg aus Gottes Gnaden« verlangt. Die Neuerung trotzt ihm förmlich eine neue Ordnung ab, Stück um Stück, Gesetz um Gesetz. Er verweigert sich aus gewohntem Engagement nicht, doch leidet er unter diesen Forderungen. Entsetzlich oft wird er gezwungen, Tagesprobleme zu lösen, Regeln zu schaffen, Normen zu setzen. Und so stürzt er sich eben wieder in die gewohnte Arbeitslust, schreibt gierig vor sich hin, predigt bis zum Umfallen und frißt gleichsam alle Fragen der Welt in sich hinein. Immerhin sind noch über zweitausend Einzelzeugnisse von Luthers Predigten erhalten.

Martins Antworten wirken aber nicht immer gleich durchdacht. Da er selten mit einem ausgearbeiteten Entwurf, sondern nur mit Notizen auf die Kanzel steigt, ersetzt die vorwiegend spontane, ungeordnete Entfaltung der Gedanken den vorausgeplanten Aufbau. Mehr und mehr zeigt sich die Kehrseite seines ungestümen Eifers: Arbeitete Luther nicht gar so schnell, ließe er sich auf ein gemächlicheres Tempo ein, überlegte er hin und wieder genauer und grüblerischer, so könnten – wie bei anderen Leuten auch – nicht gar so viele Themen fast gleichzeitig abgehandelt werden. Martin jedoch, ganz Genie der Arbeit, kann und will sich nicht bremsen.

An sich wäre dies nicht sonderlich schlimm gewesen. Unleidlich wurde die ganze Angelegenheit erst durch die spätere Auslegung. Denn die Interpreten nahmen eines Tages, fleißige Jünger, die sie waren, die nur so eben hingeworfenen Augenblicksantworten eines Arbeitswütigen, dem seine eigene Welt langsam, aber sicher über den Kopf zu wachsen begann, als bare Münze und deuteten sie gar als Systematik, als Disziplin und als Dogmatik. Auf diese Weise entstanden fast unentwegt immer neue Theologien Martin Luthers, die nicht selten die psychische Situation dieses Autors übersehen haben, eines überforderten Menschen nämlich, dem das eigene Wort zu gewaltig zu werden drohte.

Hier, gerade hier gibt es aber nichts zu übersehen: Luther arbeitet, doch sind die Erzeugnisse dieser Spätzeit nur unter bestimmten Voraussetzungen zu interpretieren. In alledem spricht ein Mensch aus persönlichem Erleben, doch von Fall zu Fall, ohne System, ohne in sich geschlossene Theologie, zunächst auch ohne Anspruch auf eine wirkliche Weisung. Mehr sagt er nicht. Mehr sollten auch die Späteren nicht meinen. Und selbst wenn anzuerkennen ist, wie gewaltig der Ertrag dieser Jahre gewesen ist und wieviel Wirkung das Wittenberger Wort seinerzeit gehabt hat, bleibt doch die ungelöste Frage, ob das Wort die Welt je ändern könne, ob der Geist wirklich die Gewalt bezwingen werde und ob die Stille über den Sturm siege: »die Welt wird nur je länger je ärger.« Und »wo man sich hinkehrt, nichts denn eitel Sündenfluth schrecklicher Exempel der Undankbarkeit gegen dem lieben Evangelio bei allen Ständen . . .«

Luther meint in einer der immer häufiger werdenden Überlegungen zum Problem der Irreformabilität: »Ich halte, wenn die Apostel hätten zu einer solchen Zeit sollen leben als wir jtzt, da die Sünde und Laster Alles uberschwengen, sie hätten viel zu zarte Gewissen gehabt, sie hättens nicht können leiden. Wir aber haben Bärenhäute, Wildschweinshäute; wir fühlens so hart nicht! Wer traun ein harts Häutichen hat uber seinem Herzen, dem möcht es wol zerbrechen. Wolan, wir mögen wol beten und fromm werden!« Hat Gottes Wort denn wirklich eine Chance? Oder verzweifelten selbst die Apostel an dieser Zeit? Auch an einer späteren?

Niemand kennt bis auf den heutigen Tag, da die Bewegung speziell der Religion ihre Stoßkraft verloren zu haben scheint, eine hinreichende Antwort, schon gar nicht die Lösung des Problems, ob nicht eben doch – gegen Ende dieser Welt – allein die Tat bleibe, welche – über alle Leichname des Wortes hinweg – in das Verderben ihres Endsieges schreite. Zwar sind viele Christen noch immer der Überzeugung, sie hätten Gottes Zu-Sage in der Tasche, das Wort gehe selbst dann nicht unter, wenn Himmel und Erde vergangen seien. Doch bleiben auch hier Zweifel. Solche Sicherheit wirkt nicht selten trügerisch.

Der große Prediger Luther wird in den nächsten Jahren noch klarer sehen: »Was martern wir uns denn mit der Anfechtung so sehr, daß wir wollen die Leute fromm machen? Wir wollens Alles schnurgleich haben und zu Bolzen drehen, da wirs doch kaum können nur ein wenig zum Anfang bringen! Sollten billig zufrieden sein, wenn wir das unser gethan hätten, und immer fahren lassen, was nicht bleiben will. Welt ist doch Welt und bleibt Welt, da wird nichts anders aus, immer zur Höllen zu!« Martin kennt seine – und des Wortes – Schwächen: »Gesetz ist ein klotz, welchs, wohin du es wirfest, so bleibets ein klotz; es macht Niemand gerecht fur Gott.«

Nein, abermals nein: Gesetze rechtfertigen nicht, wo selbst das Wort Schwäche verrät. Gott allein kann etwas tun, und »Welt bleibt welt; und hatt yhr Christus nicht konnen helfen, werden wirs auch wol lassen bleiben«. Das weitet sich zur bittersten Erfahrung dieses Reformators aus: Welt und Kirche sind vielleicht doch ganz und gar irreformabel. Nicht nur die Kirche Roms, welche ein junger Mönch aus Wittenberg hatte im Sturm nehmen wollen, ist schuld- und reformunfähig, nein, die Gesamtheit der Menschen ist es. Luther zitiert beide Stellen aus der Schrift, den Propheten Jeremia wie den Evangelisten Lukas: »Wir wollten auch Babylon heilen. Doch läßt es sich nicht heilen. Daher verlassen wir es nun!« und: »Wird der Menschensohn bei seinem Wiederkommen überhaupt noch Glauben finden auf der Welt?«

Das alles ist dunkelste Sprache, tiefste Anfechtung, äußerste Entäußerung. Doch kein reformatorisches Glück.

Martin arbeitet dennoch. Der Ertrag lohnt sich. Den Anfang macht bereits eine Überprüfung der Wartburg-Übersetzung des Neuen Testaments mit anderen Mitteln: Was dem Forscher in seiner Abgeschiedenheit auf der Burg gefehlt hatte, konnte jetzt nachgeholt werden. Um Luther ein noch anschaulicheres Dolmetschen zu ermöglichen, werden Leute nach ihren Spezialkenntnissen befragt. Sie dürfen ihre Berufe, ihr Handwerkszeug erklären, und Martin übernimmt die Fachausdrücke in seine Überarbeitung. Ein Fleischer nennt beim Schlachten die Bezeichnungen für die Körperteile des Schafes, damit Martin die alttestamentlichen Tieropferungen exakt übersetzen kann, und es werden sogar Edelsteine beim Kurfürsten ausgeliehen, damit eine dunkel gebliebene Stelle aus der Apokalypse erhellt wird, die von verschiedenen Steinen spricht. Und der gute Melanchthon muß sich gar in das »verzweifelte Gebiet« der antiken Numismatik einarbeiten, damit der Gegenwartswert der in der Schrift genannten Münzen richtig wiedergegeben werden kann.

All diese Anstrengungen sind beachtlich. Sie stellen Luthers wissenschaftlicher Begabung ein hohes Zeugnis aus. Wichtiger noch ist jedoch die Deutung der ganzen Übersetzerarbeit durch Martins eigene Vorreden zu seiner September-Bibel: Hier spricht er seine Leitgedanken aus, hier offenbart er sein Innen, hier spricht er vom »zarten, rechten Hauptevangelium«, von den – für ihn – wichtigsten Teilen der ganzen Schrift. Hier interpretiert er – ganz Feind der Gewalt –

das Evangelium und die Apostel in seinem eigenen Sinne als Träger einer freundlich lockenden Botschaft, die zwar auch Passagen von Gesetz und Lehre enthält, im großen ganzen jedoch Ermahnung, Bitten und Flehen ist, nicht aber Drohen, Zwingen, Gewalttat.

Luthers intensive Beschäftigung mit dem Wort leistet noch einen anderen Ertrag. Martin wählt nämlich ganz bewußt aus. Er kennt jetzt im Gesamt der Heiligen Schrift die Hauptstücke und eben auch die »stroherne Epistel«. Gemessen an der Wesensaussage des Evangeliums, gewogen auf der Waage des richtigen Wortes, unterscheidet der Dolmetsch gute und weniger gute Teile. Es gibt daher künftig so etwas wie ein inneres Kriterium der Schrift: die Botschaft vom Christus-Ereignis.

Mit dieser Wahl ist die formale Einheit und Gleichheit des Schriftkanons aufgehoben, wenn auch nicht ganz beseitigt. Indem Luther nämlich bestimmte Schrifttexte als zweitrangig klassifiziert, weil sie der Botschaft von Jesus Christus ferner stehen als das Hauptevangelium, revolutioniert er das gesamte Verständnis des Wortes. Zugleich schafft er ein gewaltiges neues Problem: das der Auslegung. Sein Wort, das Wort des Einen, steht künftig nicht immer im Kontext der anderen Worte, der Worte der Vielen. Im Gegenteil, was sich zu Wittenberg ereignet hatte, als andere Propheten aufgestanden waren, wird – aus der neuartigen Schriftinterpretation heraus – zum Lebensproblem der neuen Bewegung: Die authentische, die gesetzliche, die amtlich gewalttätige Auslegung Roms ist beseitigt, und jedermann darf und soll künftig lesen und deuten. Eine Mauer ist zerschossen.

Die Fortschritte der Bewegung

Alle aber, die meinen, ein solcher Damm lasse sich ungestraft brechen, werden sich täuschen: Kaum ist das Gesetz der offiziellen Schriftauslegung gefallen, strömen Hunderte von abweichenden Auslegungen in die Christenheit ein. Luther meint zwar noch lange, allein seine Interpretation habe ständige Geltung zu beanspruchen, sei dauernde Autorität, bleibe stets ohne Widerspruch. Doch verweisen die vielen Anderen auf ihre eigenen Einsichten, Erleuchtungen wie Erweckungen – und Martin wird mehr und mehr zu einem unter vielen.

Nicht jeder, der ihm und seiner Sache folgen wird, sieht sich auch dazu imstande, Luthers Interpretationen anzunehmen. Schon gar nicht jene – inzwischen so existentiell gefärbte – Meinung findet Anhänger, Gottes Gnadengerechtigkeit sei ein unverdientes Werk des Geistes in den Menschen und mache den Glaubenden »fröhlich, trotzig und lustig gegen Gott und alle Kreaturen«, weil es das Tun eben auf Gott beschränke und den Menschen das Werken erspare. Denn nicht alle wollten derart fröhlich und lustig gegen die Kreaturen ihrer

Umwelt bleiben. Nicht alle wollten leiden und sich gedulden. Nicht jeder sah sich in der Lage, noch länger auf Gottes Taten zu warten. Viele meinten dagegen recht bald, sie hätten schon in der Vergangenheit genug erduldet, zu lange gewartet, zu sehr gehofft und allzu fröhlich gegen alle Kreaturen gelebt. Inzwischen aber sei es Zeit, zuzupakken.

Ob Martin diese Entwicklung von Anfang an mitbekommen hat, ist zweifelhaft. Er schreibt noch im März 1522, ziemlich ahnungslos, an Spalatin, in Wittenberg sei »nichts mehr denn Lieb und Freundlichkeit« anzutreffen. Daß sich unter der hauchdünnen Decke dieser Liebe faustdicker Haß ansammelte, hat Luther kaum bemerkt. Noch immer tröstet er sich an seiner zarten Wahrheit und nimmt beruhigt zur Kenntnis, daß »das Wort Gottes ziemlicher Maß an etlichen Orten zunimmt«, wie jemand ihm geschrieben hatte. In solcher Sicherheit unternimmt er Predigtreisen in die Umgebung der Stadt, denn »überall dürstet man nach dem Evangelium, und von überall her bittet man uns um Prediger«.

Das stimmte, zumal nur ganz wenige schon unter den Teppich schauten. Aber ganz sicher war Luther sich eben doch nicht. Im eigenen Herzen nagte der Zweifel, die Anfechtung, die Unsicherheit inmitten aller äußeren Sicherheiten. Er bezeichnet sich als ein »gering ganz evangelisch voracht Aschenprodel«, und auch seine Hinweise auf das Leiden fehlen nicht. Er rechnet sogar fest mit jener letzten Anfechtung, die ihn erreichen wird, »wenn ich mir selbst zu Last falle«, wenn er also selbst genug von sich und seiner Sache hat, wenn die Gedanken an die Irreformabilität die Oberhand gewinnen.

Einer der wenigen, die tiefer sehen, ist Staupitz. Dieser Vater, der aus dem zerfallenden Orden der Augustiner inzwischen zu den Benediktinern übergetreten und Abt von Sankt Peter in Salzburg geworden ist, kennt seinen Sohn, der drauf und dran ist, sein Wort an die Tatmenschen zu verlieren. Luther hört auch seinem »Oberen im Herrn, dem lieben Vater und Lehrer« aufmerksam zu, der bald sterben wird (»Gott hat ihn gewurget«), doch andere, lautere Stimmen stören bald dieses Hören auf einen Mann »nicht knechtischen Gemüths«.

Das Außen läßt sich nicht abspeisen. Die Welt wartet noch immer auf Wittenberg. Zumindest läßt sie es auf einen Versuch ankommen. Luthers Theologie aber fühlt sich durch diese Erwartungen gefährdet. Martin unternimmt nicht viel. Schon bald wird ihm daher bedeutet, er nutze keine einzige Chance zur Tat. Dabei »wäre« die Situation so günstig wie noch selten. Denn noch immer hatten die meisten Menschen keine definitive Entscheidung gegen Rom und für Luther – oder umgekehrt – getroffen. Eine solche schien bitter nötig, denn in diesen Jahren zwischen 1520 und 1525 sollte ganz Europa auf Jahrhunderte hinaus gestaltet werden. Martins Wort »hätte« mitgestalten dürfen, können – und müssen.

Als er aber zögert, als er die Schwachen schont, als er »Gott allein« handeln lassen will, eilt die Zeit ohne Erbarmen an ihm vorbei. Bald schon wird sie ihre Sehnsüchte bei anderen unterbringen, nicht mehr bei diesem Wortmenschen. Schon greifen die anderen zu, schon flakkert die Abweichung auf, schon zählen die Sekten ihre Mitgliederhaufen, schon erheben sich die Prädikanten der zweiten Generation, schon schreit man ein anderes Wort in die begierige Welt hinaus. Luther allein glaubt noch immer an seine Eigenheiten.

Inmitten aller Befürchtungen, die er nicht, noch nicht anzuerkennen versteht, inmitten einer zunehmenden Teilung des einen Wortes in die vielen, welche künftig drunter und drüber purzeln werden, nimmt Luther vor allem das ruhige Anwachsen der eigenen Lehre wahr und predigt unverdrossen die alte Botschaft. Er freut sich aufrichtig, daß alles »gut geht«. Unabhängige Fürsten und Ritter, mehr und mehr auch die Städte öffnen seiner Auslegung ihre Tore. In Nürnberg etwa, einem klassischen Beispiel, war das Augustiner-Kloster, mit dem der Bruder Martinus seit seiner Rom-Fahrt verbunden war, zum Zentrum des erweckten geistlichen Lebens geworden, eine »Sonne unter Mond und Sternen«. Staupitz hatte dort gepredigt und schon 1517 Martins Freund Wenzel Link als Prior eingesetzt. Und bereits 1520 erfährt man aus der Stadt, »die Patrizier, die Mehrheit der Bürger und alle Gelehrten« stünden auf der Seite des »Herrn Martinus«. Seit 1522 werden sogar die wichtigsten Kirchen Nürnbergs mit neuen Predigern versorgt – und so reformerisch wird die stolze Stadt auch bleiben. Gleichwohl sind die Klagen über den neuen Zustand unüberhörbar: »Ich hör oft«, so meint eine Nürnbergerin, »das vil Menschen in diser Stat sind, die halb verzweifelnd sind und in kein Predigt mer gen, sagen, sy sind durch die Predigt verirret, das sy nit wissen, was sy gelauben sollen, und geben vil darumb, das sy derselben nit gehört hetten.«

Ähnliche Fortschritte machte die Bewegung auch in Erfurt und Magdeburg, zwei Städten, die Martin aus naheliegenden Gründen besonders am Herzen lagen. Er war im Oktober 1522 selbst in Erfurt gewesen und hatte gegen die »bisher groß Schmerbäuch« aufgerufen sowie die Gläubigen als »Herrscher uber den Papst, Teufel und uber allen diesen Gewalt« bezeichnet, dennoch aber auch gemeint, ein Christ solle die Gegner »nit verachten, ob sie wohl Christum nit erkennen, sunder Geduld mit ihn' haben«. Einen Aufruhr wie die Verschwörung Hans Römers vom Weihnachtstag 1527, welcher ausgezogen war, »die oberkeiten allenthalb zuvertilgen mit dem fewer, dem schwert«, war seine Sache nicht.

Voran ging es auch in den Niederlanden, einem zweiten Zentrum martinianischer Gedanken neben Wittenberg, wo einige Augustiner der strengen Observanz die Lehre, die sie bei ihrem Studium von Luther aufgenommen hatten, unters Volk brachten, um dem verehrten

Lehrer neues Territorium zu erschließen. Allerdings ist diese Gruppe niederländischer Augustiner auch die erste, die von der römischen Inquisition erfaßt wird. Der Nuntius Aleander und die kaiserliche Statthalterin Margarete waren entschlossen, wenigstens in den Erblanden Karls V. das Wormser Edikt mit aller Konsequenz durchzuführen und jeden Keim der Ketzerei zu ersticken. Luthers Neuerung bekam auf diese Weise ihre ersten Märtyrer.

Martin ist tief betroffen. Er dichtet, schon immer ein Liebhaber von Märtyrerlegenden und Bekennerhistorien, »eynn hubsch lyed von den zcweyen Marterern Christi« und läßt es als Flugblatt verbreiten. Auch ein offener Sendbrief folgt, der den evangelischen Landsleuten der beiden Blutzeugen Trost spenden soll. Und bald wird auch der Leidensweg dieser Märtyrer mit gewandter Erzähltechnik unter enger Anlehnung an die Passion Christi geradezu heroisch geschildert werden. Luthers Pathos klingt echt, denn diese ersten Blutzeugen der Neuerung machen das Zeugnis des Böhmen Jan Hus inmitten der eigenen Bewegung lebendig. Martin fühlt dies stärker als jeder andere. Wieder meldet sich sein Hunger nach dem Martyrium, der doch nie gestillt werden wird. Noch ist er nicht so weit wie in den dreißiger Jahren, wo er viel resignierter argumentiert und eher einen natürlichen Tod (am »schelm«, der Pest) als den Scheiterhaufen für sich reklamiert: «Lesst mich unser Herr Gott am schelmen sterben, so thut Gott den papisten ein grosse schalckheit, das sie mich, den ergsten irer feinde, sollen nicht umbbringen noch verbrennen. O, wenn sie kondten, zerrissen mich mit den zeenen . . .«

Noch rechnet er nicht mit der Möglichkeit, im Bett zu sterben, die er dann – um einiges später – theologisch umdeuten muß: »Ich wil lieber durch den Teuffel sterben den durch den keiser; ßo sterb ich durch ein grossen hern.«

Das ist der Ausdruck einer ganz besonderen Tragik: Ein Ketzer möchte eben auch als ein solcher anerkannt sein – bis in den Tod. Daß Luther jedoch überleben muß, kann er sich – und dem Kaiser wie dem Papst – nicht recht verzeihen. Die Verbrennung wäre um vieles leichter gewesen: Niemand hätte den späten Luther irgendwelcher Sicherheiten bezichtigt, niemand hätte ihm den Vorwurf der Bürgerlichkeit gemacht, niemand hätte ihn einen Fürstenknecht geschimpft. Martin wäre einzig und allein ein Märtyrer gewesen. Aber diesen Gefallen tut der Gegner ihm nicht.

Luther wird sich dieser seiner Lage immer bewußter. Im Frühsommer 1522 deutet er die Situation, indem er die blendenden Gewinne des Außen relativiert und das Innen offenbart: »Gar nirgends auf der Welt« sei »das reine Evangelium« anzutreffen, lautet das Fazit nach fünf Jahren »Reformation«.

Gleichwohl macht er weiter. Das Herz hat seine Gründe, die der Verstand nicht kennt. Luthers Wahlspruch redet nicht vom Denken, sondern vom »Leben«. Sein Wappen aber zeigt ein Kreuz inmitten eines Herzens . . .

Dieser Prediger legt sein Wort, wie er es in der Heiligen Schrift gefunden hat, mit viel Herz in die Zeit hinein aus, interpretiert sein eigenes Empfinden und lockt auf diese intime Weise auch seine Zeitgenossen, ähnlich zu fühlen wie er. Die persönliche Interpretation gilt immer den Menschen seiner Umwelt, unter deren Partnerzwang er seine Antworten formuliert, nicht in jedem Falle aber auch schon irgendwelchen künftigen. Wenn er beispielsweise im Herbst 1522 über die Ehe spricht, deren Tage und Nächte er nicht im geringsten kennt, so legt er in erster Linie die gängigen Texte aus, umschreibt diese von allen Seiten und greift schließlich in den Erfahrungsschatz seiner Umwelt. Damit ist dann aber auch schon Schluß.

Und wenn er Anfang 1523 die Obrigkeiten traktiert, deren schnöden Alltag er ebensowenig kennt wie den von Ehe und Familie, so legt er – nach bestem Wissen und Gewissen – seine biblischen Gedanken vor, in guter Absicht, gewiß, doch ohne Bereitschaft oder Fähigkeit, Regierungen, Staaten oder Reiche zu regeln. Ein Niccolò Machiavelli, ein Thomas More hatten demgegenüber langjährige Erfahrungen, waren von der Pike auf im politischen Dienst tätig und verstanden von innen her etwas von der Sache, über die sie später schrieben. Martin hingegen predigt, interpretiert den Klartext seiner Schrift in Richtung Obrigkeit, mahnt und ruft gar zur Buße – und macht dann Schluß. Mehr weiß er nicht.

Doch haben es Theologen je anders gehalten? Ist Luther eine Ausnahme innerhalb seiner eigenen Zunft? Haben die Professionellen je die wirklichen Erfahrungen sprechen und schreiben lassen – und diese dann auch anerkannt? Wo nur ist die Mündigkeit der Laien geblieben, die die Arbeit der Welt wirklich auf sich genommen haben?

Luther rettet sich und seine eigene Auslegung gegenüber diesem Problem in den Klartext hinein. Er meint, es komme gar nicht so sehr auf ihn und sein Wort an, sondern auf den Text selbst. Als ihn die Drucker schier erdrücken, weil sie stets neues Material aus ihm herauspressen wollen, um nach bewährter Manier ihre Einzel-, Sonder- und Sammelausgaben zu verlegen, meint Martin, seiner Bücher bedürfe es doch gar nicht mehr: »Trink doch mehr aus dem Brunn selbst als aus den Bächlein, die dich zum Brunn geleitet haben!«

Allerdings bemüht er sich auch immer wieder, den Brunnen selbst offenzulegen und offenzuhalten. Was in den herkömmlichen Predigten des Mittelalters überhand genommen hatte, die berüchtigten Spielchen mit der Allegorie, das Stochern in den Heiligenlegenden und die Anwendung grobschlächtigster »Moral«, fällt weg. Luther will klar und eindringlich über den Text selbst sprechen, nicht aber über dessen Epigonen, über Dogma und Disziplin. Deswegen bemüht er sich um die einfachen Grundwahrheiten, um das Hauptevangelium, das praktisch von sich aus spricht. Eine wirklich gute Predigt ist also nichts anderes als ein »gut Geschrei von Christo«. Das Evangelium stellt kein Sakralrecht mehr dar voller Gesetze wie in der alten Kirche. Es bedeutet keine Zusammenfassung von Schriften oder eine Traditionsvermittlung eines besonderen Lehrstandes von Experten aus dem Klerus, sondern es gleicht einem einzigen Ruf, der – immer neu erhoben – nur den einen Inhalt hat: Jesus Christus.

Luther weiß dies jetzt ganz genau (»Weil ich ein papist war, hat ich mich geschemet Christum zu nennen, ich dacht: Jesus ist ein weibischer nam«, sagt er dann einmal anno 1532); er läßt sich nicht mehr von dieser Meinung abbringen; und er spricht immer wieder von der einen Sache: Christus, Inhalt wie Herr allen Wortes (»die seul mitten im haus, die hellt es Alles«), bleibt der »öberst pfaff«, vor dem alle anderen »mussen zu boden gehn«. Er, nur er, wird »Priester bleiben ewiglich, ob er gleich von keinem Bischof geweihet ist, denn Gott selber hat ihn ordinirt, da er hat geschworen, und wird ihn nicht gereuen, ›Du bist ein Priester ewiglich‹. In diesen Buchstaben dieser Wort ›Du bist ein Priester‹ ist ein jgliche Syllabe viel größer denn der Thurm zu Babel.«

Der Hohepriester Christus aber »thut und wircket alles durch das wort«. Selbstverständlich ist es bei Luther, daß diese Wirkung nichts mit der Gewalt der Papisten und der Schwärmer zu tun hat, sondern allein mit Gottes Tat. Martin findet dafür ein unübertreffliches Bild: »Ein Holzwürmlin ist ein klein weich Mädichen oder Würmlin, aber es hat vorne an ein hart Rüsselchen, es bohret und beißt durch alles Holz. Also ist der Herr Christus auch ein Würmlin, Psalm 22, das ist ein geringer und elender Mensch anzusehen. Er hat einen schwachen und sterblichen Leib, aber er hat ein hartes Rüsselchen oder Schnäbelchen, das ist, eine göttliche Kraft und Macht, dadurch überwindet er die Sünde, Tod, Gesetz, Teufel und Hölle.«

Genau darauf kommt es an, und Luther ist wieder bei seinem Thema: Gott selbst handelt, sein Christus, das »holtzwurmlein«, hat ein »hart schnebelichen«, von dem die Tat ausgeht. Die Menschen haben diesem gewaltigen Wort zu gehorchen und nicht über Gottes Pläne zu räsonnieren, »gleich als die kachel den topffer leeren wolte, wie er sie machen solte«. Der Mensch, auch und gerade der Prediger hat nicht zu rechnen, sondern Gottes Gnadentat, die im voraus geschehen ist, anzunehmen. Dadurch wird er erst zum Menschen, dadurch kämpft er gegen die Widersacher Gottes: »Man kann auch dem Teufel nicht weher thun, denn wenn man von dem Jesichen und seiner menschwerdung redet.«

Es geht darum, im Glauben an das Wort Gottes, das zugleich die Tat Gottes an den Menschen ist, nicht die Zustimmung zu einer toten Ansammlung von Gesetzen und Geboten zu sehen, sondern verstehen zu lernen, daß dieser Glaube Leben und nur Leben ist: »Also hat Christus getan, dem tu's nach, so bist du ein Christ.« Mehr braucht es wirklich nicht. Schade ist nur, daß die Nachgeborenen nicht noch Christus auf Erden miterleben dürfen, denn dann hätten sie einen noch anschaulicheren Lebensunterricht genießen können. Luther erzählt später einmal zustimmend von einer Legende, die verdeutlicht, was er meint: Christus ist immer »fein freundlich mitt den jungern umbgangen«, und seine Freundlichkeit war so groß, daß Petrus nach der Auferstehung des Herrn »imer geweinet hat und die augen mitt einem schnuptuchlein so gewuscht, das sie im auch sein gar roth worden«. Warum aber hat der Apostel so geweint? Weil er es »nicht kunde lassen, wenn er an die freundliche conversation gedacht, die sie mit dem Herrn Christo gehabt hetten«.

Das – und nur das – ist Christi Umgang mit den Menschen. Der Herr hat nie aufgehört, auf diese freundliche Weise mit uns zu sprechen. Luther ist fest davon überzeugt: »Er gehet mitt uns wahrlich auch so freundlich umb, wenn wirs nit glauben wolten.« Ja, wenn die Menschen nur darauf vertrauen könnten, daß dieser Gott es so gut mit ihnen meint! Sie glauben dagegen, »der Glaube ist nicht genug, es muß etwas mehr und Größeres dasein«. Und sie kommen auf diese Weise ins Eifern, Rechnen, Überlegen, Sich-Ängstigen, kurz, in das Gesetz. Sie vergessen, daß Gottes Gerechtigkeit nicht nach einzelnen Taten fragt, die der Mensch im Gericht abgrenzen, zählen und abwägen könnte, sondern allein nach dem Abgrund des Gewissens, nach dem Urvertrauen des »simul iustus et peccator«, der seine ganze Person auf Gottes Tat und Wort gesetzt hat, der von sich selbst nichts erwartet. Alle guten Werke von einst aber müssen beiseite gelegt werden, da sie das Evangelium verraten und »Paulus ins Maul hineinschlagen«.

Mit diesen Aussagen ist Martin Luther wieder im Stübchen, beim Eigenen. In diesen Aussagen ist er der unübertroffene Prediger, der seine eigenen Unsicherheiten auf die Sicherheiten des Gotteswortes gestützt hat. Wenn er so spricht, tröstet er sich und die ihm Anvertrauten. Das ist seine eigentliche Stärke: »Ach, wie sint wir doch so arme leut! Wir vordienen unser brot mitt sunden. Wenn wir komen biß ins 7. jar, mittler zeit thun wir nichts denn essen, trincken, spilen, schlafen; vom 8. jar gehn wir in die schul, deß tags 3 oder 4 stunden, darnach biß wir 21 jar alt werden, da treiben wir mutwill etc. und erbeiten kaum 10 jar unser leben lang. Was wollen wir dennoch stolzirn auf unser gute werck? Was habe ich heute gethan? 2 stund gekackt, 3 stund gegessen und 4 stund mussig gegangen.«

So faßt er noch im Sommer 1540 sein eigenes Leben zusammen. Er weiß, was er sagt. Von dieser Basis aus hat er über die Jahre hinweg gepredigt, die neue Gemeinde auch darüber getröstet, daß er sie aus der traditionell-sicheren Welt des alten Kirchtums hatte lösen müssen, und oft und oft zur Erneuerung der Frömmigkeit gesprochen und geschrieben.

Alle gewohnten Aussagen etwa über die Heiligen sind auf diese Weise auf das biblische Maß zurückgeführt, an Maria wird allein Gottes Gnade gerühmt, das Menschenwerk der Wallfahrten und des Reliquienkultes ist zurückgewiesen (»Es gibt so viele Späne vom heiligen Kreuz in der Welt, daß man ein Haus daraus bauen könnte . . .«) und Gottes Tat in Christus ist als der Kerninhalt des Glaubens an die Frohe Botschaft gedeutet. Freude, Hoffnung und Zuversicht will Luther wecken, denn nur »Lumpenprediger« rühren zu Tränen. Christus aber »will deine Tränen nicht, die Passion ist dir zur Freude gesandt«.

Luther, ein Meister des Trostes, dessen Zorn immer auch etwas Gutherziges, Zutrauliches und Lenksames aufweist, der sich so gern »beschwindeln und übertäuben« läßt, der sich selbst einen fraulichen Gemütszustand bescheinigt, der von sich sagt, er sei »ein Schaf und bleibe ein Schaf«, spricht immer wieder von dieser vertrauensvollen Freude, die den Christen ausmacht. Das ist die andere Seite seines so vielschichtig gefalteten Lebens. In diesen Augenblicken fühlt er sich ganz und gar geborgen. Da fallen die Anfechtungen von ihm ab. Da hat er vor sich selber Ruhe.

Weder Parteiführer noch Gegenpapst

Es finden sich viel zu wenige derart ruhige Stunden in seinem Leben. Die Freude bleibt noch immer die Ausnahme: »Ich bin selber offt auch auf mich tzornig, das ich das nicht kan . . . so ich so viel davon gelesen, geschrieben und geprediget habe; noch kan ichs nicht . . . Ein christen sol ein frolich mensch sein«, sagt er im Frühjahr 1533 von sich. Und er klagt auch einmal, er verstehe das Psalmwort nicht, nach dem man sich »mit Zittern freuen« solle. Denn: »Das reim mir einer zusammen, fröhlich sein und sich fürchten! Mein Sohn Hänsichen kann es thun gegen mir, aber ich kanns gegen Gott nicht thun. Denn wenn ich sitze und schreibe oder thue sonst etwas, so singet er mir ein Liedlein daher; und wenn ers zu laut will machen, so fahre ich ihn einwenig an, so singet er gleichwol fort, aber er machets heimlicher und etwas mit Sorgen und Scheu. Also will Gott auch, daß wir ihm sollen fröhlich sein, jdoch mit Furcht und Ehrerbietung gegen Gott.«

Luther weiß schon, was zu tun wäre: »Die beste Arznei wider die Anfechtung ist, daß du deine Gedanken davon abwendest, das ist, redest von anderen Dingen, von Markolfo, Eulenspiegel und dergleichen lächerlichen Possen, so sich gar nichts zu solchen Händeln weder reimen noch dienen, damit du jener schweren Gedanken vergessest oder haltest dich straks ans Gebet und einfältig an den Text des Evangelii.« Doch gelingt ihm, dem Ratgeber, eine derartige Ablenkung nur selten.

Luther müßte nicht Luther sein, wenn er es nicht überhaupt bei allgemeinen Hinweisen bewenden ließe. Denn auch wenn er zum Beispiel von einem Ordnungsamt handelt, damit nicht die ganze Gemeinde wie die Marktweiber zusammen auf einmal quatscht und niemand zuhört, so läßt er doch – wenigstens in den entscheidenden Jahren zu Wittenberg – die Ausgestaltung offen. Niemand darf erwarten, daß er seine Vorstellungen über die äußeren Angelegenheiten, zu denen etwa die Beichte oder das Abendmahl in zweierlei Gestalten gehören, in förmliche Gesetze faßt. Jenen, die auf solch detaillierter Regelung bestehen, tönt es vielmehr aus der Zelle entgegen, das alles sei nur »Rauch und Dampf«, da handle es sich um Bagatellen, Lappalien, Einzelheiten ohne Interesse. Martin ist in diesen Fragen entschieden. Er will keine Gewalt, er will die Freude, die Bitte, die Ermahnung. Anders jener Karlstadt, dessen großer Fehler es war, das Wesen des Christentums im Kampf gegen die äußeren Formen der Frömmigkeit zu erblicken und Widerstand gegen Bilder, Altäre und Sakramente zu leisten. Luther meint, solche Leute hätten einfach nichts vom Glauben verstanden.

Während Martin jedoch dieses stete Thema in immer neuen Abwandlungen vorträgt, handeln die anderen. Oft genug sind die Anlässe banal, ja geradezu grotesk: In der Schweiz beispielsweise bringen ein Wurstessen in Zürich oder ein Spanferkelmahl in Basel, beide als Demonstration gegen die Fastengebote der alten Kirche gedacht, die Neuerung in Gang. Die Auflehnung gegen die Speisegesetze einer Kirche, die solche Verstöße sogar durch ihren weltlichen Arm mit dem Tode sühnen ließ, machen aber nur den Anfang. Der brennende Funken ist in ein seit Jahrhunderten aufgeschichtetes hochexplosives Material gefallen. Daß es schon in kürzester Zeit brennt, versteht Luther nicht recht. Verbotene Würste oder Ferkel zu essen scheint ihm zu untheologisch. Doch wird die Welt bald fragen, ob denn sein Kampf gegen Tetzels Ablässe wirklich ein Mehr in sich getragen habe. Martin selbst glaubt schon. Doch auch die anderen halten am theologischen Sinn ihrer Aktionen fest, und der Geist der Spaltung tut ein Übriges.

Noch immer glaubt Wittenberg aber nicht so recht an die neue Gewalt, die sich da auftut. Luther zögert noch immer, seinerseits tätig zu werden. Er ist doch selbst alles andere als der Führer einer abgegrenzten und programmatisch abgesicherten Partei. Er verwahrt sich geradezu gegen solch spalterische Bezeichnungen: »Was ist denn Luther? Ist doch die Lehre nicht meine . . . Wie käme ich alter stinkender Madensack dazu, daß sich die Kinder Christi mit meinem heillosen Namen nennen? Schluß damit, liebe Leute, laßt uns tilgen solch parteiischen Namen und uns Christen heißen, dessen Lehre wir haben.«

Wer mehr von Martin will, muß ihn schon aus seinem Stübchen locken und immer wieder insistieren, bis er einen Kompromiß mit sich schließt und sich bereit erklärt, irgendwelche Regelungen anzudeuten. Was dann schließlich dabei herauskommt, ist wieder eine Bußbitte und ein Flehen, ein Zugeständnis auch an die Schwachen und Unwissenden, die Luthers eigene Entwicklung hin zum Wort nicht, noch nicht mitgemacht haben, vielleicht auch nie mitmachen werden. Mochten doch die anderen, die »Zeremonisten« für derlei sorgen, die Täter eben, darunter auch und gerade die Fürsten, »Gottes Stockmeyster und Hencker». Denn dazu taugten diese gerade noch. Vom Wort selber aber sollten sie tunlichst ihre Finger lassen. Dieses gehörte ihnen nicht. Sie sind dazu da, ihr Regiment über die »bösen Buben« auszuüben. Der Christ aber ist – in seiner Freude – frei. Das Wort seines Glaubens untersteht einem solchen Regiment nicht. Es gehört einem ganz anderen Reich an, in dem die Obrigkeit dieser Welt nichts zu suchen hat.

Das Wort ist dem Zugriff der weltlichen Gewalten entzogen. Luther läßt daran keinen Zweifel. Bereits in seiner Schrift »Vom ehelichen Leben« hatte er den Hörer des Wortes von den überflüssigen Ehegesetzen der Papisten freigesprochen, die allesamt keinen Rückhalt in Gottes Heiliger Schrift fanden. Er hatte dem Papst und den Seinen ins Stammbuch geschrieben, die Ehe sei gar kein Sakrament und gehe deswegen die Kirche auch nichts an. Die Juristen des Antichrists hatten jedenfalls nicht darüber zu befinden. Das Wort gehörte den freien Christen.

Zwar räumt ein zum Regeln gezwungener Luther dann doch ein, daß auch die Christen hin und wieder spezielle Ehefälle zu behandeln hätten, doch sind für derartige Entscheidungen keine generellen Normen nötig, weil sie von Fall zu Fall zu traktieren sind. Also beschränkt Luther sich auf Anregungen, auf Hinweise auf das Grundwort, auf die Predigt. »Artikel« finden sich nicht. Freude und Liebe entscheiden ungezwungen und frei. Nur auf diese freie Weise bleibt der Christenheit die lebendige Kraft zur steten Glaubensentscheidung erhalten, der alle Gesetzlichkeit früher oder später weichen muß.

Wittenberg wird hierfür zum Exempel. Luther macht in den traditionellen Frömmigkeitsformen der Stadt »greulich viel Unflats« aus, doch überstürzt er nichts: »Ich habe nichts mit Gewalt und Befehl unternommen und nicht Altes mit Neuem vertauscht, sondern war immer zögernd und ängstlich: einmal wegen der im Glauben noch schwachen Seelen . . . vor allem aber wegen der leichtfertigen und anmaßenden Geister, die wie schmutzige Säue ohne Glauben und Verstand hereinbrechen und nur an der Neuheit Freude haben; und sobald es nichts Neues mehr ist, wird es ihnen zuwider.« Martin glaubt seine Sache gut bestellt und die Feinde abgewehrt, die aus der Freiheit ein Gesetz machen wollten. Und doch ist wieder einmal alles ganz anders als geplant gelaufen.

23.
Wollet euch vor diesem falschen Geist gar fleißig vorsehen

Luther und Karlstadt

Luther wird sich täuschen. Doch ist das nicht allein seine Schuld. Oft und gern wird nämlich übersehen, wo genau dieser Mann in jenen für seine Bewegung so entscheidenden Jahren saß, schrieb und predigte, im Thüringischen nämlich und damit nicht unbedingt in den Zentren des Reiches oder gar der Welt: »Ich habe 24 jhar alhie gepredigt«, sagt er im Jahre 1536, »den wegk zur kirchen also oft gegangen, das nicht wunder wehr, das ich nicht aleyn die schue, sondern auch die fusse auf dem pflaster abgewetzt hette. Ich habe das meyne gethan, fhule mich wol.« Wittenberg aber war und blieb das »winckelichen« von früher. Zwar blickten viele auf diese Stadt und ihren Prediger, doch agierten die Täter anderswo, in Rom etwa, in Madrid, an der Hohen Pforte. Es sollte daher nicht verwundern, daß der kursächsische Professor nicht über jenen Weitblick verfügt hat, der erforderlich gewesen wäre, eine ganze Welt neu zu ordnen.

Das »arme stublin« blieb in Wittenberg, und Martin selbst schien sich an diesen Zustand gewöhnen zu wollen, indem er mehr und mehr nur noch reagierte, als selber wirksam genug handelte. Sein Wort, welches eines Tages frisch hindurch geschritten war, zog sich auf sich selbst zurück, beantwortete zwar brav alle möglichen Fragen, wurde jedoch immer seltener selbst zur Frage. Dieser Bedeutungswandel steht für eine ganze Zeitspanne, für das Leben eben jenes alten Luther schlechthin, dessen sich die Deuter ungleich weniger angenommen haben, als sie das mit dem jungen oder auch noch mit dem mittleren Luther zu tun pflegten.

Es führt kaum ein Weg an der Erkenntnis vorbei, daß Martin anfängt, in aller Stille zunächst, schließlich aber auch immer öffentlicher, sein eigenes Haus zu bestellen, Grenzen zu ziehen, dem Wort ein Paradiesgärtlein zu säen. Gewiß, ins Wittenberger Stübchen drängen nach wie vor die Probleme der Welt. Sie werden auch prompt, manchmal etwas zu prompt abgehandelt. Das wäre an sich nicht schlimm gewesen. Niemand, auch und gerade Luther nicht, kann ständig agieren, stete Verfolgung und Anfechtung erdulden, immer »das heilige Creuz« lieben. Warum nur sollte die Welt dem Mann aus Wittenberg nicht auch einmal eine Atempause gönnen? Doch legt Martin just zu dem Moment seine Pause ein, da eine gefährliche Bedrohung seines Lebenswerkes anhebt. Luther übersieht, daß jene Gegner, die er – in ganzen acht Tagen – besänftigt zu haben glaubte, ihrerseits die Zwangspause nur zu gut genutzt haben.

Andere sahen viel weitergehende Aufgaben vor sich, überwanden in eigener Souveränität Luthers Hemmnisse und lösten noch heftigere Brände und Explosionen aus. Das Wort wird fleischlich, irdisch, weltlich ausgelegt. Es schreitet – über die Reform der Kirche hinweg – zur revolutionären Änderung einer Welt voran, getrieben von Prädikanten, welche die von Luther bereits als reformiert erachteten und festgehaltenen Zustände ganz simpel als zu wenig erneuert betrachten.

Martin erschrickt tief, erkennt zunehmend die auf ihn zufliegende Gefahr und spricht, in neuer Diktion, von einem »falschen Geist«, der da wüte und die Seelen verderbe. Die er meinte, die falschen Geister, kannten ihn nur zu gut. Sie waren seine Schüler gewesen und die Hörer seines Wortes: Luther weiß dies ebensogut. Noch 1544 spricht er davon, daß »sie von uns kommen«. Denn: »Wu kumbt der Teuffel her? Von Engelln. Wo kumen die huren her? Von junck frauen. Wo die buben? Von fromen leuten. Boes ding, das mus vom guten her komen. Wo kam Cain her? Von Adam und Eva.«

Das stimmte. Denn auch wenn die Deutung Gut und Böse nicht so eindeutig verteilen will wie Luther, so kann sie doch festhalten, daß jene anderen ihre historische Aufgabe nicht angepackt hätten, wäre kein Luther gewesen – und vor ihnen allen aufgestanden, das Wort zu predigen. Auch dies sollte ihm nicht vergessen werden, gerade in den nun folgenden Zeiten nicht. Luther mußte da gewesen sein, damit ein anderer, mit Namen Thomas Müntzer, erst möglich werden konnte. Und der gemeine Mann mußte (wie Müntzer selbst) Luther gehört haben, um reif zu werden für Müntzers Worte.

Einer der Unzufriedenen war Andreas Karlstadt. Zunächst hatte dieser sich Luther gefügt, doch behagte ihm bald die ganze Wittenberger Richtung nicht mehr. Luthers Grenzziehungen ödeten ihn an. Er wollte »aus eigenem berueff« tätig werden und mehr tun als der behaglich gewordene Kollege. Karlstadt, ein kleiner Mann voller Leidenschaft, konzentrierte in sich fast alle Gedanken, die seinerzeit umliefen: soziale, religiöse, pädagogische. Alles kochte auch in ihm, doch selten bis zum Ende. Seine Spezialität war das Halbgare. Nichts ging ihm schnell genug. Jede seiner vielen Ideen sollte möglichst sofort verwirklicht werden.

Dabei wurde ihm die Universität, sein eigentliches Amt (bis Anfang 1523 war er Dekan der Fakultät), mehr und mehr zur Last. Der

Schweiß des Angesichts, den er beim biblischen Adam ausgemacht hatte, trieb ihn weg, aufs Land, fort von der Theologie und ihren Büchern, hin zur Scholle, in das Gewand eines Bauern, aus dem des Doktors heraus. Karlstadt will ein neuer Laie sein, und seine Umgebung soll ihn schlicht »Nachbar Endres« heißen. Luther aber denkt sich sein Teil über den Kollegen, der sich schließlich, auch dies ein neuer Plan, auf eine Pfarrstelle im an der oberen Saale gelegenen Orlamünde zurückziehen will.

Aus dem Pfarrerspielen wurde aber fürs erste nichts. Doch Karlstadts Geist lebte in Orlamünde fort. Der ehemalige Professor übte sich weiter in seiner »laischen Arbeit«, führte immer wieder irgendwelche Reformen durch und wartete im übrigen auf ein richtiges Zeichen zum Losschlagen »in geistlicher Berufung«. Und Luther fühlte sich mehr und mehr unwohl, hielt es schließlich nicht mehr aus, traf sich im August 1523 mit Karlstadt im »Schwarzen Bären« zu Jena, wo er schon vor anderthalb Jahren auf seinem Abstieg von der Wartburg gerastet hatte, und versuchte, dem ehemaligen Weggefährten den Geist des unseligen Thomas Müntzer, von dem gleich noch die Rede sein wird, auszutreiben, in netter Form, nach Art eines Gelehrtengefechtes zwar, doch mit aller Entschiedenheit. Alles in allem war dieses Treffen jedoch nur eine Art Vorgeplänkel, denn Karlstadt »wand das Maul«. Zwei Tage später, in Orlamünde selbst, fiel die Auseinandersetzung bereits wesentlich härter aus: Luther hatte einmal mehr einen schlechten Tag, weil er nicht hatte in seiner Zelle bleiben können, sondern ins Angesicht sprechen mußte.

So kam es nicht von ungefähr, daß ihm an den – von Karlstadt bis ins Mark hinein verdorbenen – Orlamündern gar nichts zusagte. Diese Leute lagen ihm nicht – und umgekehrt. Seine Mitdisputanten, die er zur Ruhe hatte umdrehen wollen, fochten ganz unverzagt für die Bilderstürmerei, als hätten sie noch nichts von seiner Theologie vernommen, die derlei für zweitrangig hielt. Alle miteinander schienen ihm völlig besessen. Sie plapperten unverdaute Brocken aus Karlstadts wunderlicher Theologie daher – und, was ihn am meisten ärgerte, sie setzten ihm, dem Wittenberger Doktor, zum Schluß den Stuhl vor die Tür. Martin fuhr, unter Beschimpfungen und Steinwürfen, von dannen, zürnte gewaltig und verlangte zu guter Letzt sogar Karlstadts Ausweisung aus jenem Landesteil Sachsens.

Im September war es soweit: Herzog Johann, der Bruder des Kurfürsten, verwies den Orlamünder Unruhestifter kurzerhand aus dem gesamten Kurfürstentum (das hatte Martin nun auch wieder nicht gewollt). Karlstadt zog los, tauchte bald in Straßburg auf, dann in Basel – und erwies sich schon bald als ein zäher Gegner der Wittenberger Sicherheitstheologie.

Luther schreibt dazu – und diese kurze Stellungnahme spricht Bände: »Da geht ein neu Wetter her. Ich hatte mich schier zur Ruhe gestellet und meinte, es wäre ausgestritten, so hebt sich's allererst ... Doctor Karlstadt ist von uns abgefallen, dazu unser ärgster Feind worden.« Ja, Luthers Ruhe ist bereits dahin, sein Wort wird aufgeteilt, und er selbst spricht auch, schon gut eigenkirchlich, vom Abfall.

Wovon war Karlstadt aber abgefallen? Luther weiß zu präzisieren: Die Bilderfeindlichkeit, der gottesdienstliche Puritanismus, die gesetzlich-asketische Lebensführung, die besondere Sakramentenlehre dieses Ketzers stellen Versuche dar, Gott einmal mehr durch Werke gnädig zu stimmen. Mehr nicht.

Aber gerade dies ist zuviel. Martin fällt es nicht sonderlich schwer, sein eigenes Wort mit der schwersten aller Waffen zu verteidigen: Er heißt Karlstadt einen Besessenen. Denn: »An Dr. Karlstadt liegt mir nichts. Ich sehe nicht auf ihn, sondern auf den, der ihn besessen hat und durch ihn redet.« Damit ist es heraus: Der Wittenberger Großtheologe verketzert die alten Freunde, die Gegner aus dem eigenen Lager, die es gewagt haben, anders zu lehren als er selbst. Von diesem Standpunkt der Sicherheit aus wird es nur noch ein winziger Schritt sein bis zu der ganz und gar unevangelischen Forderung, den Satan in solchen Abweichlern – und damit diese selber – auszurotten, weil sie nichts Besseres verdient haben.

Was ist aus dem Mann des Wortes geworden, der sich so lange gegen alle Gewalt gesträubt hat? Martin wird selbst zu einem Ketzerjäger, der das Unkraut unter seinem eigenen Weizen auszureißen und das Gericht Gottes bereits auf Erden durchzuführen sucht – wider alle Besessenen, Radikalen, Umstürzler, Aufrührer und Rebellen, oder etwa nicht?

Thomas Müntzer gegen den »Bruder Sanftleben«

Es wird sogar noch toller kommen. Der Hauptfeind wartete noch im Hintergrund. Bald aber tritt er frechen Hauptes hervor, der Müntzer, und bringt seinen »Bruder Sanftleben« in Wittenberg ganz und gar durcheinander. Martin wird daraufhin so gereizt werden, daß er sich selber nicht mehr wiedererkennt. Das Gärtlein seines Wortes ist niedergetrampelt, das Stübchen brennt an allen Ecken – und nur Müntzer ist schuld an dieser Entwicklung, weiß Gott.

Dieser aufrührerische Satan, im übrigen einer der frühesten und leidenschaftlichsten Anhänger Luthers (»wo kam Cain her?«), hatte bereits 1520, nach einem Studium in Leipzig und Frankfurt an der Oder und nach verschiedenen Vertreibungen aus verschiedenen Wirkstätten, an der Marienkirche zu Zwickau – noch auf Martins Empfehlung! – eine Predigerstelle verwaltet, von dieser geordneten Kanzel aus jedoch zur Unterstützung der dortigen »himmlischen Propheten« aufgerufen. Blutige Zwischenfälle hatten dann zu der uns schon bekannten Ausweisung der Glaubensrebellen aus Zwickau geführt. Die einen von diesen waren daraufhin in das Zentrum der theologischen Neuerung, nach Wittenberg, gezogen, wo Luther, eigens von der Wartburg kommend, gegen ihren Umsturz angepredigt hatte. Müntzer jedoch war nach einigem Hin und Her in die Hochburg der Ketzerei des Jan Hus, nach Prag, gekommen, wo er den Ausgangspunkt einer missionarischen Wirksamkeit nach apostolischem Vorbild zu finden hoffte. Die Böhmen nahmen ihn, auch Thomae war unterdessen zu ihm gestoßen, zunächst in seiner Eigenschaft als Luthers Abgesandten mit offenen Armen auf.

Müntzer empfand sich jedoch mehr und mehr als ein eigenständiger Evangelist, der den »Buchstabenglauben« Wittenbergs wie die Auffassung vom »stummen Gott« überwunden hatte, der nur einmal in der Bibel zu seinen Menschen gesprochen haben sollte und dann nie wieder. Müntzer begann, Gottes Geist auch über die Heilige Schrift hinaus als zu allen Orten und Zeiten gegenwärtig zu begreifen, und wurde zu einem vom Geist der Passion Auserwählten, der jetzt, jetzt, jetzt, da die Zeit der Ernte gekommen ist, Gottes Taten auf Erden durchzuführen hatte wider all die »pechgesalbten Pfaffen«, (die) »eselforzigen Doctoren« und den »Papst und Prunztopf zu Rom«. Denn all diese »gelddurstigen Buben« haben den gemeinen Mann verraten und dem »armen, armen, armen Völklein« die Bibel vorgeworfen wie den Hunden das Brot. Der gemeine Mann, das arme Volk, das sind die geistlich Betrogenen und die von ihren Betrügern dazu noch finanziell Ausgesogenen. Für sie tritt Müntzer ein. Für sie ist er bestellt.

So weit Thomas in der Stadt des »heiligen Hussen«. Selbstverständlich ist es ihm nach einem solch wütenden Aufruf sogar in der vermeintlichen Ketzerstadt nicht gut ergangen. Prag stellt ihn kurzerhand unter Kuratel und wirft den gefährlichen Erinnerer schließlich hinaus. Müntzer aber gibt nicht auf. Er hat das Feuer in sich. Und er hat zugleich die gefährlichen Lücken in Luthers Wort erkannt: Die rückschrittlichen Tendenzen des Wittenbergers, die Neigung zu sozialer Passivität, das Bestreben, den gemeinen Mann auf Geduld und Untätigkeit festzuschreiben, ihm alle Gewalt auszureden, ihn auf die bestehenden Verhältnisse festzulegen, ihm die Liebe zu predigen, die Neuerung also nicht voll wirksam werden zu lassen ausgerechnet für das arme, arme, arme Völklein, das sie doch eigentlich auszubaden haben wird.

Müntzer meint folgerichtig in Sachen Luther: so nicht. Er beginnt, das sanftlebende Fleisch zu Wittenberg mit theologischen Mitteln zu bekämpfen. Er setzt Martin seine eigene Doktrin entgegen: Er lehrt den Geist als die ständige Offenbarung, die sich nicht allein der Schrift bedient, sondern auch in der inneren Stimme eines jeden Menschen redet. Noch mehr: Thomas glaubt an die Läuterung des Menschen durch das Kreuz, er setzt die Armut als wichtigste Voraussetzung für den Empfang des Geistes Gottes fest und fängt konsequent an, vom Schwert zu sprechen, dem Widerstandsrecht also gegen eine durch und durch gottferne Obrigkeit, das die Armen im Geiste besitzen, um die gesamte Erde zu übernehmen – und eine neue Ordnung zu schaffen.

»Das schwerdt auß der schrifft«, so plastisch hat Müntzer sein Anliegen umschrieben. Das Volk, »an ihm zweiffel ich nicht«, soll jetzt, nachdem die Fürsten seinem früheren Aufruf nicht gefolgt sind, zum Träger von Recht und Gewalt werden. Und während Luther, wie Müntzer meint, noch in Worms allein dem deutschen Adel »das maul also wol bestrichen und Honig gegeben« hatte, um nicht von den Enttäuschten erstochen zu werden, will Thomas zum Sprachrohr aller Unterlegenen werden, die sich bald gegen die Sieger von ehedem wenden werden, gegen die da oben also, welche, in der Kirche wie in der Welt, die Armen ausbeuten, aussaugen und betrügen.

Müntzer hat unter den Teppich geschaut. Er schweigt fortan nicht mehr. Er sucht vielmehr auch die Wittenberger Theologie anzusprechen und sie von der Wahrheit seiner neuen Lehre zu überzeugen: »Unser teurer Martinus weiß nicht, was er tut, wenn er den Kleinen keinen Anstoß geben will . . . Liebe Brüder, laßt euer Zaudern, es ist Zeit! Zögert nicht, der Sommer ist vor der Tür!«

Wittenberg aber trödelt. Luther schüttelt den Kopf, versteht die neue Welt nicht mehr und steht Müntzers ekstatischer Mystik fassungslos gegenüber. Später heißt dies dann so bei ihm: »Man hute sich fur allen denen, die sich befleißigen neuer, ungewöhnlicher, ungebräuchlicher Wort, denn solche Art zu reden ist stracks wider die Wolredenheit.« Müntzers Sprache von der »entgrobung, leuterung und besprengung« ist schwärmerisch, aufsässig, besessen – Schluß.

Gleichzeitig weiß Martin aber auch, daß neue Worte neue Massen anziehen. Er spürt, wen er da vor sich hat: einen nicht mehr zu unterschätzenden Gegner. Und er beginnt, sich mehr und mehr in Zorn zu reden. Dieser Thomas ist ihm zwar gänzlich fremd geworden, doch ist er kein Narr. Sonst könnte Luther es sich so bequem machen wie gegen die Papisten, die nicht allzu viel anzubieten hatten. Luther hat recht. Selbst wenn er keineswegs die ganze Größe seines Gegners hatte überschauen können, weil die Leidenschaft des Tageskampfes ihm die Augen getrübt hatte, so wußte er doch, daß es einen sehr, sehr harten Strauß setzen würde.

Auch heute noch tut die Interpretation gut daran, in Müntzer nicht einen Verblendeten, einen Radikalen zu sehen, der es nicht besser wußte und deswegen jämmerlich gescheitert ist. Thomas bedeutet mehr. Im Vergleich zu Martin hat er sogar Vorteile: Er ist weder Mönch noch Professor. Beide Traditionen lassen ihn kalt. Eine »déformation professionelle« findet sich nicht. Müntzer ist ausschließlich

Volksprediger. Gerade deswegen stößt er zu anderen Quellen als Luther vor: Das alttestamentarische Prophetentum, die volksketzerischen Bewegungen des Mittelalters und die Mystik haben ihn getrieben, sein eigenes Werk zu tun. Eine Auseinandersetzung mit der Scholastik hingegen ist ihm – wohl auch wegen des einige Jahre älteren Luther – von Anfang an erspart geblieben.

Die Mystik jedoch, von der Martin zeitlebens wenig verstanden hat, ist das Element des Thomas. Luther hatte sich eigentlich nur den Dialekt der Mystik in einem gewissen Grad angeeignet, war jedoch nie zum Mystiker geworden. Müntzer aber ist nicht nur der Rebell gewesen, als den ihn eine bestimmte Geschichtsschreibung ständig desavouieren will. Er ist kein wildes Tier, das nach Mord und Blut verlangt, wie es die – bereits von Luther sorgsam eingefädelte – Müntzer-Legende verbreitet hat. Er schreit nicht nur. Er hat auch etwas anzubieten. Er versteht aus innerstem Leiden etwas von der Schau der großen Meister. Aber: Müntzer ist eben auch der erste große deutsche Mystiker, der ein gewaltiger Kämpfer und Täter war – und nicht allein, nach einem mystischen Ausdruck der Zeit, ein »rechter Innewohner seines selb«. Thomas will nämlich das innere Licht, das »füncklein«, nach außen tragen, um die Nacht der Welt zum Tag werden zu lassen, um das Böse auf der Erde zu Asche zu verbrennen.

Eine solche Absicht kann nicht von Leuten verfolgt werden wie von jenem Wittenberger, der sich inzwischen gütlich tut und »auf Christi Kreide zecht«. Der Christ muß vielmehr »dabei« sein. Die Gnade Gottes läßt nicht auf sich warten. Gott handelt durch die Menschen. Luthers innere Frömmigkeiten, auch seine verborgene Gemeinde und Christenheit haben die Welt zu schnell der bösen Obrigkeit überlassen. Das hat dieser die Gelegenheit verschafft, unbesorgt das alte Frevelspielchen weiterzubesorgen, während die Christen, Luthers »Tellerlecker«, einfach zuschauen – und sich mitschuldig machen. Der Wittenberger aber, dieser »allerehrgeizigste schriftgelehrte doctor Lügner«, der sagt zu alldem: Amen.

Das stimmte bis auf eine Kleinigkeit: Luther sagt sein Amen auf keinen Fall zu Müntzers Umtrieben. Der »Wittenbergische Papst« nimmt den Rebellentheologen ausdrücklich an, spricht schon sehr früh vom Satan, der eine neue Sekte gestiftet habe, und will sich nicht beruhigen lassen. Aber auch Müntzer hatte in der Zwischenzeit nicht geruht. In Allstedt, einem kursächsischen Städtchen am Kyffhäuser, hatte er seine Lehre weiterverbreitet, dazu – lange vor Luther – eine völlig geänderte und ganz deutsche Gottesdienstordnung geschaffen, damit eben »das arme Volk nicht noch länger ungelehrt, sondern wahrhaft erbaut« aus der Kirche gehen könne, und in aller Öffentlichkeit Martin Luther zurechtgewiesen. Dieser fühlte sich mehr denn je mißverstanden, verlangte über Friedrich von Sachsen gar eine Disputation mit dem Abweichler und schlug, nachdem Müntzer nur vor der

»ganzen Welt«, nicht aber vor Wittenberg allein auftreten wollte, schließlich in einer Schrift an die sächsische Obrigkeit wider den »aufrührerischen Geist« zu.

Es war allerdings zum Verzweifeln, denn die angesprochenen Herren waren sich noch gar nicht mit Luther über den Charakter des Müntzerischen Geistes einig. Friedrich schlug seine gewohnte Taktik vor, das Abwarten, und auch sein Bruder Johann wollte erst den ungebärdigen Müntzer anhören, um sich ein eigenes Urteil bilden zu können. Thomas ergriff am 13. Juli 1524 die einmalige Gelegenheit – und zahlte dem Denunzianten Luther mit gleicher Münze heim, was dieser »Bruder Mastschwein«, der »unversuchte Schriftgelehrte« ihm angetan hatte. Im übrigen ging er keinen Fingerhut von seiner Lehre ab: Reform war keine Sache des Stübchens, sondern Aufgabe der Gewalt. Luther konnte noch so viel dagegen anpredigen, Müntzer nahm sein Anliegen zu ernst, zumal inmitten einer Welt, die »also mächtig hochlich verwandelt« erschien, was Wittenberg noch gar nicht hatte zur Kenntnis nehmen wollen.

Ernst war es inzwischen auch den sächsischen Herren geworden. Denn die Predigt war ihnen zu gewalttätig. Müntzer wurde daher – einmal mehr – vertrieben, das heißt, er selbst flüchtete vor der drohenden Ausweisung oder auch Verhaftung über die Allstedter Mauern und fand sich bereits acht Tage später in der mächtigen Reichsstadt Mühlhausen wieder. Luther aber, der sich gerade mit den aufsässigen Leuten von Orlamünde herumgeschlagen hatte, blieb besorgt. Der Geist von Allstedt war keineswegs besiegt, sondern spukte in Mühlhausen weiter: Was in der nächsten Zeit aus der thüringischen Stadt zu hören ist, wirkt schlimmer als alles Frühere, ein richtiger Bauernkrieg. Luther fühlt sich bestätigt. Und dies erst recht, als er auch aus Schwaben und Franken Gerüchte vernimmt, die davon sprechen, daß der gemeine Mann mit der gottgesetzten Obrigkeit abzurechnen begonnen habe. Der falsche Geist hat also überall Fleisch angenommen und die steckengebliebene Reformation soll endlich durchschlagen.

Müntzer läßt seinerseits keinen Zweifel daran, daß gerade dieser Weg der richtige ist und daß der Christ sich nicht mit dem »honigsüßen Christus« begnügen wird, als dessen Hauptrepräsentanten er Martin Luther kennengelernt hat. Das Volk wird wirklich handeln und das »schwerdt auß der schrifft« ziehen. Der Boden ist bereitet.

Gerade Mühlhausen war bereits vor Jahresfrist durch den ehemaligen Mönch Heinrich Schwertfeger, genannt Pfeiffer, aufgewühlt worden. Die Reichsstadt, welche doppelt so viele Einwohner zählte wie Dresden oder Leipzig, ihre eigentliche Blütezeit aber bereits hinter sich hatte, kannte inzwischen eine offene Opposition. Dabei war fast die Hälfte ihrer Bürger früher ohne Besitz und damit ohne Einfluß auf das patrizische Stadtregiment gewesen, dem sich – wie in Erfurt –

auch die aufgerückten Zunftmeister zugesellt hatten. Nach Pfeiffers Predigten aber hatte man in lauten Tumulten eine Art Mitregierung durchgedrückt: Der »Rezeß« vom 3. Juli 1523 war sozial, wirtschaftlich und politisch reformiert, und dies, was noch neumodischer war, aus einer evangelischen Konzeption heraus. Er enthielt damit nicht allein eine »wohlfeile Kirche« und nicht nur die Forderung nach einem »gemeinen Kasten«, sondern vor allem die Begründung aus dem Wort und für dieses.

Pfeiffer hatte sich zum Sprecher der Bewegung gemacht – und war, als der eigentliche Aufrührer, ausgewiesen worden. Doch schon nach wenigen Monaten fand er sich wieder ein – und hatte eigentlich nur noch auf Müntzer zu warten, der im August 1524 eintraf. Nach handfesten Bilderstürmen wurde daraufhin der alte Rat durch einen revolutionär gesinnten ersetzt, und »Elf Artikel« faßten die neue Hauptforderung der von den unteren Schichten des Gemeinwesens gestützten Umsturztheologie zusammen: Nicht mehr nur die Kontrolle des Stadtregiments wurde begehrt, sondern eine Garantie für die vollständige Beseitigung aller Unterschiede des Ansehens, des Reichtums und des Besitzes, ja überhaupt aller Unterschiede zwischen den Menschen. Auf dieser Grundlage basierte die Ankündigung, das Volk werde so schnell wie möglich jeglicher Obrigkeit den Gehorsam aufkündigen, die geistlichen Stände beseitigen und alle Zinsen oder Renten abschaffen.

Widerstand fanden diese Forderungen einer kleinbürgerlichen Opposition allerdings bei den Bauern der Umgebung Mühlhausens. Diese ließen – ein halbes Jahr vor dem Ausbruch ihrer eigentlichen Revolte – kühl mitteilen, es handle sich bei alldem um ein »unchristliches Fürnehmen«. Der alte Rat faßte daraufhin neuen Mut, und Müntzer wurde ein weiteres Mal davongejagt.

In Nürnberg, wohin er geflüchtet war, agitierte er aber sogleich weiter. Auch er setzte auf das Wort. Er verfaßte in revolutionärer Symbolik, den Zeitgenossen durchaus verständlich und weit entfernt von bloß grobianischer Scheltrede, zwei Kampfschriften, die »Ausgedrückte Entblößung des falschen Glaubens«, eine stürmische Auseinandersetzung mit Luthers Ruhe, und die »Hochverursachte Schutzrede und Antwort gegen das geistlose, sanftlebende Fleisch zu Wittenberg«, deren Titel schon alles sagt, was dem Wittenberger Lügner, Stocknarren, Schelmen, Kolkraben, Basilisken, Mönch und Erzbuben überhaupt noch zu sagen war, diesem »giftigen Würmlein« mit seiner »beschissenen Demut«. Müntzer hatte sich wirklich auf den schwachen Punkt eingeschossen, auf einen sich sicher fühlenden Luther, dem nur noch zuzurufen war: »Schlafe sanft, liebes Fleisch! Ich aber röche dich lieber gebraten durch Gottes Grimm . . .«

Luther sah sich immer ernsthafteren Ruhestörungen ausgesetzt. Dieser Müntzer griff ihn sich, wo er nur konnte, schonte seinen geistlichen Vater nicht mehr im geringsten, eroberte gar seine Stadt Mühlhausen wieder zurück und herrschte dort, so Luther im April 1525, wie ein »König und Kaiser«, nicht nur wie ein Lehrer, also mit Gewalt anstelle des Wortes. Deutschland hätte sogar vermuten können, von Thüringen aus werde ein neues Imperium errichtet. Das mußte doch auch die eigentliche, die gottgewollte Obrigkeit interessieren. Was war nur aus dieser geworden? Luther hatte schon lange nichts mehr vom Reichsregiment gehört. Dabei fing jetzt ganz Deutschland an, in Brand zu geraten.

Niemand schien sich darüber aufzuregen. Die Frage nach dem Verbleib des Kaisers war ohnedies leicht zu beantworten: Karl V. befand sich dort, wo er seit dem Abstecher nach Worms immer gewesen war, im Ausland. Und seine Abwesenheit geriet ihm immer mehr zur Unnahbarkeit. Karl begann, in der schwindelnden Höhe seiner Herrschaft, die Menschen da unten zu verachten, da sie wie Insekten durcheinanderkrabbelten und keine Ordnung in all ihren Kombinationen, Plänen und Vorhaben erkennen ließen. Der Kaiser hielt sich fern von ihnen, lebte in seiner Vogelschau, besah sich nach den ersten Enttäuschungen alles nur mehr von oben, und seine Versprechungen an die lieben Deutschen blieben, was sie immer gewesen waren: leere Wahlkapitulationen. Mochten die Wähler sehen, wo sie blieben. Ein Kaiser konnte nur profitieren von den Projekten, welche die Insekten ausdachten, durchdachten, überdachten – und wieder verwarfen. Vorerst übte Karl V. sich in anderer Grandezza, kämpfte aufs neue in Oberitalien herum, wo denn sonst, und förderte die eigenen Pläne, Habsburger, der er blieb. Am eigenen Geburtstag ließ er den Franzosen vernichtend schlagen, bei Pavia, am 24. Februar 1525, und dies nach der neuesten Kriegsetikette, mochte diese auch von aufgeschreckten Italienern eine »mala guerra« genannt werden, mochten jetzt auch die Geschlagenen, Verwundeten und Flüchtenden zu Tausenden niedergemacht werden, mochte der Sieger ihnen auch die früher übliche Gnade ganz einfach abschlagen und sie abschlachten.

»Ein Fürst herrschet im Friede unter Schreibern, im Kriege muß er untern Scharhansen Knecht und Diener seyn; denn er muß eines jglichen Häuptmanns, Obersten und Kriegsgurgeln Muthwillen, Hoffart und Tyranney dulden und leiden, darf nicht mucken dawider, hat eben so viel Herrn als viel er Häuptleute und Kriegsleute hat, welchen er nicht alleine muß gnug, ja uberflussig geben, sondern auch dazu danken, sie schier anbeten, auf den Händen tragen, freundlich grüßen und mit ihnen ein gut Geselle seyn, unten und oben liegen; sonsten wird er veracht und verlassen. Dies ist wahr, sonderlich zu unser Zeit, da keine Disciplin und Zucht unter solchen Leuten ist. Nimmt er aber einen Schnapp, daß er erschöpft wird, und hat nicht mehr Geld, oder wird erlegt, so ziehen sie eim Andern zu ...«, meint später der Wittenberger Professor zu der Söldnerei, die jegliche Obrigkeit ad absurdum führen muß. Die Knechte des Kaisers kämpften, wo immer es Beutegelder gab, hielten wenig von Ehre und Treue und waren der gewalttätige Abschaum der Welt: »Es sindt landtsknecht unter leuten wie die buckling untern heringen. Ein verdorbener Hering gibt ein buckling, und was sonst zu nichte dint, gibt ein kriegsmann.«

Neue Kampagnen erwuchsen den Bücklingen jedoch immer wieder, meist im Ausland des Kaisers, doch vielleicht, in diesem Jahr 1525, das andernorts so blutig begonnen hatte, auch in Deutschland. Das »Dran, dran, dran«, der Kampfruf der Rotten, haftete in den Ohren. Müntzer hatte dieses Dran denn auch in seine Revolutionstheologie übernommen, auch er eine Art Söldner, jedenfalls ein ganz anderer als Luther, der Junker Jörg aus dem Wartburg-Stübchen.

Dran bleiben und dran ziehen wollte selbstverständlich auch der Kaiser, zumal nach dem Sieg von Pavia, nach dem es ihm gelungen war, den Erzrivalen Franz I. gefangenzusetzen. Dieser mußte inzwischen zu Kreuze kriechen, comme il faut, in aller Form. Mailand wurde habsburgisch und blieb es bis in die Zeiten Napoleons hinein. Frankreich aber hatte einen Frieden zu beschwören. Der Kaiser, über den Luther einmal sagen wird, er lasse sich »melcken wie ein memm«, läßt sich von Franz das Ehrenwort geben – und ists zufrieden. Der Franzose aber, ein Mann mit den neuesten politischen Auffassungen, sah in diesem ganzen Vorgang nur eine Finte, entkam dem altmodischer empfindenden Habsburger, sann auf Rache wider seine Gegner zuhause und anderswo und näherte sich, auch dies ein Stoß gegen die vom wahren französischen Glauben Abgewichenen, dem römischen Papst.

Clemens VII. Medici hatte seinerseits genug von Karl V., dessen militärische Erfolge ihm unheimlich zu werden drohten. Der Kaiser wurde zu mächtig, und dies in Italien, vor der eigenen Tür. Also fiel der Territorialpapst Clemens ins andere Lager um. Karl V. jedoch stand mit einem leeren Ehrenwort des Königs von Frankreich da. Wieder einmal war er getäuscht, verraten und verkauft. Damals eben erst 25 Jahre alt, sieht er schon wie ein früh gealterter Mann aus. Seine Menschenscheu nimmt noch zu, und seine Weltmachtpläne sind schon wieder zerstoben. Der Papst aber, nur einer von den vielen Verrätern der Renaissance, ist drauf und dran, im Hin und Her zwischen Habsburg, Frankreich und dem eigenen Haus der Medici auch noch die letzten Reste an Achtung vor seinem kirchlichen Amt aufs Spiel zu setzen. Bald wird auch er, Gefangener in der Engelsburg, nur noch Scherben in den Händen halten.

Die Tragik einer solchen Epoche darzustellen und sich in die Tiefen dieser Enttäuschungen einer Welt hineinzufühlen, bleibt Machiavelli vorbehalten, dessen Pessimismus schließlich zu einem Fürstenspiegel gerinnt, der die gewalttätige Wirklichkeit der Erde wiedergibt, wie sie nun einmal ist. Sein »Principe« wird zum Leitfaden der Jahrhunderte. Seine Doktrinen machen – bis heute – Geschichte. Denn sie sind hautnah erlebt. Sie kommen nicht aus irgendeinem Wort. Sie entstammen keinem Stübchen, sondern treffen genau, machen alle Täter zu Betroffenen, sprechen wieder und wieder auf die wirkliche Gewalt an – und verzichten auf Predigt, auf jede Moral von der Geschichte . . .

Anders Martin Luther. Zwar kennt auch er einen Fürstenspiegel, doch predigt er diesen. Er systematisiert seine Anschauung von den »Zwei Reichen« nicht. Schon gar nicht spricht er darin aus politischer Erfahrung. Er verfaßt vielmehr eine Art Abhandlung, der die weltferne Herkunft anzusehen ist. Seine Lehre ist ein Produkt der Zelle, interessant zu lesen, doch kaum für die Praxis geeignet.

Luther hatte sich auf die biblische Lehre von den Weltzeiten berufen, aber auch Elemente der Geschichtsphilosophie des Augustin verwertet, ja sogar die mittelalterliche Doktrin von den »zwei Schwertern« aufgegriffen. Gott regiert, so der Wittenberger Evangelist, diese Welt auf zweierlei Art: Im geistlichen Reich durch sein geistliches Regiment, durch Evangelium, Wort und Sakrament also, in denen allein eine »verborgene Christenheit«, die personale Beziehung zwischen dem einzelnen Menschen und seinem Gott zählt, und im weltlichen Reich, welches das konkrete Universum mit seinen Ordnungen, mit Stand, Beruf und Familie, umfaßt, durch sein weltliches Regiment, vor allem durch sein Gesetz. Diesem weltlichen Reich gehört jeder Mensch an, weil er stets in einem sozialen Gefüge steht und verbleibt. Die Zugehörigkeit zum geistlichen Reich ist demgegenüber so eindeutig nicht, da allein Gott die Gerechtfertigten kennt.

Der Christ, »simul iustus et peccator«, steht unter einem doppelten Anspruch: Er hat – als Mensch – das weltliche Reich Gottes mit dessen gesetzlichen Gewalten anzuerkennen und mitzugestalten, als Christ jedoch auf alle Gewalt zu verzichten. Gerade dieser strikte Gewaltverzicht im geistlichen Reich, wie er sich aus Luthers Person und Lehre ergab, wird dem Wittenberger Wort noch schwer zu schaffen machen. In einer Welt voller Gewalt konnte kaum jemand die subtile Unterscheidung, wie sie da von einem predigenden Professor getroffen worden war, verstehen oder gar nachvollziehen. Die Gewalt ging eigene Wege. Sie hatte selbsttätige Mechanismen. Luthers Wort lebte ganz einfach nicht mit.

Nicht wenige lasen aus der Wittenberger Studie allenfalls das heraus, was ihnen nicht paßte: die unbedingte Anerkennung einer Obrigkeit zum Beispiel, welche das Schwert übertragen bekommen hatte, um in göttlichem Auftrag den Bösen zu wehren. Und was viele dieser Predigt Luthers ebensowenig verzeihen mochten, war die Sicht der

Christengemeinde als eines kleinen Häufleins im geistlichen Reich, das da verborgen und verzagt, doch auch fröhlich hoffend durch das Dunkel der Welt ziehen sollte und dem sogar das Martyrium angemessen war, nicht jedoch »das schwerdt auß der schrifft«. Viele glaubten ja inzwischen, sie hätten genug gelitten und geduldet. Und ebenso sicher war es für sie, daß das Schwert nicht nur der Obrigkeit zustand. Luthers Reiche lösten so gut wie gar nichts.

Die Angesprochenen, oben wie unten, waren auch bald ihre eigenen Wege gegangen. Der gemeine Mann wartete nur noch auf die günstigste Stunde zum Dreinschlagen, geistliches oder weltliches Regiment hin oder her, und auch die Fürsten hatten recht wenig Lust, in Luthers Spiegel zu schauen. Zeit dazu hatten sie im übrigen auch keine. Das sogenannte Reichsregiment versagte mehr und mehr. Noch deutlicher als schon zuvor bildeten sich daher aus der Gesamtheit von einst einzelne Parteiungen und Blöcke, Bündnisse und Ligen, die sich verfestigen und handeln, jedoch keine Wittenberger Predigt mehr anhören wollten. Georg von Sachsen etwa, diese »Wasserblase«, hatte sich nicht im geringsten an die subtilen Weisungen eines Martin Luther gehalten, als er sich vom weltlichen ins geistliche Regiment gedrängt, die Anhänger Wittenbergs gescheucht und alle Aufrufe zum Frieden überhört hatte, statt sich – der Lehre von den zwei Reichen zufolge – auf sein eigentliches Amt zu beschränken. Und Martin hatte schon bald zu spüren bekommen, wie wenig seine Worte in einem derart katholischen Regiment ausrichteten.

Georg selbst, der noch 1523 gleichsam als Gegenschlag gegen Luthers Neuerung den Papst hatte den Bischof von Meißen, Benno, heiligsprechen lassen, wollte ganz und gar nicht eine Wasserblase sein. Er hatte sich auch bei Luthers Landesherrn beschwert, doch eher Spott als ein »getreulich vetterliches Mitleiden« gefunden. Schließlich hatte er dem Kurfürsten gegenüber eine Reichsexekution angedeutet, falls dieser nicht endlich eine deutlichere Stellung als bisher wider seinen ausgelaufenen Mönch bezöge. Friedrich aber hatte mit Fassung reagiert – und nichts unternommen. Eben diese Geduld war dem Herzog Georg dann doch zuviel geworden. Der Reichstag zu Nürnberg im Frühjahr 1524 hatte zunächst auch einigen Erfolg versprochen. Denn den Ton hatten diesmal – es hing immer wieder viel von der zufälligen Beschickung ab – die bayrischen Herzöge angegeben. Und so »hofierten die Pfaffen den Bayern und die Bayern den Pfaffen«.

Gleichwohl hatte sich nichts ereignet. Der Reichstag war trotz allem, sehr enttäuschend für Georg, nicht von seiner bisherigen Generallinie abgegangen, da die einflußreichen Städte, bei denen die meisten Fürsten verschuldet waren, Einspruch gegen ein Vorgehen nach dem Wormser Edikt eingelegt hatten. »Die Tyrannen haben doch endlich wieder müssen revociren«, meinte Luther später einmal, und die Exekution jenes »gräulichen Edicts der Acht, welchs Jedermann

Ursach gab, sich an seinen Feinden zu rächen, unter Titel und Schein Lutherischer Ketzerey«, war noch einmal aufgehalten worden. Viele hatten sich – nicht ganz zu Unrecht – darauf besonnen, daß »der gemeine Mann allenthalben zum Wort Gottes und heiligen Evangelio ganz begierig ist«. Auch fürchteten sie »viel Aufruhr, Ungehorsam, Totschläg, Plutvergießen, ja ein gantzes Verderben und allen Unrat zuvor dieser Zeit, dieweil dic Läufft aller Orten ohn das so geschwind, auffrührig und sorgfältig vor Augen erscheinen, auch der gemeine Mann sonst mit viel unträglichen Purden und Uflägen beschwert würdet, zu erwecken«.

Inzwischen stand das Blutvergießen unmittelbar bevor. Die »Purden und Uflägen« waren dem gemeinen Mann endgültig zu schwer geworden. Luther glaubte aber noch immer nicht so recht daran. Er haderte vielmehr aus religiösen, nicht aus sozialen Gründen mit jenen Fürsten, die einer bayrischen Anregung gefolgt waren, eine »sinodus Teutscher Nation« für den Martinstag 1524 nach Speyer einberufen und das Wormser Edikt noch einmal, wenn auch nur »so viel als möglich« eingeschärft hatten, um von der neuen Lehre »das Gut von dem Bösen abzuscheiden«. Luther fühlte sich mißverstanden und hereingelegt: »Da bin ich zugleich verdampt und ans kunftig Gericht gespart, und sollen mich die Deutschen zugleich als einen Verdampten halten und verfolgen und doch warten, wie ich verdampt sol werden.«

Die katholische Mehrheit hatte aber so unlogisch nicht gedacht. Denn nicht nur das Edikt von Worms sollte gegen den Ketzer gerichtet werden, sondern auch die in Aussicht genommene Nationalversammlung. Auch von dieser erhofften die Katholiken sich, zumal weder Kaiser noch Papst zur Zeit an ein Allgemeines Konzil denken konnten, eine Verdammung Luthers. In Speyer würden sie die Majorität haben. Es stand daher zu erwarten, daß die neue Lehre »ausgereut und zu gutem christlichem Weg gepracht werden« würde. Martin scheint diese Absicht schließlich auch durchschaut zu haben, denn er greift dann nicht nur den abwesenden Kaiser an, diesen »armen, sterblichen Madensack«, sondern auch die deutschen Herren, die mit »solch greiflicher Blindheit gestraft« sind, daß nur noch zu hoffen ist, Gott selbst werde eingreifen, Deutschland von solchen Regenten befreien und »aus Gnaden andere« geben.

Das war – aus der Sicht des Stübchens – gut gemeint. Doch politisch nützte diese Losung nicht viel. Die Täter wurden nicht abgelöst. Sie blieben unter sich. Karl V. kassierte kurzerhand den Nürnberger Abschied und verbot, politisch kurzsichtig, das gesamte Unternehmen von Speyer. Statt sich schon wieder in endlose Diskussionen zu verlieren, sollten die Deutschen lieber das bereits vorliegende Edikt wider den »unmenschlichen und unchristlichen Luther« und dessen »Sekt und Irrsal« durchführen.

Genau davor aber hatten viele gewarnt. Der Kaiser wußte offensichtlich nur schlecht Bescheid über die wahre Lage. Also ließen die Deutschen ihn seine Kriege weiter führen und nahmen das Heft in die eigene Hand: Zusammen mit dem päpstlichen Nuntius Campeggio hatten sich schon im Juli 1524 auf einem Regensburger Konvent Österreich, Bayern und ein Dutzend süddeutscher Bischöfe vereint – und den ersten konfessionell gefärbten Sonderbund des Reiches ins Leben gerufen, dem schon ein Jahr später eine katholische Liga in Norddeutschland folgen würde, mit Georg von Sachsen und den Hohenzollern aus Mainz und Brandenburg als Wortführern. Jetzt wurde ernstlich Ausschau gehalten nach Mitteln, »wie man die Wurzel des Aufruhrs als die verdammte lutherische Sekte ausrotten möge, nachdem der Aufruhr zur Verminderung und Verkleinerung der Ehre und des Dienstes Gottes von dem lutherischen Evangelio erweckt . . . und nicht wohl möchte ganz gedämpft werden ohne Ausrottung derselben Lutherischen«.

Die Angelegenheit Speyer war erledigt. Von einem Konzil oder ähnlichem wurde lange nicht mehr gesprochen. Um so lauter sprachen die Waffen. Luther selbst stellt später den Zusammenhang zwischen beiden Äußerungen her: »Eur Ratschlag war da voller Weisheit und verschufs, daß derselbige Reichstag stumpf, schimpflich und schändlich ward abgekundiget, da kam auch flugs darauf die Rute, nämlich der Muntzer mit dem Aufruhr . . .« Ja, Müntzers falscher Geist war inzwischen noch fleischlicher geworden. Seine Rute traf. Aus dem Wittenberger Stübchen aber war zu hören, »Herren, Pfaffen, Bauern, alles« sei wider Luther und drohe ihm gar den Tod. Was war dem Wort widerfahren?

24. Nun sind Herren, Pfaffen, Bauern, alles wider mich

Luther verrät durch Treue

Eigentlich war nicht viel Überraschendes geschehen. Alles war bereits gesagt, vorausgenommen und in der Predigt verarbeitet gewesen. Wer später einmal meinte, Martin Luther hätte in dem nun folgenden Schicksalsjahr 1525 anders reden oder gar handeln sollen, der hatte nur schlecht hingehört, als das Wittenberger Wort noch nicht vom Lärm der Gewalt übertönt worden war. Denn der Professor hatte die Welt, seine Welt, bereits vor einiger Zeit in die beiden Reiche aufgeteilt, den Menschen darin ihre Plätze zugewiesen und auch bestimmte Aufgaben an sie verteilt: »Wohlan, wo ich, Doctor Martinus, sonst nichts Gutes gelehrt noch getan hätte, denn daß ich das weltliche Regiment oder Obrigkeit so erleuchtet und gezieret habe, so sollten sie doch des einigen Stückes halber mir danken und günstig sein, weil sie allesamt, auch meine ärgsten Feinde, wohl wissen, daß solcher Verstand von weltlicher Obrigkeit unter dem Papsttum nicht allein unter der Bank gelegen, sondern auch unter aller stinkenden und lausigen Pfaffen- und München- und Bettlerfüßen hat müssen sich drücken und treten lassen.«

Inzwischen ist dies anders, denn Luther hat – wie »seit der Apostel Zeit« noch niemand – »so herrlich und klärlich die Gewissen der weltlichen Stände bestätigt, unterrichtet und getröstet«. Jetzt wissen alle, was sie zu tun haben: Da sorgen sich die Herren um die weltlichen Ordnungen und bestrafen die Bösen, wo immer es nötig ist. Und das hieß bei Luther – noch 1533 – so: »Gott selber thut es, wenn die Obrigkeit straft. Gleich als wenn ich meinen Sohn dem Präceptor befehle, daß er ihn mit Lahr und Zucht auferziehe; da er ihn nu mit der Ruthe stäupt, daran thut er mir Liebe und Gefallen, als hätte ichs selbs gethan . . . also befiehlt auch Gott der Obrigkeit, daß sie das Böse strafen soll.«

Die Bauern aber, inzwischen vom selben Luther in ihrer Berufsarbeit aufgewertet und den übrigen Menschen zugesellt, werken vor sich hin, wie Gott das nun einmal haben will. Im übrigen dulden sie, Ausdruck des geistlichen Reiches, alle Übergriffe, sofern sie nur wahre Christen sein wollen.

Wittenberg sprach für sie alle auch von jenem Martyrium, das der Christ hienieden anzunehmen hatte, welches Luther selbst jedoch, obgleich ein zweiter Hus, noch nicht hatte erdulden dürfen. Die Pfaffen, die den so erwünschten Scheiterhaufen durchaus hätten anzünden können – und müssen –, erwiesen sich zunehmend als schwach und verzagt. Von ihnen sprach die Welt zur Zeit gar nicht mehr so ernst wie früher. Sie hatten ohnedies keinen theologisch oder soziologisch besseren Platz mehr in Luthers geordneter Welt zu beanspruchen. Warum also waren sie alle, Herren, Bauern, Pfaffen, nur gegen Martin? Er hatte doch nichts anderes getan, als seine Schrift zu befragen. Und die hatte erschöpfende Auskunft gegeben. Die Historie oder gar den politischen Handel in die Überlegungen miteinzubeziehen, war daher kaum nötig gewesen. Die Bibel barg genügend Antworten für den Prediger. Inzwischen war alles gesagt.

Der Bauernkrieg, der vielleicht, alles in allem, besser eine Revolte des gemeinen Mannes heißen müßte, brachte daher keineswegs den großen und unerwarteten Abfall des Martin Luther. Vielmehr bestätigte er diesen Prediger nur in dessen Ansichten, wenn auch auf die gewalttätigste Weise. Luther bleibt sich und seiner Sache schrecklich treu: »Ich habe im auffruhr alle paur erschlagen; alle yhre blut ist auff meinem halß. Aber ich weiße es auff unsern Herrn Gott; der hatt mir solchs befholen zu reden.«

Daß viele von jenen, die sich bis zu dieser Zeit seine Jünger genannt hatten, voller Enttäuschung und Entsetzen von dannen ziehen werden und Luther in seinem Wittenberger Turm allein lassen, steht auf einem ganz anderen Blatt.

Luthers Wort kannte nun einmal keinen Aufruhr. Daher war es vergebliche Liebesmühe, seine Hoffnungen ausgerechnet auf Wittenberg zu richten. Daher ist es aber ebenso vergeblich, sich noch heute über das Versagen dieses Predigers im Blutjahr zu erregen. Ein paar Jahre später sieht Luther selbst alles so: »Prediger sind die größten Totschläger, denn sie vermahnen die Oberkeit ihres Amts, daß sie böse Buben strafen sollen.« Martin hat vom Stübchen her getötet. Er hat seither das Blut der Menschen »auff dem halß«. Aber das ficht ihn nicht an, denn er hat auf Befehl Gottes gehandelt. Gottes Schrift hat keine Rebellion vorgesehen oder gar erlaubt. An diesem Wort läßt sich nicht rütteln.

Das klingt einsichtig. Doch ist diese Klarheit des Textes schnell wieder dahin, wenn die historischen Implikationen mitbedacht werden, denen das Wort ausgesetzt war: Martins Festhalten am einmal gefundenen und als richtig erkannten Text blieb nämlich nicht mehr allein Wittenberger Predigtwort, Luther konnte nicht mehr beim Ermahnen, Bitten und Flehen verharren, sosehr er dies auch gewünscht hätte, nein, das Wort fiel sofort jenen Leuten in die Hände, die derselbe Luther schon vor 1525 als »gräuliche Tyrannen« bezeichnet hatte. Und die schlimmen Regenten wußten es auch zu nehmen, wie sie – und nur sie – es verstanden. Sie schlossen sich also nicht im geringsten der frommen Mahnung irgendeines Theologieprofessors auf, sondern sie handelten so, wie sie es immer getan hatten, und antworteten auf das subtile Flehen Martins mit Gewalt und mit nichts als Gewalt. Luther aber, der geglaubt hatte, das Wort setze sich doch noch einmal gegen all diese Gewalt durch, zumal Gott selbst tätig werden würde, bleibt inmitten eines Meers von Blut mit seiner leer und schal gewordenen Treue zurück. Kaum einmal haben nicht Abfall und Verrat, sondern Treue und Starrsinn so viele Menschenleben gefordert. Hier verrät nämlich die Treue, und das Gewissen tötet.

Die Antwort auf die Anfrage der Bauern

Doch fing alles, wenigstens was Luther betrifft, in den bereits üblich gewordenen Formen an: Der Aufstand fragte in Wittenberg nach, was der berühmte Theologe denn von den Forderungen des gemeinen Mannes halte, und legte gleichzeitig, zur Kenntnisnahme, die »Zwölf

Artikel« bei, die Hauptschrift der von allem Anfang an – zu Recht oder Unrecht – theologisch beeinflußten Revolte. Das war herzlich normal. Warum sollten sich ausgerechnet jene Gruppen, die unter die Sammelbezeichnung »Bauern« fallen, nicht nach Wittenberg um Auskunft wenden, da doch jedermann irgendwelche Auskünfte von Luther einzuholen pflegte? Martin ist eine Autorität. Allerdings ist er nicht mehr die einzige Autorität. Auch die Frager von damals wissen dies. Mit Luther werden nämlich noch andere, darunter Philipp Melanchthon, um Bescheid gebeten. Doch allein Luthers Antwort ist von wirklichem historischem Interesse geworden.

Manch einem Heutigen mag es sonderlich vorkommen, daß ausgerechnet ein Prediger darum gebeten worden ist, ein revolutionäres Programm zu begutachten. Die Moderne übt diesen Brauch nicht mehr. An die Stelle der Theologen sind längst schon andere Experten getreten. Damals aber war die Verflechtung von sozialen, wirtschaftlichen und rechtlichen Forderungen mit religiösen Ideen so ungewohnt nicht. Solange es Aufstände gegen die mittelalterliche Gesellschaft gegeben hatte, war Gott mit im Spiel gewesen. Die Rebellion hatte mit dieser Rückendeckung nicht mehr allein den Adel oder den Landesherrn angegriffen, sondern mehr und mehr auch eine Pfaffheit, die nach wie vor mit ihren Besitztümern das angefochtene Gesellschaftssystem stützte und zugleich von diesem profitierte. Wycliffe hatte jene Parole von der »armen Kirche« zum Kampfruf umgeformt, die Franz von Assisi noch ohne Blutvergießen verwirklicht sehen wollte. Und auf dem Wege über Jan Hus, welchen das Leitwort von der »Kirche der Armen« zum Geleitsmann des Wycliffe gemacht hatte, war diese Forderung in die sozialkritische Literatur eingegangen. Der mittelalterlich-feudalen Ordnung war eine direkte Thematisierung sozialer Probleme fremd. Als universales Deutesystem galt nur die Theologie. Die Reflexion über die Gesellschaft vollzog sich im Medium religiöser Vorstellungen. Einen religionsfreien Raum gab es nicht. Die Religion legitimierte die Obrigkeiten – oder auch nicht.

Das Wort Gottes forderte, so wußten viele, nicht nur den Glauben, sondern auch die dezidierte Berufung auf das im heiligen Evangelium enthaltene Recht des armen, armen, armen Völkleins. Gerade die frühere Zeit hatte so gedacht: Das wahre Recht war stets göttlich und in der Ordnung eines guten Schöpfers begründet. Eine Verbesserung des gegenwärtigen Rechtes, das vielen zunehmend als ausbeuterisches Miß-Recht galt, mußte daher eine re-formatio der ursprünglichen, von Gott selbst gesetzten Gerechtigkeit darstellen. Bislang hatte Luthers Bewegung jedoch die Lage der städtischen Armut und der ländlichen Bevölkerung noch kaum verbessert. Die Unzufriedenheit mit dem bisherigen Lauf der Dinge und die Entschlossenheit, die eigenen Interessen im Kampf gegen die feudalen Gewalten durchzusetzen, wuchsen.

Der Bundschuh und die in seinem Umkreis aufflackernden Revolten forderten die Rückgestaltung des gegenwärtigen Unrechts der Menschen in das Urrecht des göttlichen Anfangs. Die Gerechtigkeit Gottes wurde zum Kampfruf. Aus ihr ließen sich plötzlich konkrete Aussagen ableiten. Mit ihrer Hilfe konnten die Unfreiheiten und heillosen Minderungen des Rechtes als Abfall vom originären Willen Gottes charakterisiert werden.

Schon auf den Fähnlein einiger Aufständischer des Jahres 1513 hatte der Leitsatz: »Herr, steh deiner göttlichen Gerechtigkeit bei!« gestanden. Und hatte das Volk anfangs noch auf die Hilfe von Papst und Kaiser gehofft, die doch den Auftrag Gottes wahrzunehmen hatten, wollten sie ihr hohes Amt recht vertreten, von dem sie immer wieder sprachen, so war es sich dieser Unterstützung schon lange nicht mehr sicher. Neuerdings hieß es: »Wir mögen vor den Pfaffen nit genesen.«

Ein Ritter alter Schule, Franz von Sickingen, hatte schon anno 1521 unter Huttens lautem Beifall losgeschlagen, um ein förmliches Strafgericht zu vollziehen: nicht mit den Pfaffen, sondern gegen sie und an ihnen. Dieser erste und einzige wirkliche Pfaffenkrieg jener Tage war aber ausgerechnet an jener geschichtlichen Erscheinung gescheitert, die ihn mitbedingt und ihm zugleich seine zugkräftigste Parole verschafft hatte: an der Verweltlichung der Hierarchie und an dem kriegerischen Geist ihrer fürstlichen Träger. Der Trierer Kurfürst, auch er ein rotes Hütlein, hatte den Pfaffenkrieger Sickingen einfach militärisch besiegt, und dies mit Hilfe Philipps von Hessen, eines der späteren Vorkämpfer der protestantischen Opposition. Die Ritter hatten seither ausgespielt, und die Fürsten, geistliche wie weltliche, hatten bewiesen, wer in Deutschland das Sagen hatte.

Die Niederlage des Condottiere von Sickingen hatte im Reich größte Aufmerksamkeit gefunden. Ob allerdings die richtigen Folgerungen aus ihr gezogen worden sind, ist eine andere Frage. Es scheint vielmehr, als hätten weiteste Kreise noch immer daran geglaubt, daß Gottes Gerechtigkeit vor allem mit Hilfe der »Geschrift« einen besonderen »Furgang« haben müsse. Sickingens militärische Katastrophe hatte damit eine nichtmilitärische Konsequenz: Der Aufstand glaubte sich nicht auf jene Geschütze angewiesen, die er ohnedies nicht besaß, sondern er hoffte auf das Wort, das Martin Luther in der Zwischenzeit so vielen Menschen in die Hand gelegt hatte.

Die Schrift besaß jeder. Sie konnte gelesen und verstanden werden. Wozu also noch irgendein überlegeneres Geschütz, wozu irgendeine andere Waffe? Luther hatte jenen Pfaffenstand, dem der Ritter unterlegen war, mit nichts anderem als seinem bloßen Wort besiegt. Wittenberg hatte mit den roten Hüten aufgeräumt, und die Bastionen der geistlichen Herren lagen darnieder. Der Glaube an das in der Schrift enthaltene göttliche Recht war gestärkt. Luther hatte gesiegt: Er hatte die Schrift zum Richtmaß allen theologischen Sprechens und allen kirchlichen wie weltlichen Handelns erhoben. Dieser Forderung waren die Römer nicht gewachsen gewesen. Sickingen schien gerächt. Luthers Theologie war mit einemmal wieder wichtig, und nicht nur seine Gegner bemerkten, daß dieser Mann den »buntschuch schmiert, das er den einfaltigen menschen angenem bleib«.

Ob Luther selbst von solchen und ähnlichen Hoffnungen wußte und ob er gar bereit und fähig war, sie zu teilen, bleibt allerdings zweifelhaft. Unbestritten war zunächst allein, daß viele in ihm den Anwalt des Wortes erblickten, den geborenen Führer gegen alle Unterdrükkung, den Verfechter der göttlichen Freiheit wider alle Tyrannei. Martin hatte ja, so sprachen es viele aus, das Wort aus der babylonischen Gefangenschaft der römischen Kirche befreit. Warum nur sollte er den letzten und entscheidenden Schritt – um eben seines Wortes willen – nicht auch noch tun? Stand doch, so meinten manche unter seinen Bewunderern, in der Schrift selbst eindeutig geschrieben, daß Gott alles Unrecht haßte. Konnte sich Luther gegen eine derart klare Aussage wenden?

Kaum jemand hätte im Ernst ein Ablehnung der »Zwölf Artikel« erwartet. Die Funktionslosigkeit des geltenden Rechtes, gegen das diese sich wandten, war doch klar erwiesen worden. Auch hatten viele so reformatorische Anliegen wie die freie Pfarrerwahl – und damit die evangelische Predigt – gefordert, was die Anerkennung der Neuerung auf dem Lande, die Aufforderung zur Zerstörung der römischen Kirche und die Errichtung neuer, autonomer Gemeinden bedeutete. Jedenfalls mußte ein neues Recht kommen, denn vom Funktionieren der Rechtsgrundlage war die gesamte politisch-wirtschaftliche Lage des gemeinen Mannes abhängig. Alles schien klar zu sein: Das göttliche Recht, wie es bereits der Schöpfer in seiner Liebe zur Gerechtigkeit den Menschen verordnet hatte, stand eindeutig gegen die spätere Ausbeutung. Dasselbe Gottesrecht wollte aber auch keine absolute Freiheit, das wissen die »Zwölf Artikel« gut genug: »Nit das wir gar frey wöllen seyn, Kain oberkait haben wellen, lernet unß Gott nit.«

Martin Luther war gefordert. Der Professor würde eine unmißverständliche Antwort geben. Er hatte sich schließlich in der Vergangenheit gegen das »unnutz predigen« gewandt, und dies in aller zorniger Schärfe, die ihm zur Verfügung stand. Und er hatte immer wieder vom klaren Text gesprochen, welcher gerade denen, die ihn in der Vergangenheit zu besitzen meinten, künftig zum Ärgernis werden würde. Inzwischen war dieses Ärgernis da, denn der gemeine Mann stolperte ständig über die herrschaftliche Auslegung durch die Ausbeuter. Dieser Zustand erforderte die Beseitigung des Steines, an dem so viele Anstoß nahmen. Oder etwa nicht? Durfte das Volk wirklich nicht das Wort wider eine Obrigkeit richten, die sich nicht scheute, die evangelischen Wahrheiten zu knechten? Hatte das Wort keine Täter nötig? Durch die Schuld von Menschen war das Evangelium niedergehalten worden. Warum sollte es nicht durch menschliches Handeln wieder befreit werden? So einfach klang das. Und auf so simple Weise schlug eine primär theologische Kategorie, das Wort, in eine weltlich-politische um.

Wittenberg empfand den Umschlag als einen Schock. Das Wort drohte inzwischen wirklich zur Gewalttat zu werden, und das göttliche Recht wurde zur politmissionarischen Parole herabgewürdigt. Alles mußte den Eindruck gewinnen, daß solches Recht seine Durchsetzung hier, heute, jetzt, sofort, mitten in dieser Welt, notfalls mit dem Schwert, erforderte. Genau dies lehrten die Prediger der zweiten Generation, die sich immer seltener auf den Beginn der Wittenberger Bewegung besinnen wollten.

Schlimmer noch: Diese Leute fanden Zustimmung, weil sie die Einsichten des gemeinen Mannes, so unbestimmt diese auch bleiben mochten, teilten und die Postulate der Rebellion bestätigten: »Da, da, das ist das recht evangeli; luog, wie hand die alten pfaffen gelogen und falsch gepredigt; man soll die buoben alle zuo todt schlagen, wie hand sie uns also herrlich betrogen und beschißsen!« Ja, die neuen Prädikanten handelten. Sie betrogen den gemeinen Mann nicht mehr. Sie identifizierten Theologie zunehmend mit Politik. Sie radikalisierten auf diese Weise das Wort und dessen Bewegung. Und sie brachten Luther in die Gefahr, bald auch als ein »alter pfaffe« zu gelten, wenn er sich nicht so bald wie möglich dezidiert zu den vorgelegten Problemen äußerte.

Der Wittenberger Prediger war wieder an eine Grenze geraten. Es war dieselbe, die ihn immer behindert hatte. Wir wissen, daß er sie auch nicht überschreiten wird, selbst diesmal nicht. Er bleibt in Treue fest. Und er wird durch eben diese Treue zum Mitschuldigen an den sich nun überstürzenden Ereignissen. Schon seine erste Stellungnahme, die »Ermahnung zum Frieden auf die zwölf Artikel der Bauernschaft in Schwaben« aus dem April 1525 gibt den ganzen Luther wieder: seine Furcht nämlich, das Evangelium werde in allem Aufruhr zutiefst mißverstanden, seine Angst auch, durch eine Revolte würden beide Reiche Schaden nehmen und »weder weltlich Regiment noch göttlich Wort bleiben«, dazu die Sorge, das schreckliche Blutvergießen, von dem er bisher nur gehört hat, werde ganz Deutschland überziehen, und – was häufig übersehen wird – auch das Gewissensbedenken, daß oben wie unten, die Herrren durch Tyrannei, die Bauern durch Gewalttat, das Seelenheil verwirkten. Luther redet daher, ganz und gar Prediger, beiden Seiten ins Gewissen. Das Wort seiner Predigt kennt, da es auf das Evangelium selbst gestützt ist, keinerlei Rebellion, doch auch kein Wüten der Regenten. Gott wird beide Parteien bestrafen: schon jetzt in Blut und Tod, doch auch drüben, wenn die Seelen verhandelt werden. Martin kämpft um Einsicht in diese

Wahrheiten, damit nicht »unter des Evangelii Namen wider das Evangelium« gehandelt werde.

Seine Stellungnahme ist damit so ausgefallen, wie sie ausfallen mußte, nicht aber, wie sie ausfallen sollte. Denn gerade diese Antwort wollte niemand hören. Martin Luther hatte nur eine Glaubensfrage abgehandelt, doch kein soziales, rechtliches oder wirtschaftliches Problem gelöst. Seine Meinung, Gott werde schon selber handeln, wenn er überhaupt wolle, »des Christen Recht« aber bleibe allein das »Leiden, Leiden, Kreuz, Kreuz« und nichts sonst, galt den Aufständischen künftig als private Ansicht. Sie holten sich bei Luther keinen Rat mehr. Sie hatten andere Prediger bei der Hand, mochte der Wittenberger diese auch als »Mordpropheten« abtun. Die Predigt von den zwei Reichen, auf die Luther seine Ablehnung der »Zwölf Artikel« gestützt hatte, stieß auf taube Ohren. Der Professor konnte ruhig auf seiner Meinung beharren. Interessant war sie nicht mehr: »Doctor Martinus ist pey dem gemeynen volck und auch pey gelarten und ungelarten in grossen abfall«, schreibt im Juni 1525 ein Freund Wittenbergs, »achten seyn schreyben wer ser unbestendick«.

Die Herren schlagen den Aufstand nieder

In Mitteldeutschland, vor Martins eigener Tür, brach die Revolte erst jetzt los, nachdem Süddeutschland bereits geschlagen schien. Luther konnte sich ein eigenes Bild von der Gewalt machen, die sein Wort vergeblich bekämpft hatte. In diesen Wochen, da eine Hiobsbotschaft nach der anderen durch Wittenberg trieb, da Städte und Burgen gleich reihenweise kapitulierten, da Klöster geplündert, Menschen gefoltert und erschlagen, Dörfer niedergebrannt wurden, sah Martin, was von seiner Predigt angekommen war: so gut wie nichts. Die eben noch als »falsches Wort« theologisch hingerichteten Zwölf Artikel traten dagegen ihren Siegeszug an. Dorf um Dorf akzeptierte sie, und den sich aus dem Süden heranwälzenden Resten der Bauernrevolte schlugen die Wellen jener viel älteren Rebellion entgegen, die sich mit den greulichen Namen Pfeiffer und Müntzer verband.

Als die Lage immer bedrohlicher wurde, wußte allerdings kaum jemand von der gottgewollten Obrigkeit, was genau zu tun sei. Kurfürst Friedrich, schon vom nahen Tod gezeichnet, wollte weder rüsten noch durchgreifen, sah sogar eine gewisse Ursache für derlei Aufruhr und hoffte auf »Vorgebung der Sund« durch einen guten Gott. Sein Bruder Johann machte zwar etwas weltlichere Umrisse der Gefahr aus, zählte inmitten aller Plünderung gut dreißigtausend Bauern unter den Gegnern und teilte mit, es »steht ganz wilde zu, es ist jedermann erschrokken«, doch was er konkret unternehmen sollte, wußte auch er nicht.

Die zögerliche Haltung der Obrigkeit paßte Luther ganz und gar nicht. Martin hatte zwischen April und Mai 1525 eine Predigtreise durch das nördliche und mittlere Thüringen unternommen und war aufgrund seiner neuesten Erfahrungen mit der Gewalt, die da überall wisperte, zu der Auffassung gelangt, den Besessenen, die unbedingt ihr Schwert führen wollten, sei im guten noch weniger beizukommen als seinerzeit den Leuten von Orlamünde. Der Professor, der mitten unter ihnen »mit Gefahr Leibs und Lebens« gewesen war, hatte die Ohnmacht seines Wortes erlebt und die zuständigen Herren in scharfer Form ermahnt, ihren Pflichten im weltlichen Reich nachzukommen. Feige Memmen taugten nicht zum Regiment. Jetzt brauchte es Männer, die dem Bösen wehrten. Ein gutes Beispiel gab Graf Albrecht von Mansfeld ab, den Luther ausdrücklich wegen seines beherzten Eingreifens und Zupackens lobt. Dieser Potentat handelte nach Gottes Willen.

Anders – leider noch immer – der Herzog Johann von Sachsen, der inzwischen gar bei Luther anfragte, ob er nicht doch, so ein ganz klein bißchen, in die »Zwölf Artikel« einwilligen könne. Martin bedeutete diesem Herrn, nicht ein einziger dieser Artikel verdiene unter den eingetretenen Umständen irgendeine Zustimmung, im Gegenteil, jetzt handle es sich nur noch um die Bestrafung der Bösen, nicht aber um ein Zusammengehen mit diesen Aufrührern. Wer nämlich »helfe weich machen«, der betreibe allein des Satans Sache.

Das war hart. Aus der Sicht Wittenbergs war diese Antwort an einen zaudernden Herrn jedoch konsequent: Die Rebellen hatten keine Basis im Wort, weil sie, die falschen Christen, Gewalt statt Martyrium wollten. Deswegen mußten sie, die Bösen, von Gottes Obrigkeit niedergeschlagen werden.

Eben diese Obrigkeit aber hatte alle Mühe, ihren in der Zwischenzeit erstarkten Mut in konkrete militärische Handlungen einzubringen. Die Fürstenkoalition, die sich aus den Mansfelder Grafen, dem Herzog Johann, dem hessischen Landgrafen Philipp und – der Aufstand machte die Einheit auch von Glaubensgegnern unerläßlich – Georg von Sachsen sowie dem Erzbischof von Magdeburg zusammengetan hatte, war in Not. Ein schlagkräftiges Heer stand nicht zur Verfügung, und von einer richtigen Mobilmachung war ohnedies nie die Rede.

Die Bauern hingegen hatten inzwischen das Verhandeln aufgegeben und waren zu offen feindseligen Taten übergegangen. Ihre Leibeigenschaft war ja doch wohl unevangelisch genug, denn Christus hatte alle Menschen gleichermaßen erlöst und zur christlichen Freiheit berufen. Der Viehzehnt war doch wohl zu verweigern, da Gott das Vieh frei für die Menschen erschaffen und zur Verfügung gestellt hatte. Jagd und Fischerei mußten frei sein, weil derselbe Gott allen Menschen ohne Ausnahme die Herrschaft über die Schöpfung verliehen hatte. Und die zunehmend verschärften Abgaben, mit deren Hilfe die

Herren ihre eigene Schuldenlast in wohlfeiler Münze abzutragen suchten, hatten nichts mehr mit dem guten alten Recht Gottes zu tun. Also galt es jetzt zuzuschlagen. In vielen lokalen Einzelaktionen, im Zusammentritt einer Talgemeinschaft zum Sturm auf die nächste Burg des Herrn, in der Bildung kleinerer oder umfänglicherer Haufen gegen die festen Häuser der örtlichen Obrigkeit oder gegen die ähnlich befestigt erscheinenden Klöster einer Region erhob sich der gemeine Mann.

Zwar sind die Zahlen, die für die verschiedenen Heerhaufen oder Fähnlein genannt werden, fragwürdig wie fast alle Schlacht- und Kriegsziffern von damals. Doch sind die Massen, vor allem, wenn sie sich unter dem Einfluß versprengter Landsknechte in der üblichen Schlachtordnung aufstellten, imposant erschienen. Die Herren kannten derlei bisher nicht, die verschreckten Pfaffen und die Bürger ebensowenig. Hier erhob sich eine Macht, die weniger durch ihre unzureichende Bewaffnung als durch ihre zu allem entschlossene Tatkraft überzeugte. Beim Erklettern einer Burgmauer, beim planlosen oder von der Erfahrung der Söldner geprägten Drauflosstürmen und Draufhauen zeigte sich viel Tapferkeit. Die Bauern waren jedenfalls zielstrebig, und das Volkslied traf die Situation: »Die Herren sammleten sich und huben an zu tagen, da sprachen die Bauern: Wir wollen sie zwacken. Die Herren zogen heim, ihnen fing an zu grausen, da sprachen die Bauern: Die wollen wir lausen . . .«

In einigen wenigen Frühjahrswochen verheerten die verschiedenen Bauernhaufen dann weite Gebiete Deutschlands, brachen Burgen, zerstörten Hunderte von Klöstern, mordeten und metzelten nieder, was sich auf ihren Wegen fand. Im Brennen, Sengen und Verwüsten kam die bislang unterdrückte Wut zum Ausbruch, und das Beutemachen bei den reichen Pfaffen und Herren befriedigte den aufgestauten Neid auf die da oben, die so lange alles ungestört genossen hatten. Endlich war es soweit, daß »ein jeglicher das Unterst zu oberst und alles umkehren« konnte – und, unter Berufung auf das Gotteswort, durfte. Luther aber sah diese Entwicklung, die so gar nicht in sein geordnetes Konzept passen wollte, mit sehr gemischten Gefühlen. Aus Wittenberg kam alsbald eine Neuausgabe der früheren »Ermahnung zum Frieden« daher, die eigentlich schon alles gepredigt hatte, was noch zu sagen gewesen war. Nur wenige hätten diese Schrift denn auch zur Kenntnis genommen, wäre ihr nicht – in äußerster Schärfe – ein Anhang beigefügt worden, der erst im Nachdruck zu einer selbständigen Schrift erhoben werden würde und sich »wider die räuberischen und mörderischen Rotten der Bauern« richtete. Dieser Anhang wird fast sofort zum Ereignis. Luther erreicht in diesem Blatt den Höhepunkt seiner Theologie der Nicht-Gewalt.

Kaum eine andere Publikation des Professors der Heiligen Schrift ist derart böse und gewalttätig und kaum eine andere hat so viele schlimme Konsequenzen gehabt wie dieser simple Anhang, der in der Sache selbst nichts Neues zu sagen wußte. Doch wie er das Alte sagte, war unerhört und unverzeihlich. Die Leser waren fast überall »etwas mit Verwunderung entsetzt«. Da überschlagen sich die wildesten Aufforderungen, die Obrigkeit solle nun endlich »zuschmeißen, stechen und wurgen«, denn es sei »des Schwerts und Zorns Zeit hie und nicht der Gnaden Zeit«. Luther ist außer sich.

Dieser Zorn hat nichts Zartes mehr an sich. Diese Predigt schont keine Schwachen mehr. Sie schäumt über, weil die aufständischen Bauern nichts anderes verdient haben. Sie sind es gewesen, die Treue und Gehorsam verletzt, Aufruhr und Blutvergießen verschuldet und, was das Infamste ist, ihr gewalttätiges Tun mit Gottes Wort zu legitimieren versucht haben. Und »die andern Bauern« tun sogar noch mehr: Sie terrorisieren eine ganze Menge solcher Leute, die ihnen nur widerwillig und in Angst vor Konsequenzen folgen. Das ist unheilvoll. Auch wenn die Obrigkeit keinen anderen Grund zum Kampf gegen die Rebellen hätte, so genügte der: Sie muß die Mitgeschleppten aus der Gefahr für deren Seelenheil befreien. So glaubt der Prediger Martin Luther, der da, im Stübchen, mit Stechen und Würgen für die ewige Seligkeit der Mitläufer streitet.

Luther hatte es vielleicht gut gemeint, doch hatte er Pech. Als die Schrift nämlich endlich erscheinen konnte, war das Drama bereits auf seinen letzten Akt zugetrieben. Ebenso jäh, wie die Revolte ausgebrochen war, hatte sie vor der ersten ernsthaften Gegenwehr kapitulieren müssen. Die Fürsten waren sich inzwischen einig geworden, hatten wider Erwarten auch das notwendige Militär zusammengebracht und draufgehauen. Das Städtebürgertum aber hatte seine eigenen antifeudalen Interessen preisgegeben und auf dem Höhepunkt der Kämpfe die Bauern im Stich gelassen. Es war erschreckt durch die elementare Gewalt des einfachen Volkes und aus lauter Angst geneigt, die Partei der Fürsten zu nehmen. Seine führenden Vertreter sahen im Bündnis mit den Feudalgewalten ein wichtiges Mittel zur Steigerung ihrer Profite und fielen daher der Volksbewegung in den Rücken. Luthers Neuerung hatte ihnen genügend Neues gebracht. Sie wollten wieder in Ruhe ihren Geschäften nachgehen. Ein Mehr kam nicht mehr in Frage, und schon war alles wieder zu Ende, was so hoffnungsvoll begonnen hatte.

Papst Clemens VII. ließ in seiner Kanzlei aus Anlaß des Sieges der deutschen Feudalherren einen Dankbrief an den Schwäbischen Bund ausfertigen, in dem diesem bescheinigt wurde, »wenn Ihr nicht gewesen wäret und sich nicht Eure Tüchtigkeit, Einsicht und Macht in den Weg gestellt hätte, würde sich jenes schreckliche Wüten der ruchlosesten Ketzerei, angestiftet durch eine verworfene Menge, auf die Geistlichkeit, den ganzen Adel, alle öffentlichen und privaten Würden, die Sitten, Gesetze, Recht und schließlich auf ganz Deutschland mit

Schwert, Mord, Feuer und Verderben gestürzt . . . haben«, und Luther kam zum falschesten Zeitpunkt mit seiner Predigt vom »zuschmeißen, stechen und wurgen« heraus.

Der nunmehr einsetzende Blutrausch der fürstlichen Sieger, die ihre anfängliche Verzagtheit in den Triumph der Gewalt verwandelt sahen, konnten sich – ohne daß der Wittenberger Verfasser dies hätte wissen können – auf die böse Luther-Schrift stützen, sich aus den Sätzen von damals rechtfertigen, das sinnlose Morden mit dem Wort des angesehenen Theologen bemänteln – und sich zu allem Überfluß noch als Werkzeug Gottes fühlen. Und so wurden eben »vil an die boem gehenckt, nit hocher, dan das die süw und hund ettlichen die füeß abfraßend, viel gefierteylt, ettlich lebendig gebraten, uß der maßen vil an allen enden mit dem schwert gericht, des gesichts beroubt, durch die backen geprennt: summa, es was selten kein statt, noch schloß so gering, da nit bluot vergoßen wurde.«

Die Bauern, die sich eben erst auf Gnad oder Ungnad ergeben hatten, erlebten die Gnade ihrer Obrigkeit am eigenen Leib, spürten Luthers Wort im eigenen Blut und erlitten die Antwort auf ihre Anfrage in Wittenberg in Not und Tod, während der Autor selbst in seiner Sicherheit saß, weitere Predigten im Stübchen entwarf, Briefe in die Welt gehen ließ – und, was das Schlimmste war, sein Wort gerettet glaubte. Dabei waren die Hoffnungen, die ihm gegolten hatten, erstickt, gnadenlos enttäuscht. Mit Luther war keine Rebellion zu machen.

Anders Thomas Müntzer. Dieser hatte noch in dem so handlungsträchtigen April 1525, dem Monat seiner berühmtesten Agitation, eine fieberhafte Tätigkeit entfaltet, Flugschriften verbreitet, nach allen Seiten sein »dran, dran« wider die »wie Hunde verzagten Bösewichter«, Luthers Obrigkeit, ausgehen lassen und dazu aufgerufen, »pinkepanke« das vom Blut noch warme Schwert nicht erkalten zu lassen. Denn, so seine feste Überzeugung, »Gott gehet euch vor, folget, folget!«

Auch dieser Müntzer las offensichtlich das Evangelium. Auch er legte das Wort aus, dieser »Knecht Gottes wider die Gottlosen«. Sein »dran« schlug zu wie ein Hammer, und die endzeitlichen Drohworte der Bibel, auf die er sich unverwandt bezog, die Gerichtsszenerien der Bibel, die Berufung auf das Ich der eigenen Visionen und Offenbarungen wie die unleugbare Kraft seiner Persönlichkeit fanden sich in großen Brandreden zusammen, welche die Ausbeuter vernichten sollten. Aus diesen Feuerworten sollte eines Tages oder besser sofort eine ganz neue Obrigkeit hervorgehen: der gemeine Mann. Das »inbrünstige Volk« bekam das Schwert in seine Hände, und seine »emborung« war »im herzen noch nit erloschen«. Politik blieb also bis zum letzten Akt Funktion einer radikal theologischen Weltdeutung.

Müntzer war nicht weniger als Luther davon überzeugt, den richtigen Weg beschritten zu haben. Seine Briefe etwa an die Mansfelder Grafen, die von Luther in die Gegenrichtung gehetzt worden waren, gleichen Ultimaten, handeln von schrecklichen Gottesgerichten, verspotten den »Martinianischen Bauerndreck« und tragen die Unterschrift »Thomas Müntzer mit dem Schwert«.

Die bedrohte Obrigkeit gehorchte diesen Aufrufen jedoch ebensowenig wie zuvor. Sachsen zum Beispiel hatte schon seit langem ein Auge auf das reiche Mühlhausen geworfen, und die Gelegenheit schien jetzt besonders günstig. Also rückten die Herren vor. Müntzer und sein Haufen, etwa sechs- bis achttausend Mann, verließen dagegen die Stadt auf den Flecken Frankenhausen zu, ließen sich ein blankgezogenes Schwert vorantragen und auch – ein alttestamentliches Bundeszeichen Gottes an seine Menschen – eine Fahne mit dem Regenbogen. Doch nützte alles nichts mehr. Gott griff augenscheinlich nicht ein, die weltlichen Mächte um so tatkräftiger. Der 15. Mai 1525 brachte die endgültige Katastrophe: Frankenhausen fiel, Mühlhausen ergab sich, Tausende starben nach Art der »mala guerra«, die Fürsten nahmen ihre Rache – und der Prophet wurde ergriffen, in einen Widerruf hineingefoltert und geköpft. Sein Kopf aber wurde auf einen Pfahl gesteckt, eine ständige Mahnung für alle, die noch immer an Abweichung vom Pfad der obrigkeitlichen Tugend dachten. Der Gottesmann war, pinkepanke, tot. Seine Sache erschien gescheitert.

Erschien? Nein, meint ein triumphierender Luther, sie ist tot. Gottes Strafgericht hat nämlich die Bosheit erreicht. Der aktive Gott macht keine halben Sachen. Müntzers Ziel, die Obrigkeit zu vertilgen und dann eine christliche Reformation durchzuführen, das hieß, Arme und Unterdrückte in ihre eigentlichen Rechte zurückzuversetzen, ja die gesamte Welt auf einen Schlag in die große Änderung hineinzuziehen, hat sich als Schall und Rauch erwiesen. Zurückgeblieben sind Tod, Blut und Trümmer – sowie ein rechthaberischer Luther, der sich – auf peinliche Weise – in seiner eigenen Interpretation des Wortes Gottes bestätigt fühlt. Der Professor läßt es sich nicht nehmen, aller Christenheit zu vermelden, er habe dies so kommen sehen und alles schon von Anfang an gewußt.

Im übrigen verlegt sich Martin nun, da alles vorbei ist, auf das frühere Bitten, tritt für jene Bauern ein, welche noch leben, und meint, jetzt sei es Zeit, zu bitten und zu beten. Als er aber in den folgenden Wochen von weiteren noch nicht niedergeworfenen Aufständen im Süden Deutschlands hört, erneuert er die frühere Theologie ein weiteres Mal, beschwört wieder die Auffassung von den zwei Reichen und schärft der Obrigkeit von neuem das Schwert.

Mitte Juli 1525 erscheint sein »Sendbrief von dem harten Büchlein wider die Bauern«, in dem er sich gegen die neuesten Vorwürfe aus dem Lager der Freunde verteidigt und gleichzeitig seine Treue zu sich selbst erneuert: Gottesreich und Weltreich sind streng voneinander zu scheiden; sie dürfen nicht – wie bei den Bauern und deren Predigern – vermengt werden; Rebellion ist die schlimmste Übeltat, »eine Sintflut aller Untugend«, und Feigheit auf seiten der Obrigkeit führt nur zum Tod vieler Tausender von Aufrührern. Hätten sich die Herren nämlich gleich drangewagt, einen oder auch hundert hingerichtet, so hätten alle übrigen überlebt, die nun in ihrem Blute liegen. So weit die Logik der Rechtfertigungsschrift eines gewaltlosen Predigers.

Mehr weiß Wittenberg nicht zu sagen. Martin verteidigt nur sein Wort. Das selbstgefällige Büchlein wirkt entsprechend. Und noch schlimmer: Die andere Seite, die der Fürsten, welche in diesen Wochen ihre Hände in das Blut der Unterlegenen getaucht hatten, wird gar nicht erwähnt. Mit diesem Schweigen begeht Martin Luther aber einen der folgenschwersten Fehler seines Lebens. Er hat das Unrichtigste getan, was er tun konnte, und die Abrechnung mit den fürstlichen »wilden Tieren« verschoben. Statt auch diese beim Namen zu nennen, die doch viel greulicher gewütet hatten als der gemeine Mann, schont er sie dieses eine Mal. Das war unverantwortlich. Martin hatte sich, so erschien es wenigstens einer aufmerksamen Öffentlichkeit, nur die eine Partei vorgenommen.

Die andere kam, und dies in einem entscheidenden Augenblick der Geschichte, ohne Mahnung davon. Luther hatte nicht ermessen, daß sein Wort, wenn überhaupt, nach zwei Seiten hin hätte gesprochen werden müssen. Die Fürsten konnten sich über das Versäumnis freuen. Später dachten sie nicht einmal mehr daran, daß auch sie hätten gemahnt werden sollen. Martin aber geriet mehr und mehr aus dem Blickfeld dieser Welt. Seine politische Naivität hatte ihn vergessen lassen, daß immer nur das letzte Wort gehört, nicht aber auch das Ganze mitbedacht werden würde. Und dieses sein letztes Wort in Sachen Aufstand war ausgerechnet parteiisch. Es richtete sich gegen jemanden Bestimmten, nämlich gegen die Unterlegenen. Das blieb im Gedächtnis haften. Die Geschichte hat Martin Luther nicht mehr von diesem Versäumnis freigesprochen.

Die Folgezeit würde noch weitere Erfahrungen für die Wittenberger Theologie bringen: Just jene Obrigkeit, die Luther, wenn auch wieder einmal im besten theologischen Willen und ohne Verständnis für historische Gegebenheiten, so eindeutig befördert hatte, wird ihn Jahr für Jahr aufs neue verraten, dieser »ungehorsame und räuberische Adel«. Selbst seine eigene Christenheit, der er den Weg in ein verborgenes geistliches Reich gewiesen hatte, wird einer recht irdischen Obrigkeit in die Hände fallen. Vom Seelenheil wird kaum mehr die Rede sein, von der göttlichen Gerechtigkeit noch weniger, wohl aber von weiterer, jahrhundertelanger Geduld im Leiden. Zwar war anno 1525 ein für allemal vermieden worden, daß Aufruhr und Luther ineins gesetzt werden konnten, doch durfte dieses Ergebnis nicht als grandios gelten.

Bemerkt hatten dies seinerzeit jedoch nicht viele. Die Mehrheit war ganz froh, daß alles vorbei war, und baute überall wieder auf, zog die alten Grenzen und Zäune nach – und gewöhnte sich selbst an einen ruhig gewordenen Luther. Denn daß von Wittenberg vor allem Sicherheit ausging, war nun kaum mehr zu leugnen. Einen der Gründe für diese Ruhe schien, so meinten nicht wenige, aber auch eine aufregend überraschende Tat des Augustiner-Mönchs Martinus erbracht zu haben: die Heirat mit Katharina von Bora. Ja, es stimmte wirklich, es blieb kein Gerücht der Papisten. Martin hatte mitten in den Wirren zwischen gemeinem Mann und Herrschaft noch die Zeit erübrigt, sich in den Stand der Ehe zu begeben.

25. Ich habe mich durch diese Heirat so verächtlich gemacht

Neun Nonnen werden entführt

Schön war sie nicht, gut situiert war sie auch nicht, die Ehefrau des Dr. Martin Luther, dafür galt sie als stolz und hochfahrend. Und was das Peinlichste für viele war und es für manche auch geblieben ist, die Frau Käthe war eine »ausgelaufene Nonne«. Das war keines der Gerüchte, wie es sie viele, viele im Zusammenhang mit dieser Eheschließung gegeben hat, nein, hier stimmten die Fakten. Luther selbst hat sie bestätigt. Er konnte dies auch mit gutem Recht, denn er war, von allem Anfang an, in jenes Räuberstückchen verwickelt, das schon im April 1523 über die Bühne eines Zisterzienserinnen-Klosters in der Nähe von Leipzig gegangen war.

Damals hätte der Professor natürlich nicht im geringsten daran gedacht, daß sich unter den Nonnen, die er, wie er an Wenzel Link geschrieben hatte, »vom Kloster Nimbschen aus ihrer Gefangenschaft empfangen«, auch seine künftige Frau befunden hatte. Im Gegenteil, Martin ist – bis fast zum Tag seiner Hochzeit – immer wieder allen Verdächtigungen und Mutmaßungen, aber auch allen dezent vorgebrachten Hinweisen auf sein Leben als Junggeselle, das nun eigentlich beendet werden müsse, aus dem Weg gegangen. Über die Ehe hatte er zwar, wie über alles, fleißig geschrieben, das Wort ausgelegt und seine Theorien verbreitet. Im Vergleich zum Zölibat der Papisten, der den Ehestand als etwas Minderwertiges betrachtet hatte (»ein sündlich und unehrlich Wesen«), galt ihm die Ehe als »heilig und köstlich«, und diejenigen, welche »sich deß befleißiget haben, daß sie den Ehestand durch Gottes Wort herrlich erhalten und geehret haben«, hatten seiner Meinung nach »der christlichen Kirche wol gedienet«.

Doch war es ihm lange Zeit nicht in den Sinn gekommen, den Worten auch die Praxis folgen zu lassen: »ßo weit gedachte ich nicht zu greiffen«. Luther hatte sogar noch bis zum 16. Oktober seine mönchische Kutte (»sie war also beschäbet«) getragen, allen Einsprüchen der Freunde – und wohl auch des Elternhauses – zum Trotz, allein »zur Schonung der Schwachen und zur Verspottung des Papstes«. Daß es ihn dann sauer ankam, das »heillose Kleid« loszuwerden, hatten viele nicht verstanden. Und daß er, »des bapsts laus, den tzwacke ich, der ernehret mich, und von seinem gutte nehre ich mich«, nicht heiraten wollte wie so viele andere, leuchtete noch weniger ein. Viele hatten ihn immer wieder dazu gedrängt. Martin war jedoch hart geblieben – und hatte weiter geschrieben statt gehandelt. Die Praxis sollte der Theorie eben (noch) nicht entsprechen.

Es scheint aber, als habe eine seiner Schriften auch das stille Klösterchen Marienthron in Nimbschen erreicht. Das Wittenberger Wort war immer lauter geworden, und immer häufiger waren auch Mönche und Nonnen aus einer Disziplin ausgebrochen, hinter der schon lange kein Geist mehr stand. Luther selbst war über diese Folgerungen aus seinen Lehren durchaus nicht immer glücklich gewesen: »Ich sehe viele unserer Münche aus keinem anderen Grunde austreten, als sie eingetreten sind, nämlich um des Bauches und fleischlicher Freiheit willen . . . Aber was sollen wir tun? Es sind faule Leute, und sie suchen das Ihre; besser, daß sie ohne die Kutte als in ihr sündigen.«

Wie dem auch gewesen sein mag, eines Tages hatte ihn aus Nimbschen ein Hilferuf erreicht. Zwölf Nonnen, darunter zwei Schwesternpaare, hatten von Reliquien, Horen und Kutten genug. Sie kamen aus adligen Familien, auch eine Schwester des Johann von Staupitz war unter ihnen. Die jungen Frauen waren nach der Sitte der Zeit in einem Kloster untergebracht worden, denn eine bessere Verwendung schien sich nicht für sie gefunden zu haben. Nun aber, da sie auslaufen wollten, paßte dies ihren Familien nicht: Nonne blieb Nonne, eine unnütze Esserin mehr lag zudem den ohnedies nicht eben reichen Kleinadeligen nur auf der Tasche. Im Kloster hingegen waren die Damen für ein ganzes Leben versorgt. Hilfe war demnach von dieser Seite kaum zu erwarten.

Luther aber fühlte sich betroffen. Es gelang ihm, einen zuverlässigen Bekannten zu finden, der das Wagnis einer heimlichen Entführung auf sich nehmen wollte. Das war so ungefährlich nicht, schon gar nicht im gut altgläubigen Halbstaat des Georg von Sachsen. Sogar die Todesstrafe drohte. Dennoch riskierte der fast sechzigjährige Torgauer Ratsherr und Kaufmann Leonhard Koppe das Unternehmen. Da dieser – von Luther »Vater Prior« genannte – gute Mann regelmäßig Bier und Fische in Fässern nach Nimbschen zu liefern hatte, war es nicht weiter aufgefallen, als er mit zwei Gehilfen am Karsamstag des Jahres 1523 mit einem Planwagen im Kloster erschienen – und wieder davongefahren war. Jedenfalls befanden sich die zwölf in der gewünschten Freiheit.

Ob die Entführten wirklich in den leeren Heringstonnen gesteckt hatten, die Koppe mit sich führte, ist allerdings zweifelhaft. Die Luther-Legende hat sich so oder so auch dieser Story angenommen, selbst ein Fluchtfenster ausgewiesen, einen verlorenen Nonnenschuh dazu – und sogar einen Luther-Brunnen, an dem sich die künftigen Eheleute getroffen haben sollen. Diese nach-katholische Reliquienverehrung bedeutet aber nicht viel. Treffender ist schon die Bemerkung eines Wittenberger Studenten, der die entstandene Lage kommentierte: »Vor einigen Tagen ist hier ein Wagen eingetroffen, vollbeladen mit vestalischen Jungfrauen, wie man sie nennt, die ebenso heiraten wie leben möchten. Möge Gott sie mit Männern versehen, damit sie nicht im Laufe der Zeit in größere Not geraten!«

Martin, der alles in Szene gesetzt hatte, sah durchaus ein gehöriges Stück jener größeren Not: Er setzte sich ins Stübchen, schrieb einen Offenen Brief, die übliche Rechtfertigung, »Ursach und Antwort, daß Jungfrauen Klöster göttlich verlassen mögen«, argumentierte gegen »Gefahr und Unlust in Klostern« und sorgte sich, daß jemand auch anderen Unberufenen »treulich heraushelfe«. Wer allerdings die »Klosterei nutzlich brauchen« könne, wer »gerne drinnen« sei, der solle in Gottes Namen bleiben. Die Entführung aus Nimbschen war so oder so bekanntgemacht und legitimiert.

Weniger erfolgreich waren demgegenüber die Anstrengungen des Professors, seine Damen nun auch in der Welt unterzubringen, Nonnen also, die Nikolaus von Amsdorf, damals noch Theologe in Wittenberg, zum Erbarmen arm gefunden hatte: Sie hatten anfangs »weder Schuh noch Kleider« und mußten daher noch ein paar Tage lang in ihrer Klostertracht herumlaufen. Martin warb fast verzweifelt um Aufnahme, regte Spenden für die Armen an – und unterließ auch in der Folgezeit nicht, all seine Jungfrauen an den Mann zu bringen. Die aus Kursachsen stammenden Damen, denen – der Kurfürst hatte zur Seite gesehen – keine unmittelbare Gefahr drohte, waren bald versorgt. Die Untertaninnen des katholischen Georg jedoch, die die Häscher sofort ergriffen hätten, wären sie überhaupt nach Hause gelangt, mußten wohl oder übel in Wittenberg bleiben.

Daß die restlichen drei unter diesen Umständen gerne geheiratet hätten, war so unvernünftig nicht. Was hätten sie anderes tun sollen? Ein Beruf war für unverheiratete Frauen nicht vorgesehen, nur die Ehe oder eben das Kloster. Luther und Amsdorf priesen denn auch – unter anderen dem Hofkaplan Spalatin – diese ihre Schützlinge an, die »schönen Mädchen«, und es fanden sich schließlich Familien, die eine Heimat bieten wollten. Noch mehr: Zwei Ehemalige heirateten, und nur eine einzige, Katharina von Bora, ohne Vermögen und ohne Eltern, blieb fürs erste übrig.

Jungfer Katharina von Bora

Sie kam dann allerdings auch unter, nämlich im großen neuen Haus des reich gewordenen Malers und Apothekers Lukas Cranach am Wittenberger Markt. Dort ging sie der Hausfrau zur Hand, dort lebte sie, natürlich auch im Freundeskreis des Professors Luther, dort aber drohte ihr früher oder später die Gefahr, eines Tages als ein Tantchen, welches zu einer Zeit, da es noch Zeit gewesen wäre, keinen Mann gefunden hatte, ein recht einsames Leben ableben zu müssen.

Es läßt sich gut vorstellen, daß das Schicksal dieser Vierundzwanzigjährigen allerlei Leute bewegte. In einer Epoche, da ein Mädchen am besten mit 16 Jahren heiratete, galt Katharina bereits als überfällig. Martin, der sich – nicht zuletzt als Mitwisser der Nimbschener Entführung – wie ein Vater und Vormund vorkam, wußte, was er zu tun hatte. Katharina, die ihm – so meinte er später einmal – recht unsympathisch vorgekommen war, hatte einen Anspruch darauf, unter die Haube gebracht zu werden. Das war aber offensichtlich gar nicht so leicht, denn Käthe blieb eine entlaufene Nonne. Und selbst Männer, die in dieser Beziehung nicht mehr mittelalterlich eng dachten, heirateten doch lieber ein Bürgermädchen als eine adlige Klosterjungfer, zumal den Nonnen der Ruf vorausging, sie könnten zwar gut essen, doch nicht recht kochen, seien also als Hausfrau gänzlich verdorben und ungeeignet.

Katharina mochte keine Ausnahme sein. Im übrigen war sie dies auch sonst nicht: Hohe Backenknochen, fast slawische Augen, ein länglicher Kopf, eine lange Nase und ein starkes Kinn deuten, wenn wir den bekannten Serienporträts eines Cranach glauben wollen (»die guten Maler, die malen ein person viel hubscher, denn sie ist«), nicht auf sonderliche Vorzüge des Körpers hin. Die katholische Gegenliteratur, die Luther durch Käthes Fleisch gefesselt sein ließ, hat übertrieben. Katharina hatte zwar viele Vorzüge, wie sich bald noch herausstellen sollte, die Schönheit gehörte jedoch nicht zu diesen. Warum nur sollte sich also irgend jemand gerade um sie bemühen? Eine gute Partie im landläufigen Sinne war die Bora nicht.

Dennoch hatte auch sie ihre Verehrer gefunden. Einer von ihnen, der Nürnberger Patriziersohn Hieronymus Baumgartner, welcher schon früher in Wittenberg studiert hatte, war im April 1523 noch einmal in die Stadt zurückgekehrt, allein, jung, aufgeschlossen, erlebnishungrig, und hatte sich dort, in der Fremde, in Käthe verliebt. Der Vormund Luther mochte sich gefreut haben, denn Baumgartner war fast gleichaltrig (»ein alter Mann und ein junges Weib ist wider die Natur. Gleich und gleich paret sich am Besten zusammen«). Er war auch von vornehmer Herkunft, hochgebildet, ausgesprochen begütert und lutherisch gesinnt. Alles paßte.

Katharina hatte die Zuneigung erwidert, sich allem Anschein nach recht heftig und schnell in den Jungen verliebt – und eine schlimme Erfahrung gemacht. Denn die Liebe in der Fremde war so schnell zu Ende gegangen, wie sie begonnen hatte. Der Herr Baumgartner, aus den Augen, aus dem Sinn, verschwand jedenfalls, ohne der Angelegenheit wirklich nähergetreten zu sein, und ließ nichts mehr von sich hören. Dr. Martinus tat daraufhin, was seines Amtes als Vater war, mahnte nach Nürnberg, berichtete gar von einem Liebeskummer, der die verlassene Käthe aufs Krankenlager geworfen hatte, warb und warb. Baumgartner aber hüllte sich in Schweigen. Und erst im Januar 1525 hörte Wittenberg gerüchteweise, der Patriziersohn habe sich in der Zwischenzeit standesgemäßer als an eine mittellose Nonne gebunden und sich einer Vierzehnjährigen verlobt, einer Oberamtmannstochter aus Tutzing.

Katharina blieb sitzen. Denn von dem Verehrer Numero zwei, einem Doktor Glatz, früher Rektor der Universität Wittenberg und jetzt Pfarrer von Orlamünde, wollte sie, Martins gutes Zureden hin oder her, nichts wissen. Ihre Meinung über den angebotenen Mann blieb unverrückt: Sie hatte »weder Lust noch Liebe« zu ihm und wollte, so sie selber, eher noch den »Doctor Martinus« oder auch den Herrn von Amsdorf, also zwei Männer, die gerade zur Hand waren, »ehelich zunehmen«.

Später würde sich herausstellen, daß die Abneigung gegen Dr. Glatz so unbegründet nicht gewesen war. Doch seinerzeit war Luther böse: »Mag sie den nicht, so mag sie noch ein Weil auf einen andern harren!« Diese Bora hatte denn doch zu viel Mut in ihrer wenig beneidenswerten Lage. Luther fand sie immer weniger anziehend und zeigte dies, seiner Art getreu, ganz offen. Daß Käthe in dieser Situation, da Luthers eigener Plan mit Glatz abgeschmettert worden war, die Stirn gehabt hatte, ausgerechnet den berühmten Doktor selbst in ihre Pläne miteinzubeziehen, war doch der Gipfel. Luther erscheint nach außen ziemlich wütend.

Dennoch: Amsdorf, der selbst nicht geheiratet hat, berichtet, die Äußerung der Käthe von Bora, sie wolle noch eher Dr. Luther als Dr. Glatz ehelichen, habe den Professor recht nachdenklich werden lassen. Und wie in anderen Fällen scheint auch hier aus Mitleid Zuneigung geworden zu sein. Plötzlich überschlagen sich die Ereignisse. Der Widerspenstige wird von einer Katharina gezähmt. Oder: Jener Martin, der vor lauter Theorie gar nicht an eine eigene eheliche Praxis gedacht hatte, beginnt ganz unvermutet, sich mit Heiratsabsichten zu tragen. Die Auserwählte, wer hätte dies gedacht, ist ausgerechnet

Käthe. Und seither genießen alle Interpreten ihre Freuden oder Leiden, diese Wahl zu deuten.

Damals überwog das Kopfschütteln, auch und gerade bei denen, die ihren Martin zu kennen glaubten. Er selbst dazu: »Wenn ich nicht heimlich geheiratet hätte, so hätte man es verhindert. Denn alle meine nächsten Freunde schrien: Nicht diese, sondern eine andere!« Doch ist es »diese« geworden, wider alles Zureden, Flehen, Ermahnen und Bitten.

Mit der Zeit stellt sich sogar heraus, daß Gott, der »zu bewirken pflegt, was man am wenigsten erwartet«, in dieser Armen, derer sich Luther nach eigenem Bekunden seinerzeit nur »erbarmt« hatte, die beste aller Frauen gestellt hatte, die ein so schwieriger Mann wie dieser Professor überhaupt hätte finden können, auch wenn er sich über Jahre hinaus auf Brautschau begeben hätte. Martin sagt es selbst, für sich allein jedoch, nicht für andere, die an dieser seiner Methode der Wahl eines Ehepartners auf Lebenszeit kein Vorbild sehen sollten: »Gottes Gnade hat mir die glücklichste Ehe beschert.« Und eine Tischrede führt den Gedanken noch weiter aus: »Ein weib ist bald genumen; aber stets lieb zu haben, das ist schwer, und es mag einer unserm Herrgott wol davor dancken, wer dasselbige hat. Drumb wenn einer ein weib will nemen, so las ers im ein ernst sein und bitt unsern Herrngott: Lieber Herrgott, ist es dein göttlicher will, das ich soll leben ohn weib, so hilff du mir; wo nicht, so bescher mir ein gutts frommes meidlin, mitt dem ich mein leben zubringe, das ich lieb habe und sie mich liebet! Denn copula carnalis, die thuts nicht.«

Katharina von Bora, die Nonne, wurde jedenfalls zum »morgenstern tzu Wittenberg«. Sie war in der Tat eine selten tüchtige Hausfrau und, was noch viel mehr bedeutete, allem Anschein nach überhaupt die einzige Frau, die Martin ein Leben lang richtig zu nehmen wußte. Sie hat es ja über zwanzig Jahre mit ihrem Mann ausgehalten und genau den Platz eingenommen, den Luthers Weltordnung ihr und ihresgleichen angewiesen hatte: »Männer haben eine breite Brust und kleine Hüften, darum haben sie auch mehr Verstandes denn die Weiber, welche enge Brüste haben und breite Hüften und Gesäß, daß sie sollen daheim bleiben, im Hause still sitzen, haushalten, Kinder tragen und ziehen.« Das war die Ordnung einer ganzen Welt, denn »wen die seichlocher wollen regiren, ßo gehets ubel aus; kese sollen sie machen, khumelcken, kochen, das ist ihre Aufgabe«.

Die Theologie interpretiert Luthers Heirat

Daß Frau Käthe diese Ordnung bejahen würde, wußte seinerzeit allerdings noch kaum jemand. Im Juni 1525, als der schon zweiundvierzigjährige Junggeselle und Mönch eine überrascht-glückliche Nonne des Jahrgangs 1499 freite, sah alles ein wenig anders aus. Nicht nur die äußeren Umstände waren einer solchen Verbindung zwischen zwei Mittellosen nicht eben hold, nein, auch die mannigfachen Deuteworte, ohne die es nun einmal in solch akademischen Kreisen nicht abzugehen scheint, sprachen zumindest für die Wissenden eine deutlich negative Sprache.

Philipp Melanchthon faßt sie in einem berühmt-berüchtigten Brief zusammen, in dem er mitteilt, Luther habe ohne Kenntnis und Zustimmung seiner Freunde zu heiraten gewagt. Dieser Brief aus dem Jahre 1525 war damit aber noch nicht zu Ende. Im Gegenteil, er war so brisant, daß seine wichtigsten Stellen zunächst unterschlagen werden mußten. Erst 1869 wurde der Originaltext veröffentlicht, und die Leser wunderten sich. Melanchthon rechnet nämlich in seinem Schreiben mit Martin Luther ab: Er kann es sogar gut verstehen, daß viele andere nicht verstehen können, daß »in dieser unseligen Zeit, in der die Guten überall so schwer leiden, dieser Mann nicht mitleidet, sondern vielmehr, wie es scheint, schwelgt und seinen guten Ruf kompromittiert, wo Deutschland seines Geistes und seiner Autorität ganz besonders bedürfte«. Melanchthons Worte interpretieren überscharf, was später immer wieder laut werden wird: Der falsche Termin, nämlich eine Zeit inmitten der Blutbäder des Bauernaufstandes, die Kompromittierung des guten Rufes, der Verlust an Autorität, ja an Geist infolge einer rein fleischlichen Begierde »dieses Mannes«.

Nun, dieser Mann erfährt durch Melanchthon noch weitere Interpretationen: Er ist nämlich »überaus gutmütig, und die Nonnen haben all ihre Künste darauf verwandt, ihn an sich zu ziehen. Vielleicht hat dieser vielfache Umgang mit den Nonnen ihn bei all seiner edlen Natur und Seelengröße verweichlicht und entflammt. Auf diese Weise ist er offenbar auf die unzeitgemäße Veränderung seines Lebensstandes hereingefallen. Das Geschwätz aber, daß er sie schon früher beschlafen habe, ist eine offenkundige Lüge.«

Da steht die kleine Welt, die einen Universitätsprofessor allen Ernstes durch Nonnen entflammt sein läßt. Da finden sich, nicht weniger kleinbürgerlich, die Ränke der Klosterjungfern, die Verweichlichung des Betroffenen, aber auch Luthers Standhaftigkeit, die Auserwählte nicht schon vor der Eheschließung zu beschlafen. Alles in allem ist der deutende Freund Melanchthon nicht weit von kleinlicher Schulmeisterei entfernt, zumal er abschließend noch über Martin zu bemerken weiß: »Ich hoffe zu allem hin, daß diese Lebensform ihn würdevoller macht und daß er dadurch die Possenreißerei ablegt, die wir so oft getadelt haben.«

Die Ehe als Stand der Zucht und der Züchtigung, das fehlte gerade noch! Und so meint der Briefschreiber auch, er habe es Luther schon immer gewünscht, daß er gedemütigt statt erhöht werde, und dies werde die Ehe schon besorgen. Im übrigen sei es jedoch das Gottloseste, »wegen eines Fehltritts des Lehrers auch schon die Lehre selbst zu verurteilen«.

Wie immer die Deutung zu diesen Äußerungen Melanchthons stehen mag, das zuletzt angeführte Argument war auch Martins eigener Beweisführung nicht fremd. Eine Heirat mußte seine Auseinandersetzung mit der römischen Kirche in ein falsches Licht bringen, denn von allen Seiten klang künftig das »cherchez la femme«, und die hohe Doktrin war für manche auf niedrige Begierde zusammengeschrumpft. Wittenberg ahnte durchaus, was noch folgen würde. Jene Altgläubigen nämlich, welche augenzwinkernd eine Legion von Verstößen gegen das Zölibatsgesetz zu tolerieren pflegten, solange diese nur innerhalb des eigenen Systems blieben, zeigten sehr bald auf diesen Einen. Und jene, denen die »geheuschheyt« kaum etwas galt (Luther dazu: »Ich weiß eine Stadt namens Erfurt, da werden der Pfaffen Köchin auf Hochzeiten und in Badstuben in großen Ehren gehalten, und man hieß sie Frau Dechantin, Frau Propstin . . .«), lästerten als erste.

Georg von Sachsen gehörte zu ihnen. Luther hatte mit diesem Herrn schon seine Erfahrungen gemacht. Denn Albrecht von Brandenburg-Ansbach, der letzte Hochmeister des Deutschen Ritterordens, ein naher Verwandter des Mainzer Kardinals und des gut katholischen Brandenburger Kurfürsten, hatte ihn bereits vor Jahren über den Katholiken informiert, der ihm, dem jungen Ordens- und Rittersmann, zugeflüstert hatte, er solle seine Ordensregeln übertreten und »heimlich thon«, was er nicht lassen könne, ohne »dy geheuschheyt« zu verletzen, falls er eben »nit keusch sein kunt«. Martin aber hatte damals eingegriffen und dem Hochmeister geraten, die »konfuse und törichte« Ordensregel fallenzulassen sowie Preußen zu einem weltlichen Fürsten- oder Herzogtum umzugestalten, um rechtlich das nachzuvollziehen, was faktisch schon längst geschehen war. Und noch mehr: Luther hatte auch an die übrigen Ordensritter geschrieben und diesen, den Rat des Georg von Sachsen in den Ohren, bestellt, sie sollten »falsche Keuschheit meiden und zur rechten, ehelichen Keuschheit« greifen. Der Hochmeister und die Seinen taten denn auch, wie ihnen geheißen, und just 1525 wurde Preußen zum ersten evangelischen Land, und dies zu guten Stücken »wegen der Keuschheit«.

Inzwischen hatte Martin jedoch seine eigene Untadeligkeit zu verteidigen. Schon früher hatten ihm einzelne Gegner beleidigt vorgehalten, er sitze »zwischen den Herden der abgefallenen, von ihm verführten Nonnen« und mache »Späße, gerade wie sie ihm in den Mund kommen«. Auch »erwecke er absichtlich in sich und den anderen« jene sexuelle Erregung, die er selbst so zu verabscheuen erkläre, und sei »von der Höhe des Standes der Vollkommenheit in die Tiefe der Schlechtigkeit gesunken«, er, ausgerechnet er, »der Theologe des Kreuzes«! Nach seiner Heirat aber warf ihm alle Welt zugleich »die böse Lust« vor, zumal, so er selbst, »das Phantasiebild von mir und dem Mädchen alle um den Verstand bringt und sie Gottloses denken und sprechen läßt«.

Niemand schien sich gefragt zu haben, wer da wem ein Recht zum Urteilen und Verurteilen eingeräumt hatte. Kaum jemand wurde sich jener mangelhaften Logik bewußt, die dem Einen ankreidete, was sie den Vielen nachzusehen gewohnt war. Nein, die Katholiken hielten allein dem Ketzer die Unkeuschheit der Ehe (!) vor, während sich Pfaffen, Mönche, Nonnen, Bischöfe und Päpste einträchtig und unangefochten in ihrer zum Alltag gewordenen Hurerei gefallen konnten.

Niemand kam allerdings bei dieser Pharisäerei auf den Gedanken, daß er mit seinen Anwürfen nur den moralischen Status des Häretikers aufwertete. Wäre Luther nämlich wirklich so verworfen gewesen, wie es ihm die Jahrhunderte konfessioneller Polemik vorgerechnet haben, so hätte er sich in nichts von den Hauptrepräsentanten jener Kirche unterschieden, die er verlassen hatte. Sein Leben wäre, von daher gesehen, völlig normal verlaufen. Es hätte sich kaum von dem der anderen abgehoben. Erst die Tatsache, daß von ihm, dem Neuerer, ein Mehr an Sittlichkeit gefordert wurde, erst die Tatsache, daß er nicht mit der Masse seiner ehemaligen Mitbrüder verglichen wurde, beweist, wie hoch die Moral dieses Ketzers eingeschätzt worden ist – und dies gerade in ihrer Negation. Luther muß nämlich, so wollen es die Gegner, Heroismus erbringen, wo das Milieu den Durchschnitt ertrug. Das aber bedeutet doch wohl hohe Anerkennung durch den Widersacher, auch wenn dieser es nie zugegeben hätte, es nie zugeben durfte.

Luther hatte so oder so gut daran getan, seiner eigenen Theorie auch die befreiende Tat folgen zu lassen. Dennoch ist diese Heirat nie ganz aus dem merkwürdigen Zwielicht herausgetreten, die sich schon damals über sie gelegt hatte. Zumindest der Anfang von Luthers Ehe ist seinen Beigeschmack nicht losgeworden. Über keines der wichtigen Ereignisse in Martins Leben ist so wenig überliefert wie über die Heirat, welche ihn »so verächtlich gemacht« hat. Beinahe läßt sich der Eindruck gewinnen, als seien die Stellungnahmen der Beteiligten schon damals nur unwillig abgegeben worden. Die sonst so beredten Männer des Wittenberger Wortes flüchteten sich allesamt, Luther selbst nicht ausgenommen, in die subtilsten Deutungen der hohen Theologie, wo nur einfaches Verständnis angebracht gewesen wäre. So spricht diese Seite von Fleisch und Teufel, zitiert die Schrift wie die antike Philosophie, beruft sich auf Not und Tod. Nicht nur Melanchthon übertrifft sich da selbst, auch Luther setzt seinen üblichen Argumenten noch eine Krone auf, indem er seinen Schritt in die Ehe als förmliche Trotzgebärde interpretiert, als eine Auflehnung gegen den Satan.

Warum dies? Martin war der Meinung, er habe in nächster Zeit zu sterben, denn der Ketzertod stehe schon vor der Tür, zumal die Fürsten – nach dem Blutgericht über die Rebellen des Jahres 1525 – sich gewiß wieder des Wormser Ediktes erinnern würden. Ja, die Orthodoxie würde den Häretiker verbrennen, und seine Seele führe daraufhin zur Hölle, ins ewige Verderben, so frohlockten jetzt vielleicht die Altgläubigen. Doch sollten sich diese nicht zu früh freuen. Luther fürchtete deren Hölle nicht. Im Gegenteil, er konnte sich seine Furchtlosigkeit sogar selbst bestätigen – und auch seine mutige Hoffnung auf Gottes Gerechtigkeit. Er brauchte nur das – psychologisch, wenn auch nicht theologisch – so wichtige Gelübde der mönchischen Keuschheit zu brechen, sich vor aller Welt eine Frau zu nehmen – und dennoch würde ihm nichts geschehen, dennoch schiede er nicht in einer Todsünde aus dieser Welt, dennoch würde seine Seele keine willkommene Speise für den Teufel.

Gott selbst hatte ihm die Heirat befohlen. Der Ehestand war nämlich allein natürlich, die papistische Ehelosigkeit hingegen heillos. Das wird – auf Jahre hinaus – Luthers fast manisch wiederkehrende Doktrin werden. Die Heirat galt damit nicht allein als ein Recht der Kleriker, die der alten Kirche den Rücken gekehrt hatten, sondern geradezu als eine Pflicht, als ein notwendiges Mittel zur Erlösung der Seele, als eine göttliche Arznei, ja fast als etwas Verdienstvolles: »Euer Leib forderts und bedarfs; Gott wills und zwingt.«

Was Frau Käthe zu diesen professoralen Interpretationen gemeint hat, ist allerdings nicht überliefert. Was die Interpretation von ihr weiß, ist vielmehr, daß sie sich und ihre eigene Sache mit der Zeit schon durchzusetzen verstand. Künftig würde nämlich nicht mehr allein Martins wissenschaftliche Theologie das Sagen haben, sondern auch der gesunde Menschenverstand einer robusten Frau, die – allen freundlichen, geduldigen und resignierenden Mahnungen des Herrn Doktor zum Trotz – zeitlebens recht selten in die Schrift schaute und von Rechtfertigung, Zwei-Reiche-Lehre und ähnlichen Anschauungen ihres Ehemannes wohl kaum eine besondere Ahnung gehabt hat. Das war so schlimm nicht. Denn das Wort allein hätte kaum jemanden ernähren können. Luther und die Seinen benötigten mehr und mehr auch die Käthe.

Vielleicht hatte diese Frau, ein seltener Glücksfall für den Professor, auch schon die Ehe-Affäre vom Juni 1525 etwas nüchterner eingeschätzt als ihr Mann, der Theologe. Was es an Deuteworten nämlich wirklich ernst zu nehmen galt, war und blieb durchweg nüchtern: der erneuerte Gehorsam gegen Martins alte Eltern, die Freude des Hans Luder an einem oder gar an vielen zu erwartenden Enkeln, die Notwendigkeit für den ehemaligen Mönch, endlich aus seiner Schlamperei und Possenreißerei herauszufinden und wenigstens zum Lebensabend ein gewisses Maß an haushälterischer Ordnung zu genießen, und eben auch die stille Gewöhnung an jene Katharina, die immer um ihn herumgewesen war und hier und da auch schon für ihn gewerkt hatte, im verborgenen natürlich, aber doch spürbar, zum Liebgewinnen und zum Sich-Gewöhnen.

Luthers Haushalt wird geordnet

Wenn schon Gott zur Interpretation des Geschehens herangezogen werden soll, weil das in Wittenbergs Schwarzem Kloster nun einmal Sitte war, dann hier und jetzt: Martin Luther hatte eine Frau gebraucht, nicht weil er »in Hitze« gewesen war, das betont er – ohne gefragt zu sein – am liebsten selbst, dieser Ordensmann, sondern weil er Ordnung und Ruhe für seine Arbeit benötigt hatte, kurz, weil in diesen Haushalt eine Hausfrau gehörte. Nicht mehr und nicht weniger. Genügt dieser Grund etwa nicht?

Luthers äußere Lebensumstände waren zu ungeordnet, als daß sie sich noch länger hätten ertragen lassen. Was der junge Eiferer nicht bemerkt hatte, fiel dem Ältergewordenen immer unangenehmer auf, auch wenn er es sich selbst nicht eingestehen wollte. Seine Wohnstätte, das ehemalige Schwarze Kloster der Augustiner zu Wittenberg, ein Neubau, den Kurfürst Friedrich hatte aus Anlaß der Universitätsgründung errichten lassen, war alles andere als bequem. Wir haben bereits gehört, wie baufällig die gesamte Anlage von allem Anfang an gewesen ist. Ein Besucher hatte die Kapelle charakterisiert nach ihrem »Ansehen, wie die Maler den Stall malen zu Bethlehem«.

Ein Bethlehem blieb aber nicht allein die Kapelle, der vornehmste Ort, sondern das ganze Kloster. Und die Armut dieses Stalles weitete sich sogar noch aus, denn die zunehmenden Ordensaustritte brachten eine Belastung nach der anderen mit sich. Die Ausscheidenden konnten mit einigem Recht wenigstens einen Teil ihrer beim Eintritt beigebrachten Mitgift zurückfordern. Das Kloster aber kam in immer schwerere Bedrängnis. Mit dem Bettel, der ehedem so wichtigen Einkunft der Mönche, war es ohnedies vorbei. Die Augustiner hatten selbst Schluß gemacht mit solchem Unfug, da es ihnen »beschwerlich und ihrem Gewissen zuwider« war, bei den Leuten, die selbst arm waren »und von ihrer sauren Arbeit lebten«, auch noch zu betteln. Dieser Verzicht, so begründet er gewesen war, hatte aber neue Verluste – etwa dreihundert Gulden pro Jahr – mit sich gebracht.

Luther mußte unter diesen Umständen immer häufiger den Kurfürsten um finanzielle Zuwendungen bitten, denn »der Bettelsack hat ein Loch, das ist groß . . .« Und all die ausgelaufenen Mönche und Nonnen, die sich nach Wittenberg um Hilfe gewandt hatten, nicht allein jene aus Nimbschen, zwangen den Professor, so viel Geld zu »vernarren«, bis es schließlich nicht mehr ging. Außer Luther befanden sich nur noch der Exprior Eberhard Brisger und eine Hilfskraft im Kloster, so daß sich das Wohnhaus mit seinen vierzig Zellen als viel zu groß und zu teuer im Unterhalt erwiesen hatte. So war der fürstliche Stifter gebeten worden, das gesamte Anwesen wieder an sich zu nehmen. Friedrich von Sachsen hatte dem Vorschlag zugestimmt und den Orden, den es praktisch gar nicht mehr gab, auch juristisch aus seinen Verpflichtungen gelöst, den letzten beiden Mönchen jedoch das weitere Wohnrecht überlassen. Und so ist es – noch über Luthers Tod hinaus – geblieben. Martin hatte für sich – und von 1525 an auch für seine Familie – eine Bleibe.

Dennoch waren seine Finanzen zerrüttet. Für die akademische Lehrtätigkeit bekam er noch immer kein Gehalt, seine Bücher und Schriften machten allein die Drucker und Verleger wohlhabend, nicht aber den Autor, und so waren denn die einzige feste Einnahme jene »neun alten Schock«, die Luther seit 1514 als Prediger der Stadtkirche zu Wittenberg bekam, ein klägliches Sümmchen. Die Armut schaute überall heraus. Nach wie vor hatte Martin den Landesherrn um Tuch für sein Gewand bitten müssen, da das einzige, welches er besaß, immer wieder in Fetzen hing und nicht mehr geflickt werden konnte. Luther hatte jedenfalls jene Freiheiten, die er andere Mönche gelehrt hatte, selbst nicht in Anspruch genommen. Doch konnte sich dieser Zustand nicht ewig halten. Auch Martin mußte heraus, Zeugnis für die eigene Sache geben, »die Kappe ablegen, Fleisch essen, ein Weib nehmen«, Schritt um Schritt. Keiner dieser Schritte ist Martin jedoch leichtgefallen, Mönch, der er noch immer war.

Als Martin das schwarzweiße Gewand des Ordensmannes ablegte und nur noch Doktorbarett wie -rock, die Schaube, trug, Vorbild der geistlichen Kleidung seiner Kirche, waren schon sieben Jahre seit den 95 Thesen von Wittenberg vergangen. Und noch einmal gingen einige Monate ins Land, ehe er heiratete. Eigentlich konnte also nicht davon gesprochen werden, er habe seinerzeit, im Jahre 1517, seine ganze Ketzerei nur wegen einer im Hintergrund stehenden Frau inszeniert. Die Begierde drängte nicht. Doch schwiegen die bösen Mäuler deswegen noch lange nicht.

Der ausgelaufene Mönch, die entsprungene Nonne! Wenn das keine Überkompensation war! Besser konnte die Komödie dieser »Monachopornomachia«, des Mönchshurenkrieges, wie ein Wittenberger Student (nach Luther ein »scheiß poet«) sie beschrieb, nicht ausgedacht sein. Da stimmte einfach alles: die lüsterne Begier des Mannes, die Nymphomanie der alternden Jungfer, das vorehelich gezeugte Kind, das den Termin der Hochzeit ungeahnt beschleunigt hatte ... Ein solches Fressen ließ die gegnerische Seite sich nicht nehmen. Von allen Seiten, nicht nur wie üblich von Anonymen, nicht nur von Sachsens Georg oder Englands Heinrich VIII., sondern auch von dem so vornehm wirkenden Erasmus kam in der nächsten Zeit der Dreck geflogen: Endlich zeigte dieser Ketzer Wirkung, endlich war er beim Thema Nummer eins erwischt worden, endlich gab er sich als ein Mann zu erkennen, der die Theologenmaske abgelegt und offene Brunst gezeigt hatte, und »nichts ist so wild, was nicht eine Gattin besänftigen könnte«.

Was Luther jedoch wirklich, über alle Heimlichkeiten dieser Heirat hinweg, manifestierte, war Gehorsam: dem guten Gott gegenüber, der Mann und Frau füreinander geschaffen hatte, dem künftigen Großvater Hans Luder gegenüber, der sich erst jetzt mit seinem Priestersohn versöhnt zeigte, und wohl auch sich selbst gegenüber, weil es eben nicht mehr anders ging, weil sein Eingreifen in die Händel des Jahres 1525 soeben mit einer Katastrophe geendet hatte, weil demgegenüber ein neuer Anfang gesetzt werden mußte, ein Anfang in Ehe und Familie, diesen Urzellen der Weltordnung, wo ein Mann Vater sein konnte, durfte und mußte. Denn auch »Paulus und Petrus sind erfarne leut gewest; sie mussen weyb und kind gehabt haben«. Das sind einfache Kategorien, die keiner Interpretation mehr bedürfen. Diese Erfahrungen sind simpel. Nur muß ein Mensch sie erst machen.

Die Formalitäten jener Familiengründung, welche einen gewissen Ruhepunkt für die Zukunft des Wittenberger Wortes setzen sollte, vollzogen sich in einem vergleichsweise bescheidenen äußeren Rahmen. Zwar kannten das städtische Recht wie die hergebrachte Sitte der Region eine verwirrende Fülle von Vorschriften, um eine Heirat überhaupt erst ehrbar, das heißt gültig zu machen, doch lassen die überkommenen Berichte über Luthers Eheschließung mit Katharina von Bora nicht in jedem Falle auch den Schluß zu, seinerzeit seien wirklich all diese detaillierten Normen eingehalten worden. Martins Abneigung gegen die Juristen mochte auch hier keine Ausnahme zugelassen haben.

So oder so sind Zweifel an der juristischen Seite der Verbindung geblieben. Schon im Jahre 1630 hatte etwa die Hohe Theologische Fakultät zu Wittenberg in einem damals sehr bekannten Gutachten über die Heirat des »seligen Luther« einigen Zweiflern aus dem katholischen Lager begegnen müssen, die – aus durchsichtigen Gründen – die Legitimität dieser Eheschließung angefochten und Martin Luther eine Unehe – und damit die Unkeuschheit der Partner wie die Unehelichkeit der Nachkommenschaft – vorgehalten hatten.

Das historisch faßbare Geschehen des Juni 1525 erweckt nun, so weit es sich überhaupt noch rekonstruieren läßt, zunächst einen höchst komplexen und nicht leicht zu enträtselnden Eindruck: Über die sich erst ausbildende Institution »Ehe« hatte sich in ganz Deutschland nämlich eine Gesetzesfreude besonders detaillierter Art gelegt, die alles und jedes, gleichsam als Norm für alle Eventualitäten, zu regeln trachtete. Von der Werbung des ehewilligen Jungmanns durch Mittelspersonen über die »Eheberedung«, bei der Mitgift und Vermögen ausgehandelt wurden, von der darauffolgenden »Ehestiftung«, da die mündlichen Abreden offiziell »vernotelt«, also notariell beglaubigt wurden, über das Verlöbnis, den rechtlich bindenden Akt des »Zusammengebens«, die Kopulation, also »Trauung« und »Beilager«, bis hin zur eigentlichen »Hochzeit« oder Heimfahrt, welche in »Kirchgang« und »Wirtschaft« geteilt war, fanden sich Vorschriften über Vorschriften. Alles war, auch in Wittenberg, detailliert geregelt.

Am besten war also die Trauung, Teil eins der Kopulation, an einem Dienstag zu halten (auch Luther ist, der Sitte wegen, diesem Brauch gefolgt); am besten wurde das Beilager, Teil zwei der Kopulation, vor den richtigen Zeugen abgehalten, auf dem Land sogar in seiner ursprünglichen Form, wo die Gatten sich vor den Augen offizieller Beobachter beschliefen; am besten zog der Hochzeitszug in Prozession zur Kirche, Teil eins der Hochzeit, und dies in einer bis in die Details hinein geregelten Abfolge; am besten wurde die Wirtschaft, das Hochzeitsessen, ein sozialer Ritus, als Teil zwei der Heimfahrt genau nach den obrigkeitlichen Vorschriften gegeben, an nicht zuviel und an nicht zuwenig Tischen, in normierter Essensfolge, auch mit minutiös geregelter Sitzordnung und eigens definierten Rollen bei Tische; am besten wurden auch die anschließenden Ehrentänze durchgehalten, mit langsam abgezirkelten Schritten, nicht aber mit Drehen und Wenden wie bei den Welschen; am besten wurde bei solchen Gebe- und Schenkhochzeiten eine genau vorgeschriebene Gabe an die Braut übergeben, nicht zuviel und nicht zuwenig, sonst war gar ein Bußgeld an die Stadtpolizei, das Ordnungsamt, zu zahlen. Hochzeiter wie Gäste waren jedenfalls auf das exakteste dressiert.

Die Untertanen wußten seinerzeit, worauf es ankam, da die hohe Obrigkeit noch durch Tanz- und Essensnormen, nicht aber wie heute durch allerlei Lustbarkeitssteuern erziehlich zu wirken suchte. Ein Beispiel für viele, die Coburger Polizeiordnung von 1542 zum »unzuchtigen tantzen«, die meint: »wer tantzen wil . . . der sol an den offentlichen tenzen zu hochzeiten . . . sich mit jungfrauen und frauen des unzuchtigen und unverschempten umbdreens, aufheben, herumschwenkens, vilfeldigen ungewonlichs druckens und umbfahens, auch unzimlichen laufens und abstossens, auch schentlichen geberts und geschreis enthalden und desselben nit mehr uben noch gebrauchen, sondern fein erbarlich und zuchtiglich mit zugedeckter scham . . . seinen tanz vorbringen.«

Käthe und Martin haben sich wohl, soweit wir wenigstens davon wissen, auch an die meisten dieser Gesetzlichkeiten gehalten. Die Gesellschaft hatte ein Recht, selbst noch die Intimität des Brautpaares zu teilen. Und noch eins: Die Ehe war neuerdings ein weltlich Ding, so hatte es der Hochzeiter selbst gelehrt, und die äußeren Umstände zu regeln, blieb Sache des weltlichen Regiments. Damit gab sich der Prediger nicht ab.

Nur eins: Um der bösen Mäuler willen wurden die einzelnen Intervalle zwischen den verschiedenen Abschnitten der ganzen Eheschließungsprozedur ein bißchen zugeschnitten. Natürlich hatte es keine Werbung, keine Eheberedung und keine Ehestifung gegeben, denn in Vermögenssachen gab es einfach nichts zu besprechen. Katharina hatte keine Eltern mehr, nur noch eine Stiefmutter und ein paar jüngere Brüder, die sich nicht um die ehemalige Nonne zu kümmern beliebten. Luther, einmal mehr ganz Theologe des Wortes, hatte im übrigen die unübersehbare Armut der beiden Hochzeiter durch Gottvertrauen aufgefüllt und gemeint, allein Gott mache und ernähre die Kinder. Was also sollte es da noch zu vernoteln geben?

Frau Käthe dachte ein bißchen realistischer. Sie legte auch Wert darauf, ihren und des Herrn Doktors großen Tag richtig zu begehen. Wenn schon keine Werbung, Eheberedung und Ehestiftung hatten begangen werden können, so mußten doch Kopulation und Hochzeit selbst gefeiert werden. Da sollten also, so wenigstens glaubte sie, Gäste geladen werden, da war für Essen und Trinken zu sorgen, da sollte vor allem das Schwarze Kloster, in dem Martin hockte, ein wenig weißer und freundlicher gestrichen werden, bevor fremde Frauen die künftige Wohnstatt des Paares besichtigen durften. Luthers Strohlager beispielsweise war, so hat dieser selbst einmal berichtet, ein ganzes Jahr nicht mehr richtig aufgeschüttelt worden. Alles hatte sich so erwiesen, wie sich eine Bora eine Männerwirtschaft vorgestellt hatte. Luthers Famulus Sieberger war ein fauler Tropf und ein richtiger Schweinigel, der alles hatte treiben lassen, und Martin selbst hatte andere Sachen im Kopf, eben sein Wort. Käthe würde langsam, aber sicher nach dem Rechten sehen müssen. »So« ließ sie den berühmten Professor nicht länger dahinvegetieren.

Das war gut gemeint. Doch Käthe hatte zu Beginn fast noch gar nichts sehen können. Sie mußte, Hals über Kopf, in diese Ehe hinein, auch ins ungetünchte Schwarze Kloster, denn der Doktor wollte dies so. Also lief alles ein wenig überstürzt ab. Der Bräutigam bestellte zwar Essen und Trinken, auch Bier und Wildbret, wo immer er solches vermutete. Doch den Markt zu Wittenberg hielt er für einen »Dreck«, und so wurde eben mit dem, was sich hatte beibringen lassen, am 13. Juni die Kopulation gefeiert, mit zwei etwas verdutzten Herren Pröpsten und Professoren als Zeugen, und am 27. Juni, damit ein wenig außerhalb der Legalität, die Hochzeit mit Kirchgang und Wirtschaft. Die Stadtpolizei hatte zugestimmt, was gab es also noch zu bekritteln?

Die Hochzeitsgesellschaft pilgerte wohl unter Glockengeläut vom Kloster zur Stadtkirche. Dann gab es im Kloster die große Wirtschaft, schließlich im Rathaus die umständlichen Ehrentänze, ohne Anschmiegen und Drehen, wie sich verstand. Es ging »erlich mitt gesang und geperden« zu, wie es Martin selbst »wol gefiel«. Gegen Abend wurde ein Essen gereicht, und gegen 22 Uhr begannen schon die ersten Gäste mit dem Abschiednehmen. Zurückgelassen hatten sie ihre Gaben.

Auch diejenigen, welche gar nicht erst hatten kommen können zu dieser Hochzeit, der zweiten Primiz des Martin Luther, hatten etwas geschenkt, Spalatin, Amsdorf, Wenzel Link und der »selige Räuber« Koppe aus Torgau, der – standesgemäß – ein »gutt byer« geliefert hatte. Unter allen Gaben – die Universität hatte einen Silberbecher, der Wittenberger Rat zwanzig Gulden und ein Faß Einbecker Bier gestiftet – waren, so meinte zumindest Frau Käthe, vor allem die Gabe des Kurfürsten Johann (Friedrich war noch im Mai 1525 gestorben) wichtig, volle einhundert Gulden, sowie das Hochzeitsgeschenk eines anderen Kurfürsten, des Mainzer Erzbischofs Albrecht, ausgerechnet, der für seinen »lieben Luther« zwanzig Gulden lockergemacht hatte.

Nun, der liebe Luther (»ich wollts nicht haben«) war aufgebracht, denn von Albrecht wollte er nichts entgegennehmen. Derlei Kredit schadete dem eigenen Credo. Käthe dachte praktischer, nahm das Geschenk auf eine ganz und gar untheologische Weise, hintenherum, entgegen – und reihte die zwanzig Sündengulden des »Giganten von Babylonien« dem wachsenden Schatz ihrer Haushaltskasse ein.

Katharina Luther schafft Ordnung

»Der Herr Catherin« hatte damit, ein beinahe symbolischer Akt, das weltliche Regiment im Schwarzen Kloster übernommen, das sie immer ein wenig an den Worten ihres Gemahls vorbei und doch ganz in seinem eigentlichen Sinne führen würde. Künftig mußte diese »Domina«, wie Martin seine Herrin hieß, noch andere Angelegenheiten in diesem Theologenhaus regeln. Und der »Herr Doktor«, wie sie selbst stets den Vater ihrer Kinder nennen würde, wars zufrieden.

Schon kurz nach der Hochzeit hatte sehr viel Arbeit auf die junge Ehefrau gewartet. Die Gäste waren wieder weg, ihre Geschenke konnten nicht einfach versilbert werden, so nötig dies gewesen wäre, und es brauchte ganz einfach Bargeld, denn der Alltag, nicht aber die Idylle des Luther-Hauses war eingekehrt. Martins eigene, recht »wunderliche Hauswirtschaft«, die mehr zu verbrauchen als einzunehmen pflegte, zehrte immer wieder selbst das neuerdings ausbezahlte Professorengehalt von zweihundert Gulden jährlich auf. Denn Luther gab nach wie vor nach allen Seiten mit vollen Händen. Das aber konnte jetzt, da die Familie anwuchs, nicht immer gutgehen.

So war es eine glückliche Fügung, daß wenigstens Käthe Luther zu wirtschaften verstand. Sie hielt zusammen, was ihr Ehemann zu verschenken drohte. Sie nutzte den neu angelegten Garten, in dem sich Melonen, Kürbisse und Gurken »ungeheuer entwickelt« hatten. Sie brachte diesem Theologen sogar Freude am Handwerken bei und ließ ihn um Sämereien, auch um ein Drechslergerät einkommen. Martin fühlte sich fast schon selbst wie ein perfekter Uhrmacher oder Gärtner. Bald berichtet er – voller Freude am Ungewohnten – von seinen neuartigen Künsten: Er kann inzwischen sogar Bäume okulieren, den Garten mitbestellen, einen Brunnen anlegen. Wer hätte dies gedacht?

Nur Frau Käthe. Sie erweckte nicht nur ihren Mann, sie half auch selbst mit, im Schwarzen Kloster, das inzwischen mit Zuschuß des Wittenberger Magistrats geweißt worden war, eine Heimat für das Wort aufzubauen. Natürlich blieb all dies eine kleine Welt, ein Bürgerhaus inmitten einer Kleinstadt. Es war kaum eine Bastion, von der aus Himmel und Hölle hätten vor die Schranken gefordert werden können. Luther hatte, so schien es wenigstens eine Zeitlang, seinen Frieden mit sich selbst gemacht und, was noch mehr war, sich auch dazu bekannt. Und ganz nebenbei wird diese seine Frau unentbehrlich. Sie wird in den dem Ehepaar verbleibenden gut zwanzig Jahren mehr als eine »Nur-Hausfrau« sein, sich einen eigenen Beruf aufbauen, einen regelrechten Wirtschaftsbetrieb, Vieh züchten, Bier brauen, Pensionsgäste aufnehmen und betreuen, Land pachten und verpachten. Wegen dieser ihrer zupackenden Art ist Käthe Luther zwar oft verlacht worden, auf der einen Seite, und eben deswegen auch romantisiert, auf der anderen Seite. Beides stimmte aber nur zum Teil. Unbestritten sollte dennoch bleiben, daß die Frau eines großen Mannes, die es mit Martin nie sehr leicht gehabt hat, eine Umwelt schaffen konnte, in der Luther sich zuhause fühlte.

Noch eins: Sie, deren Wortbeiträge am berühmt werdenden »Tisch«, da der Doktor das große Sagen hatte, nur am Rande und fast als Störung wahrgenommen worden sind, weil sie zu keiner Zeit eine Theologin war oder sein wollte, sie hat Martin Luther, so erzählt er selbst, hin und wieder auch zum Schreiben angeregt, schon im Hochzeitsjahr 1525 sogar, und dies wider den berühmten Erasmus.

26.
Du hast mich in meiner Überzeugung sehr bestärkt

Luther und Erasmus

Käthe Luther, treu beobachtende Frau, die sie war, mußte an ihrem Mann bemerkt haben, über alle Sorgen ihrer täglichen Hausarbeit hinweg, daß ihn noch immer etwas umtrieb. Martin Luther selbst konnte dieses Etwas natürlich näher beschreiben: Es war sein Kampf um den Glauben, wie er ihn sah – und auch von anderen gesehen haben wollte. Denn selbst das Jahr 1525, das so randvoll von blutigen und unblutigen Niederlagen gewesen war, hatte nichts daran geändert, daß Martins Lebensproblem weiterwirkte, nicht mehr so stark im früheren Zorn zwar, doch in einer zarter gewordenen Passion, von der dieser Prediger nach wie vor, ohne Abstriche, ohne Kompromißformeln, ohne Taktik Zeugnis abzulegen hatte. Die Leidenschaft für das Wort treibt Luther noch immer an, und auch seine Anfechtungen werden wieder stärker, mochte sich deren Stoßrichtung auch etwas gedreht haben. Das zunächst. Dies die eine Seite dieser Jahre.

Daß die Passion weiterbrennt, auch und gerade über das Jahr 1525 hinaus, ist allerdings so selbstverständlich nicht gewesen. Denn auch die andere Seite meldet sich stärker denn je: Luther wird wieder unsicher und schwankend. Er hat einen sehr, sehr hohen Gipfel in seinem Leben – in Tausenden von Anfechtungen – erklommen, eine Höhe, die allen anderen, so weiß er inzwischen, unerreichbar erscheinen muß, einen Zenit, dessen Eiseskälte er gerade in diesem schrecklichen Jahr 1525 gefühlt hat. Luther fröstelt. Und er denkt wieder einmal daran, wie wärmend in dieser Situation der Einsamkeit eines Überlebenden der Scheiterhaufen gewirkt hätte. Wie leicht hatte es vergleichsweise ein Jan Hus gehabt, den die Papisten verbrannt hatten, nachdem er bereits von seinem Gipfel herabgestiegen war! Martin stellt sich immer wieder diese Frage: Warum hat er weiterzuleben? Selbst die Heirat hat allem Anschein nach den Satan nicht gereizt.

Luther verspürt eine gräßliche Versuchung. Er fühlt mehr und mehr, wie sehr ihm eigentlich die Ruhe liegt, wie schön es ist, alles liegenzulassen, es genug sein zu lassen, sich mit dem bereits Gesagten zu begnügen, sich als ein neuer Kirchenvater zu fühlen, der nur mehr zitiert wird, weil alles schon gesagt ist.

Ist es wirklich nicht genug? Martin quält sich, denn die Versuchung ist da, nagt, bauscht sich auf, erscheint hin und wieder geradezu unabweisbar. Sind Garten, Blumen, Drechselarbeit, Brunnen eben doch nicht nur Staffage? Könnten sie nicht auch ein Lebensinhalt sein? Wie bei Käthe? Ist die Wittenberger Ablenkung wirklich bloße Randerscheinung? Oder wünscht sich auch Luther selbst, sie möge zur Hauptsache werden? Martin schwankt. Das Beispiel der eigenen Frau lockt: »hatt einer das erste jar seltzame gedanckhen. Wenn einer am tisch sitzt: Sich, denckt einer, ein weil warestu allein, ytz selb ander. Im bett wenn einer sich umbsicht, sicht ein bar zepff.« Ein Mann kann sich an das Paar Zöpfe neben sich im Bett gewöhnen, die im ersten Jahr noch so ungewohnt erschienen sind. Und die Zelle, aus der heraus Welt und Kirche gestürmt worden sind, könnte so behaglich eingerichtet werden. Heimat, Ruhe, Stille, Geduld und Besonnenheit wären die neuen, die »familiären« Befindlichkeiten. Warum eigentlich nicht? Muß ein alternder Mann denn noch weiterschreiben, weiterkämpfen, weiterleiden? Es ist doch in der Zwischenzeit eine neue, eine radikalere Generation nachgerückt.

Noch einmal kommt jedoch das Außen zu Hilfe, weil sich ein Gegner gemeldet hat, den anzunehmen sich lohnt. So scheint es wenigstens. Luther erkennt, aus dem verlockend heimatlichen Stübchen heraus, diese Chance und bricht noch einmal zum Turnier auf. Erst wenn dieser Waffengang beendet sein wird, ist wirklich alles gesagt. Der Rest wird in einem ruhigen Vorsichhinordnen des Nachlasses bestehen. Zwanzig Jahre lang allerdings. Denn es ist kaum zu glauben, daß der erwünschte Feuertod überhaupt nicht eintritt und der weniger ersehnte, dann aber doch theologisch angenommene Tod im Stübchen sich noch bis in das Jahr 1546 hinauszögern wird. In der unendlich lang erscheinenden Karenzzeit bis dahin, die den Biographen und den Lesern sogar doppelt so lange vorkommen mag, hat sich nichts Wesentliches mehr ereignet, so unglaublich das klingt. Luther ist nämlich nie mehr richtig gefordert worden. Jetzt aber, einmal mehr in diesem Schreckensjahr 1525, wird es Ernst.

Eine Gefahr droht, das Gebäude des Wittenberger Wortes einzureißen. Denn ein Großer hat sich erhoben, eine wirkliche Autorität jener Zeit, der gegenüber der römische Papst und dessen Kurtisanen zu Zwergen schrumpfen. Ein Mann mit Weltgeltung greift Luther persönlich an: Erasmus von Rotterdam. Dieser Altersgegner mußte geradezu kommen. Hätten sich die beiden nicht getroffen und gestritten, so wäre beider Leben unfertig geblieben. Erasmus gegen Luther aber, das versprach einen beachtenswert lebendigen Konflikt.

Doch: Mußte es überhaupt ein Streit sein? War denn ein Bündnis von vornherein ausgeschlossen? Nein. Die Wege dieser beiden waren lange Zeit eher aufeinander zu als nebeneinanderher gelaufen. Luther hatte mit Erasmus korrespondiert, den humanistischen Gelehrten und dessen Arbeiten geachtet, seine eigene Wartburg-Übersetzung auf den Text des Humanisten gestützt. Und der gefeierte Erasmus, etwa 15 Jahre älter als Luther, Sohn eines Klerikers, inzwischen selbst geweiht und wieder aus dem Orden ausgeschieden, hatte sich durchaus mit dem jungen Wittenberger Professor verstanden, wenigstens zu Anfang, als das Wort noch nicht gar so schrill getönt hatte: »Alle«, so schreibt Erasmus schon 1519 an den Kurfürsten Friedrich, »welche Luthers Leben kennen, billigen dasselbe, da er weit von dem Verdacht der Ehrsucht entfernt ist. Durch die Reinheit seines Charakters gewinnt er sogar die Heiden. Niemand hat ihn belehrt, niemand ihn widerlegt, und dennoch nennen sie ihn einen Häretiker.«

Schließlich aber war es dem Humanistenhaupt, der dank einer rasch aufeinanderfolgenden Reihe glanzvoller Schriften zu einer europäischen Berühmtheit aufgestiegen war (»der Kaiser ladet mich nach Spanien ein, der König Ferdinand nach Wien, Margareta nach Brabant, der englische König nach England, Sigmund nach Polen, Franz nach Frankreich und alle mit reichen Gehältern«), schlicht zuviel geworden, was aus der kursächsischen Ecke kam: Dieser Martin Luther hielt sich nicht an den kunstvollen Stil der Akademie. Er hieb ganz wacker drein, wo Erasmus putzte, schabte und glättete. Martin gebrauchte den Säbel, wo der Gelehrte nur stichelte, und verließ die Zurückhaltung, gewollt oder nicht, geglückt oder nicht, wo Erasmus akademische Sachfragen allein unter Experten diskutiert sehen, nicht aber Probleme des Marktes abhandeln wollte, schon gar nicht mit dem gemeinen Volk da unten – und gar in dessen rauher Sprache: »Eine so unevangelische Art soll die richtige sein, das Evangelium zu lehren?«

Luther ging »im Sturm statt in der gesitteten Bescheidenheit« zu weit, verletzte Anstand und Etikette, liebte »das Forum des ungebildeten Pöbels« und wußte nichts von den »civiltés«. Erasmus dagegen blieb ein Leben lang besonnen, behielt gerne, oft auch zu gerne den Überblick, stufte sich selber als über den Parteien stehend ein, sah sich als arbiter elegantiarum, als Schiedsrichter auch in den Fragen des Glaubensstils – und beschränkte seine Streiche gegen die alte Kirche, der er sich verdankte, auf ironische Sottisen und moralische Ermahnungen: »Es scheint mir, als habe ich so ziemlich alles gelehrt, was auch Luther lehrt, nur nicht gar so heftig und mit Enthaltung von Rätseln und gewissen Paradoxien.«

Gerade diese Selbstbeschränkung erschien Luther beschränkt. Sein eigenes Mehr fühlte sich bei dem Besonnenen, Abwägenden, sich gerne wieder aus der vordersten Kampfeslinie Zurückziehenden nicht mehr aufgehoben. So kam es, daß Martin »keine Freude« mehr an diesem glatten Erasmus hatte, daß ihm dessen Theologie nicht mehr schmeckte und die behutsam geschärfte Kirchenkritik des »Nußhähers« und Spottvogels noch viel weniger. Erasmus war künftig nicht viel mehr als ein Aal, glatt und schlüpfrig: »niemand kan yhn ergreiffen«. Die wendige Schlange, »ein wunderlichs mendlin. Man ways nit, wo man sein gewarten kan«, griff nicht offen genug an: »Erasmus sticht durch den Zaun, thut nichts offentlich, gehet keinem frey unter die Augen; darum sind seine Bücher sehr giftig . . . verfälscht Alles, was Gottes ist, und die ganze Gottseligkeit unter dem Schein der Gottseligkeit.«

Da fanden sich zuwenig Haken und Ösen. Da wurde nicht passioniert gelitten. Da gab es keine Unwägbarkeiten, dafür viel Sterilität: »Wenn Erasmus Christum und das Evangelium lieb hätte und von Herzen meinete, so würde er, weil er nu alt ist, uber ein Epistel S. Pauli schreiben und nicht also mit Kinder- und Narrenwerk umgehen und spielen, würde in Theologia ernste, schlechte und einfältige Wort brauchen. Aber er gedenkt nicht, befleißiget sich auch nicht Christum zu lehren. Es ist nicht sein Ernst . . .«

Luther ist böse auf den Mann, der »das Jesulin verkaufft«, der »sophistisch redet und Brey im Maul behält«, der »Christum zum Juristen macht«, der schreibt und schreibt, doch »nit ein zeyl« über Christus selbst zu sagen weiß: »Wenn ich Erasmus hertz solt auffschneyden«, so Luther noch im Frühjahr 1533, »so wolt ich eitel lachende meuler finden über Trinität und Sakrament. Es ist eitel gelechter mit yhm.« Wie der aalglatte Humanist es anfängt, darf es nicht sein. Der Glaube ist eine ernsthafte Angelegenheit, keine Sache für Spötter und Klüglinge: »Zu beißen und zu stochern hat er ein Geist und Muth, und die Wort sind sehr geschwind und glatt ... Im Lehren ist er aber gar kalt, taug nichts ... die Wort sind gemacht, nicht gewachsen. Wenn eine Predigt gemacht ist, so klinget sie wie ein geflickt Ding, ist gar kalt.«

Bei Erasmus, dem Kenner der »civiltés«, blinkte und blitzte alles, während sich Wittenberg die Hände an der Theologie schmutzig machte. Erasmus schuf eine Theorie nach der anderen, liebäugelte selbst mit der hohen Politik, ließ sich von mächtigen Herren aushalten, stand fast immer auf der richtigen Seite, wenn auch, als Vertreter der Elite, nicht auf der des Volkes – und Luther blieb die Drecksarbeit. So standen Amüsement, Eleganz und Geistesreichtum des einen gegen Schmerz, Passion und Herzenswunden des anderen. Eine aufgesetzte Theologie ohne inneres Engagement richtete sich gegen die erlittene und erlebte Glaubensfülle, und das konnte nicht gutgehen. Einen Mann der Mitte konnte Wittenberg am allerwenigsten brauchen. Die erasmianische Versuchung, die Kirche vor allem mit Ironie zu reformieren, verfing bei Luther nicht.

Martin hatte sich immer eindeutiger über jenen berühmtgewordenen Theoretiker geäußert, der alles daransetzte, neutral zu bleiben, nur um weiterhin seinen Wissenschaften nützen zu können und sich nicht allzu viele Feinde zu machen. Schon im Oktober 1516 hatte Luther Erasmus eine falsche Interpretation des alttestamentlichen Gesetzes vorgehalten. Im März 1517 hatte er ihn die Fähigkeiten des Menschen auf Kosten der Gnade Gottes überschätzen sehen – und so fort. Zwar hatten sich auch die Freunde, an erster Stelle Melanchthon, darum bemüht, es doch nicht zum Bruch kommen zu lassen und ein Kampfbündnis der beiden großen Geister herbeizuführen, und 1520 hatte selbst Luther noch einmal gemeint, er und Erasmus wollten »eins bleiben, so Gott will«. Gott hatte es jedoch offensichtlich anders gewollt, und Martin war darüber nicht ungehalten gewesen.

Erasmus hatte seinerseits einige Grenzen zugleich überschritten gesehen, seine Neutralität bedroht gespürt, Luthers tumbes Trampeln nach vorne nur mit Kopfschütteln begleitet und beklagt, daß dabei alles zerstört worden war, was er selbst, der Auch-Reformer, hatte in aller Zurückhaltung aufbauen wollen: »Die Verbrennung der Dekretalen, die Babylonische Gefangenschaft und die allzu kühnen Assertiones haben das Übel, wie es scheint, unheilbar gemacht.« Erasmus ist entsetzt. Er versucht, die eigene Lehre zu retten, grenzt sich zunehmend von Luthers Draufgängertum ab, als er bedrängt wird und als einige Vereinfacher ihn mit Martin in ein und denselben Topf werfen wollen – und äußert sich ausgewogener, ausgefeilter und abgeschliffener denn je.

Luther war zu dieser Zeit des Auseinanderrückens auf der Wartburg gewesen. Albrecht Dürer, der um ihn bangte, hatte seinem Reisetagebuch, in Verkennung der Wirklichkeit, anvertraut: »O Gott, ist Luther tot, wer wird uns hinfür das heilig Evangelium so klar fürtragen? . . . O Erasmus, wo nur willst du bleiben? . . . Hör, du Ritter Christi, reit hervor neben den Herrn Christum, beschütz die Wahrheit, erlang der Märtyrer Krone! Du bist doch sonst ein altes Männiken, ich hab von dir gehört, daß du dir selbst noch zwei Jahr gegeben hast, die du noch taugest, etwas zu tun. Dieselben leg wohl an, dem Evangelio und dem wahren christlichen Glauben zu gut, und laß dich dann hören, so werden der Höllen Porten, der römisch Stuhl, wie Christus sagt, nit wider dich vermögen!«

Erasmus war zwar ein »alt Männiken«. Er sah zumindest schreibtischgebeugt und hinfällig aus, doch ein Ritter Christi, ein Märtyrer gar, das war er bestimmt nicht. Hervorgeritten ist er seinerzeit ebensowenig. Im Gegenteil, er saß in Sicherheit zu Basel und schrieb nach wie vor seine Ausgewogenheiten nieder, um möglichst bei keiner Seite Anstoß zu erregen. Damit blieb er, was er immer gewesen war, ein Mann »vorsichtig und ängstlich nach allen Seiten«. Ebenso behutsam urteilte er auch über sich selbst, eigentlich habe er sich doch um alle verdient gemacht. Warum nur hieben denn plötzlich alle, die Papisten wie die Martinianer, auf ihn ein?

Selbst Martin schlug inzwischen zu, schrieb Fraktur und ließ an dem Bedächtigen kein gutes Haar mehr. Er hatte genug von dem Abgezirkelten, dessen Schriften – Ironie der Geschichte – einige Jahrzehnte später auch auf den Index der verbotenen Bücher der römischen Kirche gelangen würden, als einer noch doktrinärer gewordenen Institution selbst die Neutralität zu gefährlich schien. Doch so weit war Rom noch nicht. Luther konnte im Mai 1522 bereits über den großen Versöhner schreiben, der sich zwischen alle Stühle gesetzt hatte und damit offensichtlich das Schicksal aller Unentschiedenen teilen mußte, Erasmus habe seine Maske fallen lassen und sich selber verraten als ein »Mensch, der im Ernst ein Feind Luthers ist und seiner Lehre, aber mit scheinbaren und listigen Worten lügt, er sei sein Freund. Dadurch wird er seinem Ansehen und seinem Namen großen Schaden tun. Darin ist Eck besser, der sich unverhüllt als ein Feind bekennt. Aber diesen Schleicher und hinterlistigen Menschen, bald Freund, bald Feind, den verabscheue ich.«

Der Widerwille saß tief. Erasmus war Luther zuwider. In den nächsten zwanzig Jahren sind nur noch solche und ähnliche Urteile über den Humanistengott zu lesen, wenn auch nicht immer öffentlich, denn Luther ließ – im Gegensatz zu Erasmus – seine Briefe nicht in regelmäßigem Abstand publizieren. Doch der eine oder andere Brief Luthers wird in einer Zeit, da Gelehrtenbriefe als Presseorgane galten, die ohne Wissen ihrer Verfasser abzuschreiben oder nachzudrucken waren, zur Kenntnis des Erasmus gelangt sein und »vil bitterickeit« bei diesem ausgelöst haben. Martin sagte jedenfalls offener denn je, was er von der »listenreichen Schlange« hielt: Erasmus hat zwar den Weg in das Land der Verheißung mitgewiesen, wenn auch vom sicheren Port aus, doch weiter hat seine Weisung nicht gereicht. Das Land selbst kann er nicht betreten, weil er, die Viper, sich auf der Stelle dreht, sich hierhin und dorthin wendet, nie wirklich Stellung bezieht und sich, im Guten oder im Bösen, fassen läßt.

Damit hatte Martin den »Höherstehenden und Älteren« eingeordnet. Sein Instinkt hatte ihn nicht getrogen, und noch mehr: Im Frühjahr 1524 hatte er knapp, treffend und vernichtend diesen Humanisten als einen »Zuschauer unserer Tragödie« charakterisiert. Der Neutrale konnte kein Mehr erbringen. Diese Schlange schlüpfte nie aus ihrer Haut. Wer ständig über den Parteien residierte, wer sich die Hände nie mit irgend etwas Ernsthaftem schmutzig machen wollte, der würde all seinen Einfluß verlieren, den würde alles eines Tages, rechts wie links, in seiner ausgewogenen Mitte liegen lassen. Ohne Mitleid.

Die Freiheit des menschlichen Willens

Doch Erasmus hatte diese Einschätzung nicht mitvollzogen. Er bemühte sich noch immer, listenreich wie Odysseus, den beiden Lagern zu entkommen und einen Weg zwischen Scylla und Charybdis zu finden. So veröffentlichte er, nach vielem Hin und Her allerdings, ein neues Büchlein mit dem Titel »Vom freien Willen«, das eine Art Abrechnung mit Wittenberger Worten enthalten sollte. Luther jedoch, das sei schon hier gesagt, teilte bereits im November 1524 einem aufhorchenden Spalatin mit, es sei kaum zu beschreiben, was für einen Ekel er über eben dieses Machwerk empfinde, obgleich er eben erst ein paar Bogen gelesen habe . . .

Was immer es mit Martins Ekel auf sich gehabt haben mochte, der Autor des Büchleins hatte unter großem Druck gestanden, als er sich darangemacht hatte, die Freiheit des menschlichen Willens zu verteidigen. Alle Seiten hatten ihn bedrängt und eine definitive Parteinahme gefordert. Zu allem Überfluß war noch eine besonders leidige Affäre in seine Schriftstellerei geraten, die der Schrift nicht genutzt hatte: Ulrich von Hutten hatte sich nämlich in Basel zu Besuch angesagt, jener ritterliche Humanist, dessen Hoffnungen auf den Durchbruch des neuen Geistes in einem Jahrhundert, da es sich zu leben lohnte, sich in der Zwischenzeit in einen Mißerfolg nach dem anderen verkehrt hatten. Sein »Großer Krieg« gegen die Dummheit war schmählich gescheitert und hatte sich in einige nebensächliche Plünderungen hinein verlaufen.

Das wußte auch Erasmus, der vor einigen Jahren Hutten noch ein »einzigartiges Entzücken der Musen« genannt hatte. Den zum Wrack heruntergekommenen Ritter, dessen Sprache er einmal »reine Schönheit und lautere Anmut« bescheinigt hatte, wollte er jedenfalls nicht einmal zu Besuch empfangen, geschweige denn für längere Zeit bei sich aufnehmen. Der Gelehrte war enttäuscht von diesem politisch als ausgesprochen unsicher geltenden Edelmann. Das schwärmerische Gefühl der Zusammengehörigkeit, in dem sie vor Jahren von der neuen Musengemeinschaft geträumt hatten, war dahin. Zurückgeblieben waren bei Hutten die Krankheit, viel Mißerfolg und noch mehr Schmutz, bei Erasmus jedoch eine fast körperlich zu nennende Antipathie gegenüber dem Syphilitiker und dessen Plänen. Erasmus hielt sein Haus geschlossen, wies die Musenfreude von ehedem schroff ab und bezeugte nicht zuletzt damit seine Angst vor dem Luther-Freund Hutten, der Einlaß – und wohl auch eine dezidierte Stellungnahme – gefordert hatte.

Die Harmonie früherer Freundschaft endete auf diese Weise in den schrillsten Dissonanzen: Hutten zog sich verletzt zurück, floh aus Basel und schrieb seinen Zorn gegen die Parteilosigkeit des vornehmen Gelehrten und den darin versteckten Verrat an der großen Sache von einst in ein schlimmes Pamphlet hinein. Erasmus, auf diese Weise verstört, antwortete in noch ärgerem Ton, kramte die kleinlichsten Erinnerungen an frühere Kränkungen hervor, denunzierte und verfolgte einen Todkranken, wusch schmutzigste Wäsche, wühlte im Klatsch, diesmal ganz unausgewogen, und verstärkte gerade damit die Konturen des eigenen Bildes, das einen hilflosen, zum Maßhalten aufrufenden Mann des Schreibtisches zeigte, der keine wirkliche Lösung anzubieten hatte und der, alles in allem, keine echte Autorität mehr besaß.

Der Ritter Hutten aber war in der Zwischenzeit an der schmutzigen Krankheit krepiert. Doch vorher hatte er sich noch gesund geschrieben und bezeugt, er gebe trotz alledem seine Hoffnung nicht auf, daß eine Zeit der wirklich wagemutigen Männer kommen werde. Das Lamento des Erasmus war demgegenüber ziemlich abgefallen. Und das hatte wiederum Luther zur Kenntnis genommen. Von dieser Seite, so meinte Martin, war allem Anschein nach nicht mehr viel anderes zu erwarten als Appelle zur Mäßigung und komische Äußerungen zu Randproblemen. Erasmus konnte einem nur noch leid tun.

Basel hatte aber gerade von diesem Wittenberger Mitleid gehört, und Erasmus war noch tiefer in seinem Stolz getroffen. Ja, Hutten war dahin. Ihn konnte Erasmus jetzt nicht mehr treffen, allenfalls noch seinen Drucker und Verleger. Gerade dies tat Erasmus in äußerster Schärfe und in schäbigster Kleinlichkeit, da dieser gewagt hatte, des Großen Thron anzugreifen: Erasmus bot Huttens Drucker den Bettel an, dessen Frau die Prostitution, falls sie Geld verdienen wollten. Schriften gegen einen Erasmus sollten sie jedenfalls nicht mehr drukken dürfen.

Was Luther betraf, so hatte Erasmus, nachdem Hutten verstummt war, spätestens in diesem so unerfreulich mitleidigen Augenblick das Turnier anzugehen. Martins Äußerungen waren unverzeihlich. Sie mußten gerächt werden. Und dies nicht in Randfragen, nein, sondern in der Grundthese des Wittenbergers, die Luther bereits 1518 bei der Heidelberger Disputation angesprochen hatte: »Die Freiheit des menschlichen Willens ist nach dem Sündenfall im Paradies ein ganz leerer Begriff.« Diese These war erschreckend und gefährlich.

Die allzeit gut katholischen Herrscher Heinrich VIII. von England, welcher Erasmus einen Ehrensold ausgesetzt hatte, und Georg von Sachsen, der sich nie lumpen ließ, wenn es gegen Kursachsens Ketzereien ging, hatten sich bereits verständigt, und auch Erasmus durfte nicht mehr ruhen: Vielleicht würde sich aus dieser These, die so extrem lautete, eine förmliche Spaltung ableiten lassen, und vielleicht gelänge es sogar, die aus dem Humanismus kommende Gefolgschaft der Wittenberger Theologie an der These abspenstig zu machen, weil sie doch klipp und klar jede Mitwirkung des Menschen leugnete und damit der humanistischen Aufbruchsstimmung einen schweren Stoß versetzte.

Erasmus setzte sich hin, wollte innerhalb drei Tagen sein Büchlein fertigstellen und arbeitete dann doch, des Themas wegen, länger und intensiver daran. Schließlich schickte er eine erste Fassung an Heinrich VIII., den Verteidiger des Glaubens, und eine weitere – so ganz nebenbei – auch nach Wittenberg, an Melanchthon, nicht an Luther. Dieser würde das Opus schon zu Gesicht bekommen. Das stimmte, denn Melanchthon wußte, was da auf Wittenberg zugekommen war. Luther aber, den Ende 1524 und Anfang 1525 wichtigere Angelegenheiten geplagt hatten, hatte das Ganze erst einmal liegen und reifen lassen.

Die Karenz – sie brachte die schriftliche Auseinandersetzung mit den »himmlischen Propheten«, eine Drucklegung der großen Vorlesung über das 5. Buch Mose, den Lärm der Bauernrevolte und die Hochzeit mit Katharina von Bora – hatte allerdings den Ekel des Anfangs nicht beheben können. Martin hatte nach wie vor keine große Lust, Erasmus zu antworten. Die Freunde drängten und mahnten vergeblich, das »Wunder an Bildung« drohe gar Christus selbst, dem allein »das Wort gehört«, zu beseitigen. Luther schob und schob seine Stellungnahme hinaus. Erst mit der Zeit spürte er, daß das Duell unvermeidlich war.

Die Wittenberger Sicherheit, die ihm in der Zwischenzeit immer lieber geworden war, verlangte ein solches Opfer. Also setzte sich Martin hin, um sein Werk gegen die listige Schlange zu verteidigen, die so schwer zu fassen war. Die Gedanken strömten ihm so zornig-zart zu wie eh und je. Auf dem Spiel stand seine gesamte Auffassung vom Glauben. Das aber bedeutete: er selbst, nicht allein sein Bild vom Menschen oder seine Lehre von Gott. Hier war ein Mensch angesprochen, der viel gelitten hatte und der sich nicht um die Frucht seiner Anfechtungen bringen lassen wollte, schon gar nicht von so einem unernsten Schleicher wie Erasmus, der immer nur zu spötteln suchte, sich jedoch nie auf die wirkliche Theologie festlegen ließ.

Gott und die Vernunft

Luther selbst hat sich in seiner berühmtgewordenen Antwort dann in der Tat festgelegt: Gott, Gott, Gott, Allmacht, Allmacht, Anwesenheit, Vorherwissen, so fallen die Schläge auf den Humanisten herab. Es gibt kein Entweichen mehr. Wo Erasmus noch immer eine Hintertür offen lassen will, wo er der menschlichen Vernunft, die fordernder als je zuvor an die Pforten einer ganzen Epoche klopft, Einlaß gewähren will, nagelt Martin zu. Und wie Erasmus den Hutten nicht vorgelassen hatte, so verstößt Luther nunmehr die Ratio, das menschliche Mitwirken schlechthin, kurz, den freien Willen von seiner Tür. Je deutlicher sich aber dieser Rausschmiß abzeichnet und je unerbittlicher Martins Glaubensgenie das neue Dogma festzuhalten droht, desto extremer wird seine Doktrin.

Die Passion eines Menschen wie Martin Luther, den ein Erasmus nie und nimmer verstehen wird, flüchtet sich in einen Winkel, schafft neue und andere Sicherheiten, läßt sich ihre Ruhe nicht mehr nehmen und ihre Errungenschaften nicht mehr abhandeln, mögen die Humanisten aller Schattierungen sehen, wo sie bleiben. Luther hat ihnen in seiner Antwort »Vom knechtischen Willen« die Tür vor der Nase zugeschlagen. Seine Bewegung, so meint er, bedarf der Klüglinge nicht. Sie bleibt unter sich. Sie genügt sich selbst. Der wahre Christ vernünftelt nicht. Er ist geborgen, er hat seine klaren Grundsätze aus dem Wort bezogen, er kennt seine Wahrheiten. Jener Friede hingegen, den Erasmus mit seinem Entgegenkommen angepriesen hatte, war keiner. Es handelte sich allenfalls um die Ruhe, wie die Welt sie zu geben weiß. Der Friede Gottes jedoch, den die Welt nicht geben kann, hat eine ganz andere Qualität. Er ist teuer erkauft: mit dem Verzicht des Menschen Martin Luther auf den eigenen Willen.

Die Auseinandersetzung zwischen Erasmus und Luther war zur Auseinandersetzung zwischen zwei Welten geworden. Erasmus hatte vorsichtig argumentiert, einen untrüglichen Sinn für das Oben und das Unten bewiesen, das Wichtige vom Unwichtigen geschieden und subtile Unterschiede herausgearbeitet. Er hatte aus diesem Grund, das sah Martin sofort, alles Unwesentliche wie Ablaß, Papst und Fegefeuer gar nicht erst behandelt, sondern sich allein dem großen Thema zugewandt, der Größe Gottes und der Größe des Menschen, die sich in das kleine Sätzchen vom freien Willen zusammenfassen ließen. Luther erkennt dies an. Daß sich Erasmus aber auch und gerade in dieser alles entscheidenden Frage dreht und wendet, daß er Eiertänze vollführt und versucht, sich »zwischen zwei Gläsern hindurchzuwinden«, ohne auch nur eines anzurühren, verzeiht Martin nicht. Gottes Allmacht verträgt nun einmal keine Spielereien mit der menschlichen Vernunft. Auf diesem Gebiet gibt es keine Hintertüren. Gott ist und bleibt groß – und nur er allein.

Künftig wird Luther in einem geradezu naiv anmutenden Haß auf Erasmus immer wieder dasselbe Problem ansprechen, sein eigenes dezidiertes Wort unentwegt gegen alle Verdrehungskünste der Schlange verteidigen und allein seine unumstößliche Wahrheit verkündigen. Melanchthon spricht in diesem Zusammenhang schlicht von der »Passion alter Leute«, doch in dieser seiner neuen Sicherheit baut Martin endgültig seine eigene Gemeinschaft auf. Jetzt erst wird er – ohne deswegen schon ein Organisator zu sein – zum eigentlichen Kirchenstifter. Seine Stärke ist zum Vorschein gekommen, die Macht nämlich, aus eigenem Erleben und aus eigener Passion die Wahrheit gefunden zu haben und diese unverzerrt auch den übrigen Christen vermitteln zu wollen, während Erasmus stets nur fremde Autoritäten zitiert, obgleich er ihnen nicht einmal richtig vertraut. Luther kann ein Mensch glauben, denn er steht unverrückbar fest auf seinem Fundament, dem Wort Gottes. Eben deswegen läßt er sich kein Jota mehr abhandeln von der totalen Sündhaftigkeit des Menschen, die nichts anderes als die Gerechtigkeit Gottes braucht. Das ist eine echt lutherische, eine einfache Wahrheit, ein simples Dogma sogar, keineswegs eine dunkle Stelle in der Heiligen Schrift. Hier ist noch einmal der klare Text zum Vorschein gekommen. Gott selbst hat sein Geheimnis enthüllen wollen: Allein die Gnade rechtfertigt den Menschen, und dem Menschen bleibt das staunende Vertrauen auf diese Gnade, die ihn Sünder und Gerechter zugleich sein läßt. Mehr nicht.

Erasmus hat dagegen hin und her geredet, von Gottes Mysterien gehandelt, die man eigentlich gar nicht ergründen solle und dürfe, Luthers Isolation vor der gesamten kirchlichen Tradition vermerkt, die konstante Lehre der Kirche verteidigt, wie sie seit 13 Jahrhunderten bestand, und auf die Notwendigkeit einer amtlichen Auslegung der in sich dunklen Schrift verwiesen. Das alles paßte dem entschieden klaren Luther nicht. Das Büchlein verursachte daher Ekel. Erasmus argumentierte und vernünftelte, fand aber keine Lösung des labyrinthischen Problems. Im Gegenteil, er irrte hin und her, und dies in so verwirrendem Ausmaß, daß Luther sich sogar in seiner eigenen Überzeugung bestärkt statt verunsichert fühlen durfte: Wenn nämlich selbst ein so bedeutender Geist wie Erasmus keine durchschlagenderen Gründe für die sogenannte Willensfreiheit beibringen konnte und wenn sogar dieser so umfassend gebildete Gelehrte keine Lösung zu offerieren vermochte, sondern sich in das Dunkel der Schrift flüchten mußte, dann war und blieb der freie Wille eben eine »reine Lüge«. Der richtig interpretierte Wille des Menschen aber war, um es in einem berühmtgewordenen Bild zu sagen, »wie ein Reittier« in der Mitte zwischen Gott und dem Teufel: »Steigt Gott in den Sattel, so will der Mensch und geht, wie Gott will . . . Steigt der Teufel in den Sattel, so will der Mensch und geht, wie der Teufel will. Es liegt nicht in seiner Macht, zu einem von den beiden Reitern zu laufen und ihm sich anzubieten, sondern die Reiter kämpfen ihrerseits miteinander, des Tieres habhaft zu werden.«

Luther ließ sich nicht von seiner Meinung abbringen. Zwar gab es auch in seiner Heiligen Schrift die eine oder andere Unklarheit, doch lag das keinesfalls an der Schrift selbst, sondern allein an deren mangelhafter Interpretation durch die Menschen. Gott selbst blieb in Angelegenheiten, die das Heil seiner Geschöpfe betrafen, keineswegs unbestimmt: »Das ist doch der Christen einziger und höchster Trost in allem Unglück, zu wissen, daß ihr Gott nicht lügt, sondern alles unabänderlich tut und daß nichts seinem Willen widerstehen noch ihn ändern oder hindern kann.«

Auf einen solchen Gott und dessen Willen hatte Martin Luther sein eigenes Leben gestellt. Nur einen solchen Gott wird er verkünden und predigen, ob dies nun gelegen oder ungelegen erscheinen mochte. Rücksichten auf das Fassenkönnen oder gar auf den öffentlichen Frieden wie bei Erasmus gab es nicht, sondern allein das kategorische Gebot, den Menschen die evangelische Wahrheit und nichts als die Wahrheit zu sagen. Wer diese Wahrheit predigt und lebt, gehört zur Christenheit. Nicht dagegen, wer nur irgendwelche menschlichen Autoritäten anschleppt und Jahrhundertmeinungen zitiert. Die Tradition von gut tausend Jahren gilt nicht viel: »Wer weiß, ob es nicht im ganzen Weltverlauf von Anfang an immer so mit der Kirche gestanden hat, daß die einen Volk Gottes und Heilige hießen, die es gar nicht waren, die anderen aber unter ihnen als ›Rest‹ es waren und nicht Volk und Heilige hießen?«

Gottes Waagen wiegen mit anderen Gewichten als die der Menschen. Die wahren Heiligen sind oft genug verborgen, und die richtige Kirche bleibt versteckt. Nur der Glaube an Gottes Gnade läßt überhaupt ein Sehen zu, ein Blick hinter den Vorhang, ein Schauen in das Dunkel aller Geschichte. Gott selbst ist es, der seine Historie in einem ständigen Ringen durchführt. Der Mensch hingegen tut nichts dazu. Gott will allein tätig sein. Er läßt nicht mit sich rechten. Er läßt sich nicht einmal in seine Karten schauen, es sei denn, er offenbare sich selbst und schenke – freiwillig und unverdient – seine Gnade. Der Glaubende empfängt diese Gnade und ist dadurch gerettet: nicht durch seinen »freien« Willen, sondern durch dessen Aufhebung. Dieses Sich-allein-auf-die-Gnade-Stellen verleiht höchste Sicherheit. Das so unsichere Jahr 1525 hatte damit – ganz zuletzt – doch noch Sicherheit getragen: Am 31. Dezember veröffentlichte Martin Luther die These gegen Erasmus, daß »der freie Wille ein Nichts sei«. Die Zuschauer in diesem Kampf der beiden Großen hatten ihr Pro und ihr Contra erhalten. In der Folgezeit würden sie es dann auch weidlich ausbeuten. Im Zwist zwischen den beiden Lagern hält die Welt sich aber bald nicht mehr mit irgendwelchen Differenzierungen auf. Sie ist entweder für oder gegen Luthers Lehren und hebt damit neue Gräben aus, schafft weitere Parteien.

Dabei hatte Martin selbst, ohne dies richtig zu wissen oder zu wollen, den Weg hin zu einem Parteiprogramm beschritten, als er sich so dezidiert von dem gewaltigen Humanisten und dessen Anhängern abgegrenzt hatte. Gleichzeitig hatte er eine bewegungseigene Sicherheit geschaffen, sich der Ruhe anheimgestellt und den Frieden gefunden. In der Folgezeit würde sein Lieblingswort aus dem Propheten Jesaia immer häufiger zitiert werden: »Im Stillesein und im Hoffen liegt meine Stärke.« Ein ruhiger gewordener Luther wird seine Sicherheiten ausbauen, nachdem er in der Auseinandersetzung mit Erasmus den Zweifel und die Versuchung im eigenen Herzen besiegt hatte. Nach 1525 führt kein Weg mehr an dieser Ruhe vorbei. Das Stübchen würde endgültig siegen. Erasmus, der stille Gelehrte, war eben doch verwandt gewesen. Luther hatte, alles in allem, gegen sich selbst gefochten, sich selbst in Erasmus wie in einem Spiegel gesehen.

27.
Nu ist kein notiger Ding, denn Leute ziehen, die nach uns kommen

Luther schafft sich Sicherheiten

Martin erkannte sich wieder. Das üble Jahr 1525 war endlich vorbei. Unruhe und Unfriede seines Beginns waren, Gott sei Dank, einer gewissen Sicherheit gewichen. Niemand wunderte sich, daß alle Welt in den folgenden Jahren diese Ruhe, diesen Frieden festzuhalten suchte. Mochte auch passieren, was immer wollte, alle hatten von allem Unsicheren genug. Bewährt hatte sich allein die Sicherheit, so sagte es doch auch das Evangelium. Dieser Friede ruhte im (zeitlosen?) Gestern, nicht im Morgen, in den alten Gottesordnungen also, nicht jedoch in den tagespolitischen Schwärmereien der falschen Geister. Das vergangene Jahr hatte dies zur Genüge bewiesen.

Alles macht sich daran, die zerschossenen Bastionen auszubessern, überkommene Ideen aufzubügeln und das Wesentliche am früheren Status wiederzuentdecken. Neue oder revidierte »Landesordnungen« erscheinen in vielen Territorien. Sie enthalten Vorschriften für den Handel mit Lebensmitteln, Preisfestlegungen für Waren und Löhne, Bestimmungen über Handwerk, Zünfte und Gesellen, Maßnahmen gegen Müßiggang und Bettelei, Kleider- und Luxusnormen, Bestimmungen über Straßen, Zölle, Münzen und Gewichte. Die bildende Kunst schaut ebenfalls zurück: Eine Historienmalerei entwickelt sich, und das rein Dekorative erhält immer größeres Gewicht. Überall fehlen die revolutionären Impulse von früher, die zur Ausformung einer wirkungsvollen Kampfliteratur und -kunst geführt hatten, so daß allenfalls noch die resignative Anpassung an bestehende Verhältnisse gelten kann, nicht mehr aber das offene und leidenschaftliche Aufbegehren von einst. Der wehrhafte Bauer als Gegenstand der Darstellung ist jedenfalls fürs erste undenkbar geworden.

Der Schock von 1525 saß zu tief. Eine Rebellion des Schwertes aus der Schrift wollte sich niemand mehr leisten. Vielmehr erinnerten sich die Altgläubigen, die sich zu den Siegern rechneten, der guten Zeit, da ihre Einheit noch bestanden hatte, und Luther, ebenfalls ein Sieger, dachte an die vergangenen Tage, da er – vom Stübchen aus – gegen den schlimmen Glauben der Papisten angegangen war. Was also lag näher, als sich, hüben wie drüben, des Bekenntnisses wieder bewußt zu werden, das alle Stürme der Müntzerschen Abweichung so unbeschadet überstanden hatte?

Die Römer sammelten sich, und auch Martin zog sich auf sein Wort zurück. Er hatte sich nicht an die Luftgespinste der himmlischen Propheten verloren. Er hatte vielmehr seinen Glauben in all seinen Passionen immer fester auf jenes Evangelium gestützt, das Rom wie Mühlhausen in sein Gegenteil verkehrt hatten. Es war nur zu verständlich, daß jetzt Luthers Haus bestellt wurde, daß Stillesein und Hoffen zu Haupttugenden Wittenbergs aufstiegen, daß aus dem verweigerten Widerruf von gestern wie aus der Abwehr Müntzers die Basis des Heute – und wohl auch des Morgen – gezimmert wurde: Luther, der von seinen Überzeugungen nicht abgerückt war, gibt sich daran, diesen Glauben nun auch für die anderen zu festigen.

Daß es aber vor allem eine ruhige Resignation war, die über diesen Taten des Ordnens und Festigens lag, fiel noch gar nicht auf. Martin fing recht provisorisch an, legte – mit vielen inneren Hemmungen und sehr, sehr zögernd, eher gedrängt als aus eigenem Entschluß – nur Umrisse fest und schuf doch eine Basis für die Zukunft. Nichts kann den Blick für diese Tatsache trüben, schon gar nicht die sich gerade jetzt häufenden Zornesausbrüche des alternden Professors, von denen gleich noch gesprochen werden muß: Luther verwaltet seinen Nachlaß. Er lebt mehr und mehr vom eigenen Gestern.

Schon die Trias des vergangenen Jahres – Bauern, Erasmus, Käthe – hatte trotz all ihrer unvergleichbaren Nuancierungen in ein und dieselbe Richtung gewiesen. Denn an all diesen drei Stellen war eigentlich nur ein einziges Fundament errichtet worden, Luthers Sicherheit: Um Erasmus willen mit Hilfe der Doktrin, der Bauern und Fürsten wegen mit Hilfe der weltlichen Ordnung, und Käthe zuliebe im eigenen Haushalt. Martin gründet, da hilft kein Interpretieren weiter, Sicherheit um Sicherheit. Er schafft Ruhepunkte und sucht, den Frieden festzuhalten.

An der Wurzel der Sicherheit nagt jedoch unablässig ihr Gegensatz. Schwere Depressionen kommen auf Martin zu. Seine Krankheiten mehren sich, und der Theologe, dem alle Welt ein ausgesprochen festes Selbstwertgefühl bestätigt hat, trifft in seinem Innersten wieder auf den wunden Punkt, auf einen verborgenen Herd alter und ungelöster Probleme, sogar auf eine Furcht vor dem Ungenügen seiner Glaubenspredigt und auf eine tief sitzende Angst vor einer Niederlage im Konkurrenzkampf der vielen Worte.

Gerade wenn Luther am heftigsten ist, hat seine Heftigkeit als Ausdruck innerer Unsicherheit und Schwäche zu gelten. Das Gefühl seiner Unzulänglichkeit ist ihm nämlich oft unerträglich. Er flüchtet sich in Überkompensationen hinein, um den Wurm im Herzen zu beruhigen oder, noch besser, abzutöten: »Es soll mich auch keiner ubertrotzen, weil ich leb, ob Gott will. Ich hab mein leben daran gesetzt, und ich will drumb sterben. Darumb der sich wider mich setzt, der muß sterben gen, es sei den kein Gott nicht, wie wir teglich erfaren von den schwermern.«

Luther spricht seine Schwäche in immer stärkere Worte hinein. Er fühlt sich mächtig und ohnmächtig zugleich, und dies gegenüber Gott und dem Teufel: »Ich kan mich nichts regiren und wolt die welt regiren; ich habe auch wol Gotte artikel furgeschrieben und regiren wollen, aber der frum Gott hatt mich in sein arß lassen faren, und mein meystern ist nichts worden.« So heißt es deutlich auf der einen Seite. Auf der anderen aber nicht weniger eindrucksvoll: »Es gemanet mich des Teuffels wie eins voglers, der wurgt alls, was er fecht, on wenn er ein hat, der yhm gefelt; den lest er leben, das er yhm sing, was er wolle.«

Gerade dies ist Martins große Angst: Hat die andere Welt (Gott oder Teufel) ihn nicht leben lassen, damit er das Lied des Teufels noch weiter singe, sich und den Anvertrauten zum Verderben? Ist er nicht selbst einer jener Vögel, die der Satan gefangen und »in sein peurlein« gesetzt hat, damit er alles zerstöre, was die alte Kirche, Gottes Kirche, auferbaut hatte? Das Problem läßt ihn nicht mehr los, und auch sein Hausmittel, die Anfechtung des Teufels zu vertreiben – »Lecke du mich im arß. Da horet auff. Sonst kan man sein nit los werden« –, hilft nur von Fall zu Fall. Eine definitive Lösung ist es nicht. Das Ketzerproblem bleibt, und der schwache Mensch bleibt im Innersten den teuflischen Gewalten ausgeliefert.

Der Angefochtene berichtet nicht von ungefähr von der Allmacht des Satans: »Der Teuffel ist ßo gros als die welt, ßo weit als die welt; reicht vom himel bis in die helle.« Er vergleicht die Menschen mit den Samenfederkronen des Löwenzahns, welche »die kinder hinweck plasen«. So schwach und nichtig sind sie alle im Vergleich mit dem Teufel. Und was noch greulicher ist, der Satan läßt seine Beute nie mehr los: »Gleich als der Luchs einen Hirsch umbringet, wenn er ihme auf den Kopf springet und sich zwischen seine Hörner setzet und ihme das Gehirn ausfrisset, oder greift ihn bei der Kehle und beißet sie ihme entzwei: also ist auch der Satan; wenn er einen Menschen besitzet, so kann man seiner nicht leichthin los werden, er führet den Menschen in Verzweiflung und thut ihme Schaden an Leib und Seele.«

Luther kämpft und kämpft. Weniger aber gegen einen äußeren Feind als gegen solche Gedanken in seinem eigenen Herzen (»singe ich etwa das Liedlein des Teufels?«). Er wird immer unleidiger wider alle, die ihn zu trösten suchen, indem sie ihn einen großen alten Mann heißen. Er weiß, wie es um ihn bestellt ist. Luther poltert, Luther salbadert, Luther fährt dazwischen, Luther hat dann doch wieder recht und will auch recht behalten, Luther führt schließlich, sicher-unsicher zugleich, seine Tischreden, an denen vorbei, die da vor ihm sitzen, Luther sucht Sicherheiten, bestätigt keine andere Autorität so oft wie die eigene, Luther spricht seit 1525 auch fast nur noch deutsch, Luther scheint seine künftige Predigt auf die engere Heimat beschränken zu wollen, Luther nimmt die weite Welt da draußen nur noch am Rande zur Kenntnis, Luther äußert sich biedermännischer denn je, Luther bekennt sich zu seiner bäurischen Vergangenheit und sagt sich dann doch wieder von den Bauern, diesen »Säuen«, los, Luther gibt sich mit wenigem zufrieden, Luther lebt aus der eigenen – oft täuschenden – Erinnerung, Luther zitiert sich selbst immer häufiger, ja Luther malt, in groben Strichen, jene Idylle vor, die nach nicht allzu langer Zeit das Pfarrhaus seiner Bewegung mitbegründen wird, und ist, alles in allem, doch kaum mit sich eins. Es wird immer deutlicher, daß selbst ein Martin Luther, den so viele Spätere als einen Heißsporn und Choleriker besonderer Prägung geschildert haben, in die Reihe jener gehört, die ihr eigenes Jahrhundert durch Abwarten und Nichtstun geprägt haben: Päpste, Kaiser, Kurfürsten, kurz, alle sogenannten Täter. Sie sind alle, genauer besehen, vor allem durch ihre Untätigkeit zu geschichtsmächtigen Gestalten geworden. Ihr Ruhm gründet auf einer passiven Weisheit. So, nur so, ist es ihnen überhaupt gelungen, zu überleben. Die wirklich Aktiven, die echt Ungeduldigen, sind dagegen allesamt eines unnatürlichen Todes gestorben: auf dem Schlachtfeld, im Ketzerfeuer, nicht im Bett. Auf natürliche Weise sterben in dieser blutigen Zeit allein diejenigen, die abwarten konnten, große Menschen gerade auch sie: Karl V., Friedrich der Weise, Erasmus, Melanchthon - und Luther.

Krankheit und Schwäche

Im übrigen rächt sich die alte, die katholische, die mönchische Disziplin auf furchtbar simple Weise. Der vermeintliche Reformator sieht sich nämlich gezwungen, in den meisten Details auf das Gestern auszuweichen, das er soeben noch verworfen hatte, Gesetze gar, Regeln, Bannflüche zu akzeptieren, die er für immer abgeschafft glaubte, Katholisches zu übernehmen, das er verdrängt haben wollte. Die Wege vom Mönch zum Menschen scheinen also doch nicht ganz ausgelaufen worden zu sein: Viele verlangen von diesem Neuerer, der - noch auf der Wartburg - gehofft hatte, in ganzen zwei Jahren das Wort zum Sieg über Gesetz und Gewalt führen zu können, nicht viel anderes als Gesetz, Gewalt, Ordnung und Regel.

Zum einen richten sich die Fürsten, haarscharf an Luthers Wort vorbei, in ihren neuen Territorien ein, raufen sich um Klosterwiesen, Kirchengüter und Pfarrpfründen und führen jämmerlich egoistische Gaunerstücke auf. Andererseits rufen die erneuerungswilligen Gemeinden nach Pfarrern, nach Gottesdienstordnungen, nach Liedern, Katechismen und Normen, und auch dies in den meisten Fällen an einem Klartext entlang, der, in Luthers Auslegung wenigstens, allein ein Ja oder ein Nein erforderlich gemacht hätte. Schließlich regeln gar noch die Weggefährten, die das reine Wort des Martin Luther schon von allem Anfang an zergliedert, aufgeteilt und auseinanderdividiert hatten, bis in kleine und kleinste Vokabelfetzen hinein, unterdessen ihre eigenen Gemeinden und fragen nur mehr recht beiläufig in Wittenberg um Reglementierung an. So fallen die Schläge der Ordnung auf einen Mann herab, der eine Welt, diese Welt, allein mit der Kraft des eigenen Erlebens, der eigenen Passion und des eigenen Wortes zu zwingen ausgezogen war.

Dieser »alte Luther« ist in seiner Tragik bemitleidenswert. Immer häufiger stößt er an Grenzen, die er - als er noch der »junge Luther« war - bereits im ersten Anlauf übersprungen hätte. Immer gewaltiger fällt ihm auch das große Versäumnis aufs Gemüt, diese Welt mit all ihren Grenzen, Ordnungen, Gesetzen und Traditionen nicht ernst genug genommen zu haben. Inzwischen arbeitet er gegen die Zeit, die ihm, dem Alternden, davonzulaufen droht.

Martin arbeitet, trotz aller Krankheiten, die ihn – als ginge es darum, in dieser kranken Welt auch eine körperliche Ordnung oder Unordnung zu bekräftigen – zuhauf überfallen. Luther achtet ihrer nicht und leidet doch unter ihnen allen. Die von ihm selbst über die folgenden Jahre hinweg geschilderten Symptome (»ist jtzt mit uns gleich wie mit einem krancken, umb den vil kriglein stehen, und der viel pflaster haben mus«) lassen auf Schlaflosigkeit, Fettleibigkeit, Stoffwechselkrankheiten, ein von schweren Koliken begleitetes Steinleiden (»es solt ja einer vil lieber todt sein!«), Reißen in den Beinen (»er mußte an einem Stabe und also gleich auf dreyen Beinen umher gehen«), Gicht (»Ich habe appellirt in meinem zehen whe zu Gott und gebeten, er sol mir frantzoß oder pestilentz dafur schicken«), Abszesse, Durchfälle (»Man solte nicht bei dem arsse fluchen und schweren; er wil kurtzumb sein regiment auch haben«), Ruhr (»Wir essen uns zu todt, trincken uns zu todt, schaissen uns zu todt, fasten uns zu todt«), ein offenes Bein (»Eim alten man steht ein fluß ßo wol an eim pein als eim jungen gesellen ein krantz auff seinem heupt«), Schwindel und Sausen und Brausen im Kopf und in den Ohren, beginnende Altersschwäche und Arteriosklerose schließen: Der Mensch ist eben, alles in allem, »ein schendlich laugensack«, und die Gesundheit »ein edel khlainat«, ein gesunder Leib, »der essen und trincken, schlaffen, harnen und scheissen mag«, die beste Gabe Gottes.

Martin, »schwach und abgeerbettet«, ist in diesen Tagen und Wochen der Krankheit nicht immer gut zu nehmen, denn er ist ebensowenig wie früher sein Kurfürst »ein bequemer ertzenei man« und Patient. Er sagt seinen Ärzten ganz offen, »das ich nit alzeit volge«, und seine Geduld – »was wollt ich den guten Kopf zeihen? Daß er mich mit dem Schwindel plaget, das thut er billig, denn er hats treulich mit mir gewaget, und darf wol sprechen, daß er sey auf Erden gewesen, und mag nu wol mit Ehren schlafen gehen« – läßt nicht in jedem Fall das richtige Selbsturteil zu: »Ich bin so krankh! Aber mir glaubts niemant, bis ich ein mal die genge gehe mit den andern. Nun, lieber Herr Gott, du hast mich gesund gehabt, du mußt mich auch kranck haben«. Oft und oft zeigt Luther auch Symptome von Hypochondrie: »Ich wolt hundert gulden drumb geben, wenn ich sie hett, das ich den puls nicht kundt judicirn, den ich mach mich bald krencker, den ich bin, wen ich mir den greiff.«

Das Wort, welches er unter solchen Umständen aus sich herausschleudert, hat es in sich: Nicht wenige halten es für ebenso krank wie seinen Autor. Die Klarheit der Jugend scheint geschwunden zu sein, und Trübsal, Dunkel und Schatten bleiben. Luther arbeitet immer wieder gegen sich selbst an, doch das Dunkel der späten Jahre weicht deswegen nicht. Es überschattet alle Ordnungen, die dieser Mann zu predigen sucht. Es wird stärker und stärker, und es wird auch gewalttätiger als je zuvor.

Die geistigen Leistungen der letzten Jahre Luthers sind nicht von diesen Schatten abzulösen: Sie bleiben gleichwohl groß genug. Gold hellt nämlich nicht auf, Legenden verschmutzen, und wohlwollende Interpretation trübt den Blick. Angemessener wäre es, auch all diese Normen eines Ruhebedürftigen als das zu nehmen, was sie sind: Reaktionen auf das Drängen von Gesetzesleuten, von eben jenen Juristen nämlich, die dieser Prediger doch ein Leben lang gehaßt hat.

Ein Beispiel für viele, ein folgenschweres dazu: Die Ordnungssüchtigen fragen, typisch juristisch, eines Tages an, wer überhaupt berechtigt sei, einschneidende Änderungen im hergebrachten Kirchenleben vorzunehmen. Martin antwortet, ganz und gar er selbst, er fühle sich nicht dazu befugt. Ihm kommt es allein auf die große Linie an, die das evangelische Wort gezogen hat und noch immer zieht: Schonung der Schwachen, Ablehnung allen Zwangs, aus der erreichten Freiheit ein Gesetz zu machen, Beseitigung des gotteslästerlichen Opfer-Charakters der Eucharistie-Feier – und Schluß. Um der Liebe Christi willen: Schluß.

Doch keiner der Fragenden will sich mit solchem Schluß begnügen und sich mit derart allgemein gehaltenen Weisungen abspeisen lassen. Sie fragen zäh weiter, wer denn nun den Opfer-Charakter – nach Art einer Tempelreinigung – beseitigen dürfe. Luther gibt zurück, wer eben wolle und könne, er selbst jedenfalls nicht. Für ihn ist Schluß. Erst als das Fragen kein Ende nehmen will, greift dieser Prediger des Wortes zur Notbremse, zieht jene »Bischöfe« heran, die sich gerade als kompetente Aufsichtsorgane anbieten – und hat mit einem eher unwilligen Kopfnicken das Startzeichen für die Fürsten, eben die Notbischöfe, gegeben, in ihren Territorien durchzugreifen, Ordnung zu schaffen, Wildwüchse auszumerzen, evangelische Einheit gegen die Papisten wie die Schwärmer zu organisieren und auch alle untauglichen Prediger abzusetzen, welche sich unterstanden hatten, »unter dem Schein des rainen gottlichen Worts falsche Leren einzufuren und dieselben in das Volck zu bilden«.

Schon war ein wichtiger Schritt getan. Luther hatte zwar nur zögernd zugestimmt, durchaus nicht knechtisch, nicht in der Art eines feilen Sklaven von Fürsten, nein, doch hatte er eben ja und nicht nein gesagt. Dabei ist es schließlich geblieben, denn die anderen vergaßen sein Zögern von selbst. Unter dem Druck der Tatsachen – allein der Landesherr konnte feste Rechtsgrundlagen für die sich ausbildende und vereinheitlichende Kirche schaffen und garantieren – verloren Martins theoretische Bedenken mehr und mehr an Gewicht. Der Fürst war die einzige funktionsfähige Autorität. Und er wußte dies auch.

Die Zukunft brachte andere als die lutherischen Sorgen. Sie würde sich der Bedenken des Anfangs nicht mehr erinnern. Den Notbischöfen kam die innerkirchliche Entwicklung zupaß: Sie nahmen die wichtige Visitation der Gemeinden ihrer Ländereien in die Hand, die ursprünglich nur eine Art Bestandsaufnahme des geistlichen Regimentes hätte sein sollen. Was als Ausleihe des weltlichen Armes geplant war, wird damit zum selbstherrlichen Ausfluß landesherrlicher Gewalt, die sich unterschiedslos auf die geistlichen wie die weltlichen Untertanen und deren Wohl erstreckt. Die Fürsten rücken nicht mehr heraus, was sie – leihweise – übertragen bekommen haben. Sie machen keinen Unterschied mehr zwischen den zwei Reichen, warum auch, denn sie hatten diesen ohnedies nie eingesehen. Sie sehen sich im Gegenteil mehr und mehr als die – auch geistlichen – Diener ihrer Untertanen, das Gesetz hängt sich das Mäntelchen des Dienstes um, und die Normierung gibt sich karitativ, »damit dem Volck rechter Dienst im Evangelio geschehe«. Die Obrigkeit hat ihr Ziel erreicht, und kaum jemand würde noch nach den Anfängen fragen, denn die staatlichen Verhältnisse wirkten – grenzüberschreitend – auf Luthers Bewegung zurück.

Martin nickt sein Ja dazu. Bereits im November 1526 tut er aber noch ein bißchen mehr. Er spricht davon, es sei »nu kein notiger Ding, denn Leute ziehen, die nach uns kommen«, und meint abschließend sogar, auch die Gewalt sei zu solchem Zwecke nicht ganz unbillig. Natürlich hat er selbst seine Unterscheidung in die zwei Regimente vor Augen, als er dies formuliert. Doch subtile Differenzierungen interessieren die Gewaltigen nicht mehr. Ihr Gesetz zeugt sich künftig von alleine fort, auch ohne Luthers Zustimmung, und wird immer detaillierter, geordneter und bürokratischer. Alle Regeln und Erfahrungen der Menschen aller Zeiten haben dies bestätigt. Ist einmal der Damm gebrochen, so stürzt die Macht davon. Luther war in seinem Wort ein Damm gewesen. Doch gilt er inzwischen als gebrochen. Die gewalttätigen Details eilen weg, überstürzen sich, decken die Menschen zu und schaffen weitere Untertanen für Staat und Kirche.

Von einem Lesen und Hören des Wortes durch jedermann, von einer Freiheit des Christenmenschen wird künftig immer seltener gesprochen. Die Folgezeit regelt viel lieber, als daß sie befreit hätte: Fragen der Seelsorge und der Doktrin, der Besoldung von Lehr- und Kirchenpersonal, der Caritas und der Liturgie werden, schon 1527, ebenso beantwortet wie das Problem der öffentlichen Laster und Vergehen, die fein aufgelistet sind – bis hin zu der Bestimmung, »daß niemand nach neunen Zech halten soll«. Und eines Tages wird auch Luther selbst in diesen Sog der Ordnungsgewalt hineingezogen, der ihn, den Nicht-Juristen, mitreißt: »Wiederüm ist auch nicht zu leiden der Muthwille, Fürwitz und Vermessenheit der Rottengeister, die der Kirchen Autorität, Macht und Gewalt gar verwerfen und sind von Herzen feind allem, was fromme, rechtschaffene, treue christliche Lehrer predigen, schreiben und lehren aus Gottes Wort; das mus nichts seyn . . .

Beyde thun sie Unrecht, Papisten und Rottengeister, darum muß man fleißig Achtung geben auf den Namen der Kirchen und wol lernen, welches die rechte Kirche sey.« Martin hat sich auf die richtige Seite gestellt. Er hat allem »Furwitz« abgeschworen und »wol lernen« dürfen, »was die rechte Kirche sey«. Das Gesetz hat ihn besiegt.

Wen wundert es da noch, daß sich auch und gerade die Römer über diese Entwicklung freuen und geradezu »etwas Frohlockung« haben, wenn sie in den Visitationsordnungen der Neuerer immer wieder von ihren eigenen Gesetzlichkeiten lesen? Nur Luther meint, es sei »nicht groß zu achten, daß die Widerwärtigen möchten rühmen, wir kröchen wieder zurück ...«

Ein Dichter und Sänger

Nun tut aber vor allem in Sachen »Herrenmahl«, diesem Zentrum des Glaubenswortes, Ordnung not. Luthers anfängliche Meinung, die einzelnen Gemeinden sollten ihre Gottesdienste nach eigenem Glauben ausgestalten, war vielen als Zeichen von Unsicherheit erschienen. Sie hatten deswegen eine definitive Entscheidung gefordert, um des lieben »Consens« willen, mochte dieser nun von Martin oder gar von einem »evangelischen Konzil für Zeremonialfragen« kommen. Luther aber hatte sich gesträubt und erklärt, es sei ein Unding, wenn eine Kirche die andere mit Konzilsdekreten zwingen wolle, die doch allesamt schnell zu Gesetzen und Seelenfesseln würden. Wichtig sei demgegenüber allein die Einheit in Glauben und Wort, ein Konsens also im Innern, nicht aber ein solcher im Fleisch und in weltlichen Dingen. Das war gut gepredigt, doch das Fleisch und die weltlichen Dinge setzten sich durch, und auch ein widerstrebender Luther mußte sich schließlich dazu bequemen, »Dinge nötig zu machen, die doch gar nicht nötig sind«.

Zu diesen unnötigen Dingen gehörte auch die »Deutsche Messe«. Ausgerechnet Thomas Müntzer hatte seinerzeit damit angefangen, um »aufzuheben den hinterlistigen Deckel, unter welchem das Licht der Welt vorhalten war«, und schon zu Ostern 1523 eine rein deutsche Gemeindemesse in Allstedt eingeführt, »zum Untergang aller prächtigen Gepärde der Gottlosen«, aber auch »weil wir zu Alstedt deutsche Leute seint und keine Walen [Welschen]«.

Nun stellte Müntzers Neuerung aber – auf eine recht konservative Weise – nicht mehr als die alte Messe der Papisten in einem neuen sprachlichen Gewand dar. Und seine Beschränkung der Musik im Gottesdienst auf den einstimmigen Choral war zugleich eine deutliche Abkehr vom höfischen und bürgerlich-gelehrten Musikideal, wie Wittenberg dies schätzte. Luther wollte, als er sich einmal hatte zur Änderung nötigen lassen, etwas anderes schaffen. Es genügte ihm nicht, das

Latein einfach ins Deutsche zu übertragen: »Es muß beide, Text und Noten, Akzent, Weise und Gepärde aus rechter Muttersprache und Stimme kommen, sonst ist alles ein Nachohmen, wie die Affen tun.« Sprache und Musik, beide also, mußten verdolmetscht werden, denn lateinische Noten über deutschen Worten gefielen ihm ganz und gar nicht.

Ein wichtiges Stichwort war damit gefallen: Die Musik blieb die einzige von den Künsten, die Luther etwas bedeutet hat. Malerei und Baukunst sprachen ihn ungleich weniger an, die Rom-Fahrt hatte Bände darüber nicht erzählt. Aber die Musik, Trösterin in aller Anfechtung und Gefahr (»Der ist der Satan sehr feind, damit man viele Anfechtungen und böse Gedanken vertreibet. Der Teufel erharret ihrer nicht . . . Die Noten machen den Text lebendig. Sie verjagt den Geist der Traurigkeit«), hatte es Martin angetan: »Wer die Musicam verachtet, wie denn alle Schwärmer thun, mit denen bin ich nicht zufrieden. Denn die Musica ist ein Gabe und Geschenke Gottes, nicht ein Menschen-Geschenk. So vertreibt sie auch den Teufel, und machet die Leute fröhlich; man vergisset dabey alles Zorns, Unkeuschheit, Hoffart, und anderer Laster. Ich gebe nach der Theologia der Musica den nähesten Platz und höchste Ehre.«

Luther theoretisierte nicht. Er sang selbst immer wieder mit seinem hohen Bariton, denn »wenn man mit fleis singet, so sitzet das seelichen im leibe, spielet und hatt einen sonderlichen wolgefallen doran.« Die Schüler des Wittenberger Doktors berichten später davon, wie er »auf eim Wäglin hinaus in ein Holz und auf die Aecker spazieren, sich zu erlustiren« gefahren sei, gesungen habe und fröhlich gewesen sei: »Unser Gesänge verdrießen den Teufel ubel und thun ihm sehr wehe; wiederum unser Ungeduld, Klagen und Auweh schreien gefällt ihm wol und lacht drüber in die Faust.«

Es verstand sich daher fast von selbst, daß Luther auch von anderen Übung in dieser Kunst verlangte: »Ein schulmeister muß singen können, sonst sehe ich ihn nicht an.« Der Herr Doktor, der Motetten in seinem Haus aufführen ließ und die großen Meister seiner Zeit wie Ludwig Senfl (»feine und liebliche Motetten«), Pierre de la Rue, Heinrich Finck und Josquin des Pres (»des alles composition frolich, willig, milde heraus fleust . . .«) kannte, sträubte sich dagegen, ausgerechnet das »wundersame Werck der Musica« aus dem neuen Gottesdienst zu verbannen, wie das einige der Radikalsten angeregt hatten. Er war nicht der Meinung, und dies zu Recht, »daß durchs Evangelium alle Künste sollten zu Boden geschlagen werden und vergehen«. Gott der Herr, vor dem die Engel tanzten und musizierten, war doch kein Feind der Musik. Warum also ausgerechnet diese hohe Kunst verachten und verbannen?

Als es dann darum geht, die neue Gottesdienstordnung mitzugestalten, entwirft Luther ein Programm: Die Lieder, die er für erforderlich hält und die es bislang noch nicht gibt, sollen ungewohnte und höfische Ausdrücke meiden, einfache und bekannte, aber doch reine und geeignete Worte vortragen und einen klaren und den Psalmen möglichst entsprechenden Sinn aufweisen. Das ist alles. Es sind jetzt also nur noch die Poeten und die Musiker zu finden, die ein solch einfaches Programm verwirklichen können. Doch gerade daran mangelt es. Luthers Anstrengungen haben keinen Erfolg.

So nimmt er die Angelegenheit selbst in die Hand, obgleich er von seiner »garstigen und schnöden Poeterey« überzeugt ist. Er setzt sich, so ganz nebenbei, hin und fängt an, das Programm eigenständig zu bearbeiten. Plötzlich strömen aus ihm neue Worte und Musiken. Er wird damit auch auf diesem Gebiet ein Gewaltiger, zur »Wittenbergischen Nachtigall«, wie ihn sein Nürnberger Zeitgenosse Hans Sachs nennt – und er wird dies, wohl ein seltenes Vorkommnis in der Geistesgeschichte, eher gezwungen als freiwillig. Hatte er nämlich soeben noch gemeint, »uns fehlen die Dichter«, hatte er eben noch geklagt, es fänden sich nicht viele, die »einen ernsten Geist spüren« lassen, wollte er eben noch anregen, daß die wenigen Poeten in Deutschland »uns fromme Lieder schaffen«, so macht er sich nun selbst an die Arbeit.

Es hat etwas Rührendes an sich, was dabei herauskommt: Ein Mann, der – weiß Gott – genug andere Last und Mühe hätte, dichtet jetzt auch noch, da er niemanden hat finden können, der ihm diese Bürde abgenommen hätte. Bereits das zunächst erschienene Nürnberger »Achtliederbuch« enthält vier Stücke des Professors, der sich, so unfreiwillig wie nur möglich, als ein Poet erwiesen hatte. Ein Mann, der »einem solchen Werk, das sowohl Musik wie Geist verlangt«, nicht gewachsen zu sein glaubte, hatte noch einmal in aller Ruhe seine Kraft und Vitalität bewiesen. Und wenn Luther sich auch in der Behandlung des Verses nicht mit derselben Leichtigkeit wie in der Prosa bewegt und wenn er auch immer wieder »stottert«: Sein Psalmen- und Liederwerk ist großartig und monumental in seiner Einfachheit. Vor allem bewegt es, aus einem hohen Herzen kommend, durch seine Innerlichkeit. Luther hat sich auch damit ein unvergängliches Denkmal geschaffen.

Die Textdichtung stellte jedoch nur einen Anfang dar. Auch die Vertonung suchte noch einen Meister. Wittenberg bat daher die beiden kurfürstlichen Sangmeister Konrad Rupff und Johann Walther zu sich, und eben dieser Walther hat noch vierzig Jahre später seine Erinnerungen an die drei Wochen der Zusammenarbeit mit einem musikalischen Luther festgehalten. Der Sangmeister war baß erstaunt, wie trefflich Martin Luther ihm die Noten zu den Episteln, Evangelien und Einsetzungsworten vorsang und vorflötete. Der Herr Doktor ging im Stübchen auf und ab und summte die Melodien vor sich hin, die ihm gerade einfielen, die er noch aus seiner Jugend in Erinnerung hatte, aus Magdeburg und Erfurt wohl und vielleicht auch aus dem

Mansfelder Bergwerksmilieu, jedenfalls geistliche und weltliche Weisen ohne Unterschied.

Luther wollte nur eines: den Ton des Volkes treffen. So nahm er dem Teufel »so manch feins Poem und so manch schönes Carmen« einfach weg und vergeistlichte die profanen Melodien, damit die Gemeinden künftig nicht mehr »so faul, kalt Ding« zu singen hätten. Der hinzugeladene Sangmeister aber bestätigte zu seinem großen Verwundern, daß Luther »alle Noten auf dem Text nach dem rechten accent und concent meisterlich und wohl gerichtet« hatte. Martin, der dies alles vom »Poet Virgilius« und nicht aus sich selbst haben wollte, war aus den ihm aufgedrängten Erfordernissen einer Gemeindeordnung heraus zu einem Volksdichter und -sänger geworden, wie ihn die deutsche Welt noch nicht gesehen hatte. Dabei blieb er nach wie vor der Meinung, auch diese Arbeit und ihr stolzes Ergebnis blieben alles in allem ein Notbehelf, denn der Mensch solle »nicht ordnen und anheben, man wiß denn, daß es Gott gefalle . . .«

Der Streit mit Zwingli um das Abendmahl

Luther klammert sich an sein Provisorium, an sein Notwerk, an die vorläufige Gesetzlichkeit, an die Notbischöfe – und wird doch weggerissen. Denn in der Zwischenzeit sind andere Leute aufgetaucht, die sich an der Reihe fühlen, die Martin auf das Altenteil verweisen, die sich in der Welt da draußen besser auskennen, als Martin das je getan hatte.

Einer von ihnen hieß Huldrych Zwingli, kam aus der Schweiz, war ein Bauerntyp wie Luther selbst, doch alles andere als ein Professor, noch nicht einmal ein eigentlicher Mann des Wortes. Ein Politiker war er schon eher, auch ein Diplomat, »ein fröhlicher, höflicher Collationsmann«, wie Wittenberg einmal über ihn sagt, ein versierter Geselle, ein bauernschlauer Täter. Von religiösen Anfechtungen, die – wie bei Martin – bis an den Rand der Selbstvernichtung geführt hätten, steht bei ihm nichts. Er schreibt über das »erkiesen und freyheit der speysen«. Er ist kein Vulkan. Er ist ein Mann der nüchternen Taten, der das »hochmütige Geschlecht der Wittenberger« nicht mag. Und er hat Glück dabei.

Eine geordnete Gemeinde, die Stadtrepublik Zürich, steht seinem Drang schon bald zur Verfügung. Das will etwas heißen. Zwinglis Reform hat einen großen Zug. Er braucht sich nicht in jenem Sandhaufen Wittenberg abzustrampeln, über den – Luther selbst hat dies festgehalten – der Mainzer Kardinal gesagt hatte, von einem solchen »scheis winckelichen« aus lasse die Kirche sich doch wohl kaum reformieren. Zwingli lebt in einem Zentrum der Politik. Er hat alles bereits zur Hand, kann auf Bestehendem aufbauen und alte Gesetze reorganisieren. Er tut dies auch, ohne allzu viel Theorie, schon gar nicht mit Hilfe einer solchen Hilfskonstruktion wie der lutherischen Zwei-Reiche-Doktrin. Fast mühelos wird er nach oben getragen. Er liebt sein Milieu, den Humanismus, die klaren Ordnungen auch der Antike. Er schafft der Ratio Platz. Er setzt diese keinen Anfechtungen durch einen dumpfen Glauben aus, nein, denn die großen Auseinandersetzungen mit der scholastischen Theologie kennt er schon kaum mehr. Darüber ist er hinweg. Auch die mönchischen Passionen sind vergangen: Zwingli nimmt ohne Zaudern eine Pension des römischen Papstes an, und auch Rom zeigt sich, aus politischen Gründen, mit der anhebenden Neuerung in der Schweiz fürs erste ganz einverstanden. Zwingli, der Hofmann, mit größter Selbstverständlichkeit dazu: »Wir wurden nicht abgefallen, abtrünnig gescholten, sondern mit hohen Titeln gepriesen.«

Nur Luther hatte Bedenken. Ihm kam alles furchtbar unernst vor: »Umb der ander willen wolt ich nit ein wort verlieren. Ich hab ser vil nuss aufgebissen, die lochert warden, und ich meindt, sie weren gut. Zinglius, Erasmus sind eitel locherte nuß, die eim ins maul scheissen.« Martin sieht bei solchen Klüglingen ganz einfach sein großes Mehr nicht mehr. Dem Zwingli ging alles zu glatt von der Hand. Da stimmte etwas nicht.

Zwingli hatte seine Gemeinde auf eine radikale Tour reformiert: »In 13 Tagen waren alle Kirchen der Stadt geräumt«, berichtet ein Chronist. Der Politiker Zwingli führte mit schweizerischer Gründlichkeit und auch mit allerhand »gröbi und ungestüme« seine Absichten durch. Auch er hat ein Mehr zu vertreten: Er beseitigt kurzerhand alles Klösterliche, Pfäffische, Bischöfliche und Römische und organisiert zugleich die eigenen Ordnungen, natürlich »mit Hülf der Oberkeit«. Dabei geht es, kaum weniger selbstverständlich, nicht ohne Gewalttaten ab. Denn die Gewalt dieses Täters, der nicht im Bett sterben wird, schafft sich Platz gegen alles Anstößige, gegen alle Abweichler und »Deviationisten« aus dem eigenen Lager. Künftig sorgt sie für Sicherheiten besonderer Art: Sie beobachtet, bespitzelt und denunziert den Lebenswandel der Züricher, organisiert einen Puritanismus von oben her und fühlt sich in allen Dingen der Moral als Ausdruck unbedingter Radikalität.

Weniger radikal, doch kann dies eine Frage der Interpretation sein, erscheint Zwingli dagegen in seiner Dogmatik. Luther wird bald aufmerksam auf diesen Mann, der »mit Vernunft und Speculiren in göttlichen Sachen umgehen und davon urtheilen« will. So jemanden hält Wittenberg trotz aller Anbiederungen aus Zürich kaum für einen richtigen Theologen. Zwingli hat »nur aus den Büchern allein gelernt, und nicht erfahren«, lautet das – von Luther vernichtend gemeinte – Urteil über diesen Mann. Martin bedauert auch gar nicht, daß Zwingli geprahlt hat, er habe von Luther »nichts gelernt«, denn »er machts nicht gutt«. Es kam unter diesen Umständen auch nicht von ungefähr, daß zwischen den beiden ein erbitterter Streit ausbrach, der große Zwist um das Abendmahl nämlich, der – mit seinen politischen Konsequenzen – die neue Bewegung in Europa schwer schädigen würde.

Luther selbst hatte sich, was das Herrenmahl betraf, lange Zeit zurückgehalten. Nichts schien an diesem Sakrament wirklich neuerungsbedürftig. Eine Wesensdifferenz zur alten Kirche ließ sich, von der Frage nach dem Opfer-Charakter der Messe abgesehen, kaum feststellen: Brot und Wein, das waren Leib und Blut des Herrn. So stand es deutlich, unverrückbar und klar bezeugt geschrieben. Dieses Brot da »ist« mein Leib. Dieser Kelch da »ist« mein Blut. Niemand konnte an solcher Realpräsenz, wie die Theologen sagen, ernsthafte Zweifel hegen. Meinte Luther.

Zwingli dachte anders. Er hatte das klare Wörtlein »ist« auf symbolische Weise gedeutet, es in »bedeutet« verdolmetscht und zum besten gegeben, alle Welt sei dieses Glaubens. Mit einer solchen Behauptung war der Schweizer Neuerer in den ungetrübten Augen eines Luther jedoch zum Schwärmer geworden, zu einem neuen Müntzer gar, zu einem himmlischen Propheten. Denn wer »bedeutet« sagte, wo »ist« geschrieben stand, zwang »frevelich ohn Grund der Schrift« das eindeutige Gotteswort in seine eigenen Vernünfteleien hinein. Karlstadt, ausgerechnet, hatte seinerzeit mit dem Unfug begonnen, und Zwingli setzte inzwischen etwas ernsthafter fort, was von allem Anfang an hätte unterdrückt werden müssen.

Martin war zornig. Hatte er bisher noch mit »eitel faul Teufeln« gefochten, die um vergleichsweise unbiblische Themen wie Ablaß, Fegefeuer, Papsttum und ähnliche Albernheiten gekämpft hatten, so wurde der Kampf jetzt, mit den Verwandten, schwieriger. Der Satan, Lügner von Anbeginn, holte offensichtlich neuerdings »die rechten knotten« aus der Bibel selbst hervor. »Grobe grammatische« und »subtile philosophische« Schwärmer hatten sich da zusammengetan, das reine Wort zu trüben, die Wunder Gottes mit Hilfe verderbter Vernunft aus dem Wege zu schaffen und dem geschriebenen Text in das Verstehen-Können hinein auszuweichen. Luther ruhte nicht, und der Streit weitete sich aus. Die Kontrahenten aus dem zweiten Glied, Martin Bucer auf der einen, die schwäbischen Prediger mit Johann Brenz auf der anderen Seite, traten zurück. Ihre Scharmützel mußten der eigentlichen Auseinandersetzung weichen: Luther selbst schrieb gegen Zwingli, diesen Ruhestörer, der da nicht recht zu lesen verstand.

Es war Martin zuviel geworden, sich von Zwingli wegen des eigenen Schweigens zur Sache einen Papisten schimpfen zu lassen, der auf halbem Weg stehengeblieben sei und den Durchbruch nicht ganz geschafft habe. Ähnlich hatte Thomas Müntzer argumentiert: Luther habe zwar angefangen, doch inzwischen sei der Geist von ihm gewichen. Das ließ Luther nicht auf sich sitzen. Schon gar nicht, wenn es um eine derart eindeutige Angelegenheit ging. Die Wittenberger Worte fallen wie Keulenhiebe. Einmal mehr geht es, so glaubt Luther, nicht um lebendige Menschen, nicht um persönliche Ehrsüchteleien, sondern um den steten Kampf des Satans um die Seelen.

Zwingli hingegen nahm das alles so wichtig nicht. Er führte Luther auf dessen Vergangenheit zurück und warf ihm, was ungeheuerlich wirken mußte, vor, er lehre zu Wittenberg dasselbe wie der Papst zu Rom. Das saß. Luther war außer sich. Seine Sicherheit war dahin. Dieser Zwingli hatte ihn mit seinen eigenen Worten verspottet, mit »Blitz und Donner, trotz, potz, plotz, po, pu, pa, plump«. Die Schweizer nannten ihn kurzerhand einen »Fleischfresser«, weil er das klare Wort etwas zu klar interpretierte, weil er unter dem tumben Wörtlein »ist« eben ein »ist« und kein »bedeutet« verstehen wollte. Ein weiteres Mal ist Luther gezwungen, es nicht Schluß sein zu lassen. Er muß aus seiner Ruhe hoch. Er muß ein Bekenntnis ablegen, sein Wort deuten und »alle Artikel des Glaubens wider diese und alle andere neue Kätzerey« verteidigen.

Luther spricht übrigens inzwischen geläufig von den Ketzern, die sich nicht »dermaleins oder nach meinem Tode rühmen möchten, der Luther hätte es mit ihnen gehalten«. Er wirft mehr und mehr Papisten und Schwärmer in ein und denselben Topf: »Man falle aus dem schiffe vornen oder hinden, so ligt man im wasser.« Er wirft den Abweichlern auch immer häufiger jenen Hochmut vor, den das altkirchliche Ketzer-Schema bereitgehalten hatte, um die falschen von den wahren Christen trennen zu können. Er grenzt sich zunehmend, ein alter Mann, von den Abweichlern unter den Seinen ab, die seinen Durchbruch (da er noch jung war!) ins Gegenteil verkehrt haben. Und er richtet sich wie den anderen ein eigenes Credo ein, von dem er, im Jahre 1528 schon, zu sagen weiß, das sei sein Glaube, »denn also gläuben alle rechten Christen, und also lehret uns die heilige Schrift«. Martin Luther ordnet und ordnet, wirft eines Tages den Ketzern auch vor, sie seien wie ein Komet, ein »hurenkindt unter den planeten«, nämlich »ein stoltzer stern, nimpt den gantzen hiemel ein, thut, wie wenn er alleine da wer«, und erkennt nicht, daß er mit diesen Worten vielleicht auch sich selber trifft.

28.
Weyber, so stillende Kinder haben, sind die frolichsten Frauen

Luther lernt von der Natur

Wittenberg, die Zelle, wird unterdessen gut bestellt. Spalatin hatte bereits 1525 über die Stadt geschrieben, der Papst sei hier »gänzlich beiseitegeschoben«, und Luther hatte seinerseits den Kurfürsten gebeten, dafür zu sorgen, daß »an einem Ort auch einerlei Predigt gehe«. Die Neuerer waren also unter sich, und auch wenn vieles nach Idylle ausschaut, warum eigentlich nicht, hier findet sich die Heimat, die Luther braucht. Hier setzt sich seine Theologie auch dem Alltag aus, was ihr nicht schadet. Hier erlebt und genießt ein Mensch seine Umwelt. Seine Frau »Catherina Lutherynn«, mit der er sich gut versteht und ebenso gut zankt, hat sich als die beste aller Frauen erwiesen, wie ihr Herr Doktor so gerne erläutert: »das ich offt erfar, das mer mangel in andern frauen sein denn in meiner kethen; ob sie auch schon ettlich hatt, so sein doch vil grosser virtutes [Tugenden] dagegen.«

Luther ist weit entfernt davon, den altkirchlichen Mahnungen stattzugeben, die ihm zumuteten, »die Nonne zum Orte des Klosterfriedens und der Buße« zurückzuschicken, »aus dem sie entwichen ist«, und »die Unglückliche sich den Umarmungen der Sünde entringen« zu lassen, damit sie »zurück zu ihrer Mutter, der Kirche, und ihrem würdigsten und liebreichsten Bräutigam Christus« gehen könne. Er schätzt Katharina, seine »heilige und sorgfältige Frau«, so sehr, daß er sie nicht einmal, ein aktuell politischer Einwurf, »umb Frankreich noch umb Venedig« eintauschen wollte, diese seine Hausherrin, die alles zugleich sein kann und will, Gärtnerin, Braumeisterin, Schweinezüchterin, Chefin einer ansehnlichen Pension mit vielen Gästen, Mutter eines halben Dutzends Kinder – und nicht zuletzt treue Zuhörerin eines Martin Luther.

Käthe hatte angenommen, was ihr bereits gehört hatte, das Leben nämlich einer Ehefrau nach Luthers Art: »Ein Weib ist ein holder und freundlicher wie kurzweiliger Gesell des Lebens. Weiber tragen Kinder und ziehen sie auf, regiren das Haus und theilen ordentlich aus, was ein Mann hinein schaffet und erwirbet, daß es zu Rath gehalten und nicht unnütze verthan werde . . .«

Den Besitzstand des armen Anfangs hat Käthe in der Zwischenzeit ausgeweitet. Sie hat immer wieder hinzugekauft, da ein Gärtchen, dort ein Häuschen. Luther selbst hat sich an die neue Hauswirtschaft und deren Herrin gewöhnt. Käthe erreicht fast alles bei ihrem Mann. Er ordert bei Bekannten Rettiche, Boretsch, Gurken und Kürbisse –

alles für den gemeinsamen Garten. Der Theologe fängt sogar an, sich in diesem kleinen Paradies wohl zu fühlen. Oft geht er im Garten spazieren, lobt – gut theologisch – Gottes große Taten im Kleinen (»Den warlich, wer kann das außdencken, wie Gott das schafft aus dem durren erdreich, so mancherley blumlein, so schone farben, lieblichs ruchs, die kein maler noch apotecker also machen konndt, noch kan Gott grune, gele, rothe, blau, braune farb aus der erden bringen«), sieht sich die schönen Blumen auch einmal näher an (»das sommerblumlin ist himelblau. Der Turck noch der keiser mochtens nicht alle in der gantzen welt bezalen«) und rühmt in allem, tief religiöser Deuter, der er immer bleibt, Gottes unermeßliche Kunst: »Wan das ein mensch vermochte, das er einige rosen machen konde so solde man ihme ein keiserthumb schencken.«

Luther hält sich dran, betrachtet auch die Bäume (»Sehet, wie lieblich sind die beume, wie lieblich grunets, wie ein kostlicher Mey ist, desgleichen ich nicht gedencke!«) und wundert sich beim Okulieren, der Menschen Tat an Gottes Schöpfung, »das sich der gantze stam richtet nach dem kleinen tzweiglein und euglein, so es doch billicher were, das das tzweiglein nach dem stamme sich schickte«. Jetzt, im Alter, sieht er auch besser als früher, wie Gottes gute Natur geschaffen ist: »Gott ist in allen Creaturen unbegreiflich, doch kann man ihn in seinem Wort fühlen und betasten; wie wol ers nicht macht, wie wir gern wollten, den er hält nicht unsere Geometriam, Messe- und Rechenkunst. Am Angesicht des Menschen hat er das Scheißhaus, die Cloaca, in die Mitten gesetzt. Wenn ich wäre Baumeister oder sein Rathgeber gewesen, so hätte ich nur ein Auge gemacht an die Stirne, ein Ohr auf die Seite und die Nase auf die andere Seite. Aber Gott hats anders gemacht, der kann aus Staub und Dreck die allerschönsten Leibe machen und setzt die schönesten Augen in alle Thier.«

Hier hat ein Mensch sehen und verstehen gelernt. Martin deutet die Fische: »Kethe, du hast grosser freude uber den wenig fischen dann mancher edelmann, wann er etlich grosse teiche fischet mit viel hundert schocke fische ... Sehet doch nur, wie fein ein Fischlein leichet, da eines wol tausend bringet; wenn das Männlin mit dem Schwanz schläget und schüttet den Samen in das Wasser, davon emphähet das Fräulin ... Kein Philosophus, noch gelehrter Naturkundiger kann gewisse Ursache anzeigen, wie es mit solchen Creaturen angehet und wie sie geschaffen werden.«

Und Martin hört jetzt auch die Vögel singen (»Wo essen sie im wintter? Sie essen ja nit mit uns, sondern sein von uns, und Gott nehret sie dennoch gleich woll«). Er betrachtet sie (»desgleichen werden die Vögel, so den Winter uber in Nestern oder Steinklüften, und in Ritzen, als der Kuckuck, Schwalben und andere, in den hohlen Ufern am Wasser todt liegen, gegen dem Lenzen wieder lebendig werden; wie die Erfahrung zeuget«) und weiß auch das Seine zur Fortpflanzung zu sagen: »wie feine rein geht dieselbige generatio tzu! Es hackt der hahn die sie ins heupt, leget sein eyerlein seuberlich ins nest, setzt sich druber, do kucken die jungen tirlein heraus ... wie gar steckts doch in einem ey!«

Gott sorgt für diese Kreatur. Das weiß selbst das kleinest »vogelin«, welches »sein Nachtmahl gehalten und will hie fein sicher schlafen«, denn es »sitzt auff seynem zweiglein zufrieden, leßet Gott sorgen«. Schade nur, daß die Vögel so viel Angst haben vor einem solche Beobachter, der es doch herzlich gut mit ihnen meint: »Ach, du liebes vogelein, fleug nicht! Ich gunne dirs von hertzen wol, wenn dus mir gleuben mochtest!«

Weniger Güte hatten die Papageien und Sittiche zu erwarten, denn Luther glaubte in ihnen den Satan verborgen, da sie die Menschen so gut zu imitieren verstanden. Ärger machten dem Gartenbesitzer auch die Sperlinge: »Noch haben sie das gantze jar die besten tage und thun am grosten schaden. Im winter ligen sie in den schein und kodenboden, im lentzen fressen sie den samen, im sommer das beste korn aus den ahern, im herbst sind sie in den weinbergen«. Es wäre daher das beste, die Obrigkeit ließe »ein mandat ausgehen, das man alle sperrling und kraen, agelaster [Elstern] austilget, denn es sein unnutz vogel«. Die frechen Spatzen, welche eine Franziskaner-Kutte tragen und schlimme Räuber sind, und die Schwalben, die wie Predigermönche gekleidet sind, sagen dem Wittenberger gar nicht zu.

Ebensowenig Freude machen Martin die Fliegen, welche den Teufel und die Ketzer versinnbilden: »Denn wenn man ein schön Buch aufthut, bald so fleiget die Fliege drauf und läuft mit dem Ars herüm, als sollt sie sagen: Hie sitze ich, und alhier soll ich meinen Balsam oder meinen Dreck her schmieren. Also thut der Teufel auch; auch wenn die Herzen am reinesten sein, so kömmt er und scheißt drein.« Diese Tiere taugen daher nicht viel, obgleich sie viele Privilegien besitzen, denn eine Fliege »isset und trincket mit dem besten und sitzt auff den schönsten tuchern, gemelden, scheisset dem könige auff die stirne, den weibern auff die schleier.«

In allem zeigt sich die Last dieser Welt, die Gott so fern und dem Satan so nah steht. Selbst der Frömmste kann nicht im Paradies seines Gartens leben, wenn er immer wieder »rauppen, amißen und alles gewurme« findet, das den Früchten »schaden thuet«. Luther setzt daher den Schädlingen nach, erblickt in ihnen den Leibhaftigen (»Das ist ein teufelicher Gang oder Kriechen, und ist von mancherleien Farben, wie der Teufel, der siehet, gehet und schleichet auch also«) und hält von Fall zu Fall eine erbauliche Predigt über solch Getier: »Ich hab in meinem Garten verschiedene Arten von Raupen gefunden; ich gläube, es habe sie mir der Teufel herein geführet. Erstlich haben sie gleich als Hörner in der Nasen etc. Aber es sind eigentlich die Schwärmer. Denn die Raupen haben schöne, silberne, güldene Striemen gleißen und scheinen hübsch; aber inwendig sind sie voller Gift . . . Und wenn die Sommervogel [Schmetterlinge] sterben, so lassen sie viel Eier hinter sich und werden aus einer Raupen viel andere Raupen. Also verführet ein Schwärmer viel Leute und wachsen aus ihme mehr Schwärmer und Rottengeister.«

Der Theologe, der etwas Naturbeobachtung gelernt hat (»Wenn der Sommervogel nun wieder sterben will, so setzt er sich auf ein Baum oder Blatt, druckt einen langen Tractum Eier von sich, daraus werden denn eitel junge Raupen«), interpretiert nun aber nicht streng naturwissenschaftlich, sondern nach seinem eigenen Metier, auch die Frösche, deren Quaken mißtönig den Gesang der Nachtigall übertönt, wie es seinerzeit, in der Jugend, der Dr. Eck mit einem selbst getan hatte.

Frau Käthe sorgt für den Haushalt

Was Frau Käthe betrifft, so nimmt sie diese Theologie zur Kenntnis. Mehr tut sie nicht. Sie hat gar keine Zeit dafür. Sie hat andere Sorgen. Sie stellt das Anschauungsmaterial zur Verfügung. Sie legt einen kleinen Weinberg an, pflanzt Hopfen, setzt Bäume und sammelt rings um das ehemalige Schwarze Kloster der Augustiner einen erklecklichen Grundbesitz. Luther selbst – »ich kann mich in das haußhalten nicht richten« – schätzt anno 1542 seine Habe, der Abgaben wegen, auf stattliche neuntausend Gulden, ein wenig zu hoch zwar, ein wenig weltfremd auch, zumal in Sachen steuerlicher Veranlagung, doch immerhin.

Inzwischen hat seine Frau mit der Schweinezucht begonnen, zumal der Gemahl recht gerne Schweinefleisch aß, lieber jedenfalls als das schwarze, melancholische Wildbret, das von »armen dirlein« stammte, die ein Leben auf der Flucht hinter sich hatten, wie der verhinderte Jäger noch von der Wartburg zu wissen glaubte. Das Fleisch schmeckte ihm nicht (»ich eße nicht holtz! Wil gleich so lieb von dellern eßen . . .«), da es ausgetrocknet erschien. Die Hausschweine hingegen fanden seinen Beifall. Frau Käthe richtete sich danach.

Daß mehrere Kühe, Kälber und eine Ziege den Haushalt dieser Frau vervollständigten, nimmt nicht wunder. Doch auch Pferde fehlten nicht, die für Luthers Ausfahrten benötigt wurden, wenn sie nicht gerade auswärts, auf dem von Käthe ererbten Gut Zülsdorf, in Arbeit standen. Geflügel aller Art eilte auf dem Klosterhof umher, Hühner, Tauben und Gänse. Mittendrin fand sich der Herr Doktor, baß erstaunt manchmal, aber nicht unzufrieden über all diese Neuerungen seines Milieus.

Auch ein Hündchen fand sich mit der Zeit ein, Tölpel hieß es, eine große Freude für alle: »Seht den hund an! Er hat nicht ein einigen feyl an seinem gantzen leib, hat feine frissche Augen, starcke bein, schone weisse zeen, einen guten magen etc. Das sind die hochsten [körperlichen Vorzüge], und Gott gibt sie einem solchen unvernunfftigem Thier.«

Luther hatte schon früher einen kleinen Hund besessen, der gelegentlich auf Tische und Bänke gesprungen war und auch allerlei Schriftstücke angeknabbert hatte. Dieser jetzige Tölpel aber war ungleich drolliger, auch stets zum Spielen aufgelegt (»der Hund leidet Alles von dem Kindlin«) und im übrigen ausgesprochen hungrig: Kein Bauer harrte sehnlicher auf den Schluß der Predigt als Tölpel auf die Glocke, die zum Essen rief.

Was es zu essen gab? Genaueres wissen wir nicht. Doch kann die Deutung sich in etwa an die Ausführungen des Johannes Bohemus halten, der über die Eßsitten in Deutschland zu Beginn des 16. Jahrhunderts geschrieben hat: »Während die Adligen köstliche Mahle halten, leben die Bürger sehr mässig. Die Arbeitenden essen viermal, die Nichtstuenden zweimal des Tages. Geringes Brot, Haferbrei oder gekochte Bohnen bildet die Speise der Bauern, Wasser oder Molken ihren Trank. Die Sachsen backen Weißbrot, trinken Bier, ihre Speise ist schwer und ungeschickt, Speck, trockene Würste, rohe Zwiebeln, gesalzene Butter. Vielfach wird am Sonntag gekocht, was die Woche hindurch dann gegessen wird. Die Kinder werden dort nicht mit Brei aus Mehl und Milch ernährt, sondern mit festerer Speise, die in das Kindermündchen gesteckt wird, nachdem sie von der Wärterin gut vorgekaut ist: Daher werden die Sachsen, an solche Speisen in zarter Jugend gewöhnt, zäher und stärker als andere . . .«

Die Mahlzeiten waren jedenfalls wichtig: An Luthers Tisch durfte selbst das Bier nicht fehlen, nicht das teure aus Torgau, Naumburg oder Einbeck, nein, auch nicht das dünne der Wittenberger. Frau Käthe hatte selber die Braurechte vom Kloster übernommen und braute nun – neben dem Verkauf außer Hauses – auch den allabendlichen Trank für den Hausherrn, der dieses eigene Bier über alles schätzte, sich auswärts, selbst zu Torgau, danach sehnte, ihm gar eine Linderung in den Tagen seiner Krankheiten zuschrieb, doch stets mäßig blieb (»für den Trank täglich vier Pfennige«), jedenfalls weniger und anders zu trinken pflegte als die lieben Deutschen, die sich da arm, krank, tot und in die Hölle soffen, weil eben »Vollaufen ein alt, ehrlich Herkommen« war, von dem niemand sich »jtzunder abbringen lassen« wollte.

Luther hat seine Abneigung gegen solche »eitel seu und truncken boltzen« nicht verschwiegen und die Trunkenheit der Landsleute für eine »tegliche sunde« wie für eine »schandtliche plage« gehalten, die »leib, sehle und gutt wehe thutt«. Er konnte einfach nicht verstehen, daß so viel Gerste in Bier verwandelt wurde, das »man darnach an die wand pisset«, statt »ganz Germanien« mit dem Getreide zu ernähren.

Ihm den Vorwurf des Alkoholismus zu machen, fällt unter diesen Voraussetzungen ziemlich schwer.

Aus seiner Vorliebe für das Fäßchen Wein im Keller oder für das selbstgebraute Bier, seinen Schlaftrunk und seine Medizin, hat Martin allerdings nie einen Hehl gemacht. Warum denn auch? Er verlangt danach. Sorgen und schwere Gedanken, Verstimmung durch schlechte Nachrichten, Druck von Mühe und Arbeit, Anfechtungen des Teufels durch Traurigkeit und Zweifel, Mangel an Schlaf und geistige Erschöpfung ließen sich auch mit Alkohol ein wenig dämpfen, meinte er. Andere waren da kritischer, doch der beschlagene Theologe wußte auch für sie eine Antwort: »Kan mir unser Herr Gott das schenken, das ich yhn wol 20 jar gecreuzigt und gemartert hab, so kan er mir ja wol auch das zu gut halten, das ich bey weylen ein trunk thu, yhm zu ehren, Got gebe, es lege es die Welt aus, wie sie wolle und ist.« Das Bier am Abend – »wie kompts, das der erste trunck aus der kannen am besten schmeckt?« – liebte er ebenso wie sein Mittagsschläfchen (»es sei kein vogelin so clein, gering, das nicht mittags ruhet«) oder die gesunde, zum Deftigen neigende Hausmannskost, seine »reine, gute Hausspeise«, die die Küche ihm vorsetzte, nachdem er seinem »Erzkoch« Käthe zu verstehen gegeben hatte, was er besonders mochte.

Dieser Mann hat gerne gegessen. Die Freunde sahen es ihm an. Doch kümmerten ihn Diät-Rücksichten herzlich wenig: »Ich eße, was mir schmeckt, und leid darnach was ich kan«, lautete Luthers Devise, der im Vergleich zu den Gleichaltrigen (»o, wie dunne sein sye!«) auch ganz gut bei Kräften war – und, auch das ist nicht zu übersehen, ein relativ hohes Alter erreicht hat. So oder so: Vom Fasten meinte er, es wirke »bei Versuchten hundertmal schlimmer als Essen und Trinken«, und Diät war seine Sache nicht. Sie mochte zwar gesund sein, aber auch elend. Martin berichtet genüßlich von Leuten, die »sich zu todt gehungert«, weil sie sich den Ärzten ausgeliefert hatten. Das wird ihm nicht passieren. Er wird sterben, »wen Gott wil«. Er weiß auch, daß alle »in die erden gehoren«, die Dicken wie die Dünnen. Er hält sich an das Herzhafte, an das Schwein und an die Butter (»ein gesund ding, und ich halte, das die Sachsen darumb so starck leut sind«).

Die gute Frau Lutherin, »Doctorin, Säumärkterin und was sie mehr seyn kann«, las ihm die Wünsche an den Augen ab, sah auf richtiges Essen und Trinken, bekochte den Herrn Professor wohl auch ein bißchen zu gut, denn dieser nahm in der Folgezeit ständig zu, und sah mit Freuden, wie es ihrem Mann schmeckte, der einmal gemeint hat, der Mensch solle, solange es Zeit sei, essen und trinken, was Gott bereitgestellt habe: »Es freßens doch annder nach uns«.

Dieses Motto belegt im übrigen nicht nur den Mut zur eigenen Sinnlichkeit, den Nietzsche an Luther gerühmt hat, sondern auch jene Deftigkeit, die Martin zum Vorwurf gemacht worden ist. Schon seine

Schüler verstanden ja die klaren Texte des Meisters nicht mehr, der geredet hatte, wie immer es ihm eingefallen war, ohne ein Blatt vor den Mund zu nehmen. So wurde, um nur ein Beispiel zu nennen, schon bald das »Arsloch« in ein »Kunstloch« (»um mit Züchten zu reden«) umgedeutet, da das lateinische »ars« nun eben einmal im Deutschen »Kunst« bedeutet.

Luther selbst hätte sich in diesen Fällen wohl mißverstanden gefühlt. Seine Sprache sollte immer volksnah sein. Seine Derbheit war ursprünglich und nicht aufgesetzt. Seine Ausdrücke trafen seine Wirklichkeiten. Daß eine spätere Zeit alle »Stellen« auszumerzen oder durch die Pünktchen des guten Anstandes zu ersetzen trachtete, spricht weniger gegen diesen Autor als gegen seine Zensoren. Luther ernst nehmen heißt nämlich, ihn sprechen lassen, das »ungestüm, wild Meer, so Tag so Nacht«. Seine Sprache spricht für sich selbst und bedarf keiner ständigen – abschwächenden – Deutung.

Oder kann etwa verstanden werden, was Luther über das Problem der Anfechtung gelehrt hat, wenn nur seine diesbezüglichen Abhandlungen sprechen dürfen, nicht aber ein Satz wie dieser: »Ich hab offt meiner Kethen an den b und z gegriffen, aber es hat mich nicht helffen wollen . . .«? Und ist sein Rat an einen jungen Bräutigam, er könne seiner Braut die größte Freude bereiten, wenn er ihr »eyn kindt mache«, weil dann »so viel gedancken vorgehen, dan die weyber, so stillende kinder haben, sindt die frohlichsten frauen«, etwa weniger aussagekräftig als Luthers übrige Theologie über Ehe und Familie? Äußert sich Martins Wort über seine schwangere Frau, es sei schwer, »zwen geste nheren, einen im haus, einen vor der thur«, denn zotig? Oder verrät es einen guten Sinn für jene Realitäten, die der Theologe inzwischen zu erleben und nicht nur von einer zölibatären Warte aus zu beurteilen gelernt hatte?

Das Leben in der Familie

Käthe Luther hat ihren Ehemann verstanden. Die Ehe der beiden ließ sich gut an. Sechs Kinder, drei Jungen, drei Mädchen, wurden innerhalb von acht Jahren geboren: Johannes (1526), Elisabeth (1527), Magdalena (1529), Martin (1531), Paul (1533) und Margarete (1534). Alles in allem durfte von einem Musterhaushalt gesprochen werden. Auch Luther tat dies. Die scharfe Witterung seiner Gegner, deren Nasen von Rom nach Wittenberg reichten, hätte ohnedies alle Mängel wahrgenommen, die Fehler von Mönch und Nonne gnadenlos aufgelistet und die Sünden der Eltern an den Nachkommen gerächt: »Die Verleumbder setzen großer Leut Tugend auß den Augen; da sie ein Feyl oder Mackel an einem mercken, das pflegen sie außzubreyten oder sich drinn zu masten.«

Nicht zuletzt aus diesem Grunde sahen die Luthers darauf, Ehe und Familie vorbildlich zu gestalten, denn »die ganze Welt blickt auf uns« und »wir sind ein Schauspiel des Erdkreises«. Mehr und mehr wird die Familiengemeinschaft nicht mehr im Verborgenen erlebt, sondern als Wert erkannt, der – unter anderem – einen starken Reiz auf das Gefühlsleben ausübt. Die Kinder aber waren zumindest so lange in diese Heimat integriert, bis sie durch die Schule auch in die weitere Gesellschaft eingeführt wurden. Vater wie Mutter wandten sich ihnen zu, und die Beziehungen aller zueinander wurden – im Vergleich zu Martin Luthers eigenen Erlebnissen – emotionsbetonter.

Vater Luther hielt Morgen- und Abendandachten ab, überwachte die Gebete und Lesungen bei Tisch und predigte auch im kleinen Familienkreis. Und die Mutter tat das Ihre dazu, sorgte an erster Stelle für den reibungslosen Ablauf einer sich ständig erweiternden Hauswirtschaft, wie ihr Mann dies von ihr erwartete, betete aber auch mit den Kindern – und las mit ihnen sogar jenen Katechismus ihres Mannes, dessen Titel sie nicht ganz richtig aussprechen konnte.

Darauf kam es auch gar nicht an. Ein einziger Theologe in der Familie genügte vollständig. Käthe sprach unverdrossen von der »Kattegissema«, wenn sie Martins Katechismus meinte, doch war ihr der Inhalt vertrauter als alles andere, zumal sie – Luther selbst bestätigt dies noch in einem seiner letzten Briefe – festgestellt hatte, daß darin alles gesagt sei, was ihren Mann und dessen Wort ausmache. Die Heilige Schrift selber zu lesen (Luther hatte im Scherz, denn er besaß sie nicht, ganze fünfzig Gulden Belohnung ausgesetzt, wenn sie vor Ostern 1536 damit zu Ende käme), gelang ihr jedoch nicht, obgleich großer Ernst am Werk gewesen sein soll.

Die beiden Eheleute gewöhnten sich aneinander. Martin schreckte morgens im Bett nicht mehr auf. Käthe gehörte dazu. Die beiden liebten und neckten sich. Und alte Erinnerungen wurden wach: Sogar der Freier Baumgartner, dieser »alte Buhl«, mußte herhalten. Auch die »dem Weibe angeborene Redelust« gab eine schier unerschöpfliche Basis für Schabernack ab. Luther, der ganz gewiß nicht auf den Mund gefallen war, sagte von seiner Frau, sie »überwände« ihn selbst »weit damit«. Dabei sei es doch viel besser, wenn die Frauen »stammeln und nicht wol reden können«. Seine Auffassung von der Weltordnung, von der gottgesetzten Verteilung der Aufgaben zwischen Mann und Frau ändert sich nicht. Die Frauen, denen »zum maule heraus felt«, was ihnen »zu den ohren einfelt«, haben zu schweigen: »Es ist khein rockh, der einer frauen oder jungfrauen so ubel anstehet, den wens klug will sein.« Doch weiß der Ehemann Luther auch, daß er sich am besten dreinschickt, wenn eine Frau nun einmal das Sagen haben möchte: »Wir haben doch sonst kein friede, wir lassen sie den recht haben.«

So war es eben. Gott selbst verteilte die guten und die bösen Ehefrauen, und alle Ratgeber mußten sich früher oder später zurückziehen, wenn es um das Freien ging: »Daß Du aber gerne eine Schöne, Fromme und Reiche haben wollest, eia, Lieber, ja, man sollt Dir eine malen mit rothen Wangen und weißen Beinen! Dieselben sind auch die frömmsten, aber sie kochen nicht wol und beten ubel . . . Soll nu Dein Weib fromm oder bös seyn, das wird Gott wol machen . . . Darum ist die Erfahrung und Übung hierinnen der beste Rath. Jedoch wird Dich der Markt wol lehren käufen.« Luther hatte dazugelernt. Seine Frau aber, die – in ihrem eigenen Metier – sogar einen Cicero an Beredsamkeit übertraf, wie er meinte, schwieg dazu.

Die Jahre brachten ihr neue Sorgen. Die Familie war gewachsen, und auch die Preise für die Grundnahrungsmittel waren nicht zurückgeblieben. Die Preissteigerungen und Münzverschlechterungen in den dreißiger Jahren verursachten bei wachsenden Nominallöhnen ein ständiges Absinken des Reallohnes, und das war allenthalben zu spüren. Luther sah diese Entwicklung auf seine Weise und klagte, gegenüber früher sei neuerdings das Doppelte und Dreifache zu zahlen, und meinte, nicht die Bauern seien die größten Preistreiber, sondern die Landpfarrer, die ihr Mehl in die Stadt auf den Markt brachten, um ihren Lebensunterhalt zu bestreiten, nachdem die katholischen Meßstipendien weggefallen waren: »Meine liebe Pfarrherrn beginnen auch zu geizen, wollen allezeit ein oder zween Pfennig theurer geben als die Bauern, da sie es doch solten wolfeiler oder in gleichem Kauf geben . . . Pfui dich mal an, Junker Geiz!«

Das war nicht schlecht beobachtet. Denn wenn auch die Bauern eine »mudtwillige teurung« verschuldeten und »morder und diebe« an ihren Nächsten wurden, was Luther auf satanische Besessenheit zurückführte, so waren doch vor allem die Pfarrer, die inzwischen eine Familie zu ernähren hatten, auf »teurung« angewiesen. Sie konnten nicht mehr von Amts wegen so gut versorgt werden wie zur päpstlichen Zeit. Da die Fürsten sich an den Kirchengütern schadlos hielten, um ihre Territorien abzurunden, stand es schlechter denn je um die Kirchendiener. »Die kirche hengt zurisner den irgents eins betlers mantel«, sagte Martin im August 1538. Die Päpstlichen hingegen hatten in Saus und Braus gelebt: »Eh das euangelion kam, stunden alle beuttel und kasten auff, da war korn genung, ja auch geld genung; nun ist alles geschlossen. Darumb wenn das euangelion kompt, so horet alle barmhertzigkeit auff. Aber was wird einmahl Christus sagen am jungsten gericht?«

Es stand wirklich elend um die neue Bewegung, die ihre Armut auf Schritt und Tritt erleben mußte: »Daß die Pfarrherrn, Prediger und Diener des Euangelii jtzt zur Zeit so arm sind, daß ihr eins Theils möchten verschmachten mit Weib und Kinderlin, das kömmet daher, daß Bauern, Edelleute, Amtleute, Schösser, Fürsten alle des Teufels sind, der wehret, daß sie nicht ausgeben, daß also das Euangelium wird ausgehüngert werden.«

Martin Luther bekam die Not des Evangeliums hin und wieder selbst zu spüren, wenn es ihm und den Seinen auch nie ganz schlechtgegangen ist. Seine Kinder kosteten ihn jedenfalls mehr als der frühere Stand, das »Opferleben« des päpstlichen Zölibats. Luther freute sich zusammen mit seiner Frau (»Mutter lieb ist vil sterker den der trek und der grind am kind«) dennoch über den Zuwachs, die »beste wolle vom schaff«, der sich so regelmäßig einstellte: »Ah, wie ein großer Segen Gottes ist das, deß die groben Bauern und störrigen Köpfe nicht werth sind; sie sollten nur Säue haben.«

Zunächst hatte das Ehepaar auf das Erstgeborene gewartet – und auch gebangt um dieses, denn es handelte sich um das Kind eines Mönches und einer Nonne, und die bösen Mäuler schwiegen nicht. Der kleine »Lutherulus«, der nach seinem Großvater Hans getauft worden war, gedieh aber prächtig, war ein tüchtiger Esser und Trinker, grüßte bereits nach einer Woche über den stolzen Senior alle Welt in Briefen, fing im Monat des Zahnens an, »Vater« zu lallen, lehrte die Eheleute »Frucht und Freude« ihrer Verbindung, bekam von vielen Seiten Geschenke – und hatte bereits im Oktober 1527 gelernt, »mit außerordentlicher Geschäftigkeit in jeden Winkel zu machen«. Von Reinlichkeitstraining sprach gleichwohl niemand. Obgleich Ärzte Mittel verordneten, darunter die Peitsche, die verhindern sollten, daß ein Kind ins Bett machte, ist der Kampf zwischen Eltern und Kindern um die Kontrolle der Ausscheidungen eine Erfindung späterer Jahrhunderte. Vorher lebte die Familie mit den Exkrementen, so gut es ging.

Die Mutter (»Muttermilch ist die beste Nahrung der Kinder, Trank und Speise, denn sie nähret wohl. Wie denn auch die jungen Kälber mehr zunehmen von der Milch, die sie saugen, denn von allem anderen Futter«) tat stets das Ihre, zog die Kinder der Reihe nach auf (»Brüste sind eines Weibes Schmuck, wenn sie ihre Proportion haben; große und fleischliche Brüste sind nicht am besten, stehen auch nicht sonderlich wol, verheißen viel und geben wenig. Aber Brüste, die voller Adern und Nerven sind, ob sie wol klein, stehen wol auch an kleinen Weibern, haben viel Milch, damit sie viel Kinder stillen könnten«) und teilte Freude und Ärger an den Kindern mit ihrem Mann, der da – wie gewohnt zu allem und jedem – seine Meinung zu sagen hatte: »Wie hastus verdienet, oder warumb sol ich dich so lieb haben, das ich dich zum erben mache ...? Mit scheissen, binckeln, weinen, und das du das gantze hause mit schreien erfullest, das ich so sorgfeltig mus fur dich sein?«

Martin hatte beobachtet und auf seine Weise gedeutet, was er gesehen hatte: »Die Mutter ists, denn die trägt das Kind im Mutterleibe, gebierets zur Welt, hängets an die Brüste und stillets; darnach scheißt es ihr zum Lohn dafür in Schooß. Das muß die Mutter alles ausfegen.«

Größerer Ärger kam von anderer Seite: Im Mai 1531 war der Vater

Hans Luder verstorben, im Jahr danach die Mutter Margarete. Damit sah sich Martin, der nunmehr Älteste seiner Familie, neuen Auseinandersetzungen ausgesetzt: Die Geschwister stritten sich um das Erbteil, und Luther mußte mehr und mehr auch an die Zukunft der eigenen Kinder denken. Inzwischen war den beiden Mädchen Elschen und Lenchen ein »Martinelen, mein liebster Schatz« nachgefolgt, und die Streitigkeiten mit der Familie in der Heimat ließen nichts Gutes für die Zukunft hoffen: Was nämlich würde die liebe Verwandtschaft nach Luthers Tod treiben, wenn sie bereits zu seinen Lebezeiten derart handelte und feilschte?

Wittenberg machte sich jedenfalls Gedanken, erwog auch Testamente, schrieb gar letztwillige Verfügungen nieder – und vertraute dann doch lieber auf Gottes Tat als auf der Juristen Schreibereien, was sich noch rächen würde. Martin Luther blieb in diesem Punkte fest: Keiner von seinen Söhnen sollte je ein Rechtsgelehrter werden. Das wurde dem Martinelen schon 1532 eingeschärft: »Wen du solst ein jurist werden, so wolt ich dich an ein galgen hengen. Er muß ein prediger werden, muß taufen, predigen, sacrament reichen, zu den krancken gehn, die betrubten trosten.«

Das war ein wenig vorschnell geplant. Der Herr Vater, der aus seinem Hänschen einen Theologen, aus Martin, dem »Schalk, um den hab ich Sorge«, am besten auch einen solchen und aus dem nachgeborenen Paul (»Ich hab yhn Paulum lassen nennen, den der Heilige Paulus hatt mir manchen guten spruch und argument gegeben, das ich im auch ein ßon zu ehren alßo habe heissen wollen«) einen »krieger wider die turcken« machen wollte, hatte sich getäuscht. Hans, den die Luthers früh studieren ließen, kam nicht so recht voran und blieb ein kleiner Kanzlist; Martin verstarb frühzeitig in Wittenberg, nach einem Studium der Theologie und kurzer kinderloser Ehe; Paul aber, der Fähigste, wurde Mediziner. Die Lieblingstochter Magdalene hingegen war, eben dreizehnjährig, ihrer Schwester Elisabeth schon im Tode nachgefolgt, zum jahrelangen Schmerz von Käthe und Martin Luther. Die Eltern überlebt hat von den Töchtern damit allein die jüngste, die – nach der Großmutter Luther – Margarete getauft worden war. Doch auch sie ist früh gestorben, im Jahre 1570, nach glücklicher Ehe mit einem ostpreußischen Edelmann. Auf sie führen sich – ebenso wie auf Paul – noch heute die überlebenden Sippen der Luther zurück.

Das ehemals zölibatäre Schwarze Kloster in Wittenberg lernte der Ehe Freude und Leid zur Genüge kennen, und Luther lernte ständig hinzu. Er wußte jetzt aus eigener Anschauung etwas über die Geburt zu sagen: »Kinder gebären ist das aller schwereste Werk und gehet mit einem schwangern Weibe in der Geburt hart und fährlich zu; denn das Kindlein muß heraus gehen durch die Schoßbeine, welche sich alsdenn mussen mit Gewalt von einander dringen; denn wie sie sonst stehen, so könnte kaum ein Apfel dadurch kommen. Es ist ein groß, unbegreiflich Wunderwerk Gottes.«

Der Theologe verstand inzwischen auch etwas von der Erziehung der Kinder: »Man soll die kinder nit zu hart steuppen, den mein vatter steupt mich einmal also sehr, das ich ihm floh und das im bang was, bis er wider mich zu im gewenet. Ich wolt auch nitt gern mein Hansen seher schlagen, sunst wurd er blode und mir feind, so wust ich khein grosser leyde.« Und er hatte den Tod zweier seiner Töchter miterlitten: »O, hetten wir einen solchen todt! Einen solchen todt wolt ich diese stunden annemen ... Ich habe einen heiligen gegen hiemel geschickt, ja ich habe ihr nun 2 hingeschickt.«

Luthers Reden bei Tisch

Doch trugen nicht nur die eigenen Kinder Geburt und Tod in das Stübchen, auch das Dutzend Pflegekinder, die aufgenommen worden waren und die nun alle miteinander gespeist und gekleidet werden wollten, erforderten treue Sorge und stetes Mitleiden. Und als sei es damit noch nicht genug: Das Haus der Luthers wurde zu einer förmlichen Herberge mit zahlenden, aber auch mit nichtzahlenden Gästen. Im Jahre 1542 wird etwa einem fürstlichen Besuch von anderer Seite davon abgeraten, im Kloster bei den Luthers zu wohnen, weil dort eine bunt gemischte Schar hause, junge Leute, Studenten, Witwen und Waisen.

Mittendrin lebte jedenfalls der gute alte Doktor Luther, mit dem nicht wenige Mitleid empfanden, denn an Ruhe war unter diesen Umständen kaum zu denken: Kinder sprangen durch die Räume, Studenten heischten Auskunft von dem Berühmten, Hunde bellten und Geflügel gackerte. Der Professor aber mußte schreiben, seine Vorlesungen vorbereiten und Predigten ausarbeiten. Vieles, vielleicht allzu vieles blieb unter solch lebensvollen Umständen wieder einmal Provisorium, und die enorme Leichtigkeit der Gedankenproduktion, die Luther noch immer nicht verlassen hatte, stand in enger Beziehung zu seiner Allseitigkeit, die buchstäblich alles, was ihm unter die Finger kam, zu traktieren wußte.

Seine Belesenheit war enorm. Und auch wenn er der begründeten Meinung war, »vil bucher machen nit geleret, vil leszen auch nit, sondern gut ding und offt leszenn«, erstaunen seine oftmals geradezu enthusiastische Lektüre antiker Autoren wie spätmittelalterlicher Erbauungsliteratur und seine Kenntnis der Denkmäler, Stoffe, Motive oder Gestalten aus dem frühen deutschen Schrifttum. Es verwundert deshalb nicht, daß Luthers Äußerungen in jenen Jahren – um zwei Beispiele von vielen anzuführen – weder das Krokodil (»es mus gewislich ein lindworme sein, eine grosse eidex, 18 elen lang«) noch den Fall des

Michael Kohlhaas (»weil der Kollhase begunnet blutt zuvergießen, sol ers nicht lange treiben. Das blutt soll in erseuffen«) aussparten.

Luthers Arbeitszimmer, in dem Akten, Briefe, Schriftsätze, Anfragen und Beschwerden herumlagen, Tisch und Fensterbänke wie sonstige Ablagemöglichkeiten unter Beschlag nahmen, für Kinder und Besucher willkommenen Anlaß zu Spiel oder Ernst abgaben, machte weiteren Ärger. Und die Reden, Reisen und Krankheiten des schwierigen Hausherrn taten das Ihre dazu. Ohne Käthe wäre aus der straffen Unordnung im Schwarzen Kloster leicht das Chaos geworden, denn der Professor der Theologie wäre kaum imstande gewesen, diesem zu steuern.

Der Herr Doktor – »es sol auch kein mensch allein sein (gegen den satan)« – liebte im übrigen jene Geselligkeit, die seinem gestiegenen Mitteilungsbedürfnis entgegenkam. Sie offenbarte sich entweder als Trost- und Anlehnungsbedürfnis, als Suche nach Freunden oder als Ausdruck einer übersprudelnden Vitalität, als der Wunsch, Freud und Leid mit der Umgebung zu teilen, ja auch als das Verlangen, Güte und Hilfsbereitschaft erweisen zu dürfen. Auch Luthers Humor hat an dieser Stelle seinen Platz. In ihm reagiert dieser Mann auf die von außen kommenden Spannungen und Gefährdungen, aber auch die aus seinem Inneren aufsteigenden Belastungen. Ihn setzt er gleichsam als Entlastungsventil ein. Ihm schreibt er eine befreiende Wirkung zu. Und Martin hat jetzt, nachdem er endgültig die Zelle des Mönchtums gegen die der Familie eingetauscht hat, einen unwiderstehlich erscheinenden Drang, mit anderen Menschen Gedanken und Meinungen auszutauschen. Gleichzeitig entwickelt er die Fähigkeit, andere suggestiv für sich zu gewinnen, seine starke Persönlichkeit geltend zu machen und Vertrauen zu erwecken. Allerdings weiß er, daß er dabei »viele Worte redet, die nicht Gottes Wort sind«.

Eine vorzügliche Gelegenheit, seine Anlagen zu intensivieren, bot Luther das Gespräch bei Tisch. Hier präsidierte er, hielt auch Zucht, gebrauchte hin und wieder selbst die Rute und redete im übrigen fast ohne Unterlaß: »nehmlich wer mit Traurigkeit, Verzweifelung oder anderem Herzeleid geplaget wird und einen Wurm im Gewissen hat, derselbige halte sich erstlich an den Trost des göttlichen Worts, darnach so esse und trinke er, und trachte nach Gesellschaft und Gespräch gottseliger und christlicher Leute, so wirds besser mit ihme werden.«

Die berühmtgewordenen Tischgespräche, übrigens alles andere als Gespräche, vielmehr Augenblicksmonologe, die auf ein von den Hörern eingeworfenes Stichwort in der gebildeten Umgangssprache des damaligen Alltags zu allem und jedem etwas beizutragen hatten und für die jeweilige Stimmung der Runde zeugten, haben an dieser Stelle ihren legitimen Ort. Sie stellen ein einziges Riesendokument dar, das – trotz seiner Überlieferungsmängel – einen der lebendigsten Einblicke in das Wesen von Luthers Geselligkeit gestattet, wie sie war: herzlich, passioniert und ungezwungen, in breiter, biederer Gemütlichkeit und Fröhlichkeit. Aus diesen Tischreden, die auch im Garten oder an Luthers Bett mitgeschrieben sein konnten, lassen sich Martins Meinungen zu dieser seiner Welt entnehmen, ein überreiches Register aller Menschlichkeiten, eine Schilderung der gastlichen und zwanglosen Feierabende, die sich ein Mann, der schon seit den frühesten Morgenstunden an der Arbeit saß, ohne Abstriche gönnte. Hier ließ sich »unser Doctor« immer wieder »sehr lustig hören«, und seine Sprüche waren, so der Hörer weiter, »uns lieber denn alle würtze und köstliche speyse«.

Käthe ordnete derweil die Umwelt, und ihr Mann sprach zum vergleichsweise klein gewordenen Heim in Wittenbergs früherem Konvent. Martin hatte seine Tribüne. Er beginnt damit, die Spuren seines Lebens zu einer Zeit, da so vieles bereits zu Ende gegangen ist, mitzusichern, sich den eigenen Sinn zu erklären, im Alter, wohl in Angst auch, in Sorge zumindest um die Unsicherheiten aller menschlichen Erfahrung und Erinnerung, in einem eigenen literarischen Genus, in eben diesen – von den Jüngern dann ausgenutzten und verlegerisch überhöhten – Tischreden. Da ging, beim Autobiographen zuerst, darauf auch bei den Nachrednern, immer stärker, immer häufiger die lebhafte Phantasie – und das beim besten Willen – mit den Fakten durch, weil eines Tages die Bremsen versagten, weil die Scheu vor sich selbst schwand, weil schließlich der romantisierende Rückblick auf die Anfänge obsiegte.

Luther sieht sich und die Widersacher von ehedem, viele von ihnen sind bereits von der Weltbühne weggeholt, mit müdgewordenen Augen, in blinden Spiegeln. Und noch ein wenig später, da wird er nur noch gesehen, nicht weniger kurzsichtig, wenn auch stets professionell gutwillig. Da finden sich, typisch für die zu Jüngern herabgesunkenen Zeitgenossen, für die behenden Legendenliteraten überhaupt, sämtliche goldgewirkten Topoi der Tradition, die Passion der Frühzeit Luthers ebenso wie die nachmalige Glorie. Da drängt sich das »crucifige« fast schamlos intim an das »hosianna« heran; da wird liebevoll das alte »per aspera ad astra« herbeizitiert.

Luther selbst kann noch lange durch seine Erzählungen von früher Eindruck machen. Einige seiner Zuhörer sind von all den goldenen Worten derart hingerissen, daß sie buchstäblich alles, selbst die Brosamen, die unter den Tisch fallen, aufsammeln, beim Essen mitschreiben wie in einem Kolleg, Kompilationen formen und schließlich eigene, überarbeitete Werklein daraus machen. Die gesammelten Tisch-reden sind auf diese Weise zu einem der wichtigsten – und zugleich umstrittensten – Interpretationsmittel der Deuter geworden: Luther kann, auf weiteste Strecken hin, durch diese Optik gesehen werden, gleich ob es sich um Brot oder um Bröckchen handelt, gleich ob Martin, der Alte, sich seiner Jugend richtig erinnert oder nicht, gleich ob er sich in seinen späteren Urteilen vertut oder nicht. Alles wird überliefert, kommentiert, durch ausgewählte Wiedergabe und Interpretation auch verzerrt. Und auch wenn die Tischreden allein keinen Höhepunkt der Schriftstellerei mit und um Luther darstellen, bleiben sie gleichwohl, das ist zu beklagen oder auch nicht, noch immer ein gutes Mittel, sich diesen Menschen aus dem Alltäglichen seiner Geselligkeit heraus zu nähern.

Die Frau Doktorin mahnte allerdings immer wieder, das stete Reden doch zu unterbrechen und endlich das zu tun, wozu alle sich eigentlich versammelt hatten, nämlich ganz einfach zu essen, solange die aufgetragenen Speisen noch warm waren. Doch diese Mahnung fruchtete nichts. Den Eifrigsten unter Luthers Tischgästen erschien sie gar zu kühl: Wozu noch irdische Speise, da doch das Wort des Meisters überreich sättigte?

Die Freunde

Wie dem auch sei, Käthe setzte sich hin und wieder doch durch, legte sich unverzagt auch mit einigen sich selbst für wichtig haltenden Leuten an, nahm das Odium der Hausfrau auf sich und wußte, wer und was ihrem Mann eigentlich guttat. Die Ehefrauen der Kollegen ihres Mannes aber, die – einem Brauch der Universität folgend – ihrerseits Bursen unterhielten, wenn auch, aus begreiflichen Gründen, keine so gesuchten wie die der Luthers, nahmen derlei Fürsorge zur Kenntnis, tauschten ihre Ansichten darüber aus und trugen dazu bei, der »stolzen Käthe« selbst über deren Tod hinaus am Zeug zu flicken. Gerade Melanchthons Frau, die Tochter des Wittenberger Bürgermeisters, tat sich in dieser Hinsicht besonders hervor, ein Grund mehr, weshalb es um das Verhältnis zwischen dem Magister Philippus und dem Doktor Martinus nicht immer freundschaftlich bestellt war.

Dabei blieb »der wunderbare Mensch« Melanchthon, »ein mächtiger Feind des Teufels und der scholastischen Philosophie«, wie Luther schon 1519 festgestellt hatte, alles in allem der wichtigste Kampfgefährte in Wittenberg. Er, der »viele Martini übertreffen wird«, hatte schon früh die ersten Versuche unternommen, die Wittenberger Theologie so systematisch darzustellen, wie es Luther selbst – »ich bin mehr ein Rhetoricus und Wäscher« – kaum hätte bewältigen können. Philippus hatte in seinen »loci communes« aus dem Jahre 1521 sogar den schulmäßig methodischen Gesamtentwurf der neuen Wissenschaft aus dem Glauben erstellt, auf den man sich alle Jahre hindurch stützen konnte, weil es sich, so Martin, um ein »unbesiegliches Buch« handelte, das nicht nur »die Unsterblichkeit, sondern auch die Heiligsprechung durch die Kirche verdient«. Auf diese Weise war Melanchthon dezidiert auf Luthers Seite getreten und hatte sich zugleich mehr oder weniger indirekt gegen Erasmus und die Humanisten gestellt, eine Tat, die Martin ihm nicht vergessen konnte, zumal sie durchaus nicht Melanchthons ursprünglichen Interessen entsprochen hatte.

Die Folgezeit war allerdings nüchterner ausgefallen: Melanchthon klagte mehr und mehr über seine Vereinsamung zu Wittenberg, er sitze da wie ein »lahmer Schuster«, denn »keiner ist unter den Freunden oder Genossen, dessen Reden mir etwas böten«. Er fühlte sich nicht selten auch von Luthers oft oberflächlich wirkender Vitalität erdrückt (»Wen ich der sachen nach trachte, so deucht mich, meine weise sey noch die beste: Geradt herauß gesagt und sie gescholten wie die puben!«), wollte ohnedies kein Theologe werden (»Philippus ist noch nicht recht zornich wider den babst«, meint Luther noch in den vierziger Jahren), sondern ein Philosoph sein und bleiben, was Martins Intentionen nicht entgegenkam, und hielt doch, das »from menlein«, der Sache des stürmisch vorandrängenden Freundes (»wenn ich kom, so schlag ich dem faß den boden aus und schlag mit keulen drein«) die Treue. Das war wichtig. Denn diese Verläßlichkeit würde in den nächsten Jahren, da sich die verschiedenen Parteiprogramme der Konfessionen auszubilden begannen, noch manchen Sturm zu bestehen haben.

Martin Luther konnte auf den moderaten Mann nicht verzichten. Es war eben nicht damit getan, »mit fussen dreinzuspringen«. Es bedurfte der Mäßigung. Auch andere Weggenossen mußte Luthers Temperament immer wieder – bei Tisch, im Garten, im Stübchen – um sich sehen. Johannes Bugenhagen etwa, ein »furnehmer Theologus«, gehörte zu ihnen, ein zweiter Staupitz, der dem schwierigen Doktor immer wieder ins Gewissen redete, ihn aufrichtete, die neuerlichen Anfechtungen mit ihm durchstand und ihm auch zu sagen wagte, was allein zu sagen war: »Gott denkt sicherlich: Was soll ich mit dem Menschen noch machen? Ich habe ihm so viele vorzügliche Gaben gegeben, und er verzweifelt an meiner Gnade.« Das war, wie seinerzeit unter dem Birnbaum, ein rechtes Wort zur rechten Zeit. Luther, der solchen Trost häufiger brauchte, als es die griffige Schablone von seinem zornigen Wesen gesehen hat, zeigte sich dankbar: Bugenhagen ist ihm eine große Hilfe gewesen, ein weiterer Zuhörer, wie er ihn benötigte, wollte er inmitten aller Geselligkeit seiner Einsamkeit nicht erliegen.

Auch andere Freunde traten hinzu, »der Theologe von Natur« Amsdorf zum Beispiel, der Martin bereits 1519 nach Leipzig und 1521 nach Worms begleitet hatte und der, inzwischen von Magdeburg aus, einen intensiven Briefwechsel mit Wittenberg führte; Justus Jonas, der von der Juristerei zur Theologie übergewechselt war, was ihn Luther empfohlen hatte; auch Johannes Agricola, dem der Wittenberger Professor, nachdem die anfängliche Zuneigung geschwunden war, Ketzerei nachsagte, und selbst Karlstadt, dem das Schwarze Kloster sich wieder zuneigte (Frau Käthe wurde Patin seines jüngsten Kindes), doch nie mehr so überzeugt wie in den Jahren des Anfangs: Luther konnte es dem Kollegen nicht verzeihen, daß dieser gewagt hatte, ihn zurückzusetzen und die eigene Theologie als besser auszugeben. Auch wenn Martin immer wieder betont hat, er sei vergleichsweise bescheiden und dies mache ihm nichts aus, blieb doch der »kayl im hertzen«, und das Karussell der theologischen Eitelkeiten drehte sich weiter.

Sorgen eines kranken Mannes

Luthers Theologie ruhte noch immer nicht. Martin gab sich trotz aller Versuchungen, es endlich gut sein zu lassen, nicht zufrieden, wenn ihm auch die Schriftstellerei mehr Mühe machte als früher. Selbst die durch die Pest verursachte Verlegung der Wittenberger Hochschule nach Jena hatte die Vorlesungstätigkeit des Professors nicht unterbrechen können, obgleich auch im Schwarzen Kloster Kranke lagen und die meisten Kollegen geflüchtet waren. Luther harrte aus – und deutete eines Tages die ganze Angelegenheit: »Drumb lasset euch ein khlein geschrei von ainem haus nit schrecken. Thut dem Teufel nit sovil zu lieb, das ihr flihen wolt, so gleich die pestilenz in eur haus, tisch, khamer, bet und wiegen kheme, wir haben den trotz dagegen: Christus ... Was ist denn mehr, so gleich der Teuffel ettliche person mit gifft bescheust? Denn er hat ein rhor darzu ... Wer angewachsen ist an weib, khindt, bruder, schwester, nachtbarn, der bleib und helffe. Wir sind ein ider dem andern einen tod schuldig. Also bin ich itzt eur pfarher und lucken busser, bin ann predigtstul gebunden; davon sollen mich hundert pestilentz nicht flüchtig machen.«

Das zeugt von Mut. Das entsprach aber nach Luthers Meinung auch allein der Haltung eines Theologen, der sich – trotz aller Anfechtungen – nicht vor dem Teufel fürchtete: »Der Teuffel hat uns den tod geschworen, aber er wird ynn ein taube nus beissen.« Denn der Theologen Auftrag war nicht Flucht, sondern Predigt des Gotteswortes: »Mussen doch wir theologi allzeit beim krancken und sterbenden sein und mussen wider den tod sturmen.« Martin setzte seine Theorie in die Praxis um und bedauerte allein, daß er nicht noch »keckher« sein konnte.

Er hatte in der Zwischenzeit wieder seine Vorlesungen aus dem Alten Testament herausgekramt und mit dem Buch des »Predigers« begonnen, das allerdings »keine Lust und Geduld zur Vorlesung« zu zeigen schien, zumal die einschlägigen Kommentare nicht weiterhalfen. Dennoch kam der Professor voran: die »Weisheit des Salomo« sprach ihm aus dem Herzen. Das Tun des Menschen fand sich da als vergeblich geschildert. Gott zeigte sich als der alleinige Täter, und das blieb wieder einmal – für Hausväter wie für Staatenlenker – der eigentliche Trost in allen Schicksalsfällen des Lebens. Luther freute sich. Dieses Wort barg weitere Munition gegen den Erasmus und dessen freien Willen. Der biblische Schriftsteller hatte die wahre Weisheit auf seiner Seite, die Geduld des Abwartens nämlich, die einen Friedrich von Sachsen geleitet hatte, der von sich hatte sagen dürfen, was Luther zustimmend wiedergibt: »Je länger ich regier, je weniger ich regieren kann.« Hier fand sich eine prächtige Anleitung zum Stillesein und Hoffen, dieser neuen Stärke Martins. Jetzt konnte, aus der Schrift begründet, einmal mehr alles den getreuen Händen Gottes überantwortet werden, »in denen alles liegt«.

Einen ähnlichen Trost – »es mus einer, der ein Theologus sein will, die schrifft gar inne haben« – schöpft das Wittenberger Stübchen auch aus den nun folgenden Vorlesungen. Luther liest über den ersten Johannes-Brief, diese »rechtschaffene apostolische Epistel«, die »an Trost allerreichst« ist und ein unruhig schwankendes Herz wie das seine trösten kann, schon weil sie, so die spätere Deutung, zum erstenmal in der Kirchengeschichte das Motiv des »simul iustus et peccator« thematisiert: Christus selbst hat den Kampf gegen die Sünde aufgenommen und auch den Satan besiegt, doch bleibt die Sünde gegenwärtig, Zwingli und die Seinen mögen sie noch so leichtfertig abschwächen.

Nicht weniger präsent sind aber auch Hilfe und Trost des Kreuzes. Martin fühlt sich bestärkt: Wie der Briefschreiber Johannes den Kampf gegen die Irrlehrer der sich ausbildenden Christologie im 2. Jahrhundert aufgenommen hatte, welche die Person des einen Herrn ketzerisch teilen wollten, so streitet Luther jetzt, im 16. Jahrhundert, wider die neuen Häretiker, die Feinde des wahren und klaren Wortes, als da sind die Papisten und die Schwärmer des Zwingli. Sie alle haben nicht auf ihn gehört und ihn sogar verraten wie Judas den Christus. Sie alle machen sein Herz so schwer: »Gott sei gelobt, daß er mir nicht geoffenbart hat, daß so viele Häresien folgen würden: ich hätte nicht angefangen.«

Nun aber hat er eben angefangen und das Wort der Gewalt der Römer entgegengestellt, es auch mit zum Sieg geführt, jenes Wort zumal, das ist wie ein »Donnersturm gegen all die Strohhaufen menschlicher Traditionen, gegen das Papstrecht, die Dekrete der Konzilien . . .«

Die Vorlesungsstoffe trösten den Ausleger und Dolmetschen zu Wittenberg über die Nöte seines Alltages hinweg. Das Wort schafft Hilfe: »wer es ergreifft, hat gewonnen . . . Ich lerne alle tag daran . . . Da hat mich der papst hin getriben, hat mich auffgewekt.« Luther lebt mit seinem Beruf. Besondere Kraft schöpft er auch und gerade aus seiner intensiven Beschäftigung mit den Büchern des Alten Testamentes. Er hat sie nicht nur übersetzt, er hat sich ihnen anvertraut. Nicht zu

Unrecht hat die Forschung ihn sogar einen Alttestamentler genannt. Dabei kannte die damalige Zeit die Unterscheidung zwischen Altem und Neuem Testament im Sinne getrennter Fachdisziplinen noch gar nicht. Martin las daher das Alte Testament als ein neutestamentlicher Theologe: Beide Testamente gehörten als Heilige Schrift zusammen der Christenheit. Allein schon Luthers Übersetzung des Alten Testamentes belegt dies, denn sie stellt eine Verdolmetschung ins Christliche dar. Das Alte Testament wird durchgängig als Weissagung auf Christus verstanden und darum, soweit es nur irgend möglich ist, christozentrisch gedeutet. Christus wird kurzerhand das Ich der Psalmen, und selbst die kirchliche Dogmatik von Jesus dem Christus ist nach Luther im Alten Testament enthalten. Daß die rabbinische Interpretation dieser Meinung widerspricht, belegt allein ihre Verstocktheit, und Luther muß sich an den unbußfertigen Juden rächen, die nicht anerkennen wollen, daß das Alte Testament »Windeln und Krippe« für den Christus bedeutet.

Luther selbst fühlt sich von diesen Schriften getröstet. Hilfe aus der Schrift, nicht aber das Schwert aus der Schrift, das hatte Martin mehr denn je nötig. Denn seit langem war er nicht mehr so angefochten wie jetzt, auch wenn diese Not manchen Interpreten im Vergleich zu seiner Klosterzeit eher beiläufig erschienen ist. Luthers Leib und Seele wollten nicht mehr mittun wie einst. Die Krankheiten meldeten sich immer gebieterischer, und alle seine Medizinen, Bier, Geselligkeit, Ehe und Familie, halfen nicht recht weiter. Die Zeit, da der berühmte Zorn alle körperlichen Hürden im ersten Anlauf genommen hatte, die Zeit, da ein Lamento gar nicht erst aufkommen konnte, war allem Anschein nach zu Ende.

Bezeichnenderweise waren wirkliche Klagen über Luthers körperliches Befinden erst auf der Wartburg zu hören gewesen, da der Zenit des Lebens überschritten war. Jene Beschwernisse waren jedoch nicht allein auf die ungesunde Kost des Berlepsch oder auf den aufgezwungenen Stubenarrest zurückzuführen gewesen. Im Gegenteil, gerade dies war Martin gewohnt: Die Kost liebte er, wenn nicht schon im Kloster, so doch später im Haushalt der Frau Käthe, und die Ruhe war dem Stübchen noch von jeher heilig gewesen. Neu war, von der Zeit der Wartburg an, das Alter gewesen, auch die resignierende Geduld über das Auseinanderfallen des einen klaren Wortes – und das Aufbegehren gegen diese Entwicklung. Luthers Reaktionen zeigen die ersten Wirkungen dieser Schläge. Auch wenn ihm – wie vielen anderen Großen – ein gerüttelt Maß an übersteigerter Selbstbeobachtung und an Selbstmitleid zuzugestehen ist, so kann doch der Einfluß der Seele auf diesen Körper nicht unterschätzt werden: Ist die Pathologie in Martins Jugend allzu oft zu Hilfe gerufen worden, um all die frühen Anfechtungen und Ausbrüche dieses Mannes zu deuten, so ist sie beim Altgewordenen recht am Platz.

Martin grübelt mehr und mehr, erleidet häufige Anfälle von Schwermut, wird ohnmächtig und muß sich immer wieder den Trost der Musik oder den des Beichtvaters Bugenhagen sagen lassen. Gleichwohl bleibt die Anfechtung. Für die Zeit zwischen den Jahren 1527 und 1528 haben Mediziner gar von einem »großen Anfall von Geisteskrankheit« gesprochen, der ganz überraschend und mit katastrophaler Heftigkeit eingesetzt habe, ohne besondere äußere Motivierung zumal.

Martin befand sich in der Zwischenzeit in einem geordneten Stübchen. Frau Käthe sorgte für ihn, die Bewegung konsolidierte sich, die Kämpfe gegen die Papisten und gegen Erasmus lagen schon zurück, Ehe und Familie bremsten viele Aufregungen. Aber mitten hinein in diese Sicherheiten platzen die schwersten Angstanfälle, eine schockartige Furcht vor dem Sterben, Schweißausbrüche, Weinkrämpfe, Schluchzen und Zittern. Dieser Zustand währt fast ein ganzes Jahr, in einem steten Auf und Ab zwischen Sicherheit und Unsicherheit, zwischen Furcht und Hoffnung, zwischen Glauben und Verzweiflung, zwischen Gott und dem Teufel.

Der wahrscheinlich schwerste Anfall in seinem ganzen Leben, da Martins Glaube fast ganz schwindet, da er sich ununterbrochen vom Satan geschlagen fühlt, da er die ratlosen Freunde nur noch darum bitten kann, vor Gott für sein »lieb seelichen« einzutreten, und da er sich selbst als krank und tot erlebt, wird dann, typisch lutherisch, in eine kosmische Weite gehoben: Nicht der kleine Mensch leidet, nein, Gott und der Teufel selbst streiten sich um seine Seele. Luther fürchtet, bei diesem Zusammentreffen der beiden Gewalten nicht mehr endgültig zwischen Gut und Böse unterscheiden zu können. Gottes Zorn, der auf ihm lastet, und die Tücke des Satans werden eins. Die Verbindung zu Christus und dessen Kreuz besteht nur noch in einem hauchdünnen Fädchen, während der Teufel den Ketzer mit starken Stricken an sich fesselt. Am 2. August 1527 schreibt er schließlich an Melanchthon: »Ich bin mehr als die ganze Woche so im Tod und in der Hölle hin- und hergeworfen worden, daß ich jetzt noch am ganzen Leibe mitgenommen bin und an allen Gliedern zittere. Ich habe Christus ganz verloren und werde von den Fluten und Stürmen der Verzweiflung wie der Gotteslästerung geschüttelt.«

Die schwere Zeit ging wieder vorüber, aber das Problem blieb. Martin hat immer wieder diesen Kampf, »ob Got were«, auszustehen gehabt. Er wußte auch, daß es »des Teuffels ding« war, auf diese Weise bedrängt zu werden, denn »der hengt sich, leget sich also . . . an eine arme creatur, an ein weib oder an einnen krancken menschen; da beweist er sein sterck an, der starcke Geist . . . Aber das vorsteeht niemant, kans auch keiner, außerhalb [der Sohn Gottes], der hats vorsucht, das er blut schwitzet.« Martin weiß, was es bedeutet, wenn sich der Satan »an ein frum hertz« legt, damit es »aus Gott den Teuffel mache«. Und er weiß auch, wie nahe »unsereins« ist, dem Herrgott »ins angesicht [zu] speien«. Niemand, der zu stehen glaubt, ist sicher. Viele, die »clettern in hiemel und mainen, sie haben beide fues darinnen, burtzeln herunter«.

Was bleibt? Luther sagt es in einem Bild, »daß die Erbsünde im Menschen wäre gleich wie eines Mannes Bart, welcher, ob er wol heute abgeschnitten würde, daß einer gar glatt ums Maul wäre, dennoch wüchse ihm der Bart des Morgens wieder. Solches Wachsen der Här und Barts hörete nicht auf, dieweil der Mensch lebete; wenn man aber mit der Schaufel zuschlägt, so hörets auf. Also bleibet die Erbsünde auch in uns und reget sich, dieweil wir leben; aber man muß ihr widerstehen und solche Här immer abschneiden.«

Dieses Abschneiden, Tag für Tag, gelingt nur im Vertrauen auf Gottes Gerechtigkeit, die es sich nie verdrießen läßt, den Menschen nahe zu sein, obwohl diese immer wieder Enttäuschung auf Enttäuschung setzen: »Ach, unser Herr Gott mus gar viel grosser gestanck leiden von den menschen den vater und mutter von yhren kindern.«

Sünder sein und zugleich Gerechter, so lautet die Existenz dieses Theologen, der die Gottesferne verkostet hat – und auch die beiden Seiten des Todes. »Den Tod recht schmecken«, so sagt er einmal, »ist gewiß und eigentlich rechte Verzweifelung. Doch werden gottfürchtige Christen den Tod nicht schmecken, wie Christus sagt, denn sie fühlen nimmermehr vollkommene Verzweifelung, wiewol sie bisweilen derselben sehr nahe sind, aber sie werden vom heiligen Geist wieder zurückgezogen und erhalten.«

Martin weiß, was er sagt. Er hat erlitten, was er als Wahrheit aussagt. Immer wieder ist sein eigener Glaube an das Wort Gottes, an die Zu-Sage wahrer und ewiger Hoffnung ins Schwanken geraten: »Ach, Her Got, wer das glauben khundt, wie hertzlich lieb wurde ym die heilige schrifft sein! Man sehe an, wie teur und lieb man die khunst hat, die ein fiberlein oder pestilentz vertreiben khan; wie leufft, rennet, thut jdermann hie zu! Aber den schatz und das khleinat, so der tod mit allen kranckhaitten, jamer und not weck nimpt, das achtet niemandt oder leider, leider gar wenig. Man glaubts schwerlich, und ist doch die hohe ewige warheit Got selbs.«

Hier beschuldigt sich ein Mensch seines Unglaubens. Hier legt sich aber auch ein Mann, dem das Martyrium versagt geblieben ist, eine weitere Deutung seines Lebenmüssens zurecht. Martin vergleicht sich in der Zeit nach seinem schweren Anfall mit dem stillen Dulder Hiob, sieht sich als den eigentlichen Angriffspunkt des Satans, der seinetwegen tobt und schreit, fühlt seine Versuchungen im Geiste bis hin zur Blasphemie und leidet seine Melancholien einzeln durch. Und immer wieder klagt er, er sei nicht »wirdig gewesen«, um Christi willen sein Blut zu vergießen, während doch andere Märtyrer – seines Wittenberger Wortes wegen – verbrannt worden seien. Das kann er nicht fassen.

Noch immer nicht. Er lenkt sich also ab, theologisiert wieder, schwelgt geradezu in den eigenen Interpretationen, schreibt auch bald wieder seine Ratschläge hin, lehrt alle Welt von seinem Krankenlager aus und sucht darüber die natürlichen Ursachen seiner Leiden zu vergessen, die weniger mit dem Satan als – beispielsweise – mit der ständigen Überarbeitung zu tun gehabt haben.

Die Gedanken an den Tod wird er jedoch nicht mehr los. Die wieder aufgenommene Arbeit befreit ihn nicht von seiner Urfrage: »Ich habe außgearbeitet. Fur eine person habe ich ihme genug gethan. Nur in sand schlaffen gegangen! Es ist mit mir aus, ohne das ich zuweilen den babst ein wenig zwacke. Die canones wolte ich noch gerne angreiffen, des babsts geflickten mantel.« Doch sind derlei Arbeitspläne aus dem Jahre 1539 – Martin hat noch sieben Jahre zu leben – bloße Ablenkung. Es war wirklich »mit ihm aus«. Er hat dies gewußt: »Ich habe der welt sat, so hat sie meiner wider sath; das bin ich wol auch zufriden. Sie meinet, wenn sie nur mein los were, so wer es gut; des wirt sie wol innen werden. Es ist doch, wie ich offt gesagt: Ich bin der reife dreck, so ist die welt das weite arschloch; drumb sein wir wol zu scheiden. – Ich danck dir, lieber Gott, das du mich lessest unter deinem geringen heufflein sein, die verfolgung leiden umb deines worts willen ...«

Zwischendurch ist er dann wieder auf den Beinen. Die Ohnmachten sind vorüber. Das Steinleiden, das ihm bescheinigt worden ist, erscheint erträglicher als zuvor, wenn es auch immer wieder zwickt. Luthers Selbstmedikation im Juni 1526, da er seinen Schmerzen mit einem sauren Hering, kalten Erbsen und Senf begegnet war, hatte zwar nicht viel geholfen, doch im Februar 1537 hatte ein Transport des Kranken über die holprigen Wege des Thüringer Landes bei Schmalkalden die ersehnte Erleichterung gebracht, den Abgang eines Steines. Luther, der von aller Schulmedizin herzlich wenig gehalten hat und lieber auf die Hausmittel »Krebs augen, ingwer ... pulver von grossen eicheln und ein trunck brandter weyn ... all wochen zwir« schwor, ists zufrieden. Die Arzneien aus der Apotheke und das Wissen der Hof- und Leibärzte, die ihm zur Verfügung stehen, helfen vergleichsweise wenig: »Ich weiß«, sagt er drastisch, »wer jemals des Todes Schrecken oder Last gefühlt, der würde gerne eine Sau dafür sein, ehe er solchs immer fur und fur tragen wollte.«

Doch ist auch wieder die gute Käthe zur Stelle. Sie kann noch mehr außer Bierbrauen und Schweinezüchten. Sie hilft ihrem Doktor immer wieder auf die Beine, oder meint es zumindest, denn sie kuriert ganz einfach mit Dreck. Der Betroffene selbst äußert sich gebührend über derlei Kunst: »Mich wundert, daß Gott so hohe und edle Arznei in Mist gesteckt hat; denn man hats aus Erfahrung, daß Säumist das Blut verstopft; Pferdemist dienet fur Pleuresin; Menschenmist heilet Wunden und schwarze Blattern; Eselsmist braucht man neben andern fur die rothe Ruhr, und Kühmist mit eingemachten Rosen dienet fur die Epilepsiam der Kinder.«

Immer half dieser Mist nicht. Das bemerkt Luther ebenso. Abwarten, Hinnehmen, in die Hände Gottes Legen ist besser. Die Ärzte, Täter, die sie sind, wissen nichts von den wirklichen Ursachen der theologischen Krankheiten und Komplikationen. Auch Frau Käthe weiß dies nicht. Martin heilt sich auf seine eigene Weise und deutet das ganze Geschehen ebenso eigenständig. Gott hilft immer wieder, der »Vater der Witwen und der Waisen«. Was soll's? Der krank macht, läßt auch wieder heil werden. So lautet die beste Interpretation. Die Perioden, da dieser Gott einen »Madensack« wie den »feisten Doktor« in seine »Zucht und Staupe« nimmt, gelten als heilsam. Wer aber kann sich da noch körperliche Sorgen machen, wo allein das Wort zählt? Gerade dieses hat Martin, ein Kirchenlehrer besonderer Art, zur Genüge erlitten. Deshalb streut er es auch immer noch in eine Welt hinaus, die kränker erscheint als je zuvor.

29. Kaiser und Papst werden gegen ihren Willen vom Esel am Strick gezogen

Sacco di Roma (1527)

Kaiser Karl V. – er regierte noch immer – hatte in der Zeit, da das Reich Deutscher Nation sich einer konfessionellen Konsolidierung in Parteien näherte, seine auswärtigen Kriege weitergeführt. Wittenberg, Kursachsen und Deutschland machten eben nicht die Welt aus, schon gar nicht die des Hauses Habsburg. Als die großen Mächte, die allein Geschichte zu machen in der Lage waren, galten neben dem Sultan und einem deutschen Kaiser, der zeitlebens kein Deutscher werden wollte, der französische und der englische König sowie der Papst zu Rom. Diese stritten sich, mit wechselnden Bundesgenossen, noch immer um dieselben Einflüsse und Gewalten, nicht aber um dieselbe Religion. Was Wunder, daß diese »Taugenichtse« Luther wie Leute vorkommen wollten, die »vom Esel am Strick gezogen« wurden?

Die Handelnden selber waren stets anderer Ansicht gewesen. Clemens VII. etwa glaubte noch im Jahre 1527, er halte alle Fäden in Händen. Gleich nach dem Sieg der Kaiserlichen über Franz I. zu Pavia hatte er begonnen, eine neue Liga, diesmal die allerheiligste geheißen, gegen Karl V. zusammenzubringen. Es fanden sich auch Gelder dafür, und Luther, auf den jedoch nur wenige hörten, meinte mit immer überzeugenderen Gründen, sie stammten vor allem aus der Ablaßkasse »wider die Turcken«.

Gleichwohl schien alle Welt den Krieg des allerchristlichsten Königs von Frankreich gegen den allerkatholischsten König von Spanien, der auch Kaiser war, fördern zu wollen. Karl V. hingegen war in größter Geldverlegenheit: In welche Taschen die immensen Schätze aus Peru und Mexiko, welche die spanischen Eroberer der Krone überwiesen, immer wieder verschwanden, wußte niemand. Bekannt war nur, daß die Fugger nicht ständig neue Kredite bewilligen wollten, zumal die Rückzahlung der alten lahmte. Und auch die deutschen Stände zahlten nicht für den abwesenden Habsburger, dessen reiche Mitgift – Karl hatte sich, endlich, verheiraten lassen – auf endlosen Festlichkeiten verschwendet worden war, eine volle Million Goldgulden aus Portugals Überseekassen, die dem Kaiser wertvoller erschienen waren als die Mitgift der englischen Mary, welche ihrem Vater Heinrich VIII. wieder zurückgereicht worden war, damit Isabella von Portugal hatte geehelicht werden können.

Karl V. wußte kaum, wie er seine Landsknechte besolden sollte, die noch immer in Italien standen. Nun, diese Haudegen behalfen sich schließlich selbst, durchbrachen alle Dämme ihrer heiligen Eide, meuterten und fielen in einem der schrecklichsten Strafgerichte der Geschichte über das Rom des Medici-Papstes her, in einem »Sacco«, dem Kurzbegriff für ein fast halbes Jahr dauerndes Plündern, Vergewaltigen und Morden. Clemens VII. hatte damit »erlebt, das Rom erseufft, geplundert und ausgestorben ist«. Er saß, belagert, in der Engelsburg, bis ihm die Flucht nach Orvieto glückte, weg, weg von der schrecklichen Stadt Rom, in der als Kardinäle verkleidete Landsknechte »Luther Papst« pöbelten, ihre fette Beute verjubelten und sich untereinander, Neapolitaner, Deutsche, Spanier und Italiener, prügelten.

Der Kaiser hingegen, abwesend, abwartend wie fast immer, weiß inzwischen nicht mehr, was er jetzt noch mit der päpstlichen Stadt anfangen soll. Widersprüchliche Befehle, wechselnde Ankündigungen hatten sich abgelöst, auch eine Art »Weißbuch« über die Untaten des »Wolfes« Clemens war – schon vor dem Sturm der Meuterer auf die Stadt – erschienen. Damals hatte Karl noch eine offene Sprache geführt, sich über den Kopf des Medici hinweg an das Kardinalskollegium gewandt, von einem Allgemeinen Konzil gesprochen, noch einmal sein eigenes Credo ausgebreitet, die Glaubensetikette beschworen und damit gedroht, die kaiserliche Majestät werde nun selbst durchgreifen, da der Amtsinhaber Clemens – »das muß mir ein gesell sein«, meinte Luther – so offensichtlich unnütz sei.

Das Papsttum war damit in höchste Gefahr geraten: Der Kaiser hätte – wie einige seiner Vorgänger – wirklich eingreifen können. Sein Repräsentant in der inzwischen geschändeten Stadt hatte nach Spanien geschrieben, er erwarte schleunigste Weisung, ob in Rom noch »irgendeine Art Apostolischer Stuhl« bleiben solle oder nicht. Viele drängten und drängten jedenfalls, endlich mit der nichtswürdigen Herrschaft des Stellvertreters Christi auf Erden Schluß zu machen. Und sie wiesen Karl V. darauf hin, er allein habe die geschichtliche Chance, die nie mehr wiederkehren würde, sich als ein Friedenskaiser an die Spitze der christlichen Einheit zu setzen ...

Der Imperator versäumt aber diese Stunde. Schritt um Schritt steigt er von der erreichten Höhe herab, zögert über Gebühr, zeigt Unentschlossenheiten, verliert kostbarste Zeit – und wird von Franz I., der unterdessen ein neues Heer zusammengebracht hat, von neuem geschlagen. Das Geschick hat sich gewendet: Karl ist wieder der Unterlegene, und Frankreich triumphiert bis nach Neapel hinab. Das kaiserliche Abwarten hat keine Früchte getragen. Nur die Täter sind am Zug, so könnte es scheinen. Doch: In dieser Epoche warten so viele ab, beweisen stets mehr Zweifel, Resignation und Geduld als die Gewaltigen – und siegen schließlich dennoch.

Auch der Kaiser hat nämlich, ohne eine Hand zu rühren, wieder Glück, denn im Lager der siegreichen Franzosen bricht eine verheerende Seuche aus, vernichtet die stolze Armee und zwingt einmal mehr alle an den Verhandlungstisch: Alles ist damit wieder eitel Freude. Schnell wird das Schlachtfeld Italien aufs neue aufgeteilt, und Papst und Kaiser tauschen sogar Freundlichkeiten miteinander aus, die bis zur Krönung Karls V. in Bologna reichen und dem Medici umgekehrt die Wiedereinsetzung seiner Sippe zu Florenz eintragen. Schließlich kehren die zwei, die hohen Rücken frei, in die angestammte Heimat zurück, Clemens – »er solt den keysar zu Bologna mit steinen und schmuck weit haben uberstochen« – nach Rom, wo die Folgen des Sacco noch Jahrzehnte später zu spüren sein werden, Karl V. nach Deutschland, um endlich nach dem Rechten zu sehen. Das hieß im Klartext, sich nach dem Wormser Edikt von 1521 und dessen Durchführung zu erkundigen, jetzt, beinahe zehn Jahre danach, um viele Erfahrungen reicher.

Deutsche Fürsten

Eine weitere Erfahrung würde der Kaiser jedoch bald noch machen müssen: Von seinem Edikt wollten ziemlich viele Deutsche nichts mehr wissen. Schon auf den Nürnberger Reichstagen von 1523 und 1524 hatten sie die ausdrückliche Erneuerung dieses Dekrets zu verhindern oder aufzuschieben verstanden. Der kaiserliche Statthalter Ferdinand, obzwar »ein hart und verschmerzt Herz«, war nicht in der

Lage gewesen, einschneidende Änderungen durchzusetzen. Also hatten sich beide Seiten, das Lager der Altgläubigen wie das der Neuerer, darangemacht, das Interim politisch zu nutzen und die aufkeimenden Zweckbündnisse noch ein wenig fester zusammenzuschließen. Nicht jeder wußte ja, was noch kommen würde.

Im übrigen schleppte sich alles wie gewohnt dahin. Luther selbst war vorerst anderweitig beschäftigt, und auch die Einigung der Evangelischen machte wegen der sich häufenden Lehrstreitigkeiten mit Zwinglis Anhängern keine besonderen Fortschritte, so daß es auch auf diesem Gebiet das Vernünftigste zu sein schien, erst einmal abzuwarten. Aus Wittenberg war hierzu nur zu hören, Worms habe überhaupt keine einmütige Verurteilung mit sich gebracht: »Ich bin zu Worms nit verdampt durch Reichsurteil als ein Ketzer.« Dabei blieb es.

Nur Herzog Georg von Sachsen wollte dies nicht so bleiben lassen. Er blieb vielmehr dabei, Luther und dessen Bewegung seien gotteslästerlich, besonders in ihren Konsequenzen, die das Jahr 1525 offen habe liegen sehen: »die Frucht, die machen uns einen grossen Grau und Abscheu deiner Lehre«. Doch verfingen die starken Worte kaum, und der Zustand des labilen Gleichgewichts dauerte fort. Nicht einmal der Reichstag zu Speyer aus dem Jahre 1526, obgleich von Ferdinand mit Hilfe einer kaiserlichen Geheiminstruktion gegen die Neuerung aufgestachelt, hatte weitergeführt, denn gerade sein Abschied hatte alle Tätigkeit auf die Verantwortung der Parteien geschoben. Diese aber lag wie ein weites Feld für die beiderseitigen Interpretationen brach. Zudem rückten andere Probleme bedrohlich näher, vor allem die Türkengefahr, die sich schon zwei Tage nach dem Abschluß des Speyrer Reichstages, von dem Luther gemeint hatte, außer Trinken und Spielen sei nichts passiert, unmittelbar auf die Grenzen des Reiches zugeschoben hatte.

Der Friede hing »an einem seidenen fedelein«, und Gefahr war wirklich im Verzuge: Die Türken hatten am 26. August 1526 bei Mohacs die Ungarn vernichtend geschlagen, König Ludwig von Ungarn war tot, und die böhmische Königswürde war Ferdinand zugefallen, der bald auch zu Ludwigs Nachfolger gewählt werden sollte. Damit war dieser Mann, der sich immer vehement für die altkirchlichen Belange im Reich eingesetzt hatte, fürs erste in auswärtigen Angelegenheiten festgehalten, und die Reichssachen ruhten. Doch trat keine wirkliche Beruhigung ein. Im Gegenteil, die innerdeutschen Gegensätze unter den verschiedenen Glaubenslagern verschärften sich noch mehr.

Landgraf Philipp von Hessen etwa, von dem Martin später berichtet, er habe gesagt: »Predig, Luther, so will ich die weill sehen, das man die pferd sattle«, war von einem geldgierigen Adligen namens Pack in betrügerischer Weise über eine »Breslauer Liga« der Katholischen informiert worden, die gegen alle der Neuerung zuneigenden

Stände vorgehen sollte. Der tatendurstige Mann hatte nicht lange gefackelt, sondern auf diese Ohrenbläserei hin mit Gleichgesinnten einen Bündnisvertrag zu Weimar ausgehandelt. Zudem war er jetzt, im Jahre 1528, drauf und dran, dieses Bündnis dazu zu überreden, dem vermeintlich drohenden Angriff durch die Altgläubigen in einem Offensivkrieg zuvorzukommen. Wie es sich gehörte, wollte er jedoch nicht ohne ein theologisches Gutachten zur Frage des gerechten Kriegsgrundes losschlagen, und so konnte, einmal mehr, Martin Luther auf den Plan treten.

Kurfürst Johann der Beständige von Sachsen hatte den Auftrag übernommen und sich an seinen Professor gewandt, um eine zusätzliche Beruhigung der Gewissen zu erreichen, bevor die Waffen sprachen. Die Absicht der Bestellung war eindeutig: Krieg sollte es so oder so geben, nur mußte es nach Möglichkeit ein theologisch legitimierter Sinnkrieg sein, um der ewigen Seligkeit der zu erwartenden Toten willen, wie sich von selbst verstand. In solchen Dingen war Martin Luther, wie stets, als kompetent ausgewiesen, denn er hatte sich bereits kurz zuvor – auf Anfrage – dazu geäußert, »ob Kriegsleute auch in seligem Stande sein können«, eine in so kriegerischen Zeiten nicht nebensächliche Frage. Martin hatte jedenfalls das kleinere Übel im Krieg gesehen, und das war durchaus im Sinne der theologischen Tradition, wenn auch, nach der Lehre von den zwei Reichen, um spezifische Gedankengänge angereichert, hieß es doch wieder einmal, das weltliche Regiment und dessen Rute zu stützen.

Luther hatte jedoch auch – nichts Neues – den Untertanen das Recht abgesprochen, sich gegen die gottgesetzte Obrigkeit zu erheben, weil Gott allein spreche, wenn von Rache die Rede sei. Untertan, Unterperson aber war selbst ein Fürst, der immer noch einen anderen, nämlich den Kaiser, über sich zu dulden hatte. Ob selbst der kaiserlichen Majestät Widerstand geleistet werden dürfe, war eine andere Frage, die erst noch aufkommen würde. Fürs erste war das Problem gelöst: Die Ordnung dieser Welt verlangte eine Unter- und Überordnung, die Verantwortung nach oben und die Autorität nach unten. Der Krieg selbst galt allenfalls als ultima ratio. Ihm war in bestimmten Situationen nicht auszuweichen. Viel besser war es jedoch, auf Gott zu vertrauen und abzuwarten, das hieß, auf Gewaltanwendung ganz und gar zu verzichten. Auch Johann von Sachsen täte daher gut daran, so meint Luther anno 1528, sein Schwert ruhen zu lassen: »Kein größer Schande könnte dem Evangelio geschehen; denn hieraus würde nicht ein Bauernaufruhr, sondern ein Fürstenaufruhr, die Deutschland so verderben würde, welches auch der Satan gerne sähe!«

Luther hatte eindeutig gesprochen. Doch sein Auftraggeber ärgerte sich. Von einem Aufruhr der Fürsten konnte wirklich keine Rede sein, wo es allein darum ging, »dem Feuer zu wehren, daß es nit brenne«.

Wittenberg war eben nicht gut genug unterrichtet, meinte der Kurfürst. Im übrigen revoltierte Kursachsens Landesherr nicht wie irgendein tumber Bauer, sondern handelte in reiner Notwehr, und selbst Vernunft und Nachdenken geboten den handfesten Widerstand, oder etwa nicht? Was fiel diesem Luther denn ein? Martin konnte schon nicht mehr richtig gehört werden, wenn er derlei theologischen Nonsens, derart weltfremdes Zeug äußerte. Seine Warnung, schon der Gedanke an einen Präventivkrieg sei eine schlimme Anfechtung, die »aus uns neu und ärger Muntzer und Pfeyffer« mache, wurde denn auch geflissentlich überhört. Die Gewalt auch der evangelischen Fürsten war bereits stärker als das Wittenberger Wort. Abhilfe kam, wenn auch nur in Form eines Aufschubs, daher nicht aus der geistlichen Ermahnung, sondern aus der Tatsache, daß die »Packschen Händel« aufgedeckt und als ein ausgemachter Betrug entlarvt werden konnten.

Die »Protestanten«

Inzwischen hatte sich auch Ferdinand – nach Luthers Meinung ein Verräter an Deutschland – wieder gemeldet, weil er wegen seiner Türken-Pläne eine umfassende Rückendeckung durch die Reichsstände und damit eine bestimmte Lösung der religiösen Frage benötigte. Der Statthalter drängte seinen kaiserlichen Bruder zum Durchgreifen. Dieser aber wollte nicht recht, denn noch immer war die Situation in Italien nicht geklärt. Karl V. konnte nicht viel daran liegen, sich im Reiche schon jetzt, Anfang 1529, eine zweite Front zuzuziehen. Auch hierin mußte zugewartet werden. Der Kaiser berief daher zwar den Reichstag nach Speyer, teilte jedoch gleichzeitig mit, er selbst könne wider Erwarten – der endgültige Friedensschluß mit Frankreich kam erst im August 1529 zustande – nicht daran teilnehmen. Das hieß, fürs erste Geduld zu üben und vor allem keine einschneidenden Beschlüsse in irgendeiner Richtung zu treffen.

Die beiden Brüder hatten demnach geteilte Interessen, das Glück jedoch begünstigte Ferdinands Partei. Zu Beginn der Ständeversammlung lag nämlich die übliche Proposition des Kaisers noch nicht vor, denn das spanische Schiff, das sie hätte überbringen sollen, war durch widrige Winde wochenlang am Auslaufen gehindert gewesen. Ferdinand nutzte die entstandene Lage recht klug, formulierte rasch die eigenen Optionen und ließ diese den wartenden Ständen als Wünsche des Kaisers vorlegen. Gerade diese untergeschobene Proposition, die den Anspruch erhob, aus der Kaiserlichen Majestät Befehl ergangen zu sein, wirkte infolge ihrer Verknüpfung von Türken-Gefahr und Religionsfrieden schockierend, forderte sie doch nichts anderes als die völlige Beilegung der innerreligiösen Spannungen zugunsten eines gemeinsamen Kampfes der – häresiefreien – Christenheit gegen die

Heiden aus dem Osten. »Völlige Beilegung« bedeutete aber, daran ließ das Dokument, welches erst 1920 als Fälschung erkannt worden ist, keinen Zweifel, vollständige Selbstaufgabe jener Stände, die sich dem fremden Glauben oder den neuen Sekten verschrieben hatten und die aus diesem Grunde mit des Reiches Acht und Aberacht bedroht wurden.

Jetzt war guter Rat teuer. Luther selbst sagte später einmal über diesen Reichstag: »Das sein mir feine gesellen! Die heben die hend auf und schlahen Christum aufs maul, das es patzscht, und bitten ihn um den heiligen Geist. O ja, er wird bald kommen, der bose, mein ich!« Und Melanchthon, der Wissenschaftler, nannte eine derartige Erpressung der Seinen »ganz furchtbar«. Kurfürst Johann aber, der als Politiker wußte, was ihm blühte, wenn eine solche Proposition Wirklichkeit werden würde, sprach von einem »solch schwer Mandat, als ich und alle Stände noch nie erfahren haben«.

Selbst der Große Ausschuß des Reichstages, in dem die katholischen Stimmen überwogen, bat die Kaiserliche Majestät, der trotz aller schon damals aufgetauchten Zweifel an der Echtheit des Dokuments eine solche Vorlage durchaus zuzutrauen war, sie möge es gut sein lassen und vorerst nur an ein »teutsches Generalkonzil« denken, welches die Nation dann »in den heiligen christlichen Glauben« vereinigen und den »schwebend Zwiespalt« erörtern könne. Was jedoch den Abschied des Speyrer Reichstags von 1526 betreffe, welcher alle Verantwortung den Gewissen der Beteiligten zugeschoben und auf diese Weise das Wormser Edikt in gewissenhaftes Vergessen gebracht hatte, so sei dies ein Fehler gewesen, der nur »in einen großen Mißverstand und zu Entschuldigung allerlei erschrocklichen neuen Lehren und Sekten« geführt habe. In Sachen Zwingli, dem sich in der Zwischenzeit wichtige oberdeutsche Städte angeschlossen hatten, sei es im übrigen bereits jetzt an der Zeit, tätig zu werden.

Das war eine klare Sprache, welche »die sele berurte«. Der Große Ausschuß hatte es gut katholisch gemeint. Zu gut. Denn die evangelischen Beobachter, Kursachsen und Hessen vorab, sahen die Gefahr, welche auf ihre Bewegung zukam: Zum einen sollte der stillschweigende Waffenstillstand des Jahres 1526 unter Berufung auf eine höchst unsichere Konzilszusage aufgehoben werden, und zum anderen war die Auseinandersetzung um die richtige Lehre zum Abendmahl mit einem Schlag zu einer Sache der Reichspolitik erhoben worden. Die Altgläubigen sahen diesen Sieg schon voraus: Lästige Reichstagsbeschlüsse würden kassiert, die Ketzer untereinander geschieden, und die alte Kirche wieder in ihre angestammten Rechte eingesetzt.

Dazu konnten die Neuerer nicht einfach schweigen. Als einer der ersten erhob sich Johannes Agricola, predigte wortstark vor gewaltig vielen Zuhörern und forderte, daß die schreckliche Proposition, die schon fast zum förmlichen Abschied gediehen war, öffentlichen Widerspruch erfahre, damit niemand durch Schweigen am falschen Ort und zur falschen Zeit »die Unschuldigen verdammen« helfe, »welche der rechten Lehre anhängig sein«. Bald darauf formierte sich weiterer Widerstand, arbeitete eine eigene »Protestation« aus und verlangte deren Verlesung auf dem Reichstag. Ferdinand aber ließ eine solche auf der Sitzung vom 19. April 1529 nicht zu, sondern verließ mit den kaiserlichen Kommissaren kurzerhand den Sitzungssaal, als die beteiligten Stände ihren Protest vortragen lassen wollten.

Sie blieb den »Protestanten«, wie sie von nun an heißen sollten, nichts anderes übrig, als ihren Text den Zurückgebliebenen vorzulesen und dem Reichstag den Rücken zu kehren, zumal sie nicht einmal hatten ausreden dürfen. Eine eigene Appellation vom 25. April wandte sich – nach Art eines Sondervotums der unterlegenen Minorität – außerdem an den Kaiser persönlich, um diesen gegen den Abschied der katholischen Mehrheit anzurufen. Fünf norddeutsche Fürsten und 14 oberdeutsche Städte hatten sich damit zur Wehr gesetzt und ihren Willen zur Selbstbehauptung bewiesen. Glaubensfragen durften nicht durch Stimmenmehrheiten entschieden werden, weil in solchen Dingen ein jeder persönlich vor Gott Rechenschaft abzulegen habe.

Obrigkeit stand gegen Obrigkeit, und der Fürstenaufruhr drohte, wenn er nicht schon schlimme Wirklichkeit geworden war. Das neue Bekenntnis hatte sich seinen neuen Ausdruck geschaffen. Und er würde, gegen alles Zureden Martin Luthers, bald zum Waffenbündnis erstarren.

Vom Volk, von den Unterpersonen war freilich nicht die Rede gewesen. Protestiert hatten die Herrschenden. Den Gehorsam aufgekündigt, sich auf das eigene Gewissen berufen hatten die Oberpersonen. Nach unten waren diese sich ohnedies einig. Da gab es kaum eine religiöse, wohl aber eine politische Frage. Die Bewegung der sogenannten Wiedertäufer etwa würde in den folgenden Jahren zu spüren bekommen, wie weit die Freiheit der protestantischen Gewissen reichte. Die Grenzen der Speyrer Toleranz sind jedenfalls von jenen gezogen worden, die ausdrücklich davon ausgingen, die eigene Macht – notfalls mit Gewalt – gegen die der altgläubigen Kollegen abzugrenzen. Selbst die Protestanten würden künftig, auch wenn sie gerne vom Wort sprachen, die Tat favorisieren, um diese Abgrenzung ihrer politischen Einflußsphären zu sichern. Die Katholiken hinwiederum würden alles daransetzen, unter Berufung auf die alte Lehre natürlich, die Macht im Reich sich nicht entwinden zu lassen. Um Gewissensfreiheiten kümmerte sich kein Herr. Das Volk wurde künftig zusammen mit den Territorien, denen es zugehörte, hin und her geschoben, einmal auf die katholische, dann wieder auf die evangelische Seite. Abstimmen, sich äußern durfte es nicht. Solche Freiheit war nicht vorgesehen.

Die hochgerühmte »Protestation von Speyer«, welche als historischer Ausgangspunkt der Freiheit des Gewissens auch gegen die Obrigkeit gefeiert zu werden pflegt, ist eher als eine Art Festschreibung des Status quo zu interpretieren, als eine Abgrenzung bestehender Herrschaftsansprüche gegen andere. Die Fürsten ließen jedenfalls in der Folgezeit nicht mehr mit sich handeln. Ihre Territorien waren bestimmt. Luthers Hoffnung, die Christenheit werde sich stets vom Wort statt von der Gewalt leiten lassen, hatte getrogen. Ein Bündnis von Thron und Altar zeichnete sich ab. Künftig würde die Gewalt von Sieg zu Sieg über das Wort hinschreiten. Martin hatte einmal mehr eine wichtige Schlacht verloren. Er wußte dies.

Es ist bezeichnend, daß Luther sich in jenen Wochen nicht so sehr um das protestantische Ergebnis des Speyrer Reichstages kümmert, wie das – heute! – zu erwarten wäre, sondern die Bündnispläne »jenes jungen Mannes aus Hessen«, des Landgrafen Philipp bedenkt, der da »unruhig nach Entschlüssen verlangt« und bereits wieder neue Waffenbrüder sucht. Der junge Mann, Vertreter einer neuen Fürstengeneration und über Melanchthon zur Neuerung gestoßen, hatte schon von sich reden gemacht: Anfang 1523 war er vorne mit dabei gewesen, als der Ritteraufstand des Franz von Sickingen, das hellste Fanal der Reichsunordnung vor der Revolte des gemeinen Mannes, niedergeworfen worden war, und im Bauernkrieg selbst hatte er nochmals seine Macht gegen die da unten bewiesen.

Das Marburger Religionsgespräch

Philipp wußte, worum es ging. Hatte er sich in der Vergangenheit noch auf der falschen Seite befunden, so war er inzwischen ins Lager der Protestanten übergegangen. Die konkrete Zeitsituation des Jahres 1529 fand in ihm den richtigen Deuter: Gegen den Machtwillen des Hauses Habsburg und dessen altgläubiger Gefolgschaft mußte die Selbstbehauptung der Neuerung auch politisch unter Beweis gestellt werden. Sein Ziel war es daher zum einen, die sich entzweienden evangelischen Stände theologisch zu einen, zum anderen, wichtigeren jedoch, diese Einheit im Bekenntnis auch zu einer Bündniseinheit werden zu lassen. Bekenntnis und Bündnis gehen bei dem drahtigen, schlanken Philipp Hand in Hand, der so ganz anders aussieht und handelt als etwa das fürstliche Schwergewicht Johann von Sachsen, der auf seine beständige Art noch immer ordnet, hegt und pflegt, was ihm davonzulaufen droht.

Der hessische Landgraf wartet nicht ab. Er arbeitet unermüdlich, fast schon übereifrig, reist auf und ab, verhandelt, konspiriert, täuscht und läßt sich täuschen, sucht ein Bündnis selbst zustande zu bringen zwischen den Wittenbergern und den Zwingli zuneigenden Oberdeutschen, übersieht dabei das Fehlen einer theologisch tragfähigen Verständigungsgrundlage durchaus nicht – und lädt schließlich nach immensen Schwierigkeiten in der Vorbereitung die beiden Parteien zu einem Gespräch zu sich nach Marburg ein.

Ende September 1529 treffen sich die Gesprächsteilnehmer in der Residenz des Landgrafen, wo Philipp, ein »Wundermann mit sonderlich Glück und Stern«, für eine entspannte Atmosphäre gesorgt hatte. Alles sollte familiär zugehen, meinte der Hesse, der – so Luther – selbst »wie ein stallpub« herumlief. Und gerade dieser Wunsch war so unrecht nicht. Denn die Verwandten hatten sich in den Wochen zuvor gehörig gezaust. Die Wittenberger hatten gar in ihren »Schwabacher Artikeln« den Zwinglianern den Stuhl vor die Tür gesetzt: »Schwermerei« war nicht bündnisfähig. Dennoch war Zwingli, der damals auf der Höhe seines politischen und religiösen Einflusses stand, zusammen mit dem Basler Prediger Johannes Oekolampadius und Martin Bucer gekommen. Aus Süddeutschland waren Brenz und Agricola hinzugestoßen, und auch Wittenberg hatte sich laden lassen: Luther und Melanchthon gaben sich die Ehre.

Akademische Vorgeplänkel machten den Anfang des Gespräches. Die nächste Phase bestritt der ausgleichende Magister Philippus, und erst daraufhin öffnete sich die Arena für den Hauptmatador Luther. Doch machte dieser von allem Anfang an Schwierigkeiten, denn er wollte mit seinem Gegenüber durchaus nicht nur über irgendwelche Abendmahlszwistigkeiten handeln, die doch – bei einer so klaren Textlage – gar keine waren, sondern über andere, gewichtigere Differenzen: über die Lehre von der Trinität, von der Erbsünde, von Christus dem Herrn, von Taufe und Rechtfertigung. All diese Themen sind ihm, dem Passionierten, ein Anliegen. Nicht umsonst hat er ihretwegen bis auf den Tod gelegen. Zwingli jedoch, der gewandte Theologe und der noch geschicktere Politiker (»ach, wie bin ich den leuten so feindt, die so vill sprachen einfuren wie Zwingel! Redet Greckisch und Hebreisch auff der cantzel zu Marpurg!«), lehnte ab, »wollte auch Ehre erjagen«, sah nicht einmal Hügel, wo Martin hohe Berge ausmachen wollte, und wurde schließlich vom Wittenberger Professor endgültig in einen Topf mit den übrigen Schwarmgeistern geworfen, die nur »das Papstthum fördern«.

Luther setzt sich dennoch an den Verhandlungstisch. Große Lust zeigt er nicht. Er hat keinerlei Hoffnung, »diese Leute«, die nur voller »eresucht« sind, überzeugen zu können. Mit Kreide hat er auf lateinisch seinen Leitsatz: »Das ist mein Leib«, auf die Tischplatte geschrieben, diesen Text, der klar gegen das »bedeutet« der Zwinglianer spricht, und ihn dann mit der Decke zugedeckt: eine sehr charakteristische Handlung. Nicht weniger eigenständig ist sein Wort, er werde selbst Mist essen, wenn sein Gott dies von ihm verlange, warum also nicht das Brot, den wahren Leib des Herrn.

Zwingli und seine Helfershelfer hingegen räsonnieren, vernünfteln hin und her, deuteln aus und ein. Luther sagt schließlich, er habe sich »müde gewaschen« an den grammatikalischen Interpretationen der Schweizer und Oberdeutschen. Aber auch den Zuhörern erging es kaum anders, zumal einen ganzen Sonntag lang nur theologische Expertisen ausgetauscht, Väterstellen hin und her geworfen und Schriftzitate vorgetragen worden waren. Das Gespräch versandete jedenfalls mehr und mehr. Und nur der rührige Landgraf erreichte zum Schluß so etwas wie eine Abschiedsformel, wenn auch keine Verständigung in der Sache selbst. Die Parteien einigten sich zwar auf viele Gemeinsamkeiten gegen die Papisten, doch in der Lehre vom Abendmahl schrieben sie die Trennung fest. Es blieb also nach wie vor »unverglichen«, ob »der wahre Leib und Blut Christi leiblich in Brot und Wein sei«. Nach bewährter Sitte wurde nur auf die Gewissen verwiesen, und viele waren sich im stillen darüber im klaren, daß eine tiefe Spaltung des Wortes erfolgt war. Luther faßte diese Lage in einem Abschiedswort an Bucer zusammen: »So reimet sich unser Geist und Euer Geist nicht zusammen, sondern ist offenbar, daß wir nicht einerlei Geist haben.«

Zwingli kehrte heim nach Zürich und bildete dort seine Politik weiter bis hin zur offenen Feldschlacht mit den altgläubigen Kantonen der Eidgenossenschaft. Im Jahre 1531 ist er dabei gefallen, dieser »Kriegsheld und Gigant«, wie – nicht ohne Schadenfreude – aus Wittenberg zu vernehmen war. Martin war wieder einmal mit sich zufrieden: Das Wort hatte sich – wie in Müntzers Fall – gegen die Gewalt durchgesetzt. Daß die Bewegung der Protestanten einen Krieg verloren hatte, den ersten, nicht aber den letzten, wog demgegenüber leicht.

Die Türken, der Kaiser und das Reich

Martin würde sich – einmal mehr – irren. Fürs erste aber kam ein anderes Problem auf sein Stübchen zu. Schon bei der Heimreise aus Marburg, die ihn, den Alternden, schwer beansprucht hatte, war bekanntgeworden, daß die Türken inzwischen mit aller Macht die große Stadt Wien belagerten. Dazu mußte Luther etwas sagen. Er setzt sich also hin, dichtet den Choral »Ein feste Burg ist unser Gott« und bearbeitet seine »Heerpredigt wider den Türcken«. Dabei konnte er auf eigene Vorarbeiten zurückgreifen, denn das Thema hatte ihn – wie alle – schon früher beschäftigt. Allerdings war Martin nie politisch vorgegangen. Ein Mann des Wortes war er, und ein solcher wollte er bleiben. Und nur von daher gesehen, sind auch seine jetzigen Gedankengänge richtig zu verstehen: Er wirft nämlich, alles in allem, den abendländischen Christen vor, »nicht gegen die Sünden, sondern gegen die Sündenrute« kämpfen zu wollen. Die Christenheit bekehrt sich ja nicht. Sie kriegt vielmehr gegen den Sultan, den Gott doch als so augenfälliges Werkzeug der Buße und Strafe ausgesandt hat.

Und noch eins: Der immer wieder von den Römern ausgerufene Kreuzzug war Martin besonders verdächtig, denn hier warfen die Katholiken noch immer um der nichtigsten Dinge willen mit dem vermaledeiten Ablaß um sich, der doch nur des Papstes Kriegskassen füllte und den Kaiser, einen Christen, schädigte. Des Christen ureigenste Aufgabe ist doch wohl kein Krieg – und auch kein Kredit, sondern allein die Bitte an Gott, er möge diese Rute zurücknehmen. Wenn aber schon gekriegt sein muß, so handelt es sich um eine rein weltliche Angelegenheit. Der Kaiser ist nicht mehr wie früher »Vogt der Kirche und Schirmherr des Glaubens«. Der Türkenkrieg hat also nichts mit einem Kreuzzug zu tun, nichts mit dem Glauben, sondern allein mit dem weltlichen Regiment, mit dem Schutz von Reich und Frieden, auch mit der Gehorsamspflicht der Fürsten gegenüber ihrem Obersten Herrn. Luther ist ganz entschieden: Seine Welt ist in die zwei Reiche getrennt und dabei bleibt es. Aber es bleibt eben auch dabei, daß eine Welt voller Gewalt kaum mehr auf das Wittenberger Wort hört, weil sie die feinen Differenzierungen eines Professors nicht nachvollziehen kann oder will.

Nicht viel besser ist es Martin in einer nicht weniger folgenschweren Auseinandersetzung ergangen, der Frage nämlich nach dem Widerstandsrecht gegen den Kaiser, wie sie jetzt, nach Speyer, die Protestanten mehr und mehr bewegte. Der sächsische Kurfürst hatte bereits ein Gutachten zu diesem Problem von Bugenhagen erhalten, welches sich zustimmend geäußert hatte, da nicht geduldet werden könne, »die Schafe dem Wolfe [zu] ubergeben«. Zu einem abweichenden Urteil war jedoch der Nürnberger Ratsschreiber Lazarus Spengler – »ich halte, wenn L. S. zu Nurmbergk nicht gethan hette, das euangelion were so bald nicht auff gegangen. Die stadtschreyber thun, wie es die propheten vorzceitten thetten bey den konigen« – gelangt, weil es »Christen gepuret, nicht zu rechten oder zu fechten, sondern Ubels, Gewalt und Unrecht zu leiden, wie wohl nit darein zu bewilligen oder das zu billichen«. Auch der schwäbische Theologe Brenz, »ein gelehrter und zuverlässiger Mann«, hatte sich dieser zweiten Auffassung angeschlossen, auf das Unrecht der Bauernrevolte verwiesen und das Regiment der Kaiserlichen Majestät als der obersten Obrigkeit anerkannt.

Luther selbst war im Januar 1530 von seinem Kurfürsten um eine Stellungnahme angegangen worden. Der Kurfürst hatte dabei wieder geflissentlich die erwünschte Tendenz ausgewiesen und auf den Bruch der kaiserlichen Wahlkapitulation hingedeutet, die versprochen hatte, alle Rechte der Fürsten zu wahren und sie nicht mit Gewalt zu überziehen. Wittenberg hätte also wissen müssen, was von ihm verlangt wurde. Doch das Stübchen ließ sich nicht von der zunehmend politischen Angst seines Landesherrn anstecken, der den Kaiser näherrükken sah und die entsprechende Vorsorge getroffen sehen wollte. Luther blieb bei seiner Meinung, daß selbst ein fehlender Kaiser immer die Obrigkeit bleibe und statt des Schwertes den Gehorsam seiner Unterpersonen verdiene. Es gab – »nach der schrifft« – kein Recht zum blutigen Widerstand, solange wenigstens ein einmal gewählter Kaiser nicht wieder abgesetzt war. Gott allein handelte, und Johann von Sachsen war ein weiteres Mal bedient. Ob er allerdings von diesem Wort auch überzeugt war, stand auf einem anderen Blatt. Luther würde sehen.

Bekenntnisse und Bündnisse: Augsburg 1530, Schmalkalden 1531

Inzwischen war Karl V. auf der Fahrt nach Deutschland. In Augsburg sollte jetzt, im Jahre 1530, Reichstag gehalten werden, und der Kaiser wollte diesmal dabeisein, nachdem Italien und Frankreich befriedet erschienen und auch der Türke seine Belagerung der Stadt Wien abgebrochen hatte. Ein sehr mächtiger Herr nahte: Karl hatte Kredit wie seit langem nicht mehr, und selbst die Fugger machten wieder ihr Gold locker. Der Kaiser reiste von Bologna, wo ihn ein gedemütigter Papst eben noch gekrönt hatte, über Innsbruck an, nahm von allen Seiten Bittschriften an seine Majestät entgegen, warf Geschenke aus und gerierte sich als unangefochtener Sieger.

Diesem Glanz konnte selbst eine protokollarische Geste gegenüber dem päpstlichen Nuntius in Augsburg keinen Abbruch tun: Campeggio hatte hoch zu Roß dem Kaiser und den übrigen Ständen seinen Segen erteilt. Karl V. hatte auch die Etikette beachtet, die Protestanten aber waren stehen geblieben und hatten dem Nuntius und dessen Segen keine Reverenz erwiesen. Die Altgläubigen nahmen dies zur Kenntnis und fuhren im übrigen fort, in farbenprächtigen Messen und Andachten ihrem Gott die gebührende Ehrfurcht zu erweisen. Davon nahmen hinwiederum die Neuerer Notiz, doch waren sie nicht beeindruckt und ließen ganz einfach ihre eigenen Prädikanten, katholischer Pomp hin oder her, auf den Augsburger Kanzeln predigen. Sie fühlten sich inzwischen als Partei, als Gewalt, als Glaubensbündnis.

Der Kaiser aber meinte, so ginge es wirklich nicht. Er beorderte die Abweichler zu sich, in aller Form, und besprach die ganze Angelegenheit im Separée. Die Protestanten bekamen damit ein weiteres Mal die Gelegenheit zum Widerspruch. Sie protestierten denn auch, Philipp von Hessen beherzt, Johann von Sachsen behäbig, und der Kaiser besann sich. Die Neuerer mußten nicht einmal an der großen Fronleichnams-Prozession des folgenden Tages teilnehmen, da ihnen diese Heerschau der alten Kirche im Vergleich zu ihrer bescheidenen

Abendmahlfeier nichts mehr bedeutete, und schließlich fand sich sogar ein erster Kompromiß von Augsburg, dem andere folgen sollten: Jede der beiden Konfessionen predigte künftig in der Stadt allein das lautere Wort und den klaren Text, verzichtete aber fürs erste auf alle anstößigen Weiterungen.

Bald ging es zur eigentlichen Sache. Karl V. ließ nicht locker, wollte wissen, wie es denn um den Glauben stehe, was das Wormser Edikt mache und so fort. Der fromme Kaiser, von dem Luther einmal sagt, er habe eine »recht kaiserliche Bescheidenheit und Gütigkeit, darüm von Gott auch Glück und Wolfahrt«, wollte nach seinen Siegen über Frankreich eine Dankesschuld abtragen und den religiösen Zwiespalt heilen, der in Deutschland aufgebrochen war. Die Abgewichenen sollten daher in aller Liebe auf den richtigen Weg zurückgeführt werden. Und da sich der römische Papst so rigoros gegen ein Allgemeines Konzil gestellt und seine Unfähigkeit auch in anderen Angelegenheiten seines Amtes bewiesen hatte, war das Schiedsrichteramt der kaiserlichen Majestät – wie schon in Worms – doppelt gefordert. Wie damals Martin Luther, so sollten jetzt in Augsburg die Protestanten vor Kaiser und Reich erscheinen, um ihren Widerspruch gegen die Einheit zu begründen. Daß es für sie alle anschließend nur einen Weg zurück ins Reich und in den einen wahren Glauben geben konnte, war Karl V. nicht zweifelhaft erschienen.

Doch mußte auch er mit der inzwischen erfolgten militärischen oder zumindest politischen Konsolidierung der Ketzer rechnen: Da hatten sich gewichtige Stimmen gegen Gesetz und Ordnung des Reiches gewandt, da waren Bündnisse geschlossen worden, da hatten die Deutschen theologische und kirchliche Neuerungen mitten in den Territorien des Reiches vollzogen. Wenn diese Fakten rückgängig gemacht werden sollten, so mußte es behutsam geschehen. Am besten erschien unter diesen Umständen ein Religionsgespräch auf höchster Ebene, das zweifelsohne die alte Wahrheit triumphieren lassen und die Abgewichenen überzeugen würde.

Es hatte nahegelegen, die Protestanten einzuladen, ihre eigene Lehre in Augsburg vorzutragen. Diese waren auch – mehr oder weniger freudig – auf den Vorschlag eingegangen. Der Auftrag, das Bekenntnis der neuen Bewegung zu umschreiben, barg die unerwartete Gelegenheit in sich, sich ein für allemal von dem Geruch der Ketzerei zu befreien und darzutun, daß jene Doktrin, die die neue hieß, nichts anderes als die alte, die ursprüngliche war. Der berufenste Interpret eben dieser Lehre aber konnte kein anderer sein als Melanchthon, der Systematiker und Didaktiker. Philippus würde es schon richten. Er hatte bereits früher bewiesen, was in ihm steckte: eine gut humanistisch begründete Angst vor aller Barbarei und deswegen die Zuversicht, die geistigen Werte des Glaubens auf das beste zu ordnen.

Daß Augsburg auch nach Martin Luther fragte, war nicht ungewöhnlich. Im Gegenteil: War nicht er der eigentliche Wortführer Wittenbergs? Stand Melanchthon nicht in seinem Schatten? Wo nur steckte Martin? Warum trat er selbst nicht vor Kaiser und Reich? Warum wiederholte sich Worms denn nicht?

Martin konnte nicht und durfte nicht. Der Geächtete mußte in der südlichsten Besitzung des Kurfürsten Johann, auf der Veste Coburg, zurückgelassen werden. Die Räte waren nämlich der wohlbegründeten Meinung gewesen, dies sei für alle Beteiligten besser so. Martin war nicht der Mann, der eine Lehre, und sei sie seine eigene, hätte systematisch darlegen können, und Karl V. wollte mit größter Wahrscheinlichkeit eine Begegnung wie vor neun Jahren zu Worms nicht wiederholt sehen. Irgendwann war Schluß mit den Rechtsbrüchen der Protestanten: Luther blieb gebannt, daran bestand kein Zweifel, und kein Kaiser, der auf sein Amt etwas gehalten sehen wollte, hätte einen solchen Ketzer anhören können. Luther saß also fest. Einmal mehr blieb er auf einem Berg zurück, auch diesmal anfangs recht unwillig.

Dabei handelte es sich doch um einen »reizenden Ort«, der »für Studien sehr geeignet« war. Bald fand sich denn auch der alte Geist wieder ein, das neue Stübchen wurde eingerichtet, ein Vollbart wuchs, und viele Beiträge flatterten vom »Sinai« herab, obgleich Luthers Brille nichts taugte.

Im Juni schon erschien eine »Vermahnung an die ganze Geistlichkeit«, eine harte Abrechnung mit den seit Worms vergangenen Jahren, eine niederschmetternde Bilanz auch der inzwischen unverändert festgehaltenen Doktrinen und Praxen der irreformablen römischen Kirche: Ablaß, Bann, Messe, Wallfahrten und Reliquien, Buße in Form der »Beichte«, jener »der größten Plagen eine auf Erden«. Der Schriftsteller verweist gar von seinem Berg aus auf den guten Papst Hadrian VI. und dessen Bekenntnis, Scham und Demut, die allem Anschein die kurze Regierungszeit des Niederländers nicht überlebt haben. Er meint, an die geistlichen Fürsten gewandt, sie sollten endlich ehrliche Konsequenzen ziehen und die Vermengung von Bischofsamt und weltlicher Herrschaft aufgeben. So weit, so gut.

Ob die angesprochene Geistlichkeit der »gleißenden Kirche« allerdings ergriffen genug war, diese Mahnungen anzuhören oder gar zu befolgen, erfuhr der Coburger Autor so schnell nicht. Martin blieb in seiner Isolation hocken, litt an neuen Schüben der alten Krankheit und klagte – uninformiert, ferngehalten, abgeschlossen, wie er war – darüber, daß »es nicht mehr geht, die Jahre treten hinzu«. Auch der Gedanke an den baldigen Tod kam wieder auf. Luther erzählt später davon: »Zu Coburg ging ich auch also um, und suchte mir ein Oertlin, da man mich hin sollte begraben, und in der Capellen unter dem Creuz gedachte ich, da würde ich wol liegen . . .«

Doch blieb dies alles Episode. Der alte Arbeitseifer kam wieder (die Gesamtproduktion in dieser »schwachen« Zeit umfaßt etwa achthundert Seiten der späteren Gesamtausgabe!), und Luther wandte sich den leichteren Übungen zu, wenn schon die Mächtigen nicht mehr auf ihn hören wollten: Briefe gehen heim nach Wittenberg, an Käthe, an Lenchen wie an Hänschen, und nach Mansfeld wird das Bekenntnis der »süßesten Liebe« für den eben verstorbenen Vater gesandt. Ansonsten heißt es abwarten.

Ungeduld brachte erst die Kunde von jenem »Augsburger Bekenntnis« mit sich, das Melanchthon für den Reichstag auszuarbeiten begonnen hatte. In dieser »Confessio« wollte sich die neue Bewegung als eine auf dem Boden der wahren Kirche um ihr Existenzrecht kämpfende Partei authentisch darstellen, dem Kaiser – in seiner Funktion als oberster Schiedsrichter des Reiches – zur gefälligen Information. Luther dazu nach anderthalb Jahren: »Die Unsern haben da das Euangelium offensichtlich fürm Kaiser und ganzem Reich frei bekannt, und haben die Widersacher, die Papisten, aufm selbigen Reichstage aufs Höchste zu Schanden gemacht.«

Daß dies so kommen würde, daß Melanchthons Schrift einmal zum grundlegenden Bekenntnisdokument der Protestanten werden würde, hatte damals allerdings noch kaum jemand geahnt. Karl V., in die düstere Schwärze seiner spanischen Etikette gekleidet, hatte der Verlesung dieser Urkunde schweigend zugehört, die vor allem belegen sollte, daß Martin Luthers Lehre nichts anderes darstellte als die alte, wahre und rechte Lehre der römischen Kirche selbst und daß der gemeinsame Feind von Römern und Lutherischen in den Schwärmern und Wiedertäufern zu suchen sei. Melanchthon hatte aus diesem Grund alle wirklichen Streitfragen ausgeklammert: das Papsttum zuerst, aber auch die Stellung der Bischöfe, ein Problem also, das die Stände und Territorien des Reiches am direktesten betraf.

Der Magister Philippus – »er lest sich tzu sehr einnemen. Sein klein scriptorilichen taug nicht; man muß ein grobe axt tzu den klotzern nemen«, sagte Martin über ihn – lebte inmitten des Hin und Her eines wichtigen Reichstages, dem der grobe Klotz Luther nicht unbedingt hätte nutzen können, aus dem Gedanken an eine noch immer nicht auszuschließende Versöhnung zwischen den Lagern. Es erschien ihm als der größte Dienst an der Sache der Evangelischen, wenn er die Tür zur Verständigung mit den Altgläubigen so weit wie möglich offenhielt. Kaum ein Opfer war ihm daher zu groß, um die drohende Spaltung noch einmal abzuwenden, und er erwies sich immer wieder als unbestechlicher Vermittler zwischen jenen, die Entgegenkommen zeigten und eine gemeinsame Linie suchten.

Der Kaiser jedoch saß, hörte und schwieg. Zwar hatte er dafür gesorgt, daß der wie eh und je gegen die Neuerer zu Felde ziehende Dr. Eck nicht seine ganzen Zettelkastenargumente wider die »gut vierhundert Häresien« der Neuerer vor den Reichsständen hatte ausschütten dürfen, um seiner Wahrheit zu einem ganz klaren Triumph zu verhelfen. Doch gab es für ihn noch immer keinen Zweifel an der Richtigkeit seiner ursprünglichen These: Die Protestanten mußten, Nuancen einmal hin oder her, zurück. Daß Luther anders informiert schien, tat nichts zur Sache. Dessen Bemerkungen, in Augsburg hätten die Gegner bekennen müssen, »das unser confession recht sei und ware«, gingen an der Sache vorbei. Auch stimmte es keineswegs, was Martin wahrhaben wollte: Karl V. stand in Augsburg nicht wie ein Fels gegen seine Berater. Der Kaiser erwarb sich nicht »aller Welt Gunst und Liebe«. Er wartete ab, was aus seinem Plan werden würde. Und er schien fest entschlossen, eine andere, strengere Taktik einzuschlagen, falls der Weg über das Gespräch fehlschlagen sollte.

Luther befand sich im Irrtum. Doch war diese Selbsttäuschung nur die einfachste Folgerung aus der eigenen Theologie, die sich nach wie vor keine Weltordnung ohne die Kaiserliche Majestät vorstellen konnte, die daher das Recht zum Widerstand gegen eine solche Obrigkeit verwarf und die deswegen jene Bündnispolitik, die doch längst schon zum Lebensinhalt von Papsttum und Kaisermacht geworden war, seinen eigenen Christenleuten untersagen wollte.

Die Entwicklung ging daher auch an Martins Wort vorbei: Philipp von Hessen hatte eigene Folgerungen aus dem Augsburger Fehlschlag gezogen und sich für den Aufstand gegen den Habsburger entschieden. Und allein dieser Politik, wie sie sich um der »deutschen Libertät« willen gegen das Schreckgespenst der »viehischen, untreglichen und ewigen spanischen Servitut« zur Wehr setzte, gehörten die folgenden Jahre, nicht jedoch Martin Luthers Gutachten.

Der Aufenthalt auf dem Berg, von dem es sich – meist ohne Widerhall – so laut hatte zum »Reichstag der Krähen und Dohlen« herabdonnern lassen, war Symbol genug. Das Stübchen sprach und sprach. Das Echo blieb aus. Karl V. hatte bei aller kirchenpolitisch gefärbten Konzilianz, die er zu Beginn des Reichstages an den Tag gelegt hatte, zu keiner Zeit die Absicht gehabt, seinem Credo von früher auch nur ein Jota abhandeln zu lassen. Er sprach vielmehr – und immer zorniger – mit der Majorität der Stände und für diese. Die Protestanten hingegen, eine Splittergruppe, zu der sich – zum Entsetzen des Kaisers – inzwischen auch Augsburg, der Sitz seiner Finanziers, hinzugesellt hatte, hatten gegen Ende des Reichstages alles hingeworfen, das Scheitern in einer polemischen Apologie mitbekannt und den Kaiser einfach sitzenlassen.

Alles lag schlimmer als zuvor. Der Souverän fühlte sich düpiert: Die friedliche Einigung war gescheitert, von einem Konzil wollte der Papst nichts wissen, und die militärische Lösung war zur Zeit wegen der fehlenden Mittel nicht durchführbar. So wurde denn am 19. November 1530, einem Datum des Versagens, noch einmal das Wormser Edikt eingeschärft, und bei diesem »rauhen Abschied« blieb es.

Karl V. zog unverrichteter Dinge von dannen, ein zweites Mal für lange Jahre. Zurück blieben die großen Worte einer Majorität, der zu diesem Zeitpunkt noch die Waffen fehlten. Zurück blieb die Hoffnung auf den Dauerbrenner »Konzil«, welches der Kaiser dem Papst abtrotzen wollte. Zurück blieb ein Ferdinand, dessen Wahl zum römischen König Karl V. seinen Kurfürsten abgekauft hatte, obgleich diese sich damit hatten eine Art habsburgischer Erbmonarchie in den Pelz setzen lassen müssen: Luther berichtet einmal von einem Dictum eines der Wähler, er habe »ein konig erwelet« – und er müsse ihn eben auch »selbs erschlagen«. Zurück blieb vor allem die Lösung der brisanten Frage nach dem Glauben, welche schon gar keine mehr war: Die Protestanten sollten nämlich künftig, nach einem Moratorium, mit Prozessen vor dem erneuerten Reichskammergericht verfolgt werden, und dies bis in ihre Ländereien hinein. Sie galten als Reichsrebellen und Landfriedensbrecher, und ihre Güter und Besitztümer konnten konfisziert werden. Das Wort war allem Anschein nach endgültig bei der Gewalt der Juristen gelandet.

Aber auch die bekennerischen Bündnisse würden nur zu bald das lautere Wort mit ihren Gewalttaten zudecken. Gegen Luthers und Melanchthons theologisch argumentierende Warnungen hatten unterdessen die Juristen die Legitimität von Kriegshandlungen herausgearbeitet und Kursachsen, Hessen und den weiteren Protestanten – an den Wittenberger Theologen vorbei – ein leidlich gutes Gewissen verschafft. Im Jahre 1531 wurde gar ein förmlicher Bund gegründet, zu Schmalkalden, einer kleinen Grenzstadt Philipps. Die Obrigkeit, Schlüsselbegriff der Auseinandersetzungen, war damit römisch-rechtlich, nicht aber mehr nach der Weise des Apostels Paulus definiert.

Die Fürsten zeigten sich zufrieden. Diesmal hatten die Gutachter beste Arbeit geliefert. Schmalkalden wurde sofort zum Begriff, und die auswärtigen Mächte lernten das zungenbrecherische Wort wohl oder übel buchstabieren. Der Bund gab sich, gut juristisch, eine Art Verfassung, setzte die Beiträge der einzelnen Mitglieder fest und baute sogar eine sichere militärische Organisation auf, alles in allem so etwas wie einen kleinen Staat im Staate, mehr jedenfalls als das so großspurig eingesetzte Reichsregiment je hatte erreichen können.

Es war somit nicht von ungefähr gekommen, daß auch das Ausland aufhorchte, vorfühlte und schließlich Beobachter zu diesen Protestanten schickte. Aber auch viele deutsche Stände, das erzkatholische Bayern nicht ausgenommen, baten nach und nach um Aufnahme in diesen Bund der Schmalkaldener. Die religiöse Frage jedoch, anfangs noch gemeinsame Basis des Zusammenschlusses, wich auf diese Weise mehr und mehr der handfesten Realpolitik, die nur noch auf den Namen »Front gegen Habsburg« hörte. Die Theologie war besiegt. Luther hatte, obgleich in Ehren gehalten, nichts Entscheidendes mehr zu sagen. Er wird zwar nach wie vor mit Anfragen, Briefen und Bitten um Gutachten eingedeckt. Doch halten sich die Fragenden nur noch dann an die Antwort seines Wortes, wenn sie ihre eigene Meinung bestätigt. Die protestantischen Fürsten Johann von Sachsen und Philipp von Hessen hatten dies ja vorexerziert.

Luther muß in den folgenden Jahren – es werden fast so viele sein, wie der Schmalkaldische Bund zusammenhält – zuschauen, wie alle möglichen »Esel an Stricken fortgezogen« werden. Geändert hat sich nichts: »Der Papst mit den Seinen kann nicht leiden, daß man ihn reformire, denn dem Wort ›reformiren‹ ist man zu Rom feinder denn dem Donner vom Himmel oder dem jüngsten Tage. Wie ein Cardinal gesagt: ›Lasset sie essen, trinken und thun, was sie wollen; aber daß sie uns reformiren wollen, das ist uns nicht zu leiden, da müssen wir streiten!‹«

Und auch die Welt ist und bleibt »wie ein trunkener Bauer, hebt man ihn auf einer Seiten in den Sattel, so fällt er zur andern wieder herab; man kann ihm nicht helfen, man stelle sich wie man wolle. Also will die Welt auch des Teufels seyn.« Ist es unter diesen Umständen nicht doch besser, so fragt Martin sich und die anderen, bald, bald »eingescharrt« zu sein? »Nein, vierzig Jahre möchte ich dieses Leben nicht mehr kosten«, sagt er 1539 zu den Seinen, »wollte Gott mir auch ein Paradies daraus machen. Ich wollte eher einen Hencker miethen, der mir den Kopff abschluge, so bose ist die Welt, eittel Teuffel werden sie itzt, das ihm einer nichtes Besseres wunschen kann, dann nur ein seliges Stundtlein – und darvon!«

30.
Darum ists am allerbesten, nur bald gestorben und eingescharrt

Entscheidungen außerhalb Wittenbergs

Er, den die Obrigkeit auf der Veste Coburg zurückgelassen hatte, weil sie ihn dem Kaiser Karl nicht noch einmal hatte zumuten wollen, obwohl es zu Augsburg um seine eigene Sache gegangen war, Martin Luther, der auf dem Berg vor sich hin gearbeitet, Briefe geschrieben und die Bibelübersetzung vorangebracht hatte, ist unterdessen nach Wittenberg zurückgekehrt. Dort wird er bleiben. Größere Reisen unternimmt er nicht mehr, nur noch nach Schmalkalden, Weimar, Mansfeld und Eisleben, also vor die Haustür, nicht mehr jedoch wie früher nach Rom, Worms, Augsburg, Nürnberg, Köln oder Heidelberg. Luther schaut – vom Wittenberger Stübchen aus – lange Jahre nur noch zu. Das Schicksal seiner Bewegung wird inzwischen von anderen gelenkt.

Verschiedene Entscheidungen fallen: Eine ernsthafte und dauernde zum einen, denn ganz Nordeuropa neigt sich, mit gewaltigem politischem Effekt, der neuen Lehre zu, und andererseits eine eher provisorische, denn das Reich hat sich, anno 1532 zu Nürnberg, noch einmal darauf geeinigt, alles beim alten zu lassen, den beiden schon etwas müde gewordenen Lagern eine gewisse Verschnaufpause zu gewähren, eben alles zu tun, damit es nicht noch einmal losgehe – und auch dem Kaiser den Rücken für seinen Feldzug gegen die Türken freizuhalten, nachdem König Ferdinand wenig Waffenglück bewiesen hatte: »Alles schreiet vom Ferdinando und alles schreiet zu Carolo«, gibt Luther die Stimmung im Reich wieder. Jedenfalls wurden die Protestanten ein weiteres Mal toleriert, sogar in den kaiserlichen Landfrieden aufgenommen und fürs erste von den Prozessen des Kammergerichtes ausgenommen. Das aber bedeutete Karls ersten förmlichen Verzicht auf den nach Augsburg eröffneten Rechtskrieg gegen die Ketzerpartei und damit auch ein – wenn auch nur provisorisch-taktisches – Abrücken vom Wormser Edikt. Luther und die Seinen konnten zufrieden sein. Was die nahe Zukunft bringen würde, wußte damit allerdings noch niemand. Karl V. konnte sich den Türken zuwenden, welche Frankreichs König unterdessen zu unterstützen geruht hatte. Franz I. konnte sich dies leisten: Sein Land hatte keine gemeinsamen Grenzen mit des Sultans Reich und lag in seiner westlichen Randlage zudem außerhalb der Stoßrichtung türkischer Expansionen. Habsburg aber war jetzt zwischen zwei Feuer geraten, und Christen reichten Heiden eine diplomatische Hand. Der Kaiser, der ein schlimmes politisches Erbe angetreten hatte, die Anwartschaft nämlich auf Ungarn und die exponierte Küstenlage der spanischen wie der italienischen Besitztümer, war ernstlich bedroht, und der Rest seiner Weltherrschaftspläne mußte unter den Strahlen einer Sonne dahinschmelzen, die im Westen wie im Osten zugleich brannte. Hatte der Kaiser gerade noch Frankreich besiegt, wenn auch nicht unterworfen, so blieb doch der Sultan ein nicht zu unterschätzender Gegner.

Allein die Hohe Pforte verfügte über eine stehende Armee, die einzige der damaligen Welt: »Wie man in Historien siehet«, meint Luther dazu, »daß die Römer stets fur und fur ein erblich und gewiß Kriegsvolk gehalten haben, die immerdar zu Feld lagen, gleichwie heut zu Tage der Türk ... Wir aber sammlen ein Haufen von losen, verwegenen, verruchten Buben, die auch die beschädigen und todtschlagen, so sie schützen und schirmen sollten.« Der Sultan war jedenfalls nicht auf Söldner angewiesen. Er besaß die stärkste Flotte, auch eine ausgezeichnete Diplomatie (»ein Fuchs, so aus dem Loch Caucaso herfürwischet und schleicht«). Er hatte »groß Glück und Succession«. Er behielt »sein volck in gunst« – und er konnte sich auf einen einheitlichen

Glauben stützen, der keine Religionsfrage kannte, während sich das Abendland der Christen von einer Fiktion zur anderen weiterhangelte.

Es verwunderte demnach nicht, daß die Türken beständig weiter vorrückten, bereits auf dem Balkan saßen, neuerdings auch mitten in Ungarn, an den Grenzen des Reiches nagten, den Christengegner nie zur Ruhe kommen ließen und die Heere des Kaisers von einem Scharmützel zum anderen jagten, ohne es auf eine wirkliche Entscheidungsschlacht ankommen zu lassen: »Wenn man ihn halten will, und die Schlacht anbeut, so trollt er sich davon, wie die Musici, wenn man sie bittet, so singen sie nicht; bittet man sie aber nicht, so können sie nicht aufhören . . .«

Martin ist sich seines politischen Urteils sicher: »Wider eines solchen Feinds Gewalt sind wir Deutschen faulfressige Säue, gehen müßig, schlinken, schlankern, fressen, saufen, spielen, treiben allerley Muthwillen und Bubenstücke, lassen uns nichts zu Herzen gehen noch bewegen so viel jämmerliche Schlachten und Niederlagen des armen deutschen Kriegsvolks. Denn der Türk hatt in 30 Jahren so gewaltig zugenommen, daß er ist worden ein Herr in Egypten, Arabien, Persien, Asien, und in ganz Griechenland.«

Der Kaiser bekam seine Unterlegenheit ständig zu spüren: Es fehlte wie immer an Geld, der Sold für die Angeworbenen blieb aus, und die Hilfskontingente aus dem Reich wendeten spätestens an Österreichs Grenzen, weil sich ihre Herren nicht dazu entschließen konnten, ausgerechnet Habsburgs Ländereien zurückzuerobern. Der Kaiser wich daher nach Nordafrika aus, eroberte 1535 Tunis, scheiterte 1541 dann kläglich bei Algier und hatte zum Schluß keinen anderen Erfolg aufzuweisen als die Tatsache, daß ein so wichtiges Grenzland wie Ungarn für die nächsten anderthalb Jahrhunderte, Türken-Krieg, Türken-Gelder und Türken-Ablässe hin oder her, beim Osmanischen Reich – und damit beim Islam – verblieb. Luthers Befürchtung hatte sich bewahrheitet: »der Turck mus Deutschland ein schlappen geben . . . Ich gedenck offt an den jamer Deutschlands und las offt ein schweis druber. Aber es will im nit helffen lassen. Dann den Turcken schlecht nimands denn der man, der Christus heist, und das Vater unser und der glaube.«

Was diesen Glauben betraf, war der Kaiser auch nicht viel erfolgreicher. Trotz der bitteren Erfahrungen, die Karl V. mit dem Papsttum gemacht hatte, konnte er sich doch nicht zu dem einzig erfolgversprechenden Schritt entschließen: die Kurie zu einem Konzil zu zwingen, den Papst unter Druck setzen, das anklagende Wort seiner kaiserlichen Pamphlete in die befreiende Tat umzusetzen und der päpstlichen Politik des Hinhaltens und der kleinen Schritte ein rasches Ende zu machen. Im Jahre 1532 hatte er sich vielmehr noch mit dem Medici getroffen, im darauffolgenden Jahr auch ein Bündnis mit dem Papst geschlossen und schließlich noch eines zum Schutze Italiens gegen unwillkommene Angriffe. Doch hatte alles nichts genutzt. Der Papst hatte vielmehr den Kaiser nur ausgenutzt: »wen ihm der keyser die fusse kusset, mus der bapst den keyser wider yhn arß lecken«.

Clemens VII. hatte sich nur Florenz für die eigene Sippe zurückgewinnen lassen, um die Medici wieder in ihre alten Rechte zurückzusetzen, dann aber Caterina de' Medici nach Frankreich an einen Sohn Franz' I. verheiratet. Damit war er der kaiserlichen Heiratspolitik in den Rücken gefallen. Auf Jahre hinaus war ein Fait accompli geschaffen. Die offenkundige Tatsache, daß Frankreich ähnlich wie England unter Heinrich VIII. mit den Feinden des Kaisers sympathisierte, sogar mit den Schmalkaldenern Bündnispläne schmiedete und Melanchthon nach Paris einlud, tat ein Übriges: Habsburgs Souverän verstand diese kirchliche Welt nicht mehr, die nur den Interessen Frankreichs zuarbeitete, statt das universale Amt eines Papstes zu versehen.

Zu allem Überfluß, so meinte der fromme Kaiser, hatte sich in Rom auch nichts Entscheidendes geändert, nachdem Clemens VII. im September 1534 gestorben war. Denn der Nachfolger machte weiter wie gehabt und begründete zunächst einmal eine neue Papstdynastie, die der Familie Farnese. Das war nicht neu, denn der neue Stellvertreter Christi auf Erden, der im Alter von 66 Jahren auf den Thron gelangt war, hatte Erfahrung auf diesem Gebiet. Er war noch von Alexander VI. Borgia zum Kardinal erhoben worden – und alle Welt hatte seinerzeit gewußt, warum eine solche Karriere einem solchen Mann zugefallen war.

Auch Luther kennt die Geschichte: Der Farnese hatte eine bildschöne Schwester, »la Giulia« schlechthin, die sich den Borgias, dem Vater wie dem Sohn, angedient hatte, und so ergab es sich gleichsam von selbst, daß ihr Bruder »also damit verdienete, daß er zum Cardinal gemacht ward«. Zwar war der Farnese wegen dieser Affäre um seine Schwester kurzerhand »Weiberrock-Kardinal« geheißen worden, aber das tat nichts zur Sache. Der Kardinal war am Ziel. Er rückte im Laufe der Jahre, da die seltsamen Anfänge seiner höheren geistlichen Laufbahn wieder in Vergessenheit geraten waren, immer weiter auf und erwies sich schließlich, als Papst Paul III., gar als ein der Kirchenreform nicht abgeneigter Herrscher.

Freilich hat er die Doppelbödigkeit seiner Karriere nie ganz verleugnen können: Auf der einen Seite konstatiert die Geschichtsschreibung die schrankenlose Erhöhung des päpstlichen Hauses, auf der anderen die wahre Sorge um die Kirche Roms, und dies 15 Jahre lang. Paul III. bleibt der Erbe der kompromittierenden Kurienpolitik seiner Vorgänger, von der er sich nicht lösen kann oder will, doch sieht er auch immer wieder, wie verhängnisvoll eben diese Tradition für das hohe Amt sein mußte, das er zu verwalten hatte. Ob Luther diesem Mann ganz gerecht geworden ist, bleibt daher zweifelhaft. Martin hat sich jedenfalls – ähnlich wie Karl V. – nicht sonderlich umgestellt: Auch dieser Papst – »ich wolt zum ersten den bapst fur ein bapst halten, so wolten sie, ich solt yhn fur ein Gott halten« – blieb, alles in allem ein Potentat, der aus dem Glauben »hat gellt geschmidt«. Paul III. würgte wie der Türke die wahre Religion, gehörte zeitlebens zu den Tätern, den »grossen ochsentreibern und heuserbauern«, und stand wider den Kaiser, »denn er verdammet das weltlich Regiment«.

Der Pontifikat Pauls III. stand so oder so unter keinem sonderlich günstigen Stern, denn allerorten meldete sich der Abfall: England zum Beispiel – »9 thonnen goldt hat der konig von Engellandt dem bapst jerlich genommen, die aus seinem reich jherlich geben sindt« – rückte zusehends von Rom ab, was Luther eines Tages kommentieren wird, er sei ganz froh, »das wir des blasphemen loß sein«; Skandinaviens Reiche hatten die neue Lehre ohnedies anerkannt; in Deutschland verfestigte sich die Spaltung in die beiden Konfessionsparteien, und selbst das katholische Spanien, das seine Ketzer noch immer zuhauf verbrannte, galt mehr und mehr als gefährdet, und dies von innen heraus, durch den unberechenbar gläubigen Kaiser und dessen Credo nämlich, die sich immer weniger um den Farnese und dessen Amtsverständnis zu kümmern schienen.

Was Frankreich betraf, auch dies eine Großmacht, so konnte kaum jemand genau wissen, alle Bündnisse mit dem Medici hin oder her, ob nicht auch Franz I. eines Tages dem Beispiel Heinrichs VIII. folgen und die Komplotte mit den Schmalkaldenern in einen handfesten Abfall ummünzen würde. Denn selbst dieses Land wurde immer stärker infiltriert: Überall tauchten Flugschriften auf, wurden Plakate gegen die alte Kirche angeschlagen, wanderten Neuerer ein. Auch wenn diese – eine neuerliche Schwenkung der französischen Religionspolitik – wieder blutig verjagt wurden, so gelang es doch nie, sie ganz auszurotten. Im Gegenteil, sie warteten im Ausland, Calvin einer von ihnen, auf eine günstigere Stunde, auf eine aufgeschlossenere Zeit. Italien hinwiederum konnte den reformwilligen Farnese kaum froher stimmen, denn auch hier fanden sich überall die Keimzellen einer schlimmen Neuerung, die sich lieber an den deutschen und schweizerischen Theologen als am römischen Papst orientieren wollten.

Vielerlei Pläne: Konzil, Union, Krieg

Es war daher nicht verwunderlich gewesen, daß Paul III. schon kurz nach seinem Amtsantritt einen anderen Weg beschritten und kurzerhand ein Generalkonzil angekündigt hatte, um noch einmal von der alten Einheit zu retten, was überhaupt noch gerettet werden wollte. Dieser Plan der Vorwärtsverteidigung war kein Papier geblieben: Zwar hatten sich die engsten Mitarbeiter des Papstes, die der Farnese von seinem Vorgänger übernommen hatte, entsetzt geäußert, doch Paul III. hatte zum probatesten Mittel gegriffen und neue Kardinäle ernannt, um sich durchzusetzen. Rom schwenkte langsam, aber sicher auf die neue Linie ein.

Paul III. hatte Augenmaß bewiesen. Unter seinen neuen Kardinälen befanden sich ernsthafte Reformer, ein Gian Pietro Carafa etwa und ein – wie Luther 1483 geborener – Gaspare Contarini. Auch wenn diese beiden Männer aus unterschiedlichen Motiven die Sache der Kirche angehen wollten, der Carafa eher in schroffer Manier, ohne profunde Kenntnis der eigentlichen Anliegen Luthers, der andere dagegen verbindlich und auf Ausgleich bedacht, so arbeiteten sie doch zusammen an einem großen Ziel, der Reform an Haupt und Gliedern. Diese besagte aber vor allem die Neuordnung der römischen Kurie und damit die Beseitigung des Skandals im eigenen Haus, um auf diese Weise eine stille und zugleich sprechende Antwort auf eine der großen Anfragen Luthers zu geben. In zahlreichen Vorarbeiten mühte die Reform sich ab, gewann Terrain für die eigene Partei hinzu und bereitete ein Konzil vor, das die ersehnte Wende bringen und die frühere Einheit wiederherstellen sollte. Hilfe kam unter anderem von einem neuen Orden, den der Baske de Loyola in dem Schicksalsjahr 1534 inspiriert hatte, da ein neuer Papst gewählt worden war, da Calvin aus Frankreich geflohen war, da Heinrich VIII. sich von Rom losgesagt hatte und da sich zu Münster in Westfalen die Radikalsten der Radikalen zu einem letzten Aufstand des »schwerdtes auß der schrifft« erhoben hatten.

Rom wußte jedoch, daß die Reformpläne der Kirche auch politisch abgesichert sein mußten und sich nicht allein auf innerkirchliche Arbeit gründen durften. Bevor nämlich nicht eine Übereinkunft zwischen dem Kaiser und Franz I. zustande kommen würde, war alles Verhandeln in Kirchensachen umsonst. Paul III. hatte mit dieser Meinung nicht unrecht. Seine Politik jedoch, die den Kompromiß zwischen den beiden Großmächten weniger auf die Ligen von ehedem als auf strikte Neutralität gründen wollte, kam bald schon in Verruf. Am Ostermontag des Jahres 1536 war es in dieser Angelegenheit sogar zum förmlichen Eklat gekommen: Karl V. hatte sich in Rom eingefunden. Der Papst wollte ihm seinen eigenen Konzilsplan schmackhaft machen. Alles stand auch bereit, als sich der Kaiser in Positur setzte und eine neue Credo-Rede an Papst, Kardinäle und Diplomaten hielt, in der er – neben scharfen Ausfällen gegen Frankreich – bitterste Klage gegen die päpstliche Neutralitäts- und Kompromißpolitik führte, die es zuzulassen schien, daß sich Franz I. mit dem Sultan gegen den Kaiser der Christenheit verbündete und selbst mit den deutschen Protestanten liebäugelte, statt sich ein für allemal zu entscheiden, wer von den beiden Seiten im Recht war, und sich diesem – es konnte nur Karl V. sein – für immer anzuschließen.

Dieses Credo wirkte erschreckend unhöflich. Alles blickte betreten beiseite, versuchte den Ausbruch eines Imperators zur Posse herunterzuspielen und bügelte schließlich das Ärgernis der Wahrheit auf diplomatische Weise wieder aus. Was Karl V. vorgetragen hatte, die Grundwerte seiner Regierung wie seines Lebens, Ehre, Treue, Recht und Christenheit, erschien den meisten höchst unpassend und unzeitgemäß. Der französische König, der sich plötzlich von einem Kaiser wegen seiner Ehrlosigkeiten als Mensch wie als Christ sogar zum Duell gefordert gesehen hatte, winkte belustigt ab. Dieser Kaiser hatte sich unmöglich benommen. Seine imperialen Pläne waren nicht modern genug, eine Verrücktheit ohne Wirklichkeit, ein nacktes Credo kurz vor dem endgültigen Offenbarungseid.

Der Erfolg des Ganzen: Karl V. hatte mit seinem cri de coeur weder den Papst dazu bewegen können, die Neutralität aufzugeben, noch Franz I., den Krieg einzustellen. Und wieder wechselten die Bündnisse so geschwind wie das Waffenglück. Erst ganz zum Schluß gelang es dem Papst, im Jahre 1538, einem »recht hämischen jahr«, einen weiteren Frieden, diesmal zu Nizza, zu erreichen, der allerdings von der gleichen Qualität sein sollte wie die vorausgegangenen. Alles blieb in der Schwebe; die Streitfragen wie Mailand, Burgund, Navarra und die Niederlande wurden nur vertagt. Nicht einmal die sich anschließenden politischen Heiraten konnten den harten Kern der ungelösten Probleme überdecken. Solch ein Weiß tünchte nur, besiegte jedoch das Schwarz nie und nimmer. Italien und Frankreich blieben offene Wunden, und auch im Reich sah es so finster wie eh und je aus.

Selbst die Konzilspläne des Farnese-Papstes erschienen nicht attraktiv genug. Zwar war der päpstliche Nuntius Vergerio (später übrigens selbst ein Lutheraner) schon einmal im Jahre 1535 persönlich nach Wittenberg gekommen, in die Höhle des Löwen also, doch hatte »der wahre Luther« ihn abgewiesen, nach Meinung des Gesandten »una bestia«. Martin meinte, ein »freies christliches Konzil in deutschen Landen« sei das doch wohl kaum, was Paul III. da plante, zumal nicht die Heilige Schrift, sondern der Antichrist nach Art eines »Kaiphas-, Pilatus- und Herodes-Concils« das Sagen haben würde, ein »Narren- und Kinderwerk« also, das sich mit Nebensächlichkeiten abgebe, »wie lange Kleider und Röcke die Geistlichen und Pfaffen tragen, wie breit die Gürtel und wie groß die Patten sein sollen«, mehr nicht. Und dabei blieb es dann auch.

Das evangelische Laienkonzil hinwiederum, wie es die Protestanten mit gutbestückten Gutachten forderten, war für einen römischen Papst unannehmbar. Zudem hatte Martin Luther selbst scharfe Trennungsstriche gezogen: In einem Spätwerk von 1539 mit der bezeichnenden Überschrift »Von Conciliis und Kirchen« war er öffentlich von Melanchthons noch über Augsburg hinaus auf Versöhnung bedachten Linie abgegangen und hatte seine eigene Christenheit gegen diejenige

Roms gestellt. Die protestantische Seite fürchtete zudem, daß mit dem Zusammentreten des Konzils die kaiserlichen Zusagen erlöschen könnten, die jeweils nur als Provisorium bis zur Entscheidung durch ein Konzil gedacht waren. Der Konzilsplan für Deutschland war also aussichtslos geworden und Paul III. war abgeschmettert, zumal auch England alle Diplomatie darangesetzt hatte, eine Versöhnung zwischen dem Kaiser und Frankreich unmöglich zu machen, da Heinrich VIII. von einem Konzil höchstens eine weltoffizielle Verurteilung seiner eigenen Kirche zu erwarten gehabt hätte.

Franz I. wollte im übrigen auch nicht so recht: Das geplante Konzil hätte ja dem Erzrivalen Karl V. nur eine Rangerhöhung eintragen und dessen Schritt hin zu einer Monarchie befördert, was bedeutet hätte, anstelle im Reich des Kaisers einen Staat unter anderen zu sehen, Karls Imperium als Weltherrschaft zu betrachten. Frankreich fürchtete also das kaiserliche, und die deutschen Protestanten fürchteten das päpstliche Konzil. Beide Seiten kamen daher überein, nur einem »freien« Konzil zuzustimmen, eine aussichtslose Angelegenheit, sollten Kaiser und Papst dafür gewonnen werden.

Es blieb daher nichts anderes übrig, als noch 1539 das angekündigte Konzil Pauls III. für einige Zeit zu verschieben. Es wurde schließlich wieder einberufen, doch ist erst viel später etwas aus diesem Plan geworden, zu Trient nämlich, als das Konzil die katholische Doktrin für alle sichtbar, auch und gerade für die Protestanten, neu definierte und eine wohlgefügte Antwort auf Martin Luther festschrieb, die einige Jahrhunderte überdauern sollte und noch heute nachwirkt. Seinerzeit aber waren viele maßlos enttäuscht, als des Papstes Ankündigungen so sang- und klanglos untergegangen waren. Und auch der Kaiser war gewarnt. Das Nein der Protestanten hatte ihm die Augen geöffnet. Er mußte einen anderen Weg als den konziliaren zur Verständigung beschreiten.

Wozu jedoch überhaupt noch eine Verständigung? So fragten viele Altgläubige, unter ihnen – fast selbstverständlich – Herzog Georg von Sachsen. Die Falken im Reich sahen, wohin der Hase gelaufen war. Georg, der selbst einige Reformversuche unternommen hatte (»will reformirn, und sie wollen ihn nicht haben«, hatte Luther bereits 1532 von ihm gesagt), war sich und seiner Sache immer klarer geworden: Die Abweichler mußten kriegerisch angegangen werden. Das ganze Gerede von der Verständigung nützte vergleichsweise nichts. Karl V., dem es inmitten der weltpolitischen Sorgen, die auf ihn einstürmten, noch immer darauf ankam, den Ketzern eine Rückkehr in die Mutterkirche zu ermöglichen, hatte demgegenüber, so meinten die Entschiedenen, nichts aus den Fehlern der versöhnlerischen Vergangenheit gelernt. Sein »Frankfurter Anstand« von 1539, der den Traum der Verständigung durch eine Fortführung und Ausweitung des Nürnberger Stillhalteabkommens von 1532 hatte fortschreiben wollen, war ein schlimmer Irrtum gewesen. Die streng Katholischen waren sich ganz sicher.

Sie allein dachten aber auch, alles in allem, wirklich realistisch. Sie sahen nämlich, was es zu sehen gab: Deutschland hatte inzwischen zwei getrennte Kirchenwesen, die durch eine dogmatische Kluft geschieden waren, der keine dritte Kraft, keine Verständigung mehr beikommen konnte. Daß sich der Kaiser dennoch als Taube gerierte, war allen Unbedingten ein Dorn im Auge. Sie wollten inzwischen – 1538 hatten sie sich in einer »christlichen Einung«, dem Gegenstück zu Schmalkalden, zusammengetan – nur noch das eine: durchgreifen. Die Pläne einer möglichen »Concordia«, wie sie der alte Erasmus anno 1533 noch einmal zur Wiederherstellung der kirchlichen Eintracht vorgetragen hatte, indem er an den guten Willen der feindlichen Lager appellierte, waren demgegenüber suspekt. Alle Verständigung blieb nämlich, das war inzwischen sicher, ein Traum. Die Protestanten waren zu ihrem Glück zu zwingen, sollte die Glaubwürdigkeit der eigenen Wahrheiten nicht aufs Spiel gesetzt werden.

Was von diesen Häretikern zu erwarten war, wenn sie ungestört und ungestraft wirken durften, hatte im übrigen das Beispiel der Stadt Münster gezeigt, wo ein Schreckensregiment aufsässiger Neuerer nur mit bischöflicher Waffengewalt hatte gebrochen werden können. Dieses blutige Spektakel einer auf religiösen Wahn gegründeten Tyrannenherrschaft, die ihrerseits nur Gott als Obrigkeit anerkannte und alle anderen geistlichen oder weltlichen Gewalten als unchristlich ablehnte, war unvergessen, und beide Lager, Katholiken wie Protestanten, hatten ihre Konsequenzen aus dem Ereignis gezogen. Luther bemerkt hierzu: »Ah, was soll ich doch von diesen elenden Leuten zu Münster schreiben? Muß mans doch an der Wand greifen, daß der Teufel daselbs leibhaftig haushält, und gewißlich ein Teufel auf dem andern wie die Kröten sitzen.«

Die Altgläubigen zweifelten nicht daran, daß es früher oder später auch mit den Lutheranern so kommen würde, wenn auch deren Obrigkeiten – durch Münsters Fall aufgeschreckt – alles taten, um als Bewahrer von Gesetz und Ordnung zu gelten und die gefährlichste aller Gleichungen, Reformation gleich Revolution, nicht Wirklichkeit werden zu lassen. Diesen Neuerern war nicht mehr zu trauen, und selbst Luther mußte sich immer häufiger die Schuld an solchem Aufruhr zuschieben lassen, obgleich er nun wirklich nichts dafür konnte, was zumindest seit 1525 klar war. Gleichwohl rüsteten die Falken. Eines Tages würde die Entscheidungsschlacht zu Felde kommen, und alle Verständigung wäre dahin.

Der Kaiser hingegen war solcher Logik nicht – noch nicht – zugänglich. Er hielt sich an seine Reunions-Pläne, suchte die unheilvollen Konsequenzen eines innerdeutschen Religionskrieges noch einmal abzuwenden und bat die gegnerischen Gruppen anno 1541 sogar nach Regensburg zum Reichstag der Verständigung. Karl V., eine Art Luther auf katholisch, der seinen reinen Text festhielt, mochte da kommen, was wollte, glaubte noch immer, die klare und einfache Wahrheit werde sich durchsetzen und die Etikette seines eigenen Credo habe eine Verteidigung eigentlich gar nicht nötig.

Die dezidiert katholische Partei jedoch teilte diese unreflektiert fromme Haltung keineswegs. Sie hatte sich bereits für die Wirklichkeit entschieden. Und erst nachdem auch Regensburg – trotz aller Einheitsformeln Melanchthons – gescheitert war, weil die Parteien sich nicht hatten über den Opfercharakter des Herrenmahls einigen können oder wollen (auch der bereits totgesagte Dr. Eck war noch einmal dabei), schwenkte auch Karl V. um und sann mehr und mehr auf eine kriegerische Lösung des leidigen Problems: »Deshalb ist ihnen nicht zu trauen«, meint Luther über die Papisten, »sie dürsten nach unserm Blute.«

Doch machte der Krieg wieder einmal einen Strich durch diese militärische Rechnung. Der unter der Hand Pauls III. ausgehandelte Friede von Nizza hatte nicht lange gehalten, und Frankreich rückte wieder gegen den Kaiser vor. Karl V. aber war damit, wollte er Franz I. schlagen, wieder auf die Unterstützung der deutschen Protestanten angewiesen. Also versprach der Kaiser ihnen auf dem Reichstag zu Speyer (1544) einen Aufschub aller strittigen Fragen, die Suspendierung auch der Prozesse vor dem Kammergericht, die Außerkraftsetzung früherer Reichstagsabschiede, die sich gegen die Neuerer gerichtet hatten, und damit alles, was sich die Ketzer nur hätten wünschen können.

Zwar war in die kaiserliche Zusage eine provisorische Klausel aufgenommen worden: Alles sollte nur bis zu einem Konzil Geltung haben. Doch war selbst diese Einschränkung eingeschränkt genug: Die christliche Reformation, von der da gehandelt wurde, konnte als papstfrei interpretiert werden. Eine Reformation auf einem deutschen Reichstag ohne Mitwirkung Pauls III. besagte ja nichts anderes als die Erfüllung der alten Forderung nach einem Nationalkonzil, dem sich Karl V. früher so oft widersetzt hatte. Das aber war des Guten zuviel. Die altgläubigen Stände waren schockiert, während die Protestanten gesiegt zu haben glaubten.

Paul III. mußte handeln, wollte er sich nicht allen Einflusses begeben. In einem als »Tadelsbreve« bekanntgewordenen Schreiben beantwortete der Papst diesen Speyrer Aufschub mit heftigster öffentlicher Kritik am Kaiser und an dessen Religions- und Konzilspolitik und forderte gar den Widerruf der soeben den ketzerischen Ständen gemachten Konzessionen. Diese unerhört klingende Forderung rief – zur Verteidigung des katholischen Kaisers – keinen Geringeren als Martin Luther auf den Plan, der in seiner letzten und hemmungslosesten Kampfschrift »Wider das Papsttum zu Rom, vom Teufel gestiftet«

(1545) Paul III. in schlimmer Weise angriff. »Seine Höllischkeit« wird nur noch verlästert, aus dem Familiennamen Farnese wird »Farzesel«, die päpstlichen Dekrete heißen »Dreckete«, der Papst ist der unzüchtigste »Hurnwirth« und so fort. Luther überschlägt sich wie nie zuvor.

Daß auch Cranachs Spottbilder auf Papst und Kirche Roms unter Luthers Einfluß zustande gekommen sind, nimmt daher kaum wunder. Diese groben Karikaturen, denen Verse beigegeben sind, die wohl niemand anderen als Martin zum Verfasser haben, sind noch 1545 erschienen, also auf dem Höhepunkt der Auseinandersetzung eines alten Mannes mit seiner altkirchlichen Jugend. Hier rechnet ein Mensch ein für allemal mit dem Papsttum ab. Hier wird, zum letztenmal, mit der eigenen Herkunft aufgeräumt. Hier äußert sich tiefster Haß auf die Vergangenheit. Die Obszönität wird jetzt zum Selbstzweck. Was – etwa in den Tischreden – noch als beiläufig abgetan werden konnte, nämlich die Ineinssetzung von Papst, Teufel und Kot, ist in diesem Machwerk systematisiert. Luthers Zorn gerät völlig außer sich, und das Wort weiß nichts inhaltlich Neues mehr zu sagen. Martin ist am Ende, und das Stübchen bleibt leer.

Der Kaiser hingegen, dem diese Propaganda aus Wittenberg hatte nützen wollen, hatte gehandelt und, von den deutschen Ständen unterstützt wie mit Heinrich VIII. von England verbündet, den Krieg in das eigene Territorium des Franzosen-Königs getragen. Der Verhandlungsfriede von Crépy hatte daraufhin alles wieder einmal geregelt: Franz I. war ritterlich behandelt und nicht gedemütigt oder gar unterjocht worden, und der Kaiser hatte in unveröffentlichten (und erst 1927 bekanntgewordenen) Zusatzartikeln den eigentlichen Plan seines Imperiums festschreiben können: die Wiederherstellung der universalen Einheit des Abendlandes unter Kaiser und Papst, wie sie mit Hilfe eines Allgemeinen Konzils zustande kommen sollte, zu welchem – Franz I. hatte beigepflichtet – auch und gerade die Neuerer gezwungen werden mußten. Auf diese Weise war es Karl V. gelungen, die Glaubensfrage in ein politisches Vertragswerk einzubeziehen und den diplomatisch bedingten Widerstand Frankreichs gegen ein Konzil zu brechen, einer der bedeutendsten Erfolge des Kaisers überhaupt. Nichts lag also näher, als die widerspenstigen Ketzer militärisch zur Einheit zurückzunötigen.

Der universal denkende Kaiser bemühte sich, einen solchen Erfolg im Rücken, denn auch sofort um den Papst. Dieser, der mit seinen eigenen Plänen bisher nur Schiffbruch erlitten hatte, stimmte freudig zu. Das so oft hinausgezögerte Konzil wird im Dezember 1545 zu Trient, auf dem Territorium des Reiches also, eröffnet. Luther schimpft kurz vor seinem Tod noch gehörig auf dieses Blendwerk eines teuflischen Papstes, doch richtet er nichts mehr aus.

Auch in Sachen kriegerischer Lösung seiner Neuerung gehen die Ereignisse an ihm vorbei. Karl V. hatte inzwischen eine Politik des

Hinhaltens gegenüber den Protestanten begonnen, diese auf einen weiteren Reichstag vertröstet – und in aller Heimlichkeit aufgerüstet. Die Zeichen standen auch in diesem Fall günstig für ihn. Karl V. hatte Glück: Ferdinand hatte in der Zwischenzeit einen Waffenstillstand mit dem Sultan geschlossen, einige Reichsstände waren von der Neuerung zur alten Kirche zurückgefallen, und bei den Schmalkaldenern kriselte es. Im Hochsommer 1546 würde Karl V. dann auch wirklich losschlagen – und in der Tat siegen gegen die Deutschen, die damit vielleicht endgültig erkennen würden, daß ihr Kaiser ein »Spaniol« und »Welscher« war.

Ein Tod im Winter 1546

Martin Luther jedoch sollte den Ausbruch dieser Gewalt zwischen den beiden Wortbündnissen nicht mehr erleben. Ihm war dies alles, sein Exzeß im Jahr 1545 bestätigt dies, zuviel geworden, was sich um ihn herum abspielte. Immer wieder hatte er – »es ist mein teglichs seufftzen und flehen, das mir Got ein seliges stundlen verleihe« – davon gesprochen, daß es genug sei, denn »ich hab nun das best am euangelio erlebt«. Die große Vergangenheit war vorbei. Was Wittenberg überhaupt noch zu sehen bekam, war alles andere als angenehm. Das Wort wich überall in die Gewalt aus. Nicht nur die Papisten, deren Stroh- und Papiermauern Luther vor Jahren hatte im ersten Anlauf nehmen wollen, lebten von der Gewalttat, nein, auch bei den eigenen Freunden und Gesinnungsgenossen fand sich mehr und mehr die Neigung zum Wortbruch, zu Bundesverrat und zum Vergessen des Evangeliums, wie Martin es sehen wollte.

Der alte Mann von Wittenberg, einer Stadt, die »kratzet, scharret, reisset alles nach sich und singet Pax, es habe kein noth! Aber nach meynem abgange wirds noth leiden«, wittert die neue Lage, die da Staatsräson mit Glaubensuntreue gleichzusetzen begonnen hat. Die Politik, von der er zeitlebens so gut wie nichts verstanden hat, wie die Juristerei, die er immer gehaßt hat, werden endgültig zu mächtig für ihn. Er ist dem Nachfragen kaum mehr gewachsen: »Während ich den andern predige, werde ich selbst verworfen«, hatte er schon 1521 Staupitz geklagt. Und so ist es geblieben. Er fühlte sich bedroht. Er spricht – im Rückblick – gar von Bestechungsversuchen und Attentaten (»ich gleub, das mein predigtstuel offt vergifft wird«) und zieht sich definitiv in das Stübchen zurück, enttäuscht, resigniert und dem Vergessenwerden bedrohlich nahe.

Die Christenheit, das weiß Luther unterdessen aus bitterster Erfahrung, lebt – wenn überhaupt – aus dem kleinen Häuflein, das durch das Dunkel der Zeit seinem Gott entgegenzieht. Nur bei der kleinen Gruppe, nur im engsten Kreis hat Gottes Wort noch eine Chance. Da draußen aber, wo sich alle unter dem Vorwand des Bündnisses betrügen, wo ein Krieg nach dem anderen angezettelt wird (»wir sein elende kinder Adam, den ßo uns der tod alle augenblick auff dem lande nachlaufft, suchen wir yhn auch auff dem wasser«), wo um dürftigster Gewinne willen laufend die Lager wechseln, da herrschen nur noch die Gewalttäter. Martin Luther wird immer gereizter und auch immer abweisender gegen alles, was sich außerhalb seiner vier Wände abspielt.

Zu oft ist er getäuscht worden, dieser Prediger des reinen und lauteren Wortes, das keinerlei Gewalt an sich haben wollte. Nur ein Beispiel aus diesen letzten Jahren, wie es für viele steht: Der junge Mann Philipp von Hessen in seiner »hohen Not« hat Luther noch ein Gutachten abgetrotzt oder abgetäuscht, welches ihm – aus Gewissensgründen – erlauben sollte, »solch Mittel zu gebrauchen, die Gott zugelassen und nit verpotten hat«, nämlich die Doppelehe mit einer gewissen Person, einem »Mensch«. Luther, Melanchthon und Bucer »erschracken solcher Narration sehr umb des wusten Ergerniß, das folgen wurde«, doch hatten sie für den »Fall der Notturft« eine geheime Erlaubnis zur Bigamie erteilt. Diese durfte allerdings auf keinen Fall »in Truck gegeben« werden, da nicht ohne Grund »viel grosser Ergernus und Beswerung« zu erwarten war, obgleich es sich beileibe nicht um ein allgemeines Gesetz und eine »offentliche Einfurung«, sondern nur um eine Dispens für den Einzelfall handeln sollte. Philipp von Hessen bedankte sich jedenfalls – und schickte ein Faß Wein nach Wittenberg.

Alles schien geklärt, doch kam die ganze Angelegenheit nicht viel später ans Tageslicht, denn Philipp hörte nicht auf, »fur der Welt die Metze ehelich zu rhumen«. Luther war plötzlich »voller Gedanken«, hielt den bigamistischen Landgrafen für »verrückt«, zumal dieser, »ein hessischer Kopf«, nicht nachgeben wollte, und riet endlich zu einer »gudten, stargken Lugen«. Der Hesse hatte ja wegen seiner Tat mit der Todesstrafe zu rechnen. Nur ein politischer Verrat, die Zusage nämlich, bei den Schmalkaldenern künftig die Sache des katholischen Kaisers zu vertreten, würde den Kopf des Übeltäters retten: Glaube wird also gegen Räson eingetauscht, und Schmalkalden verliert seinen energischsten Mann an das gegnerische Lager.

Was jedoch das Schlimmste war: Luthers eigener Kopf steckte in der Schlinge. Seine moralische Glaubwürdigkeit war bedroht. Und mochte sich ein ahnungsloser Prediger noch so sehr auf die Nöte eines jungen Herrn berufen, eine derart zwielichtige Angelegenheit befleckte Martins Sache auf immer. Luther hat sich nie mehr von dieser Schwärze reinigen können, und »die ganze confession war mit dieser Sachen hoch beschwert«.

War es ein Wunder, daß Luther sich noch verletzter in seine Zelle zurückzog? Zwar hatte Martin auch in den auf diesen Verrat folgenden Jahren noch weiter geschrieben, doch reichte es kaum mehr zu so wegweisenden Schriften wie einst. Nur noch Anmerkungen zu den vielen Worten der anderen, nur noch Stellungnahmen zu den Anfragen der Bittsteller kommen aus dieser Feder. Zu mehr rafft er sich nicht mehr auf. Er hat genug.

Sicher, alle gönnen ihm sein behagliches Heim im Schwarzen Kloster, seine Frau, seine Kinder, seinen Tisch, seine Reden, seine Schriften. Aber ob es gerade diese Behaglichkeit gewesen war, die sein »frisch hindurch« seinerzeit angestrebt hatte, bleibt zweifelhaft. Dieses Gönnen ist schrecklich. Das Mitleid der vielen mit den Kompromissen des Alters beschämt.

Mit dem Volk will Luther allerdings noch sprechen. Er veröffentlicht die Übersetzung der ganzen Heiligen Schrift und predigt immer wieder. Er versucht, seine Passionen anschaulich und mundgerecht zu servieren, und erlebt auch und gerade darin neue Enttäuschungen: Das Wort kommt selbst beim gemeinen Mann, von den Bauern gleich gar nicht zu sprechen, nicht mehr so an, wie Luther es erwartet hatte. Der Herr Omnes zeigt sich nicht mehr bereit, auf Wittenberg zu hören. Auch als der Professor mit der »Säuglocke« läutet, als er sich in Grobianismen überschlägt und seine Demagogien anstachelt, bleibt der Erfolg aus. Die Worte drehen sich im Kreise. Luthers Geschwätzigkeit nimmt zu, seine unbestreitbare Eloquenz verflacht, und Plaudereien ersetzen die theologische Tiefe von früher.

In einem Vorwort zur Gesamtausgabe seiner Schriften aus dem Jahre 1545 faßt er – in dieser Altersstimmung – sich und seinen Weg noch einmal zusammen, glättet da und dort, erinnert sich auch falsch und steigt schließlich in die Glorie der Seinen hinab. Martin betrachtet sich aus der Ferne, so könnte es scheinen. Doch taucht er auch wieder auf, redet und redet unverdrossen weiter – und wird sich und den anderen nicht nur zum Mythos, sondern auch zur Last.

Selbst die Stadt, die ihn über dreißig Jahre lang beherbergt hat, kann ihm nicht mehr gefallen. Wittenberg ist ein Sodom und Gomorrha geworden, und »es ist ein verdrießlich Ding um die Welt«. Selbst »das Meydevolk ist kuhne geworden, laufen den Gesellen nach in ihre Stublin, Kamer, und wo sie konnten; bieten ihn' frey ihre Liebe an . . .« Die Studenten, welche an der inzwischen größten Universität Deutschlands studieren, werden mitten in der Stadt Wittenberg verführt: »Es hat der Teuffel durch unsers glaubens sonderliche feinde etliche hurn hierher gefüret, die arme jugent zu vorderben.« So heißt es anno 1543, und die »speckstudenten«, die sich nicht bessern wollen, bekommen auch gleich mit auf den Weg: »Unser herr churfurst hat diese universitet nicht gestifft vor hurntreiber oder hurnheuser, da wist euch nach zurichten!« Es ist allein der böse Geist, der »solche hurn hieher sendet, die da gretzig, schebig, stinckend, garstig und frantzösisch sein, wie sich teglich leider in der erfarung findet.« Was nur soll mit den Wittenbergern geschehen, mit diesen »Dieben und Räubern ohne Barmherzigkeit«?

Martin drängt sogar selbst weg, nur weg von dieser Stadt des Unflats, deren Einwohner sich wie die bösen Tiere gebärden: »Will ... umbherschweifen und eher Bettelbrod essen, ehe ich mein arm letzte Tag mit dem unordigen Wesen zu Wittenberg martern und verunruhigen will, mit Verlust meiner sauren, theuren Erbheit ... denn ich kann des Zorns und Unlusts nicht länger leiden.« Der Professor ist seiner Stadt einfach müde. Er verläßt sie im Juli 1545 wirklich und kann erst durch das vereinte Bemühen von Freunden und Ratsbeamten zurückgeholt werden.

Gebessert hat sich jedoch nicht viel. Luther bleibt umgetrieben. Alles erscheint ihm beschwerlich. Die Krankheiten mehren sich. Was aber das Elendeste ist: Der Kurfürst Johann Friedrich, den Martin früher noch »gottfürchtig und verständig« genannt hatte, hat Wittenberg ringsum mit Wällen und Bastionen zugebaut und aus der Stadt eine Festung wider den herandrohenden Kaiser gemacht. Luther ist entsetzt: Nicht Gott der Herr bleibt die feste Burg, nicht das Wort, nein, auch dieser Fürst setzt auf Waffen und Gewalt, auf Menschenwerk. Niemand bringt ihn davon ab. Luthers »armes stublin«, von dem aus er doch »das bapstthumb gesturmet« hatte, ist vom Festungsbau bedroht. Die Gewalt rückt Martins Wort auf den Leib. Das Bekenntnis weicht dem Bündnis, und die Fürstenkoalition beweist ihre Gewalttätigkeit. Soll es aber einem Prediger in einer solchen Burg gefallen?

Es nützt alles nichts: Ein Jahr später wird die gesamte Festung Wittenberg den Kaiserlichen intakt in die Hände fallen. Der Kurfürst Johann Friedrich aber wird gefangen abgeführt. Seine Kurwürde ist ein für allemal dahin. Sie wird an den wendigeren Moritz von Sachsen – »es wirt ein boser mensch werden« – gehen, dessen rechtzeitiges Umschwenken hin zum Kaiser damit das erklärte Ziel seines Vaters Georg des Bärtigen erreicht hat. Schmalkalden aber hat ausgespielt. Die Burg des Bekenntnisses ist geschleift.

Martin Luther wird dies alles nicht mehr erleben. Er ist bereits weit weg. Endlich ist er nach Hause gelangt. Trotz seiner Schwäche und ungeachtet aller Beschwerden hat er sich gegen Ende Januar 1546 auf eine letzte Reise begeben, um im Bruderstreit der Mansfelder Grafen um die »Säuhändel« der Bergwerksrechte (»vom bergwerck reden, das kann ich nicht ...«) zu vermitteln, wo es Arbeitsniederlegungen und zahlreiche gerichtliche Klagen wegen Vorenthaltung des Arbeitslohnes gegeben hatte. Diese Reise ist anstrengend. Nur seine Willensstärke und Eigensinn haben Martin am einmal gefaßten Entschluß festhalten lassen. Das Wetter ist unbeständig und wechselt zwischen Kälte und Eisregen. Die Überfahrt über die überschwemmte und von Eisschollen bedeckte Saale und die Erschütterungen im unbequemen Wagen zehren an den Kräften. Dennoch ist er in Eisleben angekommen, seiner Geburtsstadt, und hat auch in langwierigem Hin und Her eine Art Frieden gestiftet.

Aber es geht zu Ende, und dies ganz unvermutet, wie Martin selbst es vor einiger Zeit erbeten hatte: »Ich will nicht lang liegen.« Der Tod kommt, doch nicht, wie es die altkirchliche Legende wissen wollte, nach Art des Verräters Judas durch Selbstmord (»am Bettpfosten erhängt«), auch nicht durch »Erwürgen« des Satans, auch nicht infolge eines Schlaganfalles (zusammen mit Käthe im Bett!), auch nicht wegen Volltrunkenheit, nicht einmal in Form des »jähen Ketzertodes«, wie ihn sich die beiden Konfessionen gegenseitig an den Hals zu wünschen pflegen. Nein, alles verläuft rasch – und doch normal.

An einem Februarabend sitzt Luther noch an einer reich gedeckten Tafel, unterhält sich wohlgelaunt, sprüht von Witz und gibt, bei gutem Essen und reichlichem Trinken, eine Anekdote nach der anderen zum besten. Nachdem er sich zurückgezogen hat, befällt ihn aber ein Unwohlsein, dem man zunächst mit den üblichen Hausmitteln begegnet. Martin fühlt sich auch wieder besser, doch gegen 1 Uhr morgens geht es zu Ende. Luther fröstelt, und jetzt helfen auch die Tücher und Polster nicht mehr, mit denen man ihn zu wärmen sucht. Er spürt, daß es nicht mehr besser werden wird, betet einen lateinischen Psalm und schläft ein: »Wir sind alle Bettler. Das ist wahr.«

Die Umstehenden geraten in Panik. Sie schütteln und rütteln ihn, reiben ihn mit Arzneien ein und gießen ihm Wasser über den Kopf. Doch erfolgen keine Reaktionen mehr. Ein herbeigeholter Apotheker alten Glaubens will den ratlos Gewordenen zu Hilfe kommen. Er bereitet ein Klistier vor – und muß den Versuch gleich wieder aufgeben. Hier gibt es nichts mehr zu tun.

Ein Mensch, wohl der Größte seiner Nation, der seiner Stadt und einer ganzen Welt »so vilfeltig den ewigen Gott erkleret, sein wordt, willen und befelh tzu thun teglich ermant« hatte, antwortet nicht mehr. Daß die Heimsuchung des katholischen Kaisers Wittenberg und Kursachsen treffen wird, daß Martin Luther ein ungültiges Testament hinterlassen hat, daß seine Freunde, die Juristen, deswegen seine Witwe (die nun plötzlich nicht mehr Gattin ist, sondern nur noch abgefallene Nonne) noch lange verfolgen werden, daß bittere Not auf die Seinen zukommen wird, während sich beispielsweise das Vermögen der Fugger anno 1546 auf fast viereinhalb Millionen Gulden beläuft, erfährt jener Martin nicht mehr, der ein erfolgreicher Ketzer geheißen worden ist und doch kein solcher war. Nur die anderen schreiben über ihn hinaus und deuten sein Wort weiter. Luther selbst – ein Mensch, bei Gott! – ist verstummt. Gegen 3 Uhr, am Morgen des 18. Februar 1546.

Zeittafel

1378– Spaltung der abendländischen Kirche durch das Gegen-
1417 papsttum in Avignon und Rom (das Große Schisma).
1414– Konzil zu Konstanz; Verbrennung des Ketzers Jan Hus und
1418 Verdammung des 1384 gestorbenen John Wycliffe.

1453 Eroberung Konstantinopels durch die Türken.

1471 Sixtus IV. della Rovere Papst; Beginn der Familien- und Territorialpolitik der Renaissance-Päpste.

1477 Heirat Maximilians von Habsburg mit der Erbin Karls des Kühnen von Burgund; Beginn der Kriege zwischen Habsburg und Frankreich.

1483 Drei englische Könige: Eduard IV., Eduard V., Richard III.; nach dem Tod Ludwigs XI. von Frankreich wird Karl VIII. König; Adelsrevolte in Portugal; die Herzegowina wird türkisch; Sixtus IV. billigt die Ernennung des Dominikaners Thomas de Torquemada zum spanischen Großinquisitor; *am 10. November wird Martin Luther zu Eisleben geboren.*

1494 Vorstoß Karls VIII. von Frankreich durch Italien, der die europäischen Kriege um Italien einleitet.

1498 Girolamo Savonarola in Florenz als Ketzer hingerichtet; Albrecht Dürers erster Holzschnittzyklus »Apokalypse«.

1501- *Luther studiert in Erfurt, nach Schulzeit in Mansfeld, Magde-*
1505 *burg und Eisenach. Am 17. Juli 1505 Eintritt ins Kloster.*

1502 Erster Bauernaufstand unter Joß Fritz (»Bundschuh«); Kurfürst Friedrich der Weise gründet die Universität Wittenberg.

1503 Nach dem Tod Papst Alexanders VI. Borgia wird Julius II. della Rovere Papst (bis 1513).

1507 *Priesterweihe und Primiz Martin Luthers.*

1508 Maximilian nimmt als erster deutscher König den Titel »Erwählter römischer Kaiser« an. Liga gegen Venedig.

1509 Heinrich VIII. König von England.

1510/
1511 *Luther pilgert nach Rom.*

1512 Beginn des (18.) Allgemeinen Konzils in Rom; Antimonopolgesetz des Kölner Reichstages; *Luther wird zum Dr. theol. promoviert; Beginn seiner Vorlesungstätigkeit in Wittenberg; Distriktsvikar des Ordens.*

1513 Neue Verschwörung des Bundschuh; Papst Leo X. Medici (bis 1521); Niccolò Machiavelli verfaßt »Il principe«; Albrecht Dürers »Ritter, Tod und Teufel«; Michelangelos Figuren für das Grab Julius' II.

1514 Albrecht von Brandenburg, Bischof von Mainz, Magdeburg

und Halberstadt, erlaubt den Verkauf des Ablasses für den Neubau der Peterskirche zu Rom; die Fugger sichern sich den Vertrieb des Ablasses in Deutschland.

1515 Franz I. König von Frankreich; Besetzung Mailands; Erster Teil der »Dunkelmännerbriefe«.

1516 Karl von Burgund erbt die spanischen Königreiche; Erasmus gibt das griechische Neue Testament mit lateinischer Übersetzung heraus; Thomas Morus veröffentlicht »Utopia«; *Luthers »Ein Theologia Deutsch«.*

1517 Ende des Laterankonzils zu Rom; *Martin Luther publiziert 95 Bußthesen zum Ablaß.*

1518 Raffael porträtiert Leo X.; Adam Rieses »Rechnung auf der Linihen«; *Luther verweigert vor Kardinal Cajetan zu Augsburg den Widerruf;* Zwingli wird Leutpriester in Zürich.

1519 Wahl Kaiser Karls V. als Nachfolger Maximilians I.; Wahlkapitulation zur Wahrung der Belange des Reiches und der Stände; *Disputation zu Leipzig zwischen Eck, Karlstadt und Luther, Mission des Karl von Miltitz.*

1520 Karl V. wird in Aachen zum Kaiser gekrönt; *Bannandrohungsbulle gegen Luther; Kampfschriften Luthers; Verbrennung römischer Schriften zu Wittenberg.*

1521 Erster Krieg Karls V. gegen Franz I. von Frankreich; *Luther verweigert auf dem Reichstag zu Worms den Widerruf; Ächtung Luthers durch das Wormser Edikt; Luther auf der Wartburg (Übersetzung des Neuen Testaments); Bilderstürmer in Wittenberg unter Karlstadt.*

1522 Hadrian VI. Nachfolger Papst Leos X.; Pfaffenkrieg des Franz von Sickingen; *Luthers Fastenpredigten gegen die Wittenberger Sektierer; »Das Neue Testament Deutsch« im September.*

1523 Clemens VII. Medici Nachfolger Papst Hadrians VI.; Niederlage Sickingens; Tod Ulrich von Huttens; Reichstag von Nürnberg; Hans Sachs »Die Wittenbergisch Nachtigall«; *Luthers »Von der Ordnung des Gottesdienstes in der Gemeinde«.*

1524 Zusammenschluß katholischer Fürsten zur Durchführung des Wormser Edikts im »Regensburger Konvent«; Erasmus' »Abhandlung vom freien Willen«.

1525 Franz I. in der Schlacht von Pavia von den Kaiserlichen gefangengenommen; Hochmeister Albrecht von Brandenburg säkularisiert den Ordensstaat und wird Herzog von Preußen; Dessauer Bund katholischer Fürsten; Bauernrevolte in Schwaben, Elsaß, Tirol, Salzburg, Franken und Thüringen; Hinrichtung Thomas Müntzers; Kirchenordnung Zwinglis; *Luthers Schriften gegen die Bauern; Heirat Luthers mit Katharina von Bora; Schrift »Vom unfreien Willen«.*

1526 Liga des Papstes mit Franz I. gegen Karl V.; Zweiter Krieg des Kaisers gegen Frankreich; Sieg der Türken über die Ungarn; Abschied des Reichstages zu Speyer.

1527 Das kaiserliche Heer erobert und plündert Rom (Sacco di Roma).

1528 »Packsche Händel« führen zu einem Präventivkrieg Philipps von Hessen; Schweizer Orte schließen sich der Reformation an.

1529 Reichstag zu Speyer; Protest einer evangelischen Minderheit von 5 Fürsten und 14 Städten gegen den Reichstagsabschied; *Marburger Religionsgespräch zwischen Luther und Zwingli scheitert an der Abendmahlsfrage; Großer und Kleiner Katechismus Luthers.*

1530 Reichstag zu Augsburg: Confessio Augustana; Krönung Karls V. zu Bologna; *Luther auf der Veste Coburg.*

1531 Karl V. läßt seinen Bruder Ferdinand in Köln zum römischen König wählen; Schmalkaldener Bündnis der protestantischen Stände; Tod Zwinglis im Schweizer Bürgerkrieg bei Kappel.

1532 Reichstag zu Regensburg und »Nürnberger Anstand« zum Religionsfrieden; Türkenkrieg bis zur Grenze Ungarns; Unterwerfung des englischen Klerus unter die Gewalt des Königs.

1534 Württemberg protestantisch; Wiedertäuferreich zu Münster in Westfalen; Gründung des Jesuitenordens durch Ignatius von Loyola; Loslösung Englands von Rom; Papst Paul III. Farnese Nachfolger Clemens' VII.; *Luthers gesamte deutsche Bibelübersetzung.*

1535 Heinrich VIII. läßt Thomas Morus hinrichten; der Bischof von Münster beseitigt die Herrschaft der Wiedertäufer.

1536 Dänemark wird protestantisch; dritter Krieg Karls V. gegen Frankreich; Paul III. beruft ein Kardinalskollegium zur Ausarbeitung eines Reformgutachtens; Calvin legt seine Doktrin vor; die *»Wittenberger Konkordie«* gleicht zwischen den Wittenberger und den oberdeutschen Theologen in der Abendmahlsfrage aus.

1537 Programm der katholischen Reformdeputation; Krieg der Türken gegen Venedig; *Luthers Schmalkaldische Artikel.*

1539 Einführung der Reformation in Brandenburg und im Herzogtum Sachsen; der »Frankfurter Anstand« dehnt den Nürnberger Religionsfrieden aus.

1540 Doppelehe Philipps von Hessen; Edikt Franz' I. zur systematischen Verfolgung der Protestanten; Religionsgespräche in Hagenau und Worms auf kaiserliche Anregung hin; Bestätigung des Jesuitenordens durch Papst Paul III.

1541 Erfolglose Religionsgespräche auf dem Reichstag zu Regensburg; Calvins reformierte Kirchenordnung in Genf; Ungarn türkische Provinz.

1542 Vierter Krieg Karls V. gegen Frankreich; Reorganisation der römischen Inquisition durch Paul III.

1543/1544 Reichstage zu Nürnberg und Speyer; Waffenhilfe der Protestanten gegen Frankreich; Friede von Crépy nach Niederlage Franz' I.; *Luthers »Wider das Papsttum zu Rom, vom Teufel gestiftet«.*

1545 Eröffnung des (19.) Allgemeinen Konzils von Trient (abgeschlossen 1563).

1546 *Am 18. Februar Tod Martin Luthers zu Eisleben;* Beginn des Schmalkaldischen Krieges gegen die Protestanten.

1547 Niederlage der Protestanten; Wittenberger Kapitulation; Tod Heinrichs VIII. von England und Franz' I. von Frankreich; Michelangelo übernimmt die Bauleitung von St. Peter in Rom.

Bibliographische Hinweise

Da das vorliegende Buch eine Gesamtschau der Person und der Sache des Martin Luther, jedoch keine »Quellenedition« o. ä. beabsichtigt, sind im folgenden auch nur jene Beiträge zur Luther-Biographie aufgeführt, die mir für dieses spezielle Vorhaben nützlich erschienen sind und gleichzeitig einem breiteren Leserkreis zugänglich sein werden. Luther-Zitate sind, falls nicht aus dem Lateinischen übersetzt, im ursprünglichen Wortlaut wiedergegeben.

A. Zum Milieu Martin Luthers

I. Zur Vorgeschichte Luthers

W. Andreas, Deutschland vor der Reformation. Eine Zeitenwende (Stuttgart 1972^7)

K. Czok, Städtische Volksbewegungen im deutschen Spätmittelalter (Leipzig 1963)

M. Grossmann, Humanism in Wittenberg 1485–1517 (Nieuwkoop 1975)

H. Grundmann, Religiöse Bewegungen im Mittelalter (Darmstadt 1961^2)

H. Herrmann, Savonarola. Der Ketzer von San Marco (München 1977)

S. Hoyer, Häresien zwischen Hus und Luther. Ein Beitrag zur ideologischen Vorbereitung der frühbürgerlichen Revolution in Deutschland (Leipzig 1966)

P. Kalkoff, Ablaß und Reliquienverehrung an der Schloßkirche zu Wittenberg unter Friedrich dem Weisen (Gotha 1907)

Th. Kolde, Die deutsche Augustinerkongregation und Johann von Staupitz (Gotha 1879)

C. Krumhaar, Versuch einer Geschichte von Schloß und Stadt Mansfeld (Mansfeld 1869)

A. Kunzelmann, Geschichte der deutschen Augustinereremiten. Teil V. Die sächsisch-thüringische Provinz und die sächsische Reformkongregation bis zum Untergang der beiden (Würzburg 1974)

Lloyd de Mause (Hrsg.), Hört ihr die Kinder weinen. Eine psychogenetische Geschichte der Kindheit (Frankfurt a. M. 1971)

L. Meier, Die Statuten der theologischen Fakultät der Universität Erfurt (Rom 1951)

W. Nigg, Das Buch der Ketzer (Zürich – Stuttgart 1970^5)

Th. Platter. Ein Lebensbild aus dem Jahrhundert der Reformation (Hrsg. H. Kohl, Leipzig 1912)

A. Schulte, Die Fugger in Rom 1495–1523 (Leipzig 1904)

Ph. Wackernagel, Das deutsche Kirchenlied von der ältesten Zeit bis zu Anfang des 17. Jahrhunderts, Bd. I (Leipzig 1864).

II. Zur Geschichte des päpstlichen Roms

H. Fuhrmann, Von Petrus zu Johannes Paul II. Das Papsttum. Gestalt und Gestalten (München 1980)
H. Kühner, Das Imperium der Päpste. Kirchengeschichte, Weltgeschichte, Zeitgeschichte (Zürich und Stuttgart 1977)
K. Mirbt und K. Aland, Quellen zur Geschichte des Papsttums und des römischen Katholizismus, Bd. 1 (Tübingen 1966)
F. X. Seppelt - G. Schwaiger, Geschichte der Päpste von den Anfängen bis zur Gegenwart (München 1964).

III. Reich, Stände und Kaiser

H. Angermeier, Königtum und Landfriede im deutschen Spätmittelalter (1966)
P. Kalkoff, Der Wormser Reichstag von 1521 (München - Berlin 1922)
H. Lutz, Das Reich, Karl V. und der Beginn der Reformation. Bemerkungen zu Luther in Worms 1521, in H. Fichtenau und E. Zöllner (Hrsg.), Beiträge zur neueren Geschichte Österreichs (Wien - Köln - Graz 1974), 47–70
F. Reuter (Hrsg.), Der Reichstag zu Worms von 1521. Reichspolitik und Luthersache (Worms 1971)
St. Skalweit, Reich und Reformation (Berlin 1967).

IV. Sozial- und Wirtschaftsgeschichte

W. Abel, Die Wüstungen des ausgehenden Mittelalters (Stuttgart 1955²)
–, Agrarkrisen und Agrarkonjunktur. Eine Geschichte der Land- und Ernährungswissenschaft Mitteleuropas seit dem hohen Mittelalter (Hamburg - Berlin 1978⁴)
–, Massenarmut und Hungerkrisen im vorindustriellen Europa. Versuch einer Synopsis (Hamburg - Berlin 1974)
K. S. Baader, Der deutsche Südwesten in seiner territorialstaatlichen Entwicklung (Stuttgart 1952)
P. Blickle, Landschaften im Alten Reich. Die staatliche Funktion des Gemeinen Mannes in Oberdeutschland (München 1973)
B. Gebhardt, Die Gravamina der Deutschen Nation gegen den römischen Hof. Ein Beitrag zur Vorgeschichte der Reformation (Breslau 1895³)
O. Heberer, Das göttliche Recht des 15. und 16. Jahrhunderts als Vorläufer der Menschenrechte (Frankfurt a. M. 1967)
F. W. Henning, Das vorindustrielle Deutschland 800–1800, Bd. 1 (Paderborn 1974)
J. Kuczynski, Geschichte des Alltags des deutschen Volkes, Bd. 1 (Köln 1980)
H. Mottek - W. Becker - A. Schröter (Hrsg.), Wirtschaftsgeschichte Deutschlands. Ein Grundriß. Bd. 1: Von den Anfängen bis zur Französischen Revolution (Berlin 1974⁵)
W. Mück, Der Mansfelder Kupferschieferbergbau in seiner rechtsgeschichtlichen Entwicklung. Bd. I: Geschichte des Mansfelder Bergregals (Leipzig 1910)

G. Freiherr von Pölnitz, Jakob Fugger. Kaiser, Kirche und Kapital in der oberdeutschen Renaissance, Bd. 1 (Tübingen 1949)
D. W. Sabean, Landbesitz und Gesellschaft im Vorabend des Bauernkrieges. Eine Studie der sozialen Verhältnisse im südlichen Oberschwaben in den Jahren vor 1525 (Stuttgart 1972)
A. Waas, Die Bauern im Kampf um Gerechtigkeit 1300–1525 (München 1964).

V. Reform und Revolte

C. Augustijn, Erasmus en de Reformatie (Amsterdam 1962)
W. Becker, Reformation und Revolution (Münster 1974)
M. Bensing, Thomas Müntzer und der Thüringer Aufstand 1525 (Berlin 1966)
P. Blickle, Die Revolution von 1525 (München - Wien 1975)
E. Bloch, Thomas Müntzer als Theologe der Revolution (Frankfurt 1969)
H. Brackert, Bauernkrieg und Literatur (Frankfurt a. M. 1975)
K. Brandi, Reformation und Gegenreformation (Frankfurt a. M. 1979[5])
G. Brendler, Das Täuferreich zu Münster 1534/35 (Berlin 1966)
M. Bußmann, Theologie und Bauernkrieg. Untersuchungen zur Rezeption theologischer Elemente und deren Auswirkung in Programm und Zielsetzung der Aufständischen von 1524/25 (Münster 1976)
H. Buszello, Der deutsche Bauernkrieg von 1525 als politische Bewegung (Berlin 1969)
L. Graf zu Dohna, Reformatio Sigismundi. Beiträge zum Verständnis einer Reformschrift des 15. Jahrhunderts (Göttingen 1960)
R. van Dülmen, Reformation als Revolution. Soziale Bewegung und religiöser Radikalismus in der deutschen Reformation (München 1977)
K. Ebert, Theologie und politisches Handeln. Thomas Müntzer als Modell (Stuttgart 1973)
W. Elliger, Thomas Müntzer. Leben und Werk (Göttingen 1975)
G. Franz, Der deutsche Bauernkrieg (Darmstadt 1977[11])
H. J. Goertz, Innere und äußere Ordnung in der Theologie Thomas Müntzers (Leiden 1967)
–, (Hrsg.), Umstrittenes Täufertum 1525–1975. Neue Forschungen (Göttingen 1977[2])
G. Götting (Hrsg.), Reformation und Revolution (Berlin 1967)
G. Heitz – A. Laube – M. Steinmetz – G. Vogler (Hrsg.), Der Bauer im Klassenkampf. Studien zur Geschichte des deutschen Bauernkrieges und der bäuerlichen Klassenkämpfe im Spätfeudalismus (Berlin 1975)
H. Kamnitzer, Zur Vorgeschichte des deutschen Bauernkrieges (Berlin 1953)
V. Lanternari, Religiöse Freiheits- und Heilsbewegungen unterdrückter Völker (Neuwied–Berlin 1967)
P. Lucke, Gewalt und Gegengewalt in den Flugschriften der Reformation (Göppingen 1974)
B. Moeller, Reichsstadt und Reformation (Gütersloh 1962)
–, Deutschland im Zeitalter der Reformation (Göttingen 1977)

Th. Nipperdey, Reformation, Revolution, Utopie. Studien zum 16. Jahrhundert (Göttingen 1975)
W.-E. Peuckert, Die große Wende. Das apokalyptische Saeculum und Luther (Neudruck Darmstadt 1966)
A. Rosenkranz, Der Bundschuh. Die Erhebungen des südwestdeutschen Bauernstandes in den Jahren 1493–1519, Bd. I: Darstellung (Heidelberg 1927)
M. M. Smirin, Die Volksreformation des Thomas Müntzer und der große Bauernkrieg (Berlin 1956²)
R. Wohlfeil (Hrsg.), Reformation oder frühbürgerliche Revolution? (München 1972)
–, (Hrsg.), Der Bauernkrieg 1524–1526. Bauernkrieg und Reformation (München 1975)
–, Einführung in die Geschichte der deutschen Reformation (München 1982).

VI. Die Nachwirkungen

H. Fast (Hrsg.), Der linke Flügel der Reformation. Glaubenszeugnisse der Täufer, Spiritualisten, Schwärmer und Antitrinitarier (Bremen 1962)
W. Hubatsch (Hrsg.), Wirkungen der deutschen Reformation bis 1555 (Darmstadt 1970)
H. Schöffler, Wirkungen der Reformation. Religionssoziologische Folgerungen für England und Deutschland (Frankfurt a. M. 1960)
L. Stern – M. Steinmetz (Hrsg.), 450 Jahre Reformation (Berlin 1967).

B. Luthers Person und Werk

I. Die Werke

1. *Gesamtausgabe:* Kritische Gesamtausgabe (Weimarana), Weimar 1882 ff. Schriften, Tischreden, Deutsche Bibel, Briefe. Bisher über 100 Bände.
2. *Ausgaben in Auswahl:* a) Studienausgabe hrsg. von Hans-Ulrich Delius, auf sechs Bände berechnet (Berlin 1979 ff.) mit Urtext. b) In neuhochdeutscher Übersetzung: Berliner Ausgabe, »Luther deutsch« (Hrsg. K. Aland), 10 Bände, Registerband und Luther-Lexikon (Berlin, dann Stuttgart 1948 ff.).

II. Interpretierende Literatur

K. Aland, Der Weg zur Reformation. Zeitpunkt und Charakter des reformatorischen Erlebnisses Martin Luthers (München 1965)
P. Althaus, Die Theologie Martin Luthers (Gütersloh 1963²)
–, Die Ethik Martin Luthers (Gütersloh 1965)
E. Arndt, Luthers deutsches Sprachschaffen (Berlin 1962)
H. Bach, Handbuch der Luthersprache. Laut- und Formenlehre in Luthers Wittenberger Drucken bis 1545, Bd. 1 (Kopenhagen 1974)
K. Bauer, Die Wittenberger Universitätstheologie und die Anfänge der deutschen Reformation (Tübingen 1928)

O. Bayer, Promissio. Geschichte der reformatorischen Wende in Luthers Theologie (Göttingen 1971)
T. Beer, Der fröhliche Wechsel und Streit. Grundzüge der Theologie Luthers (Einsiedeln 1980)
H. Boehmer, Der junge Luther (Hrsg. H. Bornkamm, Stuttgart 1971[6])
–, Luthers erste Vorlesung (Leipzig 1924)
–, Luthers Romfahrt (Leipzig 1914)
H. Bornkamm, Martin Luther in der Mitte seines Lebens. Das Jahrzehnt zwischen dem Wormser und dem Augsburger Reichstag (Aus dem Nachlaß hrsg. von K. Bornkamm, Göttingen 1979)
–, Thesen und Thesenanschlag Luthers. Geschehen und Bedeutung (Berlin 1967)
–, Luther und das Alte Testament (Tübingen 1948)
K. Bornkamm, Luthers Auslegungen des Galaterbriefes von 1519 und 1531. Ein Vergleich (Berlin 1963)
W. Borth, Die Luthersache (1517–1524), Hist. Studien 414 (Lübeck und Hamburg 1970)
M. Brecht, Martin Luther. Sein Weg zur Reformation 1483–1521 (Stuttgart 1981)
M. Burgdorf, Der Einfluß der Erfurter Humanisten auf Luthers Entwicklung bis 1510 (Leipzig 1928)
D. Demmer, Lutherus interpres. Der theologische Neuansatz seiner Römerbriefexegese unter besonderer Berücksichtigung Augustins (Witten 1968)
H. Düfel, Luthers Stellung zur Marienverehrung (Göttingen 1968)
J. Erben, Grundzüge einer Syntax der Sprache Luthers (Berlin 1954)
E. H. Erikson, Der junge Mann Luther (Reinbek 1970)
L. Febvre, Martin Luther. Religion als Schicksal (Frankfurt a. M. – Berlin – Wien 1976)
R. Friedenthal, Luther. Sein Leben und seine Zeit (München 1967)
G. Hennig, Cajetan und Luther (Stuttgart 1966)
P. Kalkoff, Die Miltitziade (Leipzig 1911)
H.-G. Koch, Luthers Reformation in kommunistischer Sicht (Stuttgart 1967)
J. Koestlin, Martin Luther. Sein Leben und seine Schriften (Hrsg. G. Kawerau, 2 Bde., Berlin 1903[5])
E. Kohlmeyer, Die Entstehung der Schrift Luthers An den christlichen Adel deutscher Nation (Gütersloh 1922)
U. M. Kremer, Die Reformation als Problem der amerikanischen Historiographie (Wiesbaden 1978)
E. Kroker, Katharina von Bora (Berlin 1974[7])
H. W. Krumwiede, Glaube und Geschichte in der Theologie Luthers (Göttingen 1952)
F. Küchenmeister, Dr. M. Luthers Krankengeschichte (Leipzig 1881)
F. Lau, Luthers Lehre von den beiden Reichen (Berlin 1953)
R. Lewin, Luthers Stellung zu den Juden (Berlin 1911)
W. von Loewenich, Martin Luther. Der Mann und das Werk (München 1982)
B. Lohse, Martin Luther. Eine Einführung in sein Leben und sein Werk (München 1981)

–, (Hrsg.), Der Durchbruch der reformatorischen Erkenntnis bei Luther (Darmstadt 1968)
–, Mönchtum und Reformation (Göttingen 1963)
K. A. Meissinger, Luther. Die deutsche Tragödie 1521 (München 1953)
–, Der katholische Luther (München 1952)
H. B. Meyer, Luther und die Messe. Eine liturgiewissenschaftliche Untersuchung über das Verhältnis Luthers zum Meßwesen des späten Mittelalters (Paderborn 1965)
B. Moeller, K. Stackmann, Luder, Luther, Eleutherius. Erwägungen zu Luthers Namen (Göttingen 1981)
U. Nembach, Predigt des Evangeliums. Luther als Prediger, Pädagoge und Rhetor (Neukirchen-Vlugen 1972)
K. O. Nilsson, Simul. Das Miteinander von Göttlichem und Menschlichem in Luthers Theologie (Göttingen 1966)
A. Peters, Realpräsenz. Luthers Zeugnis von Christi Gegenwart im Abendmal (Berlin 1960)
P. J. Reiter, Martin Luthers Umwelt, Charakter und Psychose, 2 Bde. (Kopenhagen 1937 und 1941)
O. Scheel, Martin Luther. Vom Katholizismus zur Reformation, 2 Bde. (Tübingen 1921[3] und 1930[3-4])
Ch. Schubart, Die Berichte über Luthers Tod und Begräbnis (Weimar 1917)
O. Seitz (Hrsg.), Der authentische Text der Leipziger Disputation (Berlin 1903)
H. Steinlein, Luther als Seelsorger (Leipzig 1918)
–, Luthers Doktorat (Leipzig 1912)
L. Stern, Martin Luther und Philipp Melanchthon - ihre ideologische Herkunft und geschichtliche Leistung (Berlin 1953)
B. Stolt, Die Sprachmischung in Luthers Tischreden (Uppsala 1964)
H. Volz, Martin Luthers Thesenanschlag und dessen Vorgeschichte (Weimar 1959)
H. Vorster, Das Freiheitsverständnis bei Thomas von Aquin und Martin Luther (Göttingen 1965)
E. Wolf, Staupitz und Luther. Quellen und Forschungen zur Reformationsgeschichte, Bd. IX (Leipzig 1927)
G. Ph. Wolf, Das neuere französische Lutherbild (Wiesbaden 1974)
H. Wolf, Martin Luther. Eine Einführung in germanistische Lutherstudien (Stuttgart 1980).

Personen- und Ortsregister